复旦文史丛刊

从万国公法到公法外交

晚清国际法的传入、诠释与应用

林学忠 著

上海古籍出版社

"复旦文史丛刊"编纂说明

复旦大学文史研究院成立后,致力于推动有关中国文化与历史的研究,近期重心是围绕着"从周边看中国"、"批评的中国学研究"、"交错的文化史"和"域外有关中国的文字资料与图像资料"、"宗教史、思想史与艺术史的综合研究"等课题进行探讨,同时,也鼓励其他相关文史领域的各类研究。为此,复旦大学文史研究院与上海古籍出版社合作,出版这套"复旦文史丛刊",丛刊不求系统与数量,唯希望能够呈现当前文史研究领域中的新材料、新取向、新视野和新思路,并特别愿意鼓励和收录年轻学人的著作。

本丛书基本体例如下:

(一)本丛刊收录有整体结构和完整内容的有关中国文史的研究专著,不收论文集。

(二)本丛刊内所收专著,一般字数在25—40万字,个别情况可以超过此限。

(三)接受国外以其他语言写成的专著的中文译本。

(四)注释一律采用页下注,书后要有《引用文献目录》,如有《人名索引》和《书名索引》,则更为欢迎。

（五）本丛刊设立匿名审稿制度，由复旦大学文史研究院聘请两位国内外学者担任匿名审稿者，如两位审稿者意见和结论彼此相左，则另请第三位审稿者审查。

（六）本丛刊由上海古籍出版社负责编辑出版。

2008 年 5 月

目 录

序一　郑培凯 / 1
序二　冯锦荣 / 6
绪论 / 1
　　一、问题缘起 / 1
　　二、研究史的整理及问题所在 / 6
　　三、本书的问题意识及内容构成 / 35
第一章　世界秩序的中国文本：晚清国际法的传入 / 41
　　一、引言 / 41
　　二、初遇国际法 / 42
　　三、丁韪良翻译国际法 / 48
　　四、戊戌维新前后国际法著译之刊行 / 68
　　五、1900年以降国际法的著译及国际法思想 / 83
　　六、万国公法・交涉公法・国际公法 / 103
　　七、世界秩序的中国文本：晚清国际法的传入 / 109
　　附录：晚清国际法著译书籍年表[稿] / 113
第二章　晚清国际法教育 / 123
　　一、引言 / 123
　　二、国际法教育的启动 / 124
　　三、戊戌维新的国际法教育 / 143
　　四、法政学堂的时代 / 151
　　五、国际法与欧美法科留学生 / 158
　　六、日本法政留学与法政速成科 / 173
　　七、小结 / 187
第三章　晚清国际法观 / 190
　　一、引言 / 190

1

二、作为"思想资源"和"概念工具"的国际法 / 191

三、公法不足恃 / 201

四、主权平等与国际法 / 210

五、创造性的误读:"重建邦"的追求与"春秋公法" / 220

六、走向文明 / 230

七、后话 / 238

第四章 国际法的应用与挫折 / 242

一、引言 / 242

二、对外体制的现代化 / 243

三、对外交涉中国际法的应用与挫折 / 249

四、中华世界秩序的解构与重构 / 272

五、小结 / 284

第五章 "文明"与和平:晚清政府参加万国保和会 / 288

一、和平的追求 / 288

二、海牙和会召开前中国的保和构想 / 293

三、第一次海牙保和会:国际社会的组织化 / 306

四、第二次海牙保和会:全世界规模的国际组织 / 316

五、大国·强国志向与法制弱国 / 326

六、保和会准备会 / 337

七、后话 / 342

第六章 构建近代国家:文明的追求 / 346

一、"公法"与改革 / 346

二、文明与国家体制的构建 / 348

三、领事裁判权之废除与法制改革 / 355

四、"文明排外":对外抵制运动与收回利权运动 / 371

五、十字街头:秩序革命与国际法 / 377

六、小结 / 386

目 录

结论 / 388

    一、国际法的传入与诠释 / 390

    二、中国应用国际法与秩序重构 / 393

    三、文明大国的追求 / 397

参考文献 / 402

    一、史料 / 402

    二、中文论著 / 413

    三、日韩文论著 / 430

    四、欧文论著 / 437

后记 / 443

序 一

郑培凯

国际法在晚清传入中国，乃历史大事，可以视之为西潮东渐引发文化变迁的典型范例，影响深远，反映了西方文明渗透入中国思维的过程，更展示了中国传统"天下观"崩解的具体情况。

对西方国际法的认识、理解和实际运用，是清末有识之士面临的一大思想挑战，因为他们面对排山倒海而来的"船坚炮利"和列强不断攫取的不平等条约，在没有任何思想准备的情况下，就必须接受并试图理解西方政治运作中的"国际法"。所谓"万国公法"究竟是什么样的法则，是放之四海而皆准的"春秋公法"，还是西方社会历史衍生的特定政治文化产物？是有助于中国进入崭新的世界秩序的触媒和竞技场上不得不遵守的规则，还是西方帝国主义侵略的意识形态张本？是西方文明开化展现出来的平等互惠条例和启蒙理性揭示的人类公理，还是为虎作伥的诱饵，裹着糖衣的西方霸权鸦片，丧失国体主权意识的万劫不复陷阱？如何面对，如何理解，如何调适自己的认知，在在都会引发深层思维的不安，但现实情况的紧迫又不容许中国知识人仔细思考，只能"摸着石头过河"，边接受边认识，企图配合解除当前困境的努力，来诠释外来的知识体系，以求应用在实际的折冲樽俎之上，减少丧权辱国的痛苦。

因此，国际法在晚清传入中国，不是单纯的法规输入，而是在涉及国家主体与实际利权得失的情况下,中国从传统帝国的"天下观"转为现代国家的"国际观"所经历的曲折过程。国际法的诠释与应用,不单是法规法条的使用,还牵涉到如何排除或调整几千年来的传统思维。为了接受国际法,单从政治利益着眼,放弃"普天之下,莫非王土;率土之滨,莫非王臣"的政治权力观念还算容易;从文化思维体系而言,要排除"天下为公"、"世界大同"这种传统的普世政治理念,代之以暗藏着"西方中心"、"白种优越"的国际公法潜台词,就困难得多。这也就显示出,国际法的传入,在中国人的深层思维范畴,不可避免地要产生心理障碍与隔阂,因为其中牵扯了理解东西方历史文化传统差异的复杂情节,不可能在西方霸权欺凌中国的处境下,在公义理念与实际政治操作相互纠缠的情况下,得到明晰顺畅的思想共识。

有关国际法传入中国,以及中国知识界如何理解与应用国际法的问题,过去已有不少研究,但是对于其中所涉及的错综复杂背景,对于理念层次的理解与误解,以及对于国际法的公义性与现实政治操作的矛盾纠缠,显然探索得不够。林学忠博士这本著作的可贵之处,就在于展示出:国际法传入中国,不是单纯的西方国际法移植到东方,不是单纯的法律与外交规则的认识与接受,而是呈现了错综复杂的历史进程,反映了东西方文明碰撞之时,遭受侵略压迫的中国,在被迫纳入西方主导的世界体系之时,如何重新定位自身的文化秩序,在左冲右突、几乎可说是"困兽犹斗"的艰苦情况下,以接受西方国际法的挑战。

林学忠博士在本书中,不断提醒我们,西潮东渐与列强侵略造成了中华帝国的整体文化崩溃,因此,晚清中国接受西方国际法是不可避免的。但是,西方国际法背后的潜台词却将世界各国分成"文明"、"野蛮"和"未开"三个领域,而中国等亚洲国家是属于"野蛮"的国家领域。因此,在国际法的实际运作上,在与中国的实际外交交涉上,并非一整套放之四海而皆准的原则,而是以西方历史文化体系为准则的"自由心证",致使晚清中国只能适用国际法的部分原则,无法享用完整的国家主权,无法全面、无限制地应用国际法。为了打破这种困境,中国在 20 世纪初施行"新政"时,就对传统政治体系、法律制度等进行了一连串改革,也因此颠覆了传统的文化价值观,重新建构中国为新式的"民族国家"(nation-state)。从这个角度来看,晚清国际法的传入、理解、诠释与应用,就不单纯是外交政治的发展,而涉及了中国近代国家建设,并触及深层文化思维的转变。

中国的官员士大夫知识阶层最初接触西方国际法,是处在鸦片战争战败之后的被迫情况之下。他们为了尽量维护自己的利权,同时也为了维护自身的文化意识与价值,必须认真思考中国处于"万国"之中,如何适应"公法"的问题。从丁韪良1864年翻译惠顿《万国公法》,到清朝覆灭,民国建立,其间约半个世纪,中国对国际法的认识与译述,并不是循着单一脉络进行的,所译介的国际法资讯也并非整齐划一的。过去对这半个世纪国际法传入的研究,一方面对具体的历史进程观察不够细致,另一方面也没有仔细探究西方国际法本身有其多面性与错综复杂的不同层次,使人以为,国际法传入中国,只是一个由浅入深的过程,从片面认识到全盘接受,从传统帝国一统天下的"朝贡体系",转为各国主权独立、相互平等对待、进行平等外交的"世界体系"。

其实,19世纪西方标榜的国际法进步理性,隐藏了帝国主义拓张的历史事实,掩盖了西方资本主义世界扩展的血腥过程;而就中国接受国际法的经历来看,历史也并非如理性工具思维那么圆满,可以那么按照直线逻辑,向着美满的新世界目标进步发展。看看华勒斯坦(Immanuel Wallerstein)以历史社会学的角度研究西方世界体系形成的著作,就可以知道西方资本主义世界体系的拓展,与其扩张的理性化过程是分不开的,也即是说,西方国际法的发展是顺应西方势力拓展而生,不是超越具体历史环境,自然公平、天经地义的"放之四海而皆准,百世俟诸圣人而不惑"的公义。撇开了具体的历史文化环境,回避了具体历史人物在困顿的处境中接受挑战、思考对应之道,甚至迫切地译介一切能够掌握的资料,就无法切实理解国际法传入中国的真实情况,更无法理解诠释过程中产生误读与误解的历史意义。

林学忠博士此书,对于上述的错综复杂历史情况的分析,以及对过去单面向研究取向的不足，都做出了很好的示范。他在书中探幽抉微，以具体的历史事实，披露了晚清中国在对外交涉中面临的困境，以及企图脱困的努力。他特别指出，传统文化因素与西方国际法要素是"时而对立，时而交融，时而纠缠不清的"。他更以相当的篇幅，举中日朝关系为例，展示面对晚清时期台湾地区与朝鲜的危机处理，在国际法的应用上，是不可能循着单一准则进行的。

书中还对晚清"新政"时期改革风气的普遍传播，及其与国际法知识散布到各个阶层，急速推动民间对国际法的认识与教育，做了细致的探讨与分析。通过当时的译作，特别是留日留学生在报刊上的宣传，以及整个社会对国家存亡的焦虑，人们对国家主权与国际交涉认识的自我要求空前高涨，影响了中华民族对未来国家建设的展望。对于晚清最后十年的"新政"，许多中国学者长期以来都嗤之以鼻，认为只是清朝政府企图转移视线，力挽革命狂澜、免于政权覆灭的欺骗行为，没有任何实质的意义，因为辛亥革命一举推翻了清廷，埋葬了清朝最后的君主立宪政治体制。然而，这只是从政权转移、政体改变的政治角度来衡量历史，又以历史的后果来追溯前因，赋予"成王败寇"的历史意义，回避了历史文化发展的长远脉络。美国的芮玛丽（Mary Wright）教授，在1955年主持过探讨辛亥革命如何发生的学术研讨会，并于1968年出了《中国革命的第一阶段，1900—1913》（China in Revolution: The First Phase, 1900-1913）一书，对"新政"时期（不是针对"新政"）的社会风气、文化取向、思想意识变迁，从不同角度做了比较深入的探索，使我们看到晚清十年的天翻地覆变化，并不是单纯的"保守"、"改良"、"革命"的斗争，而是西潮东渐激化成滔天巨浪，在这十年中已经势不可挡，真如谭嗣同预言的，"冲决网罗"，再也不可能回转到传统思维体系了。林学忠博士对"新政时期"（让我再强调一遍，不是清政府的新政政策）国际法的大量普及，渗透进社会各个阶层，并进入初等教育的现象，做了非常细致的讨论，也在展现这样的社会文化新风气的理解基础上，让我们了解晚清政府参与万国保和会的意义，其实比表面的成败要重要得多，因为这种参与显示了中国自身对国际法认识的变化与愿景。

  总而言之,林学忠博士此书,是一本极为优秀的学术著作,探讨了晚清国际法传入中国,引起有识之士思考国际对策,从"师夷之长技以制夷",到"用夷变夏"的具体过程与思维变化。这本书不但呈现了晚清文化剧变时期认识与应用国际法的困境,也展示了所谓"国际公法"多面与多层次的复杂性,对于我们思考世界历史中不同文化进程的发展,有一定的启发作用。

序 二

冯锦荣

林学忠博士的书稿《从万国公法到公法外交：晚清国际法的传入、诠释与应用》，是一部关于中国在十九、二十世纪之交国际法传入与应用的杰出的原创性研究。林博士的分析立足于一个有意义的广度之上，他从全球化的视野来检示国际法在东亚的传入与建立。他所运用的研究方法及其对当代同类研究的评析，显示了作者对于把握国际法传入中国及其传统属国的历史景观，拥有卓越的知识。其次，林博士绵密细致地叙述与评论了中国法学教育的发展史，尤其是中国留日学生的国际法教育之建立及其历史意义。他对于同类研究的丰富知识，无论有关理论性还是历史性的作品，都极为充分与可靠。从他所援引的极为详尽的参考文献来看，作者善于运用多种不同语言世界的一手与二手文献材料论证史实和构筑观点。特别给人以深刻印象的是，他把国际法视为当时外交谈判中的一种工具来加以讨论。对于国际法的理论与实践，林博士同时从正反两面提供了均衡的述评。除此之外，林博士还令人信服地论述了中国在采用国际法以进入国际组织（例如海牙保和会议）及增强本国外交策略、拓展自身世界视域的过程中，其追求成为文明国的诉求与历程。

从任何角度而言，林博士本书中的讨论都是充分与全面的，并且以实证与缜密的分析作为支柱。例如他曾论证"丁韪良于1860年2月离开了

序 二

工作十年的宁波返美休养,1862年8月从美国回到上海稍事休息,刚巧负责上海长老会传教工作的重要人物克陛存(Michael Simpson Culbertson, 1819-1862)猝死,于是他只好留在上海负责教会的出版工作,同时抽出部分时间开始着手翻译惠顿的国际法著作。……1865年初丁韪良的译本终以《万国公法》名义面世,由他创办的北京崇实馆刊行。丁韪良向总理衙门呈上300部,再由总理衙门颁布给全国各省的衙门。单就表面数字而言,区区300本,其流通量明显不足,根本不足以应付地方官员的需要"。这一论断可在美国北长老会(American Presbyterian Mission, North)传教士姜别利(William Gamble, 1830-1886;1858年10月—1869年7月担任宁波华花圣经书房及上海美华书馆印务总监)所撰的《上海美华书馆1865年度报告》(*The Annual Report of the Presbyterian Mission Press at Shanghai, For the Year Ending Oct. 1st, 1865*)得到证实。及后,丁韪良亦曾将已出版之《万国公法》寄售于其先前翻译该书的地点——美国北长老会上海美华书馆,这也可在马蒂尔(J. L. Mateer, 1871年—1875年担任美华书馆印务总监)所编的《上海美华书馆1871年出版及在库目录》(*Catalogue of Books in the Depository of the American Presbyterian Mission Press at Shanghai, October 1, 1871*)找到证据。在"寄售书"(Books for Sale on Consignment)一栏便有这样的记录:"(Title, Size) 万国公法 Wheaton's International Law. Trans. royal 8*vo*[大八开本];(Value per Copy) 2.00;(Copies on hand Oct. 1, 1871) 1;(Author) W. A. P. Martin"。由此可见,林博士的论证是坚实可靠的。

因此,即使以最严谨的态度来评价,林博士的书稿亦毫无疑问是一本具有相当高研究水准的著作,阅此颇可获益而绝无虚浮之虞。是为序。

绪　　论

一、问题缘起

讨论近代中国的政治外交史,传统中华世界秩序的崩溃与中国走进西方国家主导的国际社会是个不可回避的问题,甚至是整个中国近代政治外交史的核心课题。虽然,近年来中国近代史研究比较流行社会史、文化史的视角,投入了大量的资源探讨近代中国社会文化的变革、知识转型等问题,相比之下,政治外交史似乎有些式微,东邻日本甚至有中国近代外交史研究已成"绝学"之叹。[1] 然而,这类社会史、文化史的研究,仍是以中华世界秩序崩溃、传统社会结构解体,以及知识体系在西力直接或间接的冲击下所发生的质变为前提的。对于"冲击—反应"、"传统与现代"、"帝国主义"等研究模式的问题,美国学者柯文(Paul A. Cohen)早在 20 多年前就已对此作了方法论上的反省,批评这是美国的中国研究误入了"西方中心主义"的"歧途",忽视了明(1368—1644)、清(1644—1912)以来中国政治社会内部发展的重要性,认为应该重视中国内部因素,而非单纯地以"冲击—反应"、"传

---

〔1〕 川岛真(Kawashima Shin):《中国近代外交の形成》(名古屋:名古屋大学出版会,2004 年),页 22。

统一近代"的两元对立结构解释中国近代史的发展。[1] 这种反省很值得我们重视。不过,"西力冲击论"背后强调中西文化体系、秩序体系、价值体系的差异性所引发的种种国家间的龃龉与碰撞(或广义言之,东西文化冲突)仍是学术界的关注对象。上世纪90年代著名政治学者、哈佛大学教授亨廷顿(Samuel P. Huntington)便以文化冲突论为前提推论今后世界的国际纷争,在学术界掀起广泛而有深度的争论。[2] 诚然,在西力冲击以前,由于人口激增及内乱频生,再加上政治腐败等内在因素,中国确实已面临崩溃的边缘。然而,这种失序状态的结果只是改朝换代而已,当王朝重新建立,统治体制以及知识价值体系很快便会回归到原来的秩序上。我们实在难以否认西力的冲击除了加速中华帝国的崩溃外,更从根本上破坏了传统秩序构造这一事实。那么,晚清中国所面对的来自西方资本主义、信仰基督教之"文明国"(civilized states)的巨大冲击是什么呢?简而言之,一是以坚船利炮为象征的"暴力支配";二是规范主权国家间关系的"法的支配"——近代西方国际法。

研究认为,自1842年中英《南京条约》缔结以来,中国一方面与欧美各国立约通商,确立了"条约体制",展开了近代的"外交"关系;另一方面,又与朝鲜、越南等国家维持传统的"朝贡体制",为"朝贡—条约体制"时代揭开了序幕。[3] 中国在"条约体制"下,很自然地成为近代西方国际法的适用对象。表面看来,中国似乎已接受"国际法的支配原则",并加入了国际社会,但事实并非如此。一方面,与欧美各国立约通商初期,此种立约通商并不意味着中国理解所谓"法的支配原则"或是承认以平

---

[1] Paul A. Cohen, *Discovering History in China: American Historical Writing on the Recent Chinese Past* (New York: Columbia University Press, 1984).
[2] Samuel P. Huntington, *The Clash of Civilizations and the Remaking of World Order* (New York: Simon & Schuster, 1996).
[3] John King Fairbank (1907–1991) edited, *Chinese World Order* (Cambridge, Mass.: Harvard University, 1969). 不过,以"朝贡体制"来涵盖清朝的中华世界秩序并不完全反映真实情况,因为清朝的统治秩序中,以"法、德、礼"为统治原理,以华夷思想为理论基础,以与中央的亲疏关系为从属基准,从直接统治的地方省县、间接统治的土司、藩部,到册封的藩国、不册封的朝贡国,以至只作贸易往来的互市国等,建立了一个阶层式(hierarchical)的上下从属的多重统治秩序。

绪　论

等的主权国家为构成基础的西方国际法秩序。中国只视之为抚夷怀柔策略之一，试图将西夷纳入"朝贡体制"（尽管从实际看来只属"互市"）之下，只是略加变更而已。另一方面，以基督教文明为轴心的西方国家亦不承认异质文明的中国为国际社会的对等成员。中外不平等条约的缔结既是西方国家拒绝中国适用主权平等、国家独立自主等国际法原则的表现，同时也是对非西方国家新国际法原则的创造。而维持这种法秩序的则是资本主义强大的经济力量及船坚炮利的军事威慑。进一步说，19世纪的世界是在种种规范性二元对立的命题下塑造出来的。中西关系的论述，是由文明—野蛮、进化—落后、自主独立—藩属依附、普遍—特殊、开放—封闭、规范的—任意的等一系列充满着善恶好坏价值判断的对立词汇所组成。作为国际法适用基础的近代国际社会，将世界各国分为"文明"、"野蛮"和"未开"三个领域，中国等亚洲国家被视为"野蛮国"，只能适用国际法的部分原则，不能享有国家主体的完全人格。最能反映这种秩序架构上的国家权利的差异，莫过于以片面最惠国待遇、领事裁判权、协定关税为核心内容的不平等条约。可以说，不平等条款的规定，恰恰是为这些"非文明国"而设的。这种国际秩序观点，固然是不折不扣的"西方中心主义"，但不幸的是，19世纪末20世纪初的政治现实却是在这种偏见下展开的。

面对西方的"暴力的支配原则"和"法的支配原则"，中国首先祭出的是"师夷之长技以制夷"的伏夷大法。在"以夷制夷"的思想下，清政府除了以军事、技术改革为中心，对帝国实行"武装现代化"以外，自1861年成立总理衙门以处理西方各国事务后，踏入1870年代，更开始接受外国使节驻京，并派遣驻外使节。另一方面，实际的中外交涉以及1860年代以来西方国际法著作的传入，带来了中国认知范式的改变，为中国人辨识当前的变局，理解新世界秩序、新知识、新价值体系提供了核心"知识资源"及"概念工具"。[1] 而在遭遇周边藩属丧失、主权被侵、统治权威失

---

[1]　此处借用了王汎森的用语。参王汎森：《中国近代思想与学术系谱》（石家庄：河北教育出版社，2001年），页149—164。

坠的一连串挫败之同时，"天朝"更面临着帝国崩溃的噩梦。这种崩溃，不单是传统的政治秩序的分崩离析，更是文化、道德秩序（传统的社会制度、习惯、思想、价值观念）的瓦解。因此，中国在利用新"知识资源"和新"概念工具"去认知"条约体制"的本质、理解国际秩序的同时，也重新为传统的中华世界秩序定位定性，并以西方作为参照对象，反观本身，自我解剖，调整体制，以至开始自觉与不自觉地着手建构现代意义的国家。也就是说，在帝国崩溃失序的过程中，中国同时在追求新秩序的原则，以国际法为把握国际社会秩序的框架，从事国家构建（state-building）以至国族构建（nation-building），改革政治体制、法律制度以及教育制度等，并自觉或不自觉地对传统文化、价值观念体系进行转化，重新界定自我，试图走进主权国家的队伍，跻身为欧美国家承认的"文明国"。中国通过加入国际社会大家庭，来确保自己享有国际法所保障的国家权利，以维持自主独立。在这个过程中，中国是以欧美诸国和改革成功的日本作为参照对象与尺度准则的。中国深明国家之"文明"与否，已非以传统的礼仪为依归，而在于能否对内实行西方式的法治统治，对外遵守条约，并根据国际法规定，行使国家权利，履行国际责任。事实上，戊戌维新、新政改革，乃至辛亥革命，其基本信念仍是希望通过各种政治、社会、经济改革，再建国家，争取在国际社会上与西方列强对等的地位。为了废除不平等条约，维护国家主权，中国不得不扬弃几千年来君临天下，臣服万邦的天朝姿态，从初期不大情愿沦为万国之一，到后期发展为主动追求成为万国之一。晚清的各种政治变革，无论是立宪还是革命，其根本目的无非是成为国际法上的平等一员（"文明国"）而已。近代对外机构的设置、驻外使领的派遣、国际会议的参加，以及国际条约的缔结等，反映的是中国从认知到接受国际法秩序的过程。对外交涉应用国际法，反映了中国遵守国际法规范国家行为的原则。至于实施国际法教育，进行国家体制及司法改革，则是培养及增强遵守国际法的能力。凡此种种，可见研究晚清以来国际法的传入、诠释以及应用等问题既是中国近代史的重要课题，同时也是讨论中国近代国家构建过程的一个重要分析架构。

绪　论

我们讨论近现代中国的外交政策时,所谓"近代"的意义,实际上是指中国对国际法秩序的认同,及对国际法的遵守与应用。1906年同盟会的对外宣言,以及辛亥革命之际,革命军随即宣称保护在华外国人,确保列强在华的既有利益,图使各国维持中立,并极力争取各国承认革命军为交战团体,即为其积极应用西方国际法以谋求自身有利地位的明证。这种依据国际法原则、规则、惯例而行动的对外姿态,可说是新政期以来留日法政学生努力学习、译著国际法的结果,并体现了晚清以来中国人对西方国际法认识的加深及对其精神原则的认同。民国以来废除不平等条约运动及修约外交,以及政治、司法等改革的实行,实际上与晚清以来的国家构建一脉相承。盖辛亥革命的成功,一方面标志着新时代的开始,另一方面,其后所进行的国家构建正是新政改革的延续。即以晚清对外政策的指导原则及对外交涉行动模式为例,不单是民国时期,即今日之中国政府亦仍在沿用之。[1] 换句话说,研究晚清国际法的传入和中国人的国际法观,以及对国际法的应用等问题,不单能对晚清史有一更深入的了解,即使对民国以后中国的政治外交史,也能提供一个重要的分析架构。

如以长时段的眼光看此问题,或许我们可以将晚清国际法的传入与本土化过程归纳为接触—冲击—解构—调整—建构。不过,这只是一种方便说法,因为历史并不是线性发展的,实际的情况是纵横交错,相互重叠。中国也非简单、被动地被卷入西方的世界秩序。在它进入国际社会的崎岖不平的过程中,充满着选择、犹豫与反省。新知识、新概念对传统知识体系的冲击,本土化知识与理念的生成,时刻在纠结交缠,其与个人经历及时局变动互为影响。笔者关心的是,作为一种新的"知识资源"和"概念工具",西方国际法在晚清中国是在怎样的时空维度传入;中国人接触、认知、诠释、接受国际法知识及国际法秩序的过程及其与知识体系转型的关系;中国在国家现代性转向与加入国际社会的过程中,如何在政

---

[1] James C. Hsiung, "China's Recognition Practice and Its Implications in International Law," in Jerome Alan Cohen edited, *China's Practice of International Law: Some Case Studies* (Cambridge, Mass.: Harvard University Press, 1972), pp. 14 – 56.

治外交的具体行动上实践和应用国际法。

二、研究史的整理及问题所在

上世纪90年代中叶以来,晚清西方近代国际法的传入这一课题逐渐成为中国学术界的新兴研究领域。学者注意到国际法传入中国后所引起的巨大震荡和影响,其深远意义并未止于政治外交层面,对中国思想界的冲击尤其强烈。早在上世纪90年代末期,日本史学界便特别组织研讨会探讨西方国际法的东传问题,集合了中国史、日本史、韩国史的专家,把研究视野拓宽到整个东亚世界。日本东亚近代史学会(東アジア近代史学会)连续两年,即于1998年6月20日及1999年6月26—27日的周年研究大会中举行了"东亚的万国公法的受容与适用"及"东亚的近代国际法的受容与适用"研讨会,讨论了中日韩国际法传入的问题。第一次以综观概论为主,对于中日韩三国的国际法受容与适用问题都有一篇报告讨论;第二次以回顾展望及个案分析为主,特别之处在于邀请了国际法学者从国际法学的角度讨论国际法传入亚洲的问题,并邀请伊斯兰史研究者讨论伊斯兰的世界秩序。相关会议成果其后刊于学会学报《東アジア近代史》第2及第3号。[1] 其中川岛真(Kawashima Shin)的《中国におけ

---

[1]《東アジア近代史》第2号(1999年3月)共刊载了5篇与国际法相关的论文报告及1篇大会总结,分别是大畑笃四郎(Ōhata Tokushiro):《東アジアにおける国際法(万国公法)の受容と適用》、川岛真(Kawashima Shin):《中国における万国公法の受容と適用——朝貢と条約をめぐる研究動向と問題提起》、金容九(Kim Yong-gu):《朝鮮における万国公法の受容と適用》、安岡昭男(Yasuoka Akio):《日本における万国公法の受容と適用》、原田環(Harada Tamaki):《「シンポジウム東アジアにおける万国公法の受容と適用」を終えて》、堀口修(Horiguchi Osamu):《金子堅太郎と国際公法会》(此为独立投稿论文,非研讨会之报告)。第3号(2000年3月)共刊载了9篇与国际法相关的论文报告及1篇大会总结,分别是:鈴木董(Suzuki Tadashi):《イスラム世界秩序とその変容——世界秩序の比較史への一視点——》、茂木敏夫(Motegi Toshio):《中国における近代国際法の受容——"朝貢と条約"の並存の諸相》、川岛真:《中国における万国公法の受容と適用・再考》、野沢基恭(Nozawa Motoyasu):《日本における近代国際法の受容と適用——高橋作衛と近代国際法——》、伊藤信哉(Itō Shin'ya):《十九世紀後半の日本における近代国際法の適用事例——神戸税関事件とスエレス号事件——》、塚本孝(Tsukamoto Takashi):《日本の領域確定における近代国際法の適用事例——先占法理と竹島の領土編入を中心に——》、広瀬和子(Hitose Kazuko):《アジアにおける近代国際法の受容と適用》、藤田久一(Fujita Hisakazu):《東アジアにおける近代史の展開の諸報告について》、入江昭(Irie Akira):《世界史の中の国際関係史》、原田環:《「シンポジウム東アジアにおける万国公法の受容と適用」を終えて》。

绪　论

る万国公法の受容と適用——朝貢と条約をめぐる研究動向と問題提起》一文，探讨了西力冲击下近代东亚世界秩序的变动问题，讨论的对象以日本几位著名学者的论著为主，并非全面的、整体性概述。该文主要涉及3个议题：1. 著名日本外交史学者坂野正高（Banno Masataka）的外交史研究；2. 佐藤慎一（Satō Shin'ichi）、佐佐木扬（Sasagi Yō）的思想史研究（国际秩序观）；3. 关于"朝贡与条约"的近代东亚世界秩序的变动问题，包括从经济史、商业史、贸易史角度讨论亚洲地域市场及朝贡贸易体制、宗主权与主权的冲突，以及中国的近代国家建构等问题。从文章论及的问题及内容来看，此文更侧重于对近代东亚世界秩序史的回顾。事实上，川岛真后来修订了这些文字，把它们作为清末以前对外关系史的研究综述，收入其成名力作《中国近代外交の形成》一书中。[1] 从目前的情况看来，尽管日本史学界注意到近代国际法传入亚洲这一研究领域，但讨论多集中于日本方面，对国际法传入中国的经过、对相关国际法著作内容的分析以及对中国人诠释、应用国际法的事例等具体分析不多。从事晚清国际法研究的日本学者对国际法传入中国的探讨，是放在一个东西国际秩序碰撞的框架下来讨论的。其主要切入方法属于思想史和政治外交史取向，即从思想史的角度看晚清官僚及知识分子的国际秩序观之动摇、变化及形成的过程；从政治外交史的角度讨论晚清中国如何由传统帝国走向近代主权国家的过程，包括对欧美国家以及周边地域政治经济关系的重整、国家内部统治结构与政治机关的改造，以至"中国人"之国籍的界定等等。[2]

由于近年来晚清国际法研究已成为中国史学界的一个新兴热门研究领域，并有大量的论著涌现，因此我们在这里也有必要检视一下到目前为止的研究状况。关于晚清国际法的研究史，内地学者张卫明及韩国学者韩相熙（Han Sang Hee）都曾撰文回顾，为我们把握国内晚清国际法研究

---

〔1〕 川岛真：《中国近代外交の形成》，页21—44。
〔2〕 如茂木敏夫：《变容する近代東アジアの国際秩序》（東京：山川出版社，1997年）。

的现状及其关注的问题作了有益的整理和探讨。美中不足的是,两人的研究史整理主要以中国内地的论著为限(尽管韩的文章提到了美国华裔学者徐中约及台湾学者邱宏达的研究),并未涉及欧美与日本的情况。由于张卫明和韩相熙两人的回顾论述已提供了很好的基础,这里先介绍一下两人整理的研究史取向及大概情况,对于文中所涉相关研究的具体内容及观点,限于篇幅,将从略处理,但后文会就笔者的问题意识对其加以讨论。

张卫明梳理了近二十年来中国大陆学界关于近代国际法在晚清中国的传播、应用及影响等的论著,并一针见血地道出了目前晚清国际法研究的问题:"由于研究未能立足于学术前沿,一些研究成果实际上是在重复前人的劳动,甚至于未能达到前人已开拓的前沿。"[1]张卫明认为中国大陆的相关研究主要涉及了以下几个问题:1. 近代国际法的传入问题(即国际法何时开始传入中国的问题);2. 林则徐翻译国际法;3. 丁韪良与国际法汉译;4. 晚清知识分子对国际法的认识与态度(包括总体概述、洋务官员群体以及官员个体);5. 国际法对晚清外交的影响(包括清政府对国际法的态度、中国外交制度的现代化、近代国家主权观念的萌芽、不平等条约及中国纳入世界秩序、中外战争中国际法的运用)。张卫明在此基础上提出了几个推进这些研究的着力方向:1. 加强资料整理和史料研究:除清末国际法专著外,应着力整理其他史料如档案资料、报刊、晚清人物的文集、日记及著作等,并加以甄别和考辨。2. 积极探索理论与方法,主张从思想方面厘清三个问题:一是近代国际法并不等同于西方文明;二是近代国际法本身是个动态的发展过程;三是近代国际法与近代不平等条约体系共同对晚清外交产生影响。他认为应一方面研究晚清政府对国际法的认识和运用,一方面

---

[1] 张卫明的文章先后发表了两次,第一次以《晚清国际法研究回顾与前瞻》为题,刊在《西华大学学报》(哲学社会科学版),2006年4期(2006年8月),页92—96。其后再以《近二十年晚清国际法研究的回顾与前瞻》为题,发表在《法律文献资讯与研究》,2007年3期,页13—22。两篇文章内容基本一样,差异在于后者增订了"研究缘起"一节。

用国际法的法理尺规衡量晚清之际中外交往的利弊得失。3. 打破学科界限、整合法学研究和历史研究的学科优势。4. 开拓研究视角,拓宽研究领域,如国际法与晚清外交人才培育、清末官派留学生对国际法的接触与运用、国际法的传入与晚清"西法中源说"、国际法与晚清军事等等。

韩相熙的研究史整理,是由 4 篇系列论文《19 世纪东亚地区欧洲国际法的受容》组成的。它们分别讨论了日本学者对日本国际法接受史的研究(第 1 篇)、中国学者对中国国际法接受史的研究(第 2 篇),以及韩国学者对朝鲜国际法接受史的研究(第 3 篇),至于第 4 篇则是总结和展望。[1] 韩相熙的回顾整理,探取的是研究史分期的视角,认为中国学者对中国国际法接受史的研究可以分为 3 个时期:

第 1 个时期:1930 年代至 1960 年代。1930 年代由蒋廷黻、李抱宏开其端,探讨了国际法最初传入中国的问题。1960 年代,则有徐中约的外交史及邱宏达的国际法学研究。韩认为徐中约的研究对中国学者影响最大的观点是:"条约体制"下中国所接受的只是不平等条约的原则,并未享有国际法的一般性原则。又指出邱宏达的专书篇幅虽小,但书中讨论到国际法传入经过、清政府在外交上对国际法的应用、清代官僚以及学者的国际法观、国际法的译语问题等,确立了日后中国学者讨论相关问题的基本研究领域,影响重大。

第 2 个时期:1980 年代至 1990 年代。此时期以张劲草、王维俭、程鹏、王铁崖和李兆杰 5 人的研究最引人注意。5 人的研究重点都放在林

---

[1] 韓相熙:《19 世紀東アジアにおけるヨーロッパ国際法の受容(1)——日本の学者達の研究を中心に》,《法政研究》(九州大学法政学会),74 卷 1 号(2007 年 7 月),页 234—204;《19 世紀東アジアにおけるヨーロッパ国際法の受容(2)——中国の学者達の研究を中心に》,《法政研究》,74 卷 2 号(2007 年 11 月),页 466—437;《19 世紀東アジアにおけるヨーロッパ国際法の受容(3)——韓国の学者達の研究を中心に》,《法政研究》,74 卷 3 号(2007 年 12 月),页 782—749;《19 世紀東アジアにおけるヨーロッパ国際法の受容(完)結論と著作目録》,《法政研究》(九州大学法政学会),74 卷 4 号(2008 年 3 月),页 1076—1017。

则徐和丁韪良的国际法翻译事业上。

　　第3个时期：由1990年代中叶以后到目下为止，进入了爆发期，研究转趋活跃，大量相关论文涌现。其中以杨泽伟、田涛、何勤华等人为代表。大抵而言，这时期的研究可分为几个方面：1. 综合式的概论；2. 国际法的著作与教育；3. 官僚及知识分子的国际法观；4. 国际法适用的个案研究；5. "万国公法"等西方概念、用语的翻译及传入问题。

　　由此看来，张卫明的回顾主要以单篇论文为主，所展望的研究方向也略嫌不足，对于近年学界关注的研究领域，如近代知识转型问题之类的讨论更是完全没有涉及。国际法作为一种新知识、新概念、新工具乃至新学科，中国人是在怎样的历史过程中去接触、吸收、消化、诠释，并加以应用的呢？又由于张文没有触及欧、美、日、港、台方面的前沿研究（如日本学界流行的从近代国家建构、东亚地域秩序变动的角度探讨国际法秩序的问题、欧美学者着重的从翻译及新术语生成的角度讨论知识、概念的转化及思想文化等问题）。因此他提出的分析及建议，便多少未能具备足够的前沿性了。不过，作为国内第一篇讨论晚清国际法研究史的文章，其开创奠基启迪之功已经极具价值。至于韩文，同样忽视了中国以外的研究动向，不过由于他同时撰写了日本和韩国方面的研究史，有比较对照的对象，因此讨论视野便来得更宽广。例如韩相熙总结了中日韩三地国际法接受史的研究特点：1. 日本国际法接受史的争论焦点在于传入日本的国际法性质问题（自然法？实在法？还是两者皆有？）2. 中国国际法接受史的争论焦点是国际法的主体问题：谁最早将国际法传入中国？丁韪良的翻译动机是什么？3. 韩国国际法接受史的争论焦点是为什么日本成功接受了国际法，而韩国则以失败告终；以及国际法传入韩国始于何时等问题。虽然这种大刀阔斧式的总结讨论，掩盖了具体情况的多元复杂，但未尝没有提供了一个丰富的对照比较起点。而且，韩相熙以时代划分研究史，有利于我们把握研究的趋向及问题。尤其是韩相熙对相关领域内重要研究者的见解都有

绪　　论

所介绍,并附有东亚西方国际法接受史研究的主要著作目录(中国方面以中文为主),这为我们将来开拓比较课题提供了很好的参考文献基础。

以下,将在川岛真、张卫明及韩相熙三人的研究史论述基础上,根据笔者的问题意识及关心的课题对迄今为止的晚清国际法研究状况进行梳理与讨论。

1. 关于近代西方国际法传入中国,以及中国人如何诠释、理解和应用等问题的研究,一直以来都把注意力集中在林则徐(1785—1850)和丁韪良(William Alexender Parsons Martin, 1827—1916)的翻译事业及其影响上。而讨论重点之一,是西方国际法何时开始传入中国的起点问题。当然,中国此前接触国际法的问题也有论者介绍过,例如丘宏达及曾涛曾撰专文介绍康熙朝(1662—1722)中国接触近代西方国际法的情形,即耶稣会士卫匡国(Martin Martini, 1614—1661)翻译国际法及《中俄尼布楚条约》的缔结问题。学术界流行的看法是《中俄尼布楚条约》的签订是清政府接触西方国际法的一次机遇,但不能视之为国际法传入中国。事实上,丘宏达只是短文介绍,严格来说不是学术研究,根据的乃是约瑟夫·西比斯(Joseph Sebes)的专著。[1] 由于这方面的资料缺乏,无法确认具体的情况,其后的研究即使谈到这段时期的国际法接触情形,也多是引用西比斯的说法而已。曾涛所论实际上仍不出西比斯的范畴,未有突破,只是补充了一些相关人物的辅助性资料,以及对国际法传入中国意义的评论等。[2]

至于讨论鸦片战争期间林则徐命人翻译国际法情况及应用国际法问

---

〔1〕 丘宏达:《中国国际法问题论文集》(台北:台湾商务印书馆,1968年),第1章,《康熙帝与国际法》,页1—3;原载《中央日报》,1967年6月6日,页10。又参 Joseph Sebes, *The Jesuits and the Sino-Russian Treaty of Nerchinsk 1689: The Diary of Thomas Pereira* (Rome: Institium Historicum S. I., 1961), pp. 115 - 120.

〔2〕 曾涛:《近代中国与国际法的遭逢》,《中国政法大学学报》,2008年5期,页103—111。

题的,有李抱宏[1]、张劲草、邱在珏、张敏[2]、信川[3]、程鹏[4]、刘恒焕[5]、澹台惠敏[6]、张卫明、王黎明[7]、陆玉芹[8]、韩琴[9]等人的研究。大体而言,这些研究都以林则徐为中国最早翻译近代西方国际法者,比丁韪良更早,并对林则徐在鸦片战争期间应用了国际法与英国斗争的事实(主要是禁烟及办理林维喜案),持肯定态度。这类研究的论述方法一般是这样的:先介绍林则徐翻译国际法的事业,接着引用相关国际法的规定,然后铺陈林则徐的行动,以证明林则徐的做法符合国际法的规定。这类研究内容的趋同性比较显著,对于林则徐应用西方国际法时的国际秩序观乃至中国应用国际法规则所涉及的法理及外交政策问题,并未深入讨论,论文的主旨不在于发现新事实,提出新观点,而在于高度评价林则徐翻译及应用国际法的意义。

以丁韪良的国际法翻译事业为中心来讨论晚清国际法传入的,较早期

---

[1] 李抱宏:《国际公法之初次输入中国问题》,《外交研究》,1卷6期(1939年),页54—56。
[2] 张劲草:《国际法最早的汉文译著者是林则徐》,《法学》,1982年5期,页44—45;《林则徐与国际法》,《法学杂志》,1983年1期(1983年4月),页33—36;张劲草、邱在珏:《论国际法之传入中国》,《河北大学学报》,1984年2期,页126—133;张劲草、邱在珏、张敏:《林则徐与国际法》(福州:福建教育出版社,1990年);Zhang Jingcao(张劲草),"How Western International Law was introduced into China and Its Influence upon China," in Bernard Hung-Kay Luk edited, *Contacts between Cultures*, Vol. 4. *Eastern Asia: History and Social Sciences* (Lewiston: E. Mellen Press, 1992), pp. 264–270.
[3] 信川:《林则徐与国际法》,《明报月刊》,20卷3期(1985年3月),页90—92。
[4] 程鹏:《西方国际法首次传入中国问题的探讨》,《北京大学学报》(哲学社会科学版),1989年5期(1989年9月),页105—113。
[5] 刘恒焕:《中国国际法学的开山者——林则徐》,《中山大学学报》(社会科学版),1991年1期(1991年1月),页87—93;后收入中山大学法学院编:《学术的律动——中山大学法学院老教授文集》(北京:法律出版社,2006年),页182—165。
[6] 澹台惠敏:《近代国际法之传入中国及其深远影响》,"第二届中外关系史国际学术研究会"会议论文(淡江大学历史系举办,1992年6月26—27日),全11页。
[7] 张卫明、王黎明:《近代国际法与林则徐禁烟》,《漳州师范学院学报》(哲学社会科学版),2005年5期,页99—102。
[8] 陆玉芹:《林则徐与〈滑达尔各国律例〉》,《盐城师范学院学报》(人文社会科学报),26卷3期(2006年6月),页11—15。
[9] 韩琴:《论林则徐摘译国际法的选择性》,《福建师范大学学报》(哲学社会科学版),2008年4期,页127—135。

绪 论

的有蒋廷黻[1]、陈世材[2]、丘宏达[3]的研究,20世纪80年代以后,由陈麦青开其端,[4]接着有王维俭[5]、田涛[6]、杨泽伟[7]、邹振环[8]、何勤华[9]、孙玉祥[10]、丁光泮[11]、王尔敏[12]等人的研究不断深入。这些研究

---

〔1〕 蒋廷黻(1895—1965):《国际公法输入中国之起始》,《清华大学政治学报》,1卷2期(1932年6月),页61—64; T. F. Tsiang(蒋廷黻), "Bismarck and the Introduction of International Law into China," *Chinese Social & Political Sciences Review*, 15:1 (April., 1931), pp. 98-101.

〔2〕 陈世材:《中国国际法学之源流》,载氏著:《国际法学》,上册(台北:精华印书局,1954年),页3—6。

〔3〕 丘宏达:《中国国际法问题论文集》,第二章《西方"国际法"输入中国的经过》,页4—22;原载《东方杂志》,复刊1卷12期(1968年12月),页28—34。

〔4〕 陈麦青:《惠氏〈万国公法〉的由来及其历史作用》,《法学》,1982年1期,页36。陈麦青的文章严格来说算不上学术论文,但韩相熙认为陈文是中国改革开放以后第1篇讨论19世纪国际法传入中国的文章,篇幅虽短,但文中所提到的问题如谁最早引介国际法进入中国、谁翻译《万国公法》,以及《万国公法》的翻译是列强压逼中国的手段等观点在一段不短的时间内成为20世纪90年代中叶以前中国国际法研究的基本内容,如张劲草、王维俭、程鹏、王铁崖、李兆杰等皆持类似的观点。参韩相熙:《19世纪東アジアにおけるヨーロッパ国際法の受容(2)——中国の学者達の研究を中心に》,页462—461。

〔5〕 王维俭:《丁韪良和京师同文馆》,《中山大学学报》(社会科学版),1984年2期(1984年4月),页101—117;《普丹大沽口船舶事件和西方国际法传入中国》,《学术研究》,1985年5期(1985年9月),页84—90。

〔6〕 田涛:《晚清国际法输入述论》,《天津社会科学》,1999年6期(1999年11月),页99—103;《丁韪良与〈万国公法〉》,《社会科学研究》,1999年5期(1999年10月),页107—112。

〔7〕 杨泽伟:《我国清代国际法之一瞥》,《中州学刊》,1996年2期(1996年3月),页117—120;又载《船山学刊》,1996年2期,页131—138;《近代国际法输入中国及其影响》,《法学研究》,1999年3期(1999年5月),页122—131;《论近代国际法输入中国及其影响》,载张广兴、公丕祥编:《20世纪中国法学与法制现代化》(南京:南京师范大学出版社,2000年),页671—693;《中国与国际法》,载氏著:《宏观国际法史》(武昌:武汉大学出版社,2001年6月),页402—461。杨泽伟1996年的论文没有注释,内容与邱宏达收在《中国国际法问题论文集》的《西方"国际法"输入中国的经过》一文相似。其后该文补充注释,并丰富内容,增加总理衙门设立一节,扩充为1999年及2000年的论文。2001年的论文再事扩充,兼及春秋时期、民国时期及当代中国。

〔8〕 邹振环:《万国公法与近代国际法的传入》,载氏著:《影响中国近代社会的一百种著作》(北京:中国对外翻译出版公司,1994年),页55—58;《丁韪良及其译述的〈万国公法〉》,载氏著:《译林旧踪》(南昌:江西教育出版社,2000年),页36—39;《丁韪良译述〈万国公法〉在中日韩传播的比较研究》,载复旦大学韩国研究中心编:《韩国学研究》,第7辑(北京:中国社会科学出版社,2000年),页258—278。

〔9〕 何勤华:《〈万国公法〉与清末国际法》,《法学研究》,2001年5期(2001年9月),页137—148;后修订收入何勤华、李秀清:《外国法与中国法:20世纪移植外国法反思》(北京:中国政法大学出版社,2003年),页566—591。

〔10〕 孙玉祥:《丁韪良与〈万国公法〉》,《新闻出版交流》,2003年2期,页55—56。

〔11〕 丁光泮:《试论北京同文馆对近代国际法的翻译与教学》,《西南师范大学学报》(哲学社会科学版),2005年4期,页15—17。

〔12〕 王尔敏:《总理衙门译印〈万国公法〉以吸取西方外交经验》,《台湾师大历史学报》,37期(2007年6月),页119—141;后收入氏著:《弱国的外交:面对列强环伺的晚清世局》(桂林:广西师范大学出版社,2008年),页177—198。

基本上肯定了丁韪良引进国际法的努力,以及其国际法译作对近代中国政治外交观念的建立及世界观开拓的贡献。不过,在评论丁韪良的翻译动机时,中国学者(特别是以林则徐为翻译国际法第一人的学者)很多时候持一种批判的态度,即认为丁韪良翻译国际法的目的在于促使中国人接受西方的"干涉有理"及其国际规范,进而逼迫中国纳入西方的世界秩序。[1] 此外,洪燕的硕士论文以同治朝为限,讨论了《万国公法》的传播背景及经过、知识分子对国际形势及国际法的认知和态度,以及在对外交涉中的应用过程等。[2]

以上的研究,虽能说明初期国际法传入中国的情况及经过,但对于许多基本历史事实的叙述,仍有不少纰漏,而且由于其研究视野大多局限在丁韪良的国际法翻译事业上,因此对于后期国际法之翻译与著述的探讨,并未给予足够的重视。即便偶有提及,也多为对文本内容的简单介绍,未有深入分析,失之简略。例如,丘宏达的论文便简单罗列介绍了几本20世纪初的国际法著作,虽以近代西方国际法传入中国的经过为题目,但实际上主要讲的仍是丁韪良的翻译事业。此外,李胜渝概述近代国际法传入的经过,也只是综合前说。[3] 修志君简论了近代国际法对中国的影响,[4] 田玉才则从传播的角度,概述了晚清国际法翻译、学会活动、教学、对外交涉以及报刊等传播途径,但具体分析稍嫌不足。[5] 至于甲午战后至新政期国际法的译著情况,以专文形式探讨的为数极少,就调查所见,目前只有笔者成于多年前的一篇旧文。不过当时由于资料所限,只能算是作出初步探讨,还有待进一步充实材料,深化讨论。[6] 近年来,曾亚英

---

〔1〕 关于此点,张卫明有扼要的介绍,参《近二十年晚清国际法研究的回顾与前瞻》,页17—18。

〔2〕 洪燕:《同治年间〈万国公法〉在中国的传播和应用》(华东师范大学硕士学位论文,2006年)。

〔3〕 李胜渝:《中国近代国际法探源》,《四川教育学院学报》,17卷7期(2001年7月),页53—55。

〔4〕 修志君:《简论近代国际法对中国的影响》,《法律适用》,2005年10期(2005年10月),页91—92。

〔5〕 田玉才:《清代后期国际法在中国的传播新论》,《时代法学》,4卷4期(2006年8月),页98—107。

〔6〕 林学忠:《日清戦争以降中国における国際法の受容過程——特に国際法関係の翻訳と著作をめぐって——》,《東アジア地域研究》,2号(1995年7月),页52—69。

绪　论

的《蔡锷与〈国际公法志〉》则首次以专文形式探讨了留日学生最初的国际法著作。[1]

近年来较为集中讨论相关问题的著作有田涛的《国际法输入与晚清中国》。[2] 这是第一本关于近代国际法传入中国问题的专书，比较系统地从不同侧面展现了国际法传入中国的情况。不过，全书的主要研究对象在于国际法的译著，而且与前述其他研究有一个共通点，即特别偏重林则徐和丁韪良的始创之功。除了第4章和第5章第6节《世纪初的反思：理性趋向》外，其余各章篇幅都断限在20世纪以前，对于20世纪初国际法的传入情形只停留在对相关著作的资料性介绍层面，没有对国际法的来源、国际法观、国际法的应用及意义等问题作深入探讨。[3] 当然，笔者无意否认林则徐和丁韪良二人介绍国际法的始创之功，尤其是丁韪良所译的《万国公法》，更是影响深远，不单是在中国，即便在日本、朝鲜和越南等地也都产生过重大作用。但是，这种只局限于19世纪中后期的分析视野，并未能掌握国际法传入中国的关键阶段。事实上，国际法在中国全面而广泛的传入，要到20世纪初的新政时期才正式展开。平心而论，自戊戌维新以后，丁韪良的译著在中国的影响已是日渐式微，代之而起的是留日学生的大量译著。他们把日本当时最新的国际法学说介绍到中国，提高了中国人的国际法知识水准，使国际法的诸项原则（主权平等、遵守条约等）得以在中国生根。即以译语为例，此时"international law"一语的译词已非丁韪良所译的"万国公法"，而是来自日本的译语"国际公法"。这体现了晚清中国人国际法观的变化，同时也表明，关于近代国际法，他们曾先后有过两种不同的"知识资源"。20世纪初期国人国际法知识

---

〔1〕　曾亚英：《蔡锷与国际公法志》，载中国社会科学院近代史研究所编：《近代中国与世界——第二届近代中国与世界学术讨论会论文集》（北京：社会科学出版社，2005年），页332—348。

〔2〕　田涛：《国际法输入与晚清中国》（济南：济南出版社，2001年）。全书除导论《欧洲国际法及其发展》及《结语》外，分为6章：第1章《中国与国际法的早期接触》；第2章《〈万国公法〉：晚清国际法系统输入之开端》；第3章《洋务时期的国际法输入》；第4章《留日学生与20世纪初年的国际法》；第5章《国际法与晚清知识界》；第6章《国际法与晚清外交》。

〔3〕　田涛亦承认此点的不足和局限。参《国际法输入与晚清中国》，《前言》，页4。

的丰富及对国际法秩序理解的深化,也直接影响到新政期间他们对国家出路问题的思考。例如革命派与立宪派对中国今后应实行革命还是立宪的分歧之一,即根源于对国际法原则及当时国际秩序理解和评价的差异上。

由于近代西方国际法是通过翻译的形式传入东亚的,而国际法学的术语和词汇则是构成法学系统(概念、原则、规则等)的基本单位,因此从文本翻译及术语生成的角度讨论晚清国际法,也是一个很重要的研究视角。早在1968年,国际法学者丘宏达便已提出研究国际法名词的重要性,[1]近年来学界开始注意到国际法翻译的问题,特别是名词方面的研究,如段柏林[2]、张嘉宁[3]、刘禾[4]、俞江[5]、王健[6]、鲁纳[7]、李贵

---

[1] 丘宏达:《中国国际法问题论文集》,第3章,《中国国际法学名词的研究》,页23—39;Hungdah Chiu, "The Development of Chinese International Law Terms and the Problem of Their Translation into English," in Jerome A. Cohen edited, *Contemporary Chinese Law: Research Problems and Perspectives* (Cambridge, Mass.: Harvard University Press, 1970), pp. 139 - 157。

[2] 段柏林:《中国国際法の移植とその影響》,载氏著:《中華思想と華僑》(東京:アジア文化総合研究所出版会,1992年),頁36—61。

[3] 张嘉宁(ジャニン・ジャン):《〈万国公法〉成立事情と翻訳問題——その中国語訳と和訳をめぐって——》,载加藤周一、丸山真男编:《翻訳の思想》(《日本近代思想大系》第15卷;東京:岩波書店,1991年),頁381—400。

[4] Lydia H. Liu, *The Clash of Empires: The Invention China in Modern World Making* (Cambridge, Mass.: Harvard University Press, 2004). 特别是第4章"Translating International Law," pp. 108 - 139. 第4章修订自作者较早前的文章 "Legislating the Universal: The Circulation of International Law in the Nineteenth Century," in Lydia H. Liu edited, *Tokens of Exchange: the Problem of Translation in Global Circulations* (Durham, NC: Duke University Press, 1999), pp. 147 - 164. 中文版由陈燕谷译:《普遍性的历史建构:〈万国公法〉与19世纪国际法的流通》,《视界》,1辑(2000年5月),页64—84。

[5] 俞江:《近代中国法学语词的形成与发展》,载氏著:《近代中国的法律与学术》(北京:北京大学出版社,2008年),页3—34;原载中南财经法政大学法律史研究所编:《中西法律传统》,第2卷(北京:中国政法大学出版社,2001年),页24—66。

[6] 王健:《沟通两个世界的法律意义》(北京:中国政法大学出版社,2001年),特别是第四章《公法的年代》,页138—186。

[7] [挪威]鲁纳(Rune Svarverud), "Jus Gentium Sinense: The Earliest Chinese Translation of International Law with some Considerations Regarding the Compilation of Haiguo tuzhi," Acta Orientalia, 61(2000), pp. 203 - 237; 中译本见王笑红译:《万民法在中国——国际法的最初汉译,兼及〈海国图志〉的编纂》,《中外法学》,12卷3期(2000年),页300—310;同氏著: "The Notions of 'Power' and 'Rights' in Chinese Political Discourse," in Michael Lackner, Iwo Amelung and Joachim Kurtz eds., *New Terms for New Ideas: Western Knowledge and Lexical Change in Late Imperial China* (Leiden, Boston: Brill, 2001), pp. 125 - 143; "The Formation of Chinese Lexicon of International Law, 1847 - 1903," in Michael Lackner and Natascha Vittinghoff eds., *Mapping Meanings: the Field of New Learning in Late Qing China* (Leiden: Brill, 2004), pp. 507 - 536;《晚清国际法翻译的机构和语言》,载复旦大学历史系、出版博物馆编:《历史上的中国出版与东亚文化交流》(上海:百家出版社,2009年),页508—518。

连[1]、李根宽[2]、陶静[3]等。这方面的研究很重要,因为翻译文本,不但要克服语言的隔阂,还要超越语际间历史的、文化的制约。换言之,如何去表达新的概念,一方面关系到翻译者怎样理解新知识,以及如何认知、掌握和评价自身传统价值体系,另一方面又要看翻译者如何推测、预期信息接受者(读者)的反应。因此,不同文化之间的翻译,就产生了原著者、翻译者、读者之间错综复杂的相互作用和互动关系。但由于这一课题涉及多种语言,目前的研究大多停留在罗列相关名词,或解释一二名词(如"性法"、"公法"、"权利"等)意义的层面上,尚有待进一步的深入探讨。[4] 在众多语言翻译取向的研究中,刘禾及鲁纳的研究最值得注意。刘禾的视野很宽广、分析结构严密,她以丁韪良翻译《万国公法》为中心,从跨语际实践的角度探讨国际法普遍价值的历史建构问题以及近代世界建构过程中"现代中国"的发现。挪威学者鲁纳则以文本对照(原文与译本)的方法,来分析译者的翻译策略及手法,尝试解释国际法知识及相关概念是如何透过翻译进入中国文本的。

与此相关的研究,还有对译著版本问题的探索。王维俭通过比对中译本及原文,考证了林则徐所译国际法的版本。[5] 此外,近年来张嘉宁[6]、

---

[1] 李贵连:《话说"权利"》,《北大法律评论》,1卷1辑(1998年6月),页115—129。此外,申卫星《"权利"一词何处来?——取自东瀛,还是"回归词"》一文,大篇幅地引述李贵连的论证,然后指出"权利"这个"回归词"(returned loan)被误会为取自日本的原因。载《清华法治论衡》,5辑(2005年),页254—262。其后申卫星又发表"溯求本道'权利'"一文,第1节《"权利"一词何处来?》与前文同,增加了第2节《"权利"的本质为何》。载《法制与社会发展》,2006年5期,页79—87。

[2] 李根宽:《동아시아에서의 유럽 국제법의 수용에 관한 고찰——〈만국공법〉의 번역을 중심으로——》(关于东亚接受世界欧洲国际法的考察——以《万国公法》的翻译为中心——),《서울국제법연구원》,9卷2号(2002年),页17—44。

[3] 陶静:《中国近现代法学用语翻译》,《安徽农业大学学报》(社会科学版),11卷2期(2002年3月),页121—123。

[4] 高黎平的文章尝试探讨丁韪良翻译《万国公法》时的翻译策略、方法和手段,但使用史料及材料有限,而且由于没有根据原著文本进行分析,因此所得出的论点也是错误。对此,傅德元有所说明。参高黎平:《中国近代国际法翻译第一人——丁韪良》,《延安大学学报》(社会科学版),27卷2期(2005年4月),页87—9;傅德元:《丁韪良〈万国公法〉翻译蓝本及意图新探》,《安徽史学》,2008年1期,页51。

[5] 王维俭:《林则徐翻译西方国际法著作考略》,《中山大学学报》(社会科学版),1985年1期(1985年2月),页58—85、页93。

[6] ジャニン・ジャン(张嘉宁):《文献解题:万国公法》,载加藤周一、丸山真男编:《翻訳の思想》,页400—405。

张建华[1]及傅德元的几篇论文则尝试探讨几个丁(韪良)译国际法著作所采用的原著版本问题,为必须借助文本对照来展开的译词研究打下了很好的基础。[2]

2. 从思想史的角度探讨晚清政府官僚及知识分子对国际法的认识、态度及其国际秩序观也是一个重要研究取向。中国学者在这方面用力不少,例如程鹏[3]、萧永宏[4]、刘保刚[5]、夏泉[6]、田涛[7]、韩小林[8]、陈玥[9]、宣刚[10]、许秀文、田玉才[11]、陈策[12]等人都先后从总体上讨论过清政府官僚(主要是洋务时期的官僚)的国际法观。至于个别涉外使节、官员之国际法观的研究也有不少,如讨论郑观应(1842—1921)的有田玉

---

[1] 张用心(即张建华):《〈万国公法〉的几个问题》,《北京大学学报》(哲学社会科学版),42卷3期(2005年5月),页76—84。

[2] 傅德元:《丁韪良〈万国公法〉翻译蓝本及意图新探》;《〈星轺指掌〉与晚清外交的近代化》,《北京师范大学学报(社会科学版)》,2006年6期,页74—81;《点校者前言》,载[德]马顿斯著,[清]联芳等译,傅德元点校《星轺指掌》(北京:中国政法大学出版社,2006年),页1—43;《丁韪良主持翻译〈公法会通〉新探》,《河北学刊》,28卷2期(2008年3月),页82—88。又王开玺《1864年清廷翻译〈万国公法〉所据版本问题考异》(《北京师范大学学报》[社会科学版],2005年6期,页138—139)一文,虽云版本考异,实际上未校对过任何原著版本,除了确认所据版本非1836年初版一点外,其他如《万国公法》"忠于原著精髓"之类的评价都不是根据对照比较原文和译本得来的。

[3] 程鹏:《清代人士关于国际法的评论》,《中外法学》,1990年6期(1990年11月),页23—26、80。

[4] 萧永宏:《论洋务时期中国人的国际政治观念》,《学术月刊》,1997年2期,页83—90。

[5] 刘保刚:《论晚清士大夫公法观念的演变》,《浙江学刊》,1999年3期,页152—156。

[6] 夏泉:《试论晚清早期驻外公使的国际法认识》,《江西社会科学》,1998年10期(1998年10月),页64—69。

[7] 田涛:《19世纪下半期中国知识界的国际法观念》,《近代史研究》,2000年2期(2000年3月),页102—135。作者后来增订了20世纪初部分,收在氏著:《国际法输入与晚清中国》,第5章《国际法与晚清知识界》,页168—247;《阿拉巴马号案与晚清国人的国际法印象》,《天津师范大学学报》(社会科学版),2002年3期,页30—34。

[8] 韩小林:《洋务派对国际法的认识和运用》,《中山大学学报》(社会科学版),2004年4期,页11—16。

[9] 陈玥:《小析晚清中国与近代国际法》,《兰州学刊》,2004年4期,页178—180。

[10] 宣刚:《从"天朝上国"到"地上的世界":晚清早期驻外公使国际法思想研究》(南京师范大学硕士学位论文,2006年)。

[11] 许秀文、田玉才:《清代后期地主阶级改革派对国际法的运用》,《廊坊师范学院学报》,22卷3期(2006年9月),页88—93。

[12] 陈策:《洋务运动时期国人对万国公法的认知探析》,《理论界》,2009年1期,页127—128。

绪　论

才[1]、田涛[2]、乔素玲[3]、熊命辉[4]、邹芬[5]；讨论郭嵩焘（1818—1891）的有成晓军、张卫波[6]、张建华[7]；讨论薛福成（1838—1894）的有刘悦斌[8]、余龙生、林红[9]；讨论曾纪泽（1839—1890）的有蒋跃波[10]、赵杰宏[11]、樊仰泉[12]；而薛玉琴[13]和王玫黎[14]则分别论述了王韬（1828—1897）和马建忠（1845—1900）的情况。这类研究的共同点是认为随着国际法的传入，传统中国的华夷秩序观发生了深刻的变化，近代的外交官僚和知识分子吸收了国际法的知识及相关原则后，形成了较明确的国家主权意识和国家主权平等的观念，并能根据国际法的原则展开对外交涉。上述研究都认为，晚清精英对于国际法的体认有一个逐渐深入的过程。随着国际法知识的日益丰富及对现实政治体验的加深，近代知识分子由初期肯定国际法维持世界和平的规范价值，转变为批判国际法在强权政治下的局限性。这些分析固然不无参考价值，但问题是，正如日

---

[1] 田玉才：《试论郑观应的国际法思想》，《四川师范学院学报》（哲学社会科学版），2000年2期（2000年3月），页96—100。

[2] 田涛：《郑观应对国际法的认识》，《天津师范大学学报》（社会科学版），2001年6期，页44—47，页53。

[3] 乔素玲：《郑观应与西方法律观念的移植》，《岭南文史》，2002年3期，页43—47。乔的文章讨论了郑观应的世界公法观、经济立法观、修律观和宪政观。

[4] 熊命辉：《论郑观应的国际法思想》，《株州工学院学报》，19卷2期（2005年3月），页54—55。

[5] 邹芬：《近二十年对郭嵩焘与国际法问题研究综述》，《船山学刊》，2006年1期，页30—33。

[6] 成晓军、张卫波：《郭嵩焘与国际公法》，《历史教学》，1999年6期，页10—13。

[7] 张建华：《郭嵩焘与万国公法会》，《近代史研究》，2003年1期（2003年1月），页280—295。

[8] 刘悦斌：《薛福成对近代国际法的接受与运用》，《河北师范大学学报》（自然科学版），22卷2期（1998年6月），页119—123。

[9] 余龙生、林红：《薛福成国际法思想述论》，《上饶师范学院学报》，24卷1期（2004年2月），页48—50。

[10] 蒋跃波：《试析曾纪泽的近代国际法意识》，《丽水师范专科学校学报》，25卷3期（2003年6月），页5—7。

[11] 赵杰宏：《曾纪泽的国际法认识与实践初论》，《盐城工学院学报》（社会科学版），2005年2期，页26—28，页33。

[12] 樊仰泉：《曾纪泽与国际法》，《山西煤炭管理干部学院学报》，2008年2期，页140—142。

[13] 薛玉琴：《马建忠对近代西方外交理念的接受与运用》，《淮阴师范学院学报》（哲学社会科学版），2003年5期，页630—634。

[14] 王玫黎：《儒家民族主义者——王韬的国际法思想》，《现代法学》，24卷2期（2002年4月），页27—33。

本学者茂木敏夫所指出的那样，其背后是以人们能在多大程度上"正确"理解国际法和国际秩序的水准差异为唯一评判标准的。而实际情况则是，晚清中国精英在诠释国际法时所表现出来的差异，也源于他们所需应对的不同历史情景、因人而异的问题意识以至追求国家社会自强的不同需要等等。[1] 也就是说，除了认知程度的差异外，也不能完全排除人的主观选择的因素。既是如此，标准单一的所谓"正确"又从何说起呢？因此，上述研究在讨论晚清中国精英的国际法观时，只注意到其客观认知程度的差异，而忽略了人自觉或不自觉地进行选择的能动性因素，这样就难免使分析及评价流于片面。这种带有浓厚进化论色彩的线性历史发展观本身，也许就已是值得反思的了。

上述大部分的研究都集中在洋务时期的官僚身上，能谈到维新时期的已属稀有。在众多谈论晚清国际法观的文章中，陈玥的短文虽然兼及维新时期的"春秋公法观"，但其核心内容未出田涛论述的范畴。毋庸置疑，维新时期中国知识分子的国际法观是一个有待拓展的领域。近年来，便有陈策对唐才常的公法交涉思想作了初步的探讨。[2] 讨论丁韪良以春秋时代国家间的惯例、规则来比附西方国际法，以及晚清以来"春秋公法观"的思想意义及世界秩序观的重建的，则有张卫明[3]、曾涛[4]及邹磊[5]的研究。

在从思想史的视角讨论晚清公法观的研究中，比较深入的有汪晖和王中江的论述。汪晖关注的是儒学普遍主义的延续及其现代转化的问

---

[1] 参茂木敏夫：《中国における近代国際法の受容——"朝貢と条約の並存"の諸相——》，页22。
[2] 陈策：《唐才常公法交涉思想述评》，《天水师范学院学报》，24卷1期（2004年2月），页69—71。
[3] 张卫明：《晚清"公法中源"说初探》，《法制与社会发展》，2007年6期，页18—29。
[4] 曾涛：《近代中国的国际法附会论》，载中国法律史学会编：《法史学刊》，第2卷2007（北京：社会科学文献出版社，2008年），页217—237；较简短的版本刊于中国博士后科学基金会、中国社会科学院和中国社会科学院法学研究所主编：《中国法学与法治发展30年》（北京：中国社会科学出版社，2008年），页385—396。本书引录的将以前者为据。
[5] 邹磊：《"先秦国际法"研究与中国"世界图景"的重建》，《国际观察》，2009年3期，页22—43。

绪　论

题,因此他在讨论国际法时,在朝贡与条约二元对立架构下,以丁韪良的《中国古世公法论略》以及康有为(1858—1927)的《大同书》为分析对象,以此探讨在西方帝国主义、殖民主义的军事武力、政治秩序和价值体系的冲击下,传统儒学如何处理(清代)帝国走向现代国家(国际秩序、国家认同、地域观念和主权意识)的问题。[1] 王中江的视角与此类似,他从"万国公法"的普遍价值(合理性、正当性、规范性和有效性等)着手,讨论了晚清中国人的世界秩序观及文明观的改变。他认为,中国人在接受国际法的合法性理论基础及行为规范的同时,也把"万国公法"合理化与正当化了,而"万国公法"的引入和转化构成了晚清帝国重建内外秩序的一个重要尺度和框架,并孕育了主权国家的"中国意识"。[2]

另一方面,日本学者如佐藤慎一(Satō Shin'ichi)、[3] 金鳳珍(Kim Bong-jin)[4]、細野浩二(Hosono Kōji)[5]、手代木有兒(Teshirogi

---

〔1〕 汪晖:《近代中国思想的兴起》(北京:三联书店,2004年),特别是上卷第二部第6章第4节《主权问题:朝贡体系的礼仪关系与国际法》、第7章《帝国的自我转化与儒学普遍主义》,页679—839。

〔2〕 王中江:《近代中国思维模式演变的趋势》(成都:四川人民出版社,2008年),特别是第2章《世界秩序观中的法律规范与行为——晚清帝国对"条约"制度和万国公法的认知方式》及结语第1节《"世界秩序观"的变化与"万国公法"和"中国意识"》,页82—176,页371—381。

〔3〕 佐藤慎一:《近代中国の知識人と文明》(東京:東京大学出版会,1996年),特别是第1章《"文明"と"万国公法"》,頁45—228。此章原题为《"文明"と"万国公法"——近代中国における国際法受容の一側面——》,载祖川武夫編:《国際政治思想と対外意識》(東京:創文社,1977年),頁181—300,收录在《近代中国の知識人と文明》时有较大的改动;《"清末啓蒙思想"の成立——世界像の変容を中心として——(1—2)》,《国家学会雑誌》,92卷5・6号(1979年6月),頁317—374;93卷1・2号(1980年2月),頁63—108;《鄭観応について(1—3)——"万国公法"と"商戦"——》,《法学(東北大学)》,47卷4号(1983年10月),頁482—533;48卷4号(1984年10月),頁505—550;49卷2号(1985年6月),頁201—255。

〔4〕 金鳳珍:《東アジア知識人の国際秩序観——鄭観応・福沢諭吉・兪吉濬の比較研究》(東京大学大学院総合文化研究科博士論文,1990年);《鄭観応の国際秩序観》,《北九州大学外国語学部紀要》,81号(1994年10月),頁101—154;《東アジア「開明」知識人の思惟空間》(福岡:九州大学出版会,2004年)。

〔5〕 細野浩二:《〈西洋の衝撃〉をめぐる日本と中国の態樣(上、下)——国際法の法的規範への対応の条理をその特質——》,《早稲田大学大学院文学研究科紀要(哲学・史学編)》,36輯(1991年1月),頁141—159;37輯(1992年2月),頁95—112;《華夷観念と帝国主義の間の康有為(上、下)——戊戌変法の完整指標をめぐって——》,《早稲田大学大学院文学研究科紀要(哲学・史学編)》,38輯(1993年2月),頁121—133;39輯(1994年2月)頁119—135;《帝国主義と大同の間の康有為——国際法規範のための両つの理路——》,载中央研究院近代史研究所編:《第三届近百年中日关系研讨会论文集》,上册(台北:中央研究院近代史研究所,1996年),頁195—291。

Yūji）[1]、茂木敏夫[2]等人的研究，则通过考察知识分子和外交官员文明观的变化，来探究近代中国国际秩序观的演变过程，并以王韬、郭嵩焘、薛福成、郑观应、梁启超（1873—1929）、康有为、胡汉民（1879—1936）和孙中山（1866—1925）等为代表人物，分析他们身处近代国际社会，如何反省中国文明与西方文明之差异，诠释新的国际秩序，并结合中国的国情需要，构想出未来的国家路向。其中尤以佐藤慎一的研究最值得关注。佐藤慎一以传统中国的世界观（华夷秩序）与近代世界观（国际法秩序）为分析轴心，探讨近代中国人的国际法观与文明观的相互关系，以及中国人如何接受国际法规范的问题，同时指出文明观的转变就是一个自我解剖的过程。佐藤将中国人的国际法观分为洋务（王韬、薛福成）、变法（康有为、梁启超）、革命（胡汉民）三个阶段，与中国近代史的发展相呼应，细密精彩，是研究近代中国国际法思想史的极应参考的佳作。不过，这种三阶段论的基本取向也是"进化"式的，即随着对西方认识的加深，与之相对应的改革论亦得以深化。[3]分析几个时期，某几个精英知识分子的国际秩序观、国际法观，虽较易于操作，但却难免有所偏颇，割弃了同时期其他人对国际法的诠释。例如强调革命派的国际法观时，便牺牲了新政期清政府官僚以及其他非革命派的意见。这种以人物为主的思想史分析，正如张翔所说，"由于主题过于清晰，有时也许以牺牲历史图像的丰富性和复杂性为代价的"。[4]

有趣的是，上述研究大多以19世纪末为下限，而忽略了20世纪初这

---

〔1〕 手代木有児：《清末初代駐英使節(1877—79)における西洋体験と世界像の変動(1—3)——文明観と国際秩序観》，《商学論集》（福島大学経済学会），68卷2号（1999年10月），頁97—118；68卷1号（1999年8月）頁93—104；67卷1号（1998年7月），頁1—16。

〔2〕 茂木敏夫：《中国における近代国際法の受容——"朝貢と条約の並存"の諸相 》，頁21 34。

〔3〕 茂木敏夫：《中国における近代国際法の受容——"朝貢と条約の並存"の诸相 》，頁22。

〔4〕 张翔：《〈万国公法〉与近代东亚知识人的文明观——兼评佐藤慎一〈近代中国的知识人与文明〉》，载复旦大学历史系、复旦大学中外现代化进程研究中心编：《近代中国的国家形象与国家认同》（上海：上海古籍出版社，2003年），页315。

个国人认识国际法的丰收期。之所以产生这样的现象,田涛的看法或具代表性。他认为随着政治改革的失败,维新派对西方文化有了更深刻的了解,不再对"公法通春秋"之类的命题进行论证。而随着改良派在20世纪初在知识界影响力的日渐式微,三世说、孔子改制说之类已被新一代知识分子所抛弃。在愈演愈烈的民族危机面前,新一代知识分子更注重民族主义、国家理论的思考及对帝国主义膨胀时代的警惕。在这种背景之下,国际法尽管仍然在人们的思考范畴之内,但已经趋向学术性和研究性,而不是一个能引起知识界普遍热切关注的话题了。[1] 不过,事实却与田涛的推论恰恰相反。踏入20世纪,国际法已成为公共领域的话题,连小学生也谈国际法,而对国际法的研究更添了现实政治的需要。从这个意义上讲,鲁纳近来的著作正好弥补了这一缺失。鲁纳广泛地考察了晚清国际法的译著(从林则徐、丁韪良、傅兰雅[John Fryer, 1839—1928]到留日法政学生),将中国知识分子的国际秩序观置于中西文化对话的结构内展开,并通过众多的文本来探讨晚清知识分子国际秩序观的不同面貌,长时段地追溯了西方国际法作为认知、履行国际关系的一个理论框架,其在中国是如何被翻译、解释及接受的,进而分析中国知识分子怎样从国际法的理论联系到中国在世界秩序中的角色和身份。[2]

国际法传入中国后,对中国人传统知识结构和秩序观念刺激最大、最有启发意义的莫过于有关主权和国家平等的国际法原则。研究认为国际法的传入促进了中国近代国家主权、国家平等观念的萌芽、形成与发展。部分清政府官僚及进步知识分子根据主权及国家平等的原则,注意到中外条约的不平等问题,进而探讨中国主权沦丧的原因及收回主权的方法。

---

[1] 田涛:《19世纪下半期中国知识界的国际法观念》,页132。田涛其后在其专著中虽已将论述范围扩充到20世纪初,但仍维持这一看法,可见田涛在分析视野上仍未能有所突破,20世纪初的论述只被视为补充说明而非重心所在,这与本书的观点大异。参《国际法输入与晚清中国》,页243。

[2] Rune Svarverud, *International Law as World Order in Late Imperial China: Translation, Reception and Discourse, 1847 - 1911* (Leiden: Brill, 2007).

这方面的研究有笔者本人[1]、施建兴[2]、管伟[3]、曹英、刘苏华[4]、侯强[5]和张建华[6]的研究。相对于其他学者的集中于19世纪后半叶,张建华的研究要来得更全面深入。他通过细致的分析,考察了19世纪末至20世纪初中国知识分子的主权观和国家平等观,说明了中国不平等条约概念的起源。

尽管近年来学术界已注意到:晚清国际法传入中国,有着知识来源(从欧美到日本国际法学者的著作;从自然法主义到实在法主义)和传播者(从传教士到20世纪留日法政学生)的差异性,并随着历史阶段的推移(19世纪末及20世纪初)而更替消长。但正面讨论此问题的研究不多。就管见所知,只有笔者[7]和鲁纳的著作。[8]虽然鲁纳强调20世纪初留日学生在译著国际法方面的重要作用,但他以甲午战争作为国际法观和国际秩序观的分水岭,与笔者看法有异。笔者认为,尽管甲午战败给中国带来了巨大的冲击,但就国际法知识资源而言,在20世纪初留日法政学生大量翻译日本国际法著作之前,中国知识分子所能接触到的仍是丁韪良和傅兰雅等人的译作。甲午后至戊戌维新期间,康有为、梁启超和

---

[1] 林学忠:《日清戦争前の清朝の国家主権に対する認識と態度》,载野口铁郎编:《中国史における教と国家》(東京:雄山閣,1994年),页249—280。
[2] 施建兴:《国际法的输入与中国近代国家主权观念的发轫》,《南平师专学报》,22卷1期(2003年3月),页46—50。
[3] 管伟:《论中国近代国际法观念的肇兴》,《政法论丛》,2004年3期(2004年6月),页85—89。
[4] 曹英、刘苏华:《论早期维新派的国家主权观念》,《长沙理工大学学报》(社会科学版),19卷4期(2004年12月),页86—94。
[5] 侯强:《晚清外交和约与近代中国法制现代化的启蒙》,《云南社会科学》,2005年3期,页107—111。
[6] 张建华:《晚清中国人的国际法知识与国家平等观念——中国不平等条约概念的起源研究》(北京大学博士学位论文,2003年);《孙中山与不平等条约概念》,《北京大学学报》(哲学社会科学版),39卷2期(2002年3月),页115—130;此文改题为《孙中山与中国不平等条约概念的起始》,载中国史学会编:《辛亥革命与20世纪的中国——纪念辛亥革命九十周年国际学术讨论会论文集》,下册(北京:中央文献出版社,2002年),页1917—1937;张用心(即张建华):《晚清时期中国人的主权观念——国际法视角》,载北京大学历史学系编:《北大史学》,第10辑(北京:北京大学出版社,2004年),页102—134。
[7] 林学忠:《日清戦争以降中国における国際法の受容過程——特に国際法関係の翻訳と著作をめぐって》。
[8] Rune Svarverud, "The Formation of Chinese Lexicon of International Law, 1847—1903"; *International Law as World Order in Late Imperial China*.

唐才常（1867—1900）等视国际法为政治改革的理论根据，倡议"春秋公法观"，明显受到自然法主义及丁韪良的《中国古世公法论略》以《春秋》类比西方国际法的影响。戊戌维新前后，虽然也有报刊刊登日本国际法的翻译文章，但只是零散而不具规模的译介。另一方面，笔者认为新政期间废除不平等条约，收回主权、利权以及文明排外等运动的行动原则，是受到当时实在法主义的国际法观所影响。是以，研究近代中国的国际法观和国际秩序观，必须清楚了解作为思想根据的资讯来源，并兼顾当时的国内外环境的变化。再者，如果我们认为国际法的传入对近代中国影响重大，那么为什么不把眼光放在培养国际法知识的学校教育及考试选士的内容上呢？笔者认为，只举出几位重要思想家的国际法观，无法解释晚清以来以主权观为基础的近代民族主义兴起的由来。

3. 从外交现代化角度讨论国际法传入的研究取向。众所周知，为了应付西方的挑战，清政府成立了新的外交机关，接受外国使节驻京并派遣驻外使节，开始走进近代国际社会。这方面的研究非常丰硕，限于篇幅，不再一一列举说明。其中进行综论式介绍的有柳宾和曹胜[1]、张效民、徐春峰[2]、张晖[3]等人。这些研究开宗明义，都认为国际法的传入导致了中国外交的现代化。张卫明则概述了洋务时期外交官僚应用国际法展开对外交涉，维护中国主权的情况，视之为中国外交现代化的历史进程，并称此时期之对外交涉为"公法外交"。[4] 不过，从这个角度讨论中国外交现代化及走向世界的意义，不能不提这方面的经典之作——徐中约的名著 *China's Entrance into the Family of Nations*。[5] 以上诸文的内容及

---

[1] 柳宾：《国际法的输入与中国近代化的起步》，《天津社会科学》，2000 年 1 期（2000 年 1 月），页 85—88；曹胜、柳宾：《国际法的输入对晚清外交近代化的影响》，《青岛科技大学学报》（社会科学版），2002 年 4 期，页 77—80。

[2] 张效民、徐春峰：《晚清外交变化的观念因素》，《国际政治科学》，2006 年 2 期，页 28—58；张效民：《国际法与晚清近代外交》，《社会科学论坛》，2006 年 3 期，页 38—41。

[3] 张晖：《从国际法的输入看公使驻京和遣使出洋》，《聊城大学学报》（社会科学版），2007 年 2 期，页 71—73；《国际法的输入与晚清驻外使节制度近代化》（聊城大学硕士学位论文，2008 年）。

[4] 张卫明：《晚清公法外交述论》，《国际政治研究》，2007 年 1 期，页 51—64。

[5] Immanuel C. Y. Hsü, *China's Entrance into the Family of Nations: The Diplomatic Phase, 1858-1880* (Cambridge, Mass.: Harvard University Press, 1960).

主要论点,仍不出徐中约50年前的论述框架。徐中约从外国驻京公使馆的设置、国际法之传入,以及中国驻外使馆的设置三个侧面,精彩地论述了中国加入国际社会的问题。徐中约以上面三点作为中国走进国际社会,加入近代国际法秩序的衡量标准,实属高见。不过,徐的时代下限设于1880年代初期,对其后中国外交发展的探讨付诸阙如。揆诸事实,无论是对驻外使节的派遣,抑或是对国际法的认知以及对国际社会事务的参与,1880年代仅仅是个形式上的开始而已。实际上,具有"近代意义"的外交机关的建置,驻外使节素质的提高,国际法知识的全面导入,当始于20世纪初的新政期间。研究显示,晚清的对外关系,经历了"夷务"→"洋务"→"外务"→"外交"的用语变化过程。19世纪前半叶至1870年代为使用"夷务"概念的年代,1860年代至1890年代使用"洋务",1890年代至20世纪之交则为"外务"年代,1901年外务部的成立,标志着近代意义外交("外务")的开展。而至民国肇始,"外交"一词便正式确立其地位。这种用语的变化,反映了晚清政府对外关系姿态及体制的变化。[1] 此外,在南洋设领的问题上,日本学者青山治世(Aoyama Harutoshi)的研究也很值得注意。青山治世指出:清政府官僚从1870年代中叶至80年代后期在设领问题上的态度和认识,与他们对西方国家主权观及国际法认识的差异有密切关系;由于政府官员对国际法文献的理解各不相同,加上个人立场及主张的差异,于是国际法的内容有时会被清政府官僚随意解释和利用。[2]

另一方面,清政府视国际法为国际秩序的理论框架,其通过参加国际组织、缔结国际条约以进身国际社会,成为"文明国"一员,乃始于19世

---

〔1〕 岡本隆司(Okamoto Takashi):《中国近代外交へのまなざし》,载岡本隆司、川島真編:《中国近代外交の胎動》(東京:東京大学出版会,2009年),頁14—19;川島真:《中国外交の歴史中華世界秩序とウェストファリアの理解の狭間で》,載氏編:《中国の外交:自己認識と課題》(東京:山川出版社,2007年),頁16—18;《中国近代外交の形成》,頁17。

〔2〕 [日]青山治世(Aoyama Harutoshi):《晚清关于增设南洋领事的争论——兼论近代国际法、领事裁判权、不平等条约体制》,载王建朗、栾景河主编:《近代中国、东亚与世界》(北京:社会科学出版社,2008年),下卷,页600—618。

纪末20世纪初。其中尤以晚清政府先后参加1899年和1907年在荷兰海牙举行的两次保和会议最为重要。它反映了晚清以来中国人争取成为万国一员的热烈期待,见证了中国主动走进国际社会的历程。这方面的研究不多,田涛的专书只是轻轻带过,其虽然认识到保和会的重要性,但没有作出必要而深入的探讨。[1] 真正对此问题有所论析的目前只有李顺民[2]、川岛真[3]、Li Yongsheng[4]及唐启华[5]四人。李顺民的文章首次以清政府参加保和会为分析对象,并利用了台湾"中央研究院"所藏保和会档案,无论在选题还是史料的运用上都属于开创性研究。不过,此文仍属草创性质,着力于描述参加经过,只视之为中国走向现代化的重要里程,对晚清以来清政府的保和构思未有足够的重视,亦未能与国际法传入的影响及新政期的国际秩序观联系起来,以便从更宏观的视野加以探讨;使用史料方面基本主要是外交档案,未能充分配合杂志新闻、文集或已刊行的外交史料,互为增补订正,而且偶有引错,实属可惜。至于川岛真的论文,只是提纲式介绍,未作深入探讨,但指出了晚清以至民国时期中国政府参加保和会在加入国际法秩序问题上的重要性。Li Yongsheng的论文讨论了清政府加入第一次保和会的经过,认为这是中国由被动地接受外来的国际法秩序转为主动地参加国际法法典化的重要历程,但实际效果成疑。由于文章的根本论点主要建基在《清季外交史料》所收的几篇奏折上,受材料所限,未能深入探讨,因此其分析便无可避免地停留

---

〔1〕 田涛只用了两页半的篇幅粗略地介绍了清政府两次入会的经过,谈不上有所分析探讨。参氏著:《国际法输入与晚清中国》,页344—346。

〔2〕 李顺民:《从保和会的参与看清末外交现代化的努力》,《史耘》,1期(1995年9月),页141—162。

〔3〕 川岛真:《中国における万国公法の受容と適用・再考》,页35—55。

〔4〕 Li Yongsheng, China and the First Hague Peace Conference, in Frits Kalshoven edited, *Centennial of the First International Peace Conference Reports & Conclusions* (Hague: Kluwer Law International, 2000), attached CD-ROM, file name: 1899chin. pdf, 9 pages.

〔5〕 唐启华:《清末民初中国对"海牙保和会"之参与(1899—1917)》,《政治大学历史学报》,23期(2005年5月),页45—90;《"大国地位"的追求——二十世纪前半期中国在国际组织中的努力》,《兴大人文学报》,32期(2002年6月),页815—833;唐启华著,廖敏淑、柳亮輔訳:《周辺としての中国——20世紀初頭の国際組織における中国と日本》,载横山弘章、久保亨、川島真編:《周辺から見た20世紀中国——日・韓・台・港・中の対話》(福岡:中国書店,2002年),页125—142。

在奏折的内容介绍及简括的评价上。比较重要的是唐启华的几篇论文，唐同样利用了台湾"中央研究院"所藏保和会档案，对于清政府参加保和会的事实经过有详细的论述，视清末民初参加保和会及国际联盟为中国加入国际社会，追求文明大国地位的过程。不过，唐的研究未有视清政府加入保和会为中国接受国际法的重要过程，对19世纪以来国际法知识的传入、国际法秩序的变化等都未有论述。

再者，不少研究从外交史的角度，就中外交涉、交战及条约和谈来探讨中国应用国际法的问题。这类研究，很多时候把列强的侵略简单地说成违反国际法，践踏中国的神圣主权。例如张海鹏在检讨清政府在八国联军入侵北京时的应对[1]、柳宾在分析山东巨野教案及德国占领胶州湾后，[2]均指出违反国际法的是列强而非清政府。此外，孙放[3]、戚其章[4]、赵宝爱[5]、郑剑顺、张卫明[6]、韩琴[7]、张孙彪、王民[8]等人的研究，初步探讨了清政府在中法战争及甲午战争期间应用国际法的问题，其中以中法战争为研究对象的最多。这些研究的共同点是，指责法国和日本在战争期间违反国际法，而中国则努力恪守条约和国际法的规定。此外，对于同治年间普丹大沽口船舶事件，况落华指出这是中国应用国际法成功迫使普鲁士公使退让的成功案例，并认为国际法的合理应用有助于

---

〔1〕 张海鹏：《试论辛丑议和中有关国际法的几个问题》，《近代史研究》，1990年6期(1990年11月)，页83—102；后收入中国社会科学院近代史研究所科研组织处编：《走向近代世界的中国：中国社会科学院近代史研究所成立40周年学术讨论会论文选》(成都：成都出版社，1992年)，页132—156。

〔2〕 柳宾：《有关胶州湾事件的几个国际法问题》，《青岛大学师范学院学报》，20卷1期(2003年3月)，页48—51。

〔3〕 孙放：《论中日甲午高升轮事件的法律责任》，《日本研究》，1989年4期，页48—51。

〔4〕 戚其章：《国际法视野下的甲午战争》(北京：人民出版社，2001年)。

〔5〕 赵宝爱：《试论中法战争中的国际法问题》，《烟台师范学院学报》(哲学社会科学版)，18卷3期(2001年9月)，页35—39。

〔6〕 孙瑜：《从国际法角度看中法战争期间的英国中立》，《吉林省教育学院学报》，2005年4期，页44—46。

〔7〕 韩琴：《国际法视角下中法马江海战起因探究》，《闽江学院学报》，29卷4期(2008年8月)，页101—106。

〔8〕 张孙彪、王民：《中法战争时期清政府在"台湾封锁"问题上的外交努力》，《台湾研究集刊》，2006年1期，页40—48。

中国对外交涉。[1]但王维俭则强调这只算是个别例子,西方帝国主义在对付中国时,不会遵守国际法云云。[2]郭渊在分析晚清政府根据近代国际法维护南海诸岛权益的经过后,作出在不平等条约体制下,近代国际法在晚清政府对外交涉过程中的作用是十分有限的结论。[3]刘玉国则以李鸿章运用国际法的案例(1870—1895)为中心,肯定在晚清外交中应用国际法的积极作用。[4]以上的研究,一方面有助于我们掌握晚清政府在对外交涉时应用国际法的具体情形及作用,另一方面又揭露了帝国主义在应用国际法时的伪善以及"弱国无外交"的现实。但是,如果我们不探究中国适用国际法的具体问题的话,恐怕结论都只能停留在"帝国主义侵略论"上。应该指出,所谓近代西方国际秩序原是以文明观("文明"、"野蛮"、"未开化")为基础,以势力均衡为前提,以主权国家为构成单位的世界体系。在文明—野蛮的国际法秩序下,国家独立、自主、主权平等这类国际法原则只适用于"文明国"。那些被视为"落后"、"野蛮"、"专制"的非西方国家,在享有国家主权上会受到限制,西方的国际法原则和规则对其并不完全适用。换句话说,中国不能应用主权平等原则来废除领事裁判权。在这个意义上,对帝国主义的西方国家而言,所谓领事裁判权、最惠国待遇和协定关税等不平等规定,是"合法"而且"必要"的!由此可见,发源于西方的近代国际法本身,其实早就包含着"不平等"的因子。因此,不少学者视近代国际法为西方帝国主义和殖民地主义的帮凶。田涛亦注意到国际法的帮凶性格,但其论述停留在晚清对外交涉过程中,清政府国际法观念的落后及对传统观念的拘泥上,对中国在文明—野蛮的国际秩序下适用国际法的问题并没有分析。[5]事实上,这种国际法适

---

[1] 况落华:《大沽口船舶事件:晚清外交运用国际法的成功个案》,《安庆师范学院学报》(社会科学版),25卷1期(2006年1月),页21—24。

[2] 王维俭:《普丹大沽口船舶事件和西方国际法传入中国》,页84—90。

[3] 郭渊:《从近代国际法看晚清政府对南海权益的维护》,《求索》,2007年2期,页201—205。

[4] 刘玉国:《国际法与晚清中国外交——以李鸿章运用国际法案例为中心(1870—1895)》(河北师范大学硕士学位论文,2006年)。

[5] 田涛:《国际法输入与晚清中国》,第6章《国际法与晚清外交》,页248—353。

用的二元格局,要到第二次世界大战以后方有所改善。简言之,要把握近代中国外交纷争的复杂性,对于中国在国际法的应用与适用问题便不能不深入讨论。

在中国近代史众多研究课题当中,与国际法关系最密切的要算不平等条约问题了。关于晚清中国不平等条约问题的研究,历来的论著汗牛充栋,但大多是论述订立及废除不平等条约的经过,[1]专门讨论不平等条约与国际法关系的,则为数不多,只有董霖[2]、姚淇清[3]、程道德[4]、杨遵道、叶凤美[5]和李育民[6]等人的研究。另一方面,也有研究从恪守条约角度,根据国际法原则来探讨晚清政府的条约外交。如张效民,指出条约外交并不等同于"投降外交"、"卖国外交",条约外交也并不是对西方列强不加任何反抗,而是统治者借助履行不平等条约而谋求自强、自立。[7]

不过,以上的研究大都是以西方帝国主义和殖民地主义的侵略,以及中国起而反抗的过程为基本分析架构的。在这种"侵略—反抗"(或所谓"反帝国主义")的分析架构下,必然将重点放在不平等条约给中国人民所带来的痛苦祸害及西方侵略者的丑陋罪行上,而论旨则在不平等条约的废立过程中展开。这种分析取向,对于我们了解中国近代史的苦难当然有所帮助,但若要从不平等条约的废立过程中,探求国际法传入对中国所起的重大影响(如民族主义的激发和政治改革的契机),便显得无能为力了。进一步说,如果没有对国际法传入中国所造成的巨大影响作出深

---

[1] 如唐启华:《清季官方修约观念与实践之研究》,《政治大学历史学报》,26期(2006年11月),页129—168。
[2] L. Tung, *China and Some Phases of International Law* (London: Oxford University Press, 1940).
[3] 姚淇清:《我国不平等条约与国际法之研究》,载中华民国建国史讨论集编辑委员会主编:《中华民国建国史讨论集》(台北:中华民国建国史讨论集编辑委员会,1981年),第4册,页81—101。
[4] 程道德主编:《近代中国外交与国际法》(北京:现代出版社,1993年)。
[5] 杨遵道、叶凤美:《清政权半殖民地化研究》(北京:高等教育出版社,1993年)。
[6] 李育民:《近代中国的条约制度》(湖南师范大学出版社,1995年);《中国废约史》(北京:中华书局,2005年)。
[7] 张效民:《晚清政府的条约外交》,《历史档案》,2006年1期,页78—91。

入考察的话,我们将难以理解1905年以来主权、利权收回运动及对外抵制运动得以壮大以至席卷全国的原因。另一方面,川岛真从中国的"文明国化"志向探讨了晚清政府及民国时期北京政府对不平等条约的态度,并考察了相关个案。川岛真视近代中国外交的特点为"文明国化"和"近代"指向,这一点与笔者观点相同。[1] 此外,日本学者植田捷雄(Ueda Katsuo)讨论过国际法与现代化的关系,认为由于中国对国际法的无知以及应用国际法的迟疑,因此初时与西方各国签订了不少不平等条约,并延误了现代化的发展;反观日本初期便积极吸收国际法知识,活用国际法处理政治外交事务,因此早在甲午战争前便已达到国际法意义上的"文明国"阶段。[2]

对于近代中国外交史,特别是中国的藩属问题,很多研究都会把中外纷争和冲突的原因归结为中华世界秩序原理与近代西方国际法原理的对立,如陈应荣[3]、夏甘霖[4]、金基赫[5]、李齐芳[6]、张启雄[7]、林子候[8]等人的研究。这种二元对立的分析取向,虽可给我们提供一个清晰的

---

[1] 川島真:《中国近代外交の形成》,第Ⅱ部第1章《清末における近代外交不平等条約の志向性》及第2章《北京政府の不平等条約改正政策》,页201—248。

[2] 植田捷雄:《支那開国と国際法》,《東洋文化研究》,創刊号(1944年10月),页31—48;《日清戦役と国際法》,载英修道博士還暦記念論文集編集委員会編:《英修道博士還暦記念論文:外交史および国際政治の諸問題》(東京:慶応通信,1962年),页483—507。

[3] Y. W. Chan, "China's Anomalous Position in International Law," *The Chinese Social and Political Science Review*, 7: 2 (Apr., 1923), pp. 182-198.

[4] Ching-lin Hsia, "Treaty Relations Between China and Great Britain: A Study of International Law and Diplomacy," *The Chinese Social and Political Science Review*, 7: 2 (April, 1923), pp. 1-47.

[5] Key-Hiuk Kim, *The Last Phase of the East Asian World Order — Korea, Japan, and the Chinese Empire 1860-1882* (Berkeley: University of California Press, 1980).

[6] Chi-Fan Lee, "The Disintegration of the Chinese Tributary System in the Nineteenth Century,"《中国历史学会史学集刊》,19期(1987年7月),pp. 517-538。

[7] 张启雄:《何如璋的琉案外交——以〈失言事件〉为论题中心》,载中琉文化经济协会主编:《第一届中琉历史关系国际学术会议论文集》(台北:联合报文化基金会国学文献馆,1987年),页561—606;《国際秩序原理の葛藤——宗属関係をめぐる日中紛争の研究》(東京大学大学院社会学研究科博士論文,1989年);《论清朝中国重建琉球王国的兴灭继绝观——中华世界秩序原理之一》,载琉中历史关系国际学术会议实行委员会编:《第二回琉中历史关系国际学术会议:琉中历史关系论文集》(那霸:编者,1989年),页495—520。

[8] 林子候:《甲午战争前之中日韩关系(一八八二——一八九四年)》(嘉义:玉山书局,1990年)。

图像——中西世界冲突的基本结构,却流于公式化、简单化,对个案之间的差异性及事态的复杂性关注不够;同时给人一种误解,以为中国对国际法一无所知或未能"正确"理解国际法,又或是未能积极地应用国际法,反而太固执于传统中华世界秩序原理,致使周边藩属一个一个失掉。黄俊华虽然注意到李鸿章在处理琉球宗主权问题时曾尝试将国际法同中国传统的"存祀主义"糅合在一起,并认为这种做法有其进步意义,反映了传统思想的开放性及中国自觉走进国际舞台的努力。[1] 但是,黄俊华的分析略有流于表面与不够全面之憾,对于东亚国际形势、西方国际法原理与中华世界秩序原理之间的纠缠冲突完全没有探讨。[2] 不过,我们虽重视中西世界秩序的不同及两者的紧张关系,但却不应把中国的行为模式僵硬地贴上"传统的"或"非西方"的标签。证诸史实,近代中国的对外交涉中,传统要素及西方国际法要素是时而对立,时而交融,时而纠缠不清的。而且这种情况并不限于中西关系,同时见诸中日朝关系之中。即以朝鲜问题为例,为了对抗日本的侵略、欧美的干涉,以及压制朝鲜的自主倾向,中国所作出的种种措施(如派遣朝鲜驻扎大臣、驻军、管理朝鲜海关等)既是传统中国式的,又是西方国际法式的。另一方面,朝鲜在表面和形式上维持中朝宗属关系,但实际上又千方百计地争取国际法意义上的独立自主。可以说,中朝两国在宗主权及自主权之间展开了惊心动魄的角力。[3] 国际法秩序的挑战不单来自西方,而且来自中华世界内部。[4] 从今日的眼光来看,也

---

〔1〕 黄俊华:《李鸿章的国际法意识与琉球宗主权的丧失》,《郑州航空工业管理学院学报》(社会科学版),24卷3期(2005年6月),页12—14。

〔2〕 关于清政府对琉球宗主权的讨论,参张启雄:《论清朝中国重建琉球王国的兴灭继绝观——中华世界秩序原理之一》。

〔3〕 冈本隆司的大作《属国と自主の間——近代清韓関係と東アジアの命運》(名古屋:名古屋大学出版会,2004年),以"属国自主"为分析焦点,精彩细致地分析了东亚世界被卷入西方国际法秩序后,中朝两国的宗属关系如何受到内外挑战的过程。

〔4〕 参浜下武志(Hamashita Takeshi):《近代中国の国際的契機——朝貢貿易システムと近代アジア——》(東京:東京大学出版会,1990年);《朝貢システムと近代アジア》(東京:岩波書店,1997年);《宗主権の歴史サイクル——東アジア地域を中心として——》,《歴史学研究》,690号(1996年10月),頁2—11。又,川島真整理了日本学者近年来对中国的"朝貢—条约体制"的研究成果。参氏著:《中国における万国公法の受容と適用——"朝貢と条約"をめぐる研究動向と問題提起》,頁8—26。

绪　论

许晚清政府的朝鲜政策是不伦不类,不中不西。但这正好说明了在中华世界秩序与西方国际法秩序的交叠碰撞格局下,中国试图为自身及其藩属重新定位的艰苦历程。

4. 国际法学方面,亦有从国际法发展史的角度探讨国际法传入中国问题的研究。在这方面,国外的研究起步较早,如筒井若水(Tsutsui Wakamizu)[1]、广瀬和子(Hirose Kazuko)[2]、藤田久一(Fujida Hisaichi)[3]、李汉基(Lee Hanki)[4]、宫崎繁树(Miyazaki Shigeki)[5]、江永汉(Gerrit W. Gong)[6]等人的论著。不过,这类研究的目的或关心所在,是以中国、日本和朝鲜等国家为例,讨论近代西方国际法适用范围在地理上的扩大以及国际法主权国家基准的变化等问题。因此,它们大多停留在罗列中国在国际法传入、接受的过程中所出现的现象(如"条约体制"的成立、对外机关的设立、不平等条约的缔结和驻外使节的派遣等)上,未能分析其与中国内政外交的相互关系。至于中国国际法学者王铁崖及其弟子李兆杰的研究,则沿用了费正清"条约体制"取代"朝贡体制"的观点,以中国为本位,探讨西力冲击下中华世界秩序的崩溃,以及中国如何被纳入西方国际秩序的不平等条约体制中这一问题。该等研究认为由于国际法只行于西方的"文明国"或"基督教"国家,因此尽管国际法传

---

[1] 筒井若水:《非ヨーロッパ地域と国際法》,《成蹊大学政治経済論叢》,15卷3号(1965年12月),页59—80。

[2] 広瀬和子:《国際社会の変動と国際法の一般化——19世紀後半における東洋諸国の国際社会への加入過程の法社会学的分析》,载寺沢一、山本草二、波多野里望、筒井若水、大沼保昭編:《国際法学の再構築》上(東京:東京大学出版社,1978年),页107—160;《アジアにおける近代国際法の受容と適用》,《東アジア近代史》,3号(2000年3月),页93—97。

[3] 藤田久一:《東洋諸国への国際法の適用——一九世紀国際法の性格》,载関西大学法学部編:《法と政治の理論の現実:関西大学法学部百周年記念論文集》,上卷(東京:有斐閣,1987年),页135—173。

[4] 李漢基:《中國의 國際法의 導入과 適用》,《法学》,특별호4[통권41](1979年),页7—32。

[5] 宫崎繁樹:《西欧国際法と東アジア》,《明治大学社会学研究所年報》,23号(1983年),页13—20。

[6] Gerrit W. Gong, *The Standard of "Civilization" in International Society* (Oxford: Clarendon Press, 1984); "China's Entry into International Society," in Hedley Bull and Adam Watson edited, *The Expansion of International Society* (Oxford: Clarendon Press, 1984), pp. 172–183.

入了中国,但对中国的实际适用十分有限。[1]

另一方面,近年中国的法学研究者也开始探讨近代中国国际法学的生成问题。如何勤华、[2]王玫黎、[3]郑文举、[4]宋杰、[5]张李蕾、[6]刘显娅[7]、余甬帆[8]等人的研究。基于其学科的特性及专业训练,这类研究的焦点大都放在近代中国国际法学建立的过程上。因为是从宏观的角度向国际法学的发展着手,因此此类研究呈现的是高度的描述性,所论多是在前人研究成果的基础上,将传入经过、相关国际法著作以及实际外交及法制改革等梗概加以综述。其叙述流于片面与平面化,少了细腻深入的分析,对人事、政治、社会、思想各方面互为作用的错综复杂的关系便难中肯綮,显得无能为力。尽管如此,何勤华的研究还是引人注意。作为一个法学研究者,何勤华的问题意识在于近代中国法学的诞生、形成与发

---

[1] Wang Tieya, "China and International Law, an Historical Perspectives," in T. M. C. Asser Instituut edited, *International Law and the Grotian Heritage* (Hague: T. M. C. Asser Instituut, 1985), pp. 260 – 264; "International Law in China: Historical and Contemporary, Perspectives," *Recueil des Cours* (Academic de droit international de la Haye), Vol. 221 (1990-II), (Dordrecht: Martinus Nijhoff Publishers, 1991), pp. 195 – 369;此文中文修订版见氏著:《中国与国际法——历史与当代》,《中国国际法年刊》,1991年度(1991年12月),页5—115;后经改写,收入氏著:《国际法引论》(北京:北京大学出版社,1998年),第9章《中国与国际法》,页358—400;Zhaojie Li(李兆杰), "International law in China: Legal aspect of the Chinese perspective of world order" (unpublished PhD. Dissertation, University of Toronto, 1996). 李兆杰博士论文的第3章,其后改题为"How International Law was Introduced into China,"收录在《国际法律问题研究》编写组著:《国际法律问题研究》(北京:中国政法大学出版社,1998年),页53—135。

[2] 何勤华:《〈万国公法〉与清末国际法》;《略论民国时期中国移植国际法的理论与实践》,《法商研究》,2001年4期,页136—144(此文收入何勤华、李秀清:《外国法与中国法:20世纪移植外国法反思》,页592—604);《中国近代法律教育与中国近代法学》,《法学》,2003年12期,页3—14;《中国近代国际法学的诞生与成长》,《法学家》,2004年4期,页49—60;《法科留学生与中国近代法学》,《法学论坛》,2004年6期,页82—90。事实上,国际法学只是何勤华近代法学诞生及成长的一环,何尚有宪法、刑法、商法等研究,此处不赘。

[3] 王玫黎:《国际法观念与近代中国法制》,《郑州大学学报》(哲学社会科学版),36卷4期(2003年7月),页149—152。

[4] 郑文举、王玫黎:《国际法观念与中国法的近代转型》,《天府新论》,1999年1期,页58—66。

[5] 宋杰:《论国际法在我国法制现代化中的作用》,《东南学术》,2004年4期,页104—113。

[6] 张李蕾:《国际法的输入与中国国际法学的诞生》,《科技经济市场》,2006年8期,页199,页195。

[7] 刘显娅:《国际法学在中国的成长》,《行政与法》,2006年11期,页103—107。

[8] 余甬帆:《〈万国公法〉的译入对中华法系的影响:补充抑或是瓦解?》,《宿州教育学院学报》,10卷5期(2007年5月),页33—34、页38。

展,因此他的论著特色之处在于对晚清国际法的传入、国际法学教育的产生、国际法学著作的内容介绍,以及国际法传入对中国政治社会所起的作用和影响等(如中国的法制改革、法律外交人才的培养)都有宏观系统的分析。

历来关于近代中国的改革运动和革命运动之研究不胜枚举,但未能充分地评价国际法传入中国及中国人接受国际法秩序之重要性。观乎中国近代史的发展,国际法的传入,其影响力大可与进化论、民主思想、自由主义等重要思潮的兴起分庭抗礼。中国人摄取了国际法知识,认识到主权平等、局外中立、交战权利等重要原则及规则,从而展开一连串的改革运动以至革命运动,为国家建设而努力。无论是立宪派抑或革命派,其国家建设的最终目的,都是要将中国变成国际社会的主权国家,即所谓"文明国"。1900年以来中国人对国际法的关心比前大大提高,报刊上国际公法、主权、文明、野蛮之类的词汇大量涌现,就是明证。[1]

三、本书的问题意识及内容构成

从上述研究史看来,虽然目前已有不少关于晚清国际法的研究,学者们也基于不同的问题意识,分别探讨了多个方面的问题,并取得了一定的成果。不过,关于国际法传入经过及国际法著译的史实重建方面的探讨仍是较弱的一环。尽管这方面的论文数目最多,但除王维俭、田涛、张建华、鲁纳、傅德元等少数学者的研究外,大都是重复性或类同性很高的短篇文章。无论是史实重建还是新观点的提出,都乏善可陈;有些则失诸零散、片面,论述角度单一,分析亦嫌粗疏。至于成果较引人注目的是语言翻译方面的研究,它们对于国际法学术语的形成及其背后的思想文化意义做了有益的探索工作。但如果不把问题放在政治外交实践中加以观照

---

[1] 就笔者管见所及,很少研究从中国人接受国际法的角度讨论晚清改革运动。笔者曾对晚清国际法对新政期的改革措施及立宪、革命运动所起的作用作了初步探索。参拙作《清末新政期における国際法受容の役割》,《現代中国》,70号(1996年7月),页158—171。

的话,便难以把握语言翻译(特别是术语)所起的实际作用了。思想史方面的研究很丰富,各自以其问题意识将晚清国际法的传入与接受放入不同的历史脉络中来叙事,如对现代性、普遍性产生等问题的探讨,有助于我们把握中国思想的现代转化。然而,思想史的研究很多时候集中于几个重要人物,忽略了现实政治外交的实践,疏于史实重建的研究,对于相关历史图像的丰富性和复杂性的叙事也流于表面,很容易造成思想与现象的乖离分割。外交史研究多以制度建立或应用个案为主,不太注重讨论国际法传入阶段的情况,而对晚清政府应用外国法来加入国际体系的分析仍然薄弱。至于法制史研究,由于其注意力集中于中国被纳入西方国际法秩序的经过或中国国际法学的生成经过上,自然难以期待这些研究对晚清国际法的史实重建及诠释能有重大的贡献。由此可见,晚清国际法传入、诠释与应用这一课题,仍有许多地方有待开拓深入。

川岛真在总结中国国际法接受过程的研究时,提出了三阶段说:第一个阶段为"文本的接受":即西方的 international law 被翻译为"万国公法",由总理衙门刊行颁布,并由出使大臣及地方大员的幕僚进行阅读的过程。文本传入初期人们可能会任意、偏颇地接受,并各有其独自的理解和解释,但却很难出现国际法"适用"的情况。

第二个阶段为"程序的接受":这是中国如何在实际的交涉过程中应用国际法文本内容(例如该引用哪些条目,从怎样的理论体系出发去说服对方等)的磨合和摸索过程。除了现实中的中外交涉、国民与国家的关系(如教案)外,还有对外机构的设立(总理衙门、驻外使馆)以及海事规则、国旗的采用等问题。这些举措可视为接受以西方为中心而形成的"标准"。在此时期,虽有对外维持"通商"、"外交"(笔者按:不是现代意义的外交),使节的派遣看起来似是进入国际社会的行动,但实际上仍未追求欧美标准的"文明国化"。

第三个阶段为"价值解释的接受":指共同拥有国际法背后的考量方法和价值取向的过程,时段大约在20世纪最初的20年间,以中国总体上

绪　论

迈向西方意义的"近代"及"文明国化"为目标。[1]

川岛真的三阶段说,旨在概括近代中国接受国际法的过程,但这三个阶段的时期划分并不清晰,而且历史是否就是这样简单地线性进化发展也颇成疑问。例如作为文本的《万国公法》刊行时,总理衙门已经成立,对于1870年代以后其他国际法文本的刊行翻译,以及1890年代戊戌维新时期的"春秋公法观"的产生,我们应如何看待呢? 此外,对于"文本"、"程序"和"价值解释"三者之间的相互关系,以及上述三个阶段是在怎样的过程中展开等问题,川岛真都没有说明。也许是由于川岛真只是作为一种假设提出,而其研究重心又在近代中国外交史上,因此对于国际法文本在中国的流播、国际法之成为官员及知识分子的新知识、新概念,以至中国人国际秩序观之变化等都没有具体论证。尽管川岛真这种说法是否成立仍有待验证,[2]但他的三阶段说仍很值得注意,因为他提示了从"文本"、"程序"以及"价值解释"三个侧面来探讨晚清接受国际法的过程,弥补了研究视角单一的问题。事实上,要分析晚清中国接受国际法这一重要课题,我们需要从宏观整合的角度着手。例如我们要问:中国人是在怎样的历史背景及环境下接触和学习国际法文本的(包括翻译取向、术语、刊行流播等)? 不同时期、不同情况下传入或生成的国际法文本带来了新的"知识资源"和"概念工具"后,中国人的文明观、国际秩序观及国家观产生了怎样的变化? 在吸收国际法知识以至接受国际法秩序的过程中,中国是如何在对外交涉上应用国际法,或将自己置于国际法的世界秩序下进行近代意义的国家构建,努力加入国际社会的? 等等。

本书的目的,在于从传入、诠释及应用的角度重构晚清(鸦片战争至辛亥革命)接受西方国际法的史实,探讨在失序→追寻秩序的过程(思想价值的变动、知识系统的转换、政治外交体制的改编等)中,中国如何从

---

〔1〕 川島真:《中国近代外交の形成》,页14—17;《中国における万国公法の受容と適用・再考》,页49—51。注意,川岛真用的是"近代"而非"近代化"。

〔2〕 如果从阶段说看川岛真的大作《中国近代外交の形成》,此书实际上是以中国进入"第三个阶段"为前提,通过分析民国初期的外交,探讨中国在不平等条约体制下,以西方的"近代"、"文明国化"及"大国化"为目标,加入国际社会的过程。

传统王朝帝国走向现代意义的主权国家,如何从"中国之天下"走向"世界之中国"的历史进程,并为研究晚清以来中国近代史的变动过程提供一个有效的切入点。

　　张灏认为1895—1920年间是近代中国转型时代的开始。其间有三种制度化的传播媒介起了关键作用:1.报章杂志数量激增,新的出版事业不但报导国内外的新闻,并具备介绍新思想、刺激政治社会意识的作用;2.新式学制(现代学校制度、新学科)的出现,是新知识、新思想的温床和集散中心;3.(由转型时代的知识分子所成立的)学会传播新知识、新思想。这三者互为影响,彼此作用,产生了以下两点重要的影响:1.它们的出现是20世纪文化运动的基础建构(infra-structure)之开端;2.舆论或公共舆论(public opinion)之展开——政治参与和理性批判意识的出现。[1]

　　这里,我们借用张灏提出的三种制度化的媒介来探讨晚清近代西方国际法的传入问题。在第一章里,我们首先分析晚清以来国际法译著的刊行和流通情况,特别强调20世纪初以来国际法知识的普及和国际法著译的涌现。我们将探讨以下一些问题:国际法如何传入中国?翻译了哪些著作?前两者的意义何在?同时将介绍相关学会的成立及其活动。对于国际法中文文本的讨论,除了田涛、张建华、鲁纳等少数专研晚清国际法问题的学者外,大多以个人文集和奏疏为分析对象,对于散见于各种经世文编、"百科全书"、丛书、报刊的记事、论说及文章,以至中国人自己编译的国际法研究著作皆未能充分利用。此外,就目前的研究成果来看,对国际法传入中国的相关史实仍存在许多大大小小的谬误和纰漏。因此,在本章里,我们将进行史实重建的叙事,对晚清国际法文本的相关问题,如版本、流通经过等史实进行匡谬纠正、拾遗补缺的工作。另一方面,我们在注意不同时期国际法文本存在差异的同时,还会讨论西方国际法是在一个怎样的历史环境下传入中国,并广泛传播的。

---

〔1〕 张灏:《思想与时代》(上海:上海文艺出版社,2002年),页112—115。

绪　论

新知识、新概念的传入固然借助于国际法中文文本的刊行与流通,但晚清国际法教育的创立以及科举选士制度内容的变化,在知识输送、观念培植、知识体系建构的过程中也同样起了关键作用,不容忽视。因此,在第二章里,我们将论述晚清国际法教育的成立与发展,分析学校、课程和师资的变迁,以至科举内容的变革及科举的存废等,并探讨国际法教育是在怎样的情况下得到重视,以及在对外交涉人才的培养上占有怎样的地位等问题,以弥补目前晚清国际法教育研究领域的不足。

第三章研究中国人的文明观、国际秩序观以及国家观的变化。从文明观的改变、到主权与国家平等观念的接受,探讨中国人如何从西方国际法中找到新的秩序,以国际法的"文明"标准作为国家现代性转化的框架,从"野蛮国"跃身为"文明国"的思想过程。1898年以前,中国只有林则徐命人翻译的《各国律例》、丁韪良所译的《万国公法》、《公法便览》和《公法会通》,以及傅兰雅所译的《各国交涉公法论》、《各国交涉便法论》等国际法译著。然自戊戌维新以降,特别是新政期间,在亡国、亡种、亡教的危机下,留日学生深切了解到国际法知识的普及与中国应用国际法等问题的重要性,积极从事翻译国际法的工作,并刊于报刊杂志,使国际法成为一时显学,而国际法知识亦随之普及全国。在中华世界秩序失序的过程中,中国人开始寻找另一种秩序以理解和适应当前的国际社会,最终找到了国际法,并从国际法秩序中找到了理性、规范、普遍性、道德性和拘束力。在这一章里,我们会回答中国人在吸收了国际法知识及国际法的原则后,如何诠释"文明"与国际法的关系,怎样界定中国在新国际秩序内的位置和身份,清政府如何面对列强的种种苛索以及加入国际社会等问题。

第四章和第五章,我们会检讨晚清政府在对外关系上应用国际法的问题。第四章除介绍近代对外机关的创设外,还会检讨甲午前清政府在对外交涉中应用国际法的成功与挫折经验,并评析晚清政府应用国际法改编中华世界秩序(领土的确立、宗属关系的重构)的意义。第五章以中国加入海牙万国保和会为中心,讨论中国接受国际法原则为世界秩序框架,在"大国化"及"文明化"的两大方向下加入国际社会的经过。几年之间相继发生了甲午战败及八国联军之侵扰,使中国遭受到前所未有的挫折与打击,清政府因而痛定思痛,深深了解到若要维持国家的独立自主,跻身于国际社会文明国家之列,今后必须遵守国际法原则及规则,积极向外证明中国具有守约的能力。其积极参加保和会及缔结国际条约,就是这种思想的体现。

第六章分析新政期间中国建构"文明国"的历程。探讨中国在世界秩序框架下,如何按照国际法的标准建构国际社会认同的"文明国"。首先讨论晚清政府如何从事宪政及法制改革,准备遵守国际法的法政能力以及履行"文明国"责任的体制。其次分析在主权意识高涨下,排外运动由"野蛮排外"转化为"文明排外"的意义。最后分析革命派从国际法的角度,否定满清政权,以革命来实现"文明国"的因由及其意义。

结论综合全书所论,概述晚清国际法的传入、诠释和应用,及其在中国近代外交及国家转型问题上的影响和意义,并就相关研究课题及方法提出设想。

第一章　世界秩序的中国文本：晚清国际法的传入

一、引言

自乾隆(1736—1796)末年以来,中国已从康雍乾之盛世走向衰败之路——人口激增流散、生产力无法革新向上、自由经济贸易难以开展、社会动荡不安,再加上政治腐败,以致民变四起。来自外部世界的隐患此时也初现端倪,西方殖民主义已将其黑船驶至东亚,准备大肆掠夺土地财富。至于两次鸦片战争的战败及其后西方各国对中国的侵攻蹂躏,更致使千百年来之天朝权威失坠深渊,加速了中央王朝之分崩离析。在这内外交困的危急关头,清政府一方面竭力平定内乱(太平天国及捻军),收复人心,安定社会;另一方面,又得应付来自海洋(欧美诸国,以至后来的日本)及北方(俄罗斯)之侵略。对于西方的冲击,清政府官僚和有识之士所采取的政策是"师夷之长技以制夷",一方面学习其坚船利炮,回应其"暴力支配原则";另一方面面对这"千年未有之变局",又须适应这崭新之国际形势,从法理上堵住各国进一步对中国之利权及土地等作出的无理苛索。所谓法理,就是以西方基督教文明为基础,规范近代世界主权国家间关系的"法支配原则",也就是近代西方国际法。

19世纪中叶以后,随着近代西方国际法的传入中国,中国人的国际秩序观和文明观产生了很大的变化。这种观念的更张,与近代中国波澜壮阔的种种变革有着密切的关系。遗憾的是,历来的研究都只把注意力集中在林则徐、丁韪良和傅兰雅等的翻译事业上。虽然,近年来学界已开始对留日法政学生翻译事业的研究有所展开,然而对于相关事实却仍有不少谬误,而且未能将国际法的传入放在一个国家变革的过程中去讨论。因此,本章目的,旨在探讨晚清以来国际法传入中国的经过,讨论国际法译著及其刊行流通的具体情况,分析其作为"思想资源"的性质,为晚清政法思想特别是国际秩序观及国家观提供探究基础。当然,即使没有阅读国际法论著,但在对外交涉的过程中,人们很多时也有机会接触到近代西方的国际法知识。[1] 不过,这种从交涉而来的国际法知识始终流于断章取义,不能使人对国际法有全面理解,亦不会引起广泛注意。还应该指出,前人研究国际法传入中国的问题时,通常都会把近代西方国际法当做一个固定不变的法规范来论述。但是,就实际的情况看来,中国初期所接触的国际法翻译著作,自然法(natural law)色彩较浓,到20世纪初,则以实在法学派(positivist school of law)的学说为主。这种知识来源的差异,直接影响了中国人对国际法的诠释及应用。

二、初遇国际法

1.《尼布楚条约》的签订

对于中国接触近代西方国际法的时间,根据约瑟夫·塞比斯的研究,最早当可推至1648年。塞比斯指出,当时来华的意大利神父马丁·马提尼(即卫匡国)曾将西班牙法学家苏阿瑞兹(Franciso Suárez, 1548—

---

[1] 以日本为例,安冈昭男的研究指出,早在文化四年(1807)桦太及捉泽岛日俄冲突事件中,日本幕府已向荷兰商馆馆长询问过海上战争法的问题。其后在对美、英的交涉过程中,又从美、英领事口中了解到国际法关于投降、中立、公使特权等知识。参氏著:《日本における万国公法の受容と適用》,页45—46。

第一章 世界秩序的中国文本:晚清国际法的传入

1617)的拉丁文著作[1]中的一部分译成中文,但似未有出版。[2] 至于中国在对外交涉上真正与近代西方国际法相遇,则已是 17 世纪中叶的事了。

有研究指出,1662—1690 年间,在清政府官僚与荷兰东印度公司(Dutch East India Company)商人的交往中,荷兰商人曾常常向清政府官僚引用国际法的"万国法"(law of nations)和"一切君王的习惯"(customs of all princes)。[3] 不过,由于中文资料完全没有相关事实的记载,我们无法知道中国人对此的反应。[4] 学界普遍认为中国正式知道近代西方国际法的存在,应以 1689 年 9 月 8 日,中俄两国订立的《尼布楚条约》(the Treaty of Nerchinsk of 1689)为肇始。[5] 这是一条被视为中国与西方国家最早订立的条约,其内容反映出近代国际法关于国家主权平等的原则。[6] 当时作为清政府全权代表团通译之一的葡萄牙耶稣会士徐日昇(Thomas Pereira,1645 - 1708)[7]在其日记中记载他曾向康熙(爱新觉

---

[1] 可能是 1612 年出版的《法律作为立法者的上帝》(*Tractatus de legibus as Dec legislatore*,英译 *On Laws and God as Legislator*)。苏阿瑞兹的作品中将基于神意的自然法(jus naturae)与基于人类意志的万民法(jus gentium)分开,前者表示正确的观念,后者包含方便的规则;后者补充前者,由少数惯例构成。参 Arthur Nussbaum, *A Concise History of the Law of Nations* (New York: The Macmillan Company, 1958), pp. 84 - 90.

[2] Joseph Sebes, *The Jesuits and the Sino-Russian Treaty of Nerchinsk 1689: The Diary of Thomas Pereira*, p. 117. 又据[法] 费赖之(Louis Pfister, S. J., 1833 - 1891)著,梅乘骐、梅乘骏译:《明清间在华耶稣会士列传 1552—1773》(上海:天主教上海教区光启社,1997 年),页 298《卫匡国神父传略》载,当时卫匡国是在一位中国学者、宁波教友朱宗元(1616 或 1617—1660)的襄助下,将之译成中文;翻译工作进行了两年(1648—1650),后因卫匡国获推选前往罗马任特派委员而中断。

[3] John E. Wills, Jr., "Ch'ing Relations with the Dutch, 1386 - 1690," in John King Fairbank edited, *Chinese World Order*, p. 248.

[4] 张建华认为,1662 年盘踞在台湾的荷兰人与郑成功签订了投降条约,从条约的规定(双方签字,各条款须一一履行)来看,郑成功对于西方国际法应有一定程度的了解与接受,因此在国际法传入中国的问题上,可能存在"郑成功说"。这种说法有待进一步考证。参张建华:《晚清中国人的国际法知识与国家平等观念》,页 11。

[5] 《尼布楚条约》的交涉经过,详参 Chen Agnes Fang-chih(陈芳芝),"Chinese Frontier Diplomacy: The Coming of the Russians and the Treaty of Nerchinsk," *Yenching Journal of Social Studies*, 4: 2(Feb. 1949), pp. 99 - 149;又载氏著:《东北史研究》(北京:中国社会科学出版社,1995 年),页 430—503。

[6] 江文汉认为《尼布楚条约》是中国与西方国家订立的第一个条约,也是公认的第一个完全平等的条约。"参氏著:《明清间在华的天主教耶稣会士》(上海:知识出版社,1987 年),页 77。

[7] 费赖之:《明清间在华耶稣会士列传 1552—1773》,《徐日昇神父传略》条,页 436—442。另一位是耶稣会士法国人张诚(Jean-François Gerbillon, 1654 - 1707)。参费赖之:《明清间在华耶稣会士列传 1552—1773》,《张诚神父传略》条,页 518—530。

罗·玄烨,1654—1722,1661—1722在位)介绍过近代西方国际法,而康熙亦注意到一些关于国家主权平等及条约缔结的原则。[1]从条约的内容来看,康熙同意根据近代西方国际法的国家主权平等原则和缔结条约原则与俄国签订《尼布楚条约》。但是,对以"天朝"自居的大清而言,这"平等"条款仍是有辱国体的。当然,参与其事的耶稣会士不会没有注意到中俄两国的体面问题。据张诚日记的记载,中俄两国各自持有的拉丁文本条约在国家排名上是有差异的:中方的文本是中国皇帝列在俄国大公之前,中国的钦差大臣列在俄国使臣之前;至于俄国文本,则刚好相反。[2]事实上,以千载明君著称的康熙皇帝只将《尼布楚条约》当作特殊个案处理,并没有打算日后继续采取近代西方国际法作为对外交涉的根据。[3]雍正(1723—1735)、乾隆以后,清政府采取禁教及闭关政策,不仅遏抑了中西之间的文化交流和贸易通商,同时也妨碍了近代西方国际法的传入中国。

2. 林则徐翻译国际法

1839年春,钦差大臣林则徐抵达广州禁烟。他为了掌握夷情,了解各国的现状和动态,以制订出交涉的方针和策略,派人刺探西事,购买新闻纸,广译西书。在禁烟以及与各国交涉的过程中,林则徐为了表示清政府的行动同样合乎西方的准则,结果促成了西方国际法的翻译。学者推测,是充任翻译之一的袁德辉向林则徐介绍了著名瑞士国际法学家瓦泰尔(Emmerich de Vattel, 1714—1757) 1758年所著的《万国法;或适用于各国和各主权者的行为和事务的万国公法和自然法原则》(*Le Droit des Gens*; *ou*, *Principes de la loi naturelle appliqués à la conduite et aux affaires*

---

〔1〕 Joseph Sebes, *The Jesuits and the Sino-Russian Treaty of Nerchinsk 1689: The Diary of Thomas Pereira*, pp. 115–120.

〔2〕 江文汉评论这是耶稣会士希望两面讨好,左右逢源。因为当时耶稣会士一方面希望改变俄国彼得大帝(Peter the Great, 或作 Pyotr Alexeyevich Romanov, 1672—1725)仇视耶稣会士的态度及政策,一方面希望借此开展在华的传教事业。详参《明清间在华的天主教耶稣会士》,页71—78。至于中国的满文文本及汉文文本,自然也是中国排在俄国之前。参王铁崖:《中外旧约章汇编》,第1册(北京:三联书店,1982年),页1—5。

〔3〕 Joseph Sebes, *The Jesuits and the Sino-Russian Treaty of Nerchinsk 1689: The Diary of Thomas Pereira*, pp. 115–120.

第一章 世界秩序的中国文本：晚清国际法的传入

des nations et des souverains)。[1]

是年7月，林则徐命中国行商邀请在广州行医的美国眼科医生伯驾（Peter Parker, 1804—1889）翻译瓦泰尔的《万国法》。伯驾其后在《中国医务传教士会1839年度医务报告》（The Tenth Report of the Ophthalmic Hospital, Canton, 1839）中对此事有详细记录：他与林则徐初次交往是在1839年7月间，林则徐请行商伍秉鉴（伍浩官，1765—1843）送来用中国毛笔抄写的瓦泰尔《万国法》的若干段，内容是关于战争、敌对措施和封锁、禁运等，要求译成中文。[2]

可见林则徐只将已摘录的需要部分交出，伯驾未见全书，他看到的仅仅是抄本。[3] 林则徐虽然要伯驾翻译了瓦泰尔《万国法》中的若干段落，但其后再由袁德辉在伯驾译文的基础上再行重译，并增译了外国人的法律地位等内容。比较原作及两者的译文，伯驾的译文诘屈聱牙，辞不达意，但袁的翻译错误也是不少的，特别是那些未见于伯驾译文的段落，很明显是误译。[4] 据王维俭的考证，袁德辉所据的是契提（Joseph Chitty, 1775—1841）的英译本（*The Law of Nations, Or Principles of the Law of Nature Principles of the Law of Nature, applied to the conduct and affairs of*

---

[1] Hsi-t'ung Chang（张锡彤），"The Earliest Phase of the Introduction of Western Political Science into China(1820-52)," *The Yenching Journal of Social Studies*, 5: 1(July, 1950), p. 14. 按：瓦泰尔是18世纪自然法学派的代表人物，认为国际法主要依据自然法，但同时承认其中包含有国家间的协定。19世纪之初，瓦泰尔的《万国法》是外交官，特别是领事官必读的经典。参 Arthur Nussbaum, *A Concise History of the Law of Nations*, pp. 156-164.

[2] Peter Parker, "The Tenth Report of the Ophthalmic Hospital, Canton, being for the year 1839," *Chinese Repository*, 8 (April, 1840), pp. 634-635.

[3] 刘恒焕特别强调此点。由于翻译出来的国际法规则分布在原著的3卷（全4卷）中，刘恒焕因此推论在决定需要翻译哪些片段的过程中，负责翻译的人员"必须'精读'多少页、'粗读'多少页，又须向林则徐'口译'多少页，林则徐指示'笔录'多少页"，从而否定林则徐的翻译流于片面的批评。不过，这种推想过于想当然。正如鲁纳推断，从伯驾得到的是手抄段落这一点看来，袁德辉也可能只是将自己的手抄段落交给林则徐。参刘恒焕：《中国国际法学的开山者——林则徐》，页93；Rune Svarverud, "Jus Gentium Sinense: The Earliest Chinese Translation of International Law with some Considerations Regarding the Compilation of Haiguo tuzhi," p. 210；中译本《万民法在中国——国际法的最初汉译，兼及〈海国图志〉的编纂》，页303。

[4] 袁德辉和伯驾两者译稿的翻译谬误问题，张锡彤、徐中约和王维俭做了初步的评论。参 Hsi-t'ung Chang, "The Earliest Phase of the Introducton of Western Political Science into China," p. 13; Immanuel C. Y. Hsü, *China's Entrance into the Family of Nations: The Diplomatic Phase, 1858-1880*, pp. 123-125；王维俭：《林则徐翻译西方国际法著作考略》，页64—66。

nations and sovereigns），并且考证出伯驾和袁德辉的译文出自原著哪些章节、页码及注释。指出两人搞错了原作段落、脚注，以及脚注文本的序号。[1] 鲁纳认为袁德辉最有可能采用了 1833 年的英译本，并指出从翻译的经过及翻译文本来看，在译介国际法的西方概念和术语的贡献上，袁德辉是关键人物，他只是在若干段落上无法掌握其逻辑及语言时，才向伯驾求助。尽管袁德辉的译文存在着种种问题，但鲁纳通过仔细对照原文及译文，作了非常有益的文本比较研究，指出相对于伯驾运用了西方语法和论证技术，避免创造新词，袁德辉的翻译取向则大为不同——除了创造新词（如将"right"译为"道理"，"constitution"译为"例制"，"justice"译为"义理"或"理"等）外，他采取了直白的汉语论证方式。但更重要的且更具跨文化创新精神的是，袁德辉运用了传统儒家的伦理价值来表述瓦泰尔建基于基督教伦理之法律和道德秩序的国际法文本，为两种价值体系建立了接引的基础，为理解这样的一个西方法秩序提供了起点。[2]

还有一点引起研究者的注意，就是伯驾译文的后面还附有 8 条注释。这 8 条注释有些是简单的评论，有些是应用于中国情景的例证，内容涉及中国有权禁止外商夹带鸦片来华"流毒射利"，如果"有人买卖违禁之货，物货与人正法照办"；以及中国对于沿海遇难外国船只人员应予救助等问题。虽然这 8 条注释不直接见于瓦泰尔《万国法》原作，但多少与原作、伯驾及袁的译本相关。对此，目前学界有三种推测：1. 可能是伯驾归纳性的意译或自己加上的评论。[3] 不过，如前文所说，从伯驾只看到几条袁德辉的段落，甚至可能不知道为何要翻译这些段落看来，这种可能性不大。2. 可能是林则徐在认真审阅了伯驾译文之后，结合当时禁烟实际情况，

---

〔1〕 详参王维俭：《林则徐翻译西方国际法著作考略》，页64。
〔2〕 Rune Svarverud, "Jus Gentium Sinense: The Earliest Chinese Translation of International Law with some Considerations Regarding the Compilation of Haiguo tuzhi," pp. 207 - 227；中译本《万民法在中国——国际法的最初汉译，兼及〈海国图志〉的编纂》，页 302—309；*International Law as World Order in Late Imperial China*, pp. 79 - 87。
〔3〕 王维俭：《林则徐翻译西方国际法著作考略》，页64。

第一章 世界秩序的中国文本:晚清国际法的传入

经过深思熟虑,亲自加入的评述。[1] 但是如果是出自林则徐之手,那译本的文笔实在惨不忍睹,加上内容凌乱,因此可能性不大。3. 可能是《海国图志》的编者魏源(1794—1857)手上有涉及这些问题的材料,因与袁的译文不一致,以为是伯驾翻译的零碎译文,因此置于伯驾译文之后。[2] 这种推测虽有一定道理,但事实究竟如何,仍有待史料的发掘和坚实的论证。

1841年7月,林则徐被贬发配伊犁,途经京口(今江苏镇江)时,将其主持翻译的《四洲志》及相关的资料全部交给了好友魏源,嘱其进一步编撰《海国图志》。1842年(道光二十二年)出版的《海国图志》初刻本仅50卷,1847年(道光二十七年)扩充至60卷。伯驾的译文题为《滑达尔各国律例[米利坚医生伯驾译出]》,来自原作正题"Law of Nations";袁德辉译文题为《法理本性正理所载[袁德辉译]》,来自原作副题"*Principles of the Law of Nature, applied to the conduct and affairs of nations and sovereigns,*"两者同时辑入60卷本的第52卷中,伯驾的译文排在袁的译文之前。1852年,魏源又进一步把《海国图志》由60卷增补为百卷,译文收入第83卷内。[3]

在结束本小节之前,我们须注意一点:尽管在林则徐的领导下,瓦泰尔《万国法》的部分内容早在1839年就已引进中国,但未能引起中国朝野有识之士的注意。即使强调"师夷之长技以制夷"的魏源,也没有在1842年第一次编纂《海国图志》时收入国际法的译文(当然我们不能排除魏源可能还没有或还来不及整理此材料),虽然其后译文先后收在1847年版及1852年版的《海国图志》内,而且《海国图志》的出版在海内外更是轰动一时,但同时代的报刊以及私人文集、书信及日记等,似乎都没有提及此事,包括引进者林则徐本人。其后丁韪良翻译西方国际法,我们也看不到与袁德辉和伯驾的译文在策略以及术语的采用上有什么联系。尽

---

[1] 张劲草、邱在珏、张敏:《林则徐与国际法》,页88;张劲草:《瓦特尔〈国际法〉》,载中外关系史会编:《中外关系史译丛》,第2辑(北京:上海译文出版社,1985年),页240。
[2] Rune Svarverud, "Jus Gentium Sinense: The Earliest Chinese Translation of International Law with some Considerations Regarding the Compilation of Haiguo tuzhi," p. 212;中译本《万民法在中国——国际法的最初汉译,兼及〈海国图志〉的编纂》,页304。
[3] 张劲草以伯驾和袁德辉的译文艰涩难懂为由,将之重译,并加上注释,但没有说明他是根据原著校正,还是只是把两人的译文理顺。见氏著:《瓦达尔〈国际法〉》,页234—241。

管瓦泰尔《万国法》的翻译似乎是个不具连续性的孤立事例,但其象征意义却值得肯定,无论是以儒家伦理表述西方基督教精神及国际法秩序,还是创造新词表述新思想、新概念,其跨文化的创新精神都是不容忽视的。不过,还应指出,虽然不少研究高度评价了林则徐就禁烟问题上引用国际法与英方交涉的行动,但事实上林则徐对西方国际法的理解及认识仍流于片面肤浅。关于这点,我们会在第三章再作讨论。

三、丁韪良翻译国际法

近代西方国际法正式地、有系统地传入中国是由 1860 年代开始的。饱尝两次鸦片战争败绩的清政府为了维持其统治,不得不实行改革。尽管这些改革是片面、短视、局部的,但已为近代国家构建揭开了序幕。1861 年清政府成立了处理"夷务"的总理衙门,开启了对外交涉的第一道窗口。在现实的交涉过程中,清政府官员渐渐发觉欧美各国经常援引国际法与中国交涉,主张其权利所在,因此主动提出翻译西方的国际法,以引入国际法知识为当前急务。

根据美国驻华公使蒲安臣(Anson Burlingame, 1820—1870)的描述, 1863 年夏,清政府与法国交涉时遇到困难,总理衙门大臣文祥(1818—1876)便请他介绍西方国家公认的权威性国际法著作,蒲安臣推荐了惠顿(Henry Wheaton, 1785—1848)的著作,并答应翻译其中一部分。但从后来的事实来看,蒲安臣并没有替清政府翻译惠顿的著作,也许是因为他从上海领事西华(George F. Seward, 1840—1910)处得知美国长老会传教士丁韪良正在翻译惠顿的名著《国际法原理》(*Elements of International Law: With a Sketch of the History of the Science*)。[1] 对于丁韪良提出要完成翻译工作,以便清政府能加以利用,蒲安臣表示支持,并承诺会向清政

---

[1] *Despatches from United States Ministers to China, 1843 - 1906* [microform] (Washington, D.C.: National Archives, 1958), Vol. 21, Anson Burlingame to William Henry Seward (1801 -1872), 30 Oct., 1863. 该段内容的中文译本可参王维俭:《普丹大沽口船舶事件和西方国际法传入中国》,页 85。此外,有关丁韪良的论著相当多,此处不一一列举,较重要的有: Norma Farquhar, "A Bibliography of the Writing of W. A. P. Martin," *Papers on China*, 10 (1956), pp. 128 -141; Peter Duss, "Science and Salvation in China: The Life and Work of W. A. P. Martin (1827 -1916)," in Kwang-ching Liu edited, *American Missionaries in China* (Cambridge, Mass.: East Asian Research Center, Harvard University, 1970, c1966), pp. 11 -41; Ralph Covell, *W. A. P. Martin: Pioneer of Progress in China* (接下页)

第一章　世界秩序的中国文本：晚清国际法的传入

府推荐译稿。[1]但其后蒲安臣似乎没有将此信息立即告知清政府官员。

另一方面,总理衙门官员从蒲安臣处得知有惠顿的著作后,似乎非常急于参照援用,因此没有被动地等待蒲安臣的翻译。同年7月14日便由董恂(1810—1892)、薛焕(1815—1880)、恒祺(约1802—1866)和崇纶(1792—1875)四人往访刚升任为江海关税务司的赫德,请赫德翻译惠顿著作的部分内容以助其处理对外交涉上的纷争。对于这突如其来的任务,赫德未有怠慢,当天便从英国驻华公使卜鲁斯(Sir Frederick Bruce, 1814—1867)处借来了惠顿《国际法原理》并从A.威廉斯（Williams)处借来《美国领事手册》（*The United States Consul's Manual*）。赫德的翻译工作从7月15日开始,至8月7日止。赫德首先摘录第3部分以作翻译之用,在不足三个星期的短时间内完成了工作,除翻译了关于通使权及条约(rights of legation and treaties,原著第3部分第1章)、《美国领事手册》,以及英国海事条规的部分内容外,还撰写了摘录惠顿书内容的介绍性评论,并译为中文供总理衙门参考。[2]

（接上页）(Washington, D.C.: Christian College Consortium, 1978)。另一方面,傅德元的《丁韪良研究述评(1917—2008)》一文扼要地梳理了几十年来中英文的研究概况,提供了有用的学术信息。载《江汉论坛》,2008年3月期,页86—96。

　〔1〕 丁韪良的回忆称1863年春去信蒲安臣,但从事实来看应是1863年夏才对,相信是丁的记忆有误。参 W. A. P. Martin, *A Cycle of Cathay, or China, South and North, with Personal Reminiscences* (2nd ed.; New York: Fleming H. Revell Company, 1897), p.222.

　〔2〕 查看赫德的日记,最后一次记录翻译工作是8月6日。8月17日下午赫德前往总理衙门时,董恂送他一大册由他摘录出来的惠顿国际法,可以推想在此之前赫德已完成了翻译工作。1863年7—8月间,除前述7月14日、8月6日及17日外,赫德翻译惠顿国际法的记事尚有: 7月15日(摘录惠顿书第3部分的内容)、7月16日(翻译惠顿)、7月23日(将原来根据惠顿书的内容摘录所撰的介绍性评论译成中文供总理衙门作启蒙之用)、7月24日(整天在家,将所撰惠顿书的说明翻译成中文)、7月25日(整天在家,翻译惠顿20节关于使节权的内容。按：关于通使权,全章共有24节)、7月26日(完成使节权的翻译)、7月27日(在总衙门大臣面前通读译稿一遍,他们对其所撰写的介绍性评论尤感兴趣)、8月1日(将译稿呈上总理衙门)、8月3日(再多译一些惠顿)、8月5日(翻译惠顿及海事法规[Naval Regulations]中关于"补偿"[Compensation]及"捕获奖金"[Prize Money]的两章)、8月6日(整天翻译惠顿及美国《领事手册》)、8月7日(向总理衙门呈上惠顿书内关于条约的译稿。笔者按：应指第3部分第2章"Rights of Negotiation and Treaties")。参 Katherine F. Bruner, John K. Fairbank and Richard J. Smith edited with narratives, *Entering China's Service, Robert Hart's Journal*, 1854–1863 (Cambridge, Mass.: Council on East Asian Studies, Harvard University, 1986), pp.295–306; Robert Hart, "Notes on Chinese Matters, Peking 30th June, 1869," in Frederick Wells William (1857–1928), *Anson Burlingame and the First Chinese Mission to Foreign Powers* (New York: Charles Scribner's Sons, 1912), p.285.

从万国公法到公法外交——晚清国际法的传入、诠释与应用

将西方国际法引介进中国当然不只是出于清政府官员的要求,也有出于西方的考虑。根据丁韪良的回忆,我们可以推测他最迟在1860年以前便注意到中国缺乏国际法的著作,并打算翻译瓦泰尔的作品。[1] 1859年6月至8月间,丁韪良担任新任美国驻华公使华约翰(John Elliott Ward,1814—1902)的翻译,随使团北上交换《中美天津条约》的批准文件。其间,丁韪良在华约翰的建议及鼓励下,决定改为翻译比瓦泰尔更新的及享有同样权威的惠顿名著《国际法原理》。[2] 尽管这不是唯一的原因,但丁韪良翻译西方国际法仍然与他两次随美使团担任翻译,拥有与清政府官员进行交涉的经验有关。对于清政府官员对国际法的无知(如不知全权代表为何物)、破坏休战、囚禁英国全权代表巴夏礼(Sir Harry Smith Parkes,1825—1885)等违反国际法的行动,他印象深刻,因此希望教导中国人遵守西方的国际规范。丁韪良甚至不讳言地公开说,教导这样的一个不守国际规则的国家,"最好的治疗是教之以荆棘"(the best remedy is to teach it with thorns)。[3]

刘禾认为,华约翰的及时干预意义重大,华氏的意见对丁韪良这个前任翻译之所以重要,是因为他代表了美国政府的官方观点。而惠顿是美国法学家和外交家,他毫不掩饰其著作与美国国家利益之间的关系。[4]

---

[1] 19世纪中叶以后,国际法学中的实在法学说已取代自然法学说,成为国际法学的主流思想,因此瓦泰尔的著作已变得落伍。

[2] W. A. P. Martin, *A Cycle of Cathay*, pp. 221 - 222. 丁韪良《万国公法》(同治三年崇实馆木刻本),English Preface, p. 3. 华约翰于1859年夏来华准备与清政府交换1858年《中美天津条约》批准文件,1860年底辞职回国。《国际法原理》初刊于1836年,以后几经改订,有多个版本。丁韪良所据版本为William Beach Lawrence (1800—1881)的注释本第6版(Boston: Little, Brown and Company, 1855)。近年中国学者对1855年第6版的确认作了具体的探讨,其中傅德元在张建华研究基础上,做了仔细的版本比较论证。参张用心(即张建华):《〈万国公法〉的几个问题》,页76—77;傅德元:《丁韪良〈万国公法〉翻译蓝本及意图新探》,页45—51。

[3] W. A. P. Martin, "Interesting from China," *New York Times* (8, Jan., 1864), p. 4. 丁韪良翻译国际法也有其宗教上的原因,通过翻译《万国公法》,能使不信奉上帝的清政府认识到上帝和上帝的真理,并接纳一些基督的精神,有助于基督教在中国的传播和发展。参Ralph Covell, *W. A. P. Martin: Pioneer of Progress in China*, pp. 146 - 148.

[4] Lydia H. Liu, *The Clash of Empires*, p. 117. 丁韪良曾在1858年《天津条约》谈判期间担任美国公使列威廉(William Bradford Reed, 1806 - 1876)的翻译,1859年又获继任的华约翰续聘,在英法联军与清政府就大沽口军事冲突的交涉时担任翻译。

第一章　世界秩序的中国文本：晚清国际法的传入

事实上，早在 1855 年，美国国务院便给当时已由医生转任为美国驻华委员（Commissioner）的伯驾寄来一本惠顿的著作，可惜伯驾没有收到。因此，其后的驻华公使列威廉在 1857 年又用公费另买了一本。[1]

丁韪良于 1860 年 2 月离开了工作十年的宁波返美休养，1862 年 8 月从美国回到上海稍事休息，刚巧碰上负责上海长老会传教工作的重要人物克陛存（Michael Simpson Culbertson, 1819—1862）猝死，于是他只好留在上海负责教会的出版工作，同时抽出部分时间开始着手翻译惠顿的国际法著作。[2] 可见，丁韪良翻译国际法，实际上比赫德还要早，而非历来研究所说的赫德先于丁韪良翻译惠顿著作。[3] 1863 年 6 月，丁韪良北上，在天津与早前认识的北洋三口通商大臣崇厚（1826—1893）会面，崇厚答应致函总署推荐译稿。[4] 9 月 10 日，蒲安臣带丁韪良前往总理衙门拜会文祥等四位总理大臣，[5] 并讨论惠顿国际法的翻

---

［1］ *Despatches from United States Ministers to China, 1843 - 1906*, Vol. 15, William Bradford Reed to Lewis Cass(*1782 - 1866*), 31 Dec., 1857. 不过，文中并没有注明购买的是哪个版本。又参 Immanuel C. Y. Hsü, *China's Entrance into the Family of Nations: The Diplomatic Phase, 1858 - 1880*, p. 127; Lydia H. Liu, *The Clash of Empires*, pp. 117 - 118.

［2］ W. A. P. Martin, *A Cycle of Cathay*, p. 221.

［3］ 如 Immanuel C. Y. Hsü, *China's Entrance into the Family of Nations: The Diplomatic Phase, 1858 - 1880*, p. 126；王健：《沟通两个世界的法律意义》，页 155；Rune Svarverud, *International Law as World Order in Late Imperial China*, p. 89. 对于丁韪良早于赫德翻译这一问题，张建华和洪燕注意到不少研究有所误解，因此做过较清楚的说明。参张建华：《晚清中国人的国际法知识与国家平等观念》，页 17—18；洪燕：《同治年间〈万国公法〉在中国的传播和应用》，页 14—17。

［4］ W. A. P. Martin, *A Cycle of Cathay*, pp. 221 - 222; Ralph Covell, *W. A. P. Martin: Pioneer of Progress in China*, p. 99，p. 134. 笔者按：丁韪良是在 1858 年为美国驻华公使担任翻译并与清政府谈判期间认识崇厚的。

［5］ W. A. P. Martin, "Interesting from China," *New York Times* (8, Jan., 1864), p. 4. 丁韪良在回忆录中作 11 月，徐中约作 9 月 11 日，Ralph Covell 作 9 月 10 日。Ralph Covell 根据的是丁韪良 1864 年 1 月 8 日在《纽约时报》的报道，徐中约根据的是丁韪良所撰的"Journal of Removal to Peking," Foreign Mission 22: 228 (Feb., 1864)，徐未见原文，转引自 Norma J. Burns, "W. A. P. Matin and the Westerization of China," M. A. theis (Indiana University, 1954), p. 125. 按，1864 年 1 月 8 日《纽约时报》的报道者就是北京通讯员丁韪良自己，撰写日期是 1863 年 9 月 14 日，文中明言会面的日期是上星期四（即 9 月 10 日），时间上最可靠。因此 Ralph Covell 的判断是对的。不过，报道的标题应作"Interesting from China"，而非 Ralph Covell 所说的"Peking News"。参 W. A. P. Martin, *A Cycle of Cathay*, p. 233; Immanuel C. Y. Hsü, *China's Entrance into the Family of Nations*, p. 128; Ralph Covell, *W. A. P. Martin: Pioneer of Progress in China*, p. 146.

译及出版事宜。会谈中,文祥询问丁韪良译稿中是否包括赫德所译的24节。[1] 文祥了解过丁的译稿后,随即表示可资遣使之用。丁韪良答以译稿尚未完成,请求文祥派人协助润色文稿,将来以公费出版。[2] 其后恭亲王奕䜣(1833—1898)派遣总理衙门章京陈钦、李常华、方濬师(1830—1889)和毛鸿图协助丁韪良润色文稿,并于半年后(1864年4月)完成。1864年8月30日,由总理衙门奏请从关税中拨银500两交付丁韪良作刊行之用。[3] 1865年初丁韪良的译本终以《万国公法》名义面世,由他创办的北京崇实馆刊行。[4] 丁韪良向总理衙门呈上300部,再由总理衙门颁布给全国各省的衙门。[5] 单就表面数字而言,区区300本,其流通量明显不足以应付地方官员的需要,几年后(1869)更有地

---

[1] 高黎平推测丁韪良为了能得到清政府对《万国公法》出版的资助及顺利发行,因此在翻译中"不得不采用节译及编译的方法,节选赫德译文以外的原文翻译,然后将赫德的译文编入自己的译著中"。此外,洪燕认为由于赫德所译内容在原著的后半部分,从时间年和书的内容排列先后次序,以及丁韪良《万国公法》《论通使》24节与赫德"24款"的称法吻合这3点看来,丁韪良可能参考过赫德的节译内容。不过,无论是丁韪良的回忆录还是赫德的日记都没有记载此事,而且惠顿原著《论通使》部分本来就有24节,这种"雷同"是再自然不过的。相信这种大胆推测仍有待更坚实的证据来证明。参高黎平:《中国近代国际法翻译第一人——丁韪良》,页90;洪燕:《同治年间〈万国公法〉在中国的传播和应用》,页17。

[2] W. A. P. Martin, *A Cycle of Cathay*, pp. 233-234. 不过,据丁韪良在《万国公法·凡例》第4条(页1)所记,在此之前,已有江宁何师孟、通州李大文、大兴张炜和定海曹景荣4人助其翻译。

[3] 文庆(1796—1856)、宝鋆(1807—1891)、贾桢(1798—1874)辑:《筹办夷务始末·同治朝》(台北:国风出版社,1963年),卷27,页26。在清政府出资的过程中,赫德的从旁协助发挥了关键作用,拨给丁韪良的出版经费多于500两。赫德还利用职权,答允每年从海关的罚没款项(Confiscation Fund)中拨银1 000两,另加500两私人捐助,用作协助丁韪良在京筹办教会学校崇实馆之用。详见赫德日记1864年8月17日、8月20日、8月25日、8月26日条。参 Richard J. Smith, John K. Fairbank, Katherine F. Bruner edited with narratives, *Robert Hart and China's Early Modernization: His Journals, 1863-1866* (Cambridge, Mass.: Council on East Asian Studies, Harvard University, 1991), pp. 182-187. 对此问题,赫德日记的编者及张建华分别有简要的说明。参 *Robert Hart and China's Early Modernization: His Journals, 1863-1866*, pp. 383-384;张用心:《万国公法的几个问题》,页80—81。

[4] 由于《万国公法》是"同治三年岁在甲子孟冬月镌",因此许多研究都认为此书刊行于1864年。不过,诚如张海鹏和张建华的研究显示,此书英文版权页注明"1864年出版于北京",董恂序的写作时间为"同治三年岁次甲子冬十有二月",同治三年十二月已经是西历1865年1月。因此正文之刻版在1864年末,全书包括董恂序印刷装订完成则在1865年初。参张海鹏:《试论辛丑议和中有关国际法的几个问题》,页83;张用心(即张建华):《〈万国公法〉的几个问题》,页78。

[5] 《筹办夷务始末·同治朝》,卷27,页26。

第一章　世界秩序的中国文本：晚清国际法的传入

方官员主动向北京政府请求颁发《万国公法》。[1] 由此推想，《万国公法》可能曾经由总理衙门翻印过多次。就现存的同治三年京都崇实馆刻版看来，有附英文版权页和丁韪良英文序言的，也有未附英文版权页和英文序的。前者罕见，后者较广泛流通。[2] 除官方刻本外，民间可能也翻刻崇实馆刻本，[3] 甲午战争后又有石印本巾箱本、铅印本等不同的版本。从事实来看，《万国公法》出版后，在中国似乎只在少数涉外官僚之间流通阅读，并未如日本那样成为举国上下人人追捧的畅销书。

丁韪良这本《万国公法》，是东亚世界第一本国际法学的书籍。查惠顿《万国公法》一书，立论折衷于自然法学与实在法学之间，是19世纪欧美世界最为流行、最广为阅读的国际法著作之一，各国译本甚多，具有世界性之普遍价值。[4] 正如丁韪良所说，此书"不仅吸

---

[1]《同治八年十月十一日收粤督咨请颁发〈万国公法〉十部》，《总理衙门档案》（台湾"中央研究院"近代史研究所档案馆藏），01—34号,6函6宗12册。两广总督瑞麟（？—1874）在此折说:"《万国公法》一书，办理洋务，各员必须查看，粤省坊间并无出售，闻系贵衙门存板，兹值标弁冯汝辉赍折进京之便"，请求印刷10部。总理衙门其后于11月15日颁发。又参《同治八年十一月五日发两广总督咨送〈万国公法〉十部》，《总理衙门档案》，01—34号,6函6宗12册。

[2] 北京大学图书馆及加州大学图书馆所藏的同治三年京都崇实馆刻本，都附有丁韪良的英文原序及版权页。此外，刘禾引用加州大学所藏的《公法便览》，也附有英文原序。田涛认为这是因为丁韪良在英文序言中含有一些不便向清廷透露的看法，因此只送给与美国相关的人物。不过，张建华持相反意见，他认为附有英文版权页及原序的《万国公法》就是最初呈上总理衙门的印本，其后没有英文版权页和英文原序的，不能肯定是否真正的同治三年崇实馆本。日本和韩国现存《万国公法》同治三年崇实馆本，以至《公法便览》和《公法会通》都没有英文版权页及原序。事实到底如何，需要进一步的检证。参田涛：《国际法输入与晚清中国》，页42；同氏著：《丁韪良与〈万国公法〉》，页109；Lydia H. Liu, *The Clash of Empires*, p. 117；张建华：《〈万国公法〉的几个问题》，页78—79。

[3] 例如有国家图书馆藏有[清]何师孟等译的清同治三年崇实馆刻本的微卷，而日本佐贺县县立图书馆所藏的庆应元年（1865）本，所据的就是丁韪良和何师孟共译的崇实馆本。

[4] 关于惠顿的生平、惠顿著作的各种译本及其在国际法学上的地位，参 William Beach Lawrence, "Introductory Remarks," in Henry Wheaton, *Elements of International Law* (6th ed.; Boston: Little, Brown and Company, 1855), pp. xiii-cxcvi; George Grafton Wilson, "Henry Wheaton and International Law," in Henry Wheaton, *Elements of International law* (in Scott James Brown edited, The Classics of International Law; The Literal Reproduction on the Edition on 1866 by Richard Henry Dana JR.; Oxford: The Clarendon Press, 1936), pp. 13a - 19a; "Chronological List of Editons and Translations of Wheaton's Elements of International Law ", ibid, pp. 607 - 608；松隈清（Matsukuma Kiyoshi）：《国際法史の群像——その人と思想を訪ねて——》（東京：酒井書店，1992年），第14章，页321—358。

收了最新学科成果,而且是一本公认为全面公正的著作,因此风行整个欧洲,尤其是在英国,它是外交官考试的教科书"。[1] 因此,丁译《万国公法》一出,即在东亚世界引起很大的震撼,同年在日本便有翻刻本以及训点本的出版。[2] 除了由东京开成所翻刻外,日本松江、延冈、出石和金泽等诸藩也相继翻刻,更有日译本、训读本、训点本和注释本等出现。[3] 在很短的时间内,丁译《万国公法》便成为日本的最畅销书。《万国公法》其后在朝鲜和越南亦相继翻刻刊行,[4] 对东亚秩序(如日本帝国主义的兴起、朝鲜独立自主之路的探索)产生了广泛而深远的影响。[5] 关于《万国公法》在东亚世界的传播情形,限于篇幅,这里不作展开。

《万国公法》一书,比较有系统地、完整地将近代西方国际法的基本内容介绍到了中国。全书分4卷12章。第1卷"释公法之义、明其本源,题其大旨",阐述国际法的性质和法源;第2卷"论诸国自然之权",分述国家"自护自主"、"制定法律"、"诸国平行"(国家平等)、"掌物"之权(财产权);第3卷"论诸国平时往来之权",分述通使及商议立约之权;第4卷"论交战条规",讨论了"战始"、"敌国交战之权"、"战时局外之权"(战

---

[1]《万国公法》,English Preface, p. 3.
[2] 同年(1865),新任英国驻日公使巴夏礼从江户(今东京)寄来一本日本翻刻的《万国公法》予丁韪良,对丁韪良翻译国际法的事业表示赞赏。W. A. P. Martin, *A Cycle of Cathay*, p. 234.
[3] 山室信一(Yamamuro Shin'ichi):《思想課題としてのアジア》(東京:岩波書店,2001 年),頁224。
[4] 参邹振环:《丁韪良译述〈万国公法〉在中日韩传播的比较研究》,复旦大学韩国研究中心编《韩国学研究》,第7辑(北京:中国社会科学出版社,2000年),页258—278; Nam-yearl Chai(崔南烈), "Korea's Reception and Development of International Law," in Pae Jae Shick, Chai Nam-yearl and Park Choon-ho, *Korean International Law* (Berkeley: Institute of East Asian Studies, University of California, Center for Korean Studies, 1981), pp. 7 - 33; Sang-Myon Rhee, "Korean Attitudes toward International Law after the Open-Door to the West (I, II)," *Seoul Law Journal*, 28: 3&4(Dec. 1987), pp. 199 - 218; 19: 1(Apr. 1988), pp. 109 - 116。此外,日本东洋文库所藏的安南本是嗣德三十年(1877)的重镌本,由此可以推知丁译《万国公法》当在1877年之前已传到越南。日本学者武山真行(Takeyama Masayuki)有专文讨论,参《ベトナム版丁韪良〈万国公法〉——殖民地化進行過程下での翻刻》,《法学新報》(中央大学法学会),109卷5,6号合刊(2003年3月),页217—240。
[5] John Peter Stern, *The Japanese Interpretation of the "Law of Nations," 1854 - 1874* (Princeton: Princeton University Press, 1979).

第一章　世界秩序的中国文本：晚清国际法的传入

时中立)以及"和约章程"。[1] 全书对国际法的性质、源流,平时国际法、战时国际法的法规等都作了详细的说明,并引入了近代西方国际法的基本原则,如国家主权、国家平等往来、条约遵守等,使中国人首次系统地接触到近代西方的国际法体系,影响巨大。尽管如此,要注意的是,这本《万国公法》,不但不是原著的忠实翻译,在内容上更是有所删略、有所扩写,[2] 徐中约甚至称之为惠顿著作的"意译"(paraphrastic interpretation)。[3]

清政府最初之所以要求和支持翻译,并资助出版《万国公法》,其动机在于"以夷制夷",希望利用欧美各国所遵行的"万国公法"作为对外交涉的根据,视之为技术性的交涉工具,而且认为中国是不应受到西方国际法所约束的。[4] 即使后来清政府承认国际法对中国同样具有约束力,并表示愿意恪守条文,谨慎地依国际法行事,但由于很多时候视《万国公法》为一部万国共遵的法典,因此并未着意于翻译其他著作,引进不同的国际法学说,只委托丁韪良、傅兰雅代为选取合适的相关著作而已,态度并不积极。

事实上,直到19世纪70年代中叶以前,清政府官僚和知识分子都没有人撰写直接评论国际法的文章,即使是报刊上的评论似乎最早也要在1872年才可得见。[5] 王韬、薛福成、郑观应等人经常为学界所引用的"公法"观文章大都是70年代后半期以后才出现的。也就是说,《万国公法》这本著作在传入初期,对中国人的思想,特别是国际秩序观

---

[1] 本文用的是同治三年(1864)京都崇实馆本。
[2] 《万国公法》,丁韪良的 English Preface, p. 3.
[3] 徐中约又比较过译本与原著,发现《万国公法》删去了原书第4章第17—19节(原著页225—270)以及附录(原著页626—669)。参 Immanuel C. Y. Hsü, *China's Entrance into the Family of Nations: The Diplomatic Phase, 1858–1880*, p. 129, p. 238, note 37. 要注意的是,徐中约还没有计算各节中被略去的部分。中译本把原书中所有注释全部删去,这大大损害了读者对国际法的理解。
[4] 参恭亲王奕訢奏请刊行《万国公法》的说明,见《筹办夷务始末·同治朝》,卷27,页25—26。
[5] 由外人筹办的上海《申报》(上海：上海书店,1982年)于1872年8月26日第103号刊登了岭南苍生的《求救猪仔论》一文,文中引用"万国之公法",诉诸天理人情,请各国禁止贩卖广东人("猪仔")至其他国家。这样的论述无疑承认了西方国际法的普遍价值。

的影响比我们想象的要小得多,和在日本引起极大震动不可同日而语。清政府官僚和知识分子对国际法的关心,偏向于视它为对外交涉的指南。事实上,《万国公法》一书初期究竟有多少人真正认真读过而非遇事翻阅,也是令人怀疑的。这里可略举两个例子来稍加引证。

曾纪泽是近代出色的外交家,但曾纪泽在同治年间的日记中完全没有与《万国公法》相关的记载。最早提到"公法"已是1878年间的事情了。当时曾纪泽在北京候旨准备出使英法,曾与丁韪良有所交往。虽然不知道二人相交的具体内容,但曾纪泽在与丁韪良见面后翌日,便首次阅读刚出版不久的丁韪良所译、当时流行于欧美世界的国际法教科书《公法便览》了。[1]现存曾纪泽日记(同治九年一月至光绪十六年闰二月[1870—1890])中,却完全没有提过《万国公法》。[2]

第二个例子是郭嵩焘。众所周知,1876年清政府第一次派遣郭嵩焘出任公使(同时兼任云南马嘉理事件的谢罪使)赴英通好,但过程中却发生了没有公使委任状("信凭")及刘锡鸿副使的问题。这证明了这段时期的清政府对国际法知识的掌握仍流于粗疏。事实上,《万国公法》第3卷第1章第7节和第8节已清楚记述了公使委任状的问题;至于副使之设,更非西方惯例。若再推源溯始,我们知道早在遣使驻外的前一年

---

〔1〕 [美]吴尔玺(Theodore Dwight Woolsey, 1801-1889)著,[美]丁韪良、汪凤藻(1851—1918)、凤仪、左秉隆、德明共译:《公法便览》,6卷(光绪三年孟秋同文馆聚珍版)。原书 Introduction to the Study of the International Law 初刊于1860年,1864年第2版,1871年第3版,均为 New York: Scribner, Armstrong & Co. 出版。张建华认为丁韪良以1864年第2版为据,但同时参考了1871年第3版。参张建华:《晚清中国人的国际法知识与国家平等观》,页43。此外,由于此书扉页注明是光绪三年孟秋,目前学术界的普遍说法是1877年出版,不过,揆诸事实此书成书在1877年,但实际出版当在1878年初。证据有三:1. 刊于《公法便览》的《致吴君尔玺书(译洋文)》所署日期是光绪三年十二月初六日[即1878年1月8日];2. 丁韪良自序所署日期为"光绪丁丑嘉平月(即12月)",那已是1878年1月了;3. 在《凡例》最后一条谈及是书采用西历的原因时,已言明"至今阅一千八百七十八年"。鲁纳也认为当在1878年出版。参 Rune Svarverud, *International Law as World Order in Late Imperial China*, p. 272。

〔2〕 1878年3月6日曾纪泽与丁会晤后,翌日(3月7日)读《公法便览》。参刘志惠点校辑注:《曾纪泽日记》(长沙:岳麓书社,1998年),中册,光绪四年二月三日及二月四日条,页726。此后,曾纪泽在日记中多次提到读"公法"的都是指《公法便览》及其后出版的《公法会通》。

第一章 世界秩序的中国文本：晚清国际法的传入

(1876)，同文馆便已出版了丁韪良与同文馆学生翻译的外交官指南书《星轺指掌》了。[1] 这本书的译刊，本来就是为中国遣使驻外提供说明性的指南的。[2] 负责派遣使节出外的总理衙门的官僚究竟有没有看过

---

[1] ［德］马尔顿撰（Carl［Karl］von Martens 又作 Charles de Martens, 1790—1863），［德］葛福根（Friedrich Heinrich Geffcken, 1830—1896）注，［美］丁韪良校核，联芳、庆常同译：《星轺指掌》[一名《各国星使指南》]，3 卷续 1 卷（光绪二年［1876］同文馆刊）。续卷摘译"美国领事则例"及"中华文件程式"，首 3 卷的原著是著名国际法学家马尔顿的著作 *Manuel Diplomatique*（全书名是：*Manuel Diplomatique（ou，Précis des droits et des fonctions des agens diplomatiques; suivi d'un recueil d'actes et d'offices pour servir de guide aux personnes qui se destinent à la carrière politique)*, 1822 年初版（Paris: Trenttel et Würtz），《星轺指掌》所据版本则是第 5 版葛福根的完全修订本（*Le Guide Diplomatique: précis des droits et des fonctions des agents diplomatiques et consulaires*, Edition 5 entièrement refondue par F. H. Geffcken, Leipzig: F. A. Brockhaus; Paris: A. Durand, 1866）的第 1 卷（全两卷）。马尔顿的叔父 George Friedrich von Martens（1756－1821）也是知名的外交家和国际法学家，因此二人常被混淆，不少研究误认其叔为《星轺指掌》的作者。由何勤华主编，中国政法大学出版的《中国近代法学丛书》于 2006 年出版了由傅德元点校的《星轺指掌》，在《点校者前言》（页 4—7）里，傅德元在张建华的研究基础上（《晚清中国人的国际法知识与国家平等观》，页 40），比较了《星轺指掌》的不同版本，做了有益的介绍，同时用了差不多 4 页去介绍原著的几个法文版，指出除 1822 年初版外，还有 1832 年、1851 年、1861 年及 1866 年几种版本，然后比较了 1822 年版和 1866 年版，得出《星轺指掌》采用的是第 5 版的结论。傅在《〈星轺指掌〉与晚清外交的近代化》（页 74—75）一文中也作出类似的陈述。傅德元的结论是对的，但他的表述有 3 个错误：1. 没有 1861 年版，除 1822 年初版外，1832 年易名为 *Guide Diplomatique*（Leipzig: F. A. Brockhaus; Paris: Heideloff et Campé, 1832），1837 年版由 de Hoffmans 修订，称为新版（Nouvelle édition, Paris: J. P. Aillaud, 1837）。1851 年版由作者马尔顿和 Ferdinand de Wegmann 共同重新修订，称为第 4 版（*Le Guide Diplomatique*, quatrième édition, entièrement refondue par l'auteur, avec la collaboration de Ferdinand de Wegmann; Leipzig: F. A. Brockhaus; Paris: Gavelot jeune, 1851）。2. 既然丁韪良在《凡例》中明言采用的是葛福根的注释版，更好的做法应是翻查葛福根的注释版有多少个版本才对。事实上，葛福根的注释版只有一个，就是 1866 年的第 5 版。查葛福根是德国外交家和法学家，出生于汉堡（Hamburg），父亲是市参议员。先后在波恩（Bonn）、哥廷根（Göttingen）和柏林（Berlin）学习法律，曾任外交公职。1872 年在重组后的斯特拉斯堡大学（University of Strassbourg）任教宪政史及公法（public law）。著有 *Zur Geschichte des orientalischen Krieges 1853－1856*（Berlin: Verlag von Gebrüder Paetel, 1881）；*Frankreich, Russland und der Dreibund*（Berlin: R. Wilhelmi, 1893）；*Staat und Kirche, nach Anschauung der Reformatoren*（Heidelberg: C. Winter, 1879）等书。3. 傅德元（页 6）说第 5 版只 300 页（当作 xix, 305 页），而且"根本没有第二部及相关内容"（这里指《星轺指掌·凡例》中所说的"原书第二部系各种文件，其国书、照会、信函、节略、条约皆有之"），因而推论这部分可能是根据 1822 年或 1832、1851、1861 年版本的第 2 部分内容。这个错误相信是因为翻查资料时不小心的漏误所造成。因为所谓只有 300 页，其实是卷一而已，全书是 2 卷 3 册，卷二分为两部分（part 1 and part 2）两册。卷二第一部分（part 1）共 x, 305 页，收第 1 至第 3 章；第二部分（part 2）共 vi, 388 页，收第 4 至第 7 章。其内容正是"原书第二部份"。

[2] 鲁纳的研究指出，原书内容主要是讨论外交的功能及习惯方面，是外交的实务指南。但中译本的《通使总论》（卷 1 页 1—3）只译出了法文版导论（Vol. 1, 页 1—21）关于外交关系理论的部分，其余关于实在法对自然法的讨论、国际法的历史与发展、条约，以及政治经济等部分没有译出，说明了翻译者的实用动机。这里笔者可以补充的是，原来导论中的注释及列举的参考书目也被一并省略掉。参 Rune Svarverud, *International Law as World Order in Late Imperial China*, p. 94.

呢？还是看后不以为然，以为无伤大雅呢？无论是哪一种情形，都说明了清政府官僚并未好好掌握国际法的基本内容，至少对属于"交际"的互派使节规定未予以足够的重视。这种对吸收国际法知识的消极态度，阻碍了对国际法进一步的探讨，致使中国未有如日本般，在甲午战争以前便涌现了大量国际法的著译。

70年代中叶起，出于现实交涉以及遣使驻外的需要，中国人开始注意到国际法的翻译及刊行，尤其是那些须与外国人直接打交道的驻外使节以及国内办理洋务的官员，都主张推广国际法知识。例如1875年薛福成提议广颁《万国公法》：

> 条约诸书，宜颁发州县也。西人风气，最重条约，至于事关军国，尤当以《万国公法》一书为凭。……似宜将《万国公法》、通商条约等书，多为刊印。由各省藩司颁发州县，将来流布渐广，庶有志之士，与办事之官幕、书吏，咸得随时披览，一临事变，可以触类旁通，援引不穷矣。[1]

祁兆熙(？—1891)在《游美洲日记》中亦指出：

> 中国律例与泰西例及万国公法，使好手翻译，参互考证。将彼之条款，引证我之律例，集成全部，分发十八省。地方官遇交涉事务，亦能理论。并通商口岸，摘紧要者，糊裱挂于海关辕门，使军民人等尽知之，不为无补于事。[2]

这里值得注意的是，祁兆熙提出了将国际法知识普及化、大众化的构思——"使军民共知"。尽管，他的目的只是希望对外交涉时能够加以援引，以收"以夷制夷"之效。

丁韪良除翻译《星轺指掌》及《公法便览》外，1880年又与同文馆学生共同翻译了瑞士法学家步伦（即伯伦知理，Johann Casper Bluntschli，

---

[1]《上诏陈言疏》，《薛福成全集·庸盦全集》(台北：广文书局，1963年)，上册，《庸庵文编》，卷1，页15—16。
[2] 祁兆熙：《出洋见闻琐述》，《游美洲日记》(《走向世界丛书》；长沙：岳麓书社，1985年)，页265。

第一章 世界秩序的中国文本：晚清国际法的传入

1808-1881)的《公法会通》。[1] 1883年,丁韪良年又率同文馆法文馆学生,将国际法研究院(Institute of International Law [Institut de Droit International])所编的法文版 *Les lois de la guerre sur terre*(又作 *Manuel des lois de la guerre sur terre*,《陆战法规手册》Bruxelles, Leipzig：C. Muvquardt, 1880),译为《陆地战例新选》刊行出版,[2] 正好为清政府在其后中法战争(1884—1885)对外交涉时提供了实用的国际法依据。1884年,丁韪良将在此之前于柏林参加1881年9月召开的东方学者国际会议(Orientalisten-Congresses, Berlin Congress of Orientalists)时所发表的报告论文,交由汪凤

---

〔1〕[瑞士]步伦著,[美]丁韪良、联芳、联兴、庆常、贵荣、桂林共译:《公法会通》,10卷(光绪六年[1880]同文馆刊)。丁韪良在《凡例》中云:"原书系布文,后译为法文,兹由法文译汉,复以布文核对,以免舛误。"(页4)可见此书的母本是德文版 *Das Moderne Völkerrecht der Civilisirten Staaten: als Rechtsbuch Dargestellt*(文明国家的国际法:作为法则来表述的/或译为"作为法典")。初版由Nördlingen 的Beck 公司于1868年出版(xii, 520页),1872年第2版,1878年第3版,前后共3版。至于此书的法文版,则只有由Charles Édouard Lardy(1847—1923)翻译的 *Le Droit International Codifié*(法文书名意为"编作法典的国际法"),译自德文初版,但此法文版有几个版本,计有1870年第1版、1874年第2版、1881年第3版、1886年第4版、1895年第5版,均由巴黎的 Guillaumin et cie 出版。《公法会通》出版于1880年,因此所据版本只可能是1870年初版或1874年第2版。笔者翻阅全书,书中所注明的事例,最迟是1872年(第285章,卷3,页4),因此推算是译自1874年第2版(2nd., rev. et corr; Paris: Guillaumin et cie, 1874)。傅德元整理了目前学界对《公法会通》的原书名及所据版本的不同观点,并根据他在美国的图书调查所得,推测所据之法文版本应为1870年第1版或1874年第2版,未有确定哪一个版本。其次,傅将德文的原书名缩短为"Das Moderne Volkerrecht"(译之为"现代国际法"),未能反映真实情况。参傅德元:《丁韪良主持翻译〈公法会通〉新探》,页82—83。
〔2〕关于《陆地战例新选》的翻译刊行,目前的研究大多语焉不详,这里稍作说明:(1)1881年丁韪良前往德国柏林参加第五届东方学者国际会议(Congress of Orientists)时途经维也纳,得红十字会始创者之一、著名的人道主义国际法学家古斯塔夫 · 莫瓦尼埃(Gustave Moynier, 1826-1910;丁称之为"公法家穆尼耶")赠予新出的《陆战法规手册》(丁称为《新选公法条例》)。此《陆战法规手册》,源于1874年8月27日比利时首都签订的《布鲁塞尔宣言》(Déclaration de Bruxelles),即《关于战争法规和惯例的国际宣言》(Projet d'une Déclaration internationale concernant les lois et coutumes de la guerre),凡56条。《布鲁塞尔宣言》由俄国沙皇亚历山大(Czar Alexander II, 1818-1881)提倡,最终未有生效。1875年,国际法研究院设立了一个专门研究《布鲁塞尔宣言》的委员会共同修纂草拟。该委员会由古斯塔夫 · 莫瓦尼埃、伯伦知理为首的13位英、荷、法、西班牙、俄、奥、意等专家所组成,于1880年起草了一份供各国政府参照的手册,即《陆战法规手册》,凡86条。同年9月9日,国际法研究院在英国牛津的会议上全体一致通过此手册,故又称《牛津手册》(*Manuel d'Oxford*)。《陆战法规手册》没有新的内容,基本上沿袭了《布鲁塞尔宣言》的条款。参《陆地战例新选》国际法研究院《原序》、丁韪良《(光绪九年春三日)序》。(2)由于1883年同文馆本罕见,很多学者大多都是据1897年梁启超新编的《西政丛书》本(上海:慎记书庄石印),收入第1秩第7册内),而同文馆的出版目录中又未见此书,以至有学者如陈世材认为《陆地战例》在1883年可能没有正式出版(参氏著:《中国国际法学之源流》,页5)。不过,根据1883年《教务杂志》的记载,此书得总理衙门批准刊行出版,是一本只有16页的小册。《教务杂志》的编辑高度赞扬总理衙门此举,认为这表示总理衙门在战时哀痛危急的情况下愿意依照西方国家同意的法规而行事。参 *Chinese Recorder*, 14:4(July-August, 1883), p.333。

藻译成《中国古世公法论略》。[1] 这篇论文因针对不同读者而有不同的意图：1. 面向西方读者。目的在于说明中国古代已有类似西方国际法的规则（国际法的遗迹），尽管没有体系的理论，但中国文化中仍有着可以和西方法秩序对话的基础，暗示西方不应视中国为野蛮之邦；2. 面向中国读者。在于论证中国古代既然已具备国际法，是"真的"（true），又是"自己的"（mine），中国应该接受和遵守现代西方国际法。[2] 与此同时，又为中西两个价值体系提供了可以比较的起点。[3]

除同文馆的丁韪良外，江南制造局教习英国传教士傅兰雅也是致力于将西方国际法引入中国的重要人物。相对于丁韪良选择翻译美国国际法著作，傅兰雅则选取了自己祖国英国的著作，先后翻译了罗伯村（Edmund Robertson，1845－1911）的《公法总论》，[4] 以及费利摩罗巴德

---

〔1〕 光绪十年（1884）同文馆排印本。又，丁韪良在大会中是以英文报告的，题目为"Traces of international law in ancient China"，丁的报告大纲后来刊于大会的报告集内（*Verhandlungen des Fünften Internationalen Orientalisten-congresses gehalten zu Berlin im September 1881: Abhandlungen und Vorträge des Fünften Internationalen Orientalisten-Congresses* [Berlin: A. Asher & Company, 1882]，Zwiter Theil, Zweite hälfte, IV Ostasiatische Section, pp. 71–78)。论文的法文版其后由丁韪良译出，再由维也纳大学洪纳教授（Joseph-Marc Hornung, 1822–1884）润饰其语言及风格，题为"Les Vestiges d'un Droit International dans l'ancienne Chine"，刊于 *Revue de Droit International et de Législation Comparée*, 14（1882），pp. 227–242. 此外，英文版先后刊于 *International Review*, 14（Jan., 1883），pp. 63–77; *Chinese Recorder*, 14:5（Sept. Oct., 1883），pp. 380–393，其后再次修订，改题为"International Law in Ancient China"先后收入丁韪良所著的 *Hanlin Papers. Second series*, *Essays on the History, Philosophy, and Religion of the Chinese*（Shanghai: Kelly & Walsh, 1894），pp. 111–141; *The Lore of Cathay: or, The Intellect of China*（New York: Fleming H. Revell, 1901），pp. 427–449. 参 Norma Farquhar，"A Bibliography of the Writing of W. A. P. Martin，" p. 132; 王铁崖:《中国与国际法——历史与当代》，页 8; 同氏著:《国际法引论》，页 360; Rune Svarverud，*International Law as World Order in Late Imperial China*, p. 100. 另一方面，《中国古世公法论略》甫出版，广州的《述报》随即在翌年初（1885 年 1 月 23 日及 31 日）先后两次节录刊登了正文首 7 页的内容，从"中国自与泰西各国立约"至"以为富国之计焉"，题为《中国古世公法论略》及《抄录〈中国古史[世]公法论略〉》，几乎是全书的一半（原书丁韪良序言 3 页，正文 16 页）。参《述报》（《中国史学丛书》;台北：学生书局，1965 年），总页 301—302、页 361。
〔2〕 佐藤慎一:《近代中国の知識人と文明》，页 72—76。这里佐藤慎一借用了列文森的术语。参 Joseph Levenson，"'History' and 'Value': The Tensions of Intecllectual Choice in Modern China，" in Aruther F. Wright edited, *Studies in Chinese Thought*（Chicago: Chicago University Press, 1953），pp. 146–194.
〔3〕 王中江:《近代中国思维模式演变的趋势》，页 153—165。
〔4〕 [英]罗伯村（Edmund Robertson，1845–1911）著，[英]傅兰雅、汪振声共译，江南制造局翻译馆刊。译自"International Law，" in *Encyclopaedia Britannica*（9th ed.; Edinburgh: Adam and Charles Black, 1875–1889），pp. 190–197. 参 Adrian Arthur Bennett，*John Fryer: The Introduction of Western Science and Technology into Nineteenth Century China*（Cambridge, Mass.: Harvard University Press, 1967），p. 400. 此外，王扬宗估计《公法总论》是在 1886—1894 年间刊出。参氏著:《江南制造局翻译书目新考》，《中国科技史料》，16 卷 2 期（1995 年），页 6。

第一章 世界秩序的中国文本:晚清国际法的传入

(Robert J. Phillimore, 1810 – 1885)的 *Commentaries upon International Law*(《国际法评论》)。《公法总论》最为人所熟悉,译自《大英百科全书》,介绍国际法的源流及基本原则,特别是"其末篇归重议公法以息兵争,乃仁人君子之用心也"。又由于内容简明扼要,得到维新派的大力推崇,认为"学者苦诸公法书繁难无归,得此以提纲挈领可矣",[1]在戊戌维新时期曾多次重刊,广泛流传。《国际法评论》全书共 4 卷,第 1 至 3 卷属于国际公法,以《各国交涉公法论》为题出版,[2]第 4 卷是国际私法,以《各国交涉便法论》为题出版。[3] 这三本国际法著作,都是译自英国国际法学家的著作,其中 *Commentaries upon International Law* 更是当时非常流行的国际法著作。据郭嵩焘的记述,傅兰雅早于 1878 年 10 月前已完成翻译《各国交涉公法论》(四集 13 卷;前三集各 4 卷,第四集 1 卷)的大部分——初、二集完成,第三集四卷完成了两卷,第四集未完成。[4] 其后傅兰雅随驻德公使李凤苞赴德国柏林,希望能在德国把《各国交涉公法论》译完。

---

[1] 梁启超:《交涉书目提要:公法总论》,《湘学新报》(《清末民初报刊丛编》;台北:华文书局,1966 年),4 册(1897 年 5 月);影印本册 3,总页 1604;徐维则对《公法总论》的评语似是引自梁启超。参《东西学书录》(光绪己亥[1899]刊本),卷上,页 9。

[2] [英]费利摩罗巴德(Robert J. Phillimore, 1810 – 1885)撰,[英]傅兰雅口译,俞世爵笔述,汪振声校正,钱国祥复校:《各国交涉公法论》,全书分为初、二、三集,共 16 卷,校勘记 1 卷,中西纪年 1 卷。译著有《原序》和《续序》,因此所据的应是原著 *Commentaries upon International Law* (London: W. G. Benning and Co., 1871 – 74)第 2 版的第 1—3 册。参 Adrian Arthur Bennett, *John Fryer: The Introduction of Western Science and Technology into Nineteenth Century China*, p. 100; Rune Svarverud, *International Law as World Order in Late Imperial China*, p. 115. 此外,田涛指出虽然书扉上写的是光绪二十年四月江南制造局翻译馆藏珍版,但卷末"中西纪年"末称"光绪二十一年乙未月六月初八日丁丑一千八百九十五年二十九日礼拜一校印竣",可知实际上是 1895 年印刷刊行的。参氏著:《国际法输入与晚清中国》,页 105,注 2。

[3] [英]费利摩罗巴德撰,[英]傅兰雅口译,[清]钱国祥校:《各国交涉便法论》,6 卷。原著为 *Commentaries upon International Law, Vol. 4: Private International Law of Comity* (London: W. G. Benning and Co., 1861). 对于此书的刊行时期,学术界一直未能确定,王扬宗(《江南制造局翻译书目新考》页 6)推测当作 1898—1902 之间。但据中国政法大学图书馆所编《中国法律图书总目》(北京:中国政法大学出版社,1991 年),此书早于 1898 年有上海书局 6 册石印本,因此不可能迟于 1898 年出版。另据张建华《晚清中国人的国际法知识与国家平等观》页 47,所用的是光绪二十五年江南制造局刻本(6 册 1 函)。因此,《各国交涉便法论》最有可能是 1898 年出版。

[4] 郭嵩焘此书是李凤苞(1834—1887)所赠,郭在日记内记下读书札记,简单地介绍了"万国公法"源流、欧洲历年和约以及各国公法家,并言及其中几本著作的内容。参郭嵩焘著,湖南人民出版社校点:《郭嵩焘日记》(长沙:湖南人民出版社,1983 年),第 3 卷,光绪四年九月初六日条,页 643—644。

据李凤苞所载,光绪四年(1878)十至十二月期间傅兰雅的确曾与庆常、刘孚翔继续赶译《国际法评论》。[1] 不过,当时似乎尚未完成。其后傅兰雅返回上海,继续翻译《国际法评论》的头3册,最迟于1880年8月前完成,并准备题为《各国交涉公法》出版。[2] 此书迟至1895年才出版刊行,原因可能如负责笔述及校勘的俞世爵所说,是由于各国文字口音相差甚远,人名、地名翻译时容易亥豕鲁鱼,"是以翻译此书已经十载,未能付刊"。[3]

另一方面,其他传教士都间有论及国际法的文章,例如德国的花之安(Ernst Faber, 1838-1899)便著有《万国公法本旨》。[4]

不可否认,上述传教士的国际法译著为晚清政治对外交涉的展开提供了法理依据,同时影响了中国人的思想价值。不过,整体而言,这个时期的国际法译著无论就数量或种类而言,都大大落后于东邻日本。我们可以概括为:少量发行、精英阅读。还要补充的是,驻外使节其实是有不少机会接触到国际法的。例如郭嵩焘在驻英法期间,便曾积极参与万国公法会(即国际法改革编纂协会[Association for the Reform and Codification of the Law of Nations],国际法协会[International Law Association]的前身)的活动,并与该会会员往来,大大地提升了对国际法的认识与理解。[5]

---

[1] 李凤苞:《使德日记》,收入曾纪泽著,张玄浩辑校:《使西日记(外一种)》(《走向世界丛书》;长沙:湖南人民出版社,1981年),页4、页7、页53。

[2] 据1880年8月的《格致汇编》(南京:南京古籍书店,1992年)刊载了《江南制造总局翻译西书事略》,已见《各国交涉公法》(20本[册])列入"已译成未刻各书目录"中。不过,这里称傅兰雅译,俞世爵及李凤苞笔述,但目前所见版本均未见有李凤苞之名。见页11[册3,总页24]。又参 Rune Svarverud, *International Law as World Order in Late Imperial China*, p. 115。

[3] 《各国交涉公法论》,俞世爵:《校勘记》。又参张建华:《晚清中国人的国际法知识与国家平等观念》,页47。王扬宗引述了曾在江南制造局工作,并担任过翻译的吴趼人在《二十年目睹之怪现象》中对傅兰雅口述、中国人笔译这种翻译方法的批评。吴认为是旷日持久、耗费庞大。参氏著:《傅兰雅与近代中国的科学启蒙》(北京:科学出版社,2000年),页69—70。又参田涛:《国际法输入与晚清中国》,页108。

[4] 花之安:《自西徂东》(*Civilization, Chinese and Christian*;光绪十年[1884]岁次甲申德国花之安发刊),卷2第29章;原载《万国公报》(台北:华文书局,1968年),第15年740卷(1883年5月),页352—353[总页9909—9912]。

[5] 参张建华:《郭嵩焘与万国公法会》,《近代史研究》,2003年1期(2003年1月),页280—295。

第一章 世界秩序的中国文本：晚清国际法的传入

最后，必须指出的是，丁韪良和傅兰雅在翻译国际法的时候，都有意强化自然法（natural law）的色彩，把国际法说成是天理，具有普遍价值。对此，早在1953年，日本国际法学者大平善梧（Ōtsubo Zengo）就曾给予高度评价，肯定丁韪良的努力，认为把国际法称之为"万国公法"以至"公法"，糅合了西洋的自然法思想和东洋的天道思想以至性理思想，有利于西洋的思想及制度自然地移入东洋。具体的操作是丁韪良巧妙地把原著的自然法色彩强化，并声称国际法的法源为自然法，自然法与国际法一致。大平善梧考虑到丁韪良的基督教信仰背景，认为丁韪良并非因利成便才借用天道思想，而是他从心底里就是自然法主义者。[1]

丁韪良以"性法"译"natural law"，又以"公法"译"international law"。不过，从《万国公法》的译文看来，这种"性法"与"公法"的区分相当暧昧，例如《万国公法》开首的第1卷第1章第1节《公法本于公义》（原文 Origin of International Law）：

> 天下无人能定法，令万国必遵，能折狱，使万国必服。然万国尚有<u>公法</u>，以统其事，而断其讼焉。或问此公法，既非由君定，则何自而来耶？曰：<u>将诸国交接之事，揆之于情，度之于理，深察公义之大道，便可得其渊源矣</u>。夫各国固有君为己之民，制法断案，万国安有如此统领之君，岂有如此通行之法乎？<u>所有通行之法者，皆由公议而设</u>。但万国既无统领之君，以明指其往来条例，亦无公举之有司，以息其争端，倘求公法，而欲恃一国之君操其权，一国之有司释其义，不可得矣。<u>欲知此公法凭何权而立，惟有究察各国相待所守天然之义法而已</u>。至于各公师辨论此义法，则各陈其说，故所论不免歧异矣。[2]

原文：

> There is no legislative or judicial authority, recognized by all nations,

---

〔1〕 大平善梧：《日本の国際法の受容》，《商学讨究》，4卷3号（1953年12月），页308—309。徐中约引用了大平的观点，但错把惠顿理解为自然法学派（natural law of school），而惠顿实际上是个法学调和主义者。参 Lydia H. Liu, *The Clash of Empires*, p135.

〔2〕《万国公法》，卷1，第1章，页1。

which determines the law that regulates the reciprocal relations of States. The origin of this law must be sought in the principles of justice, applicable to those relations. While in every civil society or state there is always a legislative power which establishes, by express declaration, the civil law of that State, and a judicial power, which interprets that law, and applies it to individual cases, in the great society of nations there is no legislative power, and consequently there are no express laws, except those which result from the conventions which States may make with one another. As nations acknowledge no superior, as they have not organized any common paramount authority, for the purpose of establishing by an express declaration their international law, and as they have not constituted any sort of Amphictyonic magistracy to interpret and apply that law, it is impossible that they should be a code of international law illustrated by judicial interpretations.

The inquiry must then be, what are the principles of justice which ought to regulate the mutual relations of nations, that is to say, from what authority is international law derived?

When the question is thus stated, *every publicist will decide it according to his own views, and hence the fundamental differences which we remark in their writings.* [1]

原文开首便说没有立法或司法当局能立法以规范各国间关系(the law that regulates the reciprocal relations of States.),必须从公义的原则(the principles of justice)中去寻求。再看丁译本,先承认"天下无人能定法"(注意:与原文不同,这个"法"是能"令人折狱,使万国必服"),然后笔锋一转,强调"万国尚有公法,以统其事,而断其讼焉"。也就是说,"万国公

---

[1] Henry Wheaton, *Elements of International law* (6th ed.; Boston: Little, Brown and Company, 1855), p.1.

第一章 世界秩序的中国文本：晚清国际法的传入

法"在这世界是超然存在的。其法源，则是"情"、"理"及"公义之大道"这类普遍价值。原文跟译文差异很大。原文讨论国际法的法源（公义的原则）时指出由国际法学者各陈其说，丁译本则指"公法"乃由"各国相待所守天然之义法"而来，虽然承认公法家对此各有成说，但无损这"天然之义法"的绝对性及普遍道德价值。无可否认，原文中的"international law"虽仍带有"公义的原则"这类普遍价值的属性，[1]但在丁译本却被强化为"天然之义法"，大大地超越了原文的自然法色彩，[2]并与传统中国的世界秩序观暗合。

又如原著第11节《国际法定义（Defination of International law）》作：

> International law, as understood among civilized nations may be defined as consisting of those rules of conduct which reason deduces, as consonant to justice, from the nature of the society existing among independent nations; with such definitions and modifications as may be established by general consent.[3]

《万国公法》对此定义作出极大的改动：

第十一节 公法总旨

> 服化之国，所遵公法条例，分为二类，以人伦之当然、诸国之自主，揆情度理，与公义相合者一也。诸国所商定辨明，随时改革，而共许者，二者也。[4]

惠顿在这里的国际法（international law）定义，刘禾认为其重心强调的不

---

[1] 刘禾指出惠顿在现代国家间关系的问题上更倾向于成文法的立场，但没有完全放弃自然法观念，而是企图在成文法中渗入一种模糊的自然法观念。参 Lydia H. Liu, *The Clash of Empires*, p.135.

[2] 住吉良人（Sumiyoshi Yoshihito）曾将丁韪良译本卷1与原文及日本瓜生三寅（Uryū Mitsutora, 1842 – 1913）的译本加以对照比较，尽管住吉良人采用的是惠顿的1836年本，但这无损其对丁韪良及瓜生三寅译本的误译判断，以及两者译文均强化了原著自然法色彩的分析。事实上，《万国公法》传入日本之初，人们首先是通过朱子理学的"天理"和"天道"来认识的。参住吉良人：《资料介绍：Henry Wheaton, *Elements of International law*, 1836》；丁韪良（W. A. P. Martin）：《万国公法》，一卷［同治三年，1864］；瓜生三寅：《交道起源，一名万国公法全书》［慶应四年，1867］），《法律論叢》，44卷2、3合号（1970年11月），页181—232。

[3] Henry Wheaton, *Elements of International law* (6th ed.; 1855), p.22.

[4] 《万国公法》，卷1，页12—13。

是道德和相互间的义务,而是从成文法(positive law,又作实在法)角度理解的"普遍同意"(general consent)。[1]《万国公法》则反过来强调自然法的一面,将"公法条例"分为两类,一种是合乎情理公义的普遍价值者,另一种是国家间的"共许"。中国读者读到这样的说明,再联想前文,便不难得出"共许"也好,"共议"也好,无非是各国"相待所守天然之义法"这一结论。这种偏重自然法主义的倾向,亦可见诸《公法会通》和《公法便览》。[2]例如《公法便览》云:

> 公法者,乃天地自然之理义,邦国交际之规则,二者相合以成之。[3]

当然,丁韪良翻译国际法有其宗教目的:

> 为了使无神论的清政府认识到上帝及其永恒的真理,并且可能的话带给他们一些基督精神。[4]

另一方面,超越原文自然法色彩的情形亦见诸傅兰雅的译著中,例如:

原文:

> *The necessity of mutual intercourse is laid in the nature of States, as it is of individuals, by God, who willed the State and created the Individual. The Intercourse of Nations, therefore, gives rise to International Rights and Duties, and these require an International Law for their regulation and their enforcement.* [5]

译文:

---

[1] Lydia H. Liu, *The Clash of Empires*, p. 135.

[2]《公法会通》和《公法便览》的例子说明,参住吉良人(Sumiyoshi Yoshihito):《西欧国際法学の日本への移入とその展開》,《法律论丛》,42卷4・5・6合并号(1969年3月),页355—356。

[3]《公法便览》,卷4,第7章第1节,页90。

[4] China Letters of the Board of Foreign Missions of the Presbyterian Church in the United States of America, VII, Peking, Martin to Board, 44, October, 1, 1863. 转引自 Ralph Covell, *W. A. P. Martin: Pioneer of Progress in Chin*, p. 146. 又载 Immanuel C. Y. Hsü, *China's Entrance into the Family of Nations: The Diplomatic Phase*, 1858 – 1880, p. 126.

[5] Robert J. Phillimore, *Commentaries upon International Law* (London: W. G. Benning and Co., 1871 – 74), Vol. 1, "Preface to the First Edition," p. xv.

第一章　世界秩序的中国文本：晚清国际法的传入

人不能独立于世,则有交涉之事。人与人有交涉,国与国亦有交涉。交涉中有分所应为,与分所应得者,皆有公法以定之。<u>公法非一人一国所能定,乃天所命之理。各国皆以为然,此即公法也。</u>[1]
此处特别强调公法的自然法精神及普遍价值,加插了原文没有的"天命之理",与丁韪良所强调的自然法如出一辙。关于这点,刘禾的研究敏锐而又富启发性。刘禾指出丁韪良和他的同事借用了理学概念中的"性"和"公",以"性"翻译"自然的",用"公"翻译"成文的"(positive)或"公共的"(public),把"自然法"(natural law)翻译为"性法",偶尔译作"自然之法"。在翻译的过程中为中国和西方两种截然不同的知识传统建立了公度性(commensurability)的基础。[2] 另一方面,无论是丁韪良或是傅兰雅,对于"positive law"都没有为之创造新语,很多时只用"公法"、"律法"这类涵盖意义更广泛的词汇,于是导致原来自然法与实在法的差异变得模糊。[3]

要言之,丁韪良和傅兰雅的译著中如此强调自然法,直接影响了19世纪中国人的国际法观。特别是戊戌维新时期,中国知识分子视"公法"为天地自然之理,以形而上的哲学来理解,而非单纯视之为一种法规范。[4] 维新时期,黄庆澄(1863—1904)在《中西普通学书目表》中这样总结了他对丁韪良和傅兰雅的国际法译作"公法之学"的理解："悉本性理而出,读之大足发人智慧,不独有裨交涉也。"[5]一方面指出了"公法"

---

[1]　《各国交涉公法论》,《原序》,页1。
[2]　刘禾从寻求国际法的普遍性建构着手,指出丁韪良并未如17世纪罗马天主教耶稣会士试图调和儒教与基督教时所采用的策略那样,将儒家伦理和国际法的道德原理视为完全相通。刘禾指出,《万国公法》中出现的新词语"性法"和"公法",不但使理学概念中的"性"和"公"脱离了原来的哲学语境,而且"自然法"和"成文法"之译成中文,也使惠顿的著作脱离了西方法学话语的地方性及局部性意义,为国际法建立了一个超越中国传统及西方传统,具有全球意义,更为广阔的,更"普遍"的基础。Lydia H. Liu, *The Clash of Empires*, pp. 131–135。
[3]　傅兰雅所译的《公法总纲》曾3次使用"实在"一词,以"实在律法"及"实在公法"来表达"positive law",但其后在《各国交涉公法论》及《各国交涉便法论》中没有继续采用这个词,在《各国交涉便法论》另译为"特设之律"。参 Rune Svarverud, *International Law as World Order in Late Imperial China*, p. 121, p. 124。
[4]　这里引用了住吉良人对日本近代初期国际法传入的分析。参氏著：《西欧国際法学の日本への移入とその展開》,页262。
[5]　黄庆澄：《中西普通学书目表》(光绪戊戌[1898]七月算学馆自刻本),页11。

有助交涉的工具性作用,但另一方面更强调的是"性理"形而上的作用。但具有讽刺意味的事实是,19世纪的国际法正处于从自然法主义过渡到实在法(成文法)主义的阶段。尽管惠顿的国际法观还保留着自然法色彩,但无论是惠顿、吴尔玺还是布伦,他们都是19世纪提倡欧洲中心主义和膨胀主义的国际法学代表学者。[1]

四、戊戌维新前后国际法著译之刊行

中日甲午战争之败,对清政府及国人打击之深远巨大,已是毋庸再论。甲午之败,城下之盟《马关条约》的缔结,使中国痛失中华帝国最后的且最重要的属国朝鲜。自此之后,中华帝国内之藩部(即蒙古、新疆、西藏)以至十八省本部这块禁脔直接暴露在帝国主义列强魔爪之下,成为各国垂涎之物。先是德国于1897年强占胶州湾,其后各国相继强逼中国租借地区,广设"势力范围",迫使清政府予以承认。面对这严峻局面,有志改革的官僚和知识分子纷纷敲起警钟:高呼若不立刻进行改革,中国必将陷入"三亡"(亡国、亡种、亡教)之绝境。特别是自1895年严复(1881—1936)将进化论介绍到中国以来,"弱肉强食"、"物竞天择"等社会达尔文进化观念(Social Darwinism)深入人心,强烈地冲击着中国人的固有思想。可以说,戊戌时期的变法维新运动正是在这种救亡意识下展开的。与此同时,在强烈的对外危机意识下,中国人对于以国家主权为基础的近代西方国际法的关心亦急速提高。事实上,戊戌维新时期躁动的"公法"已成为有志改革知识分子的共同话语。这"公法"话语是在变法维新的呼召下应运而生的。当然,维新运动所注视到的并非仅止于国际法,而是广及整个法制体系。最先就中国法律去向作出指示的是梁启超,他在《论中国宜讲求法律之学》一文中,振臂高呼,宣称如果中国要进入文明大同之世界,摆脱野蛮落后的地位,便亟须讲求法律之学,发明法律之学。[2] 而发展法律之学的第一步,即在于广译西书:

---

〔1〕 金容九:《朝鮮における万国公法の受容と適用》,页40。
〔2〕《湘报》(北京:中华书局,1965年),5号(1989年3月11日),页17[上册,总页33];又载《饮冰室合集》(北京:中华书局,1989年),册1,《文集》1,页93—94。

第一章 世界秩序的中国文本：晚清国际法的传入

> 今日欲举百废，新庶政，当以尽译西国章程之书为第一要义。……必尽取其国律、民律、商律、刑律等书，而广译之。[1]

不过，若单以"公法"而论，则当推唐才常所议最为用心。他指出：

> 故中国之患，莫大于失权，失权之由，由于中外之情隔，以致百端要挟，莫敢枝梧，教士横行，莫能控驭。于此而欲弥缝之、补救之，则交涉要矣。[2]

强调中国之大患在于丧失国权，而丧权辱国的原因在于对外交涉屡为外人所制。对外交涉挫败的原因则是：

> 虽曰中国积弱使然，亦以未列公法之故；又无深谙公法之人，据理力争。[3]

在唐才常看来，这固然是由于中国国力衰弱（大有弱国无外交之叹），但亦由于中国"未列于公法"及于折冲樽俎之际无深谙"公法"之人才据理力争。换言之，这是中国人对新知识范畴（stock of knowledge）——近代西方国际法无知的代价。

> 今夫不谙公法律例之学，其大病二：一则如前异视远人之弊；一则动为西人恫喝，凡章程条约，事事予以便宜。[4]

若不懂"公法律例"，不是蔑视远人，便是为西人所恫吓，结果与外国缔结的尽是不平等条约。在维新派看来，要摆脱这种困境，收回早前糊里糊涂丧失了的利权；今后对外交涉，处理棘手的领事裁判权问题以及解决频频激发的教案，确保中国主权完整，当务之急，非引介国际法知识莫属。

1. 学会活动

甲午战败的震撼，唤醒了中国官僚和知识分子。他们对以传统儒家

---

[1] 梁启超：《论译书》，《饮冰室合集》，册1，《文集》1，页68—69。
[2] 唐才常：《交涉学第二》，陈善伟：《唐才常年谱长编》（香港：中文大学出版社，1990年），上册，页223。
[3] 唐才常：《拟开中西条例馆条例》，湖南省哲学社会科学研究所编：《唐才常集》（北京：中华书局，1980年），页27；又载江标（1860—1899）编校：《沅湘通艺录》（《丛书集成初编》；上海：商务印书馆，1935年），卷3，《掌故》，页30—31。
[4] 唐才常：《交涉甄微》，陈善伟：《唐才常年谱长编》，上册，页212；又见湖南省哲学社会科学研究所编：《唐才常集》，页44。

思想为核心的教育课程作出深刻的反省,并探求中国再生之道——探讨国家改革的方向与实践改革的方案。流风所及,全国各地超过 75 个学会纷纷成立,60 份以上报纸相继创办,仿如雨后春笋,并以介绍西方新知识、新学说、新观念,讲论改革社会,打破旧俗流弊为尚。[1] 王尔敏高度评价学会活动的贡献,认为"晚清一切新思潮,几由学会表现无遗"。[2] 从地区而言,尤以开地方改革先河的湖南最为瞩目。正是在地方改革先锋湖南,中国最先出现了研究国际法知识,讨论外交条约和法律问题的公法学会和法律学会。

1-1 公法学会

公法学会是在 1898 年 4 月由河南善化人毕永年(1869—1902)创立于长沙的学会。唐才常在《公法学会序》说明了学会成立的旨趣:

> 吾友毕永年愤然曰:素王改制之精心,吾未知其一二。惟今朝政日圮,人心日涣,与外人交涉,日惊疑骇溃,以酿成种类之亡,吾耻之!……爰与诸君子创立公法学会,期于古今中外政法之蕃变、和战之机宜、条例约章之榖列、与中国所以不齿公法之故,一一讲明而切究之。而一归素王改制之律意,以求转圜于后日,补救于将来。虽太平世无界无争之义,匪今日所能言,而其争自存以为无争之起点。……唐才常曰:……今子与诸君毅然讲求是学,将以收自主之权,振尸居之气,上体素王改制、悲悯救世之苦衷,下规日本大侠锐意更约、顶踵不辞之热力,则生死肉骨,未必不基于此。抑尤愿诸君,益扩充游历资,联翩接轸于榑桑八岛间,求所谓维新

---

[1] 参[美]费正清(John King Fairbank)编,中国社会科学院历史研究所编译室译:《剑桥中国晚清史》(北京:中国社会科学出版社,1985 年),下卷,页 330—336;李文海:《戊戌维新运动时期的学会组织》,载胡绳武主编:《戊戌维新运动史论集》(长沙:湖南人民出版社,1983 年),页 48—78;汤志钧:《戊戌时期的学会和报刊》(台北:台湾商务印书馆,1993 年);张玉法:《清季的立宪团体》(台北:"中央研究院"近代史研究所,1971 年),页 199—219;同氏著:《戊戌时期的学会活动》,《历史研究》,1998 年 5 期(1998 年 10 月),页 5—26;王尔敏:《晚清政治思想史论》(台北:华世出版社,1980 年),页 134—165。

[2] 王尔敏:《晚清政治思想史论》,页 135。

第一章　世界秩序的中国文本：晚清国际法的传入

之政之学,悉絜[挈]而归,以冲决吾文网,疗治吾病躯,则中国其庶几乎?[1]

要言之,学会的成立,旨在"人物交战"的世界中力求"自存",培养"公法"专门人才,学习近代西方国际法知识,继而仿效日本修订不平等条约,恢复主权,厉行变法改革。由"争自存"而达到"无界无争"的太平世,由小康而进入大同世界。根据《公法学会章程》,会员逢星期一和星期六于长沙容园集会,上午10时集会,下午2时散会,风雨不改。学会不设会董及学长,每次聚会,会员集会交谈,互观笔记,[2]专心讨论问题,但严禁党同伐异。平日会员也可以随时到会阅览书籍,甚至借出带走。[3]

1-2　法律学会

法律学会是1898年由施文焱及李延豫等于长沙创立的。据《法律学会章程》所载,学会的主要目的在于:

一、本会专集同人讲读律令;

二、读书读律,事本贯通;尧舜君民,基础于此,本会有读书功课;

三、会友择读古经、古子、历代史、国朝掌故、东西史志、内外公法各书;

四、经济正科有外交一门,凡考求各国政事条约、公法律例、章程诸学者隶之,同人有志科名,岁举之年,即以此门赴试,且备特科之选。[4]

由此可见,两个与法律相关的学会,都孜孜于讲求国际法及条约修订。可

---

[1]《湘报》,43号(1898年4月25日),页168—169[上册,总页343—344];湖南省哲学社会科学研究所编:《唐才常集》,页157。

[2] 原文叫"日记",是一种"仿史表体,内列大弊、小疵、议增、议改四格"的笔记。

[3]《章程》收在《湘报》第48号(1898年4月30日),页191[上册,总页397—398]。端木正认为从章程的规定来看,公法学会是个"松散型的读书会"。参端木正:《中国第一个国际法学术团体——公法学会》,中山大学法学院编:《学术的律动:中山大学法学院老教授文集》(北京:法律出版社,2006年),页131。

[4]《湘报》,60号(1898年5月14日),页238[上册,总页517—518]。

惜,公法学会和法律学会,规模不大,组织松散,而且和大部分戊戌维新时期的学会一样,活动时间很短,很快便随着维新运动的失败而告终,也没有留下多少学会的活动记录,以致我们很难了解其中详情。不过,如果我们把公法学会和法律学会的成立放在整个湖南改革思潮的脉络当中,我们还是可以推测到相关的情况。

1898年1月,湖南士子谭嗣同(1865—1898)、熊希龄(1867—1937)、唐才常、毕永年、樊锥(1872—1906)和易鼐(1875—?)等创立了南学会,政治上提倡以民主、法治为基础的新政,思想上讲求平等、自由,以讲论新学为宗旨。学会得到湖南巡抚陈宝箴(1831—1900)、前任学政江标(1860—1899)、后任学政徐仁铸(1863—1900)、署湖南按察使黄遵宪(1848—1905)的大力支持。由于南学会创风气之先,成立最早,规模最大,加上有半官方的性质,因此其他学会,如"实学会"、"湖南不缠足总会"、"延年会"、"积益学会"、"学战会"、"公法学会"、"法律学会"、龙南的"政用学会"、浏阳的"群萌学会"、长沙的"学战会"、衡州的"任学会"、郴州的"舆算学会"、龙南的"致用学会"和常德的"明达学会"等等,均奉南学会为总会。[1]虽然各学会的宗旨侧重点不同,但其创会目的及聚会方法皆很类似,而且各学会会员的重叠性相当高(例如公法学会的创办人毕永年,本身也是南学会的创会中坚),会员之间又常彼此交流。

另一方面,作为南学会的机关刊物《湘学新报》(1897年4月创刊,半年后改为《湘学报》),刊登了大量关于"公法"的讨论。因此,我们讨论"公法"时,不宜过于画地为牢,把眼光局限在公法学会和法律学会上。我们可以把公法学会及法律学会的出现,视为中国改革官僚及知识分子重视、强调"公法"这一话语的表征,以及中国人已将之视为掌握新世界秩序结构的钥匙。

关于其后相关学会的活动,尚可以补充说明一下。1910年冬,法律

---

〔1〕 关于南学会,参王尔敏:《晚清政治思想史论》,页101—133。

第一章　世界秩序的中国文本：晚清国际法的传入

学堂学员熊煜、王克忠等人筹设法学会，并得到修订法律大臣沈家本（1840—1913）等人的资助而成立。该会由法律学堂学员汪子健任总干事。其后经汪子健等人的奔走，筹集经费，制订了学会章程。为了扩大影响，学会于1911年在财政学堂设立短期法政研究所，并由汪子健约请日本法学家冈田朝太郎（Okada Asatarō，1868—1936）及志田钾太郎（Shida Kōtarō，1868—1951）两博士义务教授。与此同时，又延请名流担任《法学会杂志》编辑，从是年3月开始刊行，每月一册。政法研究所于暑假暂停，杂志出至第5期。是年8月辛亥革命爆发，学会停止活动。辛亥革命后，汪子健与章仲和等人重新整顿学会，并请求临时政府资助，遂得以复会。[1]

2. 国际法译著的刊行

虽然知识界对国际法知识极度渴求，但一则中国并无这方面的人才，二则大规模的留学活动尚未开展，在学科知识和语文能力两方面都缺乏的情况下，有识之士争相将早前丁韪良的国际法译著复刻重刊，作为应急之法。以《公法会通》为例，据《中国法律图书总目》所载，除了1880年同文馆本以外，尚有1896年的上海飞鸿阁刊本和明达学社刊本、1898年的北洋书局刊本、长沙南学会刊本及湖南实学书局石印本。[2] 再者，单行本之外，新出版的新学丛书亦有所收录。例如1895年刊行，由王西清、卢梯青所辑的《西学大成十二编·卯编》（上海醉六堂书坊印本）中收有《万国公法》和《星轺指掌》；富强斋主人（张荫桓，1837—1900）所辑的《富强斋丛书》中收有《公法总论》和《各国交涉公法论》；1897年刊行、求自强斋主人（梁启超）编辑的《西政丛书》中收有《中国古世公法

---

〔1〕 沈家本：《法学会杂志序》，《寄簃文存》，卷6，页36—37；沈家本：《沈寄簃先生遗书》（北京：中国书店，1990年），上册，页970—971。关于民国初期法学会的活动及《法学会杂志》的复刊，参王健：《说说近代中国的法律期刊》，《法律科学：西北政法学院学报》，2003年5期，页27—29。又沈天水《我国近代第一个法学会》一文，虽未注明参考资料，但通篇几乎是沈家本这篇序言的语译。载《社会科学战线》，1985年2期（1985年4月），页85。此外，沈天水以为1910年成立的法学会是近代中国第一个法学会，但根据我们前文所述，很明显这看法是错误的。

〔2〕 中国政法大学图书馆编：《中国法律图书总目》，页739。

论略》、《公法总论》和《陆地战例新选》;1902年刊行、东山主人所辑的《新辑各国政治艺学全书》,收有《陆地战例新选》、《公法总论》和《万国公法》。

另一方面,随着各地学会的成立,作为宣传新政、传播新学的报刊也纷纷涌现。除了长沙较著名的《湘报》、《湘学新报》外,上海创立《强学报》(1895)、《时务报》(1896)等报刊。借用列文森形容《时务报》的话,学会的成立激发了知识分子着力从事组织性、定时性的出版活动。[1] 在这种近代媒体产生的背景下,国际法知识的介绍、以国际法视角讨论中国政治外交问题的文章得以大量出现,使"公法"、"公理"一类的名词充斥着整个舆论空间,成为社会的共同话语。以对知识分子改革思潮影响巨大的《时务报》为例,该报早在1896年底至1897年初便率先刊登了几篇翻译自外国报刊的"公法"及介绍海牙保和会列国息争条约的文章:

[桐乡]张坤德译:《英文报译:论交犯公法》(译《英国公论报》西九月初四日),12册(1896年11月25日)。

[日]古城贞吉(1866—1949)译:《东文报译:英员论公私交际法学》(译《国家学会录》),20册(1897年3月13日)。

[日]古城贞吉译:《东文报译:论邦国交际公法学》(译《太阳杂志》三月二十日),24册(1897年4月22日)。

[日]古城贞吉译:《东文报译:列国息争条约》(译《国民杂志》三月十四日),24册(1897年4月22日)[2]。

不过,上述文章多属事件报导性质,对于西方国际法知识的传播作用不算大,数量也不多。然而,随着人们对政治改革、国家命运关切热度的提高,开始出现大量的"公法"文章,既有翻译的,也有中国知识分子自行

---

[1] Joseph R. Levenson, *Liang Ch'i-Ch'ao & the Mind of Modern China* (2nd rev. ed.; Berkeley: University of California Press, 1970, c1959), p.24.
[2] 也许因为对古城贞吉翻译国际法相关文章的印象太深刻,徐维则在《东西学书录》(光绪己亥[1899]刊本)的《序言》中推崇古城与丁韪良并列为翻译"公法"之重要人物:"东西人在译书者,大抵丁韪良、古城贞吉长于公法。"(页1)。

第一章 世界秩序的中国文本：晚清国际法的传入

撰写的。其中尤以《湘报》和《湘学新报》所载最为突出。大体而言，《湘报》刊登的文章大部分来自时务学堂的课艺问答、札记以及南学会的答问，如：时务学堂十五岁的头班学生浏阳郑宝坤和时务学堂外课生长沙辜天祐分别作答的《公法律例相为表里说》[1]、时务学堂头班学生芷江张伯良的《问美欲认古巴为独立国有合于公法否》[2]，以及1898年南学会课取第一名、善化许崇勋的《论希与土战为救革雷得美与西战为救古巴皆为今日之义战》等。[3]

至于《湘学新报》，则是以答问体的形式连载"公法"相关知识和议题的文章，执笔者是变法旗手之一的唐才常。唐才常是当时"公法"讨论及教育的大旗手，其言说影响力大，并广为当时士子所引用。尤其值得注意的是，唐才常在《湘学新报》开设《交涉学》栏目，以答问形式讨论交涉问题，其中尤以《交涉学第四》一文最为重要，[4]设问81道，内容包括"公法"法源、"公法"与"性法"之别、国家主权、通使、条约、领事、战例、外国人管理等问题。总体而言，内容相当芜杂，没有一定的体系可言，多从丁韪良所译的《万国公法》、《公法会通》和傅兰雅所译的《公法总论》、《各国交涉公法论》、《各国交涉便法论》等书举其要旨，然后将"公法"的原则和实践应用在中国的处境上，并就中国对外交涉的得失加以评论。唐才常又受丁韪良《中国古世公法论略》的启发，以《春秋》通公法，认为中国早在春秋时期已存在着以儒家伦理及政治原则为基础的国际秩序。[5]

---

[1]《湘报》，113号(1898年7月16日)，页449[下册，总页1069—1070]；155号(1898年9月15日)，页617[下册，总页1517—1518]。
[2]《湘报》，116号(1898年7月20日)，页461[下册，总页1105—1106]。
[3]《湘报》，149号(1898年9月8日)，页593—594[下册，总页1453—1455]。
[4] 此文最初发表于《湘学新报》第8(1897年6月)至15号(1897年9月)，后以《公法通义》为题，收入《觉颠冥斋内言》卷2内。其后，又篇为唐蔚丞编辑，由中华编译书馆于光绪二十八年(1902)出版单行本《公法通论》。此外，《交涉学第四》甫刊出不久，旋即在旬刊《集成报》重刊，于第11册(1897年8月)、12册(1897年8月)和15册(1897年9月)，第17册(1897年10月)及第22册(1897年11月)，分6次连载。
[5] 鲁纳指出，由于丁韪良及傅兰雅所采用的国际法术语不同，唐才常他们引用时没有辨别两者译词的差异，或最低限度没有向读者说明，因此带来了术语混乱。如"natural law"，丁译为"性法"，傅译为"天然之律法"、"天然之法"。参 Rune Svarverud, *International Law as World Order in Late Imperial China*, p.120, p.130.

大体而言,《湘报》及《湘学新报》上的"公法"文章,可以说是没有留学经验的本土中国学者较集中地讨论国际法的种种规则及其背后原理。这些文章多征引傅兰雅所译的国际法著作,并附以《春秋》义理;讨论《春秋》、《礼记》等儒家经典时,又多牵引"公法"。其中虽有附会之处,就其影响而言,对国际秩序观的转变及知识分子对"公法"的关注及研究都起了推动作用。

另一方面,反映着这股追求国际法知识热潮以及人们对国际法关心的提高,新出的经世文编亦多收录有关"公法"观的文章。其中的问题意识及关注点大都围绕着如何抵抗列强蛮横无理的苛索以及废除不平等条约内种种剥削中国主权和利权的条款、"公法"的有效性及适用范围(即所谓"公法"可用与不可用的争议),以至中国能否利用"公法"等问题。据笔者初步调查,1895年以前出版的各种经世文编中,只有葛士濬所辑的《皇朝经世文续编》(图书集成局,1888年)载有"公法"关系的文章。但甲午战争以后刊行的经世文编,收录讨论公法的文章数量急剧上升,其中尤以《格致书院课艺》的文章和唐才常的文章占绝大多数。如邵之棠辑《皇朝经世文统编》(1898)、陈忠倚辑《皇朝经世文三编》(宝文书局刊,1898年)、麦仲华(1876—1956)辑《皇朝经世文新编》(上海:大同译书局,1898年)、何良栋辑《皇朝经世文编四编》(上海:鸿宝书局刊,1902年)、求是斋辑《皇朝经世文编五编》(上海:宜今室石印,1901年)、宜今室主人辑《皇朝经济文新编》(上海:宜今室石印,1901年)、宝善斋主人编《最新经世文编》(上海:宝善斋,1902年)、甘韩辑杨凤藻校《皇朝经世文新编续集》(商绛雪参书局,1902年)、金匮阙铸补斋编辑《皇朝新政文编》(中西译书会印,1902年)、于宝轩辑《皇朝蓄艾文编》(上海:上海官书局铅印,1903年)等。

除了传统的经世文编外,随着新知识体系的逐步建立,这时期亦开始出现了以传播西学或新学为中心的出版物。近代西方国际法知识的传播与普及,得力于这类出版物。由于这类出版物的内容和形式都相当混杂,因此学界仍没有统一的称谓,或称之为"西学百科全书"、或称之为"百科全书性出版物"以及"百科辞典"等。[1] 从编纂形式来区分,可粗略分为两类,一类是类书型条目形式,以解说新知识、新概念为主,通常(但不一定)以"通考"、"大成"、"全书"之类为名。一类是课艺答问形式的策问体,多以"汇编"、"策论"、"策问"为名。不过,实际上编纂形式和命名都没有严格的区分,有时候同一本书两种形式都有;有时候虽以"策论"为名,实际上却是经世文编式的文章或奏议辑录;有时候名为"大成",实际上是策问体。

一般来说,条目式的编集者像是资讯提供者,将涉及众多领域和新学的庞杂资料,分类编纂,按目说明,既有原则及术语的介绍,也有公法利害得失的评论。其内容从理论(尽管是表面的)层面讲"公法"的源流、性质、作用、权利,到实务操作层面的通使、战例、和约、盟会、公法家等都有。在客观效果上,起到了传播新知识、普及新概念的作用。如杞庐主人编的《时务通考》(上海:点石斋石印,1897年)和《时务通考续编》(上海:点石斋石印,1901年)、邵友濂(?—1901)编,徐毓洙、应祖锡校的《洋务经济通考》(上海:鸿宝斋石印,1898年)、陈昌绅辑《分类时务通纂》(上海:文澜书局石印,1902年)、朱大文、凌赓飏合编《万国政治艺学全书》(上海:鸿文书局石印,1902年)等,都有收录相关公法的条目。

至于策问体的出版物,所问题目,多是官僚或士子对中国所处境遇和世界事务的看法,而且包括解决中国问题的具体策略,有从上而下的导向性(考官命题,学生作答)。[2] 如雷瑨(1871—1941)编辑的《中外策问大观》里,不少关于外交和法律的策问都涉及"公法",如:

中外和约条款有应增者,有应删者,有应变通者,试援据《万国

---

[1] 关于近代"百科全书"的论述,参钟少华《清末百科全书初探》,《中国文化研究所学报》,18卷(1987),页139—159;《清末百科全书新探》,《中国文化研究所学报》,21卷(1990),页91—113;《人类知识的新工具——中日近代百科全书研究》(北京:北京图书馆出版社,1996年);陈平原、米列娜主编:《近代中国的百科辞书》(北京:北京大学出版社,2007年)。对于近代中国"百科全书"的定义及其指涉对象和包含内容等,目前学界仍未有共识。限于篇幅,这里不作展开。

[2] 章清:《"策问"与科举体制下对"西学"的接引——以〈中外策问大观〉为中心》,《中央研究院近代史研究所集刊》,58期(2007年12月),页95—97。

公法》以备修改约章之时采用。(外交策问,储桂山答)

  《万国公法》一书西人交涉视为准绳,然所以用公法之柄则仍以国势为断,强者每取盈于公法之外,弱者每受损于公法之中。必如何始剂其平策。(法律策问,傅尔贻答)[1]

这类策问的命题形式,与第3章所述同文馆和格致书院的课艺考核相同,都是要求学生运用国际法的原则为中国解决现实政治外交的问题。

  值得注意的是,这些"百科全书"很多时候是为了因应科举考试内容的变化(1902—1904年连续三年举行的两科乡试与两科会试,废八股改试策论)而编纂的应试参考书。[2] 取士标准发生了变化,新的应试参考书自然应运而生。由于书商急于图利,因此不但编纂时间短,粗制滥造,有时候甚至翻刻他书,另题新书名,掩人耳目。[3] 以"公法"为例,翻阅一下各种条目式"百科全书"的篇目及内容,我们会发觉各书的章节篇目构成以至条目的内容都极其相似。例如,杞庐主人所编的《时务通考》卷3《公法》与陈昌绅所辑的《分类时务通纂》卷51—61《万国公法》,以及朱大文、凌赓飏合编的《万国政治艺学全书》卷37—38《公法考》,其条目数及构成虽略有差异,但观乎同一条目的文章内容,几乎完全一样。换言之,各书的编纂者都是收集、整理、剪贴、重组而已。[4] 如果再耐心地探求其内容源头的话,我们可以发现:"公法"的内容主要是出自丁韪良的《中国古世公法论略》和《公法便览》、宋育仁(1857—1931)的《公法》、[5] 及朱克敬[6]的《公法十一篇》。除了宋育仁的《公法》是全篇收

---

[1] 雷瑨(1871—1941)编辑:《中外策问大观》(光绪癸卯年[1903]砚耕山庄石印),卷4,页19—21;卷14,页4。
[2] 参《分类时务通纂》、《各国政艺通考》和《万国政治艺学全书》的序言。
[3] 正因为翻刻之风太盛,这类应考书籍的书扉内大都注明版权所有,不得翻印之类的字眼,很多时更印有所属府县官方颁下的版权认可敕文。
[4] 孙青对于这类用作应试的新学选本的编纂及盗印翻刻情况有深入具体的讨论。参氏著:《引渡新知的特殊津梁——清末射策新学选本初探》,"'中国现代学科的形成:以清末西学选本为中心的讨论'国际学术研讨会"会议论文(复旦大学中外现代化进程研究中心举办,2007年10月12—14日),全14页。
[5] 1895年刊行,宋育仁《采风记》卷5所收。收入"百科全书"时,多改题为《公法驳议》,但没有注明作者。
[6] 关于朱克敬的生平,请参朱克敬著、杨坚点校:《瞑庵杂识·瞑庵二识》(长沙:岳麓书社,1983年),点校者《前言》。

第一章 世界秩序的中国文本：晚清国际法的传入

录外，其他全都是以变更原来次序，或加上新的条目名称，或以摄写原文的形式出现的。至于策问体出版物的题目及答案，多来自各省闱墨、新式学堂课艺，以及不同版本的经世文编。[1]

简而言之，这些"百科全书"的编纂，是为了适应时代的需要，向人们提供最基本的渠道，来了解西学或新学。客观上为中国带来了新知识、新概念和新思维，冲击了传统的知识体系。另一方面，又是知识市场下的产物，供应士子应试所需。因此，这类"百科全书"的出版，套用陈平原的分析，既是"文化工程"，也是"启蒙生意"。[2] 不过，我们也不能高估这类主要作为应试参考用的"百科全书"在接引西学上的重要性。正如刘龙心探究"策论"与晚清知识转型的研究显示，"策论"在求取知识的方法、态度和目标上都有其局限性，那种提问方式及具有暗示性的考题，或者从根本上就已经限制了读书人认识西学的态度。策论在近代知识转型中只起了过渡的作用，而科举最终全面为学堂所取代。[3]

综观以上国际法译著的复刻、报刊的出版及"百科全书"的刊行情况，在科举改革下，新知识得以更广泛地成为中国知识分子的思想资源。国际法作为解决中国政治外交法律的钥匙，自然是其中重要一环。然而重要的是，这时期特别之处在于，对大部分知识分子而言，他们的国际法资源，不是直接来自丁韪良或傅兰雅的国际法译作，而是来自那些经过中国知识分子吸收、诠释和再输出的"产品"。

上面提到朱克敬的《公法十一篇》，由于其一直以来都为学界所忽视，少有提及，因此在这里稍作说明。朱克敬的《公法十一篇》，最初收录在其所著《边事续钞》（长沙，1880 年）卷 8 之内。不过，观乎甲午战争以前的奏折、文集和日记等资料，都无提及，可以推断其广泛流传当

---

[1] 章清：《"策问"与科举体制下对"西学"的接引——以〈中外策问大观〉为中心》，页 66—83。
[2] 陈平原：《作为"文化工程"与"启蒙生意"的百科全书》，载陈平原、米列娜主编：《近代中国的百科辞书》，页 1—19。
[3] 刘龙心：《从科学到学堂——策论与晚清知识转型(1901—1905)》，《中央研究院近代史研究所集刊》,58 期(2007 年 12 月)，页 105—139。

在甲午之后。《公法十一篇》的内容乃根据丁韪良所译《万国公法》,朱在理解《万国公法》后将之极扼要地撮写,分成11篇加以介绍。严格说来,还算不上是中国人的国际法研究,亦谈不上有什么高论。但是,意义重大的是,这是晚清时期第一次由中国人自己尝试去理解《万国公法》,将之消化后再用自己的文句重新整理之后表达出来的"本土化著作"。[1] 姑不论译本与原著在翻译上的差异,对完全没有相关知识准备(如西方国际法术语及行为)的清政府官僚和知识分子而言,《万国公法》是难于理解的。[2] 他们能多大程度地理解《万国公法》的内容呢?正如佐藤慎一指出,惠顿原著设定的阅读对象是欧美人士,而且不是初学国际法的读者。以第1卷第1章的《释义明源》为例,在没有任何基础知识的情况下阅读的话,要理解各国际法学者的思想内容几乎是不可能的,更遑论这理解是否"正确"了;充其量只会留下虎哥创立"公法之学"之类的朦胧印象。也许,因为这种印象过于强烈,变法派常常以虎哥比附孔子。[3] 例如梁启超在介绍丁韪良所译的《万国公法》时,便说:

    案是学始于虎哥,名《平战条规》。其后又有布氏发明其理,其学始著,西人以比中国《春秋》,盖亦以空文垂教之作。[4]

直至1900年代初期为止,在留学生的翻译事业尚未开展之前,《公法十一篇》仍是中国人国际法基础知识的源头之一。也就是说,对不少人而言,他们所理解的近代西方国际法的知识资源之一,很可能是通过朱克敬的

---

   〔1〕 事实上,对尚未超脱传统知识体系的中国人而言,丁韪良的著作在当时是难以理解和吸收消化的。朱克敬的《公法十一篇》的出现及广泛刊行正好说明丁译本的问题。

   〔2〕 Rune Svarverud, *International Law as World Order in Late Imperial China*, p.109.

   〔3〕 佐藤慎一:《"文明"と"万国公法"——近代中国における国際法受容の一側面——》,页212—213。此外,日本幕末时期留学荷兰专习国际法的西周(Nishi Amane, 1829-1897)在其译著《万国公法》的凡例中便曾指出,惠顿的《万国公法》虽是好书,列国相交亦必以之为据,可说是学习国际法者、出使者必携的参考书,也可供学者参考。但因此书并不适合初学者,所以他另译其师毕洒林氏(Simon Vissering, 1818-1888)口述之《万国公法》,以为初学国际法者的阶梯。参《毕洒林氏万国公法·凡例》,载大久保利谦(Ōkubo Toshiaki)编:《西周全集》,第二卷(東京:宗高書房,1981年),页7。

   〔4〕 《交涉书目提要:万国公法四卷》,《湘学新报》,册8(光绪二十三年六月一日,1897年6月30日),《清末民初报刊丛编》影印本册3,总页1623。

第一章　世界秩序的中国文本：晚清国际法的传入

阐释而获得的。这在文化认识论上，至关重要。[1] 其《前言》云：

> 西洋有《万国公法》一书，乃其地儒者所撰。各国君长奉为经典，和战交接之事，据此以定曲直，无敢违者。今摘录之凡十一篇。[2]

在这里，丁韪良所译之《万国公法》一书颇有等同"万国公法"——国际法的味道。朱克敬视《万国公法》为规定国际关系的普遍性规范，是各国君主和战交涉所据的"经典"，具有普遍价值的绝对存在。其篇目构成，分为《原始》、《明用》、《立国》、《禁令》、《交接》、《使命》、《盟会》、《兵事第一》、《兵事第二》、《兵事第三》以及《和约》。这里试讨论一下《原始》篇的内容。

> 万国不相统，谁能为一定之法，使之必遵？将诸国交接之事，揆之于情，度之于理，为一定之法，则万国不能外矣。公法之说，创于荷兰虎哥初名《平战条规》，各国公师相互辨论，其大旨有二：一曰性法，本人心之同然，以定是非，即所谓率性之道也。一曰义法，本人心之所是非，以定各国交接和战之准，即所谓修道之教也。而推其所出，仍本于天。人心所同是，即天之所嘉，即万国所当共守；人心所同非，即天之所弃，万国所当共戒，即所谓天命之性也。[3]

在这里，朱克敬继承了丁韪良的《万国公法》所强调的自然法论述，先将国际法分为"性法"和"义法"两类，再理解成中国传统的"率性之道"、"修道之教"以及"天命之性"。如此一来，"万国公法"不单是规范国家间的权利和义务的法则，更是一种形而上学的思想体系。

以上这种视"公法"为哲学性理的国际法观，我们会在第三章详细讨论。从上面的分析中，可见戊戌维新前后国际法的著译、刊行以及对国际法的认识（"性法观"、"春秋公法观"），仍未能摆脱丁韪良译本的影响。新的国际法认识只有待留日学生的著译活动开始时才告产生。

---

〔1〕 对于国际法所涉及的语际翻译及翻译的相互性问题，柳父章（Yanabu Akira）和刘禾有极深刻而富启发性的讨论。参柳父章：《翻訳とはなにか——日本語と翻訳文化》（東京：法政大学出版局，1976年），页1—63；刘禾：《语际翻译——现代思想写作批判纲要》（香港：天地图书有限公司，1997年），页1—23。
〔2〕《边事续钞》（《近代中国史料丛刊》；台北县永和镇：文海出版社，1968年），卷8，页1。
〔3〕《边事续钞》，卷8，页1。

事实上,这时期中国的知识分子已开始留意到东邻日本的国际法著作。例如1898年春天以前出版的康有为《日本书目志》中,便收录了国际法书籍9种(其中一本是丁韪良的《公法会通》):[1]

书　名	册数	著译者	书　价
《国际私法国际公法》	一册	伊藤(悌治?)法学士、石川(锦一郎? Ishikawa Kinichirō)法学士著	一角五分
《万国公法》	一册	大音龙太郎(Odo Ryūtarō,1840—1912)译	二圆五角
《万国公法[附判决例]》	一册	藤田隆三郎(Fujita Ryūsaburō)编述	八角五分
《波氏万国公法》	六册	秋吉省吾(Akiyoshi Shōgo)译	一圆七角
《海氏万国公法》	一册	内务省藏版	一圆五角
《万国公法要诀》	一册	沼崎甚三(Numazaki Jinzō)编述	二角
《公法会通》	五册	丁韪良译	一圆三角
《国际私法》	一册	福原镣二郎(Fukuoka Ryōjirō,1869—1932)、平冈定太郎(Hiraoka Sadataō,1863—1942)著	一圆
《国际私法》	一册	伊藤悌治(Itō Teiji)著	二角五分

---

[1] 康有为:《日本书目志》,姜义华、吴根梁编校:《康有为全集》(上海:上海古籍出版社,1992年),第3册,页803。康有为所撰《日本书目志》,最初在1898年春以前由上海大同译书局刊行,沈国威对于此书所收之书目及康有为的按语有初步的探讨。参氏著:《康有为及其〈日本书目志〉》,《或问》(Wakumon),5号(2003年),页51—58。

五、1900年以降国际法的著译及国际法思想

1. 留学生的翻译活动

1896年以来,数以万计的中国人到日本留学,为数众多的日本教习来华教授。这种人员和知识的大移转为中国带来了知识革新。自甲午战败,列国加速侵凌中国的主权和权利,有识之士在中国亡国、亡种、亡教的生死关头,纷纷前往积极推行现代化、一跃而入强国之列的日本留学,学习救亡和强国之道。例如,东京帝国大学法学科留学生、来自温州的王鸿年(1870—1946)这样分析当时中国面临的国际形势:

> 今日之天下,虽为春秋战国之天下,然春秋战国之竞争,国与国相争耳,今日则不然。今日所争为种族之竞争、为宗教之竞争、为政治权力之竞争、为海运交通之竞争、为陆路利权之竞争、为商工业贩路扩张之竞争、为殖民计画之竞争。……而我中国则尤在于竞争最剧之地。……且吾中国向来与各国所结条约,无所谓对等条约,如国家税率,本自有权衡,而我则海关听命于外人,无增减变更之力;一国之内主权不可分,领事裁判之制,各国久已废撤,而外人之在我中国者,则不遵我国法。……其故皆由于士大夫不知公法之所在,不能据理以争,而甘蒙其迫胁,狼狈失据之所致也。日本当时受害与我相似,近数年来始与各国改订条约,收回独立自主之权,其学者讲求公法之学日盛。[1]

王鸿年虽然将当时的世界形势比作春秋战国,但同时指出这与单纯的国家间相争的春秋战国不同,一个中国人从未经历过的竞争世界已经来临。按当时的实际环境,无论是种族、宗教、政治权力、海运交通、陆路权利、工商业市场的扩张,以至殖民计划等各方面,无不存在着竞争关系,而中国正是竞争最激烈之地。换句话说,中国是各国侵攻之目标。但是,王鸿年并不认为国际社会无秩序可言。恰恰相反,他认同界定国家间关系规范的存在。中国之丧失主权,其原因在于中国的士大夫未能讲求这种"规范"——"国

---

[1] 王鸿年:《国际公法总纲》(《政铁丛书》;东京:著者发行,1902年),《序》,页1—3。

际公法",以致对外交涉频频失利。反之,日本成功改正不平等条约,实与日本国内国际法学研究发达有关。换言之,他视国际法学的研究为保障国家主权的一种模式。这种视国际社会为二元构造(即讲求"国际公法"之国与不讲求"国际公法"之国)观点,与前述唐才常的看法极为相似。

真正大规模、广泛、多层次地引进国际法知识的事业是由法政科留学生的翻译活动所开展的。这些接受正规法政训练的留日学生在传播最新国内外形势、收集情报、介绍新知识、新观念方面,具有无可取代的地位。无论他们是支持革命,还是主张君主立宪,都意识到中国要在弱肉强食、竞争自存的国际社会里存活下来,国际法知识及主权观念的普及是不可或缺的。这股翻译热潮,在进入20世纪后掀开了新的一页。留日学生在日本如饥似渴地吸收各学科的最新知识,为配合国内的政法改革,而以传播政法知识为最大事业,例如早在1900年创刊的《译书汇编》(1903年改名为《政法学报》)便以专事翻译政法知识为宗旨。[1]

留学生传播新知识的译著活动,很多时候是以同乡会为基础,联络同省出身的留学生,共同创办同乡刊物,如《湖南》、《湖北学生界》、《江苏》、《浙江潮》等。有一些则以研究法政知识为目的,如张一鹏(1873—1944)创办的《法政杂志》(1906年,东京)、沈其昌编辑的《(东京)法政学报》(1907年)及孟昭常(1871—1918)等编辑的《法政学交通社杂志》(1907年,东京)等。此外,留学欧美的学生回国后也开始创办法政学报,如留德学生马德润(1871—1937)、周泽春(1880—1963)编辑的《法政介闻》(1908年,上海)。[2] 另一方面,留日法政学生又大量编译法政丛书,其中尤以湖北学生组织湖北法政编译社的《法政丛编》及湖南学生编译的《法政粹编》最为有名,曾多次翻刻刊行,流通甚广。国际法作为中国在国际秩序下及对外交涉时自我定立、定义的根本,自然成为主要的推介

---

[1] 1900年12月创刊,由留日学生戢翼翚(1878—1908)、杨廷栋(1878—1950)、杨荫杭(1878—1945)和雷奋(1871—1919)等主持。第3年(1903)改名《政法学报》。

[2] 程燎源指出近代的法政杂志承担了"救时济世"和"阐明学术"的时代使命,旨在昌明法学,养成法治。参氏著:《中国近代法政杂志的兴盛与宏旨》,《政法论坛》,2006年4期(2006年7月),页3—15。

第一章 世界秩序的中国文本：晚清国际法的传入

对象。国际法译著单行本的刊行,在进入 20 世纪之后,数量激增,可说是进入了一个新纪元,其中以 1903—1907 年为高峰期。(参本章附录《晚清国际法著译书籍年表[稿]》)

从当时的情况来看,晚清某些地方政府对于这类政法著作的翻译事业相当重视,其后甚至自行筹办刊物。如天津的《北洋法政学报》(1906 年 9 月—1910 年 11 月),便是由袁世凯任直隶总督时的北洋官报总局合并该局原来出版的《北洋学报》及日本东京出版的《法政杂志》两刊物而成,由吴兴让主编(1910 年 11 月该局改出《北洋政学旬报》,此刊方告停止)。

他们所译著的文章,一方面有学理的介绍说明,一方面又将国际法的问题联系中国的实际情况加以论述,为培养国民的主权意识及国际法知识提供了分析工具和讨论的公共空间,激发国人政治参与的意识。当时东京、上海等地出现了许多如译书汇编社之类的翻译组织和发行新闻杂志的机构。据熊月之的统计,从 1896 年到 1911 年间,中国和留日人员中翻译、出版日文书籍的机构至少有 95 个,说明了当时翻译事业的蓬勃。[1] 如果我们比较一下 19 世纪末与 20 世纪初的新闻杂志,便会发觉两者的差异非常明显：19 世纪末,关于国际法知识的介绍或围绕国际法的报导虽有若干篇,但为数很少,而且都属短篇的评论,多集中在教会刊物《万国公报》、湖南维新派所办的《湘学报》、《湘报》以及上海的《申报》上,著译者多为倾向改革的知识分子。反之,进入 20 世纪后,对于国际法的介绍及讨论规模大而且有体系,不但数量多,而且有水准。其中,商务印书馆于 1901 年创办的《外交报》所载与国际法相关的论文及记事,尤为引人注目。[2] 1903 年商务印书馆设立了编译所,开始大量编译教科

---

〔1〕 熊月之:《西学东渐与晚清社会》(上海:上海人民出版社,1994 年),页 641、页 651—656。

〔2〕 《外交报》从 1902 年 1 月创刊至 1911 年 1 月止,共 300 期。关于《外交报》的内容及主要问题的观点,详见黄沫:《外交报》,载丁守和主编:《辛亥革命时期期刊介绍》(北京:人民出版社,1982 年),第 3 册,页 5—42。此外,《外交报》虽由张元济(1866—1959)主编,但名义上由上海《外交报》馆编辑,普通学书室总发行,杨扬认为是因为张元济不愿商务印书馆涉足当时为士林及社会所轻蔑的报业。见氏著:《商务印书馆：民间出版业的兴衰》(上海:上海教育出版社,2000 年),页 48。

书及外国资讯。[1]《外交报》在这样的条件下,迅速地翻译欧、美、日报刊关于政治外交的论说及新闻报导。从第 35 期(1903 年 2 月)开始,更增设"公法"栏(非每期皆有此栏,从 211 期[1908 年 6 月]开始改称"国际法"),专门刊载介绍国际法知识及相关国际法原理的文章,主要的资讯源来自日本的《国际法杂志》、《国家杂志》、《外交时报》和《法学志林》等。文章内容丰富,从领土主权、领事裁判权、协定关税和租界等不平等条约问题,到当时尚属新事物的航空国际法,都有涉猎,范围既深且广。[2] 从第 222 期(1908 年 9 月)开始,更连续刊登了多篇留学日本法政学生,如法政大学毕业生邵义、孟森(1868—1937)、汤一鹗、中央大学法科大学部学生孙观圻(1884—?)、王倬、早稻田大学毕业生杨廷栋,明治大学法学生江苏通州人陈彦彬、明治大学商科学生无锡人汪廷襄(1876—?)等人的论说,讨论了中外关系、条约改正、国籍法、中立、干涉等问题。[3] 至于其他政治外交的大事记及论说,则译自英、美、俄、法、德等国的主要报刊的记事和评论。此外,又刊载了大量的国际和约和国际条约。[4] 由于大量、系统地刊载了国际法原理、国际法知识的文章,因此《外交报》可说是清末国际法教育的重要平台之一。[5] 整体而言,《外交报》更多地刊登了日本国际法的理论、历史及涉及中国现实内政外交事

---

〔1〕 关于近代商务印书馆的出版事业,参[法] 戴仁(Jean-Pierre Drège)著,李桐实译:《上海商务印书馆 1897—1949》(北京:商务印书馆,2000 年);杨扬著:《商务印书馆:民间出版业的兴衰》。
〔2〕 田涛列举了《外交报》"公法栏"介绍国际法知识的翻译文章,参氏著:《国际法输入与晚清中国》,页 146—154。
〔3〕 参田涛:《国际法输入与晚清中国》,页 155—157 内有各人所撰篇名表。
〔4〕《上海出版志》认为《外交报》是中国第一份以研究国际问题为主的期刊。参上海出版志编纂委员会编:《上海出版志》(上海:上海社会科学院出版社,2000 年),页 687。又,《外交报》在内政上主张君主立宪,外交上主张"文明排外",是新政期间文明排外运动的主要思想资源。根据汪家熔的研究,1905 年至 1906 年间,《外交报》每期刊行 2 000 本,《东方杂志》,则是每期 3 000 本。参氏著:《商务印书馆史及其他:汪家熔出版史研究文集》(北京:中国书籍出版社,1998 年 10 月),页 498。
〔5〕 鲁纳特别强调《外交报》的教育功能,认为这是为了协助中国人处理相关的国际事务。参 Rune Svarverud, *International Law as World Order in Late Imperial China*, pp. 258 - 259。

务的国际法问题,并且是从法律的角度而非文化层面进行论述。[1] 事实上,除《外交报》外,这段时期不少刊物都刊登了许多从国际法的角度批评中外不平等条约违法性问题的文章。例如,有论者指出领事裁判权的存在是对国家主权中的司法权的公然侵害,又有论者提出外国企业在中国的经营问题本来属国际私法的问题,并非国际公法的问题,认为将有关规定插入中国与外国政府间签订的条约内是错误的做法,等等。[2]

这些日本法政学生在翻译国际法著作时,很多时候并不是简单地找一本原书来翻译,而是以一本著作为基础,辅以课堂讲义或其他日本法学者的著作加以补充。有时候甚至不是翻译专书,而只是根据课堂讲义进行整理。在此过程中自然会牵涉到学生的理解和诠释,鲁纳认为很难辨别哪些观点是原作者的,哪些是译者的。[3] 不过,由于鲁纳在其书的附录内,已详细注明了国际法译著的相关信息(包括页数、作序者、翻译原著、版本、所藏馆以及所根据的材料是专书还是讲义等)。[4] 因此,要做仔细的文本比较研究,也不是没有可能。又由于最为留学生推崇的日本国际法学者是中村进午(Nakamura Shingo,1870—1939),多本译著都是翻译其著作而来,[5]笔者认为可以从中村进午入手,进行文本比较研究。

另一方面,尽管留日学生译著刊物的传播存在着发行网络地区分布的不平衡性以及脆弱性的问题(如政府严禁;作者、编辑群的流动性、业余性;发行网路的变动,缺乏连续性;资金难以保证等等),[6]但这些不利

---

[1] 鲁纳敏锐地指出,相较于20世纪前的报刊重视近代国际法与春秋战国时代之国家间关系以及对达尔文主义物竞天择的诠释,《外交报》在国际关系上的话语上已从文化主义者的框架转向为法律利益的话题,视国际法为一种法律制度(legal system),而非19世纪时那样视之为规范强国弱国行为的制度。参 Rune Svarverud, *International Law as World Order in Late Imperial China*, p. 259.

[2] 孙雄:《论治外法权不合于国际法理》,《东方杂志》,3卷9期(1906年10月),页81—84;汉民(胡汉民):《排外与国际法》,《民报》(台北:中国国民党中央委员会党史史料编纂委员会,1969年),7号(1906年9月),页19—20。又田涛列举了《外交报》所刊载的国际法翻译文章及中国留学生评论国际法问题文章的篇目。详参氏著:《国际法输入与晚清中国》,页146—157。

[3] Rune Svarverud, *International Law as World Order in Late Imperial China*, p. 164.

[4] Rune Svarverud, *International Law as World Order in Late Imperial China*, pp. 269-302.

[5] Rune Svarverud, *International Law as World Order in Late Imperial China*, pp. 170-172.

[6] 参许小青:《1903年留日学生刊物的传播网络》,《中州学刊》,2001年6期(2001年11月),页94—96。

因素并未妨碍来自日本的新思想、新知识在中国遍地开花。由于铁路和邮政的迅速发展,大大提高了交通及通讯的速度和效率,从而使1901年至1910年间,信件、报纸和杂志的流通量增长了25倍。[1]此外,这时期的留学生引入了日本的新印刷术(如采用洋纸、两面印刷)和西式钉装(平装、精装),不但减少书籍的体积,而且有助读者提高阅读速度。[2]以上只就讯息的流通硬件变化而言,还未包括近代学堂教育及留学教育培养了一大批新型知识分子这一因素。作为受讯者以及发讯者,他们的识见,尤其是国际视野都比前来得远大。因此,我们可以断言,这个时期国际法普及范围之广,以至渗透社会阶层之深,阅读人口之多,实在远远超过19世纪。

最后有一点要稍加补充,这些国际法的编译,大多是留学生在东京进行的,当时的清国留学生会馆内便设有由留学生成立的译书汇编社、教科书译辑社的贩卖部,以及湖南编译社、闽学会等发行所。[3]他们将书籍杂志出版后,再运到上海发行,流通全国,形成了一条以东京——上海——长江流域为中心向南北散发的知识流通管道。其中尤以位处全国交通枢纽的上海为最重要,其既享交通之便,又有租界言论相对自由的优势,遂成为各书籍报刊向国内传播的总发行所、总代派处、总分售处之地,担当着传播新知识、新思想的枢纽以及连接中日两国的桥梁角色。[4]

---

[1] Mary C. Wright, "Introduction," in Mary C. Wright edited, *China in Revolution* (New Haven: Yale University Press, 1968), p.30.
[2] [日]实藤惠秀(Sanetō Keishū, 1896-1985)著,谭汝谦、林启彦译:《中国人留学日本史》(香港:香港中文大学出版社,1982年),页171—198,特别是页196。又据实藤惠秀(页190—192)的分析,1903年是中国出版界新旧交替的分水岭,至1905年洋装本已取得决定性的胜利。此外,张志强在《西方现代印刷技术与中国图书装帧的变化》一文中亦对此问题有所讨论。载《书目季刊》,30卷1期(1996年6月),页50—59。
[3] 蔡慧珍:《清末之日本中国留学生会馆》,《日本研究》,1999年6月号,页50。
[4] 许小青:《1903年留日学生刊物的传播网络》,页96。初期由留学生刊行的译著,出版社的地址虽在上海,但观其出版年附有明治年号,我们可以推测实际上的印刷工作应在东京进行。此外,即使是中国本土的出版事业,关于西方知识的作品,也大多是译自日文。参[日]实藤惠秀:《中国人留学日本史》,页135—198,特别是页181。关于留日学生的译书盛况、各翻译团体及出版社的详情,可参同书页135—198;熊月之:《西学东渐与晚清社会》,页638—678。

第一章　世界秩序的中国文本：晚清国际法的传入

当然,为了配合中国的政治改革,这个时期翻译活动的重点始终是宪法及一般国内法(尤其是刑法)。例如,1904年商务印书馆出版的80种初中学校课本的书籍当中,社会科学和史地两类就占了82.6%。在社会科学类中,主要是政治学(54.5%)、经济学(18.2%)和教育(15.1%),反映了当时人们对议会政治的浓厚兴趣。[1] 至于史地方面,西方国家的历史著作超过了亚洲国家(30.1%比21.3%),地理(18.2%)和传记著作(15.1%)也为数不少。此外,战事著作(共6种)和大军事家传记的翻译刊行,一方面反映了日俄战争暴发前夕中国人的忧虑,另一方面又突显了中国要成为独立自主"文明国"的志愿。[2]

2. 中立法规和国际私法的翻译

重视国际法的译介工作实际上是为了适应现实的需要。1903年以来,日俄两国关系紧张,战争一触即发,中国,特别是东三省的情势异常紧迫危险。日俄战争的战场不在日俄两国境内,而是在所谓俄国的势力范围,即中国的领土之内。在这种情形下,产生了中国应否中立、如何保持中立的问题。虽然其后清政府宣布中国中立,[3] 但如何救援东三省战场上饱受战祸之害的中国人以及如何确保中国在东三省的主权等问题,反而浮出水面。因此,中国亟需掌握战时国际法,特别是中立法知识以应付当时局面,维护中国主权。例如吴振麟[4] 在《局外中立国法则序》云：

> 然而我国言公法之书,自昔同文馆译本,恐已陈腐不可引用,而近年新出一二种,大抵言昇平时之国际公法,而未及战乱时之国际公法,更何论局外中立国之法则乎? 故在政府何由参酌? 在人民何由

---

[1] 戴仁:《上海商务印书馆1897—1949》,页95—96。
[2] 戴仁:《上海商务印书馆1897—1949》,页97。
[3] 关于日俄战争时期清政府的局外中立政策,参川岛真:《日露戦争における中国の外交——満州における局外中立》,载東アジア近代史学会编:《日露戦争と東アジア世界》(東京:ゆまに書房,2008年),页77—100;同氏著:《日露戦争と中国の中立》,《軍事史学》,40卷第2,3合并号(2004年6月),页79—96。
[4] 吴振麟是浙江人,早年以私费公派(后转公费)赴日本留学,与其他浙江籍学生组织学会,翻译日书,毕业于东京法科大学。参吕顺长:《清末浙江与日本》(上海:上海古籍出版社,2001年),页32。关于浙江留日学生的译书活动,可参同书页33—48。

遵守？我又不忍为咎也。所可异者，学者如林，往往咨嗟太息于事后，而鲜有补救万一于事前者，为可咎也。[1]

有鉴于此，当时由留学生出版的刊物发表了很多关于中国应如何坚守立场，保守固有权利，以避免卷入日俄战争的文章，同时又编译了不少局外中立法的著作（参附录《晚清国际法著译年表[稿]》）。至于刊于杂志报纸的更是不在少数，《新民丛报》早在1903年11月便以短评的形式分别讨论了日俄两国对中国中立的态度、中国能否中立，以及中国中立之困难等问题，表达了对中国中立的疑虑。[2] 1904年7月，梁启超更撰文《日俄战役关于国际法上中国之地位及各种问题》，讨论了清政府宣布中立后中立地区与中国领土主权的关系、中立区域以外之中立国人民的权利义务，旅顺、大连湾的转租权，以及威海卫的租约期限等问题。文中梁启超征引国际法著作，强调如以中国领土满洲为中立以外之区域，无异于中国放弃了满洲主权。他明言此文属抛砖引玉，希望近年留学欧美日的法学生能就其所学，探讨应用现实的问题，非徒守株理论而已。[3] 关于梁启超对清政府的指责，鲁纳的研究相当富启发性。他引述当时国际法学者著作的记述，指出中国宣布中立，反而授人以弱的印象，国际法学者更轻视中国，认为中国不具备履行"文明国"责任的能力。[4] 此外，《江苏》在第8期刊登了《日俄开战与中国之关系》一文，讨论了中国该如何通过宣布中立，保护主权，第10期又详细介绍了中立法规，具体地讨论了中立法规的实际操作。[5] 这种中立法规的介绍，以及将国际法学理知识应用于实际问题的讨论，虽无助于改变日俄战争以中国领土为战场的事实，但却

---

[1]《局外中立国法则》（东京：战时国际法调查局，1904年），《序》，页1—2。

[2] 4篇短评刊于《时局时评：本国之部》，分别为《再论中国之局外中立》、《日本何欲中国之中立乎》、《俄国果许中国之中立乎》、《中国中立之困难》，《新民丛报》（台北：艺文印书馆，1966年），40、41号合本（1903年11月），页122—125。

[3] 载《新民丛报》，第3年2号[总50号]（1904年7月），页29—40。

[4] Rune Svarverud, *International Law as World Order in Late Imperial China*, pp. 64-66.

[5] V. G. T. 生：《日俄开战与中国之关系》，《江苏》（《中华民国史料丛编》；台北：中国国民党中央委员会党史史料编纂委员会，1968年），第8期（1904年1月），页11—17；第9第10期合本（1904年3月），页183—204。

第一章 世界秩序的中国文本：晚清国际法的传入

对日后中国政局的发展起了推波助澜的作用：一方面提高了国人的主权认识并促进了国家认同心理的塑造，另一方面又深化了清政府在对外交涉上的无能形象，客观上助长了推翻满清的革命思想。[1]

为了应付日俄战争所带来的种种问题，东京留学生似乎成立了战时国际法调查局。但限于资料匮乏，我们对于战时国际法调查局的掌握极其有限，就笔者所知，现存资料中，只有吴振麟所著《局外中立国法则》附录的《战时国际法调查局简章》，学界对此少有提及，现抄录如下，以供来者参考作进一步研究之用：

　　一、本局、应中国各省官府、关于国际事件上之咨询、如麻及耳号事件、及创立十字会事件、商标事件、等类、

　　二、本局、应中国各处商人、关于国际事件上之咨询、如运送事件、保险事件、商标事件、等类、

　　三、本局、必待正确事件、方为研究奉答、若假设虚构、概不置论、

　　四、如有正确事件、咨询于本局者、应将该事件发生之年月日、地名关系人之姓名里居、职业、等类、及发生后之情形、详记不漏、誊写清册寄来、

　　五、本局答者、中国专门法学者之外、延订日本法学士多人、若遇繁难问题、尤当就正于东京法学大家、以期详尽、

　　六、本局论事件之难易、酌取酬金之多寡、

　　七、本局答者、仍随时调查公法上参考便益之事实、或著或译、利布行世、

　　八、本局、模仿外国法律事务局例、在中国事属创始、一切细章、

---

[1] 例如笔名"明心"的作者早在中国宣布中立之初，便撰文指摘清政府"罪孽深重，虽欲赦而不可得也"。其论点与梁启超相似，认为满洲既为日俄之战场，中国宣布中立，无疑将满洲置于版图之外，结果是"中立其名，速亡其实"。参氏著：《日俄开战与中国之地位（未完）》，《浙江潮》(《中华民国史料丛编》，中国国民党中央委员会党史史料编纂委员会，1968年)，10期(1903年12月)，页25—28。鲁纳比较了在日本的留学生与上海革命派刊物的观点，指出上海的言论不如日本的言论那么强调国际法作为中国利益的护身符，在国际关系及国家主权的问题上，他们更重视社会达尔文主义竞争自存的原则。参 Rune Svarverud, *International Law as World Order in Late Imperial China*, pp. 251–256。

随时续订。[1]

据《局外中立国法则》版权页所记,战时国际法调查局设于东京浅草黑舟町廿八番地。该调查局有什么具体活动?除吴振麟外,还有哪些成员?对此,我们不得而知。不过,《简章》第一条指出该会将向中国各省官府提供咨询服务,而且《局外中立国法则》一书,除了有东京战时国际法调查局排印本外,还有南京南洋官报局本。[2] 由此来看,该局与清政府似非毫无联系。要言之,诚如《简章》所言,战时国际法调查局可说是中国首创之法律事务所。不过,以其所列举的业务包括处理保险、商标等事项来看,与其说是战时国际法的咨询机构,毋宁说是提供国际私法咨询服务的公司。

事实上,这段时期出现了不少国际私法的编译著作。顾燮光在《译书经眼录》中介绍加藤正雄(Katō Masao)著、李广平(即弘一法师李叔同,1880—1942)所译的《国际私法》(东京:译书汇编社,1903年)时说:

> 国与国交际,谓之国际公法;个人与他国交际,谓之国际私法。我华未明国际私法,故失治外法权;而个人交涉,又受屈辱于外人。[3]

同样的论点亦见于《新民丛报》之《绍介新书》栏:

> 有国家与国家直接之交际,有个人间接与他国家之交际;前者归于国际公法,后者归于国际私法。中国以未明国际私法之故,不能收回治外法权;而本国个人交涉,又尝受屈辱于外人。本书指示详悉,条理简明。凡国家与个人欲与外人交接者,皆不可不一览也。[4]

上述两条资料无非在告诉国人:中国丧失治外法权的原因之一在于中国不知国际私法。由此可见,所谓领事裁判权问题实际上是国际公法与国际私法之间一体两面的问题。这种对国际法知识的关注,反映了中国人对国际

---

〔1〕 简章附于《局外中立国法则》下篇后。标点照原文,未有改动。
〔2〕 见中国政法大学图书馆:《中国法律图书总目》,页746;顾燮光:《译书经眼录》(《非儒非侠斋丛书》,1934年刊本),页5。
〔3〕 《译书经眼录》(《非儒非侠斋金石丛著》所收),卷3,页10。值得注意的是,李叔同翻译此书时尚在上海南洋公学就读。
〔4〕 《新民丛报》,32号(1903年5月),页67。

第一章 世界秩序的中国文本：晚清国际法的传入

法的认识较之以前迈进一大步。当然，关于国际私法，前此已有傅兰雅所译的《各国交涉便法论》，只是该书翻译后在中国似乎没有引起多大关注。

最后要补充的是，这时期的欧美传教士仍在进行着译活动，如傅兰雅与程瞻洛合译《邦交公法新论》(1901)、[1]丁韪良与綦策鳌[2]合译《公法新编》(1903)、[3]丁韪良著《邦交提要》(1904)、[4]林乐知(Young John

---

[1] [荷兰]佛楷孙(费果荪, Jan Helenus Ferguson 1826-1908)著，[英]傅兰雅、程瞻洛(Ch'eng Chan-lo)译：《邦交公法新论》5卷（上海格致书室[Chinese Scientic Book Depot]，铅印本）。原著 Manual of International Law (The Hague: M. Nyhoff; London: W. B. Whittingham & Co., 1884)。

[2] 綦策鳌，又名鸿逵、字晓庵，山东高密人，基督教徒，山东登州文会馆的毕业生，1897年春结识丁韪良，与丁共同创办《尚贤堂月报》，后由丁招至京师大学堂任格致副教习，生卒不详。

[3] 此书原著为[英]霍珥(William Edward Hall, 1835-1894)的 A Treatise on International Law，由丁韪良编译，綦策鳌笔述。丁韪良于1898年任京师大学堂总教习时开始翻译《公法新编》，期间曾因义和团运动中断工作，光绪二十七年夏邀得綦策鳌的协助，3个月后（光绪二十七年七月）译成《公法新编》初稿，丁推崇此书为"邦交秘钥"，并曾上书总理衙门请求面呈。参《光绪二十七年七月二十七日收丁总教习面呈〈公法新编〉求见函》，《总理衙门档案》，01—34号，8函8宗9册。不过，此书的修订本要到1903年才付梓刊行。据丁韪良光绪二十八年九月《公法新编自序》及1902年12月26日英文序，此书初叙于光绪二十七年七月(1901年8月)，其后张之洞邀请他到湖北大学堂任总教习，他才将此书"重行校补，始付于梓"。因此，现存《公法新编》中，中文版权页印有光绪二十九年二月广学会藏版，但英文版权页则有京师大学堂总教习(President of the Imperial University)丁韪良译，1901年北京，以及上广学会[Society for Diffusion of Christian and General Knowledge among Chinese]，1903年上海，商务印书馆印刷的说明。此外，书中附有光绪二十七年九月李鸿章中英文序，光绪二十八年十一月端方《公法新编序》，光绪二十七年七月綦策鳌《新编堂氏公法弁言》("堂氏"乃Hall的意译)。严格来说，此书不能算是原著的翻译，诚如《凡例》（页1）所说："名为翻译，实则编纂。盖剔而译之也。不拘字句，或删之而此而详于彼。"另外，从形式上看"原书逐节，立论浑圆"，译本则"特设问答，以便大学堂课读之用"。关于原著版本问题，此书初版刊于1880年(Oxford: Clarendon Press)，其后多次修订，计有1884年第2版、1890年第3版、1895年第4版、1904年第5版、1909年第6版、1917年第7版。至于丁韪良采用的版本，目前的研究有两种说法：Norma Farquhar认为是1890年第3版，鲁纳则认为最有可能是1895年第4版，但两人都没有提出具体证据。笔者以《公法新编》与这两个版本的内容做了初步比较，发觉从内容及章节安排而言，《公法新编》与第4版最相近，例如卷2页8—9第38节关于"护界"的说明，便是译自第4版页134—136第38**节"Sphere of Influence"。此节是第4版新增的内容，为以前版本所无。因此，《公法新编》所据的应是第4版。参 Norma Farquhar, "A Bibliography of the Writing of W. A. P. Martin," p. 140; Rune Svarverud, *International Law as World Order in Late Imperial China*, pp. 102-103, 279; *A Treatise on International Law* (3rd ed.; Oxford, Clarendon Press, 1890), pp. 127-129; *A Treatise on International Law* (4th ed.; Oxford, Clarendon Press, 1895), pp. 134-136.

[4] 《邦交提要》（上海：广学会出版；上海：上海商务印书馆代印，1904年）是由丁韪良讲，綦策鳌等增订，是丁韪良于1902—1904年间应张之洞的邀请在湖北仕学院讲授国际法课的讲义。鲁纳认为，从其书名"*Outlines of History with Special Reference to International Law*"看来，此书更似是一本介绍西方的历史书。参 Rune Svarverud, "The Formation of Chinese Lexicon of International Law, 1847-1903," p. 518; Rune Svarverud, *International Law as World Order in Late Imperial China*, pp. 104-105.

Allen, 1836－1907)及蔡尔康(1852—1921)合译《万国公法要略》(1903年)[1]等。不过,随着众多留学生的出洋留学及新知识的传入,这些著作虽非毫无价值,但其表演舞台很快便被留学生的译著(专书及报刊文章)所取代了。

3. 中国人的国际法学研究

中国的国际法学研究是与近代中国的政治运动及对外交涉相终始的。诚如论者所说,中国的国际法学倾向于研究条约,或是结合条约来研究国际法。[2]

甲午战争以后,中国人开始撰写国际法。1898年以后,先后出现了几本没有留学经验的本土学者的国际法研究著作。除了前述唐才常的《公法通义》、朱克敬的《公法十一篇》外,尚有钱祥保的《公法纪要》(1898)[3]、常熟丁祖荫(1871—1930)编译的《万国公法释例》(1898)[4]、成都县令胡薇元(1850—1924)的《公法导源》[5]、蓝光策(1888—1917)的《春秋公法比义发微》(1901)[6],以及山西补用知府、候补直隶州知州曹廷杰(1850—1926)的《万国公法释义》(光绪二十七年[1901]作者弁言)等。[7] 由于这些著作多是抄本或流通不广,几乎没有引起时人的注意,这里稍微介绍一下。

钱祥保的《公法纪要》,全书6卷,分为总论、立国、保民、遣使、交战、订约、分界、通商、传教、杂载,共10门。内容辑录来自丁韪良及傅兰雅之国际法译著,属介绍性质。其撰写目的,在于使人明"公法"以助对外交涉。

---

〔1〕 [英]劳麟赐(Thomas Joseph Lawrence, 1849－1919)著,[美]林乐知、蔡尔康译:《万国公法要略》(上海:广学会出版;上海:商务印书代印,1903年)。原著 *A Handbook of International Law*,初版刊于1885年。中译本据1898年第4版(London; New York: Macmillan & Co., 1898)。参《万国公法要略》,劳麟赐1897年12月21日《重修〈万国公法要略〉小引》,页1。

〔2〕 王铁崖:《公法学会——中国第一个国际法学术团体》,《中国国际法年刊1996年度》(1997年12月),页374。

〔3〕 钱祥保:《公法纪要》,抄本,10卷4册,有光绪戊戌年秋自序,光绪壬寅梁荚序。

〔4〕 丁祖荫编译:《万国公法释例》,全2卷,《常熟丁氏丛书》所收。

〔5〕 胡薇元:《公法导源》,清光绪至民国间刊本,《玉津阁丛书》,甲集所收,内有光绪二十六年八月曹穗序,当是1900年或以前完成,至于出版刊行的年份,则难以确定。

〔6〕 蓝光策:《春秋公法比义发微》,6卷,尊经书局1901年刊行。

〔7〕 曹廷杰:《万国公法释义》,光绪二十七年十月吉林将军恩特赫恩序,光绪二十八年九月端方序,光绪二十七年十月作者弁言。现据日本东京大学东洋文化研究所大木文库所藏光绪三十年三月重订抄本。关于曹廷杰的生平,参丛佩远、赵鸣岐:《曹廷杰生平活动年表》,《历史档案》,1985年3期(1985年11月),页98—105、页117。

第一章　世界秩序的中国文本：晚清国际法的传入

丁祖荫的《万国公法释例》与蓝光策的《春秋公法比义发微》，上承丁韪良的中国古世公法的讨论，以《春秋》之义比附西方"公法"，认为两者同样具有规范世界秩序的普遍价值。《万国公法释例》2卷，分为例与释，卷1共10例，讨论平时国际法；卷2共4例，讨论战时国际法。例目的说明辑录自丁韪良的《万国公法》，阐述部分引用其他《公法会通》、《各国交涉公法论》等国际法译著，并援引儒家经典，加以评论。

《春秋公法比义发微》全书分为6纲（名义、律意、交谊、外权、战利、缔和）95目，按条（如"大一统"、"通使"）缕析，先述经义，次录"公法"（主要是《公法会通》及《公法便览》两书），然后推阐其义。

《公法导源》是胡薇元为处理四川教案，与领事、传教士交涉而撰写的。[1] 书中虽以孔子、孟子（约前372—前289）作为公法之始祖，但值得注意的是，在讨论国际法的法源时，作者只列出惯习、条约、法令、裁判、决议、历史以及公法家学说，全无"性法"的迹象。这或许可视为中国人对近代国际法有了新认识的标示。此外，书中所用的术语已不是"万国公法"，而是"国际法"和"国际公法"。

至于曹廷杰的《万国公法释义》，则是丁韪良《万国公法》的注释本，因丁译本"艰涩而难读"，故用两个月之力为之注释。[2] 对国际法的理解，仍继承丁韪良《万国公法》的自然法主义和性法论。卷首附《公法源流图》、《公法源流说》、《万国公法释义》及《律例释义》。曹以传统儒家思想诠释"公法"源流：忠恕→天理、人情→公议→公义→公法→内公法（各国自制律例）和外公法（各国交涉律例）→禁令科条（内公法）、盟约章程（外公法）。[3] 全书4卷，先引《万国公法》原文（接章节条目），然后"释义"说明原文之旨，极少数段落会加按语。[4] 曹廷杰在上奏请求公

---

〔1〕参《公法导源·序》。
〔2〕《万国公法释义》，卷首，《端方序》，页6；《曹廷杰弁言》，页8—9。
〔3〕《万国公法》，卷1第1章第10节《海氏大旨》有"故公法，一恕而已，并无制法之君，亦无断案之司"（页10）的说明。曹廷杰的"忠恕"源流说当受此启发。又参《万国公法释义》，卷1，第1章第10节，页70。
〔4〕曹廷杰的释义内容是研究晚清官僚如何理解"万国公法"及《万国公法》一书很好的材料，限于篇幅，这里不再展开。

刊《万国公法释义》时指出：

> 果使中国学士大夫悉心考究,早将律法公法,令诸生肄习,考试时命题作论,以定弃取,久之家喻户晓。凡旗汉军民人等,不但知律法当遵,有益内治,抑且知公法当重,无损外交。何至祯祥妖孽之不分,听民听臣之不辨,酿成大患,震惊朝廷乎?……以今日事变言之,惩前毖后,肄习公法不綦重欤?[1]

可见曹廷杰认为义和团运动之类的排外动乱之所以发生,实由于中国官民不识国际法所致,因此主张普及国际法知识。

其实,20世纪初期,中国人之所以重视国际法知识,与当时的"文明排外"思想有密切关系。[2] 也就是说,中国人已认识到要收回被列强夺去的各种主权和利权(如铁道权、开矿权、邮政权等),防止中国被瓜分,以至废除不平等条约,应根据国际法进行对外交涉。原因不难理解,因为当中国仍处于势弱,面对列强无法以力抗争时,与其无视法秩序之规范,爆发义和团运动之类的"野蛮排外",酿成大祸,倒不如根据规范国家间关系的国际法,实行"文明排外"。另一方面,胡汉民等革命派又从另一角度讨论"文明排外"的策略。革命派认为在推翻满清,建立新国家之际,为了与列强维持友好关系,促使其采取不干涉的中立政策,中国必须承认条约的拘束力,遵守不平等条约的种种条款。胡汉民的力作《排外与国际法》正是为了说明这种主张而撰写的。其内容分为1. 领土主权;2. 国家平等权;3. 国家独立权;4. 国家自卫权;5. 干涉;6. 条约,引用了十多位欧美日国际法学者的研究讨论中国主权丧失、改订条约、文明排外以及推翻满清后的国家继承等问题。[3] 他更指出：

> 此篇纵举国际法上所特认保护之权利,以告我国民,其注意之要

---

〔1〕曹廷杰：《呈送万国公法释义禀文》,丛佩远、赵鸣岐编：《曹廷杰集》(北京：中华书局,1985年),上册,页411。

〔2〕1902年1月出版的《外交报》创刊号的《叙例》中,已见"文明排外"的主张。

〔3〕《排外与国际法》一文陆续在《民报》连载,从第4号(1906年5月1日)至第13号(1907年5月5日),前后7次,未完成便中止了。佐藤慎一对陈天华的《警世钟》和胡汉民的《排外与国际法》二文中的"文明排外"论进行了细致深入的分析,可参氏著：《近代中国の知識人と文明》,页133—164。

第一章 世界秩序的中国文本:晚清国际法的传入

点有之:一使知国际上之权利,为满政府所掷弃牺牲者;二使知吾人所当主张之权利,与其不必主张者;三使知何者之行为,为国际法所不容许,而不可不避者。[1]

可以说,国际法不但规范了国家权利,甚至规范了国家行为,否则不为国际社会所承认,国将不国。此外,革命派的杂志《二十世纪之支那》在第1期亦刊登了黔首《国际法上之国家》一文,谓:

> 今之前识之士,日日张目切齿,大声疾呼以倡革命。……洪杨之建太平天国也,以不结英美而败矣;唐刘之建台湾共和国也,以不被各国之承认而败矣,……盖未有不先结国际团体之交际而能突然于平地出现一新国家者也。且夫新国家既出现矣,而其立国之要素、外交之政策,又岂可以贸然从事者。……以及一切之关系、一切之交涉,何莫非遵奉国际法而行者乎?吾今为一言,以告我国人曰:二十世纪中国而欲改革也,不可不知国际法。更进一言曰:二十世纪新中国而欲成立也,更不可不知国际法。[2]

文中以近代意义的时间概念"世纪"与地域概念的"国际"来糅合中西历史,以图建立中西之间的普遍性基础,强调中国在构建现代国家、进入国际社会的过程中,要得到国际社会的承认,便必须以国际法作为与国家间关系的规范。[3] 此外,秦力山(1878—1906)又探讨了革命与国际法的关系。秦力山鉴于各国势力已深入中国内地,在华利益千丝万缕,革命军的行动可能遭到外国的干涉,于是在其长文《说革命》的第12章中,特别探讨了各国中立与革命军交战团体地位的问题。他认为革命军如能文明行动,保护外国人的生命、财产和商业,取得国际法上交战团体的地位,便可

---

[1] 汉民:《排外与国际法》,《民报》,4号(1906年5月),页66。
[2] 《二十世纪之支那》(《中华民国史料丛编》;台北:中国国民党中央委员会党史史料编纂委员会,1968年),第1期(1905年6),页22—23。
[3] 金观涛和刘青峰指出,1901年至1903年在最早介绍民族主义的文献中,"世纪"及"世界"一词常常与民族主义同时出现。在1914年前,"世纪"及"世界"在中文文献中的使用次数分布曲线是同步的,而"世纪"作为一个新观念,一开始只是进化机制纳入"世界"的结果,而民族主义则在"世界"和"世纪"的语境中,为进化机制界定了社会组织蓝图。参氏著:《观念史研究:中国近代重要政治术语的形成》(香港:香港中文大学出版社,2008年),页237—244。

享有交战权,要求外国中立,不受外国干涉。秦更因此翻译了日本学者讨论中立法规的章节。[1]

上述"文明排外"的思想,及保护外国人在华利益的说法,与当时中国人所接触到国际法知识的性质有莫大关系。从国际法的知识资源来说,早期丁韪良和傅兰雅等传教士的译著已丧失其权威地位,最具影响力的是由留日学生编译出来的日本译著。留日学生在日本学习国际法,自然受到日本国际法学所影响。当时日本的国际法学界继承了欧美国际法学的实在法主义,认为国际法不是什么自然法、"性法",而只是各国按其国家意志共同参与、修订所形成或接受的国家行为规则和原则。[2]例如当时著名的日本国际法学者高桥作卫(Takahashi Sakuei,1867-1920)便根据"共同同意理论"(common consent theory),主张只要是各"文明国"意志所共同同意和承认的规则,便可视之为国际法,而理论上的自然法则要得到各"文明国"法理上的承认方可成为国际法。[3]

这种偏重实在法主义的国际法理论,广为当时中国留日学生所接受。事实上,留日学生所撰写的国际法著作都是在日本国际法学的基础下展开其观点的。例如,王鸿年便将国际公法定义为"现在各国所承认实行之条规惯例"[4]。留日学生杂志《江苏》于1904年3月刊有《国际公法与国际事实》一文,谓:

> 国际公法之称为法,与主治者命令臣下之法律异其情,与习惯法之名为法者同其理。盖自世运日趋文明,列国间莫不交易有无,谋助国民之发达。交际历久,惯例自生。后人因择惯例之利己损人者,屏除弗用,

---

〔1〕 秦力山:《说革命》(又名《革命箴言》),彭国兴、刘晴波编:《秦力山集》(北京:中华书局,1987年),页150—157。又参王德昭:《清季一个知识分子的转变——秦力山研究》,载氏著:《从改良到革命》(北京:中华书局,1987年),页195。
〔2〕 参横田喜三郎(Yokota Kisaburō):《わが国における国際法の研究》,载氏著:《国際法論集》(東京:有斐閣,1976年),I,页247—260;伊藤不二男(Itō Fujio)《国際法》,载野田良之、碧海纯一编:《近代日本法思想史》(《近代日本思想史大系》第七卷;東京:有斐閣,1979年),页461—503。
〔3〕 高橋作衞:《平时国際法論》(東京:日本大学,1903年),页42—44。
〔4〕 王鸿年:《国际公法总纲》,页22。

第一章 世界秩序的中国文本:晚清国际法的传入

而取夫彼此交益者,互相承认,著为定律,是即国际公法之所由生也。[1]文中强调国际法就是国家间互相承认的惯例和律法,其理论根据很明显是来自实在法主义。另一方面,中国本土的国际法教育,也深受日本国际法学的影响。由日本法学博士岩井尊文(Iwai Takafumi)讲授、汪庚年编辑的京师大学堂国际法讲义,对于国际法便有类似的说明:

> 国际法者,在国际团体为国家间之法规,规律国家相互之关系者也。……国际法乃系国际团体间发达之现行法,则并非自然法、哲学或道德之主义之谓,学者有意混视者,是宜注意。现今国际法,本欧洲国家间所发达,今世文明各国所行者也。[2]

如果国际法只是"国际团体"间所承认的法规,那么自然与什么正义、天理无关了。然而什么是"国际团体"呢?

> 国际团体,乃由多数文明生活之国民之国家集合而成一团体者也。此种团体,必由甲国与乙国,彼此交通,政治上经济上有密切之关系,而后能结合,否则非国际团体。[3]

这种"文明国"的"国际团体"论,强调"文明国"(国民享有文明生活)间在政治上、经济上的密切交往。对于那些"未进于文明之国家",则诚如中村进午所说:"承认其独立则可,承认其为国际团体则不可。"[4]然而,"国际团体"(Family of Nations)的"文明国"需具备哪些条件呢?岩井尊文认为,"第一只问其国之文明程度,能否遵守国际法,第二须视国际团体之承认与否"。[5]此外,高桥作卫也说明了"文明国"的条件,不论其地处东西或是信奉何种宗教,只要该国能维持国家的秩序,并具有足以维持秩序的固有的强大力量,便可谓之"文明国"。[6]而所谓维持秩

---

[1]《国际公法与国际事实》,《江苏》,第9、10期合刊(1904年3月),页33。
[2] 汪庚年编辑:《平时国际法》(《法学汇编》第16册;北京:京师法学社编辑社,宣统三年[1911]),页3—4。
[3] 汪庚年编辑:《平时国际法》,页4—5。
[4] [日]中村进午编,叶开琼译:《平时国际公法》(《法政丛编》第11种上;东京:湖北法政编辑社,1906年增订再版),页66—67。
[5] 汪庚年编辑:《平时国际法》,页8。
[6] 高桥作卫:《平时国际法论》,页42—43,又参页62。

序、遵守国际法的固有的强大力量,很多时候具体表现在健全的国家司法体制上。申而言之,中国成为国际法主体的条件是,一方面争取国际团体承认自己为"文明国",另一方面建构维持国际秩序的健全司法体制,以示符合"文明国"的标准。而所谓健全的司法体制,是指以欧美法制为蓝本的法律和司法制度。

在这种国际法学思想的熏陶下,留日学生乃至国内法政学堂学生,不会因列强违反国际法,便随即怀疑国际法的拘束力,将国际法视为强国侵略弱国的工具,或只是慨叹中国未能享有国际法完全人格的国家权利。相反,他们力图从法律的角度讨论租界、领事裁判权等不平等条约问题,寻求解决的方法。

其实,关于"国际团体"的加入问题及"文明国"地位的承认问题,一直以来都困扰着中国的政治外交。当时欧美各国视中国为"半文明国"或是"野蛮国",并不承认中国可完全适用国际法主权国家的权利,所以一直以来都拒绝中国改订领事裁判权、协定关税和片面最惠国待遇等不平等条款。因此,在这个意义上,中国实行戊戌维新乃至新政改革,改革司法制度、修订法律、立宪以及成立国会、议会等,其主要目标,就是为了获取国际法的主体(主权国家)资格,建构"文明国"。另一方面,既然中国被置于国际法主体之外的问题属于法学问题,便自然有必要在法学理论上驳斥欧美国家的观点。在这一问题上,1908年马德润《中国合于国际公法论》的刊行显得意义重大。《中国合于国际公法论》一书是马德润在德国柏林大学留学时所撰博士论文的中译本。在其《例言》中,马德润说明其著作目的:

　　一、本著宗旨,注在批驳泰西各公法学家云,我国不得列于国际公法平等诸国,仅属半开化国家之谬,思借以影响欧洲法学界中,以隐挽国体,此作者之本意也。

　　一、本著在国际公法学中,着重在国际公法,等于成文定律学派。故反复引证中外条约,以考见我国之的[确可]可入于国际公法团体。[1]

---

〔1〕 马德润:《中国合于国际公法论》(上海:商务印书馆,1908年),《例言》,页1。

第一章 世界秩序的中国文本：晚清国际法的传入

在此立场上，马德润首先寻求规范"文明国"间关系的国际法法源，认为可分为默示的习惯法和明示的条约法。他指出如果中国与各国缔结条约，并履行条约的规定，便已取得国际法上国家承认的资格，应可加入国际法团体。接着，马德润详论鸦片战争以来中国与各国缔结的条约以及约中的种种规定（如派遣公使、设立领事、准许通商、人民往来等），认为中国拥有对外主权及对内主权，具有诚实履行条文的意志及能力，并举出多年来中国一直履行条约的事实，力证中国事实上已加入了国际法团体。换言之，按照马德润的定义，"文明国"的标准在于是否承认条约、能否遵守条约，以及有没有履行国际法规范的能力。正是在这个意义上，马德润认为中国其实已取得"文明国"的资格。[1] 不过，由于马德润所论未能触及最关键处，即"文明国"的必然条件是所谓欧美式的法制整备，因此自不能令列强承认中国为"文明国"。[2] 即使如此，这样的国际法观，即依据国际法来解决国际问题的看法，在当时的对外交涉行动中还是每每能体现出来。1905 年以来的收回利权运动，较之 1900 年以前的反教运动就呈现了完全不同的面貌——行动平和，以"文明"号称。这种"文明排外"运动之所以能见诸实行，与上至士绅阶级，下至普罗大众的国人皆吸收了实在法主义思想的关系甚大。[3]

随着参与国际会议、讨论国际事务机会的增加，清政府对于国际法的渴求亦日见殷切。驻外使节纷纷向朝廷译寄各种新编的国际法规，以备中国在对外交涉时能随时援引。例如 1909 年 2 月 26 日，伦敦海上法公会在各国公法专员暨外交家悉心参酌审订下，编订了海上公法 71 条。中国驻荷兰公使陆徵祥（1871—1949）即指"其办法颇为周密，宗旨亦属持

---

〔1〕 鲁纳同样注意到马德润引用中外条约证明中国已是进入国际社会的"文明国"这一观点的重要性。参 Rune Svarverud, *International Law as World Order in Late Imperial China*, pp. 259–263。

〔2〕 关于 19 世纪中叶以来东亚国家加入国际社会与国内法制整备的关系，参广瀬和子：《國際社會の變動と國際法の一般化——一九世紀後半における東洋諸國の國際社會への加入過程の法社会学的分析——》，页 107—160；藤田久一：《東洋諸國への國際法の適用——一九世紀國際法の性格》，页 135—173。

〔3〕 近代中国的排外运动，可参廖光生：《排外与中国政治》（香港：明报出版社，1987 年）。

平,今日未入会之国,亦可遵行而无窒碍",因而译寄清廷,谓:

> 我国在第二次保和会既受各国海军比较之影响,是振复海军有一日不可缓之势,而关于海军问题之条约公件,亦不可不亟派员专心研究。[1]

事实上,早在参加第2次海牙保和会前,陆徵祥便曾条陈翻译国际公法之必要性:

> 此等会议,无不与国际公法相干,我国于国际公法一门,苦无可读之书,故尔罕通其学。当今国势,通其学尚恐不能致用,况未通其学乎?宜亟译国际公法书以裨益外交。

国际公法有重海权的英国派及重陆地交涉的大陆派之分,陆徵祥认为中国宜先陆后海,并且打算动员众力翻译俄国国际法学家马尔登斯(Friedrich Fromhold von Martens, 1845-1909)的大陆派著作《国际公法》,[2]但限于时间及翻译法律名词的困难,再加上日本已有专家耗时数载翻译成书,所用名词又是几经国际法专家推敲得来,为快捷计,因此他决定请托留学日本7年的驻荷兰使馆一等书记董鸿祎(1878—1916)直接翻译日本国际法学者中村进午所译马尔登斯之书。[3] 这种从日本翻译西方国际法著作以获取国际法知识资源的情况,正如上述所言,是晚清新政期国际法译著事业的特点。

此外,精于国际法的董鸿祎其后又针对中国参加保和会一事,撰写了

---

[1]《宣统元年五月三日收驻和陆大臣文:咨送条约节略蓝皮书海上法公会全案二册请察览并转咨海军筹办处》,《外务部档案》(台湾"中央研究院"近代史研究所档案馆藏),02—21号,10函10宗2册,第12号件。

[2] 马尔登斯或作Fedor Fedorovich Martens,是著名的国际法学家和外交家,曾代表俄国两次出席保和会,陆徵祥驻俄时已和他相识。所指《国际公法》一书,即Современное международное право,1882—1883年初版。

[3]《光绪三十二年十一月七日收驻和陆大臣函:现译俄儒马尔登斯所著国际公法俟告成后当呈御览又奏派之保和会议员福士达应给何等权限并川资费用请回堂示遵由》,《外务部档案》,02—21号,2函2宗1册。中村进午所译的日文版作フリードリッヒ・フォン・マルテンス著,中村進午訳:《国際法》上下卷(東京:東京專門學校出版部,1900年),其后多次再版。日本国会图书馆、早稻田大学图书馆等目录的原作者注释,都误作另一位的德国国际法学家Georg Friedrich von Martens(1756—1821),但其实中村进午在译书中已明言译自1845年出生于俄国的国际法学家Friedrich Fromhold von Martens的大作,书中且附有其略传及照片。

《海牙仲裁裁判与中国之关系论》一文和《和会条约平议》一书(14卷),上呈朝廷。前者讨论了海牙裁判所的组织、功能、仲裁裁判条约之种类,以及中国因未谙外交及国际法和法律未臻完备所受之"不平权",结论是中国必须"修明法律",改正通商条约。[1] 据钱恂(1853—1927)所奏,此文"五千余言,剖理铸意,颇极细密","寔为国际法之名著",故上呈以备研究国际交涉之用。[2] 后者讨论保和会召开的原因,评论各国对条约的态度及其赞否条约的理由。清政府对董鸿祎的著作持肯定态度,认为持论持平,因此外务部饬令缮送以备参考。[3]

六、万国公法·交涉公法·国际公法

讨论国际法的发展时,学界往往将其追溯到最早的罗马时期使用的拉丁语"jus gentium"(万民法)。但是,这并不是现代意义的国际法,只是为了区别罗马人的市民法(拉丁文"jus civile"),适用于涉及罗马人与外国人相涉的法律。其后,格劳秀斯在创立近代国际法这一学科时,在前人自然法理论的基础上加以发展,虽然他表达国际法一词时仍用"jus gentium",但是他所称的"万民法"是指其拘束力来自所有国家或许多国家意志的法律,也就是国家法(英文为"law of nations")。最先采用"international law"(译为"国际法")的是著名英国政治学者边沁(Jeremy Bentham,1748-1832),他在其著名的《道德和立法原则概论》(*An Introduction to the Principles of Morals and Legislation*,1789)一书中首次使用"international law"来指称调整国家之间关系的法律。由于"law of nations"一词容易被人误解为国内法,因此"international law"这一名称逐渐为国际社会所普遍接受。惠顿也在1846年第3版中第一部分第一章

---

[1]《光绪三十四年七月二十六日收驻和钱大臣文:咨送书记官董鸿祎所撰〈海牙仲裁裁判与中国之关系〉以便研究由》,《外务部档案》,02—21号,4函4宗2册。其后董鸿祎又将此文投稿《外交报》,载254期(1909年9月18日),页31—36[《外交报汇编》(台北:广文书局,1964年),册2,页821—832],但作者作"董鸿禧"。

[2]《光绪三十四年七月二十六日收驻和钱大臣文:咨送书记官董鸿祎所撰〈海牙仲裁裁判与中国之关系〉以便研究由》,《外务部档案》,02—21号,4函4宗2册。

[3]《光绪三十四年七月二十六日收出使和国钱大臣文:董鸿祎撰有〈和会条约平议〉一书如用饬缮送由》,《外务部档案》,02—21号,4函4宗2册。

第十二节的标题中,以"国际法(International Law)"一词取代了"万国法(Law of Nations)"。[1]

1877年出版的《公法便览》称"万国公法"为"公法"。其后丁韪良在1880年翻译步伦的著作时,称为《公法会通》。不过,"公法"仅仅是"万国公法"的略称吗?在《公法便览》中,丁韪良已将答案告诉我们:"若谓之万国公法,尚未见万国允从","现有之公法,则多出于泰西奉教之国,相待而互认之例"。[2] 可见正是基于这种认识,丁韪良认为当时所谓的近代国际法,事实上只行于西方之"基督教文明国",而非万国通行,不宜称之为"万国公法",因而只称之为"公法"。[3] 如此一来,丁韪良似乎早已声明"公法"之适用范围是有所限定的。不过有趣的是,我们还记得丁韪良初译惠顿著作为《各国律例》,但为了使中国人更容易接受,并加以援引应用,故特更名为《万国公法》:

> 是书所录条例,名为《万国公法》,盖系诸国通行者,非一国所得私也。又以其与各国律例相似,故亦名为《万国律例》云。[4]

张斯桂在序言里,亦称为《万国律例》。[5] 如此一来,很容易得出这样的印象:各国律例=万国律例=万国公法。事实上,在开始阶段,清政府官僚很多时候视丁韪良所翻译惠顿之《万国公法》一书为当时万国共遵的一部法典,一如《大清会典》为全中国臣民所共遵,而非一个优秀国际法学者的学说著作。[6] 张斯桂在《万国公法》序中明言:

> 统观地球上版图,大小不下数十国,其犹有存焉者,则恃其先王之命,载在盟府,世世守之,长享勿替。有渝此盟,神明殛之。即此《万国律例》一书耳。故西洋各国公使、大臣、水陆主帅、领事、翻译、

---

[1] 参张用心(即张建华):《〈万国公法〉的几个问题》,页83。
[2] 《公法便览》,《总论》,页2。
[3] 穗积陈重(Hozumi Nobushige, 1855-1926)指出,日本东京开成所学校开设国际法科也是基于相同的理由而避免采用"万国"二字,当时称之为"列国交际法"。见氏著:《法窗夜话》(東京:岩波書店,1980年),页183。
[4] 《万国公法》,《凡例》,页1。
[5] 《万国公法》,《张斯桂序》,页5。
[6] 《筹办夷务始末·同治朝》,卷27,页25。此外,据金容九研究《汉城旬报》的报导,朝鲜长期以来亦有同样的误解。参《朝鮮における万国公法の受容と適用》,页39。

第一章 世界秩序的中国文本：晚清国际法的传入

教师、商人，以及税务司等，莫不奉为蓍蔡。[1]
在1875年著名的《上诏陈言疏》里，薛福成提到应该向州县官僚颁发条约和《万国公法》诸书，其原因即在于"西人风气，最重条约，至于事关军国，尤当以《万国公法》一书为凭"。[2] 此外，郑观应也指出："各国之借以互相维系，安于辑睦者，惟奉《万国公法》一书耳"，并视之为"万国之大和约"。[3]

当然，随着丁韪良和傅兰雅将多部西方国际法著作翻译成中文，人们认识到西方有不少国际法著作。那些留学欧洲学习国际法的留学生，对国际法的源流、分支等更有深刻的认识。例如留学法国，精通英文、法文、希腊文、拉丁文，专习"公法"，在巴黎外交界相当活跃的马建忠，早在1878年间便曾指出"公法"学说实各有其私利，以致为办交涉者所玩弄：

> 泰西之讲公法者，发议盈廷，非说理之不明，实所利之各异，以致源同派别，分立门户，上下数十家，莫衷一是，于是办交涉者，不过借口公法，以曲徇其私。[4]

虽然如此，马建忠并未主张不理"公法"。相反，正因办交涉者各引学说以遂其私利，"谲辩相欺"，因此更应讲求使才。[5]

相对于马建忠的怀疑态度，1885年11月28日《申报》的一篇论说很能说明这时期部分知识分子对"万国公法"普遍价值的认同。作者首先认同"万国公法"为万国共遵、不可私而违犯的"公"的法律性格，而对所谓诸家学说，也另有见解：

> 夫万国公法之所由定，初非一人之私言，盖经泰西各国深明于律法之士，准乎情，酌乎理，损益而折于其中。……然则公法一书，泰西诸国莫不以为要，而人人皆置一编，其中所载或不免有微异之处，而其大致则必无所异焉。……公法虽有成书，然不过如华人之著书

---

[1] 《万国公法》，《张斯桂序》，页5—6。
[2] 薛福成：《上诏陈言疏》，《庸盦全集·庸庵文编》，卷1，页16。
[3] 夏东元编：《郑观应集》（上海：上海人民出版社，1982年），上册，页66和175。
[4] 马建忠：《巴黎复友人书（戊寅春）》，《适可斋记言记行》（《近代中国史料丛刊》；台北县永和镇：文海出版社，1968年），《记言》，卷2，页12。
[5] 马建忠：《巴黎复友人书（戊寅春）》，《适可斋记言记行》，《记言》，卷2，页7—20。

从万国公法到公法外交——晚清国际法的传入、诠释与应用

立说以自抒己见。其言既衷乎至当,则不得不遵而奉之。尽管作者同意《万国公法》这类"公法"著作只是学者著作,属于一家之言,其中可能存有"微异之处",但另一方面却又强调这些"公法"著作的共通特点——"准乎情"、"酌乎理"、"衷乎至当",具有普遍性、规范性、道德性和合理性等价值,可以规范万国。因此作者认为如果西方国家将中国排除于"万国公法"的适用之外,则应将"万国公法"改为"泰西万国公法"。[1]

维新时期多以"春秋公法"的角度讨论西方国际法,这种带有工具性的讨论一方面为变法提供了"本土"的根据,另一方面又塑造了理想的世界图像。然而,当"公法"在现实上成为政治外交的权力话语时,作为命题的分类,又不可能不有所归属。对于一种学问、一门学科的归类,折射出来的往往是人们对该种知识的认知度。具体而言,一方面维新时期有以《春秋》比附"公法"的做法,在传统经学上附会西学以达致用的目的;另一方面,发表大量文章讨论西方"公法"原理的唐才常,其文章往往被载于"交涉"栏中。这种"交涉公法"的分类,正好反映了人们在崇尚"春秋公法"哲理之义时,并没有忽略"公法"作为国际间交涉规范的实务性格。

新政时期对国际法认识的变化亦反映在国际法名称的变化上。在此之前,规范国家间权利义务的"international law"还被看成是万国共遵的普遍性规范——"万国公法"。然而,新政时期这种自然法的色彩已大大消减,更多的是视之为规范国家间关系的"国际公法"。虽然,在实际的使用上仍有"公法"的用法,但这不是"万国公法"的略称,而是对"国际公法"的省略而已。[2] 据金观涛和刘青峰的统计,1901年以后中文文献中"国际法"的使用次数开始超过"万国公法",并在1905年以后大大领先;到1906年,"万国公法"的使用次数只约有"国际法"的三十分之一而已。[3]

---

〔1〕 《论中国宜与于万国公法》,《申报》,4536号(1885年11月28日),页1。
〔2〕 这是因为当时的留日学生受到日本国际法学的影响,对国际法的本质和意义有了新的看法和认识所致。
〔3〕 金观涛、刘青峰:《观念史研究:中国近代重要政治术语的形成》,页242。二人使用的是"中国近现代思想史专业数据库"(1830—1930),所收录的文献目录见页463—477。

第一章 世界秩序的中国文本:晚清国际法的传入

关于西方国际法一语的翻译,我们还可以看看日本的情形。安政四年(1857)十一月六日,美国首任驻日总领事哈里斯(Townsend Harris,1804-1878)在解答日方税关接待公使之道时,指出应依从"万国普通之法"行事。日本学者松本健一(Matsumoto Ken'ichi)认为这里的"万国普通之法",就是国家间普遍通用的国际法,即"international law"。[1]然而,更值得注意的是时人怎么理解西方的国际法。不可否认,随着丁韪良的《万国公法》传到日本,"万国公法"一语已成为日本的时代话语,举国上下以吸收国际法知识为尚。随着国际法著作的大量翻译(包括直接翻译欧美原著),人们对国际法知识和国际法秩序的理解有所提高,对于这种规范国家间关系的规则也产生了更深刻的看法。以日本启蒙思想大家福泽谕吉(Fukuzawa Yukichi,1835-1901)为例,他便视之为"外国交际"。在福泽看来,"交际"的主体是国家;"交际"一词,已把独立的、对等的、众数主体的概念作为自明的前提。"外国交际"一词的采用,正是因为福泽注意到,相对于世界各国而言,日本这样的国家必须是独立的、对等的存在;而"文明化"则是国家的目的。在此,福泽又讨论到"通义"(rights)上的不平等问题。"通义"上的不平等,一则由于人类交际未能同权,二则由于欠缺了"智",不知争取应有之权。因此,开民智就是为了达成国民之"文明",维持国家的独立。[2] 1874年,东京开成学校(东京大学的前身)开设了"列国交际法"一科,在3年间教授平时交际法、战时交际法以及交际私法。之所以称为"列国交际法"而避用"万国公法",可能由于日本认为所谓"international law"者,只行于欧美基督教国家。[3]

学界相信,翻译"international law"为"国际法"最先是由日本的箕作

---

[1] 松本健一:《幕末史话"第3の開国"のさ中に——22—ハリスの後ろ楯となった「万国公法」》,《コノミスト》(每日新聞社),72卷12号(1994年3月),页88。

[2] 柳父章:《翻訳語の論理:言語にみる日本文化の構造》(東京:法政大学出版局,1972年),页69—76。

[3] 山室信一认为这是由于日本在翻译《公法便览》时,书中已明言"international law"非万国共遵之法。不过,正如前述,此段说明也见诸丁韪良的序言中,因此我们似乎不能简单地认为日本人看到这句话而产生"列国交际法"的理解,这还需要更进一步的具体分析。参山室信一:《思想課題としてのアジア》,页24。

麟祥(Mitsukuri Rinshō, 1846-1897)开始。其后的 1881 年,东京大学在学科改正之际,采用了"国际法"作为学科名,俟后"国际法"一词逐渐普及,取代了"万国公法"一语。[1] 其后的中国留学生也采用"国际法"这译词,并跟从日本以"公法"译 "public law",以"私法"译 "private law"的做法。1904 年《奏定学堂章程》中所列政法科的科目中,有"交涉法"一科,并加以注明:

> 分国事交涉、民事交涉两种:国事交涉,日本名国际公法;民事交涉,日本名国际私法,可暂行采用,仍应先行编纂。[2]

由于中国的教科书多用日本译本,因此实际上各式学堂所开办的国际法科大多称为"国际公法"及"国际私法","交涉法"则较少有学校采用。[3] 尽管如此,"交涉"一词的采用,仍反映了新政期清政府继承了开港通商以来中国与各国关系以交涉主权、利权为首要任务的轨迹。另一方面,进入新政期以来,虽然来自日本的"国际公法"一词,已基本取代"万国公法",但"万国公法"一词并未从此消失,[4] 仍不时见诸晚清以及民初的外交档案。[5] 这两个词汇最低限度在民国初年仍然是同时使用的,尽管"国际公法"或"国际法"占主流地位。尤堪玩味的是,作为中国教会大学龙头之一、有"东方的哈佛"、"外交人才的养成所"之誉的上海圣约翰大学,在其 1909 年的西学斋文科课程中,仍称国际法为"万国公法"(与天演学同属社会学科)。而在五四前后,1917—1919 年间的课程改革过程

---

〔1〕 山室信一的研究提示,"万国公法"一语至明治 20 年代还在使用,最后一本以"万国公法"为题的专书是藤田隆三郎的《万国公法 附判决例》(大阪:冈岛宝文馆,1891 年初版,1895 年再版)。参氏著:《思想课题としてのアジア》,页 228 和页 702 注 48。又参一又正雄(Ichimata Masao):《明治及び大正期における日本国際法の形成と発展——前史と黎明期——》,《国際法外交雑誌》,71 卷 5、6 号(1973 年 3 月),页 88—90。
〔2〕 《奏定学堂章程》,璩鑫圭、唐良炎编:《中国近代教育资料汇编:学制演变》(上海:上海教育出版社,1991 年),页 348。
〔3〕 当时天津的北洋大学堂法律科开有"交涉法"、"条约及交涉法参考"两科。参王健:《中国近代的法律教育》(北京:中国法政大学出版社,2001 年),页 156。
〔4〕 据不完全统计,最后一本以"万国公法"为题的专书似是 1905 年张凤台编纂的《万国公法提要》(北洋官报局石印本,4 卷 4 册)。
〔5〕 例如在民国时期举行的第三次保和会准备会会议中,便以"二君于万国公法深有研究"来介绍来自外交部新会员之林志钧和王廷璋(1844—?)。参《1913 年 5 月 3 日收万国保和会准备会第十四次会议录》,《外交部档案》,03—35 号,3 函 3 宗 1 册,第 14 号件。

中,虽然1917年课程的名称已改为"国际法"及"国际法中选出的案件"（前者是文科政治学部供文科高级生履修,后者是文科史学部供大学院生履修）,但1918年政治学部课程的国际法却又称为"万国公法择要"（供大学院生履修）,史学部课程则保留"国际法"的名称。1919年,学科上这种"万国公法"及"国际法"并存的情况仍然继续。[1]"万国公法"的名称,我们可视之为反映了清政府涉外官僚渴望中国成为文明世界万国之一的强烈意识,但对教会大学的办学者而言,是否具有相同的意识,则有待进一步的探讨。

七、世界秩序的中国文本：晚清国际法的传入

综而论之,晚清西方国际法的传入大体上经历了这样几个阶段：首先是针对特有问题,断简残篇式译介个别章节以应付对外交涉需要的初始阶段；其次是传教士翻译欧美国际法著作时期；随即进入中国维新知识分子撰作"春秋公法"的本土创作诠释时期；最后是留日法政学生编译日本国际法时期。

这几个阶段彼此之间有联系,却又背景各异,渊源有别,分别属于不同的知识系统,对中国日后的影响也多有不同。初期的翻译,求助于通晓英语的外国人,尽管其人可以毫无法学训练。而中国主事者则只求在对外交涉时可以援引相关规则以制夷,完全从器用的层面上作工具性的利用,对于国际法的基本原则如独立、主权平等、势力均衡等自然关注不足,甚至连还有哪些国际法著作恐怕也不甚了了。在林则徐命袁德辉和伯驾翻译瓦泰尔国际法关于禁运、封锁等内容之后,事隔了20多年,才有丁韪良对国际法学作系统翻译,便说明了这个问题。然而,随着中外交涉的频仍,国家主权受到侵害日甚一日,翻译国际法的需求也被提上了议程。尽管在总理衙门命赫德翻译惠顿著的通使及条约等章节的过程中,赫德多少带有临危受命的味道,但从事实看来,这只属过渡时期的序幕。因为,

---

[1] 资料显示,1934年以后政治学部所开的国际法统一称为"国际公法"。关于上海圣约翰大学的课程,详见熊月之、周武主编：《圣约翰大学史》（上海：上海人民出版社,2007年）,页85—174。

实际上清政府在 1860 年初便已经开始注意到翻译国际法的重要性了。

由美国传教士丁韪良和英国传教士傅兰雅为核心译介者的时期，可以视为万国公法传入中国的新阶段，因为此时的译介与之前相比开始有了系统性，能使人得窥全豹。两人的翻译工作，主要是由他们口译，然后由同文馆学生或江南制造局的工作人员协助笔述润色。这种由传教士口译，中国人笔述的翻译模式没有什么特别，明末以来传教士的翻译工作都是这样进行的。但值得注意的是，由于丁韪良和傅兰雅两人分别在北京同文馆和上海江南制造局，结果形成两个不同的翻译中心。一方面如鲁纳所说，两人各自翻译国际法著作，形成了两个国际法术语及词汇传统（原文作 tradition：1. 丁韪良同文馆传统 Martin's Tongwenguan tradition；2. 傅兰雅江南制造局传统 Fryer's Jiangnan Arsenal tradition），虽偶有参照，但两人所造新语的不同，造成了术语的混乱。[1] 另一方面，二人的翻译基本代表其本身的利益与背景，丁韪良选择翻译美国法学者的著作，傅兰雅则选择英国的作品。然而，在笔者看来，两种翻译传统的形成固然由于两个部门并不相属，但是从清政府放任二人随时翻译、随意选择国际法著作这一点来看，清政府似乎自《万国公法》刊行以后，对翻译西方国际法的动力已经隐然消逝。尽管清政府官僚以至知识分子口口声声说中外邦交，唯靠"万国公法"，1870 年代中叶以后也有官员提出翻译国际法，但我们从未见过清政府以至民间人士认真组织过翻译国际法的活动，甚或是尝试根据丁韪良或傅兰雅的译作加以消化诠释，或撰文介绍相关知识。在这种情况下，朱克敬摘自《万国公法》内容的《公法十一篇》较诸郑观应、薛福成等人的评论性文章，在国际法知识传播的层面而言，其国际法知识本土化的意义便显得尤为重要了。另一方面，也许由于丁韪良和傅兰雅的宗教背景，因此他们翻译时很多时候会偏重自然法色彩，改变了原文的意思，强调国际法普遍价值的一面，让中国人相信国际法是可以通行

---

[1] Rune Svarverud, *International Law as World Order in Late Imperial China*, pp. 87-127.

第一章 世界秩序的中国文本：晚清国际法的传入

万国("文明国")的规则。至于早期负责协助笔译的中国人，也没有受过正规法学训练，接受的又是传统儒家心性、朱子理学的天理人情，因此当他们碰到"natural law"这种强调自然本性或和谐的宇宙真理的规律时，很自然会通过传统概念如天理、天性、性理、义理这类词汇来认知。国际法术语的诞生，恐怕更多是口译者丁韪良、傅兰雅与从旁协助的中国知识分子之间的琢磨成果。然而，中外两个不同世界秩序、知识系统的"公度性"基础，单凭术语理念的共通还不足以使西方国际法在中国落地生根。丁韪良之《中国古世公法论略》的出版，打破了地理空间的维度，为中国在本土找到了国际法的历史记忆。丁韪良以春秋时代的战争、结盟、缔约、谈判、联合、分裂的历史及国家间往来规则来比附西方的国际法，强调《春秋》作为至高无上、持之万世的规范，不但提高了人们对国际法知识的重视，为中国人认识、接受国际法的普遍价值提供了可资参照、认同的历史记忆，也同时启发、引导了中国知识分子在维新以后对"春秋公法"的鼓吹与追捧。

此后出现了中国知识分子本土生产国际法知识的时期，该时期可以视为"万国公法"传入的第3个阶段。这时期除了再三收录丁韪良和傅兰雅国际法著作的新学丛书外，担当普及国际法知识的主要媒介是报刊杂志及"百科全书"。虽然传教士翻译国际法的工作并没有停止，但是中国数十万士子更多地接触到的不是大部头的《万国公法》、《公法便览》和《各国交涉公法论》等书，而是那些条目式或答问体的"百科全书"及报刊上的"公法"文章。西方国际法通过科举内容的改革，得以更广泛地传播于全国，成为知识分子新思想的资源。尤其值得注意的是，在"春秋公法"的接引下，中国知识分子在丁韪良的基础上大力研究"春秋公法"，以"春秋公法"注释国际法秩序，撰写以春秋义例比附国际法的著作。这样一来，西方国际法通过比附这种老模式而走到了经学化的新路上，因而发生了质变，成为中国知识分子通经致用，改革国家的根本理论，以至建构未来理想社会的秩序框架。"春秋公法观"成了维新时期变法思想的大旗，西方"公法"的基本概念（如国家主权、权利、平等）为构建近代国家提供了"概念工具"。以唐才常为首的中国知识分子所发表的相关文章，大多援引"公法"或以春秋义例来诠释、解决当前中国所面对的政治外交问题。这些文章的内容,一方面分析"公法"作为普遍价值源流的作用及其在现实中的种种限制,包括它维持国际秩序稳定性的格局构造;一方面也对国家权利的基本原则(如自主、独立、平等)予以重视,并关注到领事裁判权、协定关税等直接侵害中国主权的相关问题。

19世纪末20世纪初,是以留日法政学生为主的编译国际法时期。这些接受过正式法政训练的学生抱着改革国家、恢复主权的理想,大量翻译以中村进午为首的日本国际法学者著作。一时间日本的国际法术语涌入中国,使原来丁韪良和傅兰雅所创造的术语系统逐渐湮没在来自日本的法学大潮里。除了发行单行本外,这些著作更多的是以篇章形式刊载在流通量更大、流通地域更广泛的报章杂志上。对中国人理解国际法知识、国际法秩序起了启蒙的作用。大体而言,留日学生所编译的单行本著作,偏重于知识的介绍和理论的阐明。而日译新术语的大量涌现,为中国人带来了新的"思想资源"及"概念工具",冲击了传统的思想和价值体系,为思想界带来了重大的变革。这时期出版的著作中,有些是留学生尝试自己撰写,尽管仍属初始阶段,而且大多编辑自日本学者的著作或授课讲义,但毫无疑问,中国人已开始了国际法学的研究。至于那些报刊文章,除了知识介绍外,更多的是从国际法的角度讨论中国的现实问题,如废除领事裁判权的法律依据及实施的步骤等。此外,值得注意的是,在一向为学界所忽略的欧美留学生的著作里,人们已开始从国际法学的角度研究不平等条约的问题,主张从学理着手解决中国的外交问题。

以上各个阶段的译介,无一不是与现实问题相关的。中国国际法学的研究是在中国被欺压侵略的现实中得到聚焦,并与现实政治运动及对外交涉相终始。对中国人而言,国际法关于国家权利的原则是应付西方列强欺压的依据,国际法理论是诠释国际社会的理论框架,而成为国际法社会的"文明国"则是国家构建的目标。更重要的是,踏入20世纪以后,由于从日本引进了实在法主义的国际法学,使中国人的国际法观有了根本性的改变,并影响了他们对条约、国家体制、排外运动,以至革命的看法。

第一章 世界秩序的中国文本：晚清国际法的传入

附录：晚清国际法著译书籍年表［稿］[1]

1839 年 7 月　［瑞士］瓦泰尔（旧译滑达尔 Emerich de Vattel, 1714 - 1757）著，［美］伯驾（Peter Parker, 1804 - 1888）译，袁德辉补译：《各国禁律》。原著 *Le Droit Des Gens*，译文据奇蒂（Joseph Chitty, 1776 - 1841）的英译本 *The Law of Nations, Or Principles of the Law of Nature*。后魏源辑入《海国图志》60 卷本（1847）的第 52 卷内，1852 年辑入百卷本的第 83 卷内。

1863 年 7—8 月　［美］惠顿（Henry Wheaton 1785 - 1848）著，赫德（Robert Hart, 1835 - 1911）节译 *Elements of International Law: With a Sketch of the History of the Science* 中的关于使节权及缔约权部分。

1865 年　［美］惠顿著，［美］丁韪良（W. A. P. Martin 1827 - 1916）译：《万国公法》（初名《万国律例》），4 卷（北京崇实馆）。原著 *Elements of International Law: With a Sketch of the History of the Science*，译自第 6 版 William Beach Lawrence（1800—1881）的注释本（Boston: Little, Brown and Company, 1855）。

1876 年　［德］马尔顿撰（Carl von Martens, 1790 - 1863），［德］葛福根（Friedrich Heinrich Geffcken, 1830 - 1896）注释，［美］丁韪良校核，联芳、庆常译：《星轺指掌》［一名《各国星使指南》］，3 卷续 1 卷（同文馆刊）。原著 *Manuel Diplomatique*，首 3 卷译自葛福根的法文版第 5 版注释本（改名为 *Le Guide Diplomatique*, Leipzig: F. A. Brockhaus, 1866）第 1 卷（全两卷）。

1878 年　［美］吴尔玺（Theodore Dwight Woolsey, 1801 - 1889）著，［美］

---

［1］本出版年表收录了 1839—1911 年间国际法学出版书籍，1894 年前包括刊载在杂志内的单篇文章，1895 年以后的杂志文章因数量太多，牵涉范围太广，篇幅有限，只好割爱。本年表主要根据中国、日本、朝鲜三地出版的法学图书目录以及海内外各大学图书馆、研究机关的藏书目录辑录而成。此外，又参考了俞江《清代法学书目备考》，载氏著：《近代中国的法律与学术》（北京：北京大学出版社，2008），页 315—343；Rune Svarverud, *International Law as World Order in Late Imperial China*, appendix, pp. 267 - 302。由于此表仍有待考证充实，故以"稿"名之。

丁韪良、汪凤藻、凤仪、左秉隆、德明共译：《公法便览》，6卷（光绪三年孟秋同文馆聚珍版）。原著 Introduction to the Study of the International Law，以1864年第2版为据，但同时参考了1871年第3版（New York：Scribner, Armstrong & Co.）。

1880年　［德］步伦（Johann Casper Bluntschli, 1808－1881）著，［美］丁韪良、联芳、联兴、庆常、贵荣、桂林共译：《公法会通》，10卷（同文馆刊）。原著为德文版 Das Moderne Volkerrecht der Civilisirten Staaten: als Rechtsbuch Dargestellt。译文据 Charles Édouard Lardy（1847－1923）的法文版 Le Droit International Codifié，估计是第2版修订版（2nd., rev. et corr.；Paris：Guillaumin et cie, 1874）。

1883年　W. A. P. Martin, "Traces of International Law in Ancient China," The International Review, 14：1（Jan, 1883），pp. 63－77；Chinese Recorder, 14：5（Sept-Oct,1883），pp. 380－393.

1883年　国际法研究院（Institute of International Law ［Institut de Droit International］）编，［美］丁良译及同文馆法文馆学生译：《陆地战例新选》，有国际法研究院原序、丁韪良光绪九年春三日序及陈兰彬光绪九年四月初吉日序。此版未见，目前较常见的是1897年《西政丛书》版（收入第1秩第7册）。原著为法文版 Les lois de la guerre sur terre（Manual of the Laws of War on Land；International Law Pamphlets, v. 48；Bruxelles, Leipzig：C. Muvquardt, 1880）。

1883年5月　［德］花之安（Ernst Faber, 1838－1899）：《万国公法本旨》，《万国公报》，第15年740卷（1883年5月19日），页352—353。后收入《自西徂东》（Civilization, Chinese and Christian）（光绪十年岁次甲申德国花之安发刊）卷2第29章。

1884年　［美］丁韪良撰，汪凤藻译：《中国古世公法论略》，不分卷，清光绪十年同文馆排印本。原为1881年在柏林召开的东方学者

第一章 世界秩序的中国文本：晚清国际法的传入

国际会议(Berlin Congress of Orientalists)报告,论文刊于大会的报告集内(*Verhandlungen des Fünften Internationalen Orientalistencongresses gehalten zu Berlin im September 1881: Abhandungen und vortrage des Funften Internationales Orientalisten Congresses* [Berlin: Weidmann (A. Asher), 1882], Zweite hälfte, IV Ostasiatische Section, pp.71-78)。论文的法文版其后由丁韪良译出,再由维也纳大学洪纳教授(Joseph-Marc Hornung, 1822-1884)润饰其语言及风格,题为"Les Vestiges d'un droit international dans l'ancienne Chine",刊于 *Revue de Droit International et de Legislation Comparee*, 14(1882), pp.227-242;英译本"Traces of International Law in Ancient China," *The International Review*, 14: 1(Jan., 1883), pp.63-77; *Chinese Recorder*, 14: 5(Sept-Oct, 1883), pp.380-393。

1886—1894年(?) [英]罗伯村(Edmund Robertson, 1845-1911)著、[英]傅兰雅(John Fryer, 1839-1928)和汪振声共译,钱国祥校:《公法总论》(江南制造局翻译馆刊)译自"International Law," in *Encyclopaedia Britannica* (9th ed., Edinburgh: Adam and Charles Black, 1875-1889), pp.190-197。1896年收入《西政丛书》和《富强斋丛书》内。

1895年 [英]费利摩罗巴德(Robert J. Phillimore, 1810-1885)撰,[英]傅兰雅口译,俞世爵笔述,汪振声校正,钱国祥复校:《各国交涉公法论》16卷,校勘记1卷,中西纪年1卷(江南制造局翻译馆排印本)。原著 *Commentaries upon International Law* (2nd ed.; London: W.G. Benning and Co., 1871-74)。

1898年 [英]费利摩罗巴德撰,[英]傅兰雅口译,钱国祥校:《各国交涉便法论》,6卷48章(光绪二十五年江南制造局刻本)。原著 *Commentaries upon International Law, Vol. 4: Privite International Law of Comity* (London: W.G. Benning and Co., 1861)。

1898年　唐才常:《公法通议》,初刊于《湘学新报》第8—15册,同年收入《觉颠冥斋内言》卷2,后以单行本出版(有1902年中华编译书馆版,著者作唐黻丞)。

1898年　丁祖荫编译:《万国公法释例》,2卷(《常熟丁氏丛书》)。

1898年　钱祥保撰:《公法纪要》,抄本,10卷4册,光绪戊戌年秋钱祥保叙例。

1900年　[俄]腓列特芬马丁斯(Friedrich von Martens,1845-1909)著,徐家驹(1883—1954)译:《国际法》手稿(存上海图书馆)。

1900年　胡薇元著:《公法导源》(光绪二十六年曹穗序,载《玉津阁丛书甲集》,清光绪至民国间刊本)。

1900年?　[法]罗诺而著:《国际法论》(见《译书汇编》7期[1901年6月30日]所附《已译待刊书目录》)。

1901年　[荷兰]佛楷孙(费果荪,Jan Helenus Ferguson,1826-1908)著,[英]傅兰雅、程瞻洛(Ch'eng Chan-lo)译:《邦交公法新论》5卷(上海格致书室[Chinese Scientic Book Depot],铅印本)。原著 *Manual of International Law* (The Hague:M. Nyhoff;London:W. B. Whittingham & Co.,1884)。

1901年　蓝光策著:《春秋公法比义发微》6卷(尊经书局刊行)。

1901年　[美]惠顿著,曹廷杰(1850—1926)释义:《万国公法释义》(光绪二十七年十月作者弁言)。

1902年　[法]铁佳敦(Arthur Desjardins,1835-1901)著,吴启孙(1877—1950)译:《支那国际法论》(上海:作新社)。

1902年8月　杨廷栋著:《公法论纲》(上海:出洋学生编辑所;上海:开明书局;上海:普通学书室)。

1902年8月　蔡锷(1882—1916)编译:《国际公法志》(上海:广智书局排印本)。

1902年12月　王鸿年(1870—1946)编纂:《国际公法总纲》(《政铁丛书》第4编;东京:著者发行)。

第一章 世界秩序的中国文本：晚清国际法的传入

1903—1904年？　无名氏：《国际法上之蒙洛主义》（东京：译书汇编社）。原载《译书汇编》第2年第11期（1903年2月16日）。

1903年　［英］霍珥（William Edward Hall, 1836‐1894）著，［美］丁韪良编译，綦策鳌笔述：《公法新编》（上海：广学会［Society for Diffusion of Christian and General Knowledge among Chinese］）出版；上海：商务书书馆代印，光绪二十九年三月。原著 *A Treatise on International Law*（4th ed.；Oxford：Clarendon Press, 1895）。

1903年　［日］今西恒太郎（Imanihsi Kōtarō）著，汪郁年译：《国际法学》（上海：文明书局；蒙学报馆）。

1903年　［日］太田政宏（Ōta Masahiro）、加藤正雄（Katō Masao）、石井谨吾（Ishi'i Kingo）著，李广平（即李叔同，1880—1942）译：《国际私法》（《法政丛书》第6编；东京：译书汇编社）。

1903年　［日］中村太郎（Nakamura Tarō）著，东华译书社编译：《国际私法》（《普通百科全书》第73册；上海：会文学社）。原书收入《帝国百科全書》第22编，（東京：博文館，1899年）[1]

1903年　［日］北条元笃（Hōjō Motoatsu）、熊谷直太（Kumagaya Naota）编，东华译书社编译：《国际公法》（《普通百科全书》第72册；上海：会文学社）。原书是［英］霍尔（William Edward Hall, 1836‐1894）所著，由北条元笃、熊谷直太补译，收入《帝国百科全書》第23编（東京：博文館，1899年）。[2]

1903年　［英］劳麟赐（Thomas Joseph Lawrence, 1849‐1919）著，［美］林乐知（Young John Allen, 1836‐1907）、蔡尔康（1852—1921）译：《万国公法要略》（上海：广学会出版；上海：商务印书馆代印）。原著 *A Handbook of International Law*. 初版刊于1885年，

---

[1] 中文译本选译了绪论7章和第一篇《外国人法律之地位》，全书共18页。此外，作者误植为士村太郎。

[2] 日译本共332页，中文译本只是选译部分章节而已。即第一编的五章：1. 国际公法小史；2. 国际公法之意义；3. 国际公法之渊源；4. 国际公法上之人格；5. 平时国际法之大原则。共14页。

117

中译本据1898年第4版(London; New York: Macmillian & Co., 1898)。

1903年　［德］雷士特(Franz von Liszt, 1851-1919)著,商务印书馆编译:《国际公法大纲》(《政学丛书》第2集第8编;上海:商务印书馆,光绪二十九年九月)。原著为 *Das Völkerrecht, Systematisch Dargestellt* (Berlin: O. Haering, 1898)。

1903年2月　林棨(1884—?)译:《国际公法精义》(《闽学会丛书》;东京:闽学会)。

1903年6月　［日］沼崎甚三(Numazaki Jinzō)著,袁飞译:《万国公法要领》(《政法丛书》第7编;东京:译书汇编社)。原著《万国公法要訣》(東京:博聞社,1888年)。

1904年　［美］丁韪良讲,綦策鳌等增订:《邦交提要》(Outlines of History with Special Reference to International Law)[附图](湖北仕学院讲授国际法课的讲义;上海:广学会出版;上海:上海商务印书馆代印)。

1904年　金邦平(1881—?)辑译:《局外公法》。

1904年　何祐:《最近公法提要》(又名《最近万国公法提要》),铅印本。

1904年　王鸿年译:《国际中立法则提纲》(东京:秀英舍)。

1904年　王鸿年纂:《战时现行国际法规》(东京:秀英舍)。

1904年3月　吴振麟著:《局外中立国法则》(又作《中立国法则》,英文题名为"*The Law of Neutrality*")(东京:战时国际法调查局;南京:南洋官报局)。

1905年　［日］有贺长雄(Ariga Nagao, 1860-1921)讲,张知本(1881—1976)译:《局外中立》(东京:湖北政治俱乐部)。

1905年　［日］高桥作卫(Takahashi Sakuei, 1867-1920)编:《万国公法提要》(东京:泰东同文局)。[1]

---

[1] 沈国威推测此书实际上可能没有出版。参氏著:《近代转型期的中国与日语——泰东同文书局及其出版物》,载复旦大学历史系、出版博物馆编:《历史上的中国出版与东亚文化交流》,页99。

第一章 世界秩序的中国文本：晚清国际法的传入

1905 年　夏同和(1869—1925)著：《国际私法》。

1905 年　张凤台(1857—1925)编纂：《万国公法提要》(北洋官报局石印本)。

1905 年　阙名：《公法谈话》(上海：广智书局)。

1905 年 8 月　[日]山田三良(Yamada Saburō, 1869—1965)著，郭斌编译：《国际私法》(《法政丛编》第 12 种；东京：湖北法政编辑社)。

1905 年 8 月　[日]中村进午编，叶开琼编译：《平时国际公法》(《法政丛编》第 11 种之上，与《战时国际公法》合订；东京：湖北法政编辑社)。

1905 年 8 月　[日]中村进午(Nakamura Shingo, 1870—1939)编，张福先(1883—?)译：《战时国际公法》(《法政丛编》第 11 种之下，与《平时国际公法》合订；东京：湖北法政编辑社)。

1905 年 9 月　廖维勋编：《平时国际公法》(《法政粹编》第 10 种之 1；东京：并木活版所)。

1905 年 9 月　陈嘉会(1874—1945)编：《战时国际公法》(《法政粹编》第 10 种之 2；东京：并木活版所)。

1905 年 9 月　曹履贞(1872—?)编：《国际私法》(《法政粹编》第 11 种；东京：并木活版所)。

1905 年 11 月　江庸(1877—1960)译：《战时国际条规辑览》(《闽学会丛书》；东京：闽学会；翔鸾社，1905 年)。

1906 年　作新社译：《国际法》(上海：作新社)。

1906 年　[日]石光三郎(Ishimitsu Saburō)、[日]森惣之佑(Mori Sōnosuke)著，冯闰模译：《国际私法图解》(教育出版社；上海：广益书局；上海：作新社；上海：政学社)。

1906 年　[日]绪方维一(Ogata Iichi)讲，熊开先译：《平时国际公法》(《警察讲义录》第 13 种；再版，上海：商务印书馆)。

1906 年　[日]绪方维一讲，赵象谦译：《战时国际公法》(《警察讲义录》

第 14 种;再版,上海:商务印书馆)。

1906 年　王鸿年编译:《国际中立法提纲》(南洋官报局)。

1906 年　史书译:《国际公法选要》(东京:清国留学生会馆)。

1906 年　程树德(1876—1944)编:《平时国际公法》(上海:普及书局)。

1906 年　叶良编译:《国际公约关系诸条约及法规》(东京:科学编译社)。

1907 年　张凤台汇编:《万国公法提要》(一作万国公法纲目提要),抄本。

1907 年　[日]中村进午著,袁希濂译:《新译国际私法》(上海:中国图书公司)。

1907 年　[日]有贺长雄著,严献章译《战时国际公法》(东京:清国留学生会馆;湖北官书局)。

1907 年　[日]美浓部达吉(Minobe Tatsukichi, 1873 – 1948)著,熊范舆(1880?—?)、金保康译:《战时国际公约》(天津:丙午社)。

1907 年　[日]山胁贞夫(Yamada Sadao)讲授,文溥、陈履洁(1876—?)编辑:《平时国际公法》(《湖北警察汇编》法律之部第 8,东京:并木活版所)。

1907 年　[日]中村进午讲授,方庚源、陈英编辑:《战时国际公法》(《湖北警察汇编》法律之部第 9,东京:并木活版所)。

1907 年　[日]山胁贞夫讲授,吴昌润、张仁静编辑:《国际私法》(《湖北警察汇编》法律之部第 10,东京:并木活版所)。

1907 年　林榮:《国际法讲义》(法学会)。

1907 年　陈鸿慈(1878—?)编:《国际公法》(又名《平时国际公法》;天津:丙午社)。

1907 年　谭传恺编:《平时国际公法》(《政法述义》第 20 种;上海:政法学社)。

1907 年　[日]中村进午著,善化黄赞元编辑:《战时国际公法》(《政法述义》第 21 种;上海:政法学社)。

1907 年　刘庚先(1873—1921)、萧鸿钧编:《国际私法》(《政法述义》第

第一章 世界秩序的中国文本：晚清国际法的传入

22种；政法学社）。

1907年4月 ［日］山田三良（Yamada Saburō, 1869–1965）著，郑炳译：《国际私法》（东京：法政大学）。

1907年4月 ［日］高桥作卫著：《平时国际公法》（以中文撰写；东京：泰东法政新书局）。

1907年4月 ［日］中村进午讲授，金保康编：《平时国际公法》（《法政讲义》第1集第17册；天津：丙午社）。

1907年7月 ［日］中村进午讲授，金保康编：《战时国际公法及局外中立》（《法政讲义》第1集第18册；天津：丙午社）。

1907年7月 ［日］高桥作卫著，卢弼（1876—1967）、黄炳言（1880—1931）译：《平时国际公法》（东京：清国留学生会馆）。

1907年9月 ［日］山田三良讲授，傅疆（1876—?）编：《国际私法》（《法政讲义》第1集第19册；天津：丙午社）。

1908年 孔庆余编述：《国际私法》（法政学堂铅印本）。

1908年 ［日］千贺鹤太郎（Senga Tsurutaro, 1857–1929）撰，卢弼、黄炳言译：《国际公法》（日本同文印刷会铅印；政治经济社；上海：昌明书店）。

1908年 ［日］高桥作卫著，徐锷（1876—1921）、郭恩泽译：《（最近）战时国际公法论》（与《日俄战争国际事件要论》合订，附《战时国际法规提要》；国际法学研究社）。

1908年 杨年编：《国际公法》（成都：探源公司）。

1908年10月 马德润（1871—1937）：《中国合于国际公法论》（上海：商务印书馆），有光绪戊申孟夏马德公使孙宝琦序；其后又有题为《支那帝国对于万国公法团体论》（南洋印刷官厂，光绪二十四年十一月），有光绪三十四年三月瑞方序。

1909年 中村进午、刘章侯讲述，傅恺编：《平时国际公法》（山西法政专门学堂排印本）。

1910年2月 ［英］罗麟斯（Thomas Joseph Lawrence, 1849–1919）著，但

121

燾(1881—1971)译:《国际公法提纲》(杭州:城内但公馆;上海:昌明公司)。原著 A Handbook of Public International Law (London & New York: Macmillian & Co., 1895)。

1911年　仁和编:《国际私法》(上海:群益书社)。

1911年　金保康:《国际公法》(天津:丙午社)。

1911年　熊元楷:《国际私法》(北京:顺天时报社)。

1911年5月　[日]山田三良著,李倬译:《国际私法》(上海:商务印书馆)。

1911年5月　岩井尊闻[文](Iwai Takafumi)讲授,熊元翰、熊元襄编著:《平时·战时国际公法》(《法律丛书》第20册;北京:顺天时报社;安徽法学社)。

1911年6月　汪庚年编辑:《平时国际法》(《法学汇编》第16册;北京:京师法学社编辑社,宣统三年五月)。此为京师法律学堂讲义,日本法学博士岩井尊文讲授,名为汪庚年编辑,实际上是将日本教习之讲义进行编译。以下两本汪庚年编辑者同属编译。

1911年6月　汪庚年编辑:《战时国际法》(《法学汇编》第16册;北京:京师法学社编辑社,宣统三年五月)。此为京师法律学堂讲义,日本法学博士岩井尊文讲授。

1911年6月　汪庚年编辑:《国际私法》(《法学汇编》第14册;北京:京师法学社编辑社,宣统三年五月)。此为京师法律学堂讲义,日本法学博士志田钾太郎讲授。

1911年8月　[日]中村进午著,陈时夏译:《平时国际公法》(上海:商务印书馆)。

1911年8月　[日]中村进午著,陈时夏译:《战时国际公法》(上海:商务印书馆)。

第二章 晚清国际法教育

一、引言

晚清以前,中国对法政教育并不重视。法律知识,主要是在并未制度化的幕友教育架构下,以师徒相传的方式来传授的。国家选派的地方行政官僚,多由熟悉儒家经典及修辞的科举及第者进身,实际的法政及一般行政事务,则交由地方官僚私聘的胥吏和幕友来处理。[1] 这种行政架构,用于应付国内的问题,已是弊害丛生;用于对外交涉,自然举措失当,屡招外侮,甚至不免要丧权辱国了。面对西方势力的入侵,中国一方面要进行富国强兵之改革以期在军事上对抗西力,另一方面又着眼于吸收近代西方国际法的知识,试图在对外交涉上"以夷制夷"。因此,近代中国的法政教育,实始于学习国际法。它的成立,与其说是出于内政的需要,毋宁说是源于对外交涉的诉求。众所周知,虽然西方国际法的著作最初

---

[1] 张伟仁:《清代的法学教育(上、下)》,《台湾大学法学论丛》,18卷1期(1988年12月),页1—35;18卷2期(1989年6月),页1—55;又载贺卫方编:《中国法律教育之路》(北京:中国政法出版社,1997年),页145—247;Wejen Chang(张伟仁),"Legal Education in Ch'ing China," in Benjamin A. Elman and Alexander Woodside eds., *Education and Society in Late Imperial China 1600 – 1900* (Berkeley: University of California Press, 1994), pp. 292 – 339。关于中国的法律教育史,可参汤能松等编著:《探索的轨迹:中国法学教育发展史略》(北京:法律出版社,1995年);张耕主编:《中国政法教育的历史发展》(长春:吉林人民出版社,1995年)。

已由丁韪良译成中文以供清政府参考之用,国际法的法则也由此而为中国人所知悉,但对于西方国际法之移入中国而言,更值得关注的问题则是,在晚清其后的几十年间,是否存在着一个关于国际法规范的教育体系。民国时期来华的美国法律学家庞德(Roscoe Pound, 1870-1964)认为中国亟需划一或标准的法律教育,使法官和律师能在同一基础上获得训练,进而在同一的基础上解释及应用法律。[1] 由此可见,无论是讨论近代西方国际法传入中国的过程,还是考察其应用及意义,都不能不对国际法教育的实施予以高度重视。关于这一方面,学界目前的专注力多集中在近代法政教育的整体情况上,如近代法政教育的产生、成长及演变等。其中虽有提及国际法学习的情节,但也是一并放在近代法政教育史或法学近代化的学科架构与问题意识下来观照的。[2] 对于国际法教育,特别是早期的实施情况,目前学界的研究很难令人满意,有的语焉不详,有的记述有误。[3] 本章尝试对这一问题进行深入探讨,勾勒出晚清国际法教育的基本实施情况,并在此基础上分析其意义所在。

二、国际法教育的启动

1. 京师同文馆

中国的近代西方国际法教育始于1862年成立的同文馆。[4] 不过,同文馆之设,起初只是为了培养涉外事务的翻译人才,以打破语言障碍,满足对外交涉的实际需要(如中外换文和缔结和约),其招收的学生对象

---

〔1〕 参马宝汉:《庞德论中华法律之发展》,载食货月刊社编辑委员会论文作者史学及法学家二十三位编:《陶希圣先生八秩荣庆论文集》(台北:食货出版社,1979年),页104。
〔2〕 如王健:《中国近代的法律教育》(北京:中国政法大学出版社,2001年);何勤华:《中国近代法律教育与中国近代法学》;同氏著:《法科留学生与中国近代法学》;侯强:《清末法学教育与近代中国法制现代化》,《沈阳大学学报》,19卷5期(2007年10月),页68—72。
〔3〕 例如丁光泮探讨同文馆时期的国际法教育时,受资料所限,对一些具体事实的记述难免有错。参氏著:《试论北京同文馆对近代国际法的翻译与教学》,《西南师范大学学报》(哲学社会科学版),2005年4期,页15—17。
〔4〕 同文馆的成立经过、组织、教授科目、生员出路及其历史评价等,详见孙子和:《清季同文馆之研究》(台北:嘉新水泥公司文化基金会,1977年);苏精:《清季同文馆》(台北:作者自刊,1978年);同氏著:《清季同文馆及其师生》(台北:作者自刊,1985年);Knight Biggerstaff(1906-2001), *The Earliest Modern Government Schools in China* (Ithaca, NY: Cornell University Press, 1961), pp. 94-153;季压西、陈伟民:《从"同文三馆"起步》(北京:学苑出版社,2007年)。

第二章 晚清国际法教育

皆是八旗子弟。[1]因此,正如历任该馆教习以至总教习达25年之久的丁韪良所忆述,成立初期的同文馆只是"译员学校"("School of Interpreters")。[2]不过,1866年12月,在同文馆是否增设天文、算学馆的重大争议上,恭亲王等负责主持洋务的官僚压倒了以帝师倭仁(1804—1871)为首的洋务教育反对者,使同文馆从单纯培养通译人才的语言学校转为包含更多学科的综合性学校。[3]自此以后,同文馆的规模无论在设施还是课程方面都得到了进一步的拓展,例如教学设施方面先后成立了图书馆、印书馆(1876年)、化学实验室(1876年)、天文台和物理实验室(1887年)等;课程方面则增加了医学、生理学、化学和矿物学、物理学等相当于今日之自然科学分支的门类,以及"万国公法"、"富国策"、[4]"各国史略"等近似今日之社会科学的课程门类。

同文馆首任国际法教习是因翻译《万国公法》而享有盛名的丁韪良。自1865年3月始,丁韪良已在同文馆教授英语。1867年10月,丁韪良应总理衙门的邀请,担任"公法"及"富国策"科之教习。但丁韪良并未立即上任,而是向总理衙门请假,并于翌年6月25日离京,7月17日从上海出发,专程回美作特别进修,以便为新的教学工作做

---

[1] 恭亲王奕訢就创办同文馆一事,曾指出:中国对外交涉,如无人熟悉外国之语言文字,则一切隔膜,难以令其妥协,纵欲举外国条例以破其说,也"苦不能识"。相反,外国人则重金礼聘中国人讲解文义,如此一来,中国易受欺蒙,并"恐无以悉其底蕴"。参《筹办夷务始末·咸丰朝》,卷71,页24;《筹办夷务始末·同治朝》,卷8,页30;同书,卷27,页25。又参见朱有瓛主编:《中国近代学制史料》,第1辑上册(上海:华东师范出版社,1983年),页4—6;高时良编:《中国近代教育史资料汇编:洋务运动时期教育》(上海:上海教育出版社,1992年),页3—4、页37)。不过,事实上,设立"外国语言文字学堂"以培养外语人才,也是基于具体的条约规定,因为1860年的中英《天津条约》第50款注明,此后英国与中国交涉,都以本国文字书写,暂时虽配以中文译本,日后待中国培养学生学习英语后,便终止配送。至于条约各款以及"遇有文词辩论之处",均以英文为准。同年中国与法国签订的《天津条约》第3款,也有相似的规定(参王铁崖:《中外旧约章汇编》,第1册,页102及页105;傅任敢译:《丁韪良〈同文馆记〉》,朱有瓛主编:《中国近代学制史料》,第1辑上册,页159)。因此,清政府设置学校培养外语翻译人才,即便仅仅为了满足条约的硬性规定,也是刻不容缓的。

[2] W. A. P. Martin, *A Cycle of Cathay*, p. 301. 中译见傅任敢译:《丁韪良〈同文馆记〉》,朱有瓛主编:《中国近代学制史料》,第1辑上册,页173。

[3] 详参刘广京:《1867年同文馆争议》,《复旦学报》,1982年5期(1982年9月),页97—101、页8。

[4] 丁韪良称之为"政治经济学"。

好准备。[1] Ralph Covell 的研究指出,丁韪良回美后大部分时间都在阿特兰大州(Atlantic State),其时,丁韪良的两个儿子皆就读于耶鲁大学,因此丁韪良当时颇有可能趁便追随耶鲁大学校长、《公法便览》的作者吴尔玺非正式地学习国际法。[2] 其后,丁因收到赫德来信,指总理衙门对同文馆失去兴趣,并且不满同文馆的表现,似有解散之意,于是便在1869年9月匆忙返回北京,于11月26日正式上任。[3]

关于同文馆国际法教学的开始时间,目前学界较流行的说法主要根据1867年的课程改革中新增了"万国公法"一科,而将其定为1867年。[4] 但是丁韪良在1869年11月26日才正式上任,因此教授"万国公法"不应早于丁韪良上任前。而且,据丁韪良自己的说法,至少在1872年6月以前,他还未开始教授,原因之一是同文馆的学生尚未有足够的准备从国际法的学习中得益。因为他认为国际法的学习不仅要求成熟的智力,而且要求对过去和现在的西方世界有深刻的认识。尽管如此,他还是打算翌年(1873)开始教授国际法。[5]

---

[1] W. A. P. Martin, *A Cycle of Cathay*, p. 241; Ralph Covell, *W. A. P. Martin: Pioneer of Progress in China*, p. 168. 丁韪良请假后留京多月才返美,可能是要处理辞任长老会的传教工作。此点有待进一步的考证。

[2] Ralph Covell, *W. A. P. Martin: Pioneer of Progress in China*, p. 168. 此外,1878年出版的《公法便览》收有丁韪良《致吴君尔玺书(译洋文)》,信中提到他与吴尔玺阔别十年,"忆惜得瞻大著,复观教法"(页1)。在《凡例》中,丁又谓"余于丁卯年(1867)请假回国,曾在雅礼学院得悉吴君,观其教法,心甚羡之"(页2)。

[3] W. A. P. Martin, *A Cycle of Cathay*, pp. 241, 293 - 294.

[4] 例如丁光泮认为同文馆把"万国公法"作为一门课程进行教学,最早在1867年。此外,吴宣易认为丁韪良于同治七年(1868)开始教授万国公法。参吴宣易:《京师同文馆略史》,见朱有瓛主编:《中国近代学制史料》,第1辑上册,页194;丁光泮:《试论北京同文馆对近代国际法的翻译与教学》,页16。不过,王健留意到目前许多论者对于丁韪良讲授"万国公法"的时间说得含糊混乱,但王健未有推测最早的时限,其后在转引毕乃德(Knight Biggerstaff)的引文时,指丁韪良在1872年曾领导学生十余人学习国际法。参王健:《中国近代的法律教育》,页140,注39及页147。王的引述有误,详本页注(5)。

[5] 参 W. A. P. Martin, "Une Université En Chine—Le Présent et L'Avenir De L'Enseignment Supérieur International A Peking," *Revue de Droit International et de Législation Comparée*, V (1873), pp. 9 - 10。这是一封丁韪良致 *Revue de Droit International et de Législation Comparée* 首席编辑 Monsieur Rolin-Jaequemyns 的信(日期是1872年6月20日),主要是介绍同文馆的发展。据信末编者注所指,这封信原是英文,后译成法文刊登(p. 10)。不少研究(如王健、丁光泮)引用傅任敢翻译毕乃德(Knight Biggerstaff)的《同文馆考》("The T'ung Wen Kuan")(载《中华教育界》,23卷第2期[1935年],页13—26。后收入朱有瓛主编:《中国近代学制史料》,第1辑上册,页197—213。毕乃德的原作见 *The Chinese Social and Political Science Review*, No. 18 [1934], pp. 307 - 340),但傅任敢的译文   (接下页)

第二章　晚清国际法教育

　　那么,具体的情形又是怎样的呢? 李贵连介绍同文馆时期的"万国公法"教育时说,由于资料阙如,因此无法知道丁韪良是"以其译作为教材,抑或另编教材? 有多少学生听讲? 教学的内容如何? 学生理解程度如何?"〔1〕关于这方面的资料固然不多,但一些零碎的记载或许可以填补一些空白。正如前面所说,丁韪良在1872年6月便曾明确指出当时尚未教授国际法,但他已打算翌年(1873)采用吴尔玺的著作(笔者按:即 *Introduction to the Study of the International Law*)开始讲授,因为这是一本明确地写给大学生看的、比惠顿之著作更为精心撰述、更为专业的论著。他相信,通过学习吴尔玺的著作,学生能更完整地领会国际法的全部内容。〔2〕事实上,在其后丁韪

（接上页）有严重谬误,毕乃德在页326注55中直接引用丁韪良法文版信件的部分内容,其中一段为:"L'année prochaine cependant je songe à en initier une dizaine à l'étude de ce Code élevé, que sanctionnent les suffrages du monde chrétien et auquel le 'fils du ciel' ne peut refuser son assentiment. [明年我打算将这一基督世界一致赞同、天子也不能否认的高等法规传授给十几个学生]"。傅në敢的译文却变成"上年我曾领导学生十余人习此高深的法典。"由于毕乃德注明丁韪良此信刊于1873年的 *Revue de Droit International et de Législation Comparée* 第5卷,因此,王健便据此以为傅译本所谓"去年",便是1872年了。再者,王健(页146—147)又不恰当地在上文后加插了一段丁韪良的讲话("我有十个学生……在科学上他们还是孩子")和一段引述丁韪良评论中国学生对科学知识"理解力强"的评论。虽然此段话也是出自丁韪良之口,但实际上是分别引自 *A Cycle of Cathay* 不同的页码 (p. 299 及 p. 314)。令人遗憾的是王健的注译(注52及53)只注为:"W. A. P. Martin, 'Une Université En Chine,' *Revue de Droit International et de Législation Comparée*, V (1873),转引自毕乃德《同文馆考》,注21, *A Cycle of Cathay*。"如此处理,难免引起混淆误会。此外,"The T'ung Wen Kuan"一文后来经毕乃德增订收录在 *The Earliest Modern Government Schools in China* 一书中(pp. 94-153),内容确实是充实了,但许多重要注释,特别是美国外交档案的引文及"Une Université En Chine"的记述均被删去。

〔1〕李贵连:《二十一世纪的中国法学(下)》,载李贵连主编:《二十一世纪的中国法学》(北京:北京大学出版社,1998年),页36—37。

〔2〕参 W. A. P. Martin, "Une Université En Chine— Le Présent et L'Avenir De L'Enseignment Supérieur International A Peking," p. 10. 1878年出版的《公法便览》是由同文馆学生汪凤藻、凤仪、左秉隆、德明4人历时3年译成的(1877年),因此我们可以推测丁韪良当在1873—1874年间开始教授"万国公法"。又查 *Introduction to the Study of the International Law* 是当时吴尔玺在耶鲁大学教授国际法的教科书。事实上,这本书的副题是:"designed as an aid in teaching and in historical studies"。丁韪良在《公法便览》的《自序》(页2)谓:"其著书本意专在学院功课,故文义惟求明而易晓,不但小子后生用之以为阶进,即博学通儒读之,亦有裨益。专门家既讥其浅陋,初学者必不厌其烦。又始终有例相问,使公法得因史案以明,而史案转借公法以彰。"此外,松隈清亦指出,当时流行于国际法学界的坚土氏(James Kent, 1763-1847)的《国际法注释》(*Commentaries on International Law*)和惠顿的《万国公法》,虽然都是权威著作,但因部头大、篇幅长,作为大学教科书使用颇为不便。《公法便览》由于条目清晰、内容广泛、说明简洁,因而非常受欢迎。不单在美国本土,就连英国牛津大学也采用它作为教科书。参氏著:《国際法史の群像——その人と思想を訪ねて——》,页397。因此王健认为同文馆的国际法教学,"至少在教本的选用上,大体与欧美的法学院相颉颃"了。参氏著:《中国近代的法律教育》,页143。

良致吴尔玺的信中，已表明了他采用了吴的著作为教科书，而且采用的是英文原著。[1] 据丁韪良的说法，具体的情况是"既以洋文课读，复令译以汉文"。[2] 丁韪良这样做，也许是因为他已注意到译文谬误难懂的问题。但是，从另一角度而言，这种做法，是一种法律文化之间的语际接触，通过翻译使外文的国际法纳入中文系统的语言逻辑及词汇概念体系内。[3]

日本近代著名政治学者吉野作造（Yoshino Sakuzō，1878－1933）曾指出，丁韪良有时会把同文馆称为"International Law and Language School"，可见丁韪良对"万国公法"的普及与人才的培养期待甚殷。[4] 事实上，丁韪良经常以介绍西方最新的国际法学为职志，而且身体力行，教授之余，还组织、带领同文馆学生从事翻译事业。笔者无意否定丁韪良把近代西方国际法介绍到中国的努力，观其翻译《万国公法》及为了进修国际法知识而专程回美进修一事即可知之。问题是，良好的主观愿望并不能保证有

---

[1]《公法便览》，《致吴君尔玺书（译洋文）》（光绪三年十二月六日），页1。其实，在前述"Une Université En Chine—Le Présent et L'Avenir De L'Enseignment Supérieur International A Peking"一文中，丁韪良已表达了要让学生阅读原文英文版的意愿（p.10）。由于《公法便览》的翻译是以1864年第2版为据，虽同时参考了1871年第3版，估计上课时所用的主要是1864年第2版。

[2] 译成中文的意义在于"公诸同好"，"以期广布"，推广国际法知识。参《公法便览》，《凡例》，页2；《致吴君尔玺书（译洋文）》，页1。

[3] 关于语际翻译的问题，刘禾有很好的说明。参 Lydia H. Liu, *The Clash of Empires*, pp.124－139.

[4] 吉野作造：《わが国近代史における政治意識の發生》，载氏著：《吉野作造》（《日本の名著》48；東京：中央公論社，1972年），页454。不过，据现存的材料看来，丁韪良似乎从未使用过此称谓。但有趣的是，丁韪良向欧美介绍同文馆时常把同文馆升格，称为学院，以至大学，例如刊登在 Revue de Droit International et de Législation Comparée, V (January, 1873) 的一篇文章 "Une Université En Chine— Le Présent et L'Avenir De L'Enseignment Supérieur International A Peking" 便把同文馆称为 "Université"，但在著者介绍中，却又称为 College[原文作 "Collége imperial"]。事实上，正如陈平原所指出的那样，考虑到同文馆后来增设天文、算学、化学、国际公法、格致等课程，丁韪良曾将校名的英译 "School of Language" 改为 "Peking College"，如在光绪十三年[1887]刊行的第4次《同文馆题名录》英文本 *Calendar of the Tungwen College*，便有"旧同文馆或语言学校"与"新同文馆或北京学院"之分。1898年9月23日的《纽约时报》（*New York Times*）在一篇题为 "China's Imperial University: Dr. William A. P. Martin, an American, Appointed Its President" (p.7) 的报导中，报导了丁韪良成为新近成立的帝国学校校长一事。陈平原认为这种称"总教习"为"校长"，将"学校"改"学院"，"学院"改"大学"的做法，其目的在于抬高身价，《纽约时报》则志在炫耀美国人对中国高等教育的主导作用。参陈平原：《不被承认的校长——丁韪良与京师大学堂》，载氏著：《老北大的故事》（南京：江苏文艺出版社，1998年），页95－98。不过，早在1869年9月，《教务杂志》已称同文馆为 "University"，将丁的翻译与任教视为基督教的传教事功。参 *Chinese Recorder*, 2:4, p.102.

第二章　晚清国际法教育

丰硕的客观成果。

在整个同文馆效法美式学院(college)课程的安排中,"万国公法"似是作为一门通识科来教授,而非专科学习。就现有的资料而言,较具体的描述要算是 1876 年公布的京师同文馆 8 年课程表:

首年:认字写字、浅解辞句、讲解浅书

二年:讲解浅书、练习文法、翻译条子

三年:讲各国地图、读各国史略、翻译选编

四年:数理启蒙、代数学、翻译公文

五年:讲求格物、几何原本、平三角弧三角、练习译书

六年:讲求机器、微分绩分、航海测量、练习译书

七年:讲求化学、天文测量、万国公法、练习译书

八年:天文测量、地理金石、富国策、练习译书

对于那些"年齿稍长,无暇肄及洋文,仅借译本而求诸学者",则提供 5 年课程:

首年:数理启蒙、九章算法、代数学

二年:学四元解、几何原本、平三角弧三角

三年:格物入门、兼讲化学、重学测算

四年:微分积分、航海测算、天分测算、讲求机器

五年:万国公法、富国策、天文测算、地理金石[1]

虽然同文馆 1867 年的课程改革新增了"万国公法"一科,但问题在于修读的规定上。同文馆分英文馆、法文馆、俄文馆和布文馆,学生隶属不同的语言馆,从英语、法语、德语、俄语中选修一种外语,或是以汉文、算学作为主修,余下其他科目则听任学生自由选读。因此,虽说可以在第 7 年(8 年课程)或第 5 年(5 年课程)修读,但同文馆学生实际上是可以完

---

[1] 《同文馆题名录》[第 1 次](光绪五年[1879]同文馆刊),页 20—23;又载朱有瓛主编:《中国近代学制史料》,第 1 辑上册,页 71—73。这 8 年课程是由总教习丁韪良会同各馆教习所拟定的,1876 年呈堂批准后,将课程表翻译成洋文(英文),以洋汉合璧印刷 300 本,交与馆生各执一本,"以便趋问"。观乎 1878 年的岁考已有"公法"科,可见在此之前已有教授,只是仍未有一套完整的课程规划而已。

全忽略"万国公法"的。再者，由于同文馆规定，无论主修什么科目，一天的学习中有半天须花在汉文上，实际上能有多少时间学习"万国公法"，实在颇成疑问。[1]因此，即使是新增了"万国公法"，但在这样的修读规定下，也无法保证可以培养出相关的国际法人才来。而且，供年长者修读的5年制课程，在没有任何西方政治及人文地理等相关知识的前提下，馆生学习的成效实在令人存疑。[2]再者，因为"公法"[3]并非必修科目，所以实际上应考此科者并不多。下面是几次岁考应考"公法"的人数：[4]

表1

考试年[5]	与考"公法"人数	学生总人数
光绪四年	9人	102人
光绪十二年	9人[6]	100人
光绪十八年	12人	103人
光绪二十三年	无此科考试	107人

可见报考"公法"者，不及与考生员的十分之一。就算与丁韪良当初

---

〔1〕 如果根据《大清会典》的说法，"公法"或"富国策"则是毕业前最后的履修科目。因为同文馆学生是在学成文字、天文、舆图、算学、化学、格致之学后，"则习公法，或富国策，以毕其业"的。参昆冈（1862年进士）等修，吴树梅等纂：《钦定大清会典》（《续修四库全书》；上海：上海古籍出版社，1995年），卷100，总页930。

〔2〕 同文馆的课程虽有8年和5年两种，但事实上在馆学生不称几年级而称第几班或某馆学生。参孙子和：《清代同文馆之研究》，页208—209。

〔3〕 在实际考试中，都称为"公法"而非"万国公法"，第一次更以"公法学"为名。参《同文馆题名录》[第1次]（光绪五年[1879]同文馆刊），页13。

〔4〕 整理自《同文馆题名录》[第1次]（光绪五年[1879]同文馆刊）；《同文馆题名录》[第4次]（光绪十三年[1887]同文馆刊）；《同文馆题名录》[第5次]（光绪十九年[1893]同文馆刊）；《同文馆题名录》[第7次]（光绪二十四年[1898]同文馆刊）。

〔5〕 注意，由于大考在每年约十二月初十日前（《题名录》说十二月下旬封印前）举行，因此换算西元时已是翌年1月，如光绪十四年大考是在1879年1月举行的。参《同文馆题名录》[第1次]（光绪五年[1879]同文馆刊），页24；孙子和：《清代同文馆之研究》，页221。

〔6〕 毕乃德错作8人，见 Knight Biggerstaff, *The Earliest Modern Government Schools in China*, p.129。按此9人是：张德彝（1847—1918）、斌衡、左庚、岱寿、王镇贤、熙璋、文祐、懿善、文秀。参《同文馆题名录》[第4次]（光绪十三年[1887]刊），页19—20。此外，孙子和校对过各期的《题名录》，发觉与毕乃德所制的《历年参加各科大考人数表》的应考人数略有出入。详参《清季同文馆之研究》，页225—226。

第二章　晚清国际法教育

打算教导十几个学生的意愿相比,也还是少了一点。光绪二十三年的大考,甚至没有"公法"科考试。其原因为何,因史料所限,暂时无从知晓,但最起码,从上述种种事实可以推知,在戊戌维新以前,国际法教育并未得到足够的重视。

另一方面,由于大考是由总理衙门大臣出题、监考和评分的,[1]因此从几次"公法"科的考试题目中,我们可以推知清政府官僚对国际法所关注的重点。

一、光绪四年大考试题:[2]

1. 遣使之权,自主之国皆有之,何以辩之?

2. 此国遣使彼国,有拒而不接者,其故何也?

3. 使臣有四等,试言其序。

4. 遇更易国主,驻京使臣位次何以定之?其定法不一而各有成案,试言之。

5. 头等公使得邀破格优待之礼,试言其概。

6. 公使权利之尤要者,试言之。

7. 公使职守,其尤重者在何事?

8. 各国议立条约,所论何事居多?

9. 公使偶不安分,有遣之出疆者,系因何事?并引以成案。

10. 公使停职,其故有七,试述之。

二、光绪十二年大考试题:[3]

1. 海上盘查他国船只,限制有四,试论之。

2. 盘查之权每有条约范围之,试述其一二。

3. 邦国凭其自护之权,不理局外旗号而追捕船只者,其例案

---

[1] 昆冈等修,吴树梅等纂:《钦定大清会典》,卷100,总页931。
[2] 《光绪四年各科岁试题》,《同文馆题名录》[第1次](光绪五年[1879]同文馆刊),页26—27。根据孙子和的研究,由于《题名录》三年一刊,因此《题名录》所称的"岁试",实为"大考"。参氏著:《清季同文馆之研究》,页225。
[3] 《光绪十二年(1886)各科大考题》,《同文馆题名录》[第4次](光绪十三年[1887]同文馆刊),页57。

若何?

　　4. 英美两国设法禁绝贩卖黑奴之事,其大端若何?

　　5. 美国与英国第二次启衅,其故有二,试言之。

三、光绪十八年大考试题:[1]

　　1. 邦国之得土地者,其原不以一法,试述之。

　　2. 昔者公使每争位次,其案之尤著者,试言之。

　　3. 自主之国均等,而仍有分别者,其义例若何?

　　4. 邦国交出逃犯与否,其义例若何?

　　5. 按公法之通例,其免于地方官管辖者有三,试言之。

　　6. 东方各国外人犯罪,每归领事官审问,其例由何而始?

　　7. 邦国治内国政,其公文有牵涉他国因而诘问者,其案例若何?

　　8. 人民毁谤他国之君上,有司因而治罪者,其案例若何?

　　观乎3次考试的题目,内容大多出自《公法便览》。例如光绪四年的"公法学"问题,差不多全是来自《公法便览》卷2第2章的《论各国通使之例》;光绪十二年的大考问题,关于船只搜查、黑奴禁止、英美第二次纷争则来自《公法便览》卷4第5章《论常盘查船只之权》。考试问题多集中于使节派遣所牵涉的权利义务上。这是因为清政府从1876年开始派遣驻外使节,为针对现实的需要,不能不有所讲求。光绪十二年问两道关于海上盘查之权及限制的题目,则是针对1885年中法战争时所涉及的局外中立及禁运问题。对于如何收回国家主权,废除不平等条约,光绪四年及光绪十二年虽未见问及,但光绪十八年的题目,已涉及领事裁判权、土地领有等问题了。简而言之,考试题目侧重实用性和针对性的一面,但从另一角度而言,则缺少了对学理的探求。

　　由于史料的缺乏,笔者对北京同文馆的"万国公法"课程及实施情况未能作出更深入的探讨。但大体而言,整个课程安排似乎不能算是成功。

---

　　[1]《同文馆题名录》[第5次](光绪十九年[1893]同文馆刊),页52—53。

第二章 晚清国际法教育

尽管汪凤藻、联芳、庆常等人参与过国际法的翻译工作,但自汪凤藻1884年帮助丁韪良翻译了丁所著的《中国古世公法论略》以后,同文馆内一切有关国际法的教学事业便似乎销声匿迹了。也许,其原因是国际法作为一门新知识,尽管具有作为交涉工具的作用,但套用史坚拿(G. William Skinner)分析教育与社会流动的话来讲,当时的清政府官僚并未把国际法教育视为一项社会流动的策略,个人不会因通晓国际法而能提升自己在所属族群中的社会地位。[1]同文馆学生较之从事举业的"正途"生员而言其登进本已艰难,而国际法内容初时即使在同文馆教学中也不受重视,其渗入科举考试内容,只是后来的事情,而且影响力微乎其微(详后)。因此,自然吸引不了更多的馆生学习"万国公法"了。特别是当他们仅把西方国际法的书籍视为交涉时引用的争论根据,遇事翻查即可时,更是认为没有必要专注研习。当然,这个时期较少学生愿意学习国际法,亦有其内在原因。因为即使学会了,到头来也只会被当作翻译派往夷狄之邦而已,实际上形同政治放逐——脱离了权力中心,难以攀上更高的政治阶梯;与外夷交涉,更须步步为营,以免招来通敌卖国之诬。

2. 上海广方言馆

与京师同文馆不同,1863年由李鸿章(1823—1901)创设的上海广方言馆是作为地方新式教育学校开设的。学校开设的目的在于自强,因此课程以当时的急务——实用科学为中心,而非单纯注重外语及培养翻译人才。除了外语之外,还增加了"推算之学"、"格致之理"、"制器尚象之法"等课程内容,并且进行科学技术图书的翻译。学生定额40人,收取14岁以下之少年,不限八旗子弟。1870年并入江南制造局,重新编订课程,拟订《广方言馆课程》,增设法文、德文,确定学制3年,分上下两班,第1年初进馆者为下班,后两年为上班。下班学习"外国公理"、"公法"、

---

[1] 参G. William Skinner, "Mobility Strategies in Late Imperial China: A Regional Systems Analysis," in Carol Smith edited, *Regional Systems*, Vol. 1: Economic Systems (New York: Academic Press, 1976), pp. 327–364.

算学、代数、几何学、重学、天文学、地理、绘图等事，如作翻译，还要学习外语，都是基础学习。上班重视专业，分为 7 门，包括：1. 矿学和冶炼学；2. 金属机器的铸锻；3. 木器和铁器制造；4. 各种蒸汽机的设计和驾驶；5. 航海；6. 海陆攻战法；7. 各国语言文字及风俗国政。按规定，学生仍需兼习下班之学以求精深。此外，也许是为了避免反对洋务者的指责，因此在整个课程中，也加入了经学、史学、算学、词章等内容。[1]

至于谁曾任教上海广方言馆"公法"一科，则没有确实的记载。傅兰雅曾在 1870 年 3 月至 1876 年 6、7 月间在方言馆教授法文，[2] 但似乎没有教授"公法"。甘作霖翻译施德庆的文章时，指出其后校方得到中国驻法国公使的介绍，找来了巴黎的法律学家鲍安氏（Mr. Boyer 又译卜沃野），希望他以"国际学教授学生，为将来列身外交界之预备者"。鲍安氏履任后，打算第一步先教授法文，待学生有了基础后再教授"国际学"。但第一步尚未成功，鲍安氏其后往越南西贡探望其病重的父亲时，病逝旅次。[3] 这里的"国际学"，估计就是"公法"。[4] 其后

---

[1] 冯焌光、郑药如：《计呈酌拟广方言馆课程十条》，《广方言馆全案》，收入杨逸等著，陈正青等标点：《海上墨林、广方言馆全案、粉墨丛谈》（上海：上海古籍出版社，1989 年），页 119—122。

[2] 孙子和：《清季同文馆之研究》，页 331。

[3] 施德庆著，甘作霖译：《江南制造局之简史（下）》，《东方杂志》，11 卷 6 号（1914 年 12 月），页 24。据甘作霖在译文开头所讲，施德庆在江南制造局历任医员（?）、教员数十年之久，篇中所言，皆从其目击亲身经历，原文刊于某西字报。后来学者如毕乃德、熊月之及高时良所编《中国近代教育史资料汇编：洋务运动时期教育》等只书甘作霖，不注明施德庆，实误。至于施德庆为何许人，待考。又苏精指出鲍安氏约在光绪十年（1884）到馆，包多氏则在光绪十四年（1888）到馆。参氏著：《清季同文馆及其师生》，页 102。不过，若据陆徵祥的回忆，他 13 岁半（1884—1885 年间）入上海方言馆，当时主要是跟玻杜（即包多，Alphonse Bottu）学习法文的。因此，包多氏的入馆时间不应迟于 1885 年，苏精的说法有误。参 Lou Tseng-tsiang, *Souvenirs et pensées*（《纪念与思想》；1945），p. 22. 转见 Knight Biggerstaff, *The Earliest Modern Government Schools in China*, p. 179, note 45；罗光：《陆徵祥传》（台北：台湾商务印书馆，1976 年；香港：香港真理学会，1949 年），页 19；凌其翰：《外交者宿陆徵祥》，中国人民政治协商全国委员会、文史资料研究委员会《文史资料选辑》编辑部编：《文史资料选辑》，106 辑（1986 年 7 月），页 27。又，熊月之指出陆生于 1871 年，陆 13 岁时为 1883 年，因此推知包多的任教时间是 1883 年前后。参氏著：《上海广方言馆史略》，《上海地方史资料》，4 辑（上海：上海社会科学出版社，1986 年），页 176。石建国亦说陆徵祥在 13 岁入学，时系 1883 年夏。见氏著：《陆徵祥传》（石家庄：河北人民出版社，1999 年），页 9—10。

[4] 对照上海广方言馆的课程，所谓"国际学"当指"公法"。毕乃德在其著作中便指鲍安氏教授"international law"，参 Knight Biggerstaff, *The Earliest Modern Government Schools in China*, p. 179。

第二章　晚清国际法教育

接任的法文教习法国人包多氏(Mr. Alphonse Bottu,又译璞琚、博蒂)[1]曾教授国际法,而且甚获学生好评。[2] 至于皮朋氏(Mr. Bebelman,又译裴勃盟),则不得而知。[3] 虽然我们不知道上海广方言馆的"公法"课程,实际上教授过多少年,有多少学生修读过,但可以肯定的是：广方言馆对法文教育的重视,其主要原因在于办理对外交涉事务,法文较为适合。[4] 也就是说,学习法文在于学习及引用"公法",此亦解释了为什么鲍安教授"公法"前先教法文,以及清政府多次派遣留学生往法国学习国际法的原因。

广方言馆许多优秀的毕业生,后来都保送到京师同文馆去。例如得到丁韪良盛赞的汪凤藻,本身便是广方言馆的头班学生。[5]

3. 广东水陆师学堂

1887年8月,张之洞(1837—1909)成立广东水陆师学堂,以期训练新式陆海军军官;课程为期3年。其后又在1889年11月20日,奏请在广东水陆师学堂原有课程外增置"洋务五学",添设"矿学"、"化学"、"电

---

[1]　历来中文著作均将包多氏作 Adolf Bottu,实为 Alphonse Bottu 之误。此外,根据考狄(Henri Cordier,1849 - 1925)1895 年的记述,包多氏当时是江南制造局(上海广方言馆于1870 年移入江南制造局)的法文及国际法教授。此外,包多氏曾先后于1881—1883 年(第17—19 届)、1895—1996(第30—31 届)、1899—1904(第34—39 届)担任上海法租界公董局总办(Secretary,第17 届为代理)。参 Knight Biggerstaff, *The Earliest Modern Government Schools in China*, p.179; Henri Cordier, "Les Études Chinoises (1891 - 1894)," *T'oung Pao*, 6:1 (1895), p.100;上海市档案馆编:《上海租界志》(上海:上海社会科学院出版社,2001年),页663、页665—667。

[2]　施德庆指出,包多氏精通欧洲各大国语言,视学生如己出,因此学生学业大有长进,后因与广方言馆办龃龉,留馆两年便转任上海法工部局之书记员,同时兼任葡萄牙驻上海总领事。参施德庆著,甘作霖译:《江南制造局之简史(下)》,页24。

[3]　根据施德庆的记述,皮朋氏本是铁路工程师,任职翌年便患伤寒病死。参施德庆著,甘作霖译:《江南制造局之简史(下)》,页24。此外,《京师同文馆学友会第一次报告书》收录的《三馆馆员录》,虽载有法文教习名录,但未见有教"公法"者,因此可以推测皮朋氏乃至后来的法文教习都可能未有教授"公法"。参高时良编:《中国近代教育史资料汇编:洋务运动时期教育》,页200—201。

[4]　清政府曾多次讨论这个问题,认为上海方言馆学习法文者不敷任用,主张加紧培养法文专业学生,甚至提议英文专业的优异学生改习法文。这反映了国际交涉上法文的语言优势。参《广方言馆全案》,页138—140。

[5]　1905 年学制改革,广方言馆改为工业学堂。关于上海广方言馆的历史,可参熊月之:《上海广方言馆史略》,页176—211。此文其后又载《中国文化研究集刊》,5 辑(1987年6月),页492—505,但有删略。

学"、"植物学"及"公法"等 5 所西艺学堂;[1]各招生 30 名为限,总计 150 名。虽说是"公法",但实际上还包括"律例"。因此,张之洞托驻英公使刘瑞芬(1827—1892)代为延聘的"律例教习"是英国伦敦律例学堂(Middle Temple)的赫尔伯特(Sir Jesse Herbert, 1851 – 1916)。[2] 张之洞开设"公法学堂",和同文馆设立"公法"课程一样,都是鉴于中外交涉频繁,条约日多,而要与西方抗争,"公法"又是交涉的根据。但是,由于中国没有熟悉"公法"及"律例"的人才,无法与之争辩,以致对外交涉,经常吃亏,因此培养"公法"人才实属必要。[3] 这种想法,其实早在张之洞出任山西巡抚时已露端倪。在山西的两年(1882—1884)期间,张之洞接触了英国传教士李提摩太(Timothy Richard, 1845 – 1919)及其西化的改革方案,对洋务有了更深刻的认识,注意到科技,以至对外交涉、商务、国际知识和外语的重要性。[4] 1884 年 4 月,张之洞为了实践其洋务计划,在省城:

---

〔1〕 王姗萍认为张之洞此举"开了地方新式学堂设置公法学的先河",误。因为在此之前的上海广方言馆已有开设"公法"一科。见王姗萍:《张之洞与晚清法律教育》,《贵州文史丛刊》,2006 年 2 期,页 18。

〔2〕 张与赫尔伯特订立三年合同,每月薪金 70 英镑,较同时聘请的另外两位教授植物学和化学的英国教习的 41 镑 13 先令 4 便士高出许多。不过,赫尔伯特于 1889 年 1 月 11 日到任后(在此之前,张之洞已调任湖广总督),旋因"不听调度、屡违约规",于 1890 年 6 月中(旧历 4 月底)被继任的两广总督李瀚章(1821—1899)辞退。参李瀚章:《光绪十九年四月二十八日水陆师学堂添设各项奏立案折》,中国史学会主编:《中国近代史资料丛刊:洋务运动》(上海:上海人民出版社,1961 年),第 2 册,页 623—624;高时良编:《中国近代教育史资料汇编·洋务运动时期教育》,页 461—462;朱有瓛主编:《中国近代学制史料》,第 1 辑上册,页 521。关于赫尔伯特,目前国内的中文著作大多沿袭陈学恂主编的《中国近代教育大事记》(上海:上海教育出版社,1981 年)误作 Harper(页 54)。赫尔伯特实际上是 Sir Jesse Herbert(1851 - 1916),除教授国际法外,也是广东的法律顾问,1873 年在英国的中殿律师学院(Middle Temple,即文中的伦敦律例学堂)取得大律师(barrister)资格,曾任萨顿·克德菲市(Royal Borough of Sutton Coldfield)的首任市长。参 *Who Was Who, A Companion to Who's Who: Containing the Biographies of Those Who Died During the Period, Vol. II: 1916 - 1928* (4th ed. ; London: Adam & Charles Black, 1967, c1929), p.489.

〔3〕 《增设洋务五学片》(光绪十五年十月十八日),《张文襄公全集·奏议》(《近代中国史料丛刊》;台北县永和镇:文海出版社,1963 年),卷 28,页 7—9。关于广东水陆师学堂及"洋务五学"的具体情形,可参蔡振生著:《张之洞教育思想研究》(沈阳:辽宁教育出版社,1994 年),页 55—62。

〔4〕 张之洞曾邀李提摩太督办新政,但为以传教事业为职志的李提摩太所婉拒。参 Timothy Richard, *Forty-five Years in China: Reminiscences* (London: T. Fisher Unwin, 1916), pp.172 - 173; William Edward Soothill (1861 - 1935), *Timothy Richard of China: Seer, Statesman, Missionary & the most Disinterested Adviser the Chinese ever had* (London: Seeley, Service & Co. Limited, 1924). pp.132 - 133; 中文版见苏特尔(William E. Soothill, 1861 - 1935)著,周云路译:《李提摩太传》(Timothy Richard)(香港:基督教辅侨出版社,1957 年),页 31—32。

设洋务局,延访习知西事,通达体用诸人,举凡天文、算学、水法、舆地、格物、制器、公法、条约、语言、文字、兵械、船炮、矿学、电汽诸端,但有涉于洋务,一律广募;或则众美兼备,或则一艺名家,果肯闻风而来,无不量材委用。[1]

为什么呢? 在他印发的分咨各省《延访洋务人才启》中,他指出:

盖闻经国以自强为本,自强以储才为先,方今万国盟聘,事变日多,洋务最为当务之急。……查中外交涉事宜,以商务为体,以兵战为用,以条约为章程,以周知各国物产、商情、疆域、政令、学术、兵械、公法、律例为根柢,以通晓各国语言文字为入门。[2]

这种识见,已大大超越了当初同文馆以语言教育为中心的眼界了。他认识到西技之外,还有政令、学术和律例之学。当然,诚如学者所指出,张之洞这时对体用之认识仍相当含糊,所提的西学门类亦笼统庞杂。[3] 但这种重视洋务人才的思想已为兴办洋务学堂培养人才奠定了基石,广东水陆师学堂和"洋务五学"便是这种思想的实现。

4. 天津中西学堂

1895年,津海关道盛宣怀(1844—1916)奏设天津中西学堂(后北洋大学堂、北洋大学)。天津中西学堂重视机械与法律,分为头等学堂和二等学堂,以美国人丁家立(Charles Daniel Tenny, 1857 – 1930)为总教习,是中国最早的大学。头等学堂内设"工程"、"电学"、"矿务"、"机器"和"律例"5科专门学科,并学习"大清律例、各国通商条约、万国公法"等,属4年制。"万国公法"一科入第4年课程。[4] 对于这样的课程设计,王健认为"律例"一门实际上就是后来法律系的雏形,与同文馆中设立"万国公法"一课完全不同。[5]

---

[1]《扎司局设局讲习洋务》(光绪十年四月一日),《张文襄公全集·公牍》,卷4,页23。
[2]《延访洋务人才启》(光绪十年四月一日),《张文襄公全集·公牍》,卷4,页24。
[3] 蔡振生著:《张之洞教育思想研究》,页49。
[4] 朱有瓛主编:《中国近代学制史料》,第1辑下册,页490—493;丁致聘:《中国近七十年来教育记事》(台北:"国立"编译馆,1961年),页5。
[5] 王健:《中国近代法律教育》,页154。

5. 上海中西书院

上述由官方开办的新式学堂,体现了清政府对于人才培养的国家意向。相较而言,传教士们主持开办的学堂则集中反映了西方传教士们的观感与立场。在国际法知识教育方面,民间与官方几乎是同步的,共同构成了晚清国际法教育的图景。1881 年,美国监理会(The Methodist Episcopal Church Mission)传教士林乐知在上海首先开办了中西书院(Anglo-Chinese College),书院规划了为期 8 年的课程,其中于第 7 年开有"万国公法"一科:

第一年:认字写字、浅解辞句、讲解浅书、习学琴韵、年年如此。

第二年:讲解各种浅书、练习文法、翻译字句、习学西语、年年如此。

第三年:数学启蒙、各国地图、翻译选编、查考文字。

第四年:代数学、讲求格致、翻译书信等。

第五年:考究天文、钩鼓法则、平三角、弧三角。

第六年:化学、重学、微分、绩分、讲解性理、翻译诸书。

第七年:航海测量、万国公法、全体功用、翻书作文。

第八年:富国策、天文测量、地学、金石类考、翻书作文。[1]

从课程的规划来看,中西书院的课程几乎和同文馆的一模一样。不过具体教学情形如何,我们所知不多。与此稍有关系的是,1890 年上海举行第 2 次中国新教传教士大会(General Conference of the Protestant Missionaries of China),而鉴于当时的教会学校各自为政,情况混乱,因此会议的重要议程之一即是讨论教育工作及教育计划,认为最需要的是统一译名、统一管理及统一考试等。[2] 其属下组织负责学校及教科书的益智书会(School and Textbook Series Committee,1877 年成立)推荐了丁韪良

---

〔1〕 李楚材:《帝国主义侵华教育史资料——教会教育》(北京:教育科学出版社,1987 年),页 103—104。

〔2〕 王树槐:《基督教教育会及其出版事业》,《"中央研究院"近代史研究所集刊》,2 期(1971 年 6 月),页 367。

第二章　晚清国际法教育

译的《万国公法》为教会学校的教科书。[1] 益智书会曾翻印《万国公法》,1890 年益智书会改称 Educational Association of China,在 1894 年前又印行了《公法会通》。[2] 不过,这次《公法会通》再版,是经丁韪良修订过的,准备作为所有教会学校高级课程的教科书之用。根据 1894 年中华教育会在其出版的《益智书会书目》的书籍介绍,丁韪良所译的《万国公法》及新修订过的《公法会通》被推荐为教会学校高级课程的教科书。[3] 可惜史料所限,我们无法知悉教会学校内教授国际法的具体情形,以及有哪些学生修习过国际法等。虽然傅兰雅于 1894 年编订的《中国教育指南》介绍了当时全中国各教会学校的课程和授课老师等情况,但对各校的说明详略不一,关于国际法教育的说明,只提到北京同文馆由丁韪良教授国际法这一处而已。[4]

以上我们讨论了几所官办新式学堂开办国际法课程的情况,虽然还不是全面通盘的综观,但已把国际法教育在变革图强的国家构建过程中得以开展的过程勾勒了出来。要注意的是,即使是其他没有开设正规国际法课程学校的学生,似乎对国际法也有所接触,而且能据此讨论时务以及中外交涉等问题。这里我们试举上海格致书院为例。由英国驻上海领事麦华陀(Walter Henry Medhurst, 1822 - 1885)倡议、上海华洋官商捐款创立的上海格致书院,是近代中国传播科学知识、培养科学人才的重要基

---

[1] *Records of the General Conference of the Protestant Missionaries of China, held at Shanghai, May 7—20, 1890* (Shanghai: American Presbyterian Mission Press, 1890), pp. 715 - 717. 基督教学校教科书委员会的推荐引人深思。此时《公法便览》早已译出,为什么连译者丁韪良都觉得《公法便览》更适合作为教科书,委员会却推荐《万国公法》呢? 其中考虑的因素是什么呢? 在此之前,1880 年 12 月 17 日举行了学校教科书委员会会议(当时由丁韪良任主席),并未推荐任何国际法论著作为教会学校的教科书(参 Alexander Williamson, "The School and Text Book Series: Minutes of Meeting," *The Chinese Recorder*, 12: 2 [March-April, 1881], pp. 91 - 95)。上述问题值得思考,因为这不但关乎教会学校对开设国际法课程的态度,而且涉及在华传教士对这几本国际法著作的评价。可惜目前受资料所限,无法作进一步的探究。

[2] 王树槐:《基督教教育会及其出版事业》,页 395—396。

[3] 参 Educational Association of China, *Descriptive Catalogue and Price List of the Books, Wall Charts, Maps, & c, Published Or Adopted by the Educational Association of China [formerly the School and Text-Book Series Committee]* (Shanghai: American Presbyterian Mission Press, 1894), p. 31。

[4] John Fryer, *The Educational Directory for China* (Shanghai: Educational Association of China, printed at the American Presbyterian Mission Press, 1895)。

地。自1886年始,格致书院每年都会举行春夏秋冬的季度课艺活动,并请江浙留心时务的官员或教习命题及鉴定(命题人与答卷的鉴定人为同一人),遇上春秋加开的特科(1889至1893),更由南北洋大臣命题。格致书院的课程虽以科学技术为主,但课艺活动则课以西学及时务,其题目类别,除科学外,对于经济、外交、人才等均包括在内,[1]而直接涉及"公法"的有以下一题(命题人为李鸿章):[2]

表2

年　代	题　目	优胜作品的作者
1889年春(乙丑)	问:各国立约通商,本为彼此人民来往营生起见。设今有一国,议欲禁止有约之国人民来往,其理与公法相背否?能详考博证以明之欤?	蒋同寅(超等第一名,江苏太仓宝山县附生)、王佐才(超等第二名,浙江定海县附生)、朱澄叙(超等第三名,江苏省松江上海县附生)、钟天纬(超等第四名,五品衔广东候补县丞)

值得注意的是:蒋同寅等人的答案其后多次被收入经世文编及科举新学选本内,成为从事举业的普通读书人获得国际法知识的主要来源之一,起了知识转型的桥梁作用。[3]

---

[1] 关于格致书院课艺的题目,近年学者做了比较清楚的整理。最先是王尔敏整理了1886年至1893年的77道题目,其后熊月之又整理了1886年至1894年的92道题目,两者分别列表注明鉴定人、题目以及优胜者,并统计了命题人的命题次数、题数,以及部分获奖者的名录及获奖次数,便于检阅。其后尚智丛在王尔敏和熊月之的基础上,统计了各类题目的题数以及格致类课艺获奖者的名单。不过,要注意的是,三人对题目的分类有异,王尔敏分为10类:格致(格致总说、天文算学、气象、物理、化学、医学、测量、地学)、语文、教育、人才、富强治术(富强说总[富强总说]、工业、轮船铁路、商贸权利、邮政、海军)、农产水利、社会救济、国际现势、边务、其他(议院、刑律、捐输、教务)。熊月之分为7类:人才、时务、科学、经济、史论、历史、其他。尚智丛大体依据王尔敏的分类而稍作变更,其7类是:格致(细目与王尔敏同,用语稍异)、语文、教育与人才、富强治术(富强概说、工业、轮船铁路、商贸权利、邮政、农产水利、社会福利)、军事防务(边防、海军)、政治(国际形势、议院)、其他(刑律、捐输、教务)。这种分类的差异,实际上反映了学者对近代知识分类的诠释分歧。参王尔敏:《上海格致书院》(香港:中文大学出版社,1980年),页54—73;熊月之:《西学东渐与晚清社会》,页373—391;尚智丛:《1886—1894年间近代科学在晚清知识分子中的影响——上海格致书院格致类课艺分析》,《清史研究》,2001年3期(2001年8月),页78—81。

[2] 《格致书院课艺》(光绪己丑弢园选印)。

[3] 参孙青:《引渡新知的特殊津梁——清末射策新学选本初探》。

第二章　晚清国际法教育

最后，要附带补充的是，1887年，"公法条约"成为科举特殊选拔考试的重要内容之一。首先是1887年4月，江南道监察御史陈琇莹向朝廷提议赐予学习算学人员以参与科甲的机会，好让学习算学的人才有一条特殊的进身之途。[1] 5月18日，总理衙门参照了陈琇莹的建议，议定以下办法：各省学政在府院考试（岁、科考）的时候，于附加场经古场中添设算学题目。那些选考算学题目的生监即使正场部分考得不太好，只要算学成绩好，各地学政便可以将其试卷交总理衙门审勘注册，再由总理衙门召集考生到北京，试以格物、测算、机器制造、水陆军法、船炮、水雷、公法条约、各国史事诸题。通过考试的算学考生，便可作为算学生员，获准参加乡试。因为经这条特殊途径选拔上来的人数不会多，因此总理衙门便将他们统一归并考场设在北京的顺天乡试。由此看来，名为优拔算学人才，实际上更要求考生兼善其他洋务题目如"公法条约"者。能参加乡试的算学考生，如人数多于20人，便于卷面加印"算学"字样，与其他各省士子同试诗、文、策问，不必另出算学考题，其试卷则作特别处理，另行批改。其"文理清通"者即为及格，授予举人衔，准以应考会试。每20名可取录1名，但以3名为限。[2] 不过，以上措施，只能说是特科取士，即清政府尝试为学习西学的人才开通一条仕进之路而已，其象征意义大于实际效研究指出，太平天国以后三年一考的乡试每次中举者约有1 500人之多，[3] 算学举人只取额3名实在是微不足道。另一方面，以算学应考者多为新学堂出身者（即天津水师、武备学堂教习及学生、广东方言馆肄业

---

〔1〕《光绪十三年三月二十五日江南道监察御史陈琇莹奏》，中国史学会主编：《中国近代史资料丛刊：洋务运动》，第2册，页207—208。

〔2〕朱寿朋撰：《光绪朝东华录》（北京：中华书局1958年），第2册，页2260；《光绪十三年四月二十八日醇亲王奕譞等奏》，中国史学会主编：《中国近代史资料丛刊：洋务运动》，第2册，页209—211。田涛错误理解为"公法条约加入乡试内容"，所引出处又误植为《中国近代史资料丛刊：洋务运动》，第2册，页221。见氏著：《丁韪良与〈万国公法〉》，页112。另一方面，丁韪良很早便强调将科学的内容注入科举考试的重要性，曾反复向清政府内阁大臣争取其事，并建议大学士沈桂芬在各省设置教授科学的学堂。参 W. A. P. Martin, *A Cycle of Cathay*, p. 318.

〔3〕据张仲礼的研究，太平天国前约有1 400人中举，太平天国后约有1 500人中举。此外，1885年乡试的中举者有1 521名，1891年则有1 529名。参氏著，李荣昌译：《中国绅士》（上海：上海社会科学出版社，1991年），页123—124。

生以及同文馆学生),而且人数不多。1888年戊子乡试,总理衙门送上各省生监和同文馆学生共32名算学考生参加顺天乡试,其后按20取1的比例,结果只有1人能中举。翌年己丑恩科乡试,以算学应考者仅15人,虽是"于算法均尚明通",但限于20取1的比例,便"不敷取中"。有鉴于此,总理衙门奏请今后(包括1889年的15人)如算学考生人数不足20,便将各生分归满、合、贝、恤等学号,仍与正途士子一体应试。[1]如此一来,以特科取士广纳算学人才的实际作用有多大,便不能不令人怀疑了。要而言之,在上述政策缺陷以及现实环境的限制下,这时期接受新式教育训练的人才还无法显著地通过"正途出身"而渗入到上层官僚里去。[2]

要而言之,由于甲午战争前的近代教育主要以外国语教育、军事技术为重心,因此虽然在京师同文馆、上海、广州的方言馆以及少数地方新式学堂设有国际法课程,然从现在能掌握的情形来看,国际法教育虽未至于聊备一格,徒具空名,但由于修读的人数太少,课程的教授也差强人意,因此未能成为研习国际法学的丰沃土壤。除了部分涉外官员及知识分子外,"万国公法"根本没有引起国民的普遍关注。这与日本早于1870年就已在大学规则、中小学规则以及大学南校规则中把西方的国际法定为授课科目差异甚大。研究还指出,1872年公布的日本京都府学制,在《小学课程表》中甚至指定了《万国公法》作为句读科的教科书。[3]

另一方面,清政府以至朝野有识之士,只是把国际法当作一种交涉工具,着重于对外交涉层面的引用,而非对国际法进行学理的探求。因此,学校课程上首重"交涉",强调把握各国通商条约、各国律例以解决现实中西交涉的问题。因此课程中所谓"律例",一方面指相关的国际规范,

---

[1]《光绪十五年七月二十九日醇亲王奕䜣等奏》,中国史学会主编:《中国近代史资料丛刊:洋务运动》,第2册,页211—212。
[2] Knight Biggerstaff, *The Earliest Modern Government Schools in China*, pp. 28–29.
[3] 山室信一:《思想課題としてのアジア》,页224。

一方面又指各国的法律。在这段时期，中国人对于西方的法学以至政治知识，很多时候是在"公法"的名目之下获得的。

至于作为国际法最重要的教育基地同文馆，它虽然培养了不少外交人才，但就系统地传播一门新知识而言，其成效不能不说是相当有限。这里，我们姑且引用唐才常和梁启超对此段时期教育的评语作结。唐才常谓：

> 呜呼！同文馆之立，三十年于兹矣，能精治律例之学者，盖难其人，谓非士大夫之责哉！[1]

梁启超云：

> 今之同文馆、广方言馆、水师学堂、武备学堂、自强学堂、实学馆之类。其不能得异才何也？言艺之事多，言政与教之事少。其所谓艺者，又不过语言文字之浅、兵学之末。不务其大，不揣其本。即尽其道，所成已无几矣。[2]

三、戊戌维新的国际法教育

甲午一败，中国人的主权意识高涨，新成立的学堂纷纷开始讲授国际法。一方面，这是传统书院现代转型过程中的一环；另一方面，这又与日后国际法教育发展的命运紧密相连。有识之士反省传统的价值观念、精神道德和思想构造，期待构建进步的"文明"国家。他们摆脱了传统的华夷观念，怀疑传统统治伦理的有效性，进而追求国家主权，寻求处理亘古未有之"国际关系"的良方妙策。其改造策略之一即为教育改革。

1. 国际法教育与变法

首先是国际法课程的导入以及教授内容出现变化。早在1895年春，何启（1859—1914）和胡礼垣（1847—1916）便在其倡议实行新政的《新政论议》中指出，要实行科举改革，便应加入"万国公法"及"律学大同"

---

[1] 唐才常：《公法通义自叙》，湖南省哲学社会科学研究所编：《唐才常集》，页95；陈善伟：《唐才常年谱》，上册，页297。
[2] 梁启超：《变法通义·学校总论》（光绪二十二年），《饮冰室合集》，册1，《文集》1，页19。

两科:

> 是宜下令国中宽其考法,不以额限。凡欲专攻帖括者,听其如前考试,而加以万国公法及律学大同二者,一体出题答问。[1]

这是科举改革的重要一环。何启和胡礼垣这种见解实源于要知己知彼,他们认为要理解西方人如何治理国家,舍"公法"及刑法便无以为之,把国家富强与"公法"、律例连在一起。[2] 此外,陈炽(1855—1900)在1896年刊行的《庸书》中,撰有《公法》一文,提出"宜将公法一学,设立专门,援古证今,折衷至当",将有利于中国对外交涉,修改约章。[3]

1897年,梁启超更将公法教育的地位大大提升:

> 窃惟西国学校,种类非一,条理极繁,而惟政治学院一门,于中国为最可行,而于今日为最有用。其为学也,以公理人与人之相处所用谓之公理、公法国与国相交所用谓之公法,实亦公理也为经,以希腊罗马古史为纬,以近政近事为用。其学焉而成者,则于治天下之道及古人治天下之法,与夫治今日之天下所当有事,靡不融贯于胸中。……故为今之计,莫若用政治学院之意以提倡天下,因两湖之旧而示以所重。以六经诸子为经经学必以子学相辅然后知六经之用,诸子亦皆欲以所学治天下者也,而以西人公理公法之书辅之,以求古人治天下之道;以历朝掌故为纬,而以希腊罗马古史辅之,以求治天下之法;以按切当今时势为用,而以各国近政近事辅之,以求治今日之天下所当有事。[4]

梁启超试图把"公法学"纳入传统的"经学"框架之下。根据罗检秋的看法,"诸子学"的复兴是中国近代思想变化的重要内部成因之一,其

---

[1] 何启、胡礼垣:《新政论议》,卷4,页11;《胡翼南先生全集》(《近代中国史料丛刊续辑》;台北县永和镇:文海出版社,1976年),第II册,页346。

[2] 何启、胡礼垣:《新政论议》,卷4,页19—22;《胡翼南先生全集》,第II册,页363—369。

[3] 陈炽:《公法》,赵树贵、曾丽雅编:《陈炽集》(北京:中华书局,1997年),《庸书》,《外篇》,卷下,页112。

[4] 《上南皮张尚书》(光绪二十二年),《饮冰室合集》,册1,《文集》1,页105—106。

第二章　晚清国际法教育

中的"西学源于诸子说"更在客观上对接引西学起到了一定的作用。[1]这种分析同样适用于"公法学"——尽管它是被纳入"经学"里,并使西方国际法在传统学术体系中得到了适当的位置,从而能对其进行更深入的探究。所谓"春秋公法学"正是在这样的接引下产生的。而梁启超将"公法"教育视为变法(教育改革和政治改革等)的基础,大有把"公法学"普适化的势头。至于唐才常则强调了"公法律例"教育之重要性:

> 今夫不谙公法律例之学,其大病二:一则如前异视远人之弊;一则动辄为西人恫喝,凡章程条约,事事予以便宜。[2]

当然,在现实政治中,列强无视国际法的情形比比皆是。在弱肉强食的世界里,"公法"并不可信。但即便如此,"公法"仍具有订万国之公权,大有成春秋乱贼惧之意。唐才常因而主张开法律科、设中西条例馆,以解决对外国人的审判问题,并仿日本之例,收回司法自主之权。[3]

2. 中体西用与京师大学堂

首先,让我们看看中国近代大学的前身京师大学堂的情况。京师大学堂成立于1898年,用以取代同文馆。[4]它办学的基本方针就是所谓"中体西用":

> 中国五千年来,圣神相继,政教昌明,决不能如日本之舍己艺人,甚弃其学而学西法。今中国京师创立大学堂,自应以中学为主,西学为辅;中学为体,西学为用。中学有未备者,以西学补之;中学有失传者,以西学还之。以中学包罗西学,不能以西学凌驾中学,此是立学宗旨。[5]

---

[1] 罗检秋:《近代诸子学与文化思潮》(北京:中国社会科学出版社,1998年)。
[2] 唐才常:《交涉甄微》,湖南省哲学社会科学研究所编:《唐才常集》,页44。
[3] 唐才常:《交涉甄微》,湖南省哲学社会科学研究所编:《唐才常集》,页44—45。
[4] 关于京师大学堂,可参庄吉发:《京师大学堂》(台北:台湾大学文学院,1970年)。
[5] 《管理官书局大臣孙家鼐议复开办京师大学堂折》,麦仲华辑:《皇朝经世文新编》(《近代中国史料丛刊》;台北县永和镇:文海出版社,1972年),卷5上,《学校》,页6。又见《孙家鼐复开办京师大学堂折》(光绪二十二年七月),汤志钧、陈祖恩编:《中国近代教育资料汇编:戊戌时期教育》(上海:上海教育出版社,1993年),页122。

在此办学原则下成立的京师大学堂,课程分为普通科和专门科。普通科包括经学、理学、中外掌故(故实)学、诸子学、初级算学、初级格致学、初级政治学、初级地理学、文学、体操学和语言文字(英、法、俄、德、日);专门科则有高等算学、高等格致、高等政治学、高等地理学、农学、矿学、工程(土木建筑)学、商学、兵学和卫生学等。与广方言馆把"公法"视为下班科目不同,这里的"公法"教育已属于高等政治学的科目了。

近代中国第一间大学京师大学堂的总教习不是别人,正是第一个系统、完整地翻译西方国际法、在中国从事国际法教育的丁韪良。可惜,京师大学堂其后因义和团运动而被迫临时关闭。1902年,京师大学堂增设了预备科(政科、艺科)和速成科(仕学馆、师范馆),为培养新的法政人才做了准备。1910年的教育改革,又将各专门科门加以改编,分为经济、法政、文学、格致、农学、工学和商学七个科目。

3."公法"与书院教育

如果说近代学堂的创设昭示着新时代的来临,那么书院的改革则代表了传统教育向现代的转化。当人们意识到国际法知识的重要性时,国际法教育开始得到重视。作为这个时期教育改革的重要一环,一些传统的书院开始逐步改革为近代学堂。改革的内容主要是以革新教授课程为中心,在传统中学之外加插若干西学,其中最引人关注的,就是增设"外交"课目。例如1892年,江西巡抚李兴锐(1827—1904)便曾提议将传统的味经和崇实两书院合并,另外成立宏道大学堂,开讲"内政"、"外交"、"算学"和"方言"四科,认为目前"内政外交,当今之急务;方言算学,西学之权舆"。[1]

1895年,味经书院(1885年创设)增设了时务斋。据《时务斋章程》,

---

[1] (陕西学政)沈卫:《归并书院开办学堂情形疏》,王树敏、王延熙辑:《皇朝道咸同光奏议》(《近代中国史料丛刊》)台北县永和镇:文海出版社,1969年),卷7,页23;又见朱有瓛编:《中国近代学制史料》,第1辑下册,页458—459。不过,这里的所谓"外交",仍不是近代意义的"外交",只是对外交涉而已。

第二章 晚清国际法教育

其中"严立课程",分道学、史学、经济、训诂四类,分别兼涉外洋教门、风土人情、外洋各国史、外洋语言文字之学以及历学。其中经济类"须兼涉外洋政治、《万国公法》等书,以与中国现行政治相印证"。此外,又开办专门课程,如地舆、兵事、电气、光镜、化学、医学、矿学、气学、算学和重学等。[1]

事实上,整顿传统书院以培养国家人才,已成为当时改革的重要理念。1896年,翰林院侍讲学士秦绶章上奏要求整顿各省书院,主张"定课程、重师道、核经费"。提出在财源紧绌(《马关条约》对日赔款对清政府是一个沉重的负担)下重整书院架构,编订新课程。他建议扩充书院课程内容,包括:1.经学(附经说、讲义、训诂);2.史学(附时务);3.掌故之学(附洋务、条约、税则);4.舆地之学(附测量、图绘);5.算学(附格致、制造);6.译学(附各国语言文字)。[2] 此建议其后得到清政府批准。此外,张之洞于1897年创设湖北经心书院时,一方面强调传统经史的学习;另一方面,又注重西学教育,开讲"中国政事"、"外国政事"、"交涉"和"格致"四科。[3] 及至新政期间,全国书院的改革仍在继续。

整体而言,这些书院改革,特别是课程的扩充,除保留了传统经史之学外,所新增的课程基本上沿袭同文馆的旧路,偏重于技艺;至于国际法的教学,仍停留在"交涉公法"的阶段,对国际社会秩序的把握和中国的国际地位等较深入的问题,涉猎不深。

4. 时务学堂

相对于在体制内增补新养分的书院改革而言,这段时期内新式学堂的创设更引人关注。在众多新式学堂中,最著名、影响最大的要算1897—1898

---

[1]《光绪二十一年味经书院创设时务斋章程》,朱有瓛编:《中国近代学制史料》,第1辑下册,页373—377。关于近代的书院改革,可参丁纲、刘琪著:《书院与中国文化》(上海:上海教育出版社,1992年),第五章《中西文化交织下的书院改革》,页131—184。
[2] 麦仲华辑:《皇朝经世文新编》,卷5《学校上》,页20—21;《礼部议复整顿各省书院折》(光绪二十二年九月),朱有瓛编:《中国近代学制史料》,第1辑下册,页157—158。
[3]《两湖经心两书院改照学堂办法片》(光绪二十四年闰三月十五日),《张文襄公文集·奏议》,卷47,页21—22。

年由谭嗣同和梁启超等人及一群湖南乡绅创设的湖南长沙时务学堂。时务学堂作为维新人才的培养基地和思想的摇篮，其课程安排自有深意。[1]学堂课程分"溥(普)通学"和"专门学"。"普通学"为学生通学，凡初入学堂者，头6个月学"溥通学"，分为"经学"、"诸子学"、"公理学"、"中外史志及格算诸学之粗浅者"四门。[2]对于各方面的知识划分还是相当含糊的。6个月以后，兼学"专门学"，可分为"公法学"、"掌故学"[3]和"格算学"3门，每人各选一门专习。"公法学"分为"内公法"和"外公法"。"外公法"指"交涉公法、约章之类"。"内公法"指"宪法、民律、刑律之类"。这种"内外公法"的分类，根据的可能是《万国公法》卷1第1章第10节《海氏大旨》关于德国国际法学者赫夫特（丁韪良译作海付达，August Wilhelm Heffter, 1796－1880）对"jus gentium"的界说。[4]关于"内外公法"的讨论，我们可参照一下时务学堂题为"公法律例相为表里"课艺答问。时务学堂学生，年仅15岁的郑宝坤以"爱力"为宇宙不变的普遍价值，认为"文明大同之域，殆爱力为之起点也"。"爱力"体现在人类上便是法律。法律可分为"内公法"（即律例）和"外公法"。"内公法"规范君臣上下、人与人之间的关系，重点在于保自主之权；"外公法"规范交涉，与各国之关系者，重点在于保均势之要义。律例不完备，便无以言"外公法"。"内公法"是"本惠"，"外公法"是"制末"。中国人不明律例的后果是：

> 爱力失，本质离，何主权之行于内？无怪乎西人之置我于公法之外，曰半教之国，三等之国也。

---

〔1〕 以下关于时务学堂的课程及读书书目，参《时务学堂功课详细章程》，《湘报》，102号（1898年7月4日），页405—408[下册，总页940—946]；汤志钧、陈祖恩编：《中国近代教育资料汇编：戊戌时期教育》，页237—246。

〔2〕 所谓"公理学"，是"原本圣经，参合算理公法格物诸学而成，中国尚未有此学"。

〔3〕 "掌故"一门，观其所读诸书，除《周礼》外，均是中国历代职官志、中国律例及各国律例之类，以今天的学科分类而言，可入政法学。

〔4〕 赫夫特强调罗马法"jus gentium"的普遍性和规范性，认为它不但规范国家间关系，同时规范国内人民事宜。前者可称为"外公法"，后者称为"内公法"。"无论何人何国，皆可恃以保护"，因为人与人之相处，国与国之交际，"必有法制维持其间"。参《万国公法》卷1第1章第10节《海氏大旨》，页9—10。又张建华对《万国公法》所载赫夫特的观点有扼要的说明，参张用心著：《〈万国公法〉的几个问题》，页83—84。

第二章 晚清国际法教育

因此郑提出:

> 欲救中国,必入公法;欲入公法,必伸主权;欲伸主权,必先变律例始。[1]

强调变通律例以伸主权,在国际法秩序下加入国际社会;变通律例是国家改革之始。[2]

在梁启超编订的《第一年读书分月课程表》中,第7个月开始学习专门学,列出"公法门"所读"专精之书",并有小字注释。现列表如下:

表3

月	"公法门"所读之书
第7个月	《公法会通》最便学者、《万国公法》、《公法总论》
第8个月	《佐治刍言》此书为内公法、[3]《公法便览》凡治公法学者皆当随时取与《春秋》相印证
第9个月	《各国交涉公法论》、《左氏春秋》、《国语》、《战国策》此等案例有可以略为引证者
第10个月	《各国交涉公法论》、《希腊志略》、《罗马志略》
第11个月	《各国通商条约》、《通商约章类纂》、《欧洲史略》
第12个月	《通商约章及成案》、《法国律例》、《英律全书》

而在前6个月的溥通学中列出读《春秋公羊传》(第1个月及第3个月)时,又先后注明"先阅学校报中《读春秋界说》,其余按学校报中春秋公法求之",并指出月余可读毕《春秋公羊传》,如与《春秋繁露》、《榖梁传》、《白虎通义》、公法诸书等并读,"三月之功无不全通矣"。

由此看来,无论是溥通学还是专门学的"公法门",就学习方案而言

---

〔1〕 郑宝坤:《公法律例相为表里说》,《湘报》,113号(1898年7月16日),页484 [下册,总页1069]。

〔2〕 关于郑宝坤以爱力说及变律例达致大同的观点,鲁纳有简明的分析,参 Rune Svarverud, *International Law as World Order in Late Imperial China*, pp. 227-228.

〔3〕 在"涉猎之书"的书目中,《佐治刍言》再次列出,并注明为"此为宪法学之书,然学者宜人人共读,可先于此时读之"。

实际上都是西方"公法"著作与中国的经典史籍兼读的。作为"万世公法"、"万国公法",专言内外公法的《春秋》和中国"公法"事例的《左传》自然是必读之书,[1]而其他叙述春秋战国时期国家间和战关系的《国语》和《战国策》,也同样与欧洲史并读。

这样的学习安排,使学生既可比较中西国际秩序和列国交涉法的异同,又可以检视中国自身,为重新建构国家、自我定位、定性和定义提供历史的根据和法理的知识基础。至于英法律例和通商约章之类的学习,毋庸赘言,对学生理解中外交涉的现状以及各国法律的面貌大有帮助。进一步讲,这可以促进学生反思中国的法制问题,探索中国司法改革的方向。

当然,我们知道,这种以中国经典附会西学或以西学书牵引中国经典而求致用的做法,是晚清知识分子经常运用的。这种中西附会的读书方法及诠释学问的做法,一方面确立了文化本位的自尊,一方面又为旧学灌注新学、加入了新元素,为思想改造和国家建构扫除了保守主义的障碍。

时务学堂要求学生做读书札记,又用月考和季考来检查学生的学习进度。从《湘报》刊登的大量学生课艺答问及梁启超等教习的批答来看,时务学堂对"公法"的关注更多是政治上比附春秋改革,而非学理上的探索或对交涉个案的分析。这点我们将在第3章再作讨论。

5. 科举改革

同文馆失败的主要原因在于:在传统的社会流动模式下,西学并不受重视,不能为习西学者提供提升社会身份的"登进之途",因此学生进入新式学堂受到从事举业之"正途"士子的歧视,以致同文馆无法吸纳足够的生源及优秀的学生。要打破这种困局,最有效的方法自然是把西学纳入科举内容,使之成为提升个人在所属族群社会地位的条件之一。梁启超曾举出科举改革的上中下三策。上策"合科举于学校",于全国各地

---

[1] 在其所略举6个月时务学堂学生"涉猎之书"中,再次提到读《春秋》,应与"公法诸书"同读。这是因为《春秋》一书,皆言内公法、外公法;故读《春秋》时必须略窥公法之书乃易通也"。参《时务学堂功课详细章程》,《湘报》,102号(1898年7月4日),页408[上册,总页945]。

设立学校,聚天下人才,教而后用;中策"多设诸科,与帖括一科并行",例如增加明经科、明算科、明字科(能通中外文字)、绝域科(能通各国公法、条约章程)、通礼科、技艺科、学究科(教育方法)、明医科、兵法科等,分别选取理论、数学、中外语言文字、中外刑律、各国"公法"条约、礼仪、制造技术、师范、医学、军事等各方面的人才。下策"一仍今日取士之法,而略变其取士之具",于传统四书五经之外,再考中外政治得失,时务要事、算法、格致等艺学。[1] 这种意见,的确为其后新政期的法政教育之大盛吹起了号角。1898 年 1 月,新开"经济特科",以"六事为一科",考核"内政"、"外交"、"理财"、"经武"、"格物"、"考工"。所谓"外交",是"考求各国政治、条约公法、律例章程"等。[2] 光绪二十四年(1898)六月,礼部进一步提出了改革乡试的方案,旧制乡试须进行三场考核,第 2 场现改为"策道五题",由考官命题,考核"西学中天文、地理、学校、财赋、兵制、商务、公法、刑律,以及格致、制造、声光、化电"等知识。[3] 正如我们在第一章所讨论到的那样,随着取士标准的转型,科举废八股改重策论,一时间收录西学的策学选本刊行翻刻,铺天盖地而来,其中尤以上海的出版物最多。士子学习这类剪辑摘录而来的新学选本,虽然对国际法难以有全面通盘的认识,并且戊戌维新不足 100 日便以失败告终,但其后中国人对国际法知识的关心并未冷却下来。相反,随着新政的展开以及科举改革,传统士子的心思自然放在新学上,加上政法学堂的成立以及留日学生的介绍及著译活动,踏入 20 世纪,国际法教育在中国法政教育的发展下得到进一步的发展,成为中国人共有的知识范畴。

四、法政学堂的时代

自义和团运动后,清政府痛定思痛,实行新政改革,培养人才。其中

---

[1] 梁启超:《变法通议·论科举》(光绪二十二年),《饮冰室合集》,册 1,《文集》1,页 27—29。
[2] 《光绪二十四年正月初六日总理衙门遵议开设经济特科折》,朱有瓛主编:《中国近代学制史料》,第 1 辑下册,页 65。
[3] 《光绪二十四年六月礼部遵乡试详细章程疏》,朱有瓛主编:《中国近代学制史料》,第 1 辑下册,页 97。

最重要、最彻底的要数教育改革。新政改革的总蓝图是著名的"江楚会奏三折",第一折内容即为改革教育,培养人才。[1]这主要集中在两方面:新学堂的设立和留学生的派遣。当然,人才的培育自然也包括对中央及各省原来官僚进行的再教育。在1901年张之洞的变法奏疏中,便提出了在中央设仕学院、在各省设教吏馆(即课吏馆),以讲求"中外舆图、公法条约、学制、武备、天算、地理、农工商矿"等学习方案。[2]而在众多学科中,最重要者即为法政教育和师范教育。如果说19世纪后半期是将法律、政治纳入国际法学的话,这个时期则是将国际法学放回法律的体系内。当然,这时已不再单纯讲求国际法,而是为了配合政治改革,故国际法教育的重点转为宪法及一般国内法(尤其是刑法)了。

1902年,清政府颁布《钦定学堂章程》(壬寅学制),[3]翌年颁布《奏定学堂章程》(癸卯学制),[4]正式实行教育改革,创设各种新式学堂,并派遣留学生,招聘日本教习。在此前的1901年12月,清政府宣布废除科举,沿袭维新时的方法,诏令翌年乡试第二场改试"各国政治艺学策"。"各国政治",以"学校、财赋、兵制、商务、公法、刑律、天文、地理为大纲"。[5]一时之间,以"各国政治艺学"为名的策学选本便如雨后春笋,大量刊行翻印,强而有力地使法政新学成为传统士人转型的知识根本。[6]1902年,京师大学堂增设了预备科(政科、艺科)及速成科(仕学馆、师范馆),为培养新的法政人才做好了准备。其后,在1904年的《奏定大学堂章程》中,又提出了在京师大学堂内设分科大学堂,分为经济科

---

[1] 《变通政治人才为先遵旨筹议折》(光绪二十七年五月二十七日),《张文襄公全集·奏议》,卷52,页9—29。
[2] 《遵旨筹议变法谨拟整顿中法十二条折》(光绪二十七年六月四日),《张文襄公全集·奏议》,卷53,页6。
[3] 张百熙(1847—1907)撰:《钦定学堂章程》(《近代中国史料丛刊三编》;台北县永和镇:文海出版社,1986年)。
[4] 张之洞纂:《奏定学堂章程》(《近代中国史料丛刊》;台北县永和镇:文海出版社,1972年)。
[5] 《光绪二十七年十一月初一日礼部政务处会奏变通科举事宜折(附章程)》,朱有瓛主编:《中国近代学制史料》,第1辑下册,页130—131。
[6] 孙青对此有极富启发性的论述,参孙青:《引渡新知的特殊津梁——清末射策新学选本初探》。

第二章　晚清国际法教育

大学、政法科大学、文学科大学、医学科大学、格致科大学、农学科大学、工学科大学、商学科大学。政法科大学内又设政治及法律二门,政治门科目中有"交涉法"(国际法)。[1]

与此同时,清政府于1905年正式停止科举的乡试会试,为传统儒学取士制度画上了句号。1906年以降,清政府又宣布准备实行宪政,为实行立宪及地方自治作准备,就不得不培养法政人才。但由于清政府成立的京师大学堂法政专科还未完备,预备科又是甫设,加上没有生源,以致无法正式成立。另一方面,众多候补官僚亦亟须接受新学,以应付新时代的需求。于是清政府将京师大学堂之仕学馆改为京师法政学堂,将各省仕学馆、课吏馆改为法政学堂,兴办法政教育。如此一来,法政学堂便如雨后春笋,纷纷成立。法政学堂实际上成了近代法学(包括国际法学)、政治学的教育中心,在中国的政治、法律现代化中起了中枢作用。[2]

从1904年直隶臬署法政学堂成立开始,全国各省陆续设立法政学堂：1905年有直隶法政学堂(后改为北洋法政学堂)和广东法政学堂;1906年有湖南法政速成学堂、山东法政学堂、浙江法政学堂、贵州法政学堂、奉天法政学堂、江西法政学堂、四川法政学堂、江宁法政学堂和安徽法政学堂;1907年有山西法政学堂、福建法政学堂、陕西法政学堂和新疆法政学堂;1908年有广西法政学堂、湖北法政学堂、河南法政学堂、两江法政学堂、吉林法政学堂和热河速成法政学堂;1909年有贵胄法政学堂和甘肃法政学堂。[3]

法政学堂本是3年制的专门学校,分正科、别科、速成科等。正科收新式学堂毕业生,别科收候选、候补人员、举贡、乡绅等。相对于其他

---

[1] 张百熙:《奏定大学堂章程(附通儒院章程)》(光绪二十九年十一月二十六日),璩鑫圭、唐良炎编:《中国近代教育资料汇编:学制演变》,页339—393。
[2] 为了配合修律的需要,清政府于1905年又成立了京师法律学堂,并于1906年正式开办。
[3] 详参《清末市京师及各省奏设法政学堂一览表》。该表列有各学堂的奏办及开办时期、前身、班级、学生、课程,以至资料来源,检索方便。见汤能松等编:《探索的轨迹:中国法学教育发展史略》,页129—134。

新式学堂学生的年龄上限是 30 岁,法政学堂却是 40—45 岁。[1] 这是因为旧有的官僚需要再培训,以符合国家取士新时代的需求。与此同时,科举的废止,使原来饱读圣贤书的士子骤失所依,进入法政学堂便无形中成为取代科举,踏足政界的新途径。这决定了近代士绅教育的转型。通晓法政,是个人在族群中提升其社会地位及从政的必要条件。事实上,清末以至民国时期的行政官僚、地方检察官、裁判官等,多出于法政学堂。民国时期法政教育的泛滥,固然是国家新建之际,亟需法政人才所致,但另一方面,也是因为法政教育已成为跻身政治、提升个人价值的进升阶梯。在建构新政治社会,进行立宪、地方自治、官制及法制改革的大潮下,传统政治秩序和价值取向不得不陷入分崩离析的局面,作为取士基础的传统儒家知识体系被扬弃,取而代之的是新法政专门知识。因此,我们不能不承认,新时代官僚的诞生是法政教育改革的结果。

在这种情况下,法政学堂的学生人数与日俱增,1907 年是 25 所学堂、5 480 人,占全体高等及专门学堂学生的 43.35%,[2]到 1909 年,全国 128 所学堂中,法政学堂已增加至 47 所,学生为 12 882 人,占全体高等及专门学堂学生的 59.4%,超过了一半。[3]由此可见,法政教育在整个新政期的学堂教育中起了中枢作用。

1. 课程

课程方面,初期的法政学堂都是各自为政,没有统一章程。及 1908 年,学部为纠正全国法政学堂各自为政的纷乱局面,奏请通令各省一律遵照奏定京师法政学堂章程办理。[4] 各省法政学堂其后大致根据京师法政学

---

[1] Roger R. Thompson, "The Political Impact of Students Returned from Law and Administration Courses in Japan," *Republican China*, 16:1 (1990), p.2.
[2] 学部总务司编:《第一次教育统计图表》(《近代中国史料丛刊三编》;台北县永和镇:文海出版社,1985 年),页 29—30。
[3] 多贺秋五郎(Taga Akigorō, 1912—1990):《近代中国教育史料:清代编》(東京:日本学術振興会,1974 年),页 105。
[4] 《学部奏北洋法政专门学堂拟令遵照奏定章程办理等折》,《政治官报》(台北:故宫博物院,1980 年),《奏折类》,251 号(1908 年 7 月 9 日),页 3—5 [9 册,页 189—191]。

第二章 晚清国际法教育

堂及直隶法政学堂之章程,按各省的财源、学生来源等实际情况而加以调整。

在重视国际法教育的潮流下,在与法政教育同为新式教育两大主流之一的师范教育[1]中,亦有教授"国际公法"的情形。例如直隶师范学堂的第三斋(两年毕业)和第四斋(三年毕业)课程中,在第一、二年便设有"公法学"一科,用于教授国际法。[2]

除了法政学堂、法律学堂外,其他如警察学堂(1906年成立)、财政学堂(1909年成立)、税务学堂(1909年成立)、陆军学堂(1905年成立)等专门学堂都设有国际公法一科。[3]究其原因,军事学堂之教授国际公法,是为了配合中国加入万国保和会,签订《和解公断条约》、《红十字会约行于海上条约》、限制战争手段之声明以及为将来加入陆战、海战等公约作好准备。[4]其他学堂之教授国际法则是为了处理对外交涉(中外人民的民事和刑事纷争)时知有所本,避免冲突。特别是当时收回利权(铁路权、矿权)之呼声高唱入云,抵制外国货运动时有发生,如不小心处理,

---

[1] 通过提高国民的教育水平以改善国民素质(用梁启超的说话即所谓"新民"),迎战这弱肉强食的新世界秩序是新政的主要目标之一。因此,师范教育自然得到高度重视。

[2] 详参阿部洋(Abe Hiroshi):《清末直隸省の教育改革と渡辺龍聖》,载磯辺武雄编:《多賀秋五郎博士古稀記念論文集——アジアの教育と社会》(東京:不昧堂,1983年),页335—352。不过,并非所有师范学堂都规定设有国际公法一科,例如山东师范学堂便未见设立。参《奏派调查山东学务委员报告书》(光绪三十三年五月派查),《学部官报》(台北:故宫博物院,1980年),54期(1908年5月20日),《京外学务报告》,页750—751[2册,页428]。而且,这些法政学堂以外的国际法教育成绩似乎欠理想,1909年8月16日学部所奏的《奏京师大学堂豫备师范两科学生毕业照章请奖折并单》,考列中等95名,其中曹数宗毕业平均数80分6厘3毫,因法文和国际公法二门主课不及60分降中等;梁鸿志毕业平均分数78分7厘2毫,因法学通论和国际公法二门主课不及60分降中等;刘镇中、张宗元、高理、赵策安、林典、徐咸泰、娄瓛、冯士光、王超、王斌、毓沧、郑彤雯、何璿先,计15名国际公法不及格。参《学部官报》,96期(1909年9月16日),《本部章奏》,页1—11[3册,页521—526]。

[3] 《民政部奏议各省巡警学堂章程折并单》,商务印书馆编译所编辑:《大清光绪新法令》(上海:商务印书馆,1909年),9册5类,《民政·巡警》,页2—16;《度支部会奏设立财政学堂酌拟章程折并单》,《政治官报》,《奏折类》,497号(1909年3月19日),页7—12[17册,页465—470];《税务大臣奏开办税务学堂折并单》,《政治官报》,《奏折类》,583号(1909年6月13日),页5—9[20册,页455—459];《练兵处新定陆军参谋大学堂章程》,潘懋元、刘海峰编:《中国近代教育史资料汇编:高等教育》(上海:上海教育出版社,1993年),页294—298。

[4] 《宣统元年十一月二十二日发会奏:遵旨议复出使大臣钱恂奏颁布研究和会条约》,《外务部档案》,02—21号,10函10宗3册,第28号件。

容易酿成巨祸。关于对外交涉的成败系于能否掌握国际法这一点,舆论亦清楚道来:

> 吾国自开关以来,六十余年,交涉之事屡见,失权丧地之举,不一而足,……无他,不明国际公法,于应有应尽之大义,均未有所当耳。……故欲救今日之危,必自人人研究外交始,欲人人研究外交,必自中学以上以国际公法为普通之学科始。[1]

值得注意的是,这种对国际法教育的诉求,并非仅止于民间,即使是原意为了推行地方自治而由地方督府所成立的法政讲习所和自治研究所,除了注重宪法、大清律例、民法、刑法等科目外,也讲授国际法,开人民自行讲习法政之端。例如江苏学务总会便附设法政讲习所,讲授政治、法律、理财以及史学四门,半年20个星期毕业,每星期定员60名会员入学。其中第1、2学期,每星期教授国际公法2小时,第3、4学期国际私法2小时。[2] 1910年,清政府更批准成立私立法政学堂。[3] 事实上,当报章杂志这类近代传媒将法政的新知识、新思想源源不绝地向国民输出,而且使法政成为公共领域的共同议题和近代国家构建的话语时,政府已不可能维持法政知识的霸权垄断。开放学校媒介,固有助于人民参与国家法政建设,而中国人之国际法知识水平亦得到进一步的提高。民国成立以后收回利权、废除不平等条约运动虽激昂澎湃,但却不像义和团运动般以暴力排外,与此关系甚大。

---

〔1〕《论中学当增加外交一科》,《外交报》,180期(1907年7月),《论说》,页2 [《外交报汇编》(台北:广文书局,1964年),2册,页229]。又参《论外交学宜设专科》,《外交报》,209期(1908年5月),《论说》,页2—3[《外交报汇编》,2册,页345—348]。事实上,要人人学习国际法,研究外交问题的论点,戊戌维新时维新派早已提出,踏入20世纪,更成为社会的共同呼吁,如1903年守肃便撰文极力提倡学习国际法的重要性。参氏著:《论国际公法关系中国之前途》,《政法学报》,癸卯年第3期(1903年9月),页1—10。

〔2〕《苏抚咨送江苏学务总会附法政讲习所简章》(光绪三十二年八月七日),《学部官报》,7期(1906年11月26日),《京外学务报告》,页35—39 [1册,页154—156]。又参《山西咨议局筹办处附设自治研究所章程》,《政治官报》,《咨劄类》,466号(1909年2月16日),页17—19;468号(1909年2月18日),页17—18。俱见16册,页427—431。

〔3〕《奏议复浙抚奏变通部章准予私立学堂专习法政折》(宣统元年四月二十六日),《学部官报》,126期(1910年7月17日),《本部奏章》,页2—4 [4册,页320—321]。

第二章　晚清国际法教育

2. 师资

相对于初期的以传教士担任教授,这时期法政教育师资的专业化程度已大大提高。各种新式学堂(不仅仅是法政学堂)的教习主要来自日本,或是留日学生,他们将最新的知识源源不绝地传入中国,带来了所谓的"知识革命"(Intellectual Revolution),造就了"黄金十年"(Golden Ten Years)的"新政革命"(The Xinzheng Revolution)。[1] 担任法政科教习的,很多都是在日本享有盛誉的学者,如京师法政学堂的岩谷孙藏(Iwaya Magozō,1867 – 1918;法学博士,后京都帝国大学教授)和北洋法政学堂的吉野作造(后法学博士,东京帝国大学教授)。[2] 当然,由于法政学堂发展迅速,不但日本教习供不应求,即使有留日学生和中国法政专业的学堂学生,他们也赶不及毕业,因此不少学堂的教习只好以法政速成科之毕业生充任,足见师资不足的问题。对此,清政府亦有所察觉,学部遂于宣统三年(1911)七月通令各省官、公、私立法政学堂,日后必须延聘法政专业人员充任教习。[3]

3. 教科书

教科书方面,当时出版的法政书籍,几乎全是翻译自日本的著作。[4] 上课时,如是日本教习,则由留日学生翻译,然后印成讲义派发,例如京师法律学堂由岩井尊文负责教授国际法,其讲义翻译成中文,在堂上讲授;[5] 又或是直接采用其他日本国际法大家的讲义,例如山东法政学堂

―――――――
〔1〕　详参 Douglas Robertson Reynolds, *China 1898 – 1912: The Xinzheng Revolution and Japan* (Cambridge, Mass.: Council on East Asian Studies, Harvard University, 1993)。

〔2〕　关于日本教习,参注向荣:《日本教习》(北京:三联书店,1988年);南里知树(Minamisato Chiki):《中国政府雇用の日本人》(《日中問題重要関係資料集》,第3卷,《近代日中関係史料》,第Ⅱ集;東京:龍溪書舎,1976年)。

〔3〕　《学部通咨各省饬令官立、公立、私立法政学堂应延聘专门毕业人员充当教员文》,《内阁官报》(台北县永和镇:文海出版社,1965年),《法令》,20号(1911年8月12日),48册,页185—186。又见潘懋元、刘海峰编:《中国近代教育史资料汇编:高等教育》,页157。

〔4〕　这种选用日本教科书译本的情况至民国时期仍然继续,1923年北京法政学堂的教科书当中,便有7成是译自日本的。参 Chan Huge (陈晓),"Modern Legal Education in China," *The China Law Review*, 9: 2 (Sep., 1936), pp. 145 – 146.

〔5〕　见岩井尊文的《平时国际法》和《战时国际法》,均收于汪庚年编:《法学汇编》(北京:京师法学编辑社,1911年)。

的法政科教习虽是松野祐裔(Matsuno Sukesue, 1979—?)、八田光二(Hata Kōji)和宅野洁(Takuno Kiyoshi),[1]但却采用了当时著名日本国际法学者中村进午的讲义。[2]上课时由于有翻译在,加上有中文译本讲义,学生不难明白授课内容。不过,这样的安排,也就无可避免地造成课时不足,课程内容被迫减少的问题。

值得注意的是,与同文馆时期和戊戌维新期不同,丁韪良所译之《万国公法》、《公法会通》和《公法便览》等书已被束之高阁,其所强调的国际法中的自然法主义已为当时流行于日本的实在法主义所代替。实在法主义强调国际间之权利义务,而权利义务又取决于国家间缔结之条约及双方之意志协调。

五、国际法与欧美法科留学生

1. 早期的留美教育

近代中国人到外国求学,始自私费留学。1847年,来自广东的容闳(1828—1912)、黄胜(1827—1902)和黄宽(1829—1878)等得到美国人牧师布朗(Rev. Samuel Robbins Brown, 1810-1880)的资助前往美国留学。[3]稍晚于容闳的,又有伍廷芳(1841—1922)和何启先后于1874年及1879年入英国林肯法律学院(Lincoln's Inn)留学,并获得大律师资格。容闳、伍廷芳及何启都曾先后在香港任职律师,其后容闳和伍廷芳又先后供职于清政府,为中国的变法图强作出了重大贡献,而容闳更是开创中国留学教育事业的第一人。容闳一心希望通过改革中国的教育,改造中国。在近二十年的努力下,终于得到清政府的支持派遣官费留学生,遂先后于1872至1875年间筹办4批年幼学童前往美国留学。不过,这个由容闳大力推动的早期留美学童教育,虽以学习军政、船政、科技、工程等办洋务所急需的技术为主,没有注意到国际法教育的需要,但在120幼童当中,仍有梁敦

---

[1] 汪向荣:《日本教习》,页78—91。
[2] 褚承志:《山东官立法政学堂(上)》,《山东文献》,3卷2期(1977年9月),页63—68。
[3] 黄胜抵美后不久因病回国。

秀、蔡绍基(1859—1933)和张康仁(1860—1926)3人在美国耶鲁大学学习法律。[1] 其后清政府以因学童过于"洋化"以及经费过于庞大为由,终止派遣学童留美计划,1881年撤回留美学生。自1882年至1894年期间,清政府再没有派遣留美学生。不过,这并不代表自此便没有自费留学生赴美留学,尽管人数甚少。宋晞根据1917年北京清华学校所编的《游美同学录》,辑得1882年至1893年9名留美学成回国的学生,当中留美期限短者4年,长者竟达24年之久。学生所习学科虽以医科、文科为主,但其中欧阳祺(？—1930)和施肇基(1877—1958)分别取得法学士学位。[2]

2. 福州船厂的留欧教育

自强运动时期是船政、军事、技术教育的年代。有趣的是,原以船政、制造、驾驶为主业的福建船政学堂,所派遣的留学生中反而有专攻"公法"的。[3] 在同文馆还没有把国际法纳入专才教育之前,地方官僚所督办的教育已率先为之。这再一次证明了在晚清教育改革方面,地方比中央进步的事实。

1873年12月7日,船政大臣沈葆桢(1820—1879)第一次提出派遣学生赴欧留学的建议,其中出洋留学所学科目,以外国语言文字及船政技术为主,[4] 这显然是为了配合新式海军的创建。在未正式派遣留学生之前,早于1875年3月,沈葆桢便趁前福建船政局监督日意格(Prosper Marie

---

〔1〕 石霓:《观念与悲剧:晚清留美幼童命运剖析》(上海:上海人民出版社,2000年),页118。

〔2〕 宋晞:《清光绪(1881—1908)留美学生史略补遗》,《史学汇刊》,9期(1978年10月),页131—132。

〔3〕 关于福建船政学堂派遣学生赴欧洲留学的详细情形,可参[法]巴斯蒂(M. Bastid Brugurèie)著,张富强、赵军译:《清末赴欧的留学生们——福州船政局引进近代技术的前前后后》,《辛亥革命史丛刊》,8辑(1991年9月),页189—202;李绪武:《清末船政学生之留欧教育》,《东方杂志》,复刊3卷1期(1970年1月),页71—75;刘一兵:《早期赴欧留学运动的发生及其影响》,《复印报刊资料:中国近代史》,1993年4期(1993年4月),页82—87;原载《徐州师范学院学报》(哲学社会科学版),1992年4期,页104—109。此外,沈传经整理的《各届出国留学生一览表》,列有4届出洋留学的学生姓名、出国前所属单位、出国日期、回国日期、学习国别和单位、学习专业等项目,便于检索。参氏著:《福州船政局》(成都:四川人民出版社,1987年),页345—354。

〔4〕《同治十二年十月十八日船工将竣谨筹善后事宜折》,中国史学会主编:《中国近代史资料丛刊:洋务运动》,第5册,页140—141。

Giquel，1860—1929）回法采购新式机船铁胁之便，特派刘步蟾（1852—1895）、林泰曾（1852—1894）、魏瀚（1850—1929）、陈兆翱（1854—1899）、陈季同（1852—1907）5人赴英法留学，前二者在英国学习船务驾驶，后三者留法学习。其中魏瀚和陈兆翱在法国船厂实习，陈季同则未入专门学校学习，而是担任日意格的文案。[1] 1876年4月，由于清政府的电召，日意格率同陈季同、刘步蟾、林泰增三人回国。[2] 1876年底李鸿章在保荐马建忠的奏折中，首次提出派遣随员马建忠学习外交、"公法"和法律学。[3] 到了1877年1月13日（派遣留学生出发前），李鸿章、沈葆桢和丁日昌（1823—1882）等议定的奏折中，正式将"公法"纳入留学学习范围之内：

> 至学生中有天资杰出者能习矿学、化学及交涉公法等事，均可随宜肄业。[4]

与此同时，在附件的《选派船政生徒出洋肄业章程》中，亦对出洋学习作出明确规定：

> 制造、驾驶两项学生之内，或此外另有学生愿学矿务、化学及交涉公法等事者，由两监督会商挑选，就其才质所近，分别安插学习、支给教习修金，仍由两监督随时抽查课令，将逐日所习详记送核。亦以三年为期，学成后公订专门洋师考验确实，给有的据送回供差。[5]

---

〔1〕 陈季同是福州船政局附设求是学堂艺局前学堂的第一届毕业生，精通西学及法文。

〔2〕 [法]巴斯蒂：《清末赴欧的留学生们——福州船政局引进近代技术的前前后后》，页192—193；李华川：《晚清一个外交官的文化历程》（北京：北京大学出版社，2004年），页13—14。

〔3〕 该折云："光绪二年十一月，臣于会奏选派闽厂学生出洋学习折内，声明派充出洋随员，并令于各国交涉公法、律例等事，认真讲习。"见《奏保马建忠片》（光绪六年六月三日），李鸿章著，吴汝纶（1840—1903）编：《李文忠公全集·奏稿》（台北县永和镇：文海出版社，1962年），卷37，页37；又参《闽厂学生出洋学习折》（光绪二年十一月二十九日），卷28，页20—22；《出洋肄业在事各员奏奖折》（光绪七年正月十九日），卷40，页1—3；《大清历朝实录·德宗景皇帝实录》（北京：中华书局，1985—87年），卷44，光绪二年十二月下丁亥条，页2—3[52册，页620]。

〔4〕 李鸿章等：《奏闽厂学生出洋学习折（附清单二）》，《李文忠公全集·奏稿》，卷28，页21；又载陈学恂、田正平编：《中国近代教育史资料汇编·留学教育》，页230。

〔5〕 李鸿章等：《奏闽厂学生出洋学习折》（光绪二年十一月二十九日）所附《选派船政生徒出洋肄业章程》，《李文忠公全集·奏稿》，卷28，页27；又载陈学恂、田正平编：《中国近代教育史资料汇编·留学教育》，页233。

第二章　晚清国际法教育

自此,揭开了官费留学生前往外国学习近代西方国际法的序幕。1877年3月31日,在华监督(候选道)李凤苞与洋监督法国人日意格的率领下,第一届福建船政学堂学生(共38人)正式出洋留学英法两国,为期3年。这一届学生主要学习驾驶、矿务、造船、冶炼等技术性的科目,只有负责管理、由李鸿章推荐的随员马建忠与兼任文案的陈季同入读法国政治学院,"专习交涉律例"。[1]

1882年1月,清政府又派遣第二届共10名留学生到英国、法国及德国留学。但所学仍是驾驶、造船、枪炮、火药以及鱼雷制造等,未有学生专习国际法。[2]

1886年4月6日,第三届被派遣出洋的学童(33名)中,留英者20人,留法者13人。[3]除了军事技术(制造、炮学、阵图)和自然科学(数、理、化)及英法语言外,又有专习国际法的,专业范围更广泛。此外,又规定在法国学习制造和国际法专业的留学生将学习期限延长至6年,而在英国学习驾驶、管轮专业的则维持原定的3年期限不变。[4]"专习万国公法及法文"的有林藩、王寿昌、柯鸿年、许寿仁、高而谦及游学楷6人,入读法国学部律例大书院(巴黎大学法学院,Faculté de Droit de Paris)。[5]此外,尚有张秉圭、罗忠尧和陈寿彭(1855—?)在英国学习"水师海军公法、

---

〔1〕《光绪四年二月十六日督办福建船政吴赞诚片》,中国史学会主编:《中国近代史资料丛刊:洋务运动》,第5册,页206—207;又载陈学恂、田正平编:《中国近代教育史资料汇编·留学教育》,页238—239。

〔2〕 李绪武和沈传经均作10人,林庆元则为9人,少了陈伯璋1人。参李绪武:《清末船政学生之留欧教育》,页73—74;沈传经:《福州船政局》,页350;林庆元:《福建船政局史稿(修订本)》(福州:福建人民出版社,1999年),页205。

〔3〕 原来名额是34人,其中包括了北洋水师学堂派出的10名。因此,李绪武(《清末船政学生之留欧教育》,页74)和林子勋(《中国留学教育史:一八四七至一九七五年》[台北:华冈出版有限公司,1976年],页90—91)俱作34名,但由于黄裳吉要回北洋供职,未能成行,因此实际上只有33人出发。参裴荫森:《奏选派闽厂第三次出洋学生折》(光绪十二年四月七日),陈学恂、田正平编:《中国近代教育史资料汇编:留学教育》,页241—242;《光绪十二年四月七日裴荫森奏》、《光绪十六年闰二月八日裴荫森奏》,朱有瓛编:《中国近代学制史料》,第1辑上册,页425、432。

〔4〕《光绪十六年闰二月八日裴荫森奏》,朱有瓛编:《中国近代学制史料》,第1辑上册,页432—434;《续选出洋学生折》(光绪十一年十月十日),《李文忠公全集·奏稿》,卷55,页14—15。

〔5〕 法文原名据Knight Biggerstaff, *The Earliest Modern Government Schools in China*, p.239.

捕盗公法及英国语言文字"。[1]

1897 年，福建船政局派出第四届学生共 6 名赴法国学习制造，为期 6 年。此时已是甲午新败之后，留学教育已迈进了新时代。1900 年，这届学生因受经费缺绌的影响，未能完成学业便被迫提前返国。[2]

福建船政局四届共派出学生 87 人，加上 1897 年以后至辛亥革命前，福建船政局零星陆续派出的 21 人，前后共达 108 人。[3]

这些留欧学生学习的成绩相当优异，薛福成在其日记中详细记载了出洋学生洋监督法国人师恭萨克（即斯恭塞格，Ernest Dunoyer de Segonzac）和华监督周懋琦对首三届船政学堂留学生的专业、成绩及评语。[4] 其中学习"万国公法"的学生，据周懋琦禀称，第三届留法的林藩、柯鸿年、许寿仁、王寿昌"考试均列上上等，高而谦、游学楷列上中等；均取中律科举人"。至于留英的学生，薛福成认为张秉圭和罗忠尧较优，

---

[1]《光绪十六年闰二月初八日裴荫森奏》，朱有瓛编：《中国近代学制史料》，第 1 辑上册，页 433。裴荫森上奏之前的陈寿彭，在出之前的录取名单中未见其名，反而原来名单内的罗忠铭，却未见提及。据周懋琦的报告，罗忠铭是因事撤回。参裴荫森：《奏选派闽厂第三次出洋学生折》（光绪十二年四月初七日），陈学恂、田正平编：《中国近代教育史资料汇编·留学教育》，页 241—242；《光绪十二年四月初七日裴荫森奏》，朱有瓛编：《中国近代学制史料》，第 1 辑上册，页 425；薛福成：《出使英法义比四国日记》（长沙：岳麓书社，1985 年），页 207。至于陈寿彭，乃陈季同之弟，妻薛绍徽，是福建船政后学堂第三届学生，并非如毕乃德所指是北洋所派的学生。参 Knight Biggerstaff, *The Earliest Modern Government Schools in China*, p. 238. 关于陈寿彭的生平，可参苏毅林：《曾掀起凡尔纳热潮的译坛伉俪——陈寿彭与薛绍徽》，载林本椿主编：《福建翻译家研究》（福州：福建教育出版社，2004 年），页 76—79。据林庆元之考证，陈寿彭确有出洋留学，只是船政学堂历届毕业生名册和第三批留学生名单中漏列他的名字。此外，在其他奏折或日记中，陈寿彭又被误作陈庚。参林庆元：《福建船政局史稿（修订本）》，页 204—205，页 212。再者，沈传经在《各届出国留学生一览表》中指张秉圭、罗忠尧、陈寿彭 3 人入读的是"英国格林书院遇尼外耳及金士哥利书院"，据毕乃德研究，此二书院即 Royal Naval College in Greenwich 与 King's College of the University of London。参 Knight Biggerstaff, *The Earliest Modern Government Schools in China*, p. 238. 按前述裴荫森的奏折，入读此二校的应是专习水师、兵船、算学、格物学的伍光建、陈伯涵和曹廉箴 3 人，至于张秉圭等人入读何校，则未有说明。

[2] 刘一兵：《早期赴欧留学运动的发生及其影响》，页 84。

[3] 参林庆元：《福建船政局史稿（修订本）》，页 212。由于林庆元计算第二届学生只有 9 人，而本文计 10 计，因此此处以林庆元的总数加一计算。林庆元统计了各种专业的人数，军用工科 81 人（以下再分细目）、民用工科 14 人（以下再分细目）、理科 1 人以及社会科学（分为法律、政治、国际公法）11 人。不过，现实上留学生多兼习数科，到底林庆元是如何统计和分类的，仍有待论证。

[4] 薛福成：《出使英法义比四国日记》，页 204—207。

第二章 晚清国际法教育

陈庚(即陈寿彭)次之。[1] 此外,在裴荫森的奏折中,又提到张秉圭和罗忠尧学习"腊丁文字及英刑司各种律例、海军捕盗等项公法,皆深知旨要";陈庚充任翻译,"亦字音无讹"。[2]

由此看来,这段时期"公法"学生的学习可说是颇有成就。可惜的是,除了著名的马建忠和陈季同、陈寿彭兄弟较活跃外,其他留学生均籍籍无名,没有留下什么具体活动的记录。我们或许可以这样认为:这时期的国际法教育仍停留在草创期,即使有个别官僚注意到其重要性,但它实际上还是未能发展成为一种常规的、持续的教育课程。

关于马建忠和陈季同的学习情形,历来各种说法皆语焉不详。其实早在1976年,日本学者坂野正高(Bannō Masataka)已有专文作详细介绍。[3] 可惜我国学者一直未加留意,结果多年来都在马建忠、李鸿章、郭嵩焘等记述的中文资料上打圈猜测,无法把具体情形说明清楚。以下且据坂野正高的研究加以整理,补充说明马建忠的留学情况。[4]

一般的说法是,马建忠和陈季同入读的是巴黎的私立政治学院,在那里修习"公法"(国际法)、"交涉"(外交)与"法律学"(律例)。[5] 马建忠和陈季同于1880年回国,其后都运用国际法的知识,在外交上发挥了

---

[1] 薛福成:《出使英法义比四国日记》,页207;又参《光绪十六年闰二月八日裴荫森奏》,朱有瓛编:《中国近代学制史料》,第1辑上册,页432—434。

[2] 《光绪十六年闰二月八日裴荫森奏》,朱有瓛主编:《中国近代学制史料》,第1辑上册,页433。

[3] 坂野正高:《めざす資料にたどりつくまで——パリで見た馬建忠の成績表》,《学内広報》(東京大学),361号(1977年3月),后收入氏著:《イメージの万華鏡——私の米国・日本・中国體驗》(東京:筑摩書房,1982年),页196—205。坂野正高在1976年3—4月访问法国期间,亲到Institut des études politiques(通称Science Po)复印了马建忠在1878年6月至1879年11月考试的成绩表(成绩表上作Mr. Ma-Kien-Tchong)以及1877—78年度和1878—79年度的大学要览。其后,坂野正高更找到马建忠的学位论文,增补了不少宝贵资料。参氏著:《中国近代化と馬建忠》(東京:東京大学出版会,1985年),页18—22。关于马建忠研究的最新成果,参冈本隆司:《馬建忠の中国近代》(京都:京都大学出版会,2007年);薛玉琴:《近代思想前驱者的悲剧角色:马建忠研究》(北京:中国社会科学出版社,2006年)。

[4] 近年权赫秀同样注意到这种情形,也是根据坂野正高的研究纠正了历来马建忠留法史实的谬误。参氏著:《马建忠留法史实辨误二则》,《江苏社会科学》,2004年1期,页129—131。

[5] 参李绪武:《清末船政学生之留欧教育》,页73;李喜所:《中国近代第一批留欧学生》,《南开学报》,1981年2期(1981年3月),页84。

积极的作用。

私立政治学院（École Libre des Sciences Politiques，巴黎政治大学Institut d'études Politiques 前身）是一所怎样的学校呢？该校创于1872年，是一所提供两年制课程，培养外交官和行政官的私立学校。学校不设入学试，每年的学期由11月开始至翌年6月结束。马建忠于1877—1879年间在学。[1] 学校既是专门培养外交官和行政官（特别是财政部官僚），所提供的课程便偏重于外交、政治、经济方面。郭嵩焘曾介绍学校提供5个专业共21门课，属于外交的有欧洲各国外交史、和约和商约之缔结、各国交涉公理、议和条约、领事及出使章程的制订；属政治行政的有地方管理法、地方管理事务、法国议会；属于财经的有欧洲各国赋税方法总论、赋税制订法和国家财务会计等。[2]

那么，专习外交和国际法的马建忠究竟修了哪几门课呢？此外，马建忠在上书李鸿章时，曾谓自己在政治学院所考八问，"俱得学师优奖"；[3] 李鸿章称他所习交涉、公法、律例、格致、政治、文辞等，"均经考试取中，领有官凭"。[4] 具体的情形又是怎样的呢？对于这些问题，历来的研究多因使用的中文资料所限，因此或论述不确，或语焉不详，不甚了然。现在根据保存下来的成绩表，我们可以描绘出一幅较清晰的图像。

《上李伯相言出洋工课书》所述1878年6月"政治学院"的8道题目（"八问"），实际上是8个科目：

1. "万国公法"（Droit des gens 万国法）
2. "各国条约"（Droit international 国际法）

---

[1] 坂野正高：《中国近代化と馬建忠》，页18—19。又郭嵩焘曾称："每岁户部、外部，拔取其忧[优]，以备录用。而在馆肄习者以二年期，或专习，或全习，期于有成。"见《郭嵩焘日记》，第3卷，光绪四年八月二日条，页610；《伦敦与巴黎日记》，光绪四年八月二日条，页705。李鸿章指此校为官校，误。参《复郭筠仙星使》（光绪四年正月二十六日），《李文忠公全集·朋僚函稿》，卷18，页5。关于 École Libre des Sciences Politiques 的历史，可参 Pierre Rain, *L'École Libre des Sciences Politiques, 1871 - 1945, suivi de L'École et la Guerre: La Transformation de son Statut, 1939 - 1945 par Jacques Chapsal* (Paris: Fandation nationals des sciences politiques, 1963).

[2] 《郭嵩焘日记》，第3卷，光绪四年八月二日条，页610。

[3] 《上李伯相言出洋工课书》，《适可斋记言记行》，《记言》，卷2，页3—4。

[4] 《奏保马建忠片》（光绪六年六月三日），《李文忠公全集·奏稿》，卷37，页37。

3. "各国商约"（Législation commerciale 商法）

4. "各国外史"（Histoire diplomatique 1830—1873 外交史）

5. "英、美、法三国政术治化之异同"（Droit constitutionnel, Cours 宪法［课程］）

6. "普、比、瑞、奥四国政术治化"（Droit constitutionnel, Conférence 宪法［讨论会］）

7. "各国吏治异同"（Matières administrative 行政事务）

8. "赋税之科则、国债之多少"（Finances 财政）

根据马建忠的成绩表，上面8科中的4科出自行政部门（section administrative），其余4科出自外交部门（section diplomatique）。此外，1879年11月，马建忠又在外交部门中考了4科（其中一科商事法［Législation commerciale］在6月的考试时只有11分，不及格［"insuffisant"，20分满分］，因此须重考，后考得18分），前后总共考了11科，占学校所提供的课程一半强。综观马建忠的成绩，除了商事法只有11分，其他科目如外交史（Histoire diplomatique 1830‐1873）、国际法（Droit des gens）、行政事务（Matières administratives）、财政（Finances）、宪法（Droit constitutionnel）、经济学（économie politique）、英语等科目都拿到16分良好（bien），乃至19分优（très bien），平均有17分强，成绩相当好。可见马建忠自言"俱得学师优奖"，并非妄语。当然，他隐瞒了商事法一科曾经不及格一事。

成绩表上有负责考试的教授名称和署名，从中我们可以得知马曾修读过校长Émile Boutmy（1835‐1906）的宪法、Albert Sorel（1842‐1906）的外交史和Charles Léon Lyon-Caen（1843‐1935）的商法。此外，成绩表上注明马建忠取得了特别毕业证书（diplôme hors）。

值得注意的是，马建忠在私立政治学院学习期间，曾同时就读于巴黎的法科大学。在法国新闻记者富科·德·蒙迪翁（A. H. Foucault de Mondion, 1849‐1894）的辅导下，他先是取得了文科大学及理科大学的入学试资格（bachelier és-lettres et bachelier és-sciences）（即马建忠所谓的

"文词秀才"及"格致秀才"),成为第一个取得法国高中会考毕业证书(baccalauréat)的中国人。[1] 其后,他又入读巴黎法科大学,并于1879年取得法学士(licencié en droit)("律例举人")学位。马建忠的学位论文("pro socio: de la société")是研究公司的,内容分为三个部分:罗马法的"合伙"(societas)、法国民法的"公司"(société)以及法国商法的"有限公司"(société anonyme)。[2] 其中罗马法的部分是用拉丁文撰写的。论文所论没有超出当时法国法学界的主流注释法学的范畴,是典型的概念法学,但架构很清晰。为什么马建忠会选择"公司"为题呢?因为马建忠抵欧后方知西方诸国富强,原因之一在于能采取保护"公司"的政策。[3] 这点认识,多少得力于马建忠在课余之时,活跃于巴黎社交界,"多与当道往还",增广见闻,尤其是法兰西学院会员的启发。此外,他考取法科学士也是出于法国友人蒙迪翁的劝告,希望可以获取高学历,提高名声,待将来与外人交涉时可以折服他们。[4]

在短短两年期间,马建忠除了学习外,还先后充任驻英公使郭嵩焘和曾纪泽的随员,担任翻译工作。因此他在留学时期,已有相当多机会磨练对外交涉,为日后实际的外交工作打好基础。当然,限于资料,其他学习

---

〔1〕 又参[法]巴斯蒂:《清末赴欧的留学生们——福州船政局引进近代技术的前前后后》,页194;陈三井:《略论马建忠的外交思想》,载张灏等著,周阳山、杨肃献编:《近代中国人物史论:晚清思想》(台北:时报文化出版事业公司,1980年),页471。
〔2〕 此毕业论文1879年由巴黎的E. Pichon出版,全1册,共114页,现存法国国立东方语言与文化学院Institut National des Langues et Civilisations Orientales 图书馆(前称国立东方语言学校[École Nationale des Langues Orientales Vivantes])。扉页注明:"Thèse pour la liene par Ma Kié-tchong, bachelier ès-lettres et bachelier ès-sciences de la Faculté de Paris. En Chine, intendant de circuits (Tao-tai), etc."(马建忠所撰学位论文·文科大学及理科大学入学资格·巴黎大学·区域主管[道台])此外,由右至左横书:"律学科卷"。书扉上又注明此论文的公开口试将在1879年7月9日举行。参坂野正高:《中国近代化と馬建忠》,页25—26,注9。
〔3〕 马建忠在《上李伯相言出洋工课书》中云:"窃念忠此次来欧,一载有余,初到之时,以为欧洲各国富强专在制造之精,兵纪之严。及披其律例,而知其讲者以护商会为本,求强者以得民心为要。"(《适可斋记言记行》,卷2,《记言》,页6)。其后,马建忠提出富民思想,实渊源于此。但坂野正高推测马建忠的所谓"商会",似是现代意义的"公司"。参《中国近代化と馬建忠》,页26,注11。
〔4〕 《上李伯相言出洋工课书》,《适可斋记言记行》,卷2,《记言》,页4。由于马建忠精于法文,又是天主教徒,态度和蔼可亲,因此在巴黎社交界颇受欢迎。详参Henri Cordier (1849-1925), *Histoire des Relations de la Chine avec les Puissances occidentales* (Taipei: Ch'eng-wen Pub. Co., 1966, c1883), p.499。

第二章 晚清国际法教育

国际法留学生的情形我们无法得知。只是，从留学生回国后的遭遇来看，即使是备受李鸿章重用的马建忠，其后在政坛上亦有志难伸，与后来留学日本法政科留学生的活跃于清末民国时期政治、社会、教育等各大舞台有云泥之别。

3. 同文馆学生的欧洲留学

福州船政学堂自1897年派遣第四届学生以后，虽然转趋沉寂，但甲午战败的刺激，又促使清政府对留学人才的需求趋亟。首先是总理衙门接纳御史陈其璋整顿同文馆的建议，决定派遣同文馆学生出国留学，向英法德俄各派4名，学习外国语文、算学、农工等科。1896年和1899年，清政府先后派遣了第一届和第二届留学生赴欧，每届16人。苏精指出，第一届为期3年，主要是学习外国语文和算学，目的是培养翻译官。关于这16人，目前只可考证出学习工矿者3人、法律者2人。第二届的留学计划有所修订，学习期限延至6年，科目改为法政和农工科。16人中，已知习工矿者6人、习法政者7人；习法政中除2人学习内政和财务外，其余5人学习法律和外交。现从苏精所制之第一、第二届留欧学生名录中抽出学习法律外交者列表如下：[1]

表4：第一届留欧学习法律之文馆同留学生

姓　名	籍贯	入馆时间	出国年龄	留学科目及学校	离校时间及原因	主　要　经　历
陈贻范 (1871—1919)	江苏吴县	1890年	26	法律，英国林肯法学院	1899年毕业	(清)驻英参赞、云南迤西道、(民国)江苏外交特派员、西藏宣抚使
杨晟 (1867—?)	汉军正红旗	1890年	28	法律，德国柏林大学	1899年毕业	(清)驻德公使，(民国)江苏外交特派员、沪海道尹

---

[1] 京师同文馆的留欧情形及留欧学生名录，参苏精：《清季同文馆及其师生》，页235—239。

表 5：第二届留欧学习法律之文馆同留学生

姓　名	籍贯	入馆时间	出国年龄	留学科目及学校	离校时间及原因	主　要　经　历
唐在复 (1878—1962)	江苏上海	1896 年	21	外交，法国巴黎政学院	1905 年毕业	（清）驻法俄荷参赞、代办，（民国）外部参事、驻荷义公使
戴陈霖 (1872—?)	浙江海盐	1894 年	27	法律，法国巴黎政学院	1905 年毕业	（清）驻西葡法参赞、代办，（民国）驻西葡瑞挪丹公使
张庆桐 (1874—?)	江苏上海	1896 年	25	法律，俄国圣彼德大学	1905 年毕业	（民国）黑龙江外交部特派员、恰克图佐理员、阿尔泰办事长官
唐德萱 (1882—?)	湖南芷江	1894 年前后	17	法律，德国柏林大学	不详	（清）京师大学堂教习，（民国）汉粤川铁路汉宜湘鄂工程局局长、京绥铁路局局长
永祐 (1882—?)	满洲	1896 年	17	法律，德国柏林大学	1897 年山东调回	（清）山东办理洋务候补道，（民国）山东交涉署科长

4. 新政期的法政科欧美留学

踏入 20 世纪，随着新政的展开，清政府派遣留学生的态度更趋积极。事实上，随着新政的施行，各省地方官员也纷纷派遣学生出洋留学。1901 年，清政府颁布《广派游学谕》，要求各省选派学生出洋认真学习，"将一切专门艺学，认真肄业，竭力讲求。"[1]翌年，外务部对游学的具体政策作出了补充，提出各种学问皆有其精妙，须因应所学而调整学习年限，如学习矿务制造者需时四五年，学习政治、理财、律例者，需时三四年，如再加上一年半载的语言学习，前后非六年不可。[2]

---

[1]　朱寿朋辑：《光绪朝东华录》，第 4 册，页 4720；《清帝广派游学谕》（光绪二十七年八月初五日），陈学恂、田正平编：《中国近代教育史资料汇编：留学教育》（上海：上海教育出版社，1991 年），页 3—4。

[2]　《外务部奏议请复派赴出洋游学办法章程折》（光绪二十八年），颜世清辑：《约章成案汇览》（《续修四库全书》；上海：上海古籍出版社，1995 年），乙篇，卷 32 上，页 32。

第二章 晚清国际法教育

1903年,张百熙奏派京师大学堂速成科学生余启昌、曾仪进等31人前往日本游学,余同奎、何育杰(1882—1839)等16人分赴西洋各国游学,"学习专门",以备将来学成回国充当大学教习。[1]留欧学生中,学习法政的有入俄国森堡大学堂的魏渤和柏山。[2]与此同时,各地督抚也开始选派学生出洋留学。同年,湖广总督端方遣派22名学生分别前往美、德、法、俄留学,其中学习法政的有马德润(1907年德国柏林大学[Universität Berlin]法学博士)、陈箓(1877—1943,法国巴黎法学院[即巴黎第一大学Université Paris 1 Panthéon的前身])、萧焕烈(光绪三十年七月俄国森堡大学堂法政科)、严式超(俄国法政科)、杨荫渠(法国巴黎官立法政大学政治科)和王治辉(比京大学政治学博士)。[3]

1907年12月,为了配合改革宪政和整顿陆军,外务部和学部等又联合会奏,奏请派遣贵胄赴德国学习"陆军",赴英美学习"政治法律"。[4]

对于新政期内前往欧美的留学生数量和学科分布等这类重要的问题,由于资料分散零星,目前仍未有充实的研究详及于此。[5]尽管如此,在各种学科中,以学习法政科者最多则是不争的事实。例如王立中统计了1908年9月至1911年7月各省公费自费留学生的数据,指出1908年9月至1909年7月,各省公自费留学生1 147人中,学习法政(原文作"政

---

[1]《管学大臣奏派学生前赴东西洋各国游学折》(光绪二十九年),颜世清辑:《约章成案汇览》,乙篇,卷32下,页30;张百熙等:《奏派学生赴东西洋各国游学折》(光绪二十九年十一月三日),朱寿朋编:《光绪朝东华录》,第5册,页5113—5114;陈学恂、田正平编:《中国近代教育史资料汇编:留学教育》,页19—20。

[2] 章祖申:《留俄学生学务报告》(宣统二年),陈学恂、田正平编:《中国近代教育史资料汇编:留学教育》,页286。

[3]《署鄂督端奏派学生前往比国游学折》(光绪二十九年),颜世清辑:《约章成案汇览》,乙篇,卷32下,页34—35;程燎原:《清末法政人的世界》(北京:法律出版社,2003年),页31。

[4]《会奏请派出洋游学折》(光绪三十三年十一月初一日),学部总务司编:《学部奏咨辑要》(《近代中国史料丛刊三编》;台北县永和镇:文海出版社,1986年),卷3,总页323—324。

[5] 李喜所认为,1900年留美学生仅十余人,1905年也只有30多人。不过,据梁启超《新大陆游记》所记1903年在美国留学生的名录,已有50名。参李喜所:《清末民初的留美学生》,《史学月刊》,1982年4期(1982年7月),页49;梁启超著,钟叔河、杨冰校点:《新大陆游记及其他》(长沙:岳麓书社,1985年),页565—566。

法")的普通科学生为124人,占10.7%;1909年7月至1910年6月,各省公自费留学生974人中,学习法政的有462人,占47%;1910年6月至1911年7月,各省公、自费留学生814人中,学习法政的有372人,占45.7%。[1] 又据巴斯蒂的统计,1900—1911年的中国留法学生中,除各科官费生50人及专攻军事的官费生46人外,另有私费生48人在各高等学校注册就读,法学院的学生有14人,政治学校学生2人,[2] 法政科学生约占33%。此外,根据外务部1907年《本部官费游学生名册》,1903年至1907年5年间,外务部共派出89名留学生,计英国16人、法国10人、美国6人、德国4人、俄国2人、比利时2人、日本49人(其中4人为蒙古学生)。由于表中对学生所习的科目多为"未详",因此我们很难准确掌握学生学习专业的分布,就有限的史料来看,修习法政科者不在少数,有30人之多,其中留日者有21人。[3] 此与当时国别留学人数的总体比例相符。

1909年以后,美国出于其在华的长期利益,将大部分的庚子赔款所得款项,作为中国向美国派遣留学生的经费。1908年5月28日,美国国会正式成立议案,并决定从1909年至1937年,逐年增加拨款资助中国留学生。1909年7月,外务部、学部与驻华美使商定协议,头4年每年派遣学生100名赴美留学,自第5年起每年至少续派50名。其中8成学习农、工、商、矿等科,两成学习法政、理财、师范等科。自此以后,留美之风大盛。辛亥革命前共选了3批留美学生。1909年9月,考取了王士杰、梅贻琦(1889—1962)等47名,其中只有唐悦良(1890—?)1人习法政,其后唐悦良担任外交部次长。1910年8月,考取了赵元任(1892—1982)、竺可桢(1890—1974)、胡适(1891—1962)

---

[1] 王立中:《论近代中国政法留学教育及其影响》,《史学月刊》,1993年3期(1993年5月),页62。

[2] [法]巴斯蒂:《出国留学与中国近代世界观的形成——略探清末中国留法学生》,载李喜所主编:《留学生与中外文化》(天津:南开大学出版社,2005年),页531。

[3] 《本部官费游学名册》,中国第一历史档案馆、北京大学、澳大利亚拉筹伯大学编:《清代外务部中外关系档案史料丛编:中英关系卷》(北京:中华书局,2007年),第2册,《留学办校》,页477—504。

第二章　晚清国际法教育

等70名;最后1次即1911年8月,考取了63名,其中习法律者3人,即张传薪(后法学士、硕士)、张福远(后获法学士)和黄宗发(后法学士、硕士)。[1]

另一方面,清政府为了鼓励学业有成的留学生回国服务,决定给予留学生以科举出身。最初是在1905年7月3日,为日本留学归来的学生举行了第一次考试,应试者共14人,全部及格。对于法政科专业的金邦平(1881—1946,早稻田大学政科)、唐宝锷(1878—1953,早稻田大学政法科)给予进士出身,赏翰林院检讨;曹汝霖(1877—1966,东京法学院[中央大学前身]政法自费生)、钱承志(日本法科大学)、戢翼翚(早稻田大学政科)给进士出身,按照所习科学以主事分部学习行走;陆宗舆(1876—1941,早稻田大学政科)给予举人出身,以内阁中书用;林棨(早稻田大学法科)给予举人出身,以知县分省补用。[2]1906年6月,学部为考核回国学生,制订了更具规模的制度,将授官从考试中分离出来,规定每年8月举行考试,各毕业生须考核中文及外国语言,应考者以外国大学堂或高等学堂毕业者为限,对考获最优等的给予进士出身,优等及中等给予举人出身,并冠以某科字样。[3]两年后(1908),学部与宪政编查部又确立了授予这些考试及格者以官职的政策,规定学部考试及格者,仿从前殿试之例,翌年应考廷试。其成绩划分如下:"中文"(经义题)与"科学"(学科题)并能优长者列一等,"中文"平妥、"科学"优长者列二等,"科学"优长、未作"中文"者列三等。具体授职如下:[4]

---

〔1〕 陈学恂、田正平编:《中国近代教育史资料汇编:留学教育》(上海:上海教育出版社,1991年),页188—201。
〔2〕 沈桐生等辑:《光绪政要》(台北县永和镇:文海出版社,1969年),卷3,光绪三十一年六月条,总页2140—2141;程燎原:《清末法政人的世界》,页132—133。
〔3〕 《奏定考验游学生毕业章程折》(光绪三十二年八月十五日),学部总务司编:《学部奏咨辑要》,卷3,总页127—130;陈学恂、田正平编:《中国近代教育史资料汇编:留学教育》,页61—62。
〔4〕 《会奏游学毕业生廷试录用章程折》(光绪三十三年十二月二十日),学部总务司编:《学部奏咨辑要》,卷3,总页349—358;陈学恂、田正平编:《中国近代教育史资料汇编:留学教育》,页66—69。

表6

学部考验等级身份/廷试等级	授 职
最优等进士/廷试一等	授翰林院编修或检讨
最优等进士/廷试二等	授翰林院庶吉士
最优等进士/廷试三等;优等举人/廷试一等	给主事
优等举人/廷试二等;中等举人/廷试一等	内阁中书
优等举人/廷试三等	知县(分省即用)
中等举人/廷试二等	七品小京官
中等举人/廷试三等	知县(分省试用)

自1908—1911年,清政府共举行了4次廷试,及第者824人,其中法政科约485人,约占全体及格比率的59%,于各科中居首。[1] 这种情况与法政留学生在留学生比例中高踞首位的现象是一致的。无论是法律科也好,政治科也好,国际法几乎都是必修科目。尽管我们很难通盘客观地衡量这些学生的学习成效,但这些留学生几乎渗入了清政府所有部门,从内政到外交,从中央到地方,都有这些法政学生的身影,[2] 影响着清末民国时期中国在国家构建过程中政治、外交、社会、文化以及思想等各个方面。

派往欧美的留学生虽不如日本的多,但其成绩与成就却是相当出色的。而且,随着法政知识的普及和对日本政治法律学习的深化,中国学生认识到日本的法学受同属大陆法系的法德两国法系的影响甚深。

---

[1] 程燎原:《清末法政人的世界》,页142。
[2] 程燎原整理了各届及第者的任职表,方便检索。参氏著:《清末法政人的世界》,页142—155。

为了探求法政学的源流,转而到法国、德国的留学生逐渐多起来。这些学生,其后多在民国政府担当要职,影响近代中国政治社会的发展甚巨。

以上,我们探讨了近代留学生留学欧美的情况。当然,我们得承认,要评定国际法对中国留学生的影响,不能单看留学生有没有修读过国际法或是西方政治等。以第一届的船政留学生严复为例,学的是驾驶,但他在留学期间对西方文明有深刻的观察和理解,译介了大量当时流行的政治学说,为中国的思想世界带来了巨大的冲击。又如魏瀚(1850—1929)学习造船及造枪,但精通法律,曾任法国皇家律师公会的助理员,在法国享有很高声誉,并获得法学博士学位,其后屡任外交、法律等重要职位,在近代中国对外交涉中作出了贡献。[1]

六、日本法政留学与法政速成科

关于晚清的留日教育,前辈学人的研究早已硕果累累,此处只简单介绍一下留日教育的背景,而将篇幅集中于讨论法政教育下国际法的学习情况。[2]

甲午战败,朝野震动,有识之士惊叹蕞尔小国日本竟能战败天朝上国,于是兴起了研究日本、学习日本的热潮。举国上下,咸以效法日本维新为当时之急务。其中,尤以派遣留学生赴日取经为首要任务。早在1896年,张之洞便派遣唐宝锷等13名学生赴日,是为近代中国派遣学生留学日本之始。[3]但作为国家政策,赴日留学到1898年才正式开始。留学日本比留学西洋受欢迎的原因有许多,1898年8月2日上谕的说法

---

〔1〕 李喜所:《中国近代的留学生》,页95。
〔2〕 关于法政速成科的问题,笔者另有专文撰述,详参《法政速成科与留日法政教育》,载丁新豹、周佳荣和黄嫣梨主编:《近代中国留学生论文集》(香港:香港历史博物馆,2006年),页352—387。
〔3〕 其实,这13名学生当时只是交由高等师范学校校长嘉纳治五郎(Kanō Jigorō, 1860—1938)负责其教育,接受该校老师教导,并使用该校设施而已。严格来说还算不上该校的学生。此课程为期三年,相当于日本的中学教育。其后嘉纳为使此教育方案正规化,将之命名为亦乐书院。1902年1月,搬迁至较大的校舍,改名为宏文书院,其后成为日本教育中国留学生的重镇。

可谓点出其中关键所在:

> 游学之国,西洋不如东洋,诚以路近费省,文字相近,易于通晓。且一切西书均经日本摘要翻译,刊有定本,何患不事半功倍。[1]

更何况,对中国的知识分子而言,日本既是西方思想的翻译者(translator)和传达者(transmitter),同时又是诠释者(interpreter)。它扮演了实行西方政治制度的典范(model)、先驱(precursor)以及社会实验(social experiment)的角色。[2] 留学日本,本身就具有置身实验空间,成为参与者之一的意义。《辛丑条约》之后,清政府接受变法求存的现实,大力提倡兴办学堂,出国留学,以培养人才推行新政。与此同时,日本政府积极配合,鼓励清政府中央及地方官僚派遣学生留日,驻华公使矢野文雄(Yano Fumio, 1850-1931)更表示愿意资助留学经费,[3] 借此培植亲日力量,企图在中国变革过程中发挥日本的影响力。1901年,清政府谕令各省督抚对出洋学生,不论公私,如学成领有文凭归国者,考核符实后送外务部复考,均可候旨分别颁授举人、进士出身的奖励,[4] 正式将留学生纳入了传统社会提高个人社会地位、政治权力的上升阶梯中。其后,张之洞于1903年10月上奏主张奖励留学生,[5] 学务大臣亦于1904年12月奏定《考验出洋毕业生章程》八条,奖励留学。[6] 人心思变,再加上政府

---

[1]《军机处传知总理事务衙门面奉之谕旨片》(光绪二十四年六月十五日),故宫博物院编:《清光绪朝中日交涉史料》(台北县永和镇:文海出版社,1963年),卷52,第3698号件,页2;陈学恂、田正平编:《中国近代教育史资料汇编:留学教育》,页3。

[2] Louis G. Perez, "The Cultural Impact of Japanese 'Returned Students' to China in the Early 90's," *Asian Culture Quarterly*, 18:1 (Spring, 1990), p. 31.

[3]《山东道监察御使杨深秀请议游学日本章程片》(光绪二十四年四月十三日),《清光绪朝中日交涉史料》,卷51,第3668号件,页33—34。

[4] 黄福庆:《清末留日学生》(台北:"中央研究院"近代史研究所,1975年),页65—66。

[5]《筹议约束鼓励游学生章程折并清单》(光绪二十九年八月十六日),《张文襄公全集·奏议》,卷61,页1—10。

[6]《学务大臣奏遵拟考验出洋毕业生章程》,《东方杂志》,第2年第3期(1905年4月),《教育》,页34—36;黄福庆:《清末留日学生》,页67误注为第3年第3期(1906年)。又,较完备的考核奖励章程于1906年10月2日由学部奏定。参《奏定考验游学毕业生章程折(附章程)》(光绪三十二年八月十五日),学部总务司编:《学部奏咨辑要》,卷2,总页127—130;又载陈学恂、田正平编:《中国近代教育史资料汇编:留学教育》,页61—62。

第二章　晚清国际法教育

政策的配合,自然掀起了人才大移动、思维猛翻波这一亘古未有的留日热潮。

1. 法政留学与法政速成科

有学者统计,1896 年至 1912 年间,赴日留学者达 39 056 人,其中超过一半是自费留学的,而进入高等学校的占学生总数的 90% 以上。[1] 不过,这只是就整个时期而言,个别时期有着不同的变化。1904 年 5 月 7 日,曹汝霖(1877—1966)代表中国留学生在法政大学速成科开幕式上致词时,指当时留日的 1 500 多名学生中,有志学习法政者不足五六十人。[2] 驻日公使杨枢(1844—1917)亦曾指出,1905 年初,留日学生 3 000 多人中,以学习普通科居多,学习法政者尚少。[3] 其中原因,正如杨枢所奏:

> 日本各学校教授此等专门之学,皆用本邦语言文字,中国学生从事于斯者,须先学习东语东文,方能听受讲义,约计毕业之期,总须六、七年。夫以六、七年之久,非立志坚定者鲜克成功,所以多畏其困难而不愿学,甚可惜也。[4]

然而,随着清末新政的施行,无论是修订法律,抑或立宪改制,都亟需法政人才。特别是为了取消领事裁决权,更不能不仿效日本,积极培养法

---

[1] 李喜所:《近代中国的留学生》,页 126—127、页 147。不过,关于留日学生的数量,正如王健指出,由于研究者所依据的材料以及处理数字手法有异,因此各学者之间所统计出来的数字差异颇大。这里暂不作深究。参王健:《中国近代的法律教育》,页 106,注 13。近年来,周一川根据日本文部省档案和日华学会的学生名簿统计了 1906 至 1944 年中国留日学生的较可信人数。参周一川:《近代中国留日学生人数考辨》,《文史哲》,2008 年第 2 期,页 104—112。

[2] 参法政大学史料委员会编:《法政大学清国留学生法政速成科关系资料》(《法政大学史资料集》,第 11 集,东京:法政大学,1988 年),页 22。

[3] 《出使日本大臣杨枢请仿效日本设法政速成科学折》(光绪三十年十二月四日),《清光绪朝中日交涉史料》,卷 68,第 5032 号件,页 34—35。

[4] 《出使日本大臣杨枢请仿效日本设法政速成科学折》(光绪三十年十二月四日),《清光绪朝中日交涉史料》,卷 68,第 5032 号件,页 34—35。事实上,以第一届回国游学毕业生中获颁进士衔的唐宝锷为例,其 1896 年赴日留学,先在日本高等师范学校学习日语和普通学,1899 年以优等成绩毕业,转入东京专门学校继续学习,毕业后再升读早稻田大学(东京专门学校前身)政治经济学部,1905 年才取得法学士学位毕业回国,前后长达 9 年。

政人才。[1]在这种急于求成的形势下,耗资费时的正规课程便显得缓不济急。而能在短时期内以低成本教授大量学生,培养实务人才的"速成教育"正好符合当时的需求。[2]其实,当时日本教授中国留学生的学校已开办了相关的速成课程,如教授师范科的有宏文书院,军事的有振武学校,但还没有法政速成科。另一方面,日本教育的近代化,早期也是正规课程和速成课程并行展开,速成课程中最重要的则是医学和法学教育。[3]日本的成功经验加强了中日两国开办法政速成科以培养人才的决心。为了打破这种困局,急于求成的清政府遂与日本政府商议,开设法政速成科。[4]其后杨枢得到法政大学校长梅谦次郎(Ume Kenjirō,1860－1910)的协助和日本文部省的认可,终在1904年5月,由法政大学开办以一年为期的法政速成科,以培训中国官绅。[5]其后又因一年时间太短,由1904年10月开始(即第二班入学时),改为一年半3个学期的课程,以6个月为1学期。其课程如下:[6]

───────

〔1〕《出使日本大臣杨枢请仿效日本设法政速成科学折》(光绪三十年十二月四日),《清光绪朝中日交涉史料》,卷68,第5032号件,页35。

〔2〕与法政并重的是师范教育的速成课程,其目标是培养师资应急,尽快训练可用的教员回国推广新式教育。关于速成教育之弊,当时并非没有讨论过,例如外务部便认为政治、理财、律例之学,需时三、四年,若再加上学习外国语言一年至年半,大抵非六年不为功,对速成教育抱怀疑态度。尽管如此,中日两国的主事者及舆论都主张先以速成教育培养大量人才以应当前急务为要。参《外务部奏议复派赴出洋游学办法章程折》(光绪二十八年),颜世清辑:《约章成案汇览》,乙篇,卷32上,页32;[日]实藤惠秀:《中国人留学日本史》,页35—37;叶龙彦:《清末民初之法政学堂》(中国文化学院史学研究所博士学位论文,1974年),页88—89。

〔3〕参天野郁夫(Amano Ikuo):《近代日本高等教育研究》(东京都町田市:玉川大学出版部,1989年),页53—57。至于日本近代法政教育的形成,丁相顺有简要的介绍。参氏著:《日本近代法学教育的形成与法制近代化》,载韩延龙主编:《法律史论集》第3卷(北京:法律出版社,2000年),页436—464。

〔4〕《出使日本大臣杨枢请仿效日本设法政速成科学折》(光绪三十年十二月四日),《清光绪朝中日交涉史料》,卷68,第5032号件,页35。

〔5〕但据曹汝霖(1877—1966)的回忆,最初提议在日本开设法政速成科的是他和湖南留日学生范源廉(1877—1928),他们二人向当时的法政大学校长梅谦次郎求助,并得到对方的应允。这说明了不论是民间还是政府,都看准了在国家构建的过程中,培养法政人才的必要性和急切性。参曹汝霖:《曹汝霖一生之回忆》(台北:传记文学出版社,1980年),页19—20。

〔6〕参法政大学史料委员会编:《法政大学清国留学生法政速成科関係資料》,页6—7。

第二章 晚清国际法教育

表 7

第 1 学期		第 2 学期		第 3 学期	
学　科	每周授课小时	学　科	每周授课小时	学　科	每周授课小时
法学通论及民法	5	民　法	4	民　法	5
国法学	5	行政法	6	商　法	6
刑　法	3	刑　法	3	国际私法	3
经济学	4	国际公法	4	民刑诉讼法	4
西洋史	5	裁判所构成法及民刑诉讼法	3	财政学	4
政治地理	2	政治学	4	监狱学	2
合　计	24	合　计	24	合　计	24

单就课程而言，所涵盖的范围与一般政法专业分别不大，而国际法课时所占时间亦合乎标准。我们可以比较一下 20 世纪初法政大学 3 年制法律专业的课程和学时：[1]

表 8

第 1 学年		第 2 学年		第 3 学年	
学　科	每周授课小时	学　科	每周授课小时	学　科	每周授课小时
宪法	2	民法（第二编第七章以后、第三编第二章以后）	6	民法（第四、五编）	4

---

[1] 法政大学编：《法政大学学则》第三条。此表资料转见丁相顺：《晚清赴日法政留学生与中国早期法制近代化》，《中外法学》，13 卷 5 期（2001 年），页 637。

续 表

第 1 学年		第 2 学年		第 3 学年	
学 科	每周授课小时	学 科	每周授课小时	学 科	每周授课小时
民法(第一编、第二篇第一至第六章、第三编第一章)	8	刑法各论	2	商法(第四、五编)	4
刑法总论	2	商法(第一、二、三编)	6	行政法	4
国际公法	4	民事诉讼法(第一、二编)	3	国际私法	3
经济学	3	刑事诉讼法	2	民事诉讼法(第三编以下)	4
选修课:罗马史或法制史任择其一	2	财政学	2	选修课:外国法[英国法、法国法、德国法任择其一]	4
选修课:外国法[英国法、法国法、德国法任择其一]	4	选修课:外国法[英国法、法国法、德国法任择其一]	4	选修课:法理学、破产法任择其一	2
合 计	25	合 计	25	合 计	25

至于任教老师,都是由梅谦次郎礼聘当时日本名重一时的教授和政法界的俊彦:[1]

---

[1] 法政大学史料委员会编:《法政大学清国留学生法政速成科关系资料》,页115—116。

第二章 晚清国际法教育

表9：法政速成科各科讲师人名表

学 科	讲 师	所 属	学 历
法学通论	梅谦次郎	法政大学校长兼东京帝国大学法科大学教授	法学博士、法国法律博士
民 法	梅谦次郎		
	乾政彦（Inui Masahiko, 1876-1951）	东京高等商业学校（一桥大学前身）教授	法学士
商 法	松波仁一郎（Matsunami ni'ichirō, 1868-1945）	东京帝国大学法科大学教授	法学博士
	志田钾太郎（Shida Kōtarō, 1868-1951）	东京高等商业学校教授、东京帝国大学法科大学教授	法学博士
宪 法	筧克彦（Kakei Katsuhiko, 1872-1961）	东京帝国大学法科大学教授	法学博士
	美浓部达吉（Minobe Tatsukichi, 1873-1948）	东京帝国大学法科大学教授	法学博士
行政法	清水澄（Shimizu Tōru, 1868-1947）	学习院主事、内务书记官	法学博士
	吉村源太郎（Yoshimura Gentarō）	法制局参事官	法学士
	松浦镇次郎（Matsuura Shigejirō, 1872-1945）[1]	文部省参事官	
刑 法	冈田朝太郎（Okada Asatarō, 1868-1936）	东京帝国大学法科大学教授	法学博士
国际公法	中村进午（Nakamura Shingo, 1870-1939）	东京高等商业学校教授	法学博士

---

[1]《法政大学清国留学生法政速成科関係資料》未见，此处据阿部洋：《中国の近代教育と明治日本》（东京：福村出版株式会社，1990年），页83，但阿部洋未有注明出处。

续　表

学　科	讲　师	所　属	学　历
国际私法	山田三良（Yamada Saburō, 1869–1965）	东京帝国大学法科大学教授	法学博士
裁判所构成法	岩田一郎（Iwata Ichirō, 1868–1923）	东京控诉院判事	法学士
民事、刑事诉讼法	板仓松太郎（Itakura Matsutarō, 1868–?）	大审院判事	法学士
政治学	小野塚喜平次（Onozuka Kiheiji, 1871–1944）	东京帝国大学法科大学教授	法学博士
经济学	金井延（Kanai Noburu, 1865–1933）	东京帝国大学法科大学教授	法学博士
	河津暹（Kawazu Susumu, 1875–1943）	东京帝国大学法科大学教授	法学士
	山崎觉次郎（Yamazaki Kakujirō, 1868–1945）	东京帝国大学法科大学教授	法学博士
财政学	冈实（Oka Minoru, 1873–1939）	农商务省参事官	法学士
	高野岩三郎（Takano Iwasaburō, 1871–1949）	东京帝国大学法科大学教授	法学博士
警察学	久保田政周（Kubota Kiyochika, 1871–1925）	内务书记官	法学士
监狱学	小河滋次郎（Ogawa Shigejirō, 1864–1925）	监狱事务官	法学博士
近世政治史	立作太郎（Tachi Sakutarō, 1874–1943）	东京帝国大学法科大学教授	法学博士
	野村浩一（Nomura Kōichi）		文学士
	阿部秀助（Abe Shūsuke）		文学士

第二章　晚清国际法教育

续　表

学　科	讲　师	所　属	学　历
政治地理	野村浩一		文学士
	阿部秀助		文学士
殖民政策（科外）	山内正瞭（Yamauchi Seiryō, 1876-1973）	东京帝国大学大学院院生（研究生）	文学士
论理学（科外）	西河龙治（Nishikawa Ryūji）		文学士
警察事务（科外）	藤井秀雄（Fujii Hideo）	警视厅警部	

因此,就师资而言,速成科毫无逊色之处。至于程度如何,比较简单的方法是看看速成科毕业考试的题目。[1]

1905年4月17日—25日第2班第1学期考试题目:[2]

国际公法题(中村博士)

1. 永久局外中立国的法律上的性质如何?

2. 请述制订入口税及出口税之标准。

1905年4月24日—5月5日第1班第2学期考试题目:[3]

国际公法题(中村博士)

1. 请说明海上中立规则及陆上中立规则之差异。

2. 请述说治外法权、领事裁判权及混合裁判权。

1906年5月24日—6月2日第2班毕业试题目:[4]

国际公法题(中村博士)

---

[1]　法政大学史料委员会编:《法政大学清国留学生法政速成科関係资料》,页94—110。此外,尚有各学期的考试题目,其中有关于战时国际法的中立法、战争法和平时国际法的讨论,特别是领事裁判权的问题。详参页95—113。

[2]　法政大学史料委员会编:《法政大学清国留学生法政速成科関係资料》,页94—95。

[3]　法政大学史料委员会编:《法政大学清国留学生法政速成科関係资料》,页96。

[4]　法政大学史料委员会编:《法政大学清国留学生法政速成科関係资料》,页112。

1. 细述关于中立的24小时规则。
2. 在怎样的条件下可以使俘虏从事劳动?

1901年度和佛法律学校(法政大学前身)一年级考试题目:[1]

1. 甲乙两国缔结瓜分丙国之条约,此条约有效否?
2. 请述永久局外中立国的性质和权利义务。

由此可见,这些题目与日本大学法科专业考试并无二致,其程度相当,内容都是中国人和日本人切身关注、亟待解决的问题。可见课程本身具有相当的针对性和实用性。

学者指出,1905年至1911年间,有1 388名留学生参加了清政府学部举行的7次考核留学毕业生的考试,其中日本留学生有1 252名,占总数的90%;专业领域属于法政的便有813人,占65%之多。[2] 此外,据日本文部省的统计,清末毕业于日本公私立法政科的留学生共有1 366人。[3] 当时,日本有多间设有法政教育以供中国留学生就读的学校,计有日本东京帝国大学、东京法学院、西京帝国大学、日本法律学校、法政大学、明治大学、早稻田大学、中央大学和东京法科大学等。不过,若论成效及名气,还是以法政大学设立的清国留学生法政速成科最为重要。阿部洋指1906年9月第五班开学时,曾入读的中国留学生便有1 868人之多。[4] 此外,根据日本外务省的统计资料,1907年12月,教育中国留学生的25间主要学校共收有6 142人,其中法政大学有学生1 125人,占18.3%,居于首位。[5] 法政速成科从1904年至1908年办了5期,总共培养了1 113名毕业生。[6] 这些学生大都是具有品第官阶的候补官僚、仕学馆学员,以及科举出身的进士、举人、生员等,故有学者称他们是"再制

---

[1]《法学志林》,34号(1902年8月),页147。
[2] 黄福庆:《清末留日学生》,页74—75。
[3] 参叶龙彦:《清末民初之法政学堂》,页110。
[4] 阿部洋:《中国の近代教育と明治日本》,页83。
[5] 上述数字整理自阿部洋:《中国の近代教育と明治日本》,页71,表3。
[6] 关于这5期法政速成科毕业生数目的说法有许多种,就连法政大学本身都有不同的说法,实际的毕业生人数应是1 113人。详参拙著:《法政速成科与留日法政教育》,页360—361。

官僚"、"幼稚官僚"。[1]这种观察并非没有根据,例如1903年赴日留学的吴玉章(1878—1966)在回顾留日大潮时便曾指出,1904年在开封参加了最后一次会试的举人,无论考上与否,鉴于国内没有出路,差不多都到日本入读法政大学,因此法政大学的学生大多是"上层官僚的子弟"。[2]贺跃夫曾查证其中185名毕业生的出身,列表如下:

表10

进 士	举 人	贡 生	生 员	学堂出身	不 明	合 计
115	21	9	9	28	28	185

当然,诚如贺跃夫所指出,这些数字并不完整,我们所见的只是毕业生的名单,并不包括那些不及格或中途退学的学生。但在有限的材料下,我们已可以从中看出这些学生大多拥有"中学"根基和传统功名,例如进士便达115名之多,单是状元就有3人,即甲辰科(1894)的刘春霖(1872—1944)、乙未科(1895)的骆成骧(1865—1926)和戊戌科(1898)的夏同和(1869—1925),而且大部分具有功名者的年龄都在30岁以上。这反映了士绅教育的转型:从传统科举制度化的儒学教育转为以西学为主的近代教育,与早期派往欧美留学的学生,被排除在"正途"出身以外的情形截然不同。[3]

这些毕业后回国的法政速成科学生,有很多活跃于政界和教育界,投身于近代中国的法政改革运动和从事教育培养法政人才,对清末民初的中国社会及政治变革影响深远巨大。除了少部分如胡汉民(第2班)、居正(1876—1951,第4班)、江瀚(1879—?,第5班)等加入革命党外,[4]其

---

[1] 嚴安生:《日本留学精神史——近代中国知识人の軌跡》(東京:岩波書店,1991年),页88。
[2] 吴玉章:《辛亥革命》(北京:人民出版社,1961年),页62。
[3] 贺跃夫:《清末士大夫留学日本热视》,页45—51。
[4] 胡汉民第2次留日,进入法政速成科,较之前次留学大有所获,还结识了不少年轻俊彦,如汪精卫(1883—1944)、朱执信(1885—1920)、张伯翘、李君佩(即李文范,1884—1953)、古湘芹(即古应芬,1873—1931)、陈协之(即陈融,1876—1955)等人,彼此切磋砥砺,探求实践革命之要领。参胡汉民著:《胡汉民自传》(台北:传记文学出版社,1969年),页11。

余大部分都转向立宪派,投身立宪运动。1909年成立的咨议局,各省咨议局议员中法政速成科毕业生便有54人之多,其中有位居咨议局正副议长者,如直隶咨议局议长阎凤阁(1859—?,第2班)、湖北咨议局议长汤化龙(1874—1918,第4班)、副议长张国溶(1876—?,第5班)、山西咨议局议长梁善济(1862—?,第4班),以及四川咨议局议长蒲殿俊(1885—1934,补习班)等。这些毕业生还为各省立宪派提供了紧密的人际纽带。[1]事实上,立宪运动的理论提倡者,就是这些法政学生。[2]至于翻译书刊、撰述文章等推广法政知识的贡献更是毋庸多论。

2. 评价

1905年至1906年间,大量中国留学生涌到日本留学,人数多达八千余人,使留日人数达到高峰。一时间,日本充斥着中国留学生和专事谋利的学商、学店。事实上,当时各种速成科已取代普通科成为留学主流,除了原来已有的师范速成、警务速成等科外,又有理科速成科、音乐速成科等。以教育中国学生的重镇宏文书院为例,1902年至1906年间,共有学生1 959人,普通科仅129人(6.6%),速成科则有1 830人(93.4%)之多。[3]很多学商、学店只为图利,于是竞收学生,拼命地缩减学期,有短至数日者,而且乱发文凭。中国留学生方面,又因人数众多,良莠不齐,不少只图买张文凭,平日并不上课,尤其是所谓速成科者,情况最为恶劣。速成教育所产生的留学生泛滥问题,严重影响当时的留学生界和学校的声誉。留日学生的素质和派遣学生留学的政策受到不少批评,同时引起了日本教育家和日本政府的注意。1905年11月,日本政府为了加强对

---

[1] 贺跃夫:《清末士大夫留学日本热视》,页51—56;尚小明:《留日学生与清末的宪政改革》,载王晓秋、尚小明主编:《戊戌维新与清末新政》(北京:北京大学出版社,1998年),页133—168。此外,法政大学史料委员会编:《法政大学清国留学生法政速成科関係資料》,亦介绍了活跃于清末民初政治社会舞台77名毕业生的经历。参页166—186。

[2] 胡汉民指出梁启超在滞留日本期间,与东京帝国大学法科和早稻田大学的学生,如章宗祥(1879—1962)、曹汝霖、陆宗舆(1876—1941)等结纳,成立宪团体,意气甚张。参胡汉民:《胡汉民自传》,页19。

[3] 阿部洋:《中国の近代教育と明治日本》,页76—77。

第二章　晚清国际法教育

中国留学生的监管,颁布了《清国留学生取缔规程》,试图矫正当时学店胡乱收生,学生放纵散漫的学习风气。[1]另一方面,1906年3月,清政府颁布了限制留学的办法,对入读法政或师范的速成科学生有了较严格的规定:不论官费生还是私费生,必须具有中学程度,通晓外国文字,年在25岁以上,于学界政界具有实际经验者方可留学,借此提高留学的门槛。[2]

留日学生成绩低下的问题在1906年8月学部举行的第2次留学毕业生考试中彻底暴露出来。这次考试,以参考者数量而言,是留日的较多;但以成绩而言,则留欧美者胜。按清政府的考核规定,考列最优等者给予进士出身,考列优等及中等者,给予举人出身。考试结果出来后,最优等的9人全是留学英美的,其中学习政法的有4人;优等5名,留日学生有2人;中等18名,留日学生有13人,其中法政学生有6人。[3]

在这种情形下,尽管法政速成科学生成绩表现非常优异,[4]所受的

---

[1]　黄福庆:《清末留日学生》,页284—304。此后,很多法政学校倒闭,其原因即在于财政恶化、生源不足,以及水平太低等。当然,这种严密的监管体制,亦有助清政府监视从事反清革命运动学生的一举一动。另一方面,这时中国留学生为抗议日本政府的强化监管,纷纷罢课、退学,一时间回国风潮高涨,尤以1905年12月陈天华(1875—1905,法政速成科第二班学生)遗下《绝命书》于日本大森海湾投海自杀时达到高峰。

[2]　《通行各省选送游学生限制办法电》,学部总务司编:《学部奏咨辑要》,卷1,总页2—3。

[3]　获最优等的4名英美法政毕业生是美国耶路(鲁)大学、加利宽尼亚(加州)大学政治科的陈锦涛(1870—1939)、法律科的张煜全(1879—？)、美国康乃尔大学政法科的施肇基以及英国康伯立舒大学(剑桥大学)法律科的李方。美国伟斯本大学法律科的田书年是其中一人考获优等的留学生。考获中等的6名日本法政毕业生是中央大学的黎渊(1880—？,法律)、东京法科大学的王鸿年(政法)、早稻田大学政治专业的周宏业、董鸿祎(1878—1916)、嵇镜(1877—？)、富士英(1877—？)。贺跃夫在其《清末士大夫留学日本热视》一文中(页43)指出:1906年8月,学部举行的是第一次留学毕业生考试,应考百余人,大多是留日学生,但考试结果留日学生全部落第,合格者都是留美学生。这个说法与真实情况多少有些差异。因为一般来说,尽管未成定制,我们仍会把1905年的考试算是第一次;其次,1906年那次考试只是没有留日学生考上最优等而已。参《本部考取游学毕业生名单》,《学部官报》,4期(1906年10月28日),《文牍》,页40—42[1册,页93—94]。此外,王立中以1906年的成绩作为清政府严格规定政法留学条件后学生程度得到提高的证据,属错误引导。因为这些学生在留学之时,清政府尚未作出收紧留学条件的规定。参氏著:《论近代中国政法留学教育及其影响》,页61—62。

[4]　参拙著:《法政速成科与留日法政教育》,页364—365。

压力和打击仍然相当大。与此同时,清政府开始于全国各省设立法政学堂。[1]随着国内法政学堂纷纷成立,法政学堂的学生人数亦与日俱增。有志从事中国教育的日本人,亦相继来华。据学者估计,1905至1906年的全盛期,人数多达五、六百人。[2]因此,在这种形势下,留日学习法政的需要亦随之而减少。对法政速成科的发展造成决定性打击的,是学部以留日学生一万二、三千人当中,学习速成科者占多数,已足以应急,便以国内法政学堂已纷纷成立为由,于1906年8月,通令各省停止派遣学生留日修习法政及师范速成科。[3]在生源不足的困境下,法政速成科不到5年,就不得不结束其历史使命。不过,由于清政府停办科举,须安排进士馆学员(甲辰及癸卯两科进士)的出路,因此在进士馆日本教习岩谷孙藏(Iwaya Magozō, 1867-1918)协调下派遣赴日留学的95名学员不受影响,仍分别送读法政速成科第5班(58人)和补习科(37人)。[4]第5班的政治科和法律科总共录取了840多名学生。不过,这已是最后一次录取学生。同年10月,梅谦次郎从朝鲜回日本前途经中国,与袁世凯(1859—1916)、张之洞等人商讨,协议法政大学取消速成科,在第5班以后不再招生,改设三年制的普通科,学生毕业后可升入法政大学预科或专门学部继续学业。但是,由于这时留日热潮已告退减,清政府又改变了其留日政策,因此1907年9月新开办的普通科只录取了84人而已。[5]1907年,清政府又与日本政府达成协议,从1908年开始的15年内,清政府每年派遣学生165人进入5间特约官立学校(即东京高等师范学校、东京高等工业学校、山口高等商业学校、千叶医学专门学校),培养自然科

---

[1]《通行御史乔树枬奏请各省添设法政学堂文》,《学部官报》,2期(1906年9月),《文牍》,页20—21[1册,页45];《通行各省御史乔树枬奏请各省添设法政学堂文》,学部总务司编:《学部奏咨辑要》,卷1,总页77—78。

[2] 详参汪向荣:《日本教习》,页42—124。

[3]《通行各省限制游学并推广各项学堂电》,学部总务司编:《学部奏咨辑要》,卷1,总页105—106。

[4]《奏变通进士馆办法遣派学员出洋游学折》、《附奏非具中学程度之学生不咨送出洋片》,学部总务司编:《学部奏咨辑要》,卷2,总页111—113,页115—116;法政大学史料委员会编:《法政大学清国留学生法政速成科関係资料》,页148。又阿部洋:《中国の近代教育と明治日本》,页83作37人进第五班,不知所据为何。

[5] 阿部洋:《中国の近代教育と明治日本》,页85。

学及实科(农、工、格致和医科)人才,经费由各省分担。[1] 与此同时,由于学习法政选科者,入学容易,只需使馆介绍,不用考试,进校后任其选修一、二门课程,每天听讲一、二小时,不用考试即可毕业,与日本人之选科不同,其学问与速成科无异。因此,1908 年 4 月,学部又规定法科选科学生,不准给予官费。[2] 此后虽然留日学生的数目减少了,但素质却得到提高。尽管清政府的留学日本政策,已由速成转向为高等专门以上教育,由法政转向实科,但学部仍支持赴日游历官员争取学习法政机会,并与法政大学协议设立"特讲班",供各省游历官员学习,以三、四个月为限,人数在 30 人以上即可开班。[3]

总而言之,在中国的近代教育史中,日本扮演了相当重要的角色。日本既是教育人才,培养官僚、军官、技术者、革命家之地;同时又是对现状不满者的天堂和培育革命运动的土壤。此外,她更具有催化剂的作用——日本作为一个国族国家以帝国主义的行动唤起了中国人有意识的回应并影响了他们的世界观。[4]

七、小结

晚清的法政改革,一则变革司法以实行法治,二则通过国际法的教育,培养出一批通晓国际法、深谙国际秩序之大小官僚。特别是随着中国加入万国保和会参与国际事务,努力跻身"文明国"世界,通晓国际法和外语(尤其是法语)的人才(留学生和学堂毕业生)得到更多的重用。如同文馆出身的陆徵祥由驻俄法语翻译而任参赞、进而任驻荷公使、保和会全权大臣,以至民国时晋升为外交总长、国务总理。新政期以至民国时期的外务部/外交部、法部/司法部的官僚,大多是留学法政出身,并通晓外

---

〔1〕 详参黄福庆:《清末留日学生》,页 94—105。
〔2〕 《咨复使日大臣法科大学选科学生仍应限制不给官费文》,《学部奏咨辑要》,卷 3,总页 373—374。
〔3〕 《通咨京外各衙门嗣后如派员赴东游历限二、三、九、十四个月为到东之期以便入法政大学特设部听讲文》,《学部官报》,62 期(1908 年 8 月),《文牍》,页 264—265[册 2,页 565—566]。
〔4〕 Louis G. Perez, "The Cultural Impact of Japanese 'Returned Students' to China in the Early 90's," pp. 40-43.

语和法学。据王健统计,1912年至1928年期间担任全国司法部部长、次长的32人当中,便有15人曾是留学日本的法政科学生。[1]这都在在说明了国际法在国家构建、文明化过程中已成为处理外交事务的必备知识。[2]而且,大量具备政治学、法学知识,拥有国际秩序视野的朝野官绅,在清末民国时期诸如国家构建、外交关系的认识上以及实际运作层面,都发挥了巨大的作用并作出了实际的贡献。[3]

虽然晚清的国际法教育多少是反应式的,无论是课程的规划还是师资的延聘,都没有系统地展开,更多是匆匆上马。由最初零星地由几所新式学堂开办,在众多技术、工学、自然科学的留学生群体中加插一二"公法律例"学生,到新政期的遍地开花式的法政学习大潮,无不与现实政治外交的发展轨迹紧紧联系在一起。然而,尽管存在被动、匆忙、偏颇等问题,国际法的移入,由初期单科"公法"传授,强调"交涉"时的"公法"运用,发展为知己知彼,协调中西律例之差异,学习各国律例,及至后来国际法学被纳入更为完整全面的以政治学、法学(含国际法)为主体的法政科内,这一切都表明了国际法教育在近代中国经历了一个不断深化与体系化的过程。不过,值得注意的是,"国际法"作为一个学科的名称此时虽已初步确立,但"万国公法"、"交涉公法"等名称仍为某些学校所采用。这种现象,也许说明了在近代国际法学成立的过程中,人们如何各取所需,对国际法进行种种解读及投射其学科知识的期待。

如果说自强运动时期的国际法教育是片面而局部的话,新政时期的国际法教育便突显了其普及之广与渗透之深。新政时期,国际法的知识与宪法、刑法、财政学同时成为当时新官僚、新绅士阶层的必备知识,传统

---

〔1〕 此15人分别是江庸、章宗祥、张耀曾、林长民、朱深、程克、姚震、汪有龄、张一鹏、余绍宋、石志泉、恩华、李述膺、王文豹和孔昭焱。参王健:《中国近代的法政教育》,页123。
〔2〕 例如在派遣驻外使节及中国国际组织代表时,首先要求的便是通晓国际法。《光绪三十三年八月二十八日发陆军部文:保和会旧章应添派公断员有选择一人咨复以凭奏派由》,《外务部档案》,02—21号,2函2宗2册。详参第5章。
〔3〕 郝铁川曾概述了19世纪中后期至1946年间,中国近代法学留学生的规模、特点、政治态度,以及他们在法制近代化的作用,为我们提供了一个简明扼要的图像,但仍有待深入分析。参氏著:《中国近代法学留学生与法制近代化》,《法学研究》,19卷6期(1997年11月),页3—33。

第二章　晚清国际法教育

的以儒家道德伦理为接近权力轴心之主要途径的状况亦告终结。从那些进士举人后来的转型来看,他们实际上又成了民初各级政府选择干部的主要来源。新精英(elite)阶层的产生,使原来地方社会秩序产生变化,催生了清末地方自治的发展,[1]加速了清政府的覆亡。从1910年始到1930年代而止,是中国法律学校的爆发性成长期,[2]此时期培育了不少政法专才。其后全国上下反对日本《二十一条》条款的无理要求,抗议北洋政府的丧权辱国,同仇敌忾,实在不能不归功于国际法教育的广泛实施和国际法知识的普及。国人维护国家主权决心的增强,以及在丧权的危机意识下形成的国民凝聚力及国家认同感也皆缘于早先国际法学教育的普及。这里,我们且以留学日本明治大学法学部学生黄尊三1911年2月24日的日记作结:

> 读国际法,能养成国家观念,知主权之不可丧,而领土之不可侵,余读是法竟,于中国之领土主权,生无限悲观,因中国之领土主权,皆不完全故也,只可谓之不完全主权国。[3]

---

[1] 关于近代中国地方自治与留日学生接受地方自治理论的探讨,参黄東蘭:《近代中国の地方自治と明治日本》(東京:汲古書院,2005年)。

[2] 陈晓称之为"uncontrolled mushroom development",并指当时许多称为法律学堂的,其实只是政治家的速成培训所而已。参Chan Huge, "Modern Legal Education in China," p.142.

[3] 黄尊三:《三十年日记》,第1册,《留学日记》(长沙:湖南印书馆,1933年),页317。

第三章　晚清国际法观

一、引言

近代西方国际法体现了西方国际秩序的规范原理，它是以主权国家、平等关系和势力均衡作为国际社会的基础的。国际法的主题虽以国际关系以及国家间的权利和义务为重心，但同时也涉及国家的性质、地位以及文明等问题。因此，检讨晚清官僚和知识分子对国际法的讨论与诠释，既可揭示这时期中国人国际秩序观的转向，也可考察传统中华世界秩序与新世界秩序之间相互碰撞、契合附会的演变和适应过程。国际法的传入使中国人认识到主权观和平等观，进而察觉到不平等条约并不行于西方国家之间，而独行于亚非二洲的现实。既然中国主权受损，于是探究主权被侵、利权被夺的原因便成为有识之士的首要任务。至于国际法怎样处理国家大小强弱之类的问题，也自然是他们的关注所在。

关于晚清的国际法观，正如笔者在"绪论"讨论研究史时所指出，不少研究从阶级身份出发来考察中国知识精英的国际法观，基本上采取进化史观的视角来考虑问题，因此虽然在内容上做了有益的梳理和分析，却难免对史料作过多的裁剪，并且对晚清知识分子国际法观的丰富性及差异性问题有分析不足之嫌。[1]另一方面,汪晖和王中江从普遍主义的确立问题出发探讨了中国知识分子国际秩序观的转变与近代中国的生成问题,对我们理解近代中国思想的转化很有启发。可惜,他们把研究焦点放在几个晚清精英的国际法观上,解释力有其局限性;而且他们把时限设在19世纪末,对20世纪初国际秩序观与当时世局变化之间的关联互动仍有待进一步的充实分析。[2]刘禾则是将国际法翻译放在两个文化体系冲突的框架下,讨论了中国人面对西方文化、西力时所产生的文化冲击和对应心态,见解新锐,[3]但在宏观审视的角度下,无可避免地忽视了时期的变化因素以及不同群体之间与个人之间的差异性。至于鲁纳,他的贡献在于将问题置于东西文化对话的框架下来展开叙述,将晚清中国知识分子的国际法观与中国传统的国际秩序观按时期及思想取向分别梳理,加以比照,广泛地、长时段地讨论了处于中华世界秩序与西方国际法秩序两者之间的知识分子,是怎样为中国在新的世界秩序下确立自身位置以及其与别国间之关系的。[4]从讨论人物的广泛性以及时段的涵盖性来说,鲁纳的研究都显得比较全面,尽管其对从事政治外交政府官僚的探讨仍有薄弱之嫌。

在本章里,我们将会分析19世纪至20世纪初中国人接触到国际法知识,吸收它成为新的"知识资源"和"概念工具",并将其内化为日常政治语言以及思维模式后,自身的思想模式发生了深刻的变化。从主权观念的产生以及国际法适用的问题着手探讨在失序的过程中,中国人如何从西方国际法中找到新的世界秩序,以国际法的文明标准作为国家现代性转化的框架,希望从野蛮跃身为"文明国"的思想过程。[5]

二、作为"思想资源"和"概念工具"的国际法

西方国际法著作的传入,带来了有关政治地理、社会文化、国际秩序

---

[1] 比较有代表性的是佐藤慎一:《近代中国の知識人と文明》。
[2] 汪晖:《近代中国思想的兴起》;王中江:《近代中国思维模式演变的趋势》。
[3] Lydia H. Liu, *The Clash of Empires*.
[4] Rune Svarverud, *International Law as World Order in Late Imperial China*.
[5] 方维规撰有专文初步讨论了郭嵩焘、梁启超、陈独秀、胡适等人对西方"文明"及"文化"概念的接受与认识程度。参氏著:《近现代中国"文明"、"文化"观的嬗变》,《史林》,1999年4期,页69—83。

的新"知识资源"。作为近代国际法理论支架的主权(sovereignty)观念则成了近代中国面向世界、认识自我时一个不可或缺的"概念工具"。而如何在近代国际社会环境中重新思考自身国家性质,原本就是中国由传统帝国走向近代国家过程中必须面对的基本课题之一。事实上,不少学者早已指出主权是近代中国思想的重要概念。例如王尔敏便认为废除不平等条约的认识与要求,是伴随着主权观念一起产生的,[1]而近代民族主义的基本构成要素便是主权思想。王尔敏指出晚清学会如"公法学会"、"保国会"、"国权挽救会"、"国民拒款会"、"路权研究会"、"河南保矿会"、"山东保矿会"、"路矿联合共济会"、"广东保路会"、"四川保路同志会"、"戡界维持会",以及"云南保留会"等,多半起源于对主权观念的觉醒而组成,并以恢复国家主权为活动宗旨。[2] 这种主权观念的认识固然出于现实对外交涉的经验以及对不平等条约的反省,但其知识的来源却不能不溯至国际法的传入。

1. 主权观念的传入

最早系统地介绍国家主权观念的是丁韪良所译之《万国公法》。对于当初丁韪良译介国际法的工作,除了美国公使华约翰外,英国公使卜鲁斯亦表示赞同。他认为这一方面可以使中国人认识到西方令人惧怕的军力,其目的在于支持某些道德标准;另一方面让中国人知道西方亦有其制度,而这些制度是可以付诸实行,并为西方各国所一致公认的。[3] 当时驻华使馆的一名职员米特福(Algernon Bertram Freeman-Mitford, 1837 – 1916)更把《万国公法》的刊行誉之为"中国历史上的一件大事"。[4] 丁

---

〔1〕 王尔敏:《晚清政治思想史论》,页191—202。
〔2〕 王尔敏:《中国近代思想史论》(台北:华世出版社,1977年),第4章《清季学会与近代民族主义的形成》,页209—232。
〔3〕 参 W. A. P. Martin, "La Chine et le driot international," *Revue de Droit International et de Législation Comparée*, XVII (1885), p. 505。另一方面,当时的美国国务卿 William Henry Seward (1801 – 1872)对于丁韪良翻译美国惠顿的国际法著作一事虽表示了赞赏,但认为不能过誉。参 Immanuel C. Y. Hsü, *China's Entrance into the Family of Nations: The Diplomatic Phase, 1858 – 1880*, pp. 136 – 137。
〔4〕 Algernon Bertram Freeman-Mitford, *The Attaché at Peking* (London: Macmillan, 1900), p. 86。

第三章　晚清国际法观

韪良让中国认识西方法秩序的原因之一,正如佐藤慎一所说,在于期待中国遵守条约,由强制性的屈从转化为自发性的规范义务。[1] 这种期待的内在意义,刘禾认为无疑是要承认这样的事实:

> 西方国家征服世界凭的是一手拿武器,一手拿法律(道理)。野蛮的军事实力利用国际法的道德和法律权威来证明自己征服世界是一种殖民教化工程(œuvre civilitrice),这样的合法性论证反过来又将全球性的杀戮和掠夺变成一种高尚的事业。[2]

刘禾的指摘虽非全无道理,但这样一来又重复了早期学者论说的窠臼——国际法的传入在于将帝国主义的侵略合理化。例如王维俭便认为,西方将国际法传入中国,既可标榜西方的"文明",亦可避免武力征服中国所引起的麻烦,可说是一种"和平"的征服、"文明"的侵略。[3] 不过,如果仔细思考,我们便会发觉这种分析其实只看到了铜币的一面而已。

1885 年,丁韪良向西方读者指出,他期待通过国际法的介绍,使中国人明白西方国家间存在着自己的法规,人人都要服从,并且在国际法之下,弱者会受到强者保护。接受国际法,中国人将自然而然地迈进如此境界:

> Know their rights,
> And Knowing, dare maintain.[4]

查上面两个句子出自英国著名东方语言学家、法学家、人道主义者琼斯·威廉(William Jones, 1746–1794)的诗 "An Ode in Imitation of Alcœus" (1781)。此诗经常为争取人权者所引用。因此,我们对丁韪良在这里向西方读者公然宣称要让中国人明白自己的权利,并敢于维护这一问题,便

---

[1] 佐藤慎一:《近代中國の知識人と文明》,页 63。我们在第四章将会讨论总理衙门在办理外交时如何恪守条约,自发性地视遵守国际法规范为义务。
[2] 这是刘禾对前述英国公使卜鲁斯军力与国际法并用论的评语。参 Lydia H. Liu, *The Clash of Empires*, p. 120。这里采用了陈燕谷的译文,参刘禾:《普遍性的历史建构:〈万国公法〉与 19 世纪国际法的流通》,页 73。
[3] 王维俭:《普丹大沽口船舶事件和西方国际法传入中国》,页 87。
[4] W. A. P. Martin, "La Chine et le droit international," *Revue de Droit International et de Législation Comparée*, XVII(1885), p. 507.

不能不加以注意了。而刘禾将国际法的翻译传入理解为殖民地的教化工程、美化侵略事业的说法也就值得商榷了。特别是琼斯·威廉在殖民地印度担任法官多年,一直强调治理殖民地的长官必须与当地的知识分子合作,理解其文化、语言、历史、风俗习惯,而非单方面地以教化者自居,将原来的一切视为障碍。[1]因此,集传教士、外交官、教育者、翻译者于一身的丁韪良引用他的诗句便显得特别意味深长了。丁韪良其后撰写《中国古世公法论略》说明中国春秋时代已有类似西方国际法的规则,以及著书介绍中国的历史文化的做法,[2]又多少与琼斯·威廉的主张有所暗合之处。当然,丁韪良曾经扮演过西方帝国主义侵略者的角色,也是必须注意的。例如在义和团运动期间,他就曾建议美国政府要求中国割让海南岛,作为美国从菲律宾进入香港的踏脚石。[3]

《万国公法》翻译完成后,丁韪良曾介绍过各国的反应,并特别提到某大国的代表及报纸的评论反对他将国际法介绍到中国,批评他出卖欧洲人的利益,使中国人在战败(指第二次鸦片战争)后马上学会躲在规则后面以取得他们根本不配享有的权益。[4]如英商在上海的《北华捷报》(*North China Herald*)就有这样的评论:

> 我们是正在提供在未来某个时候用来直接对付我们自己的武器,抑是在将来仅仅得到一个新的征服,这一点无法肯定。当河流刚从发源地流出不远,就要堵住它,把它引导到合适的河道上去,这应是我们现在的目标。[5]

---

〔1〕 关于琼斯·威廉的生平与思想,参 Garland Hampton Cannon, *Oriental Jones: a Biography of Sir William Jones, 1746 - 1794* (New York: Asia Publ. House, 1964);同氏著: *The Life and Mind of Oriental Jones: Sir William Jones, the Father of Modern Linguistics* (Cambridge: Cambridge University Press, 1990)。

〔2〕 例如丁韪良先后著有 *Hanlin Papers, or, Essays on the Intellectual Life of the Chinese* (London: Trubner, 1880)及 *Hanlin papers. Second series, Essays on the History, Philosophy, and Religion of the Chinese* (Shanghai: Kelly & Walsh, 1894)。

〔3〕 W. A. P. Martin, *The Siege in Peking* (New York: F. H. Revell company, 1900), p. 156.

〔4〕 W. A. P. Martin, "La Chine et le Droit International," p. 504.

〔5〕 *North China Herald*, May, 21, 1864, p. 83. 又见 Immanuel C. Y. Hsü, *China's entrance into the Family of Nations: The Diplomatic Phase, 1858 - 1880*, p. 138。中文译文见王维俭:《普丹大沽口船舶事件和西方国际法传入中国》,页86。

第三章 晚清国际法观

此外,法国驻华代办哥士奇(M. A. Kelczkowsky, 1818–1886)认为丁韪良是一个麻烦制造者,并向蒲安臣抱怨道:

> 那个让中国人了解我们欧洲的国际法秘密的人是谁?杀死他!绞死他!他将给我们带来无穷后患。[1]

刘禾认为哥士奇强调"我们欧洲的国际法",证明了国际法的工具性,他把国际法的普遍价值一笔勾销。[2]但是,将国际法介绍到欧洲以外的地区,事实上促成了欧洲国际法社会的地理扩大,使原来只是"欧洲的国际法"进而成为具有普遍价值的"世界的国际法"。与此同时,西方国际法的引介将会使中日两国在对外交涉时加以应用,并看出"治外法权"的规定在非西方、非基督国家中实行时被大加改动的问题所在,进而找到废除"治外法权"(领事裁判权)的法律依据。[3]而这也正是哥士奇所害怕出现的。丁韪良译介《万国公法》,目的之一即在于协助中国依据国际法处理西方外交使节及商人过度苛索的问题。[4]与此同时,更期待在国际法的规范下,中国能与西方建立一种安定平稳的关系,进一步向西方开放门户,把清政府的对外政策纳入西方的轨道,从而创造出中西之间的紧密关系,长期而言,以促进中国的现代化以至西化。[5]

因此,国际法的传入是一柄双刃剑:一方面它规定了清政府须严格按照国际法的要求,遵守条约的拘束,履行各条款的责任;另一方面,它又诱使中日两国依据国际法的原则与规则维护其国家主权,废除不平等条约。

2. 主权认识

中国人接触到关于国家主权的介绍,最早见诸《万国公法》。卷1第1章第12节中谓:

---

[1] W. A. P. Martin, *A Cycle of Cathay*, p. 234.
[2] Lydia H. Liu, *The Clash of Empires*, p. 124.
[3] 这是时任美国驻华代办卫三畏(Samuel Wells Williams, 1812–1884)致函美国国务卿时所表达的忧虑。参 *Despatches from United States Ministers to China, 1843–1906*, Vol. 22, Samuel Wells Williams to William Henry Seward, 23 Nov., 1865.
[4] Jerome Alan Cohen and Hungdah Chiu eds., *People's China and International Law: A Documentary Study* (Princeton: Princeton University Press, 1974), p. 7.
[5] 佐藤慎一:《近代中国の知識人と文明》,页63;王维俭:《普丹大沽口船舶事件和西方国际法传入中国》,页87。

> 凡有邦国,无论何等国法,若能自治其事,而不听命于他国,则可谓自主者矣。[1]

在《公法便览》卷1,第1章第2节亦谓:

> 国之为国,当有孑然独立之形,一若天下更无二国也者,又必有独操之权,足以立法于国中,以治臣民,以定政体,是以各国创立法纪,惟本国自主之,断无他国可以干预彼国内治之理也。[2]

丁韪良以"自主"来翻译西方的主权观念,在《万国公法》头3卷中,介绍了"邦国自治自主之权"、"邦国自然之权"(包括"自护自主之权"、"制定律法之权"、"诸国平行之权"、"掌物之权")、"平时往来之权"、"商议立约之权",以及交战权等。而在《公法便览》内更指出国家有3种必有之权:自主之权、自立之权、平行之权,[3]强调自主、独立和平等这3种国家权利的重要性。由此可见,在早期传入中国的国际法译作中,已颇全面、系统、大篇幅地介绍了立法、行政、司法等国家主权。

这里的所谓国家主权,指的是对内的最高统治权以及对外的独立权。就对内主权而言,国家权力不受其他权力所制约,是管治国内人民、土地、财产之最高的、惟一的权力。对外主权是指处理内外政务事务,不从属于任何外国之权力,能够独立自主行动。尽管这些翻译著作的内容有其难以理解的一面,但随着对外交涉经验的累积、对不平等条约体会的加深,1870年代后期以来清政府官僚和知识分子已逐渐吸收到国际法著作中所提及的主权观和平等观,并将主权观与不平等条约联系起来加以探索。

在不平等条约之中,片面最惠国条款被中国官僚较早地确认为中国主权的丧失。早在1860年代末期清政府官僚已意识到片面的、无条件的、概括性的最惠国待遇最为侵害中国主权。[4]历来谈晚清主权意识的研究,大

---

[1]《万国公法》,卷1,页25。
[2]《公法便览》,卷1,页1—2。
[3]《公法便览》,卷1,第1章第2节,页2—3。从内容来看,所谓国家的"平行"之权,主要体现在外交礼仪的平等原则上。
[4] 下一章我们会谈到1869年与英国修约时,中国已尝试在约款中对最惠国待遇加以限制。

第三章 晚清国际法观

多只举出王韬、薛福成、曾纪泽、黄遵宪、郑观应、何启等人的主权观,称他们为主权观念的先驱者,忽略了其他官员同样具有这种进步视野。[1] 例如恭亲王奕䜣早在1871年的上奏便已指出"利益均沾"条款为害甚大:

> 伏查从前各国条约,最难措手者,惟中国如有施恩利益,各国一体均沾等语。数年来遇有互相牵引,十分掣肘。此次修约,为各国倡始,若不将此节辩明,予以制限,则一国利益,各国均沾;此国章程,彼国不守,其弊曷可胜言。[2]

其后在《中日修好条规》(1871)中,清政府更成功地删除了日本原来要求"利益均沾"的条款。[3] 此后,废除片面最惠国条款一直是晚清收回主权运动的重要课题。

另一引起中国人强烈关注的情况,是侵害中国独立司法的领事裁判权问题。1868年中英修约时中国便以废除领事裁判权作为开放内地的条件(详见本书第四章及第六章)。不过,清政府初期似乎还未能正确地把握领事裁判权的本质,故1871年《中日修好条规》第8条中,竟有中日两国皆有领事裁判权的规定。[4] 但随着中外教案的增加、领事干涉中国司法独立事件的频发,中国人对司法主权开始有了更深刻的认识。王韬指领事裁判权为各国对中国之"额外权利",应争取废止;[5] 曾纪泽从国际法的角度指出领事裁判权的不公:

> 洋人归领事管辖,不归地方管理,于公法最为不合。[6]

此外,驻日公使何如璋(1838—1891)又谓:

> 今之条约,外人犯罪,归彼领事,动辄左袒,欺我良懦,甚至通商

---

[1] 参王尔敏:《晚清政治思想史论》,页196—202;同氏著:《中国近代思想史论》,页221—217;田涛:《19世纪下半期中国知识界的国际法观念》,页111—117;同氏著:《国际法输入与晚清中国》,页182—198。
[2]《筹办夷务始末·同治朝》,卷70,页39。
[3] 详参王玺:《李鸿章与中日条约》(台北:"中央研究院"近代史研究所,1981年)。
[4] 王铁崖:《中外旧约章汇编》,第1册,页318。
[5] 王韬:《除额外权利》,《弢园文录外编》(北京:中华书局,1959),卷3,页27—29。
[6]《复曾劼刚星使》(光绪五月九月五日),《李文忠公全集·朋僚函稿》,卷19,页2。

港岸,华民有事,亦听其并坐堂皇,侵我内政,反客为主,国纪何在?是宜复法权。[1]

何如璋在批评领事裁判权弊害之余,更指出各国扩大条约内原有的领事权力,力请左宗棠收回法权。此外,维新时期的唐才常亦强烈指摘领事裁判权严重损害了中国的自主之权。[2]

至于协定关税条款,由于税率为条约所规定,致使中国无权自定税率。这对于急需饷源以进行改革的中国打击尤深。不过,清政府官僚初时只着眼于财政收入之多寡,对关税自主、保护关税以及由外国人管理海关(指海关税务司)等问题仍未予以足够的重视。[3] 直至70年代后期,在要求增加关税的交涉过程中,人们才开始关注到协定关税之害及关税自主的重要性。其中,必须注意的是何如璋和曾纪泽。何如璋受日本政府与各国交涉、争取关税自主权的事实所启发,1880年已能正确理解关税自主的重要性:

> 欧罗巴诸国与我结约,皆威迫势劫而后成议,其取我财贿,伤我利权,有泰西所无者。[4]

他强调协定关税之害(贸易收支不平衡、金银流出),指出如将原来是军费财源的关税置于外人"挟制"之下,必使中国贸易之失衡问题恒久化,不但使军费无望,更有亡国之虞。因此,他提出保护关税的方案,力主收回关税自主权。[5] 与此同时,曾纪泽也有同样的主张,并建议利用条约期限届满须再修约的机会,收回关税自主权。[6] 事实上,这种对关税自主权的认识在清政府官僚之间看来相当普遍,连一般地方官僚也强调保

---

[1] 何如璋:《上左爵相书》,《何少詹文钞》(收入温敬廷辑:《茶阳三家文钞》;《近代中国史料丛刊》;台北县永和镇:文海出版社,1966年),卷3,页14。

[2] 唐才常:《论情法》,湖南省哲学社会科学研究所编:《唐才常集》,页36。

[3] 刘翠溶:《关税与清季自强新政》,载"中央研究院"近代史研究所编:《清季自强运动研究会论文集》,下册(台北:编者,1988年),页1007—1032;铃木智夫(Suzuki Tomoo):《洋務運動の研究》(東京:汲古書院,1991年),頁515—519。

[4] 何如璋:《与出使英法大臣曾袭侯书》,《何少詹文钞》,卷3,页7—8。

[5] 何如璋:《与刘岘庄制府论日本议改条约书》,《何少詹文钞》,卷3,页9;《上左爵相书》,卷3,页14—15。

[6] 曾纪泽:《曾纪泽日记》,中册,光绪五年九月五日条,页921;光绪六年四月十三日条,页981—982。

第三章　晚清国际法观

护关税及关税自主的重要性。[1]

尽管如此,必须指出的是,这时期由于国际法仍未普及,因此对主权的认识以及对国际法的理解,只出现在少数开明官僚和知识分子身上。相关研究显示,中国甲午战败后,主权及权利(rights)观念开始受到广泛的重视,人们从国家和法律的角度论述了国家在政治、外交和经济等方面的自主权以及国家要保护的经济利益(如矿业、航运、进出口等方面的利益)。从1897年至1900年这3年间,与主权、权利相关的词汇在中文文献中大量出现,"利权"有900多次、"权利"700多次、"权力"600多次、"自主之权"300多次、"主权"400多次、"国权"400多次。[2] 踏入20世纪初,正如笔者在前两章中指出,由于留学生大量译介国际法及其他政治社会科学的知识,以及法政教育的普及,中国人对国际法和主权的认识得到大幅度的提升和充实。特别是受过正规法学训练的法政留学生们,诚如张建华的研究所显示的那样,他们不仅在理论上掌握了国际法的主权原则,还可以熟练地应用国际法原则澄清有关概念(如治外法权及领事裁判权之别),分析实际问题。[3] 限于篇幅,这里不一一细表。图一是John Schrecker统计了《清季外交史料》[4]中每100页(西式计算,

---

〔1〕《光绪五年六月初五日贵州候补道罗应旒奏折》、《光绪八年十二月十五日山西道监察御史陈启泰奏》,中国史学会主编:《中国近代史资料丛刊:洋务运动》,第1册,页181、页224。

〔2〕金观涛、刘青峰:《观念史研究:中国近代重要政治术语的形成》,页111—118。要注意的是,金观涛和刘青峰在这里是以"rights"为讨论对象的,并指出19世纪末中文文献表达"rights"这个概念时,除"权利"外,还有"权";"权"多与其他字词连用,组成一个词或词组(如"有某某之权"、"自主之权"、"自立之权"),它的使用在1897—1900年间达约有13 000多次,并在1898年达到高峰。二人关注的重心,在于中国人在接受"rights"这个观念时,是否能超越国家和法律的自主性及道德的正当性。二人将"权"和"权利"作为两个观念处理,认为"权利"这个词在这个时期的骤增程度未如"权",是由于人们在1900年以前使用"权利"这个词时,仍在相当程度上限定在法律和外交范围内,是作为一个较严格的法律概念来使用的,并未普遍地意识到"权利"的自主性和不等同于道德的正当性。此外,统计中的"自主之权",实际上包括了个人"自主之权"及国家的"自主之权"("sovereignty"),以"自主之权"一词来表达自主性为正当时,其主体大多仍是指国家而不是指个人。

〔3〕张建华对20世纪初中国人的主权观念做了很好的分析。参氏(即张用心)著:《晚清时期中国人的主权观念——国际法视角》,页123—134。

〔4〕值得注意的是,民国时期王彦威(1843—1904)、王亮编辑《清季外交史料》,实际上是从民族主义出发,视近代中国外交史为列强侵占中国边疆和属国,以及中国丧权辱国的历史。因此,内容的构成都是以中国边疆、属国及主权丧失事件史为主轴的。参冈本隆司:《中国近代外交へのまなざし》,页6—7。

原来的一页作两页计)中出现"主权"、"自主之权"、"国权"的频率,从1900年开始骤增,至1909年达到高峰。图二是金观涛和刘青峰统计了1864年至1915年期间,"利权"和"主权"两个词在中文文献中的使用次数,数字显示出1900年以后这两个词的使用开始遽增,而以1903年为高峰。

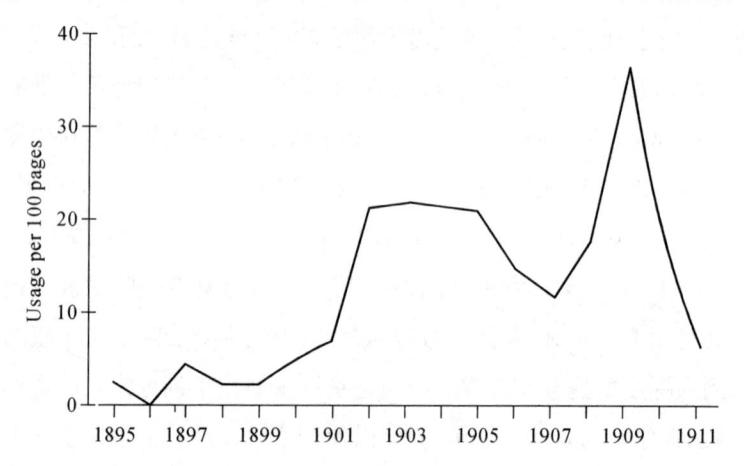

图一:《清季外交史料》中"主权"、"自主之权"、"国权"在每百页的出现次数。
(引自 John Schrecker, "The Reform Movement, Nationalism, and China's Foreign Policy," *The Journal of Asian Studies*, 29:1 [Nov., 1969], p.53.)

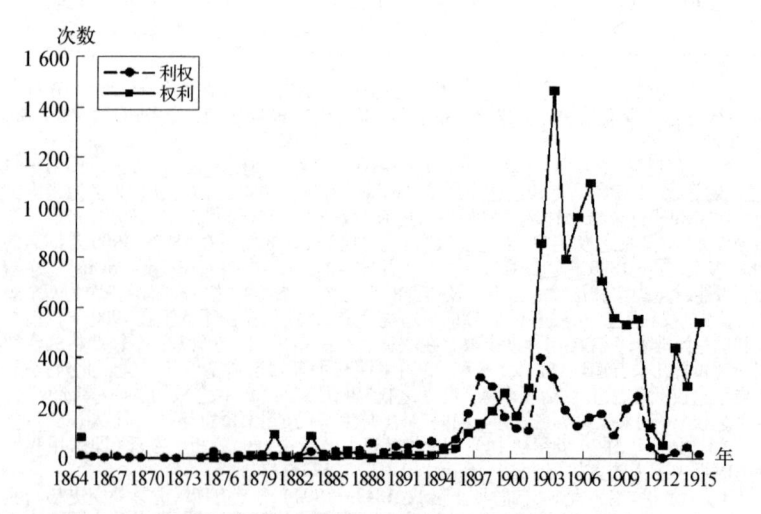

图二:"利权"、"权利"在中文文献中的使用次数(1864—1915)

(引自金观涛、刘青峰:《观念史研究:中国近代重要政治术语的形成》,页114。)

第三章 晚清国际法观

由此可见,主权观已成为近代民族主义的最重要概念,而收回主权、利权则是中国人的最重要课题。龙门师范学校附属小学校丁未(1907)冬国文科毕业试问题的学生答案,可让我们了解到主权观如何成为20世纪初废除不平等条约运动的"概念工具"。

> 一国有一国之权,一人有一人之权。国无权,不可为国,人无权,不可为人。……故国权完全无缺,方体[具]国体,否则为半主,朝鲜之事日本,安南之事法,缅甸之事英是也。人权完全无缺,始具人格,否则为奴隶,印度、波兰,其前车哉!何谓国权,即邦主[国]自主之权是也。自主之权有二:曰内治权,曰外交权。……吾中国自败于日本后,国势为之一挫……关税路矿,国之命源也,而为人把持,为人要索,是失理财之权。遣使修好,简派由我也,而阻抑勿纳,必先应允而后定选,是失遣使之权。其他,英人又欲夺我江浙铁路权、江西缉捕权。夫欲恢复吾主权,伸张吾国势,使吾祖国一跃而胜欧美者,此皆为中国今日学生之责任也。吾辈今日在学生时代,当求完全之学术,为将争回主权之预备。[1]

三、公法不足恃

1. 交涉公法

虽然清政府在引入国际法之初曾尝过甜头,根据国际法顺利解决了普鲁士在中国沿海拿捕丹麦船的问题,但它对于国际法的引进和援引始终是小心谨慎、步步为营的。本来,清政府准许《万国公法》刊行的理由,便是根据"以夷制夷"的理论。也就是说,为了阻止列强无理的苛索,不得不在对外交涉时利用规范欧美国家间关系的国际法作为反驳的技术性工具以及制服外国领事之武器。[2] 清政府并未视中国为国际法的规范对象:

> 臣等防其以书尝试,要求照行,即经告以中国自有体制,未便参阅外国之书。据丁韪良告称,《大清律例》,现经外国翻译,中国并未强外

---

[1] 朱钟奇:《问吾国学生现在宜具何等宗旨? 将来当建何等事业?》,载朱有瓛主编:《中国近代学制史料》,二辑上册(上海:华东师范大学出版社,1987年),页252—253。

[2] 《筹办夷务始末·同治朝》,卷27,页26。

国以必行,岂有外国之书,转强中国以必行之礼？因而再三恳请。[1]
也许由于清政府恐怕中国成为西方国际法的规范对象,因此在处理丹麦船案时只是"暗采该律例之言",不敢公然宣称。[2]但是,当清政府一旦利用"万国公法"作为交涉的法律根据时,中国便无可避免地为"万国公法"所规范了；而在与欧美国家交涉时,亦不得不引用《万国公法》。[3]

论者指出,总理衙门注重的是应用国际法的实用价值,并不关心国际法是否普遍真理。[4]但是,如果看看下面总理衙门的说法,可能另有体会：

> 臣等因于各该国彼此互相非毁之际,乘间探访,知有《万国律例》一书,然欲径向索取,并托翻译,又恐秘而不宣。[5]

对总理衙门而言,最少在西方各国之间,《万国律例》一书具有规范地域关系的作用。这《万国律例》的规范地域,即使不是世界性的,但最少适用于欧美世界,所以总理衙门才会担心对方"秘而不宣"。其后总理衙门恪守条约,对外交涉无不以西方国际法来判断事情的曲直,便是出于这个原因。正如笔者在第一章所指出,总理衙门以及许多所谓进步的知识分子,在以后相当长时期间,将国际法学者的著作视为法典,并等同国际法。

2. 公法可恃与不足恃

中国与外国交涉,绝大部分的情形都会牵涉到中国的主权和利权问题。因此,清政府官僚很自然地会注意到规范国家间权利和义务的近代西方国际法。实际上,1870年代后半叶以来官员在奏疏中提及"公法"的,几乎全是关于对中国主权和利权的议论。特别是欧美诸国的领事和传教士借教案的频生,经常干涉中国司法的自主独立,而协定关税的限制又使中国无法加税以增加自强运动的财源。这种挫折益使清政府官僚对

---

[1] 《筹办夷务始末·同治朝》,卷27,页25。
[2] 详第四章。
[3] 《同治八年十月十一日收粤督谘请颁发〈万国公法〉十部文》,《总理各国事务衙门清档》,01—34号,6函1宗12册。理由是《《万国公法》一书,办理洋务,各员必须查看"。
[4] Lydia H. Liu, "Legislating the Universal: The Circulation of International Law in the Nineteenth Century," p. 145；同氏著: *The Clash of Empires*, p. 123.
[5] 《筹办夷务始末·同治朝》,卷27,页25。

第三章　晚清国际法观

中国所受到的"万国公法"之害有更深刻的认识。因此,无论视国际法为交涉工具也好,还是继承丁韪良所强调的自然法性格,视国际法为性理、合乎天道、具有普遍价值的道德规范也好,在不平等条约的残酷现实下,中国人都不能不探究中国无法享有西方国际法所规定的国家权利的原因。在这种背景下,首先出现的是涉外官僚和知识分子对国际法的评价性论述。王韬、薛福成、郑观应等人关于国际法观的文章相继出现,正是这种现实关怀的反映。例如,郑观应谓:

> 而各国之借以互相维系,安于辑睦者,惟奉《万国公法》一书耳。其所谓公者,非一国所得而私;法者,各国胥受其范。然明许默许,性法例法,以理义为准绳,以战利为纲领,皆不越天情人理之外。故公法一出,各国皆不敢肆行,实于世道民生,大有裨益。[1]

这段对"公法"的评论是郑观应于1880年前后撰写的。文中强调了国际法的普遍性("公")、正当性("天理人情")和道德性("理义")的一面。但现实是中国受尽各国欺凌,主权、利权受损,于是郑观应对国际法的评价亦不能不有所修正。其后,郑观应一方面指出"公法"为"万国之大和约",一方面却不得不承认:

> 虽然《公法》一书久共遵守,乃仍有不可尽守者。盖国之强弱相等,则借公法相维持;若太强太弱,公法未必能行也。

并举罗马帝国和拿破仑帝国为例,说明其"横肆鲸吞,显违公法,谁敢执其咎?"而印度为人所灭时,"谁肯以局外代援公法,致启兵端?"因此,他认为:

> 由是观之,公法仍凭虚理,强者可执其法以绳人,弱者必不免隐忍受屈也。是故有国者,惟有发愤自强,方可得公法之益。倘积弱不振,虽有公法何补哉?噫![2]

---

〔1〕 郑观应:《易言[三十六篇本]·论公法》,夏东元编:《郑观应集》,上册(上海:上海人民出版社,1982年),页66—67。

〔2〕 郑观应:《盛世危言·公法》,夏东元编:《郑观应集》,上册,页389。《公法》一篇,初见于1882年前后出版的二十篇本《易言》,后经增订,收在《盛世危言》(有1894年5卷本、1895年14卷本和1900年8卷本。此文于1894年5卷本已有收录)内,但这段文字未见于《易言》本。

郑观应得出的结论是:"公法"只不过是强权的工具,国际秩序不是根据法的规范来维持的,而是由强权支配的。事实上,这种观点也见诸较早期王韬的评论:

> 此盖国强,则公法我得而废之,亦得而兴之;国弱,则我欲用公法,而公法不为我用。[1]

而薛福成在评论国际法时,也批评各国虽"用公法之柄,仍隐隐以强弱为衡"。[2] 由此可见,他们认识到"公法"和条约并不完全可恃,只有依靠自身实力的强大,才能使"公法"和条约成为一种行之有效、维护利权的法律武器。刘坤一(1830—1902)在驳回驻日公使何如璋请求废除领事裁判权时,一方面虽慨叹"政权利权均被移夺,致政事无可以自伸",同时又指出废除不平等条约之道,唯有自强一途。[3]

实际上,这种"公法"、条约并不完全可恃的认识,与其说是他们研究西方国际法的结论,倒不如说是现实挫折下的抱怨及自省。早在1884年,恭亲王在中法战争对外交涉的过程中已感到"公法"不足恃,对"公法"抱怀疑态度:

> 英德与法有隙,诚如该抚所言,而德猜疑尤甚,惟外国族类相同,壤地相接,即有忌法之心,断无助我之意。……其离合向背,全以中国之强弱为转移,公法要约,殊不足恃。[4]

格致书院学生王佐才也以欧洲事例论证"公法"不足恃:

> 我观泰西今日之局,小国援公法未必能却强邻,大国借公法转足以挟制小国,则所谓万国公法者,不过为大侵小,强陵弱,借手之资而已,岂真有公是公非之议论哉!试取欧洲之近事征之,为公法不足凭

---

[1] 王韬:《洋务(上)》,《弢园文录外编》,卷2,页3。
[2] 薛福成:《论中国在公法外之害》(壬辰)[1892年],《庸庵全集·海外文编》(台北:广文书局,1963年),卷3,页15。
[3] 刘坤一:《覆何子莪》,刘坤一著,欧阳辅之编:《刘忠诚公遗集·书牍》(《近代中国史料丛刊》;台北:文海出版社,1968年),卷17,页8—9。
[4] 《总署奏法人吞越显背公法请筹饷备械以遏外侮折》(光绪九年十二月二十四日),王彦威纂辑,王亮编、王敬立校:《清季外交史料》(北京:书目文献出版社,1987年),卷38,页25。值得注意的是在这里恭亲王已注意到中西族类相异与国际法适用的关系了。当然,这种关注仍是十分直观式的。

之一据。夫法被德戚,俄人遂背黑海之盟,英法固无如之何也。土被俄残,柏林不改瓜分之约,各国亦无如之何也。……所谓公法者,本视国之强弱为断,而非以理之曲直为断也。……我苟能自立,而后公法始得而言。[1]

1891年4月,驻美公使崔国因(1831—1909)在与美国交涉排华事件的过程中,虽诉诸国际法,但仍不能改变美国的违法行为,在百般无奈的心境下,深刻地感受到"万国公法"不足恃:

> 万国公法如中国之律例,头头是道,不足凭也。……惟两强相遇,则有理者可以求伸,以弱遇强,虽有理而无益也。此谋国者之所以贵自强也。[2]

又谓:

> 万国公法地球通行,而弱与强之势不同,即从与违之情各异。大抵强者自抉藩篱,但以法绳人,而不以自律也。[3]

其实,这种怀疑"公法"的拘束力,视之为强国的侵略工具的看法在当时的东亚世界相当普遍,日本和朝鲜的朝野之士也有类似的见解。明治年间的校歌中,就有这样的歌词:

> 万国公法ありとても、いざ事あらば腕力の強弱悪を争ふは覚悟の前のことなるぞ。[4]

(虽有万国公法,然有事则唯以力量之强弱相争,切记!)

至于朝鲜,开化派旗手之一的朴泳孝便慨叹国家如无自存之力,公法并不足恃;欧洲人口讲公法公义,实怀虎狼之心。[5]

---

[1] 此文原为王佐才在格致书院光绪己丑年(1889)北洋特课春季课艺的答题,收入《格致书院课艺》(己丑年[1889]毁园选印),后改题为《公法不足恃论》,收入陈忠倚辑:《皇朝经世文三编》(台北:国风出版社,1965年),卷40,《礼政》5,页8 [总页833—834]。
[2] 崔国因著,刘发清、胡贯中点注:《出使美日秘日记》(合肥:黄山书社,1988年),光绪十七年三月初四日条,页258—259。
[3] 崔国因:《出使美日秘日记》,光绪十八年十一月二十九日条,页525。
[4] 参尾佐竹猛(Osatake Takeshi, 1880 - 1946):《近世日本の国際観念の発達》(東京:共立社,1932年),页50。
[5] 日本外务省編:《日本外交文書》(東京:日本国際連合協会,1936—63年),卷21,页296。

这种"公法"不足恃的见解在不平等条约体制下不断得到强化,尤其是在改订条约,要求废除领事裁判权、协定关税、最惠国条款这三大支柱时所遭受的挫折益使中国人对"公法"产生一种羡憎心理。[1]一方面"公法"保护了国家自主独立的权利,另一方面,"公法"又要求当事国履行,并严格遵守不平等条约的规定。但是,强调"公法"这种两面性格,并不在于否定"公法"的拘束力,也不意味着中国不重视"公法"的规范作用。如果国际关系纯以船坚利炮的暴力为依据,那么又怎样解释欧洲国家的大小强弱均势局面的存在呢?所谓"均势",如果指的不是国家实力强弱对等,那又是什么呢?将一切还原为强权秩序的话,又怎样解释中国事实上并非全无主权可言的现状?凡此种种,清政府官僚和知识分子并不是没有认真探讨过的。虽然他们几乎众口一辞声称"公法"不足恃,暴力装置决定国家主权独立与否,但同时却又明白,某国不遵守国际法,或是中国并未完全享有国际法主体的权利,并不能否定国际法的规范作用。进而言之,对当前力量仍然薄弱的中国而言,对外交涉时她所能依存的、凭借的也只有"公法"而已。薛福成的"公法"观很值得注意:

> 强盛之国,事事欲轶乎公法,而人勉以公法绳之。虽稍自克以俯循乎公法,其取盈于公法之外者已不少矣。衰弱之国,事事求合乎公法,而人不以公法待之,虽能自奋以仰企乎公法,其受损于公法之外者,已无穷矣。是同遵公法者其名,同遵公法而损益大有不同者其实也。虽然,各国之大小强弱,万国不齐,究赖此公法以齐之,则可以弭有形之衅,虽至弱小之国,亦得借公法自存。[2]

薛福成一方面承认国际政治虽常以武力为后盾,以实力决定彼此之间的关系,但并不代表"公法"失去其作为秩序规范的约束力。因此,薛

---

[1] 田涛列举了不少例子,参氏著:《19世纪下半期中国知识界的国际法观念》,页117—127;同氏著:《国际法输入与晚清中国》,页205—219。
[2] 薛福成:《论中国在公法外之害》(壬辰)[1892年],《庸庵全集·海外文编》,卷3,页15。

第三章　晚清国际法观

福成才会在慨叹强国未尽守"公法",弱国无法应用"公法"之后,笔锋一转,强调国家虽有大小强弱之分,但力量薄弱之国家既不能以力取胜,则无可选择地必须乞灵于另一支配原则——"公法"秩序以维持国家之存续:

> 余尝谓中国如有秦始皇、汉武帝、唐太宗之声威,则虽黜公法、拒西人,其何向而不济？若势有不逮,曷若以公法为依归,尚不受无穷之害。[1]

一方面维护国家主权不可专恃"公法",另一方面在力不如人时又不可不恃"公法"。这就是所谓"公法可恃不可恃"的精要所在了。[2] 这不是薛福成的天真乐观,或过分信赖"公法"的拘束力,而是基于现实经验得出来的结论:

> 近年以来,使臣出驻各国,往往援据公法为辩论之资,虽有效有不效,西人之旧习稍改矣。往岁余殚竭心力,与英廷议定设立香港领事官,此可为风示他国张本。[3]

陈炽亦谓:

> 德也,力也,相倚而成,亦相资为用者也。然而天下万国,众暴寡,小事大,弱役强,百年以来尚不至兽骇而鱼烂者,则公法之所保存为不少矣。[4]

两人虽然承认"公法"的局限性,但没有轻率地就此否定国际法作为法规的价值。[5] 另一方面,对"公法"的失望以及亟欲享受"公法"利益的期待,又反过来激发起变革图强的决心,并进而探索所谓"公法"国家的"文

---

[1] 薛福成:《论中国在公法外之害》(壬辰)[1892年],《庸庵全集·海外文编》,卷3,页16。

[2] "公法可恃不可恃"一语见朱澄叙在格致书院光绪己丑年(1889)北洋特课春季课艺的答题,收入《格致书院课艺》(光绪己丑[1889]毅园选印),该文后改题为《立约通商忽禁人民往来与公法相背否》,收入陈忠倚辑:《皇朝经世文三编》,卷40,《礼政》5,页6—8[总页830—833]。

[3] 薛福成:《论中国在公法外之害》(壬辰)[1892年],《庸庵全集·海外文编》,卷3,页16。

[4] 陈炽:《公法》,赵树贵、曾丽雅编:《陈炽集》,《庸书》,《外篇》,卷下,页111。

[5] 又参纪泽《曾纪泽日记》,中册,光绪四年十月十一日条,页801。

明"所在。在这种需要下,国家政体也成为少数进步知识分子改革图强的议题之一。他们开始讨论所谓"君主之国"、"民主之国"、"君民共主之国"的问题。例如郑观应从国际法角度倡议开议会:

> 议会者,公议政事之院也。集众思,广众益,用人行政一秉至公。法诚良,意诚美矣。无议院,则君民之间势多隔阂,志必乖违。力以权分,权分而力弱,虽立乎万国公法之中,必至有公不公,法不法,环起交攻之势。故欲借公法以维大局,必先设议院以固民心。……故欲行公法,莫要于张国势;欲张国势,莫要于得民心;欲得民心,莫要于通下情;欲通下情,莫要于设议院。中国而终自安卑弱,不欲富国强兵为天下之望国则亦已耳,苟欲安内攘外,君国子民持公法以永保太平之局,其必自设立议院始矣。[1]

这里,郑观应在行"公法"、以"公法保和平"的前提下,倡议开议会的必要性。这类主张,在戊戌维新时期得以继续,而在新政时期付诸实行。

3. 权利、权力与权威

《公法便览》"凡例"中对"权"有这样的说明:

> 公法既别为一科,则应有专用之字样。故原文内偶有汉文所难达之意,因之用字往往似觉勉强。即如一权字,书内不独指有司所操之权,亦指凡人理所应得之分,有时增一利字,如谓庶人本有之权利云云。此等字句,初见多不入目,屡见方知为不得已而用之也。[2]

在这里,"有司所操之权",可以理解为"authority"或"power",至于"凡人理所应得之分"则是"rights"的翻译。刘禾分析了"人权"、"权利"、"法律"在国际法的跨语际翻译中的紧密关系,认为"人权"这个概念是作为国际法的术语而被介绍引进中国的。刘的分析集中在"权利"在原文中的意义,对于"权利"一词在中国的变化以及对中国人如何将之理解为

---

[1] 郑观应:《盛世危言·议院上》,夏东元编:《郑观应集》,上册,页311—314。
[2] 《公法便览》,《凡例》,页2。

第三章　晚清国际法观

"rights"的分析却付之阙如,只是指出了"权利"在中文里原有"权势"、"商业的利害"这些负面意义。[1]另一方面,鲁纳和李贵连追溯到"权"字在《荀子》及《史记》中的用法,指出"权利"可解作"权势及货财"或"威势与货财",而近代意义的"权利"一词,则始于丁韪良所译《万国公法》。[2]日本的大槻文彦(Ōtsuki Fumihiko, 1847－1928)在《箕作麟祥君傳》中亦指出"权利"与"义务"这两个词借用自《万国公法》。[3]事实上,早在《各国律例》中,袁德辉已将之翻译为"权"了。[4]

上述提及清政府官僚强调欲享平等之权,必须恃之以力的"公法"观,恰恰印证了翻译词"权"的多义性。行使国家之权(利)便必须有权(力),因此谈"公法"之权利,也就不能不归结到"力"了。只有掌握了"力"与权威,权利方能得到实践。无论是袁德辉还是丁韪良,把"rights"、"power"、"authority"都译之为"权",且不论是否有意识,但却说明了三者关系密不可分。虽然中国知识分子没有如日本人那样的讨论了"权"的多义性,并廓清其歧义("权利"、"权力"、"权威"),[5]但这无损"国权"、"利权"等"工具概念"成为晚清的政治话语,使争取国权、收

---

[1] 参 Lydia H. Liu, *The Clash of Empires*, pp. 128－131. 近代中国对"权"字的理解,详参铃木修次(Suzuki Shūji):《日本語と中国:汉字文化圈の近代化》(东京:中央公论社,1981年),第一章《"三権分立"にまつわる用語》,页3—60;Rune Svarverud, "The Notions of 'Power' and 'Rights' in Chinese Political Discourse," in Michael Lackner, Iwo Amelung and Joachim Kurtz eds., *New Terms for New Ideas: Western Knowledge and Lexical Change in Late Imperial China* (Leiden: Brill, 2001), pp. 125－143. 另外,金观涛和刘青峰利用"中国近现代思想史专业数据库"(1830—1930),从主体的自主性与道德的正当性讨论了近代中国权利(rights)观念的起源和演变,及其在国家、群体与个人层面接受过程上的变化,指出权利观念传入中国的过程中,一方面受着传统儒家伦理道德思想及社会深层结构所制约,另一方面是由政治概念及社会事件的互动所重构塑造。参金观涛、刘青峰:《观念史研究:中国近代重要政治术语的形成》,第3章《近代中国权利观念的起源和演变》,页99—145。

[2] 李贵连:《话说"权利"》,《北大法律评论》,1卷1辑(1998年6月),页115—129;Rune Svarverud, "The Notions of 'Power' and 'Rights' in Chinese Political Discourse," pp. 125－127. 又参 Marina Svensson, *The Chinese Conception of Human Rights: The Rebate on Human Rights in China, 1898－1949* (Lund: Dept. of East Asian Languages, Lund University, 1996), p. 84.

[3] 《箕作麟祥君伝》(東京:丸善株式会社,1907年),页88—89。

[4] Svarverud Rune, "The Notions of 'Power' and 'Rights' in Chinese Political Discourse," pp. 127－131.

[5] 柳父章:《翻訳とはなにか——日本語と翻訳文化》,页64—106;同氏著:《翻訳語成立事情》(東京:岩波書店,1994年),页149—172。

回利权成为政府上下、全国人民参与公共领域的共同话题。又由于"权"适用与否的基准出于国际法,因此一切关于权力/权利话语的讨论与运动的作用又必须在国际法的框架内进行,也就是说,舍"公法",无以谈"权"。

四、主权平等与国际法

1. 国际秩序观的转变

无论是对国际法的规范作用抱怀疑态度,视之为强国欺凌弱国的工具,还是承认国际法在维持秩序有局限之余,仍同意它是保护弱国的护铠,中国要主张国际法秩序下的国家主权,首先便要摆脱传统华夷观念的桎梏,承认与各国间的对等关系。因此,中国本身如何看待国家平等的问题是关键所在。

关于国家平等的论述,最早见于丁韪良所译的《万国公法》:

就公法而论,自主之国,无论其国势大小,皆平行也。[1]

这里将"平等"(equality)译作"平行",指出国家不分强弱大小,一律"平行"。然而,"平行"究竟是国家形式上、程序上的平等,还是实质上的权利平等呢?清政府官僚和知识分子恐怕未能区别,更有甚者,很容易会将"平行"理解为外交礼仪上的平等。[2]

另一方面,自 1860 年《南京条约》以来,晚清朝野与欧美各国交涉接触后,对国际社会的认识有所加深,但对于以势力均衡为基础的近代西方主权国家间的关系,他们又怎样把握呢?历史上春秋时代的局面为他们提供了理解的基础。他们将当前的世界变局比附为春秋的列国并立,例如冯桂芬(1809—1874)于 1860 年代初曾指出:

今海外诸夷,一春秋时之列国也,不特形势同,即风气亦相近焉。势力相高,而言必称理,谲诈相尚,而言必道信。两军交战,不废通

---

[1]《万国公法》,卷 1,第 2 章第 12 节,页 25。
[2] 佐藤慎一:《近代中国の知識人と文明》,页 204,注 9。张建华对于晚清中国人对国家平等观念的认识有深入而富有启发性的讨论。参张建华《晚清中国人的国际法知识与国家平等观念》,第 4 章《晚清中国人的国家平等观念》,页 104—123。

第三章 晚清国际法观

使,一旦渝平,居然与国。亦复大侵小、强陵弱,而必有其借口之端。不闻有不论理、不论信如战国时事者。[1]

张斯桂撰《万国公法》序,亦以春秋列国并立比喻西方各国之关系:

> 间尝观天下大局,中华为首善之区,四海会同,万国来王,遐哉勿可及已。此外诸国,一春秋时大列国也。[2]

黎庶昌(1837—1897)更进一步指出西方的国际关系是以"公法"维持:

> 大抵西洋今日各以富强相竞,内施诈力,外假公法,与共维持,颇有春秋战国遗风。[3]

事实上,这种以春秋或战国列国并立的秩序比附当前欧美国际社会的说法在19世纪中后期相当普遍。[4]但更重要的是,这是一种通过对历史的再诠释来把握现实世界的多元统治构造。春秋时代,独立自主的国家并立,周室虽在,但实际上不能统治全国,亦没有国家能统一天下。这种局面正好与近代西方国际秩序相似。[5]而维持国家秩序、规范国家间关系、各国共遵之"万国公法",又与《春秋》之义相通。然而,将西方国际秩序比附春秋之列国并立秩序,仍隐然有周室宗主自我期许的意识,并未视中国为多元世界的一员。但是在各国相继以不平等条约侵害中国主权,中国不但不足作万邦之主,甚至连自主也难以维持的现实下,中国人就不能不注意到弱国在列强并立国际秩序之下的求存之道,尝试掌握国际秩序的均势原则(balance of power)。《万国公法》有这样的说明:

---

[1] 冯桂芬:《重专对议》,《校邠庐抗议》(《近代中国史料丛刊》;台北县永和镇:文海出版社,1971年),卷下,页66。
[2] 张斯桂:《万国公法·序》,页1。
[3] 黎庶昌:《与李勉林观察书》,喻岳衡、朱心勉校点:《西洋杂志》(长沙:湖南人民出版社,1981年),页180。
[4] 王尔敏列举了众多19世纪中国人以春秋战国例比附当代世界的言论,作了有益的整理。参氏著:《十九世纪中国国际观念之演变》,《中国文化研究所学报》,11卷(1980年),页78—83。当然,严格来说,春秋和战国有别:春秋尚讲求礼义,周室仍在;战国则是合纵连横,专以吞并为能事。
[5] Paul Cohen, "Wang T'ao's Perspective on a Changing World," in Albert Feuerwerker, Rhoads Murphey and Mary C. Wright eds., *Approaches to Modern Chinese History* (Berkeley: University of California, 1967), pp. 138–145.

从万国公法到公法外交——晚清国际法的传入、诠释与应用

所谓均势之法,乃使强国均平其势,不恃以相凌而弱国赖以获安焉,实为太平之要术也。[1]

对均势讨论得最完备,而又熟悉欧洲各国大势的则是留学法国学习国际法的马建忠。他详细介绍了近代欧洲均势原则的起源、历史发展及价值,强调可赖均势以维系国家安危。[2] 此外,王韬、曾纪泽、郑观应、薛福成、陈虬(1851—1903)等也提出均势论,主张利用各国之间的利害矛盾,互为制衡;李鸿章更在处理朝鲜问题上加以应用。[3] 但更重要的是,中国的知识分子已开始深切认识到中国只是势力均衡秩序下的一员而已,进而承认中国与各国的对等关系,视中国为国际社会的成员之一。然而,承认以主权平等为基础的西方国际秩序,并自视为"万国公法"一员的前提,固然与国力相关,但更重要的是这种对等的国家关系又意味着传统华夷观及文明观的改变。19世纪70年代以后代表中国出使外国的使节对此开始有深刻的认识,其中尤以郭嵩焘最值得注意,学界更视郭嵩焘为中国接受国际法的先驱。[4]

作为数千年来中国首任驻外使节,郭嵩焘在中国近代史上具有非常重要的位置,尤其是他所起的示范作用。郭嵩焘在出使英法期间(1876—1891驻英,1878—1879驻法),曾在其日记中介绍了"万国公法"产生的历史:

近年英、法、俄、美、德诸大国角立称雄,创为万国公法,以信义相先,尤重邦交之谊。致情尽礼,质有其文,视乎春秋列国殆远胜之。[5]

以传统儒家礼教视之,虽云西方群雄相竞,但其"万国公法",实远胜中国

---

[1] 《万国公法》,卷1,第1章第10节,页12。
[2] 马建忠:《复巴黎友人书》,《适可斋记言纪行》,《纪言》,卷2,页10—14。
[3] 参王尔敏:《十九世纪中国国际观念之演变》,页97—104;费正清编:《剑桥中国晚清史》,下卷,页226—228。
[4] 关于郭嵩焘的国际法观,可参佐々木揚(Sasagi Yō):《郭嵩燾(1818—1891年)の西洋論——清国初代駐英公使が見た西洋と中国——》,《佐賀大学教育学部研究論集》,38集1号Ⅰ・Ⅱ合併(1990年8月),页162—200。
[5] 郭嵩焘:《郭嵩焘日记》,第3卷,光绪二年十二月六日条,页136。

第三章　晚清国际法观

的春秋时代。在这里,郭嵩焘从传统的价值认识出发,得出了西方有其精炼的、制度化的"文明"存在这一结论。[1] 因此,郭嵩焘反对"严夷夏之大防",主张对外开放;反对视西方诸国为"夷狄",主张把它们当作一个个独立的"礼教"国家来看待。他指出:

> 是所谓戎狄者,但据礼乐政教所及言之。其不服中国礼乐政教而以寇抄为事,谓之夷狄,为其倏盛倏衰,环起以立国者,宜以中国为宗也,非谓尽地球纵横九万里皆为夷狄,犹中土一隅,不问其政教风俗何若,可以陵驾而出其上也。[2]

更何况"西洋立国二千年,政教修明,具有本末"。[3] 虽然,他这种摈弃"华夷之别",肯定西洋诸国为"文明之邦"的说法,受到仍然沉醉于文化优越感的保守派的恶意攻击,但他这类看法并不因此而中断,不少洋务官僚已开始承认西方文明的价值。例如1879年薛福成在《筹洋刍议》中,分析了世界秩序由唐虞三代二千年的"文明之天下"一转而成秦以后至今日二千年来的"华夷隔绝之天下",到今日再转而成"中外联属之天下",进而强调变法的必要性。[4] 此外,郑观应就"天下"的问题发表了类似的看法。他宣称自秦以来是"郡县之天下",今日则是"华夷联属之天下"。所谓"联属",指的正是列国并立,国家间呈现水平的权力关系。可见他的世界观,已从严格区别华夷非对等的阶层性关系一转而为"联属"的对等关系。郑观应进一步指出:

> 夫地球圆体,既无东西,何有中边。同居覆载之中,奚必强分夷夏。如中国能自视为万国之一,则彼公法中必不能独缺中国,而我中国之法,亦可行于万国。[5]

---

[1] 佐藤慎一:《近代中国の知識人と文明》,页79。
[2] 《复姚彦嘉》,郭嵩焘著,杨坚校点:《郭嵩焘诗文集》(长沙:岳麓书社,1984年),页202;又载《养知书屋文集》(《近代中国史料丛刊》;台北县永和镇:文海出版社,1968年),卷11,页20。
[3] 郭嵩焘:《郭嵩焘日记》,第3卷,光绪二年十一月十八日条,页124。
[4] 薛福成:《变法》,《庸庵全集·筹洋刍议》,页20—22。
[5] 郑观应:《易言(三十六卷本)·论公法》,夏东元编:《郑观应集》,上册,页65—67。

从这个意义说来,也就是承认中国为"万国"一员了。换句说话,中国已从"中国的世界"走进"世界的中国"这一历史新阶段了。[1] 此新世界秩序观的背后,又隐含着与西方各国建立稳定关系以及废除不平等条约的期待。[2] 无论是买办出身的郑观应还是驻外使节之郭嵩焘等,他们所体验的生活空间(条约港/外国)本身就是国际法秩序下的域场。[3] 他们亲身体验到法秩序的存在,并且感受到中国加入西方法秩序的必要性。

2. "文明"的世界秩序与国际法适用问题

中国承认与欧美各国之间的对等关系,自视为万国之一,是否就意味着中国可适用国际法的主权平等原则呢?答案是否定的。姑勿论现实世界的强权政治如何,从法秩序的层面而言,这还得看欧美各国是否承认中国为国际社会的一员。要分析此问题,我们须同时将国家承认、不平等条约和加入国际社会这三个概念,以及这些概念的法律理论及事实关系加以探讨。[4]

条约的缔结,本来是国家行为。也就是说,西方国家与中国缔约建交的行动本身,已承认中国为国家,享有国际法主体的地位。然而,现实却是欧美各国以武力为后盾,将片面最惠国待遇、领事裁判权、协定关税等一系列的条款加诸条约之内,严重侵害了中国的国家主权。而这不平等条约问题又是决定上述"公法不可恃"那种国际法诠释的关键所在。因此,与此相关的自然是国家主权平等的问题。这里,我们先看看1877年

---

[1] 梁启超在《中国史叙论(1901年)》一文中,指出五口通商以后,中国不再是天朝大国,而只是"世界之中国"而已。参《饮冰室合集》,册1,《文集》6,页12。金观涛和刘青峰的研究显示,大部分中国官僚甲午以前的秩序观仍是"以中国为中心的万国观",虽然大都主张中国须与国际接轨,接受国际法作为与西方各国交往的规范,但其儒学的华夷天下观并未有本质上的改变。要到甲午战败"万国观"去中心化以后,中国人的国家观念和秩序观才开始发生急剧的转变。而最能反映这种变化的,则是20世纪初"民族"、"国家"及"世界"(取代"万国")等词的大量使用。参氏著:《观念史研究:中国近代重要政治术语的形成》,第6章《从"天下"、"万国"到"世界"》,页221—245。

[2] 佐藤慎一:《"文明"と"万国公法"——近代中国における国际法受容の一侧面——》,页230。

[3] 金凤珍:《鄭観応の国際秩序観》,页104。

[4] 広瀬和子:《国際社会の変動と国際法の一般化——19世紀後半における東洋諸國の国際社会への加入過程の法社会學的分析》,页107—160。

第三章 晚清国际法观

刊行的《公法便览》对"平行之权"的说明：

> 所谓平行之权者，非谓其威望相等，礼仪相若也，亦非谓其与一国往来通商，必事事与其所与诸国相同也。所谓平行者，乃邦国之权利，普天维均，一国所有，万国皆有耳。盖所谓自主之全权，初无等差，既有一国，即有一国之权利。故称自主之国者，所有权利必均，至国之大小强弱，于自有之权利无所关系，即于主权亦不能有所增损也。[1]

简单读来，这里的所谓"平行"，是指实质的权利平等，而《万国公法》对"平行"的说明，则似是法律形式上的国家平等。任何主权国家（即"自主之国"）都可与各国一样，拥有自主之权，不能因国家之强弱大小而有所增减。[2] 就是在这种国家主权应是实质平等，不能有所损益的认识前提下，中国知识分子注意到不平等条约违反国际法的主权原则。[3] 中国要求废除不平等条约，收回国家主权的思想，就是建基在这种平等观上。国际法是平等的根据，也是主张收回主权的法律基础。

问题是，19世纪中叶以后的国际法学是实在法压倒自然法的过渡时代，自然法强调的是国际法的普遍价值，实在法则主张以势力均衡为后盾，认为国际法是欧美主权国家间的法规范，只适用于近代欧美国际社会成员国间的国际关系；不承认非欧美国家的完整主权，并要置之于从属地位。对这些非欧美国家而言，国际法的适用是不可以的或不完全的，其内容也是不平等的。因此，我们可以说，19世纪后半叶的国际法关系可分为两大类：1. 欧美间的国际关系，可以完全适用国际法，称之为"对内规则"，又或是普遍性规则（general rule）；2. 欧美国家对非欧美国家的国际关系，不可适用，或不完全适用国际法，称之为"对外

---

[1]《公法便览》，卷1，第1章第2节，页2—3。

[2]《公法便览》指出自主之国有自主、自立以及平行之权。参卷1，第1章第2节，页1—3。当然，在现实世界中，各国因应不同状况，缔结条约，各自拥有不同的权利与义务。国家的国际地位有高低之别亦属正常，亦不可能完全平等。近代西方国际法的所谓国家平等，是指国家的独立自主的基本权利，所有国家都具有法律上的平等地位。参田畑茂二郎（Tabatake Shigejirō）：《国际法》，第1册（東京：有斐閣，1973年），页338—343。

[3] 现实世界的不平等，只说明强权政治的不公，并不能直接转化为法律原则的违反。

规则",又或是区域性规则(regional rule)。[1] 这两种规则建构了近代世界的基本格局———一种非欧美世界从属于欧美世界的国际关系。因此,通过争取平等的国际地位以加入国际社会便自然成了落后国家所追求的目标。[2]

另一方面,1648年的《威斯特伐利亚和约》(Peace of Westphalia),不但结束了30年战争的长期纷争局面,而且在欧洲大陆形成了一个以主权国家为主体、以国际法为国家间关系的规范及以势力均衡为秩序基础的政治格局,建立了威斯特伐利亚体系(Westphalian System),奠定了近代国际关系史上的第一个国际体系,为近代世界揭开了序幕。此外,又确立了驻外外交代表机构的制度,各国普遍设立外交使节,以进行外交活动。而随着各国间交涉日益频繁,不同文化、不同民族之间的接触磨合大增,原来国际法的规则因之而不能不有所调节。一般来说,近代西方国际法的基础之一是基督教文明。不过,自从1856年《巴黎条约》(General Treaty of Peace and Amity, Paris)缔结以来,土耳其获准与闻欧洲国际法以及欧洲国际会议(《巴黎条约》第7条),虽只是不完全适用,但已打破了国际法主体须是欧美"基督教文明国"的限制。而新的基准,就是所谓"文明"了。[3] 即以惠顿的《国际法原理》(中译《万国公法》)为例,在初版时还将国际法定义为"文明的基督教国家间"所理解("understood among civilized, Christian nations")的规范,但在丁韪良翻译所据之1855年版本已删去基督教而只留下"文明国"了("understood among civilized nations";

---

〔1〕 広瀬和子:《国際社會の変動と国際法の一般化——19世紀後半における東洋諸国の国際社會への加入過程の法社會學的分析》,页131;初瀬龍平(Hatsuse Ryūhei):《国際関係理論の転換》,載馬場伸也編:《国際関系》(《講座政治学》V;東京:三嶺書房,1988年),页316—318;同氏著:《国際政治思想——日本の視座——》,載有賀貞ほか編:《国際政治の理論》(《講座国際政治》1;東京大學出版会,1989年),页120—127;丘宏達主編:《現代国際法》(台北:三民书局1973年),页32。
〔2〕 斎藤孝(Saitō Takashi):《西歐国際関系の形成》,載有賀貞ほか編:《国際政治の理論》,页41—45。
〔3〕 近代国際法の文明問題,参広瀬和子:《国際社會の変動と国際法の一般化——19世紀後半における東洋諸国の国際社會への加入過程の法社會學的分析》;田畑茂二郎:《国際法》,第1册,页58;筒井若水:《現代国際法における文明の地位》,《国際法外交雜誌》,66卷5号(1968年),页523—556;Georg Schwarzenberger, "The Standard of Civilization in International Law," *Current Legal Problems*, 8 (1955), pp. 212–234.

第三章　晚清国际法观

丁韪良称为"服化之国")。[1]

事实上,国际法的适用,初时仅限于基督教国家,与其说是必然,毋宁说是偶然。由于欧美基督教诸国所发展出来的一套文明秩序与其他地域的差异极大,[2]因此,近代西方国际法的适用范围本来就是地域性的,并不具有普遍价值。不过,随着欧美势力的世界性扩张,以及欧美国际法著作的众多译本在非欧美世界的广泛刊行,[3]因而使原来属于基督教文明世界那种地域性的、宗教性的近代西方国际法基础,不能不作出变更,其主轴亦从"文化"走向"文明"。事实上,丁韪良在《万国公法》、《公法便览》以及《公法会通》里便曾反复强调"公法"行于"有化之国"、"服化之国"。所谓"有化之国"或"服化之国",实际上就是"文明国"。[4]对于那些野蛮国家,自然应该排除在国际法适用范围之外。《公法便览》对此有所说明:

> 至于化外之蛮夷,其处之之例,不在公法,而各国揆之于国政,度之于利害,自行定夺,而他国不过问焉。故蛮夷愚弱,而大国待之,每有悖义。[5]

也就是说,各国可以用有悖于"公法"之原则、规范和习惯的行动对待那些"野蛮"的国家。

事实上,19世纪至20世纪初,"文明"与国际法就恰似一对双生儿,"文明"既是国际法的基准,而国际法又是象征"文明世界"的法秩序。当然,问题的关键在于国家和所属人民的"文明",直接影响到国际法的适用范围以及主权的保障。下表是从"文明"的角度看19世纪末国际法的适用地域:

---

[1] Henry Wheaton, *Elements of International Law: With a Sketch of the History of the Science* (New York: Da Capo Press, 1972, c1836), p. 54; Henry Wheaton, *Elements of International Law*(1855), p. 22. 事实上,早在1846年第3版已经有了这样改动。参 *Elements of International Law* (3rd ed., rev. and corr.; Philadelphia: Lea and Blanchard, 1846), p. 46.

[2] 关于这点,参山内进(Yamaguchi Susumu):《明治国家における「文明」と国際法》,《一橋論叢》,115卷1号(1996年1月),頁21—22。

[3] 刘禾为我们说明了近代欧美国际法之所以具有普遍价值,主要原因在于众多译本在不同地域出现,使国际法成为世界的共同知识。参 Lydia H. Liu, *The Clash of Empires*, pp. 124-139.

[4]《万国公法》,卷1,页10—11;《公法便览》,《总论》第5节,页2—3;《公法会通》,卷1,第5—6章,页2—3;又参佐藤慎一:《近代中国の知識人と文明》,頁71—74。

[5]《公法便览》,《总论》第5节,页2。

表 11：19 世纪末的"万国公法"世界的国际秩序[1]

"文明人"(civilized humanity)的国家	不完全"文明人"的国家	"野蛮人"(barbarous humanity)的国家	"未开人"(savage humanity)的国家
欧洲、北美洲	中南美各国	土耳其、波斯、中国、暹罗、日本	地球上其余所有地域
1. 具备文明国的国内法 2. 适用国际法 3. 完全的政治承认(plenary political recognition)	1. 还未完备文明国的国内法 2. 有义务以文明国的标准对待外国人	1. 还未具备文明国的国内法 2. 部分的政治承认(partial political recognition) 3. 不平等条约(如领事裁判权)的实践对象 4. 国际法的适用需要文明国的承认	1. 自然的或是单纯的人类承认(natural or mere human recognition) 2. 可成为国际法先占原则下的文明国领土

这里，中国被归入"野蛮人"之国家类别内，不具有国际法主体的完整人格，国际法的权利并不完全适用，即晚清以来中国人所谓"中国不入公法之内"，而同时又是近代西方国际法"对外规则"的适用对象。事实上，19世纪至20世纪初西方的国际法著作(很多都先后翻译成中文，如《万国公法》、《公法便览》、《公法新篇》、《邦交公法新论》等)，长久以来在讨论中国的地位时，都把中国描述为一个不可信赖、弱而无力、不能忠实履行国际法原则的国家，并未接受中国为国际社会的"文明"成员。[2] 当然，必须指出，这种以文明—野蛮来划分世界，决定国家民族之权利义务的国

---

[1] 此表引自井口和起(Iguchi Kazuki)：《"大日本帝国"の形成》，载井口和起编：《近代日本の軌跡 3：日本・日露戦争》(東京：吉川弘文館，1994年)，頁 2，表 1"19 世紀「万国公法」の世界"，略有修改。19 世纪的国际法学家 James Lorimer(1818—1890)又将人类分为三种，即"文明人"(civilized humanity)、"野蛮人"(barbarous humanity)、"未开人"(savage humanity)。参 The Institute of the Law of Nations: A Treatise on the Jural Relations of Separate Political Communities (Edinburgh: W. Blackwood & Sons, 1883–84), Vol. 1, pp. 102–103.

[2] 详参 Rune Svarverud, International Law as World Order in Late Imperial China, pp. 54–67。

第三章 晚清国际法观

际法秩序观,很大程度上是近代欧美国家为实践其霸权主义,将其在亚非地区开拓殖民地、欺压弱小民族的侵略行为加以合法化和正当化而已。

对于在国际法适用问题上的中西有别,王韬曾就领事裁判权做过这样的讨论:

> 夫额外权利不行于欧州,而独行于土耳机、日本与我中国。如是则贩售中土之西商,以至传道之士、旅处之官,苟或有事,我国悉无权治之。此我国官民在所必争,乃发自忠君爱国之忱,而激而出之者也。[1]

这里,王韬已认识到国际法秩序的二元世界,并主张收回国家主权以求平等。此外,薛福成又谓:

> 西人辄谓中国为公法外之国,公法内应有之权利,阙然无与。如各国商埠独不许中国设领事官,而彼之领事在中国者,统辖商民,权与守土之官相埒。……公法之外所受之害,中国无不受也。盖西人明知我不举公法以与之争,即欲与争,诸国皆漠视之,不肯发一公论也。[2]

薛福成清楚地指出由于西方视中国为"公法"外之国,中国不能享有原来应有的国家权利,因而提出入"公法",使中国成为国际法的主体。此外,薛福成还注意到能否享受国际法所保障的国家权利,又关系到文化、政事等问题:

> 惟亚细亚东方诸国,风气不同,政事不同,言语文字不同,初与公法格格不相入之势,而此书(笔者按:指《万国公法》)亦未挈东方诸国在内。三十年来,日本、暹罗尽力经营,以求附乎泰西之公法。日本至改正朔,易服色,以媚西人,而西人亦遂引之入公法矣。[3]

要入"公法"享受主权国家的权利,便必须改革,而改革的学习对象就是

---

[1] 王韬:《除额外权利》,《弢园文录外编》,卷3,页28。
[2] 薛福成:《论中国在公法外之害》(壬辰)[1892年],《庸庵全集·海外文编》,卷3,页15—16。
[3] 薛福成:《论中国在公法外之害》(壬辰)[1892年],《庸庵全集·海外文编》,卷3,页15。

西方。薛福成虽批评日本"媚西人",但是点出了日本的改革不惟富国强兵,而是更根本的、象征礼教体制的"改正朔,易服色",讲求国家体制以至文化的变更。也就是说,通过"文明化"获取国际法主体的完全人格,方可平等享受国际法的权利。而这种追求平等的国家"文明化"进路,至戊戌维新时期终于得到高度重视,康梁等更将之付诸实行。这种关于应向西方标准趋同的讨论,在一定程度上有助于人们更加关注国际社会里共同利益、共同价值以及共同信念之拥有等问题。

五、创造性的误读:"重建邦"的追求与"春秋公法"

从思想史的角度来看,变法维新前后,变法派已能克服华夷思想的国际等级秩序,认同西方文明亦有其优越所在,并充分认识到中国只是国际社会的一员而已。康有为提出在当前的形势下,"当以列国并立之势治天下,不当以一统垂裳之势治天下",即是这种国际秩序观的象征。[1] 不过,康有为在讨论国际法时,较之对外交涉的国际法适用问题,他更重视、更关心的是国际法的"性法"属性,借用他的话即"公理"、"性理"的性格。对康有为而言,"公法"是超越国家和个体利益的普遍性规范,它不但规范国家间的关系,更是体现人类普遍价值"义理"的"制度"。[2] 此

---

〔1〕 康有为:《上清帝第二书》(1895 年 5 月 2 日),载汤志钧编:《康有为政论集》(北京:中华书局,1981 年),上册,页 122—123;姜义华、吴根梁编校:《康有为全集》(上海:上海古籍出版社,1992 年),第 2 集,页 85。关于康有为的国际法观,参佐藤慎一:《近代中国の知識人と文明》,页 100—133;細野浩二:《"西洋の衝撃"をめぐる日本と中国の態様(下)——国際法の法的規範への対応の条理をその特質——》,页 95—112;同氏著:《華夷観念と帝国主義の間の康有爲(上、下)——戊戌変法の完整指標をめぐって——》。

〔2〕 康有为著有《实理公法全书》及《公法会通》,称"公法"为基于平等自主的天理人伦及不变法则。在《实理公法全书》的《凡例》第一条云:"凡天下之大,不外义理、制度两端。义理者何? 曰实理,曰公理,曰私理是也。制度者何? 曰公法,曰比例之公法,私法是也。实理明则公法定。"二书收入蒋贵麟编,康有为著:《万木草堂遗稿外编》(台北:成文出版社,1978 年),上册;姜义华、吴根梁编校:《康有为全集》,第 3 集。不过,关于上述二书的著作年代,学界尚无定说。一般视为 1888 年以前的作品,但袁伟时探究康有为的思想变化后,认为应属 1897—1902 年的著作。见氏著:《万身公法书籍与康有为前期思想》,《中山大学学报》(社会科学版),1989 年 4 期(1989 年 10 月),页 79—87。如将康有为的"万国公法"观与当时时务学堂的学生言论一并审视的话,笔者认为袁说可以成立。此外,金观涛和刘青峰从理性化、正当性、道德性的角度,通过对"天理"、"公理"和"真理"三词的使用及意义统计,揭示了传统中国文化的理性化以及 19 世纪至 20 世纪初近代转型的合理性标准的变化。参氏著:《观念史研究:中国近代重要政治术语的形成》,第 1 章《"天理"、"公理"和"真理"——中国文化合理性论证以及正当性标准的思想史研究》,页 27—67。

第三章　晚清国际法观

外,周会昌在《学堂公法叙例》中,首先以春秋三世之说讨论不同阶段的国家间关系,认为"不讲平等之义,而以强凌弱,众暴寡为天道之宜然",是为据乱世。两国平等,"不假兵力,唯视公法师之是非曲直",是为"升平世"。至于"远近大小若一,无有土疆,士农商兵,至纤至悉",如"有一定章程、律例,以经祎而条贯之,统男女贵贱而一范以公法",是为"太平世"。在这种认识下,周会昌进而将学堂内教师与学生的关系以"公法"相绳。[1] 事实上,变法派以《公羊》、《春秋》比附西方"公法"的做法,固然受到丁韪良《中国古世公法论略》的影响,[2] 但亦有其传统思想内在理路的根源。康有为上承廖平(1852—1932)今古之学的影响,[3] 在戊戌年(1898)初刊行的《孔子改制考》[4] 和《春秋董氏学》就提出孔子素王改制源于正统儒家思想体系内的说法。在《孔子改制考》里,康认为孔子晚年删经(其中尤以《春秋》最为重要),有为新王建构理想法制之意。这种从古籍中寻求改革理论根据的做法,无疑是继承了中国"托古改制"的传统。[5] 而以虎哥比附孔子,强调虎哥"素王改制"的精神,高度评价《春秋》,誉之为"万世公法"、"公理公法之折衷",一方面为其"孔子改制"的政治理念张目,为改革政制提出根据,[6] 另一方面也如列文森所说的是一种"文化演进形式的类推模式"(analogy of patterns of culture-

---

〔1〕 周会昌:《学堂公法叙例》,《湘报》,106 号(1898 年 7 月 8 日),页 421[下册,总页 983—984]。

〔2〕 唐才常在《公法通义自叙》中指出:"丁韪良居中国久,洞悉彼中公法之恉,与吾教同源,其性法乃《春秋》守经之学,其例法乃《春秋》达权之学,遂作《中国古世公法考》,引经传数条证之。其谊例虽未详备,而中国以《春秋》通公法之机芽萌矣。"参湖南省哲学社会科学研究所编:《唐才常集》,页 96。

〔3〕 廖平认为孔子之言,前后不同:古学从周,是孔子少壮之学;今学因革,是孔子晚年之作。其删定六经,即有寓改革之意。参廖平:《今古学考》(上海:国学扶轮社,1911 年),页 1。又参何信全:《儒学与自由主义——梁启超的诠释进路》,载政治大学文学院编:《中国近代文化的解构与重建:康有为、梁启超》(台北:政治大学文学院,2000 年),页 64。

〔4〕 1898 年春由上海大同译书局刊行。历来学界对此书之出版年有不同的看法,此处汤志钧说。参氏著:《康有为传》(台北:台湾商务印书馆,1997 年),页 98,注 53。

〔5〕 王尔敏从观念、庶政、制度三方面为我们展示了维新时期托古改制论的脉络。参王尔敏:《晚清政治思想史论》,第三章《清季维新人物的托古改制论》,页 31—50。

〔6〕 叶德辉(1864—1927):《叶吏部輶轩今语评》,载苏舆(?—1914)、叶德辉编:《翼教丛编》(《近代中国史料丛刊》;台北县永和镇:文海出版社,1971 年),卷 4,页 5—6。

growth）。[1] 康有为又以公羊学的"三世进化说"（"据乱世"、"升平世"、"太平世"）说明世界秩序的进程，而在迈向全人类终极理想社会的大同世界的过程中，康有为认为"万国公法"之"公"的道德理性能对实现大同世界起推动作用，"万国公法"实行的强度与广度是测量大同世界实现程度的尺度。[2] 这种诠释，可以说是一种创造性的文化误读。[3] 当然，正如论者指出，康有为对大同世界的构建受到陈虬的影响，而19世纪末以来世界大同的构建更是思想家的共同课题。[4] 通过对国际法秩序的高度美化，以及对现实政治的批评，以"公法"比附《公羊》、《春秋》的理论本身，就好像是托古的乌托邦主义，是一种因应现实缺陷所想象出来的理想境界。这种境界在提供理想社会蓝图的同时，亦兼有社会批判的功能，对现存世界持有一种彻底弃绝和全面摧毁的态度，并追求一切都重新开始。而成就这种开天辟壤的开始，则是孔子的"素王改制"了。孔子改制，唯其是本土的、复古的，因而是可行的；唯其是曾经失落的，因而又是可以"追求和等待"的。[5] 而强调孔子与虎哥的布衣身份，又为举人出身的康有为得以比附类推，带领改革的潮流。这种素王改制的说法颇为支持改革的官僚所重，例如戊戌时湖南督学之徐仁铸曾谓：

> 西人之果鲁西亚士、虎哥等，以匹夫而创为公法学，万国遵之。盖《春秋》一书，实孔子所定之万世公法也。……西人政治家，必事事推原公理公法之学，以为行政之本。今《春秋》者，乃公理公法之折衷也。学者必先通《春秋》，则可语之致用矣。新会梁君新著《春秋

---

[1] Joseph R. Levenson, *Liang Ch'i-Ch'ao & the Mind of Modern China*, pp. 41—47.
[2] 佐藤慎一：《近代中国の知識人と文明》，页113—115。
[3] 关于中西文化的种种误读，参乐黛云、勒・比雄（Alain Le Pichon）编：《独角兽与龙：在寻找中西文化普遍性中的误读》（北京：北京大学出版社，1995年）一书，特别是页110—118。
[4] 杨际开：《陈虬的大同思想》，《二十一世纪》，总51期（1999年2月），页32—40。
[5] 此处借用了胡万川对中国乐园神话的分析，胡氏认为中国的儒家和道家的复古主义是一种"永远的回归神话"（the myth of the eternal return）。参氏著：《失乐园——中国乐园神话探讨之一》，载李亦园、王秋桂主编：《中国神话与传说学术研讨会论文集》（台北：汉学研究中心，1996年），页103—124，特别是页106。

第三章　晚清国际法观

公法学》一书最可读。[1]

康有为在《大同书》中力陈当前社会的百般弊病,希望按照他提出的改革方案,把千疮百孔的社会改造成大同世界,可以说是一种重建性的乌托邦(constructive utopia),而以改革国家社会为最终目的。[2]

有趣的是,日本明治政府在政权初建时,即极力将规范国家间关系的"万国公法"宣传为儒家"天地之公道"、"宇内之公义"、"性理之公法"等,与宋学之性理相呼应,强调其为普遍真理,具有普遍价值,以使其对外开国政策正当化。[3] 对变法派来说,他们要从"公法"中找出变法所需的合法性及正当性的理论根据。

话虽如此,现实的情况是,自鸦片战争以来,中国被迫与各国缔结一连串的不平等条约,丧失关税自主权、领事裁判权,给予各国片面最惠国待遇;而甲午战败以来,被逼割让台湾,任由列强强占租界,堂堂大清帝国被分崩离析。在这种状况下,说什么"公法"是"天下之道理"、"春秋之义"都是徒然。说到底,"公法"只是国家间暗默的合意及明示的条约规则,这种道理是不言而喻的。因此,对"公法"持不信任态度者亦不在少数。而且,诚如黄彰健所指出,由于康有为主张设制度局以定宪法,根本不可能得到慈禧太后(1835—1908)及各军机大臣的同意;加上康的经典根据是汉代公羊家之言,不足以说服旧党和当时治古文经学之学者,因此

---

[1]　叶德辉:《叶吏部輶轩今语评》,《翼教丛编》,卷4,页5—6。梁启超所著之《春秋公法学》,未见,待考。

[2]　张堂锜指出,康有为的尊孔,除了托古改制外,还含有"保教"的目的,即立孔教为国教,尊孔子为教主,借以对抗佛、耶、回诸教(参梁启超撰《南海先生传》,第五章《宗教家康南海》载《梁启超全集》[北京:北京出版社,1999年],第2卷,页486—488)。不过,对于孔教的主张,黄遵宪曾修书劝导梁启超,指出西方已政教分离,中国毋须复教徒侵政之害。梁启超其后似受到黄的影响,对孔教的态度有所改变。参张堂锜:《戊戌之后:梁启超、黄遵宪的生命同调与思想歧路》,载政治大学文学院编:《中国近代文化的解构与重建:康有为、梁启超》(台北:政治大学文学院,2000年),页11—12。关于重建性乌托邦的说明,参何冠骥:《幸福的谎言——论乌托邦的真面目》,载氏著:《借镜与类比——中国文学研究与现代化》(台北:东大图书有限公司,1990年),页254—273。

[3]　关于日本如何将国际法的自然法性格理解为具有普遍价值的性理之学,可参吉野作造(Yoshida Sakuzō, 1878 – 1933):《わが国近代史における政治意識の発生》;尾佐竹猛:《近世日本の国際観念の発達》;丸山真男(Maruyama Masao, 1914 – 1996):《近代日本思想史における国家理性の問題》,载氏著:《忠誠と反逆——転形期日本の精神史的位相》(東京:筑摩書房,1992年),页205—207。

最后以失败告终。[1] 例如，反对维新的叶德辉除指出"公法"不足恃外，更驳斥康梁等人以"公法"通《春秋》之学乃公羊学托古改制之附会，并指出孔子之法未有行于春秋：

> 至万国公法，强国用之则声气得相联络，弱国用之则朝夕为人牵制。西人与中国交涉之事，何者合于公法，此彰彰在人耳目者也。而况孔子之公法并未实行于春秋，攀鳞附翼，而龙凤矫然于云表。吾见其堕涸而已矣。[2]

相反，宋育仁则以为"春秋公法"，在义例和规模上更胜西方"公法"，更具有适用于世界的、永恒的普遍价值：

> 《春秋》经世先王之志，实万国之公法，即万世之公法。如会盟朝聘、侵伐平乱、行成存亡、继绝国等、使臣爵等、会盟班次，无事不备，无义不精，此类皆西书公法所斤斤聚讼讫无定论者。[原注：丁韪良作古时公法考亦引《左传》数条]《春秋》三传各有义例，合之乃成完备。如自治境内，义在《谷梁》；交际礼仪，例在《左传》；驾驭进退，权在《公羊》。明此经以为公法，是至当不易。[3]

对宋育仁而言，人类大同或秩序和谐的理想世界，其根基是源于中国的"春秋公法"，因此发明《春秋》之义，才是当务之急。

然而，放眼现实，尽是中国主权和利权在不断受损的例子，因此，论者尽管以"公法"比附《春秋》之义，同意西方"公法"出于天理，为太平世之旨，但也指出现实国际秩序的强权性格，认为当今之世，"公法"已沦为强国专用的侵略工具而已。[4] 弱小之国在一个不讲礼义、弱肉强食的世界

---

[1] 黄彰健：《戊戌变法与素王改制》，载田伏隆、朱汉民主编：《谭嗣同与戊戌维新》（长沙：岳麓书社，1999年），页662—681。

[2] 叶德辉：《叶吏部輶轩今语评》，《翼教丛编》，卷4，页7；又参《汨罗乡人学约纠误》，卷4，页82。

[3] 宋育仁：《公法》，《采风记》（质学会编《质学丛书初集》），卷5，页2—3。

[4] 辜天祐：《论孟子以小事大以大事小为交涉之学之精义》，《湘报》，158号（1898年9月19日），页629［下册，总页1553］。此外，对变法持谨慎态度的保守主义者王仁俊虽承认"春秋公法"，但认为"公法不足以便小弱，适足以便晏横"，因此"公法学不可信"。参氏著：《实学平议》，《实学报》（《中国近代期刊汇刊》；北京：中华书局，1991年），第1册（1897年8月），总页8；同氏著：《实学平议：民主驳义》，《实学报》，第13册（1897年12月24日），总页763。

第三章　晚清国际法观

里,只有发愤自强,成为强国之一始可言应用"公法"之权利。换言之,应用"公法"的国际社会基础决非毫无条件的,只有建立在势力均衡的国际关系上,"公法"才能发挥其规范国际秩序的功能。

事实上,对于"公法"不公的现实,康有为、梁启超、唐才常等人都有一定的认识。例如唐才常以领事裁判权为例来说明中国的主权被列强侵害的事实:

> 夫公法有各国自主之权,无论生斯土者,自外来者,皆归地方律法管辖。今各教士之入中国者,微特中国不得笞辖之,即华民之入其教者,且得据为逋逃薮而逸焉,中国不能自有其民矣。此特举教务一端言,其他商务、军务、税务、界务,中国之受制西人,处处有违公法者,难缕指述。揆之情理,安乎?否乎?[1]

梁启超也批评协定关税有违国际法,侵害国家主权:

> 吾闻之公法家之言曰:凡世界之内,名之为国者,无论为强大,为弱小,为自主,为藩属,无不有自定税则之权,或免或收,或加或减,皆本国议定,而他国遵行之。他国或苦其所加过重,只能饬令商人不运不售,而不能阻止人国使不加;只能倍加我国运售彼国之入口货税以苦我,而不能因我之加税而以兵力相见。此地球万国之所同也。是故约章与税则,两者各不相蒙,约章者两国之公权也,税则者一国之私权也。中国通商之始,情形未熟,英人阴谋以绐我,盛气以劫我,令将税则,载入约章,于是私权变为公权,先主成为无主。[2]

尽管"公法"在现实世界有其局限性,但它体现的却是普遍的道德价值:

> 或曰:《万国公法》,虽西人性理之书,然弱肉强食,今古所同。如英之墟印度,俄之灭波兰,日本之夺琉球、乱朝鲜,但以权势,不以性理,然则公法果可恃乎?……然其发明天然之理,制定律意之原,国与君之何以相属,教与政之何以相关,管理人物之何以分内外,辖

---

[1] 唐才常:《论情法》,湖南省哲学社会科学研究所编:《唐才常集》,页36。
[2] 梁启超:《论加税》(1896),《饮冰室合集》,册1,《文集》1,页104。

制河海之何以判公私，与夫通商得土之章程，遣使和战之机要，贩卖黑奴为五洲之厉禁，诛治海盗为万国之公权，委曲周详，大有成《春秋》而乱贼惧之意。近百年来之恃为调人以弭兵息祸、存弱定倾者，亡虑数十百事。此春秋家之所以宜明公法欤？[1]

唐才常承认现实世界上各国凭借强权，在社会达尔文主义下，弱肉强食，侵凌弱小，公然违反"公法"的现状。他同时还注意到在竞争自存的世界里，《万国公法》展示出人类社会之"天然之理"，是个人和国家间权利义务的普遍性规范，实可比拟《春秋》的"乱贼惧"之功能。这大有将"公法"经学化的味道。事实上，唐才常讨论"公法"的长篇连载文章《公法通义》，《皇朝经世文编四编》在转载第一篇（《公法通义自叙》）时，就将其题改为《论公法原本经学》。[2] 当然，唐才常这种对"公法"的诠释及高度评价，很明显受到康有为的影响。此外，谭嗣同亦认为《万国公法》是"西人仁至义尽之书，亦即《公羊春秋》之律"，[3] 强调"公法"具有道德的普遍价值。这种以《春秋》含有"公法"的看法，以至视"公法学即经学"的看法，亦可见诸与康梁关系甚深的近代经学大师皮锡瑞（1850—1908）身上。皮锡瑞指出《春秋》一书，含有"公法"之义；"公法"之盟、战，一如《春秋》之盟、约；其交涉之道，往往与"公法"相合，讲外交者不可不知。[4] 至于与外国交涉，亦当以"公法"处理。[5] 皮锡瑞的观点，虽如丁韪良一样，有比附之嫌，但其目的在于劝戒愚民——中国对外交涉，如果只是流于冲动，情感发泄，徒招人口实而已。当然，皮锡瑞在这里立足于

---

[1] 唐才常：《交涉甄微》，湖南省哲学社会科学研究所编：《唐才常集》，页45；陈善伟编：《唐才常年谱长编》，上册，页213—214。

[2] 原无篇名，收入《唐才常集》时，编者定名为《公法通义自叙》。收入何良栋辑：《皇朝经世文编四编》（《近代中国史料丛刊》；台北县永和镇：文海出版社，1972年），卷29，页1。转载时删去了作者唐才常的姓名。

[3] 谭嗣同：《报贝元徵》，蔡尚思、方行编：《谭嗣同全集（增订本）》（北京：中华书局，1987年），上册，页225。

[4] 皮锡瑞：《师伏堂春秋讲义》（《续修四库全书》；上海：上海古籍出版社，1995年），卷上，页7。此为皮锡瑞于1903—1906年在长沙讲学时之讲义。

[5] 皮锡瑞著，湖南历史考古研究所近代史组整理：《师伏堂未刊日记》，载《湖南历史资料》，4期（1958年12月），光绪二十四年二月二十二日条，页112—114。关于皮锡瑞的"春秋公法观"，参冯师锦荣：《经学与政治——皮锡瑞学术思想初探》，《岭南学报》，新1期（1999年10月），页494—496。

第三章　晚清国际法观

传统儒家的价值体系,承认了西方亦有合乎圣教(孔教)的"文明"("公法"),为师法西方,对外交涉范式的改变提供了历史根据。另一方面,这种比附之法,虽有"多穿凿附会"之嫌,但实际上也是晚清以来传统知识分子接引西学以通经致用的惯常做法。诚如张寿林(1907—?)评论蓝光策《春秋公法比义发微》时谓:

> 按自有清末叶,西学东渐,学者治经,辄喜牵引新学。光策是书,其病亦在牵引公法,以害经义,盖一时风气使然,亦不必独责是编也。[1]

这种说法,也就是佐藤慎一分析康有为的"春秋公法观"时指出的,把所有"真的"变成"自己"的。[2] 上述的"公法"观是一种创造性的误读,因为对维新之士而言,虽然受到丁韪良强调自然法主义的影响,但是他们并不见得不知道他们所谓之"公法",其实只是很多公法家的学说,不见得人人同意、各国共遵。如果说丁韪良的译著(如《万国公法》)太专门、译文难读,因此对读者而言,可能只知道一个叫"虎哥"的人创立了"公法",甚至搞不清"果鲁西亚士"和"虎哥"其实是一个人的姓名的话,那么,其他的国际法译著又如何呢?我们可以看看当时广为刊行、常为唐才常所引用、出自《大英百科全书》条目的《公法总论》怎样说明"公法"的源流:

> 凡有文教之国,于交涉事所常引用之规例,总名万国公法。但其中论说不同,俱因人之所见各异,有实为各国所佩服者,有怀疑而不肯遵行者。依英国律法师之意,称为公法,其实非真律法,乃言是非之理,为文教之国所奉行者,特因无公共之权,强人以必行,故不得谓之律。……如查万国公法实在根源与其权柄,则凡文教之邦,彼此有交涉事,必有公用之规例,不可不守其规,闲[间]有从天然之理而生

---

[1]　中国科学院图书馆整理:《续修四库全书总目提要:经部》,下册(北京:中华书局,1993年),页801。
[2]　佐藤慎一:《近代中国の知識人と文明》,页121。

者,故现在通行之规例,务取公平合理,否则各国自不服从。[1]
这里清楚地说明"万国公法"并非万国共遵,各公法家所说各异,各国对之有的遵行,有的不遵行,而且"公法"非律法,没有强制执行的权力。尽管这样,"公法"却是"文教"基于公平合理原则而制订的。这"文教"之谓,既与当时野蛮—半开化—文明的国际秩序契合,又与"春秋三世说"共通。当然,亦与时代思潮之社会达尔文主义相呼应。因此,无论是"天然之理"还是由人所制订的公平之法,它所代表的就是"文教",即是"文明"本身,具有普遍价值,也就是"太平世"所追求的阶段,一个社会进化的最终阶段。

维新时期在中国产生极大影响力的著作之一是李提摩太所译的《泰西新史揽要》。此书以进化史观讲述19世纪以来的欧美历史是人类社会从野蛮、无知、愚昧发展至科学、开明、民主的一个社会进化历程。这种文明的进化史观对中国的知识分子产生了很大的影响。[2] 康有为便认为"公法"是以"文明"及"野蛮"来决定适用与否的:

> 然自东师辱后,泰西以野蛮鄙我,以黑奴侮我。故所派公使皆调从非洲,无一调自欧洲者。按其公法均势保护诸例,只为文明之国,不为野蛮。十年前吾幸无事者,诸国方分非洲耳。今分地已讫,无地可图,故聚谋以分中国为事。剖割之图,传遍大地,擘画详明,绝无隐讳。[3]

另一方面,亦有论者指出从"野蛮"到"文明"是进化的必然道路,而"春秋

---

[1] 《公法总论》(《西政丛书》,第1秩第7册,慎记书庄石印,光绪丁酉仲夏),页1。
[2] 此书初名《泰西近百年来大事记》或《第十九周大事记》,原著为麦肯齐(旧译马恳西,Robert Mackenzie, 1823–1881)所著《十九世纪史》(*The 19th Century: A History*),1880年伦敦初版。马军在《近代文献丛刊》点校本(上海:上海书店出版社,2002年)的《点校说明》(页1)中作1889年初版,书名作 *History of the Nineteenth Century*,恐误。此书由李提摩太口译,蔡尔康笔述,题为《泰西新史揽要》,1894年在《万国公报》连载,同年由上海的广学会出版刊行,但不知根据原著哪个版本。据李提摩太的回忆录,当时不但李鸿章、张之洞等大员以及康梁等维新人士熟读此书,就连光绪皇帝(爱新觉罗·载湉,1871—1908,在位1875—1908)也在1895年8—10月之间,跟随孙家鼐(1827—1909)每天研读。参 Richard Timothy, *Forty-five Years in China: Reminiscences*, pp. 231–232, 237–240, 257.
[3] 《请大誓臣工开制度新政局革旧图新以存国祚折》,康有为《杰士上书汇录》所收,载黄明同、吴熙钊编:《康有为早期遗稿述评》(广州:中山大学出版社,1988年),页264。

第三章　晚清国际法观

公法"则是最终指归所在：

>《春秋》大例曰大同小康，公法大例曰文明野蛮。……今太平之事业已萌芽，将来环球钦佩我春秋之公法，事在意中。新会梁氏谓今泰西所行大率为半文明、半野蛮之公法。然世界之运，必由半文半野以进于文明，法亦如之。今以公法治春秋，为大同之轨所发轫矣。[1]

梁启超其后在《文野三界之别》(1899 年 9 月 15 日)一文中将这种社会进化史观套在公羊春秋三世之义上加以说明，从历史进化的角度判断"文明"为最终的历史进程：

>泰西学者，分世界人类为三级，一曰野蛮之人，二曰半开之人，三曰文明之人，其在春秋之义，则谓之据乱世、升平世、太平世。皆有阶级，顺序而升，此进化之公理，而世界人民所公认也。[2]

他这种将"公羊三世说"结合文明进化史观来说明世界秩序及发展进程的诠释手法，在进一步强调了维新变法的历史必然性的同时，也为我们印证了中国知识分子在面对新世界秩序时尝试从传统文化中抽取相似的模式以求比附的行为特征。[3]

怎样才能由"野蛮"、"半文明"进步至"文明"的境界呢？答案是必须进行改革：

>若欲毅然自立于五洲之间，使敦盘之会以平等待我，则必改正朔，易服色，一切制度，悉从泰西万国公会，遵万国公法。[4]

因此，这个时期，与其说"公法"象征着"文明"，毋宁说"公法"被视为"文明"本身！而尚未讲求"公法"的中国则被置于"文明"之外，被视为"半

---

[1]《南学会问答》，《湘报》，34 号(1898 年 4 月 14 日)，页 135[上册，总页 269]。
[2] 梁启超：《饮冰室合集》，册 2，《专集》2，页 8。
[3] 不过，随着流亡日本的时间日长，置身于明治日本"文明"论述语境的梁启超，由于接触到更多的、新近的思想养分，特别是受到福泽谕吉的启蒙名著《文明概略论》和《劝学篇》的影响，因此其后的文明进化史观已完全超越了公羊学的思想框架，改而接受西方一元性发展的"文明"概念，只以西方这个"他者"的尺度来界定自我——定义中国的历史进程。参[日] 石川祯浩(Ishikawa Yoshihiro)：《梁启超与文明的视点》，载[日] 狭间直树(Hazama Naoki)编：《梁启超·明治日本·西方——日本京都大学人文科学研究所共同研究报告》(北京：中国社会科学出版社，2001 年)，页 95—119。
[4] 易鼐：《中国宜以弱为强说》，《湘报》，20 号(1898 年 3 月 29 日)，页 77[上册，总页 153]。

文明国",甚或是"野蛮国"。在这个意义下,戊戌维新运动本身,就是按西方的标准进行"文明化"的操作过程而已。[1]

六、走向文明

笔者在第一章已讨论过,进入20世纪初,随着大量学生出国留学,以及法政教育的普及、国际法刊物的广泛流通,人们已开始从学理上探讨如何废除不平等条约,收回主权,以客观事实论证列强侵略中国主权,违反国际法等问题。这时期知识分子的论述多强调中国传统华夷秩序的落后,指出其不足以应付当前列强瓜分中国的危机。但从论旨来看,主要是要证明中国加入国际公法团体,成为"文明国"一员的必要性和迫切性。无论是革命派也好,立宪派也好,他们都主张中国必须进入国际社会。当这种主张成了政治运动家、思想家,乃至新闻杂志报导的流行话题后,走进"文明"国度的说法便很自然地成为一种时髦,容易得到普遍接受,进而成为社会的政治话语,以至一个亟待实现的、自我建构的预言神话。

随着实在法学成为中国国际法思想的主流后,这时期人们大都已摆脱了自然法观的束缚,不再一味强调国际法为性理之学,天然之理,或是万国共遵的理想规范。[2] 吸收了日本实在法学的观点后,留日学生已明确指出国际公法是规范"文明国"之间权利和义务关系的规则而已:

> 国际公法之所以不同于万国公法者,乃国与国间所关系之法,非万国画一所遵守之法也。[3]

国际法强调的是条约和先例,而非理想:

---

[1] 参佐藤慎一:《近代中国の知識人と文明》,页100—133;細野浩二:《華夷観念と帝国主義の間の康有爲——戊戌変法の完整指標をめぐって——》,[上],页124—131;[下],页119—134。
[2] 鲁纳研究了留日学生的国际法观,同样地指出了留日学生肯定实在法对规范国际关系的作用,但指出他们较少关心自然法对抗实在法的理论探讨。参 Rune Svarverud, *International Law as World Order in Late Imperial China*, pp. 234-235。
[3] 柏林法学博士力嗣特著,周泽春(1880—1963)译:《国际公法》,《法政介闻》,1期(1908年8月),页45。

第三章　晚清国际法观

> 吾国上下，国际法之观念，犹未熟谙，不容讳矣。告之曰：学说无定。学说无定，愈觉无所适从，是使之迷惑也有余，而助之晓畅也不足。有书不如无书矣。故此书悉以国际历史事实，为论决之旨，俾读者之有所指归，庶几补斟酌运用之助于万一也乎！且闻法家之恒言曰：今日之国际法，无非本先例而成之者也。[1]

而且，这时人们已明白到国际法理论与国际法的差异，打破了20世纪以前，将国际法学家的学说视为国际法，又或是将国际法视为一本法典的普遍性认识。[2]

此外，人们对于国际法的规范作用及其对国家权利的保障，也有了更切近现实的分析。例如黄群(1883—1945)在创刊于世纪之初的《新世界学报》上撰文指出，国际法为国家与国家间交涉之法律，本质上各国都是平等自主的。不过，因条约的缔结，以及各国强弱文野有别，所以现实上国家地位并不平等，国际礼仪也有等差，以至出现了美英等所谓"文明国"以强凌弱的情况，进而得出了国际法并不可恃的评论。[3]他在《论公法之不可恃》一文中更进一步分析：

> 公法也者，平等国与平等国所契约、所恪守、所公认之条律，出于事势之不得不然者也。以故国家有缔订公法之权利，即有缔订公法之义务。循公法者，公法之母也；恃公法者，公法之仆也。不见夫亡国之辙乎？[4]

因此，埃及之亡于英法、印度之亡于英国、波兰之亡于俄国，皆因其在"优食劣肉、竞争最剧之场"的"新世界"中，专恃"公法"保护，未能自强所致。他认为：

> 惟不以公法为可恃，而后能伸其特力于公法之外，即人亦卒以公

---

[1]　吴振麟：《局外中立法则》，下篇，《局外中立国法则弁言》，页1。
[2]　《国际公法与国际事实》，《江苏》，9·10期（1904年3月），页35。
[3]　黄群：《法学约言》，《新世界学报》，壬寅第1期（1902年9月）；载黄群著，卢礼阳辑：《黄群集》（上海：上海社会科学院出版社，2003年），页8—10。
[4]　黄群：《论公法之不可恃》，《新世界学报》，壬寅第1期（1902年9月），页86；又载《黄群集》，页11。

法与之。是公法非能为彼存其国,而彼转能为天下存公法。然则所谓公法者,乃不过保主权之一纪念碑耳,人犹以为可恃哉?[1]

在弱肉弱食、竞争自存之世界里,惟有国家自强方是求存之道,国强则"公法"可用。对于这种将现实上国际秩序的运作原理还原为强权操作的见解,秦力山的分析值得思考:

> 吾邦忧时之士,辄曰外人不与我言公法者,坐以中国之不强故。噫!若徒以强云,则仍一凌弱暴寡之天下,尚为野蛮之野蛮。欧西各国之文明,必不尔尔。[2]

秦力山看到西方文明的基石是国际法秩序,而非徒以"凌弱暴寡"为能事。不但如此,秦力山又从国际冲突得到启发,明白到革命的必然性:

> 公法家谓两独立国,国际上冲突,其初必出于协商,至屡次协商后,而两国皆不能让步,此时已无一居于两国国权之上者为裁判之,则不得不诉之于干戈,而为最终之裁判。巩黄(笔者按:秦力山)读书至此曰:余今可以法理解释革命二字之义矣。政府与人民之间,必有权利之冲突,政府决不肯俛与人民以协商者也。人民不得已,乃托之报章或愿书(如中国之所谓上书与禀帖之类)以讥讽之、请求之,此即为人民与政府协商。至屡次协商后,而政府终不悟,此时无一操最高权者为裁判之,则不得不诉之革命,而为最终之裁判。[3]

此外,随着主权意识的高昂,论者最关心的是权利与国际法的问题。作为革命党国际法理论大旗手的胡汉民指出:

> 权利者,法律所特认保护之特定行为也。国际上之权利,国际法

---

[1] 黄群:《论公法之不可恃》,《新世界学报》,壬寅第1期(1902年9月),页87;又载《黄群集》,页12。

[2] 力山遁公(秦力山):《苏梦录之二:自居公法之外》,《清议报》(《中国近代期刊汇刊》;北京:中华书局,2006年),79册(1901年5月18日),总页4975;又载彭国兴、刘晴波编:《秦力山集》,页44。

[3] 秦力山:《说革命》(又名《革命箴言》),彭国兴、刘晴波编:《秦力山集》,页118。

第三章 晚清国际法观

上所特定保护之特定行为也。故主张国内之权利者,不可不知国内法;主张国际之权利者,不可不知国际法。[1]

说明国际法是规定国家权利的基石。因此,要争取权利,不能不根据国际法:

至伸张自国权利,而见为排外者,则其权利观念,既当从于国际法之观念,而其行使救济及扩张之行为,亦不可不一依求国际法而行动。[2]

署名芙峰的浙江留日学生在一篇讨论关于各国租借中国港湾主权问题的文章内,首先指出"契约者,个人之关系;条约者,国际之关系",强调条约在国际关系上的重要性,进而讨论条约须代表国民的意志:

条约而非得国民之同情,是谓专制,犹契约而非得主人之同意,是谓擅恣。

像清政府这样不得国民同意便与外国签订条约,只会丧权辱国,并强调"国家之存亡,视乎主权;主权之存亡,视乎主权之能力及性质"。芙峰在文章内从国际法的主权原则探讨了当时德、俄、英、法对胶州湾、广州湾等地的租借权问题,认为租借权(包括对租借地的高权[supreme power]及管辖权[rights of jurisdiction])与中国的主权不可并立,不存在租借者"留保清国之主权"或"主权有体用之分"(即"清国得主权之体,租借国[俄德英法]得主权之用,[高权是也]")的欺瞒说法,并引用国际法名家学说,指出中国名为租借,实为割让;中国于租借地实为"消灭的主权"、"裸主权"。[3]

既然清政府无法维护国家主权,对革命派而言,只要推翻了满清政府,颠覆由少数满人统治多数汉人的政治格局,中国就可以得到解放,可以晋身强国之列了。但在国家构建的过程中,首先要面对的是怎样处理不平等条约与国家继承、政府继承的问题。胡汉民指出:

---

[1] 汉民:《排外与国际法》,《民报》,4号(1906年5月),页65—66。
[2] 汉民:《排外与国际法》,《民报》,4号(1906年5月),页66。
[3] 芙峰:《叙德俄英法条约所载高权及管辖权之评论因及舟山条约之感慨(未完)》,《浙江潮》,2期(1903年3月),页27—42。

> 于国际法,旧政府虽倾覆,而其外交所订之义务,则当承认于新政府而不失其效力,新政府当继续其债务,及一切之义务。盖外交上之条约,非旧政府之私以国家之名义为之也,其债务亦国家负之,故新政府不能弛此负担者也。革命军起,必恪守国际法而行,其遂逐满政府,则新立政府必承认其条约;即分割数省,而宣告独立,于各国之债券,亦断许其无损失也。[1]

因此根据国际法的规定,革命政府有义务承认及继续履行满清政府与外国所缔结的不平等条约。为什么要这样执著于条约的履行呢?这关乎到胡汉民的国际秩序观。胡认为国际关系是以"条约"的缔结而形成法秩序的。他说:

> 夫条约者,规定国家间之权利义务者也。其为国也,有相当之位置,则其为约也,亦宜有相当之权利义务,于是而相守相报相调和。[2]

胡汉民这种以条约缔结构成法秩序的见解,实际上继承了日本当时流行的实在法主义的主张,强调国际法的基础是国家间的"共同同意"。胡认为国家的基本权利(如国家领土权、独立权、平等权)为国际法所承认,但又指出具体的国家间的权利义务是以条约为基础的。即使那些不平等条约如最惠国条款、领事裁判权等不是国际法上"本有之权利",而且侵害了义务国的国家基本权,但由于是"当事者国家自由合意所规定",因此仍有履行之义务,不能不遵守。而且条约的拘束力来自"国际团体概念",作为"国际团体之一分子有守国际法规之义务"。国际法规既规定不可破弃条约,那义务国便必须遵守、履行条约的规定了。由此看来,胡汉民从国际法的角度讨论推翻满清以及遵守条约的必要性,实际上是将中国置于国际法秩序的框架下,以"文明国"的身分加入国际社会为前提的。[3]

我们知道20世纪初以来在中国流行的国际法学是实在法学派。实

---

〔1〕 汉民:《民报之六大主义》,《民报》,3号(1906年4月),页21。
〔2〕 汉民:《排外与国际法》,《民报》,10号(1906年12月),页19。
〔3〕 汉民:《排外与国际法》,《民报》,7号(1906年9月),页29;《民报》,10号(1906年12月),页19—24。

第三章 晚清国际法观

在法学派排除抽象的概念,以具体的国家意志为依据,认为国际法是各国按其意志制定、形成或接受的国家行为原则和规则。但是,如果我们过分强调这时期实在法学的单一影响又会失之于偏颇。

尽管进入20世纪以后,丁韪良在国际法学的影响已见微弱,但他仍分别在1903及1904年译著了两本国际法的著作《邦交提要》和《公法新编》。值得注意的是,端方(1861—1911)在《邦交提要》的序言中,特别强调国际法的自然法性格:

> 夫天下之事变无穷,其所以应之者,准情酌理,因时制宜,遂亦莫不有法。五州之大,万国之众,其所为公法者,制非一国,成非一时。要莫不出天理之自然,经历代名家之所论定,复为各国交涉之所公许,非偶然也。[1]

端方在《公法新编》的序言中又谓:

> 西人之公法,即中国之义理。今之为公法家,其即古之礼家乎?其事弥纶于性始,条贯于经。常人得之以成人,国得之以立国。

他认为《公法新编》一书,讨论"公法"权利及调处纷争各事,都是"仁心为质","广生民之福"。如果能精研"公法",则"玉帛可以永敦,干戈可以永戢,虽谓三代和平之盛,复见于今日可也。"[2]这种强调"公法"是仁义之书,可以致和平的论调,虽仍带有丁韪良"性法观"与戊戌时期"春秋公法观"的色彩,但与当时的世界和平运动以及国际组织化的潮流又不无关系。

19世纪以来欧洲各国在全世界积极开拓殖民地,扩展势力,战争频仍惨烈。与此同时,随着国际和平运动的展开以及国际会议的日渐充实,国际上出现了一股潮流,认为国际关系须以公平之理维持,尽力避免杀戮残酷之战争,并以国际仲裁解决各国纷争。可以说,战争与保和运动之国

---

〔1〕 [美]丁韪良讲,綦策鳌等增订:《邦交提要》(上海:广学会1904年刻本重印;收入王美秀主编:《中国宗教历史文献集成》第71册[《东传福音》第21册];合肥:黄山书社,2005年),《端方序》,页1。

〔2〕 [英]霍尔著,[美]丁韪良、綦策鳌译:《公法新编》(上海:广学会,1903年),《端方序》,页1。此外,李鸿章亦谓:"公法者,环球万国公共之法,守之则治,违之则乱者也。"参《李鸿章序》,页1。

际化是双轨并行的。在这情势下,各国缔结国际条约以实现世界和平的行动本身,体现了实在法学重视国家意志的协调以制订国际法原则和规则的精神;同时,国际条约追求人类和平的精神,以及形式上各国地位平等的关系,又与自然法主义的普遍价值相契合。在这种背景下,清政府官僚虽对国家主权的丧失有切肤之痛,但同时又期待着公平国际法的出现,并希望通过缔结国际条约将国际法维持世界秩序的机能明文化。驻法公使孙宝琦上奏请求清政府亟宜仿效海牙保和会(The Peace Conference of Hague)公断条约,[1]勉附列国公法,其核心思想即在于视国际法为规范万国交涉之圭臬:

> 窃维环球万国,有大小强弱之分,即不免有兼并侵凌之志,于是公法尚焉。公法者,初仅一二通儒著书立说,昌明公理,厥后援引推行,浸成国际交涉之圭臬。今日弱小诸国之得以从容周旋于强大间者,盖实赖此公法之存。

而小国能与强国周旋的国际平台,就是以保和会为首的国际会议及公断条约。[2]国际关系的维持以及外交之成败,除了武力之外,不能不讲求法律。故修订法律大臣沈家本强调:

> 方今万国交通,竞争益烈,欲齐强弱之势,兵力而外,更须赖法律以保障之功。是法律虽属内政,实隐与国际息息相通。[3]

特别是在国力薄弱之际,人们对法律主义愈加倚重,因此,更须强调"是非期合世界公理,不足以杜觊觎而昭信守"。[4]国际秩序不纯然是一以强权维持的弱肉强食之世界。保和会限制兵力、仲裁国际纷争成效尚不显著,但解决问题之方法倾向于法律主义则是世界大势所趋。

事实上,编订万国共遵之法典,设立万国审判院的活动一直在各国政

---

〔1〕 关于晚清政府加入保和会的经过,详第五章。

〔2〕《光绪三十一年三月二十日收军机处交抄:孙宝琦奏仿订公断条约一折奉朱批知道了钦此》,《外务部档案》,02—21号,1函1宗2册。

〔3〕《光绪三十三年十二月二十五日收修订法律大臣文:保和会为各国法律学荟集之所拟遴选二三人奏派分年驻扎和国讨论》,《外务部档案》,02—21号,10函10宗1册。

〔4〕《光绪三十三年十二月二十五日收修订法律大臣文:保和会为各国法律学荟集之所拟遴选二三人奏派分年驻扎和国讨论》,《外务部档案》,02—21号,10函10宗1册。

第三章 晚清国际法观

府的支持下进行。例如1907年于荷兰立有约章：

> 决定设立最上万国审判厅，以便如有因海面捕拿上告之案，可以为最末之审判以裁决之。

万国审判厅之"公法"系准照伦敦所开万国海事公会所编定之《海上国际公法》，声明"无论何国，均可允从"。[1] 无可否认，由于这些国际公法背后没有强制的武力相随，其成效终成疑问，但国际关系的法典化以及国际仲裁法院的成立可说是国际法秩序的一大进步。例如1902年9月10日举行第1次仲裁会裁判美国对墨西哥索偿案（Pious Fund of the Californias）时，荷兰外务大臣兰唐（Robert Melvil baron van Lynden, 1843-1910）在开会致辞中便强调公断可以"风示文明诸国"解决国际纷争之道，来自丹麦的仲裁官马村（Henning Matzen, 1840-1910）教授亦致辞谓海牙公断院为"将来国际公理之中央，列邦和平之起点"。[2] 鉴于各国对国际法未能认真奉行，因此第2次万国保和会的议题之一，即在于编订法典：

> 万国公法，虽各国沿用至今，然其公理，各国尚未认真奉行。现拟由入会各国之议院，悉心将历来公法，妥议择要，编成公例，以便各国遵守而免游移。[3]

当然，保和会所通过的相关法规和条约，其焦点虽在于限制战争期间参战国的战争行为以及规范中立国的权利义务，并没有涉及平时的国际关系及国际秩序，但却是国际社会成员国所创造、并愿意遵守的法律，其意义不可斗量。因为，既然这类法规和条约是在各国同意下签订的，这就将国

---

[1]《宣统元年三月二十一日收法潘署使照会：照送万国海战事务公会黄皮书一本其三本希转送农工商部陆军部之海事处暨仲裁判厅》，《外务部档案》，02—21号，10函10宗2册。

[2] 参《海牙国际事务局第二年(1902)报告书》，页10—17，收在《宣统元年三月二十六日收驻和陆大臣文：译送海牙国际事务报告书由》内，《外务部档案》，02—21号，10函10宗2册；Alexander Pearce Higgins (1865-1935), *The Hague Peace Conferences and other International Conferences: Concerning the Laws and Usages of War: Texts of Conventions with Commentaries* (Cambridge: The University Press, 1909), pp. 44-46.

[3]《光绪三十二年二月五日收驻奥大臣信：保和会第二次开议探有七款请部条款俾陆使在会宣陈由》，《外务部档案》，02—21号，2函2宗1册。

际法的拘束力建立在各国"共同同意"的基础上了,各国当然要予以遵守。如此一来,通过以"保和"为目标的相关法规和条约,既说明了国际关系非徒以武力维持,又彰显了国际法的道德价值。这点与自然法主义有关系,但是通过入会、签约、批准的条约形式来确认国际关系以及各国的权利义务,又是实在法主义下的产物。如此一来,这种"国际立法"(international legislation)具有双重意义:它是经过各国协调协议,在"共同同意"下规范各国之间权利义务的法律,即所谓"国际公法";同时它又是所有"文明国"所追求并遵守的公平秩序的体现,即所谓"万国公法"。这正好反映了中国从19世纪末以来渴望成为文明世界一员的强烈愿望,以及对国际法体现公平至理,维护国家主权的期待。以中国参加保和会为例,清政府官僚明白到保和会在对维持世界和平作用上的局限,但又从国家运作及世界秩序维持的现实,了解到暴力秩序与法秩序结合的倾向,并从国内法的需要推论到国际法产生以及公断裁判所成立的必然性:

> 盖人事竞争几为有生所同具,至其人合群成国,不能统驭于一国法律之下,于是有国际公法之学,冀以公理平天下之争。然而公法所言之公理,固为各国所同认,而并无公定条款,使凡有国者遵守而弗替也。故凡国既有定律,必有听讼之庭;各国倘行公律,必当有公议之所,其理至明,其事至重。此和兰公断会之所由昉也。[1]

可见,国内法与国际法实在是二而一的同心圆构造,而其核心精神即在于人类对"公理"的追求;而要使各国遵行"公理",办法就是实在法主义的条约缔结。

七、后话

19世纪中叶以后近代西方国际法译著的传入,带来了中国人吸收国际法知识的契机,使中国人开始认识到西方国际秩序的运作原则,并获取新的"思想资源"和"概念工具"。对中国人而言,"万国公法"、"公法",

---

[1]《光绪三十三年三月十一日收军机处交抄折:汪大燮奏美使馆署洋员堪备和兰公会驱策一折奉朱批外务部议奏钦此由》,《外务部档案》,02—21号,2函2宗1册。

第三章　晚清国际法观

以至"国际公法"等译词，是充满吊诡而又被过度诠释的。就如笔者在第一章中指出，20世纪以前，中国人很多时候视丁韪良翻译惠顿的《万国公法》一书为当时万国共遵的、一部像《大清律例》那样的法典，而非一个优秀国际法学者的学说论著。对他们而言，法典所载的原则和规则，具有普遍价值，是应该得到遵守及维护的。在这种认识下，自然影响他们如何评价国际法了。国际法可以是制夷的法典，或是以之为伸张权利的法律依归，或是与《春秋》共通的西方素王之作。很明显，国际法已不单纯是客观存在的法律条文和习惯等，它被赋予了更多的意义。它是强国压迫弱国的法律武器，它是弱国抗拒强国侵攻的护铠，更多的时候它体现了一种秩序状态。对洋务官僚而言，它体现了势力均衡的国际秩序。对康梁等维新派而言，它体现了天然之理、大同世界的理想境界。而这种国际法观，又与各人所处环境、不同的目的和需要有密切的关系。例如对康梁而言，既然世界是由"野蛮"走向"文明"，那么强调代表"文明"的国际法的普遍价值自是理所当然。

从国际法著作获取的主权观念是不可忽视的。惟有提高对主权的认识与理解，才可从根本上否定不平等条约，认清其侵害中国主权的弊害；才能知道哪些是必须维护的，哪些是不可被侵犯的。近代民族主义的诞生、清末的文明排外运动、新政时期的种种变革，以至席卷全国的革命运动，无一不是在收回主权的目标下奋起的。我们必须指出的是，随着主权认识的提高，以及对国际秩序了解的深化，中国人不可能不重新调整其世界观和文明观。争取废除不平等条约的运动越是激烈，争取国际地位平等的意愿就越加强烈，也就越发反证中国主权受损情况的严重以及国际地位的低下。从初期置身国际法之外，到承认各国平等、自视为万国之一员，再到后来要求各国平等对待中国，让中国入于"公法"的国际秩序观变化本身，既是中国人认识国际法的过程，也是国际秩序的变化以及中国从"文明"沦为"野蛮"的历史进程。当清政府官僚和知识分子要求援引国际法伸张国家主权时，自然惊觉原来还需进入国际法社会的入场券——"国家文明化"。1870年代后期以来，开明的官僚和知识分子对原来憧憬的"性法"未能抑强济弱、维持世界和平而感到失望,但这种失望本身又必然激发自我反省,加快建构国际法主体的进程。在文明—野蛮的国际秩序里,中国被视为野蛮国家,不能享有完整国家主权的痛苦经历,使有识之士开始探索国家体制的新路向,从而迈向"文明"的国度。郑观应从"行公法"的立场看出了开议会的需要,康梁等又以"公法"乃素王改制之作来附会孔子之《春秋》,托古改制,借此实行变法维新;并强调国际法义理的一面,带领中国走进"文明"的"公法世界"。这种"春秋公法观",虽无助于人们对当时世界流行的实在法主义的国际法学有更深入的理解,但将"公法"经学化的思想本身,便已蕴含重视国际法学的问题意识,以及他们之所以强调律学、学习国际法的缘故。必须补充的是,随着近代学堂教育的展开和国际法论著的普及,国际法以及主权已成为时代话语。

进入新政时期,人们关心的重点已非国际法可恃可信与否,或是国际法之可用与否,以及国家是否强弱等问题,而是中国应如何利用国际法收回利权,伸张国家权利。讨论的议题由国际法的性质、拘束力转为如何辨识国际法的相关原则以及应用国际法规则的法理程式等。特别是对革命党而言,出于对主权、国家承认、交战团体权、中立等现实问题的关心,他们将国际法以及国际关系聚焦在相关问题的法理原则及具体行动的应用程式之上。[1] 这一时期虽然对"性法"的重视程度已大幅下降,然而,只要中国一日仍是弱国,一日仍未能达到西方"文明"标准的话,即使对国际法能否规范列强的霸权行为还有所保留,他们对国际法的自然法性格

---

[1] 鲁纳持同样的观点。他认为从1897—1911年的15年间,中国知识分子在讨论中国主权问题时,逐渐摆脱了社会达尔文主义物竞天择的进化论以及儒家思想,转而聚焦在如何应用国际法规则以保护主权,并引用 Andreas Osiander 的术语,指出他们对国际法的关注,从"结构性原则"(structural principles,这些结构性原则是一种假设,它们影响了国际体系的三个基本构成要素:国际社会成员之间相互状态的定义,疆界与人口的划分)走向"程式性规则"(procedural rules,影响成员之间相互关系之执行及实现的规则),为1912年以后中国的对外交涉奠下了理论基础。参 Rune Svarverud, *International Law as World Order in Late Imperial China*, pp. 263 – 265; Andreas Osiander, *The State System of Europe, 1640 – 1990: Peacemaking and the Conditions of International Stability* (Oxford: Clarendon Press, 1994), p. 5.

仍不能不有所期待。晚清政府两次参加保和会、签订国际条约的目的,固然在于希望借此抬高国家地位,以期晋身"文明国"大家庭,但同时亦抱有对国际法走向公平至理条约化的期待。关于这点,将会在第五章中详细讨论。

第四章　国际法的应用与挫折

一、引言

鸦片战争以来,中国与西方各国签订了一系列不平等条约,并对外开放口岸,给予西方最惠国待遇、领事裁判权、协定关税等权利,使中国在客观事实上被西方的国际法秩序所吸纳。另一方面,传统中华世界秩序在西方及日本的挑战下,不得不作出结构上的自我调整。19世纪以来,这两种不同的世界秩序在东亚世界互相竞逐,时而协调,时而对立,时而纠缠,编织出波澜壮阔的近代中国史。随着19世纪后半期中国对外交涉经验的累积、国际法译著的普及、国际法教育的展开,中国人对国际法的知识与认识已得到大幅度的提高,对国家主权有更深刻的理解与体会。而在中西交涉频繁的现实世界中,当西方甚至本属中华世界秩序一员的日本以国际法及军事力量向中国进逼,企图攫夺更多的领土和权利时,中国亦无可避免地应用国际法以解决国际纷争,甚至重构国家体制。然而,作为具有秩序意义的国际法原则和规则虽然已经存在,并为人所知道,但国际法的原则与规则又如何反映在中国的外交行为及对外体制上呢? 新的对外机关以及处理洋务的官僚又怎样应用国际法来处理对外交涉以及维护传统中华世界秩序呢? 其中又有什么值得注意的地方? 本章将会检讨19世纪后半期中国应用国际法的几个事例,借以探讨中国应用国际法的意义。

需要指出的是,从中国在对外交涉中应用国际法的对象国家而言,可分为西方列强、日本以及传统中华秩序的属国等几类。我们知道,国际法传入中国及中外条约的缔结,造成所谓"条约体制",但与此同时,中国与传统中华秩序下的属国仍保留着"朝贡体制",这便是学界所称的传统"朝贡体制"与近代"条约体制"并存的年代。而在这二元格局的世界秩序下,中国与属国之间的关系又起了变化。如何在中华世界秩序原理与国际法原理之间厘清中国与传统藩部、属国的关系,重编中华世界秩序,一直是晚清以来中国政治外交的重要命题。毋庸多说,中朝、中越之类传统宗属关系的运作又往往牵涉到外力的介入,不惟是中国与藩属,又有藩属与外国,中国与外国的交涉,最终纠缠为一个错综复杂、立体多元的剧场空间。因此,本章会以中朝宗藩关系的变化说明国际法应用于中华世界秩序的问题。

二、对外体制的现代化

1. 总理衙门的成立

在传统的中华世界体系中,清朝中国居于顶点,以天朝上国君临天下,通过封贡、互市等关系,与周边地域及国家建立一种上下从属的不平等世界秩序。在对外体制上,清政府通过理藩院和礼部这两个机构分别管辖各藩部、属国、朝贡国等。这种体制自然无法处理与近代西方国家之间的关系。

自1860年《北京条约》签订以来,中外关系进入了一个新的局面,随着各国公使进驻北京,以及外国人进入内地游历和传教,北京的对外事务日益繁重,再不能没有一个专门机关负责其事,办理对外交涉事务。而且,各驻京外使代表其本国政府办理交涉,清政府原来专管藩属的礼部及理藩院在制度上及功能上都无法应付这种新局面,特别是对应近代国家对等关系措置的阙如。至于军机处,原来掌管军国机要之职已属繁重,又有太平天国及捻军交乘,实无力,也没有专才处理艰巨纷繁的对外事务。加以新增口岸日多,遍及南北沿海,距离过远,若由非对外最高决

从万国公法到公法外交——晚清国际法的传入、诠释与应用

策机关的广州五口钦差大臣分别办理,不但呼应不灵,而且弊端亦多,也不为外人所接纳。[1]于是,在这些情况下,遂催生了一个新的对外机关。[2]

1861年1月13日,主持抚局的恭亲王联同大学士桂良、军机大臣文祥奏请设置总理各国事务衙门(简称总理衙门、总署)以处理对外交涉,1月20日谕准成立,3月11日正式启用。这标志着中国历史上第一个近代对外交涉机关正式成立,是中国外交制度现代化的里程碑,对中国以后的外交发展产生了深远的影响。[3]

总理衙门的职责相当广泛,负责管理一切与外人发生的事情,总管外国一切事务,而且越到后期,职务越广。具体而言,包括以下几方面:[4]

1. 掌管外交:庆赏宾客之典礼、各国盟约、遣使设领之筹议、对外交涉(如办理教案、勘剖疆界、划定租界、息借洋款、保护华工等);

2. 掌管商务:议定商约、盟办商埠、筹议商政、设置税关、厘订税则、稽核关税;

3. 引进西方新知识:如设同文馆、派人出洋游学、翻译西书;

4. 推动经济建设:如制造轮船、架设电线、铺设铁路、创办邮政、督办商务、探矿开煤。

其职务远远超过现代之外交部。因此,虽说总理衙门是近代外交机关的嚆矢,但其职掌过于庞杂,几乎是无所不包,而在对外事务上亦未能作出合理的区分,加之各大臣均属兼职,运作上又采用委员制,因此效率不

---

[1] 卓遵宏:《清季外交职权的嬗递(1838—1861)》,载中华文化复兴运动推行委员会主编:《中国近代现代史论集》,第7编,《自强运动(二)外交》(台北:台湾商务印书馆,1985年),页157—159。
[2] 梁伯华:《近代中国外交的巨变》(香港:商务印书馆,1990年),页48。
[3] 日本学者川岛真采取了坂野正高对外交的定义(即:1. 外交是对等独立国之间的关系;2. 外交决定不一定会实行;3. 外交不限于国家,可以是拥有强大武力的集团),并同意陈体强的分析,认为总理衙门只算是洋务机关。陈的基本论点是:外交机关须符合三个条件:对等国家关系、以协助共同利益为基础、国家间互相有日常接触。参川岛真:《中国近代外交的形成》,页72—78;陈体强:《中国外交行政》(北京:商务印书馆,1945年);坂野正高:《現代外交の分析》(東京:東京大学出版会,1971年),頁9—11。
[4] 刘光华:《清季总理衙门的职务》,载中华文化复兴运动推行委员会主编:《中国近代现代史论集》,第7编,《自强运动(二)外交》,页229—238。

第四章　国际法的应用与挫折

高。[1] 此外,总理衙门对于督抚以及南北洋大臣办理中外交涉事务,没有指示监督之权,遇事必须请旨。凡此种种,都难以满足近代对外交涉的需要,因此,外国人一直要求中国改革总理衙门。

1901年清政府与各国签订《辛丑条约》,其中规定重整中国的对外机关,将原来只属临时机构、处理一切中外交涉事务的总理衙门改为外务部,正式成立近代国家的外交机构。[2] 自此以后,中国的对外关系,便从"夷务"时代(1860年前)、"洋务"时代(1860年以降至1890年代),正式迈进"外务"时代。[3]

值得注意的是,学界一直以为,外务部的成立是外因(列强的外在压力)和内因(中国内部的改革需求)结合下的产物,把外务部置于六部之上是出于列强的坚持。然而,川岛真最新的研究进一步显示,在外务部的成立过程中,列强只提出了制度的框架梗概而已,很多被视为外在压力的部分实际上都有清政府的参与。外务部的成立,是清政府主动把握成立新外交机关的契机,进而付诸制度化的产物。例如庆亲王(爱新觉罗·奕劻,1838—1917)和李鸿章不但决定了"外务部"这一名称,还提出了人事、官员品秩、组织等方面的建议,甚至向列强提出了废除总理衙门成立新外交机关的基本理由。结果,虽然列强原先并未有置外务部于六部之上之议,但与庆亲王、李鸿章交涉后,则将此要求插入《辛丑和议》第12条内。[4]

然而,外务部虽较总理衙门进步,但组织结构仍嫌叠床架屋。总理外务部大臣之下有会办大臣(通常由尚书兼任,不占名额)、再下为外务部尚书二人和左右侍郎各一人,是一个五人领导体制。初时的职务仍如总理衙门一样,无所不包,及至练兵处(1903年)、商部(1903年)、财政处(1903年)、学部(1905年)、税务处(1906年)等机关相继成立,这种情况

---

[1] 王曾才:《清季外交史论集》(台北:台湾商务印书馆,1978年),页137。
[2] 《辛丑和约》第12款,参王铁崖:《中外旧约章汇编》,第1册,页1008。
[3] 冈本隆司:《中国近代外交へのまなざし》,页15—17。
[4] 川岛真:《外務の形成——外務部の成立過程》,载冈本隆司、川岛真编:《中国近代外交の胎動》,页181—202。

才有所改善。1906 年 11 月中央官制改革,设立外务、吏、礼、民政、度支、陆军、法、农工商、邮传、理藩等 11 个部,将外务部有关各部的职掌分归各新设部门,外务部才真正成为具有近代意义的外交机关。[1]

2. 驻使觐见

鸦片战争以来,中国既与各国立约通商,按条约的规定和国际法的习惯,中外双方应该互相派遣使节,而且 1858 年的《天津条约》也明文赋予了外国公使驻京的权利。另一方面,根据外交惯例,外国使节觐见驻在国元首也是平常不过的外交礼仪。不过,中外缔结的条约规定了各国与中国平等,而各国公使又坚持以平等之礼(只鞠躬而不跪拜)觐见,因此清政府一直拖延,与各国纠缠多年,仍未批准外国使节觐见。到了 1873 年 2 月同治皇帝(爱新觉罗·载淳,1856—1875,1861—1875 在位)亲政,清政府无法再推搪,最终在 6 月 29 日,由皇帝亲自接见外国公使。不过,在接见的安排上却刻意减轻西方驻使觐见而不跪拜皇帝这事对清政府权威所带来的震荡。例如接见的地点设在用来接待藩属君长、处于宫廷之外的紫金阁,而且规定外国使节须由西边门(非由正门)进入,不得带翻译,国书也非由皇帝亲受等。[2] 有研究认为,驻使觐见的扰攘以及对觐见安排的苦心筹措,反映了清政府仍然未能从天朝上国的观念中解脱出来。[3] 然而,如果检视一下 1867 年各地方督抚条陈觐见问题的意见,我们会发觉大部分封疆大臣,都主张不必坚持跪拜之礼,对传统天朝体制展示了更具适应新世局的胸襟。其中陕甘总督左宗棠(1812—1885)、两江总督曾国藩(1811—1872)以及湖广总督李鸿章更进一步明确主张变通旧例,改以"敌体"之礼对待西方各国。这种识见,最低限度反映了清政府的部分地方大臣在对外礼仪的问题上承认了中外的对等关系。事实

---

〔1〕 王立诚:《中国近代外交制度史》(兰州:甘肃人民出版社,1991 年),页 176—177。

〔2〕 王曾才对清朝皇帝接见使节的安排有扼要的论述,参氏著:《清季外交史论集》,页 46—47。

〔3〕 刘保刚没有对坚持跪拜的官僚与主张敌体相待的官僚作出区分,只简单地概括为晚清士大夫仍未能摆脱天朝封闭心态,有失偏颇。参氏著:《论晚清士大夫公法观念的演变》,页 153。

上,1873年最终影响了清政府作出接纳各国公使免除跪拜觐见决定的正是李鸿章的意见。[1] 李鸿章首先指出中国与各国立约通商,各国便是"敌体"之国,未便以属国之体相待,而且中国亦不能改变各国不跪拜的通行之例;觐见既不能免,不如趁机准许,否则将来被迫就范,损失更大。接着,李鸿章援引《万国公法》反驳外国使节觐见时恐有"面质廷争"的疑虑:

> 《万国公法》一书,内载延见时各使献玺书于君,善言称颂,君亦善言慰答。又使臣概与国君所派部臣议事,君旨所在,即可从其臣而知等语。循此条文,何至面质廷争,毫无顾忌之事?万一有之,则诎不在我,总理衙门与臣等皆无难据理驳斥,并可布告各国,明正是非。[2]

要而言之,尽管这次驻使觐见的安排仍有不少地方令人不满意,但已是中国划时代的大事。清政府在认知新国际秩序之余,亦确认了国际法在对外交涉中的指导地位。

3. 驻外使节的派遣

在传统中华世界秩序之下,中国没有派遣外交使节驻守异邦的作法,作为天朝上国,只会派遣使节前往属国或朝贡国册封君主或下达命令。但是,近代西方国际社会却视互遣常驻使节为外交惯例。随着1861年各国使节进驻北京后,各国开始催促清政府遣使以履行1858年《天津条约》关于互遣使节的规定。总务司赫德也于1863年7至8月期间应总署的要求将惠顿《万国公法》一书关于使节权利及条约的24节内容译为中文,其后1865年11月赫德又向清政府上呈《局外傍观论》,力劝清政府遵照实行,指出清政府只有遣使驻外与各国政府建立直接的外交关系,才是抵制驻京外使及各口岸领事专横无理的最佳办法。[3] 此外英国驻华参赞威妥玛(Thomas F. Wade, 1818－1895)也于翌年1866年3月呈上《新

---

[1] 王曾才:《清季外交史论集》,页42—45。
[2] 《筹办夷务始末·同治朝》,卷90,页4。
[3] 《筹办夷务始末·同治朝》,卷40,页20。

议略论》,力陈遣使驻外可以联络邦交,于有事时得到各国相助。[1] 最后,清政府决定作出尝试,先后在1866年派遣斌椿(1803—?)与同文馆学生跟随赫德赴欧游历,1867年委任刚卸任美国驻华公使的蒲安臣以中国公使身份访问欧洲,揭开了中国对外派遣使节的序幕。但是,这两次派遣使节只属游历和联络性质,还算不上是常驻使节的派遣。1870年因"天津教案"的发生,中国派崇厚出使法国,但只属谢罪性质。对于应否遣使驻外的问题,清政府各大臣之间有很大的分歧。曾国藩、李鸿章、左宗棠等对此表示赞成,但两广总督瑞麟、江西巡抚沈葆桢、浙江巡抚马新贻(1821—1870)等则反对派遣。他们反对的理据在于经费的紧绌及使才的缺乏。[2] 在清政府各大臣意见分歧下,派遣使节驻外的问题一直被再三拖延着。另一方面,进入70年代初,清政府开始注意到华民出洋从事海上贸易及海外华工日多的现状,更深刻地认识到遣使设领的需要问题。[3] 而1875年英国领事马嘉理(Augustus R. Margary, 1846–1875)在云南被杀案的发生,则直接促成了郭嵩焘的第一次出使英国。[4] 1877年1月,郭嵩焘抵英,成为中国首任驻外公使,从此中国迈出了对外派遣常驻使节的关键一步。[5] 自此以后,清政府陆续向日、法、美、德、俄、西班牙和秘鲁等国派驻使节。清政府在其最后30多年时间先后向18个国家派出了68人担任驻外公使及副使;又从1877年起先后向海外的57个地区派驻了领事。与此同时,清政府又在1876年颁布了《出使章程十二条》,对驻外使节的任期、使馆的编制和经费的使用,以及出使人员的俸薪等作出了规定,使中国的使节制度初具规模。[6] 此后,清政府的对外

---

〔1〕 《筹办夷务始末·同治朝》,卷40,页27—30。
〔2〕 各大臣的具体意见,参王曾才:《清季外交史论集》,页58—65。
〔3〕 袁丁:《晚清侨务与中外交涉》(西安:西北大学出版社,1994年),页34—78;王曾才:《清季外交史论集》,页66—67。
〔4〕 参王曾才:《清季外交史论集》,页68—108。
〔5〕 这次遣使,发生了令外国人笑话的小插曲,即所谓没有公使委任国书及副使刘锡鸿问题。参《使英郭嵩焘奏国书并无充当公使文据请改正颁发折》(光绪三年二月二十八日)、《副使刘锡鸿奏辞驻英副侯折》(光绪三年二月二十八日),《清季外交史料》,卷9,页22—23、页23—24。
〔6〕 葛士濬辑:《皇朝经世文编续编》(《近代中国史料丛刊》;台北县永和镇:文海出版社,1972年),卷104,页3—5。

第四章　国际法的应用与挫折

体制渐具规模,初步与国际社会接轨。

需要补充的是,颜清湟引用周仁华及柯文的研究指出,1894年以前清政府任命的中国驻外公使,虽大多出身洋务专家,但无人受过正规的外语和国际法训练,他们只是在曾国藩或李鸿章部下实习过并与外人打过交道,这说明了初期驻外使节对国际法及国际事务的无知。[1] 这种论述不完全正确反映事实,因为在此之前虽然很多驻外公使都没有受过正规的外语和国际法训练,但这并不意味他们完全没有接触过国际法,对西方的国际法原则、规则等毫无认识。事实上,丁韪良翻译的几本国际法著作是晚清驻外使节的必读之书。而且,驻外使团的翻译官、参赞等随行官员大都是同文馆的外文馆出身,不少人更是追随丁韪良学习国际法经年的学生,如汪凤藻、荫昌、联芳、庆常等。[2] 事实上,曾纪泽出使英法前,便曾努力自修英语,并阅读丁韪良所译之《公法便览》。出使期间,更得到当时留学法国学习国际法的马建忠襄助,处理中外交涉及与外国官僚的交往。当然,由于大部分主事之驻外公使不懂外语,对国际法的知识又相对贫乏,很多时候是随意解释和利用,因而难免在对外交涉时不能根据国际法辨明是非,保障中国的权益。

三、对外交涉中国际法的应用与挫折

1. 鸦片战争

众所周知,鸦片战争期间林则徐主要在两件事的处理上应用了国际法,即禁止销售鸦片及办理林维喜案。1839年3月林则徐刚到广州,便于3月18日宣布鸦片为违禁品,严令各国商人呈缴鸦片,具结担保以后不再贩卖鸦片。此禁令为外国商人拒绝后,林则徐即于3月24

---

[1] 颜清湟著,栗明鲜、贺跃夫译,姚南校订:《出国华工与清朝官员:晚清时期中国对海外华人的保护(1851—1911)》(北京:中国友谊出版公司,1990年),页224。Jen Hwa Chow (周仁华), *China and Japan— The History of Chinese Diplomatic Mission in Japan 1877-1911* (Singapore: Chopman Enterprises, 1975), p. 61; Paul Cohen, *Between Tradition and Modernity: Wang T'ao and Reform in Late Ch'ing China* (Cambridge, Mass.: Harvard University Press, 1987), pp. 267-271.

[2] 关于同文馆出身的外交使节,参苏精:《清季同文馆及其师生》,页167—224。

日下令停止中外贸易,同时封锁商馆,6 月于虎门销烟,其后更有致书英女王之举。在与外商交涉过程中,林则徐针对外国人的禁烟措施,诚如茅海建所言,按照清朝的法律来看,并不过激,反而算是宽大。[1] 然而,林则徐并不满足于中国单方面的合法性和合理性,他让助手袁德辉和美国医生伯驾翻译通行于西方的国际法的若干片段,很明显是尝试从西方国际法中寻求一种既不违反清朝法律,也合乎中国天理人情、具有普遍适用价值的相关规则来向外国商人说法。[2] 正因如此,他要求翻译的内容是与其行动相关的条文,而非要了解整个西方国际法秩序及其基本原则(如平等、主权、独立等)。结果不负所望,伯驾和袁德辉翻译了瓦泰尔《万国法》的相关国际法规则。如关于处理违禁品规则的就有:

  (伯驾:)尝思各国皆有当禁外国货物之例。……禁立之后,如有犯禁船货物夹带出口,或夹带入口,或带货漏饷,则变价充公。[3]

  (袁德辉:)各国有禁止外国货物,不准进口的道理,……所立例禁,即如走私出口入口,有违禁货物并例准货物,偷漏不上税饷情事,有违犯者,将船并货入官充公。[4]

这些文字足以使林则徐明白判定某些货物为违禁品,以及取缔违禁品这种权力的合法性和合理性,并非为中国独有,而是各国共用的。因此,不少研究都认为林则徐在宣布鸦片是违禁品、迫令洋商缴出鸦片销毁,向缴出鸦片的外商每箱酌给茶叶 5 斤及大黄若干作出补偿的措施,都是依据上述国际法处理违禁品的规则行事的。[5] 这种推断很合理,不过,值得

---

 [1] 茅海建:《天朝的崩溃——鸦片战争再研究》(北京:三联书店,1995 年),页 104—112。

 [2] 尽管林则徐要到 7 月才请伯驾翻译瓦特尔的《万国法》中关于违禁品以及战争的部分,但是诚如笔者在本书第一章中指出,在此之前,林则徐已从袁德辉处掌握了这方面的国际法规则。

 [3] 伯驾译:《滑达尔各国律例》,第 37 条,载魏源编纂:《海国图志》(60 卷本;道光丁未[1847]年刊本;台北:成文出版社,1970 年),卷 52,《夷情备采(下)》,页 18。

 [4] 袁德辉译:《法律本性正理》,第 39 条,载魏源编纂:《海国图志》,卷 52,《夷情备采(下)》,页 19—20。

 [5] 如张劲草、邱在珏:《林则徐与国际法》,页 36—41。

第四章 国际法的应用与挫折

注意的是,诚如鲁纳的研究所指出的那样,袁德辉此段关于禁止贸易的译文其实打击了对中国禁令持支持态度的论点。[1] 然而,由于林则徐认为禁烟是正义行动,合乎中外法律,天理人情,因此他似乎完全没有理会禁令有损国家交往的问题。更何况天威之下,其他国家的所谓"含怨",实在是微不足道的。

另一方面,林则徐又于1839年8月3日与邓廷桢(1776—1846)、怡良(1791—1867)会奏《拟谕英国国王稿折》,并附《拟颁发檄谕英国国王稿》,准备致书英王,要求禁止英人买卖鸦片、贩运鸦片来华之举。文中指出:

> 闻该国禁食鸦片甚严,是固明知鸦片之为害也。既不使为害于该国,则他国尚不可移害,况中国乎!……弼教明刑,古今通义,譬如别国人到英国贸易,尚须遵英国法度,况天朝乎![2]

这里,林则徐更是超越单纯的法律观点(国家的独立司法权),尝试从道德的普遍价值强调鸦片为害之大,为国者不得不禁。当然,袁译文的第292条,更为林则徐提供了法律根据:

> 欲与外国人争论,先投告对头之王或有大权之官,设或都不伸

---

[1] 瓦泰尔原文有这样的说明:被禁国如果认为禁令没有基于任何与施禁国自身国家利益相关的理由,便可以将禁令视为错误意志的表现,并据此向施禁国抗辩。但是对于一个被禁国来说,要切实证明施禁国没有明确之理由是困难的(the nation affected by this prohibition is convinced that when the prohibition "was not founded on any reason drawn from the welfare for the state that prohibit them, she would have cause to consider this conduct as a mark of ill-will shown in this instance, and to complain of it on that footing," but "it would be very difficult for the excluded nation to judge with certainty that the state had no solid or apparent reason for making such a prohibition")。但袁德辉的译文却变成"若不分别违禁不违禁,以及将本求利,均不准进口,可以含怨。即如甲国货物而至乙国,并不见有违碍,而乙国禁之,此谓之不是好意,亦可含怨。已无遗碍,而又无实在明白说出其所以不准之理,立此等例禁,令人难以推测,算是与人隔别,断绝往来也"(魏源编纂:《海国图志》,卷52,《夷情备采(下)》,页20—21)。如此一来,林则徐的禁令变成了国家交往中的恶意行为。参 Rune Svarverud, "Jus Gentium Sinense: The Earliest Chinese Translation of International Law with some Considerations Regarding the Compilation of Haiguo tuzhi," pp. 219 – 220. 中译本《万民法在中国——国际法的最初汉译,兼及〈海国图志〉的编纂》,页308。

[2] 此照会其后得到清政府批准发出,翻译成英文后,1840年1月托英国船长带往英国。参《拟颁发檄谕英国国王稿》(道光十九年六月二十四日),中山大学历史系中国近代现代史教研组研究室编:《林则徐集·公牍》(北京:中华书局,1963年),页126—127。又参来新夏编著:《林则徐年谱新编》(天津:南开大学出版社,1997年),页341—343。

251

理,可奔回本国,禀求国王保护。[1]

在处理林维喜案的问题上,[2]同样地,按照中国法律,林则徐自然有权要求义律交凶。但是,为了在法律上寻求具有普遍价值的理据,并尝试借此说服义律,因此他在原来伯驾译文之外,再命袁德辉从瓦泰尔的《万国法》中,选译了关于审理外国人的司法权部分,明白到国际法有这样的规定:

> 自法制一定,普天之下,莫不遵守,故外国有犯者,即各按各犯事国中律例治罪。[3]

国家对外国人拥有司法权的国际法规则,无疑为林则徐的主张添加了强大的法律后盾。因此。他在交凶问题上相当强硬,当义律拒不交凶时,他便根据国际法严正指出,英国

> 向有定例,如赴何国贸易,即照何国法度,其例甚为明白。……犯罪者在伊国地方,自听伊国办理,而在天朝地方,岂得不交官宪审办?且从前内地所办命案夷情,历历有据,各国无不懔遵,岂义律独可抗违此例乎?[4]

对义律再三抗拒交凶、拖延时间,林则徐最后只好采取行动,将英国人驱逐出澳门。至于其后英军在九龙炮击中国水师,已是后话了。

综观禁烟及林维喜案二事,无论摧毁广州的鸦片船抑或将义律驱逐,林则徐都是在中国以及西方的说理方式不能奏效后才付诸实行的。整个过程诚如论者所指出,林则徐坚信自己的行动即使按照西方国际法的标准来衡量也具有道德和法律的正当性,而且对于国际法的运用

---

[1] 魏源编纂:《海国图志》,卷52,《夷情备采(下)》,页21。韩琴认为学术界有关林则徐是根据袁德辉的翻译致书英国国王的说法值得商榷,指出林则徐决定颁檄晓喻英国国王不但是在"摘译国际法"之前,而且是"摘译国际法"的原因。参氏著:《论林则徐摘译国际法的选择性》,页132—133。

[2] 1839年7月7日九龙尖沙嘴村发生中国村民林维喜被英国水手所杀案件。关于该案的研究,参林启彦、林锦源:《论中英两国政府处理林维喜事件的手法与态度》,《历史研究》,2000年2期(2000年4月),页97—113。文中细致地从法律的角度分析了林则徐的处理手法及事件的发生经过,指出林则徐的做法是合法的,反而是英国的义律背离了国际法的原则,藐视中国的司法尊严。

[3] 魏源编纂:《海国图志》,卷52,《夷情备采(下)》,页20。

[4] 《会批澳门厅转禀义律抗不交凶帖》(道光十九年七月九日),《林则徐集·公牍》,页129—130。

第四章 国际法的应用与挫折

完全是策略性的。[1] 这点与总理衙门初期视国际法为以夷制夷工具的想法如出一辙。不过,林则徐是否没有把国际法视为普遍真理,则值得商榷。无论是从国际法的译文还是林则徐的对外照会和书信,都清楚显示了林则徐相信这些规定("通例"),无论是查禁违禁品还是审判外人,都适用于各国,因此具有普遍价值。唯其具有普遍价值,各国才须遵行。而袁德辉不跟从伯驾《各国律例》的译法,改用原著副题《法律本性正理所载》,一方面保留了更接近原作者瓦泰尔的本意,[2]另一方面,似乎亦隐约看到西方国际法的普遍价值。当然,林则徐对国际法的掌握仍是片面的。上述的西方国际法的规则虽与中国的法律相符,但并不表示林则徐同意整套西方国际法可适用于中国,而中国须受其规范。对林则徐而言,他只是撷取国际法中与中国法律共通的部分加以应用而已,其做法是工具性的、策略性的,没有打算探究国际法的普遍价值及其与中国的关系。其后林则徐被贬,国际法没有再被提及,以至魏源也只是将译文收录在《海国图志》内,没有任何评论,就是这个道理。

2. 普鲁士于中国领海拿捕丹麦船事件

1863年9月11日,在美国公使蒲安臣的斡旋下,丁韪良得以与总理衙门大臣会面,讨论翻译国际法的问题。其后总理衙门准许丁韪良的请求,派遣人员协助丁韪良校正译稿,润饰文笔,删改字义。半年后完成校稿,碰巧发生了普鲁士于中国领海拿捕丹麦船的事件。1864年欧洲的普鲁士和丹麦交战,是年4月,普鲁士公使李福斯(Guido von Rehfues)来华进驻,在天津大沽口突命所乘兵舰"羚羊号"(Gazelle)拿捕了三艘丹麦商船作为捕获品。[3] 总理衙门随即抗议,指出扣留丹麦船只之地(大沽口

---

[1] Lydia H. Liu, *The Clash of Empires*, p. 119.
[2] 信川:《林则徐与国际法》,页91。
[3] 关于此事的交涉经过以及清政府援引《万国公法》的意义,可参蒋廷黻:《国际公法输入之中国之起始》,页63—64;T. F. Tsiang, "Bismarck and the Introduction of International Law into China," pp. 100-101;王维俭:《普丹大沽口船舶事件和西方国际法传入中国》,页87—91。

253

的拦江沙外)位处中国专辖之内洋,并非距岸数十里、枪炮所不及之公共海洋,[1]普鲁士之行动明显"夺中国之权"。总理衙门警告李福斯,如不释放丹麦商船,将对来华履新的他不予以接待。在上奏中,总理衙门特别强调之所以力争,非为丹麦,而是为中国保其权。最后普鲁士公使"俯首无词",承认错误,释放两艘丹麦商船,余下一艘则以洋元1 500元作赔偿金,事件宣告解决。[2]

特别要指出的是,这次事件的解决,诚如蒋廷黻的锐利分析,总理衙门处理这次事件时,并不敢公然引用《万国公法》,而是"暗采该律例之言,与之辩论",[3]它所公开的理据不是《万国公法》,而是条约:

> 中国所辖各洋,例有专条,各国和约内,均明此例。贵国和约内载有中国洋面字样,较各国知之尤切,何得云殊不可解?[4]

这是因为总理衙门认为惠顿的《万国公法》可能是柄双刃剑(a double edged sword),或是西方送给中国的"屠城木马",恐怕将来会有缚人反被人缚的危险。[5]事实上,总理衙门在宣称普国扣查丹麦商船之地实属中国内洋时,也只是含糊其辞,说是"外国持论",并不敢公然宣称根据《万国公法》的领海主权原则:

> 外国持论,往往以海洋距岸数十里外,凡系枪炮之所不及,即为各国公共之地,其间往来占住,即可听各国自便。[6]

因此,当普鲁士公使李福斯辩称:

> 扣留该船,系属按照欧罗巴所定军法(笔者按:战时国际法),其扣留处所相去海岸远近,亦属万国律例准拏敌船之处。[7]

总理衙门立刻强调"至欧罗巴所定军法,则不能强中国以必知",力图否

---

[1] 相信清政府所依据的,是《万国公法》卷2第4章第6节"管沿海近处之权"及第10节"大海不归专管之例"。参卷2,页67、页69—70。
[2] 《筹办夷务始末·同治朝》,卷26,页32—35。
[3] 《筹办夷务始末·同治朝》,卷27,页26。
[4] 《筹办夷务始末·同治朝》,卷26,页33。
[5] T. F. Tsiang, "Bismarck and the Introduction of International Law into China," pp. 100‑101;蒋廷黻:《国际公法输入之中国之起始》,页63—64。
[6] 《筹办夷务始末·同治朝》,卷26,页29—30。
[7] 《筹办夷务始末·同治朝》,卷26,页33。

第四章 国际法的应用与挫折

认中国属于西方国际法的规范对象。此外,总理衙门又暗中援用了局外中立的条例,指出:

> 缘滋事之处,系属中国洋面,中枢政考所载,界限甚明。外国无论与何国有隙,在中国洋面扣船,即属轻视中国。所以本王大臣等不能不向贵大臣理论者,非为丹国任其责,实为中国保其权。[1]

试图借此力保中国局外中立的权利。不过,这次事件得以顺利解决的关键,在于总理衙门坚持先处理好扣船事件才正式承认李福斯的公使身份,因此最终才可逼使李福斯认错赔偿,释放丹麦商船。[2]

无论如何,经过此次交涉,清政府确认了援引《万国公法》作为对外交涉中规限外国行动手段的效力,能使中国所主张的理据更加有力。[3]而且,清政府吸收了这次经验,在其后与美国签订的《中美续增条约》(1868年)的第一条中有这样的规定:

> 大清国大皇帝按约准各国商民在指定通商口岸及水陆洋面贸易行走之处,推原约内该款之意,并无将管辖地方水面之权一并议给,嗣后如别国与美国或有失和,或至争战,该国官兵不得在中国辖境洋面及准外国人居住行走之处与美国人争战,夺货劫人;美国或与别国失和,亦不在中国境内洋面及准外国人居住行走之处有争夺之事。[4]

据志刚的说法,加插此条款的原因:

> 系因从前布国兵船,有天津海口抢劫丹国货船,有违公法。今特为提明,各国如肯照办,则日后中国,可免此挂累。[5]

---

[1]《筹办夷务始末·同治朝》,卷26,页33。
[2] 王维俭认为这次交涉成功,带有偶发性,并未具有普遍意义。原因是:1. 此事是中德双边关系的事,当时德国在华的实力和影响力都远不及英、法、美、俄;2. 此事虽与中国大有关系,但同时亦是普丹之间的矛盾;3. 事件本身和西方国家在华利益的直接关系不大;4. 此事反映了列强在华的冲突和争夺,据闻"中国的抗议系由英国煽动的";5. 最重要是清政府很少具有这种同侵略者周旋到底的勇气。参王维俭,《普丹大沽口船舶事件和西方国际法传入中国》,页90。此外,张劲草及邱在珏认为,由于西方自诩是文明国家,并认为国际法只能适用于西方国家,因此,这次事件的解决,"充其量只说明德国同意在与丹麦的纠纷中愿意遵守国际法而已"。参张劲草、邱在珏:《论国际法之传入中国》,页131。
[3]《筹办夷务始末·同治朝》,卷27,页26。
[4] 王铁崖:《中外旧约章汇编》,第1册,页261—262。
[5] 志刚:《初使泰西记》(长沙:湖南人民出版社,1981年),同治七年六月九日条,页26。

由此可见,在与列强不断交涉的过程中,清政府开始明白到"公法"有关领海主权和局外中立的原则。[1] 刘保刚则称19世纪六七十年代为有限了解、有限利用"公法"的时期。[2]

3. 条约改正、国际法的应用与挫折

虽然随着西方国际法的传入,以及对外交涉实际经验的累积,清政府官僚已对国家主权有一定的认识,不过负责对外交涉、制订政策的总理衙门以至其后的外务部,对应用国际法废除不平等条约以收回国家主权这重大问题始终采取消极的态度。无可否认,自1870年以还,清政府在条约改订上取得了一定程度的进展,例如在1871年9月缔结的《中日修好条规》中,成功否决了日本政府加入最惠国条款的要求,[3]而在1881年的《中巴和好通商条约》中,更确定了互相平等的最惠国待遇。[4] 但清政府对如何废除与欧美等国的片面最惠国条款,争取最重要的独立司法权及关税自主,始终进展不大。究其原因,实与总理衙门的条约观有密切关系。

我们知道,在初期的对外交涉中,清政府视"万国公法"为以夷制夷的工具,但随着对外交涉的频繁以及实际事务中的多番应用,中国本身亦已成为了"万国公法"的规范对象,而"万国公法"在规范外交行动以及政策决定过程中,又起着指导作用。薛福成、丁日昌、王韬等更认为必须放弃传统交涉之道,以便处新的对外关系。

正如我们在第三章所讨论的那样,维护及厘定国家主权的是"万国公法"以及国家间缔结的条约。对清政府官僚而言,维持和平、确保主权的方法,就是遵守"万国公法"的规则及保证履行条约的条款。两广总督瑞麟的意见颇能代表当时涉外官僚的心态。他在1867年的奏折中指出:

---

[1] 田涛:《丁韪良与〈万国公法〉》,页111。
[2] 刘保刚:《论晚清士大夫公法观念的演变》,页153—154。
[3] 王铁崖:《中外旧约章汇编》,第1册,页317—319。
[4] 王铁崖:《中外旧约章汇编》,第1册,页395—396。值得注意的是,1879年驻英法公使曾纪泽对当时的巴西驻英公使表示,最惠国条款("一体均沾")是最不合西方"公法"的,因而主张将来与巴西订约时删去此条。参《曾纪泽日记》,中册,光绪五年闰三月三日条,页868—869。

第四章 国际法的应用与挫折

第自立条约以来,沿海各口,遇有华洋交涉事件,皆以条约为权衡,使各国洋人渐就范围,咸资遵守。虽间有约外要索,一经援照原约,持平理论,剀切劝阻,未始不折服中止,幸获相安。是前此议立条约,实为羁縻善法。[1]

事实上,1864年丁日昌便曾根据条约,保护了中国的利益。丁坚决拒绝了外国人几个法律权利以外的要求,包括美国人要求在上海城内购买房地产,英国人要求在上海和苏州之间的通航,以及法国人要求在上海和吴淞之间敷设电缆。丁的原则是:凡在条约上的条款,应该履行,不在条约的事项则应予禁止。[2] 然而,这种恪守条约的政策却又同时限制了清政府的对外思维以及对外行动,这里我们尝试用1869年的《阿礼国协定》(The Alcock Convention)来说明中国应用国际法的问题。这条协定后来虽然由于英国商人的强烈反对而没有通过,但却能生动地反映总理衙门及地方督抚等上层官僚如何看待国际法及条约。

1869年的《阿礼国协定》是鸦片战争以后中国与西方谈判的第一条"平等"条约,而非像两次鸦片战争那样是在大军压境下签订的城下之盟。中英双方是在平等的地位下展开两国关系的谈判的。[3] 按1858年《中英天津条约》第27款的规定,缔约国须于10年后就通商税率等事项修约,如果在期限前6个月内没有提出改订的话,便会自动续期10年。[4] 因此,眼见修约期限即将来临,从1867年起中英两国便开始为修约准备。代表英国的驻华公使阿礼国(Rutherford Alcock, 1809–1897),1867年间前往各通商口岸,征集在华英商的意见。大抵而言,各地英商的要求可归纳为四点:1. 进出口货免抽厘金;2. 英人进入内地居住传教,并给予更大的交通便利,这意味创办铁路、电报和内河行驶轮船;

---

[1] 《筹办夷务始末·同治朝》,卷52,页17。
[2] 吕实强:《丁日昌与自强运动》(台北:"中央研究院"近代史研究所,1980年),页69—79。
[3] Immanuel C. Y. Hsü, *China's Entrance into the Family of Nations: The Diplomatic Phase, 1858–1880*, p.141.
[4] 王铁崖:《中外旧约章汇编》,第1册,页99。

3. 开矿挖煤,并在矿区和工业中心允许英人居住;4. 成立会审公堂,制订民事法典和诉讼程序。[1] 但阿礼国不同意英商的提议,认为这种急进的要求不但大大地超出了条约原来的规定,而且会导致中国人民的反抗、清朝政权的崩溃,因而只与清政府集中商议减低厘金关税、内河通航以及各通商口岸设栈等几个问题。[2]

另一方面,清政府把修约内容的焦点放在哪里呢?总理衙门从1867年至1868年间命各地方督抚大臣条陈意见,就以下几方面提出建议:1. 请觐;2. 遣使;3. 铜线(电报)铁路;4. 内地设行栈、内河驶轮船;5. 贩盐挖煤;6. 开拓传教。[3] 修约的主要方针在于"必如何而后可不必决裂,必如何而后决裂亦无所畏"。[4] 从内容看来,请觐和遣使是条约早已规定的,并即将实行;其他各项大抵是针对英国商人的要求而发的。其后,各督抚大员先后条陈。在这里,我们先讨论李鸿章的意见:

> 所有预防争执各条,如遣使传教,其已行者也;请觐可行而未能即可行;挖煤则可酌量而行;铁路电线,及内地开行栈、内河驶轮船、贩运食盐,皆中国商民所万不允者。……此外或尚有要求之事,无非上侵国家利权,下夺商民生计,皆可引万国公法直言斥之。盖各国均有保护其民,自理财赋之权,若使内地百姓不能自养,中国财赋不能自理,岂惟非与国和好之义,抑实背万国公法之例。[5]

李鸿章已能清楚意识到国家主权所在,并声明会引用《万国公法》加以维护,但并未尝试改订不平等条约以收复主权。这种消极的态度,均可见诸各地督抚大员以及总理衙门大臣。阿礼国认为,清政府没有在修约过程中要求全面禁止鸦片输入、禁止内地传教,以及废除领事裁判权是一件可

---

[1] 王绳武:《中英关系史论丛》,页21;坂野正高:《近代中国政治外交史》(東京:東京大学出版会,1973年),页282—283。
[2] 王绳武:《中英关系史论丛》,页22;Mary C. Wright, *The Last Stand of Chinese Conservation: The T'ung Chih Restoration 1862 - 1874* [with a new preface and additional note] (Taipei: Rainbow-Bridge Book Co., 1985), p. 280.
[3] 《筹办夷务始末·同治朝》,卷50,页27。
[4] 《筹办夷务始末·同治朝》,卷50,页30。
[5] 《筹办夷务始末·同治朝》,卷55,页9。

第四章 国际法的应用与挫折

喜的事(a matter of congratulation),因为这些都是当时清政府主要的争取目标。[1] 随着谈判的展开,中英两国所议的内容亦有所增减。经过对条款的讨价还价后,双方代表最后达成协议,[2] 比较重要的有下面几点：

1. 对最惠国待遇作出限制,规定英国商民援引其他各国商民的特权要求一体均沾的话,即应遵照中国和各国所签订条约的规定(第1款);

2. 双方互派领事(第2款);

3. 英国纺织品在入口时交纳正子税(共百分之二点五)后,以后在各通商口岸的省内免收厘税(第3款);

4. 提高生丝的出口税百分之一和鸦片的入口税百分之二点五(第12款及13款);

5. 商议由两国会同商定通商条例(第9款);

6. 准许洋商自备中国式样的船只航行内河(第12款)。

阿礼国对协定非常满意,尤其是自己最关心的英国纺织品征税问题得到了解决,而自备中国式船只航行内河更是任何独立国家所能给予的最大特权。[3] 至于总理衙门对附带条件的最惠国条款及税率的增加,也感到非常满意。总理衙门于1869年10月23日上奏,促请朝廷尽快通过协定,因为阿礼国即将返国,若易新人,恐生异议;并认为将来与他国修约,可以援此为例。[4] 对此,论者批评清政府只着眼于对原约条款框架内作修订,并以此自满,白白错失了收回领事裁判权的机会。[5]

无可否认,清政府对改订条约的态度过于保守,未能充分利用这次修订条约的机会争取最大的利益。这种保守态度,其实与清政府官僚的条

---

[1] Immanuel C. Y. Hsü, *China's Entrance into the Family of Nations: The Diplomatic Phase*, 1858–1880, p. 141.
[2] 《阿礼国协定》各项条款,参王铁崖:《中外旧约章汇编》,第1册,页308—314。
[3] Mary C. Wright, *The Last Stand of Chinese Conservation: The T'ung Chih Restoration 1862–1874*, pp. 287–289.
[4] 《筹办夷务始末·同治朝》,卷68,页14—16。
[5] Immanuel C. Y. Hsü, *China's Entrance into the Family of Nations: The Diplomatic Phase*, 1858–1880, p. 141.

约观关系甚深。[1]在准备修订条约期间,总理衙门表达了它对条约的看法:

> 查洋人与各国连和,所以必重条约者,盖以条约为挟持之具。……但使于彼有益,则必出全力以相争,不载入条约之内不止。迨至入约之后,字字皆成铁案,稍有出入,即挟持条约,纠缠不已。……彼族深险狡黠,遇事矫执,或系约中本系明晰,而彼必曲申其说;或条约中未臻妥善,而彼必据以为词;极其坚韧性成,得步进步。不独于约内所已载者稍难更动,且思于约内未载者更为添增。[2]

条约内之条款,字字都是铁案难翻的,要说服贪欲无穷的外国人放弃其已取得的任何特权,甚为困难。相反,中国必须恪守不渝,否则稍有违约,便遭挟迫,更有可能导致战争。事实上,早在1865年赫德向总理衙门呈上的《局外傍观论》中,便曾恐吓清政府:

> 民间立有合同,即国中立有条约。民间如违背合同,可以告官准理;国中违背条约,在万国公法,准至用兵,败者必认旧约,赔补兵费,约外加保方止。[3]

即使是清政府奉为外交指南的《万国公法》,亦有明言就算是被挟迫下签订的条约,"犹必遵守",否则战争将无了期,必至"被敌征服尽灭而后已"。[4]因此,对清政府而言,修约是各国增加更多利权的手段,而非中国用来减少外国利权的机会。是以,清政府不敢轻率修订,更遑论废约以收回主权了。[5]对清政府而言,条约修订是属于防卫本位的,目的在于尽量遏制列强欲壑难填的无理要求,而非尝试削减其已有的利权,以免予

---

[1] 关于条文实在法的效力以及清朝官僚的条约观,参 Mary C. Wright, *The Last Stand of Chinese Conservation: The T'ung Chih Restoration 1862 – 1874*, pp. 231 – 233;坂野正高:《近代中国外交史研究》(东京:岩波书店,1970年),页1—13。

[2]《筹办夷务始末·同治朝》,卷49,页6。

[3]《筹办夷务始末·同治朝》,卷40,页17。

[4]《万国公法》,卷3,第2章第8节,页18。

[5] Immanuel C. Y. Hsü, *China's Entrance into the Family of Nations: The Diplomatic Phase, 1858 – 1880*, pp. 141 – 143。

第四章　国际法的应用与挫折

各国借口苛索更多。清政府能够应用国际法和各国讨价还价,争取权利的只有缔结新约,[1]特别适用于对非欧美国家。例如1874年与南美秘鲁签订的《中秘通商条约》中,采用了互惠的最惠国条款,在条约的第16条规定：

> 今后中国如有恩施利益之处,举凡通商事务,别国一经获其美善,秘国官民亦无不一体均沾实惠。中国官民在秘国,亦应与秘国最优待之国官民一律。[2]

另一方面,清政府未能利用条约修订争取利权的做法亦惹来中国知识分子的指摘。例如,1889年春,日本与英修约,日本驻华公使盐田三郎(Shioda Saburō, 1844–1889)欲联同中国共议修改海关税率,以作为废除所有不平等待遇的初步行动。曾纪泽以此议上奏总理衙门,但没有获得接纳。其后日本签订《日英和约》,在约中增加了一则：容许日本如有急需,可将进口税提高到百分之三十。对此,陈炽(1855—1900)强烈批评总理衙门"昧于操纵,畏难苟安"。[3]

清政府没有积极制定出通过修约以收回主权的方案亦关系到政策的问题,特别是《阿礼国协定》被英国政府否决的挫折,更严重地打击了清政府其后修约的决心。甚至有论者认为《阿礼国协定》的胎死腹中和1870年的"天津教案"标志着同治中兴的结束。[4]而各国的所谓"中国老手"(Old China Hands)经常要求中国作出更大的让步,也使清政府在心理上居于守势。[5]因此,对清政府而言,经历了两次鸦片战争的惨败以及动摇半壁江山的太平天国运动之后,如何维护自主独立是关乎国家

---

[1] Immanuel C. Y. Hsü, *China's Entrance into the Family of Nations: The Diplomatic Phase, 1858–1880*, p. 143.
[2] 王铁崖:《中外旧约章汇编》,第1册,页341。
[3] 陈炽:《庸书》,外篇卷上,《税则》,赵树贵、曾丽雅编:《陈炽集》,页81。现代学者亦指出清政府的错误在于无知与因循,畏难苟安之心太重。参李恩涵:《近代中国史事研究论集》(台北:台湾商务印书馆,1982年),页34—37;同氏著:《曾纪泽的外交》(台北:"中央研究院"近代史研究所,1982年),页307。
[4] Mary C. Wright, *The Last Stand of Chinese Conservation: The T'ung Chih Restoration 1862–1874*, p. 299.
[5] 王曾才:《清季外交史论集》,页22。

生死存亡的最重要课题,其他都属次要。在救亡的意识下,清政府意识到只有通过变革自强才可摆脱眼前的困局,维持中国的自主,避免中国分属诸国;[1]只有国家富强方可摆脱不平等条约的侵害。众所周知,所谓自强之道即在于学习西器,练兵造炮。也就是说,自强运动的基调是通过帝国的"现代武装化"以维持中国的自主。[2]关系国家存亡的是国力的强弱。为了实现"现代武装化",便须尽力开发石炭、钢铁等资源,敷设铁路,并同时促进生丝、茶叶等传统工业以及商业往还以确保财源。[3]在这种情形下,总理衙门所采取的对外基本态度是"对外协调",尽量避免与各国冲突。[4]由于修订条约容易惹起纷争,因此总理衙门亦必然不会展开修约外交以收回主权。对清政府而言,最佳的办法是维持条约所规定的现状。[5]

不过,对清政府未能通过条约修订以收回主权这个问题,似乎不应简单地视之为应用国际法的失败,[6]或视《阿礼国协定》为只是"又一个丧失主权的条约"。[7]应该指出,初期的国际法著作《万国公法》内,根本没有讨论到如何废除不平等条约的问题。这无疑使清政府在法律上缺少了依据。但以上述《阿礼国协定》而言,最惠国待遇问题原先没有列在条陈之内,总理衙门却在谈判中争取到尽管是轻微的但却是有利的改订,使

---

〔1〕 1866年3月时为阿礼国秘书的威妥玛向清廷提出《新议略论》中,便已明言中国如欲维持"一统自主",避免"分属诸邦",便必须进行改革。参《筹办夷务始末・同治朝》,卷40,页23—36。

〔2〕 参三石善吉(Mitsuishi Zenkichi):《"中体西用"論の系譜——伝統の内発的発展の途(1840—1984)——》,载有田和夫、大島晃編:《朱子学的思惟——中国思想史における伝統と革新——》(東京:汲古書院,1990年),頁159—304。

〔3〕 其后的"商战"观念与军事优先主义的"兵战",可谓自强运动的两大支柱。关于商战,可参王尔敏:《中国近代思想史论》,第5章,《商战观念与重商思想》,页233—289。

〔4〕 这种协调政策最低限度一直维持到中法战争的爆发。参刘光华:《清季(一八六一~一八八四)总理衙门对外政策的目标取向(一、二)》,《中山学术文化集刊》,28集(1982年3月),页259—302;29集(1983年3月),页151—195。

〔5〕 Mary C. Wright, *The Last Stand of Chinese Conservation: The T'ung Chih Restoration 1862 - 1874*, p.271;鈴木智夫:《洋務運動の研究》,頁507—509。

〔6〕 徐中约认为清政府在这次修订未能提出收回领事裁判权、协定关税以及最惠国待遇改正的表现,可视之为条约修订和应用国际法的失败(the failure to make positive use of international law)。参Immanuel C. Y. Hsü, *China's Entrance into the Family of Nations: The Diplomatic Phase, 1858 - 1880*, pp.138 - 145。

〔7〕 王绳武:《中英关系史论丛》,页28。

第四章 国际法的应用与挫折

之变为条件式的待遇。而最重要的是,在第9款中清政府同意采纳一部关于商务的成文法。这显示了清政府开始掌握到西方法规范与不平等条约之间的关系。阿礼国便认为这为中国最终废除领事裁判权迈出了第一步,因为中国一旦在一定程度上修改了法律,就有可能达成协议,从而将外国人及其利益置于中国司法权之下。[1] 除了英国外,美国公使劳文罗斯(J. Ross Browne,1821-1880)也曾要求全面开放中国内地(内地居留权,内地设商店、货栈,采矿权等),总理衙门驳之以须置外国人于中国司法之下作为条件,即要求英美放弃领事裁判权。[2] 而这点正是日后在收回领事裁判权中慢慢得到实践的,我们将会在第六章详细讨论。

当然,从整体的表现看来,我们不能否定总理衙门的表现过于保守因循,怯于交涉。相对于总理衙门对修订条约以收回主权的迟缓,驻外公使的主张便来得积极得多。例如曾纪泽自1879年便开始提议利用修约的方式废除条约中的不平等条款以收回主权。他认为按照西洋通例,可于10年后条约届满时改订约款,收回领事裁判权、废除协定关税等。[3] 郑观应也提出在约满换约之前,声明改动税率。[4] 事实上,这些修约的主张在国际法是有其根据的。1880年刊行的丁韪良和同文馆学生共译之《公法会通》,已有专章讨论如何废约,为中国废除不平等条约提供了法理的依据。[5] 不过,由于这些主张与自强政策的战略并不契合,亦没有引起广泛注意,因而虽有走在时代前沿的意义,但没有得到总理衙门的接纳。要踏出积极修约的第一步,必须待国际法知识的普及与水平的提高,

---

[1] 不过,阿礼国所谓领事裁判权的终结是指中国在欧洲原则的基础下建立一个国际法庭,以审理一切中外交涉的混合案件。转见 Wright Mary C., *The Last Stand of Chinese Conservation: The T'ung Chih Restoration 1862-1874*, pp. 289-290. 实际上在谈判期间,总理衙门已提出将来设立"会审公堂"的建议。《筹办夷务始末·同治朝》,卷63,页48。

[2] 《筹办夷务始末·同治朝》,卷63,页4、页75。阿礼国对此事的报告见 Wright Mary C., *The Last Stand of Chinese Conservation: The T'ung Chih Restoration 1862-1874*, pp. 283-284.

[3] 李恩涵:《曾纪泽的外交》,页307—308。

[4] 郑观应:《盛世危言·公法》、《盛世危言·税则》,夏东元编:《郑观应集》,上册,页389,页544—546。

[5] 《公法会通》,卷5,页14—16。

以及全民的主权意识得以觉醒方可。这又得待20世纪初新政期的来临。

4. 国际法的应用与华工的保护

前面已论及清政府对海外侨民的关注多少源于其已对国际法知识有所吸收。1874年南美秘鲁遣使来华订约,清政府要求秘鲁先答允改善华工待遇,方与其签订《中秘会议专条》。与此同时,两国又签订《中秘通商条约》,缔结了相互最惠国条款。[1] 1909年当秘鲁突然单方面颁令要求进口华工每名须有英金五百镑呈验方可入境时,驻美公使伍廷芳(1842—1922)即根据《中秘通商条约》与之交涉,迫使秘鲁取消这条歧视华工的苛例。[2]

然而,清政府根据国际法保护华工的道路并不平坦,当问题涉及西方国家的利益所在时,面对西方国家强横无理,清政府也只能徒呼奈何。这种现实的挫折,益使中国人深感国际法拘束力的有限,慨叹国际法沦为强国欺凌弱小的工具。其中最令中国人感到不满的,要算美国的排华事件。[3]

早在19世纪70年代,由于远赴美国加州之华人渐多,他们不论工种,工时长、工资又低,因此在劳动市场上对白人构成了严重威胁,加上语言、风俗、宗教相异,遂引起白人社区之不安,两者之间不时发生尖锐冲突。在排华气氛日趋恶化的形势下,终于发生一连串的排华恐怖事件,并由加州蔓延至美国全土。自1879年加州通过了一系列排华议案以后,这股排华势力越来越大,不但攻击准许华人在美工作及居留的1868年《蒲安臣条约》(Burlingame Treaty),其后更于1880年11月迫使清政府签订《中美条约》,限制华人入境,为美国政府提供了一个限制以及最终排斥中国移民的合法依据。1882年5月,美国国会又通过法令,10年内禁止中国工人进入美国。尽管这项规定违反1880年的条约,清政府也提出了

---

[1] 王铁崖:《中外旧约章汇编》,第1册,页341。
[2] 丘宏达:《中国国际法问题论文集》,页10。
[3] Jerome Alan Cohen and Hungdah Chiu eds., *People's China and International Law: A Documentary Study* (Princeton: Princeton University, 1974), pp. 9–10.

第四章 国际法的应用与挫折

强烈抗议,但仍无法改变美国政府的决定。1884年美国政府又通过修订排华法,加强排华措施。这些法令给排华运动火上添油,终致1885年发生了著名的"洛士丙冷大惨案"(Rock Springs Massacre)。1888年9月美国参众两院又通过斯科特法(Scott Act),禁止20年内华工来美。虽然驻美公使张荫桓抗议此法令违反1880年之条约,并警告美国说,根据国际惯例,中国有权宣告现存的《中美条约》无效,与美国终止一切外交和商务关系,但仍无法迫使美国改变其排华政策。1892年5月,美国政府又通过吉尔里法(Geary Law),严惩非法华工,强制在美华人必须随身携带附有本人照片的证件。尽管这些规定不但违反了1880年《中美条约》,而且违反了美国宪法所保障的基本人权,但由于美国政府看准了清政府的软弱无力,继续拒绝履行其条约义务,驻美公使崔国因虽据理力争,最终仍未能收到多大效用。

1893年以降,清政府废除了传统的移民政策后,在保护海外华人的问题上有了新的转机——清政府争取海外华侨为中国现代化作出贡献。除了有更多的领事馆在华人社会中建立起来外,外交官也更积极地保护华侨。虽然继任美国公使的杨儒(1840—1902)和伍廷芳,先后通过与美国政府的协商,为争取保护华人作出了很大的努力,可惜仍无法阻止1902年4月美国政府维持排华法案,或削弱美国国内之反华活动。及至梁诚(1894—1917)继任,意识到无法通过外交手段争取华人的公平待遇后,便暗中支持国内的民间抵制美货运动,但外务部则不公开介入。虽然我们无法具体估计抵制美货运动对美国排华的实际影响,但1906—1909年间,华人在美国的地位的确有所改善。[1]

由此可见,几任的驻美公使虽能根据条约及国际法向美抗议,但都无济于事,这可说是中国应用国际法的一大挫折。虽然,中国是有权借美国之违约而宣布废除与美国之间的一切不平等条约,收回主权,但出于现实

---

〔1〕 以上关于美国排华运动以及清政府如何应对的叙述,参自颜清湟:《出国华工与清朝官员:晚清时期中国对海外华人的保护(1851—1911)》,页222—269、页306—341。

的政治考虑,清政府难言废约,迫不得已放弃这个黄金机会。[1] 事实上,从保护美国华工的失败与成功修订《中秘条约》这两件事来看,中国在应用国际法时,除了技术外,还得视乎对手是谁。面对同是"非文明国"的南美国家时,国际法的应用颇为有效,但对列强则显得脆弱无力了。当然,这不是将世界秩序还原为暴力秩序。在许多层面上,法律的拘束力仍是不容置疑的。

5. 宣战与中立:中法战争

清政府强调恪守条约,遵照国际法处理中外关系。然而,如何诠释这些原则,在实际的行动上又如何遵守国际法,却是个有趣的问题。这里我们试以中法战争时中国对宣战与中立的态度及其所采取的相应行动加以说明。

众所周知,中法战争是中国接受国际法观念、开始走进国际社会后第一次对外战争。然而,中国就越南问题与法国交涉过程中,为人诟病之一的是清政府对国际法的不理解。例如,吕士朋总结了1873—1885年间中法越南交涉期间清政府大臣之外交见识,第1点便是对国际法缺乏了解。吕士朋指出,1874年3月法国诱迫越南签订《法越和平同盟条约》(Traité de paix et d'alliance),并于条约中插入含混之"保护"字样,日后法国遂以此作为越南承认法国保护的根据。其后法国驻华代办罗淑亚(Louis Jules Emilien Rochechouart, 1831–1879)将《法越和平同盟条约》照会总署,谓法国视越南为自主之国,并予以保护,要求清军不得进入越境,并开放云南一处为通商口岸。[2] 其后,总理衙门恭亲王复照法国,虽然宣称中国对越南拥有宗主权与保护责任,但却对《法越和平同盟条约》未有表示明确的反对或否认。[3] 这一方面固然由于清政府以为中越的宗藩关系,是

---

[1] 王冠华指出,清政府从来没准备在保护华工上付出多少代价。参氏著:《晚清海外移民与官方对策调整——以古巴、秘鲁华工为例》,《二十一世纪》,总44期(1997年7月),页47—57。
[2] "中央研究院"近代史研究所编:《中法越南交涉档》(台北:"中央研究院"近代史研究所,1962年),第1册,第5号,页3—10。
[3] 《中法越南交涉档》,第1册,第6号,页11—12。

第四章　国际法的应用与挫折

两国之间的承认问题,不涉及他国,不知道所谓"国际承认"之说;另一方面,对于条约中之"保护"一词,未有详加研究,对国际法上"保护国"的意义亦不甚理解,因此造成日后交涉困难重重。[1] 吕士朋的论点,若只就19世纪70年代清政府的国际法认识水平而言,基本上符合事实。但是,如果将之推及整个中法战争期间,便有失公允了。事实上,随着国际法知识开始普及,以及对外交涉经验的累积,中国对国际法的认识已有所加深,并能在中法战争中加以应用。

历来关于中法战争的研究多如山积,这里只讨论战争期间关于中法两国在宣战及中立的问题上有关国际法应用的技术问题。[2]

1884年7月,法国出兵越南,并对福州港进行封锁行动,总理衙门随即照会各国,一方面谴责法国违反"万国公法",另一方面强调中国之行动遵守"万国公法":

> 以上法国所行各节,不惟按之万国公法实有不合,且于各国均为失信。惟我中国办事均系十分遵约,一本万国公法而行。即如前与各西国所立各约,其中原有中国未尽出于情愿勉为允许者,谅各国大臣亦所素悉。中国则于明知各约内之有损于国益无益于民者,初未尝或有不行照办,不过期望各西国渐渐可以改为和平。[3]

可见清政府尝试从"万国公法"的立场否定法国所为,将自己置于法理的高地上。同时,清政府又在7月17日及19日照会北京各国使馆,声明中

---

〔1〕 吕士朋:《中法越南交涉期间清廷大臣的外交见识》,载"中央研究院"近代史研究所编:《清季自强运动研究会论文集》(台北:编者,1988年),上册,页265—309,特别是267—274。此外,诚如评论者陈三井所指出,《法越和平同盟条约》的性质,在国际法上并不是一个保护国(protectorate)条约,它的意义暧昧不明,争议很多,因此其后随着情况的改变而加上新的解释以弥补原约的不足。参吕文附录之《评论》,页312。

〔2〕 赵宝爱所撰《试论中法战争中的国际法问题》一文,旨在说明虽然清政府已掌握了国际法知识,但在强权即公理之下,法国践踏国际法而不受约束,而中国则动辄得咎,国际法成了惩罚中国的借口,国际法不过是强权政治的遮丑布(参页35—39)。这与本节重点不同。田涛则详细介绍了中法战争期间清政府在中立、禁运、保护侨民、战俘等问题上利用国际法与各国交涉的情形,认为这段时期清政府对国际法的信任达到了空前的程度,而这种外交观念入与行为的改变,可视之为清政府试图建立"公法外交"模式的尝试。参氏著:《国际法输入与晚清中国》,页296—322。不过,这种说法值得商榷,一则清政府利用国际法交涉,并不始于中法战争;二则如后文所述,清政府并未完全信赖国际法。

〔3〕《总署致各国公使请将法人违约之处转报各本国照会》(光绪十年六月二十三日),《清季外交史料》,卷44,页14—15。

国会竭力保护外侨,但万一发生损失,则应由法国负责。[1]

  1884年8月5日法军攻击台湾的基隆和马尾,将战争的范围直接扩大到中国本土,中法两国虽已交战,但是法国没有宣称与中国进入战争状态。法国这样做,是为了避免中国援引交战国权利以及希望利用远东一些中立的港口作为基地,因而只称其行动为"报复"。[2]当时已有论者指摘法国的谬误:法国不宣战,本身亦因而未能行使交战国的权利,而且亦无法禁止他国履行中立国义务,运输粮食前往中国。[3]相对于法国的不宣而战,清政府于8月26日下旨宣战:

> 该国专行诡计,反复无常,先启兵端,若再曲予含容,何以顺人心而伸国法?用特揭其无理常节,布告天下,俾晓然于法人有意废约,衅自彼开。……沿海各口,如有法国兵轮驶入,着即督率防军,合力攻击,悉数驱除,其陆路各军,有应行进兵之处,亦即迅速前进。[4]

同时敦请各国严守局外中立之例,并按战时国际法的禁运原则,要求各国严守中立,禁止接济法国船舰:

> 现在福州省河法国兵船业已开衅,按照公法,各国应饬各行各矿商人,不准出售煤斤接济法国兵船,以守局外之例。[5]

虽然战争已经发生,而清政府亦希望各国严守中立。但是,清政府并没有将宣战上谕照会各驻华使馆。清政府这样做,也许是因为想含糊其辞,从中得到他国的援助,特别是清政府希望从德国输入军火以对抗法国。[6]事实上,德国在这场战争上两面讨好,德国首相俾斯麦(Otto Fürst von

---

[1] E. V. G. Kiernan, *British Diplomacy in China 1880 to 1885* (London: Octagon Books, 1970), p.139.

[2] [美] 马士 (Hosea Ballou Morse) 著,张文江等译:《中华帝国对外关系史》(上海:上海书店,2000年),第2卷,页397。

[3] Friedrich Heinrich Geffcken (1830—1896),即丁韪良在《公法便览·凡例》中所提到的原法文注释者葛福根),"La France en Chine et le Droit International," *Revue de Droit International et de Législation Comparée*, XVII: 1(1885), pp. 145-151。

[4] 《谕军民人等法国渝盟肇衅不得已而用兵电》(光绪十年七月六日),《清季外交史料》,卷45,页13—14。

[5] 《中法越南交涉档》,第4册,第988号,页1912。又参《英使曾纪泽致总署法先攻我可咨各国勿济煤米电》(光绪十年七月六日),《清季外交史料》,卷45,页11。

[6] 《闽海疆会办张佩纶致总署德商可办军火英船助法宜兼虑电》(光绪十年七月二十九日),《清季外交史料》,卷46,页31。

第四章 国际法的应用与挫折

Bismark, 1815 – 1898)一方面怂恿法国对中国开战,并应法国的要求押后付运战舰前往中国;另一方面又通过德国商人将大量军火源源不断地运进中国。[1]

还应该指出,在宣战上谕中,清政府特别交待了如何对待中国境内的法国人:

> 法国官商教民,有愿留内地安分守业者,亦当一律保护。倘有干预军事者,一经察出,即照公例惩治。各该督抚即晓谕军民人等知悉,如有借端滋扰情事,则是故违诏旨,妄生事端,即着严拿正法,毋稍宽贷。[2]

在此之前,上海法国领事李梅(Victor Gabriel Lemaire, 1839 – 1907)通知上海道台邵友濂(? —1901),指中法启衅,中国应照"公法"办理境内法人,或限期责成出境,或责成地方官保护。因此邵友濂建议严防不法之徒借泄公愤为名,乘间生事,并请示如何保护法国教堂。[3] 上谕说明中国会遵守国际法保护侨民就是这个道理。事实上,中国的确根据国际法对法国侨民加以保护。例如在广东,张之洞便实行查封教堂 20 余间,护送传教士 10 人出境,并深信此事按照公法,"法人断无责问之理"。[4]

关于战事期间中国保护外人的措施,在 1885 年丁韪良回复瑞士著名国际法学家古斯塔·莫瓦尼埃(Gustave Moynier, 1826 – 1910)[5]向丁查询中国对国际法认识的信中有所介绍。丁韪良指出,中法战争期间,中国

---

[1] [德]施丢克尔(Helmuth Stoecker, 1920—1994)著,乔松译:《十九世纪的德国与中国》(北京:三联书店,1963 年),页 204—205;龙章:《越南与中法战争》(台北:台湾商务印书馆,1996 年),页 172—173、页 193—194。
[2] 《谕军民人等法国渝盟肇衅不得已而用兵电》(光绪十年七月六日),《清季外交史料》,卷 45,页 14。
[3] 《沪道邵友濂致枢垣中法业经决裂应否令法人出处电》(光绪十年七月三日),《清季外交史料》,卷 45,页 6。
[4] 《张之洞嘉尚义民保护教士片》(光绪十一年七月二日),张振鹍主编:《中国近代史资料丛刊续编:中法战争》,第 2 册(北京:中华书局,1995 年),页 723—724。
[5] 即 1881 年在维也纳向丁韪良赠予新出的《新选公法条例》(Institut de Droit International de., Les Lois de la Guerre sur Terre [Manual of the Laws of War on Land]; Bruxelles, Leipzig: C. Muvquardt, 1880)的"公法家穆尼耶"。

已注意到遵守国际法规处置中国境内的法国居民,向法国商人和官员颁发居留许可令,同时禁止机构或人民虐待法国人。不过,丁同时指出这种战争法不是时常得到遵守,例如中国在战争中未曾给予中立国足够的尊重及以足够的人道对待敌方。[1]另一方面,丁韪良亦注意到中国寻求国际法理据以解决中法越南纠纷的失败,使中国埋怨国际法无非是更强者的借口,因而怀疑国际法的效力。[2]

实际上,国际法的应用问题非常复杂。首先,即使现实中不乏外国违反国际法的事例,但问题是这是否表示中国"完全"在"公法"之外呢?

法国在1860年的第二次鸦片战争中,曾宣称1856年的巴黎会议同样适用于不参与的国家。[3]而且,即使法国视中国为野蛮国,不配享有国际法主权国家的地位,[4]但法国并不能干涉其他国家与中国的关系。以英国为例,中国一直怀疑英国暗助法国在香港修理船只,[5]但当1884年10月23日法将孤拔(Amédée Anatole Prosper Courber, 1827–1885)宣布封锁台湾时,纵使英国政府得到法国声明不对英国行使临检权,但由于法国未宣战,因此英国仍然指摘法国的封锁行动已与国际法抵触,认为中法已处于事实上(de facto)和法律上(de jure)的战争状态。其后英国政府经研讨,同意若中法冲突仅限于若干特定地点,而中立国船只又不在公海为法国所截查,则英国暂不宣布中立。但英国政府已在香港加强实施行使"服役外国法"(Foreign Enlistment Act),[6]规定香港仅供给法国船

---

[1] 对此,丁韪良没有具体说明。W. A. P. Martin, "La Chine et le Driot International," p. 508.

[2] W. A. P. Martin, "La Chine et le driot international," p. 509.

[3] 参1860年3月28日的 *Journal Officiel*。原文是 Même en faveur des piissances qui n'y ont pas adhéré. 转引自 Friedrich Heinrich Geffcken, "La France en Chine et le Droit International," p. 147。

[4] 马士推测法国在与中方和谈期间,于1884年8月5日,不宣而战炮轰基隆,只有一个理由,即一个亚洲国家没有白种人所必须尊重的权利。参马士:《中华帝国对外关系史》,第2卷,页393。

[5] 《彭玉麟张之洞致枢垣英间助法电》(光绪十年八月四日),《清季外交史料》,卷47,页7。

[6] 马士:《中华帝国对外关系史》,第2卷,页399;施丢克尔:《十九世纪的德国与中国》,页203;龙章:《越南与中法战争》,页306—307。

第四章　国际法的应用与挫折

只以前往最近之港口的煤炭和粮食数量,并禁止修理法船。[1] 这个决定对法国打击甚大,自此法国无法在香港补给及修理军舰,最终决定行使作为交战一方的所有权利。[2]

1885年2月20日当法国宣布自2月26日起把运往广州以北的大米作为战时违禁品,企图切断中国漕米的供应时,便立即遭到许多国家的反对,因为大部分米粮都是由悬挂英国、美国、德国旗的船只运输的,其中以英国的抗议最强烈。英国抗议固然由于此举严重损害了自己的船运利益,亦因为当时西方国际法并未将大米当作战时禁运品看待。[3] 同年3月3日,中国的舆论也指摘法国未宣战便查缉各国商船,禁运大米为"妄作妄为,实已目无公法",并根据国际法指出:

一、凡两国开仗,所有物件,非关战阵之用者,则不能战据。

一、凡封港,除军伙外,所有米石粮食等类,概不入违禁之物,亦不准截据。[4]

对于法国的行动,英国发出严正声明表示不能接受这种违反国际法的要求,并指摘这是无视中立国权利的做法,暗示如果英船所载的大米被当作战争违禁品而遭夺取的话,英国将不惜以武力保护。[5] 当然,由于香港接连中国大陆,因此即使法国封锁海面,亦无法阻止战争物资,特别是德国的大炮从香港陆路源源不断地运到中国内地。[6] 不过,法国的禁运最终并未真正实行,因为其后战事很快便结束。

---

[1] HK Government Reports, *The Hong Kong Government Gazette*, XXXI (23 Jan., 1885) Extraordinary, 23 Jan., 1885. Proclamation (3)-Foreign Enlistment Act. 网上版参: http://sunzi.lib.hku.hk/hkgro/browseGa.jsp?the_year=1885。

[2] Friedrich Heinrich Geffcken, "La France en Chine et le Droit International," p.147;施丢克尔:《十九世纪的德国与中国》,页203。

[3] 法国政府要求修改国际法以允许其将米粮作为违禁品,但除了德国赞成外,英国、意大利、瑞士、丹麦均明确拒绝。参施丢克尔:《十九世纪的德国与中国》,页204。

[4] 《论法人禁运米石不合公法》,《述报》(《中国史学丛书》;台北:学生书局,1965年),1885年3月3日,卷1,页31上[总页497]。

[5] 马士:《中华帝国对外关系史》,第2卷,页400; E. V. G. Kiernan, *British Diplomacy in China 1880 to 1885*, pp.175-176; Friedrich Heinrich Geffcken, "La France en Chine et le Droit International," p.147;施丢克尔:《十九世纪的德国与中国》,页204。

[6] 施丢克尔:《十九世纪的德国与中国》,页204。

英国政府的政策在整个战争期间显得暧昧沉默,[1]完全以国家利益为依归,而且实际上在中法战争中偏帮法国。[2]但是,当国际法仍是世界秩序的规范时,英国亦不能无视国际法秩序。因此当法国封锁台湾海峡以至宣布大米为禁运品时,英国国会的抗议和争论便相当激烈。另一方面,虽然英国没有宣布中立,中法两国亦没有宣战,但英国政府仍然担心英国船只帮助德国付运军火到中国是违反国际法,须向法国赔偿巨款。[3]

当然,战争的开始不在于是否已宣战,各国是根据实际的状态而判断的。但中法两国这种含糊其辞、任意应用国际法的做法是不足取的。因为这样一来,中法两国既不能完全享有国际法上交战国的权利,又造就机会予其他国家利用这次战争的暧昧状态从中获利。从另一角度看来,就宣战以及保护外国国民而言,清政府应用国际法的技巧也不见得较法国落后。但更重要的是,国际法既然成为政治外交的权力话语,那么就不能纯以炮舰外交、强权政治去处理晚清对外交涉的各种问题了。各国利用的正是国际法的灰色地带,但对违反法制规范并不是毫无顾忌的。特别是在上述中法战争时的宣战与中立问题上,国际法的应用牵涉到其他国家的政策,而非以单一国家的意愿为转移,可以完全无视国际法而任意侵害东亚的"非欧洲文明"国家。

四、中华世界秩序的解构与重构

1. 从版图到领土

中国近代史的论述一般会将鸦片战争以来,琉球、越南、朝鲜等属国的丧失以及台湾的割让视为天朝的崩溃。然而,在这个藩属失落的过程中,中国又在努力重构新的政治秩序。换句说话,在中华世界秩序崩溃的过程中,中国接受了国际法知识,并应用国际法关于领土的原则,尝试在

---

[1] E. V. G. Kiernan, *British Diplomacy in China 1880 to 1885*, p. 181.

[2] 具体事例,详参孙瑜:《从国际法角度看中法战争期间的英国"中立"》,页44—46;赵宝爱:《试论中法战争中的国际法问题》,页35—39;王绳武:《中英关系史论丛》,页196—236。

[3] E. V. G. Kiernan, *British Diplomacy in China 1880 to 1885*, p. 181.

第四章　国际法的应用与挫折

传统中华世界秩序的原有范畴内建构近代国家。

1-1　台湾建省

1874年日本的出兵台湾迫使中国变更其对台政策。出兵台湾一事，日本以琉球漂流民在台湾被生番所杀，向清政府问罪。要处理此事，便牵涉到国际法条约的概念、习惯法、国内审判权、国家领土、国家责任等重大问题。[1] 但清政府在交涉过程中的表现令人失望。怯于外战的清政府为了逃避责任，虽宣称台湾属中国版图，却视当地的土著为"生番"、化外之民，不归中国管辖。如此一来，无形中大启日本侵略之心，视"生番地＝化外之地＝无主地"，认为中国虽列台湾入中国版图，但却没有实行有效统治，因此打算应用国际法无主地的先占原则出兵占领。[2] 其后事件解决，清政府承认日本出兵台湾为"保民义举"，并赔款以示恩恤。此后，清政府开始注意到海防问题，并与西北防备俄罗斯对策孰为优先的问题展开了激烈的辩论，此即著名的海防和塞防的论争。鉴于日本欲据国际法的无主地原则占领台湾，清政府于是亡羊补牢，对台湾统治作出重大的政策更改。1875年沈葆桢上奏，建议在台湾北路增设府县，设立行政机关，将清政府的统治渗透到全台湾。很明显，这是将原来对待"生番"的统治政策一改为"理番"政策，试图在全台湾建立符合国际法规定的实质统治。其后沈葆桢的政策得以推行，并开始在台湾敷设电线，开采石炭。1875年继任福建巡抚的丁日昌继续开发台湾，并鼓励汉人移居台湾，开垦山地耕作，扩大实际统治地域。1875年11月，清政府又决定将福建巡抚的驻地改为福建与台湾两地春秋交替。1885年10月，清政府吸取了中法战争的教训，决定在台湾建省，并同时设立海军衙门，筹备海防。在首任台湾巡抚刘铭传（1836—1895）的大力经

---

[1] Jerome Alan Cohen and Hungdah Chiu eds., *People's China and International Law: A Documentary Study*, p.9.

[2] 参一瀨啓惠（Hitose kei）：《明治初期における台湾出兵と国際法の適用》，《北大史学》，35号（1995年11月），页23—49。关于国际法先占原则的历史发展，参太寿堂鼎（Taijudō Kanae）：《国際法上の先占について——その歴史的研究》，《法学論叢》（京都大学法学会），61卷2号（1951年3月），页36—99。

营下,台湾不但筑建铁路,而且更开拓与香港、新加坡、西贡之间的贸易。甲午战败虽把台湾割予日本,但观乎战后台湾抵抗运动之激烈,不能不说是清政府强化对台统治的结果。当然,强化台湾的统治,表面上采取的是中国传统郡县统治的原理,使原来统治关系不明确的生蕃居住的地域正式纳入王化之内,但其目的,在于使之成为符合国际法所规定的领土定义。因此,实际上是应用了国际法的领土主权原则。是以,台湾建省可视之为从传统版图帝国迈向近代领土国家的重要里程碑。[1]

1-2 新疆建省

与台湾经验相似的是新疆省的成立。我们知道,清朝的世界统治观采用二分法,经济上、地理上与满洲相似、非汉族的少数民族地区蒙古、回部、西藏为西北新月地带(the Northwestern Crescent);而属于儒家文化、农耕文明的朝鲜、日本、琉球、越南、缅甸等则是东南新月地带(the Southeastern Crescent)。前者属茶马贸易的对象、游牧民族、具有军事联盟的价值,故设立藩部,归理藩院掌管;后者是儒家文化的农耕文明,在礼教上属中国本土的延伸,是朝贡宗属关系,归礼部管辖。[2]

本来,新疆是属于西北新月的藩部,是清朝围堵汉人的重要一环,其作用是对内的。藩部维持自治,不置府县,但派遣伊犁将军率兵驻屯。进入近代,沙俄对新疆虎视眈眈,新疆便由对内制汉,转变成对外防俄的缓冲地域。然而,原来"因俗而治"的藩部统治未能回应近代国家的领土统治与中外对峙的挑战,为了确保新疆的安全,中国便须在藩部树立与中央联结的实质统治。1862年陕西回民叛乱迅速蔓延至甘肃以至新疆全境。此时中亚细亚的浩罕应喀什噶尔举事者要求,派部将阿古柏于1865年带兵入境支援,并于1867年建立喀什噶尔政权。在此混乱的形势下,1871

---

〔1〕 茂木敏夫:《中華帝國の"近代"の再編と日本》,载大江志乃夫、浅田喬三ほか编:《岩波講座:近代日本の植民地》,第1册,《植民地帝国日本》(東京:岩波書店,1992年),页69—72。

〔2〕 Mark Mancall, *China at the Center — 300 Years of Foreign Policy* (New York: The Free Press, 1984).

第四章　国际法的应用与挫折

年俄罗斯乘机以恢复边境秩序为由,出兵占领伊犁,致使新疆几乎全被割裂。面对这种情况,持海防优先论的李鸿章等主张放弃新疆,把力量集中在东南之海防,但主张塞防优先的左宗棠、张之洞等则主张出兵收回新疆。其后清政府决定两者并行,一方面经营海防,一方面派遣左宗棠收复新疆。[1] 1876 年左宗棠奉命西征,1878 年底除伊犁外清政府已收复新疆全境,并开始探索解决新疆统治问题的方案以杜绝英俄觊觎新疆的野心。1882 年与俄国签订《伊犁条约》后,清政府立刻着手筹建新疆省,划定国界。[2] 1884 年新疆省成立后,清政府积极鼓励汉人迁往新疆开发土地,并实行汉语教育,使新疆无论在政治上、经济上均与内地连成一片,为国家排他的、一元化的地域统治迈进一大步,打破了原来西北新月的统治架构。[3]

传统中国是一个帝国,里面只有帝王与臣民的关系,没有确定的边界,也没有固定的疆土,一切得视中央权力的强弱而定。台湾、新疆的建省,无疑是将传统帝国的版图变更为近代国际法主权国家的领土,并以划定疆界来树立绝对的、明确的统治范围。其内在理念,是以建省设县来将全国的统治架构一元化、同质化,实施一元的、排他的统治。其结果,使原来的所谓中国本土(即所谓十八行省)的地理领域得以扩大。这与日本的废藩置县,迈向国际法意义上的近代国家构建过程如出一辙。也就是说,原本实施多元统治、内部地域多样化的近代以前的国家统治架构,在西方的冲击下,演变为近代国家的一元统治架构,而原来内部地域可与外部之间的交流亦被中央所排除,一切活动都收归于统一的国家权力之下。[4]

---

[1] 参姚欣安:《海防与塞防的争论》,载包遵彭等编:《中国近代史论丛》,第 1 辑第 5 册(台北:正中书局,1956 年),页 208—217;刘石吉:《清季海防与塞防之争的研究》,《故宫文献》,2 卷 3 期(1971 年 6 月),页 37—59;杨策:《论所谓海防与塞防之争》,《近代史研究》,1987 年 4 期(1987 年 7 月),页 54—71;杨光楣:《也谈清代同光年间"海防"与"塞防"之争的性质》,《史学月刊》,1992 年 1 期(1992 年 1 月),页 36—44。

[2] 19 世纪 80 年代末期,澳门地区及越南的划界也是中国近代领土确定的过程之一,在《清季外交史料》中记载甚多。

[3] 茂木敏夫:《東アジアにおける地域秩序形成の論理——朝貢・冊封体制の成立と変容》,页 86—87;同氏著:《中華世界の"近代"の変容——清末の辺境支配》,载溝口雄三、滨下武志、平井直昭、宮嶋博史編:《アジアから考える》,第 2 卷,《地域システム》(東京:東京大学出版会,1993 年),页 271—278。

[4] 茂木敏夫:《東アジアにおける地域秩序形成の論理——朝貢・冊封体制の成立と変容》,页 86—87。

2. 中朝宗属关系的改编

2-1 朝鲜开国

"条约体制"的成立,促使中国成立总理衙门、派遣使节驻外,以及形成了根据近代西方国际法原则与规则来交涉的行动模式。然而,随着东亚地域被纳入近代世界体系,不但中国与西方国家间的关系有了新的格局,就连中华世界秩序的内部亦产生了巨大的结构性变化。中国在迈向近代国家的道路上,虽与传统的属国保留着宗属关系,但就内涵而言已非传统宗属关系所能包括的了。以中朝宗属关系为例,当中国明白到传统中华世界秩序原理已无法维持中朝关系时,便不得不应用近代西方国际法的某些规则来维持体制。例如一方面劝导朝鲜对外开国,一方面又在宗属原理上套用国际法的宗主国原则。问题是,这种基于华夷秩序的改编,已无法"适用"于已开国的朝鲜局面上。

1876年发生了江华岛事件,日本占领朝鲜的江华岛,借故迫令朝鲜开国,结束明朝以来日朝之间的交邻关系。在与朝鲜交涉前,日本为了打探清政府对此事的态度以及中朝关系的实质,派遣新任驻华公使森有礼(Mori Arinori, 1847-1889)前往中国。是年1月24日,森有礼在书记官郑永宁(Tei Nagayasu, 1829-1897)的陪同下,与李鸿章在保定会谈,讨论到在江华岛事件中,朝鲜向日本军舰云扬号发炮的责任问题:

> 郑署使(永宁)云:从前不过拒使,近来日本兵船至高丽海边取淡水,他便开炮,伤坏我船只。
>
> (李鸿章)答云:你兵船是去高丽海口量水,查万国公法,近岸十里之地,即属本国境地,[1]日本既未与通商,本不应前往测量,高丽开炮有因。
>
> 森使(有礼)云:中国、日本与西国可引用万国公法,高丽未立约,不能引用万国公法。
>
> (李鸿章)答云:虽是如此,但日本总不应前往测量,是日本错在

---

[1] 李鸿章引用的是《万国公法》,卷2,第4章第6节。

第四章 国际法的应用与挫折

先。高丽遽然开炮,也不能无小错。日本又上岸,毁他的炮台,杀伤他的人,又是日本的错。高丽不出来滋扰,日本只管去扰他做什么?[1]

有趣的是,森有礼认为朝鲜未与日本缔约,因此不能引用"万国公法"。对他而言,要根据"万国公法"的原则保护国家主权,首先须得到对方承认其为条约国,而李鸿章竟不反驳,无异默认国际法只适用于条约国之间。国际法的适用问题,不只是欧美"文明国"对非欧美野蛮或未开国之间产生的,在"文明国"候补国之间也会出现适用上的限制问题,而适用的标准之一是双方曾经是否订立条约。事实上,1860年代中国在分辨对外关系上,即以"有约国"与"无约国"来区分。[2]这是近代西方国际法在世界规模的扩充过程中,出现在东亚边缘地域国家之间的一种新面貌。

鉴于日本已吞并琉球,因此朝鲜的动向便显得特别令人注目。朝鲜位处东南新月,邻近满洲龙兴之地,又接近中国首都北京,在地缘政治学上占了最重要的地位;加上在众多属国之中,朝鲜臣服最久,其礼教政治,最与中华相仿,有"小中华"之称,不但具有不可替代的象征意义,同时也是挑战以中国为中心的中华世界秩序的内在动力。当时主宰朝鲜事务的北洋大臣李鸿章在衡量过中国本身实力,考虑过朝鲜方面的反对后,判定中国无力对朝鲜实行直接统治,以将朝鲜变为国际法意义上的属国。在敌强我弱的形势下,清政府最后参考了国际法的均势外交,鼓励朝鲜对欧美开国,以图制造势力均衡的局面,保住朝鲜。[3]而在此之前,时任驻英公使的曾纪泽于伦敦也曾婉言劝告日本驻英特命全权公使上野景范(Ueno Kagenori, 1845-1888,曾纪泽音译作"吴雅娜"),提出亚洲应以

---

[1]《日本使臣森有礼署使郑永宁来署晤谈节略》(光绪元年十二月二十八日附),《李文忠公全集・译署函稿》,卷4,页35—36。

[2] 川岛真:《中国における万国公法の受容と再考》,页50。

[3] 参拙著:《朝鲜对米開港をめぐる清国の朝鲜政策——1879—1882——》,《史峰》,7号(1994年3月),页34—63;《李鸿章覆李裕元书》(光绪四年七月九日),《清季外交史料》,卷16,页14—17;"中央研究院"近代史研究所编:《清季中日韩关系史料》(台北:"中央研究院"近代史研究所,1972年),第2卷,第309号,附件2,页366—369。

从万国公法到公法外交——晚清国际法的传入、诠释与应用

"公法"维持均势,"大小相介,强弱相错","俾弱小之邦足以自立,则强大者亦宜自暗受其利,不可恃兵力以凌人也",暗示日本不应以武力欺压朝鲜,以保亚洲地域的安全稳定。[1]然而,当朝鲜与欧美开港通商条约相继缔结后,朝鲜便自然地被纳入近代国际法秩序中。如此一来,在传统中华世界秩序中的属邦体制(政教禁令自主)与近代国际法秩序的属国(属国的政治外交都受到宗主国的控制)体制之碰撞下,中朝之间便无可避免地产生了紧张、对立,乃至冲突。

自朝鲜对外开国后,中国已经开始检讨与朝鲜的关系。1882年发生壬申之变,中国形式上采取保留朝鲜自主,实质介入朝鲜内政外交的政策,即所谓"阴寓操纵",其背后的力量则是吴长庆(1834—1884)的3000淮军。1882年10月中朝又缔结《中国朝鲜商民水陆章程》,以条约的形式将传统中朝宗属关系明文化,并扩大两国间的商贸关系以对抗欧美。但自1884年甲申事变以后,有感于朝鲜亲日势力日益坐大,朝鲜又尝试摆脱中国,清政府于是派遣袁世凯(1859—1916)为"驻扎朝鲜总理交涉事宜",强化朝鲜的支配,进入了属邦实质化时期,即所谓"阴寓强制"。如此一来,传统的中朝关系已形骸化,换来的是与国际法近似的实际统治。[2]

不过,随着朝鲜的对欧美开放,传统的事大(中国)交邻(日本)体制已无法应付新的国际秩序,再加上新知识、新观念的传入,朝鲜国内已形成了新的世界秩序观。一方面有事大派在清政府的协助下,参照中国的自强运动,实行种种政治经济改革,力求在弱肉强食的国际社会中存续下去。另一方面,又有亲日派的脱清运动,对袁世凯的粗暴干涉表示愤慨,在日本的协助下试图摆脱与中国的宗属关系,或只是保留形式上的朝贡关系,实质上谋求国际法上的独立国人格。[3]

以下,我们会以1887年朝鲜遣使赴美为例,说明中朝两国在应用国

---

[1] 曾纪泽:《曾纪泽日记》,中册,光绪五年三月十四日条,页858—859。
[2] 茂木敏夫:《李鴻章の属国支配観——1880年前後の琉球・朝鮮問題をめぐって——》,《中国:社会と文化》,2号(1987年6月),頁89—116。
[3] 金容九:《朝鮮における万国公法の受容と適用》,《東アジア近代史》,2号(1999年3月),頁27—44。

第四章　国际法的应用与挫折

际法问题上的竞逐关系。

2-2　朝鲜遣使赴美

朝鲜既已开国,按条约报聘,互相派遣使节(公使、领事),本是自然不过的事情。不过,按国际法惯例,朝鲜以主权国遣使驻外,便是独立自主国,在名义上与他国平等。如此一来,"在外"的中朝宗属关系该如何处理便成为中朝两国多番纠缠的症结所在。

自大院君(Taewon-Gun, 1820–1898)李昰应从中国释放回国以后,朝鲜的"自主"倾向愈来愈明显,并力图摆脱中国的掣肘,否定中国的宗主权。先是1887年8月,朝鲜准备派遣朴定阳出使美国,沈相学出使欧洲各国(英、德、法、俄、意;后因沈抱病,改派赵元熙充任),试图在国际上宣示朝鲜为独立自主之邦。

对于朝鲜遣使的举动,主持朝鲜事务的袁世凯初时不甚措意,只是责备朝鲜早前(1887年9月)遣使日本"先派后咨"有违体制,[1]并责成朝鲜以后必须先行"属邦之分",向清政府请准,方可派遣使节(即"先咨后派")。[2]然而,袁世凯很快便察觉到朝鲜使节在外,便可与中国驻外使臣位列同等("敌体"),有碍中国体面的问题。于是主张从限制入手,以维持中朝宗属体制。方法是:"无论韩何项使臣,概与华大臣用呈文,往来用衔帖,华大臣用札[朱]笔照会。"这种安排,是为了针对朝鲜"欲以派使示自主于天下"的企图,借中朝在外使臣间来往公文的上下规格,"以不得平行,示属邦于各国",以维持中朝"属邦体制"。[3]袁的提议得到清政府的同意,9月12日由总理衙门通知李鸿章分别知会各驻外使臣及朝鲜驻外大臣。[4]

---

[1]　林明德认为朝鲜先派遣闵泳骏驻日,意在试探中国的反应,企图取得"先派后咨"的先例。参氏著:《袁世凯与朝鲜》(台北:"中央研究院"近代史研究所,1984年再版),页159。
[2]　《清季中日韩关系史料》,第4卷,第1262号,页2343;第1270—1271号,页2354—2360;第1287号,页2377。
[3]　《北洋大臣来电》(光绪十三年七月二十四日),《清光绪朝中日交涉史料》,卷10,第549号,页30;《北洋大臣来电一》(光绪十三年七月二十五日),卷10,第552号,页31。
[4]　《总署通告驻外大臣与朝鲜驻外大臣公文程式电》(光绪十三年七月二十五日),《清季外交史料》,卷72,页28。

从万国公法到公法外交——晚清国际法的传入、诠释与应用

这种使臣间的公文往来格式的规定,虽有尊卑上下之分,但无碍朝鲜使臣的自由活动,更重要的是,对各国并无任何约束力,无阻于各国承认朝鲜为自主之国。

袁世凯很快便注意到这点。袁连日与英国驻朝鲜总领事代理贝德禄(Edward Colborne Baker, 1843 – 1890)、日本署使高平小五郎(Takahira Kogorō, 1854 – 1926)以及德国总领事代理口麟(Ferdinand Krien)会谈,他们均反对朝鲜派遣全权大臣赴美。其中英国的贝德禄密语袁世凯,主张中国应加以阻止,指出如任由朝鲜遣使西方,西人既不视朝鲜为中国属国,中国亦难以在西方以属国之礼与朝鲜相处,并警告如中国未能确立中朝宗属关系,则朝鲜恐有步越南后尘之虞。[1] 贝德禄的分析,正好说明了中国的属国朝鲜如对外派遣使节,便会被视为主权国家的问题。而中国所主张的"属邦自主"与国际法秩序实在无法契合。袁世凯因而幡然醒悟,拟进一步干涉朝鲜。袁的态度强硬,严令朝鲜必须"先咨后派",意在禁止朝鲜派遣使节。一时之间,总理衙门也别无他法,只好依照袁的建议谕令朝鲜,[2] 暂时拖延,但仍未有解决属国不得遣使的对策。

与此同时,美国强烈抗议中国的干涉,指中国既容许朝鲜与外国订约通商,条约又规定互遣使节,中国实无权阻碍。[3] 事实上,总理衙门亦知道无法阻止,于是一方面驳回袁世凯强禁之议,[4] 一方面照会美国,强调"朝鲜为中国属邦,交涉大端,例须先行请示"。[5] 这种"先行请示"的要求,虽力图体现传统属邦体制,并借此附会近代国际法的宗属关系,其精

---

[1]《直督李鸿章致总署据袁世凯电韩派全权大臣各国不以为然电》(光绪十三年八月六日),《清季外交史料》,卷73,页1;《收北洋来电》(光绪十三年八月二日),《清光绪朝中日交涉史料》,卷10,第558号,页32。

[2]《收北洋来电》(光绪十三年八月二日)、《收北洋大臣来电》(光绪十三年八月四日),《清光绪朝中日交涉史料》,卷10,第558—559号,页32。

[3]《北洋大臣来电》(光绪十三年八月十三日),《清光绪朝中日交涉史料》,卷10,第567号,页34—35;林明德:《袁世凯与朝鲜》,页161。

[4]《总署致李鸿章韩照约派使俟其奏到再办电》(光绪十三年八月十五日),《清季外交史料》,卷73,页3—4;《译署来电》(光绪十三年八月十五日到),《李文忠公全集·电稿》,卷8,页38。

[5]《清季中日韩关系史料》,第4卷,第1286号,页2376。

第四章　国际法的应用与挫折

神与1882年朝鲜与欧美条约中附带朝鲜为中国属邦的照会完全一致,但可惜的是同样毫无实效。

其后,在朝鲜派员请示后,清政府终于答允朝鲜遣使。余下来的问题是如何在遣使问题上对外维持朝鲜的属邦体制。首先是全权公使(Plenipotentiary)头衔问题,李鸿章认为当时中国及各国驻外使臣,均是二等公使(Minister),因此提议要求朝鲜政府降全权为"万国公法三等公使"(Minister Resident),以维护中国的宗主体面。[1]问题是,朝鲜一心试图通过遣使以宣示其为完全主权国家,岂肯轻易就范,因此答以:1. 朝鲜国小,不派全权,不足以壮观,尤恐外国轻侮;2. 已通知各国,临时更改,反见失信;3. 此次纯因初遣公使,"未谙体例",朝使至西国后对中国公使"仍恪遵旧制";4. 该使报聘后即行召回,改派参赞等员代理,以节省经费,[2]挡住了清政府要求。其实,属邦遣使驻外,已超越传统宗属体制范围,如何处理,清政府实在没有长远及具体的方案,只是在事情发生后才边对应、边摸索。因此,眼见朝鲜"辞意恭顺",也就不再坚持。清政府为了回应属邦遣使对中朝宗属关系所带来的冲击,于是接纳李鸿章所拟具三端,借以牵制朝鲜:

　　1. 韩使初至各国,应先赴中国使馆具报,由中国钦差挈同赴外部,以后即不拘定;

　　2. 遇有朝会公宴、酬酢、交际,韩使应随中国钦差之后;

　　3. 交涉大事关系紧要者,韩使先密商中国钦差核示。[3]

朝鲜政府似乎早已看穿中国的立场并不如想象中强硬,而且似无一致的

---

[1]《直督李鸿章致总署袁世凯商韩王派使泰西照属邦已允遵办电》(光绪十三年八月十六日),《清季外交史料》,卷73,页4;《寄译署》(光绪十三年八月十五日),《李文忠公全集·电稿》,卷8,页38;《寄朝鲜袁道》(光绪十三年九月四日),《李文忠公全集·电稿》,卷9,页1。

[2]《袁道来电》(光绪十三年九月二十三日),《李文忠公全集·电稿》,卷9,页4—6。

[3]《直督李鸿章奏遵旨与朝鲜国王筹商派使各国的拟三端准咨照办折》(光绪十三年十一月十四日),《清季外交史料》,卷74,页18—19;《寄朝鲜袁道》(光绪十三年九月二十四日)《李文忠公全集·电稿》,卷9,页6—7;《筹办朝鲜通使各国折》(光绪十三年十一月十一日)《李文忠公全集·奏稿》,卷61,页3;《北洋大臣来电》(光绪十三年九月二十四日),《清光绪朝中日交涉史料》,卷10,第578号,页38—39。

政策,为了免生枝节,于是阳奉阴违,接受"三端"。1887年11月12日朝鲜政府命驻美全权公使朴定阳起程赴任,而事实上并未谕令"三端"。[1] 因此,朴定阳抵美后,无视"三端",即以自主国全权公使身份展开一连串"违章"的外交活动。另一方面,面对清政府的责难,则派员向袁世凯解释朴使之困难,进而以"恐各国拒其国书,不以敌体相待"为由请求删去第一端。对此,袁世凯虽以时机已过拒绝,但李鸿章则指示可据中国公使的裁断予以通融,只是坚持朝使必须先行谒见华使。[2] 相较于袁世凯的强硬,李鸿章对此并不坚持,这大概由于收到驻俄公使洪钧(1839—1893)的电文。洪指出西方"不准属邦遣使,故无带见之例",而且如欲声明朝鲜为中国属邦,俄国恐怕不会接纳。[3] 当清政府,特别是袁世凯严加追究朴使阳奉阴违,怀疑是"韩廷授意"时,[4] 朝鲜政府便敷衍中国,托辞朴定阳因美国有意退斥国书,才会擅自行动,冒犯违章。[5] 及朴回国,却又再三砌词婉拒清政府严惩朴的要求,而且请求修改"三端"(特别是第一端)。由于"三端"一案悬而未决,其后朝鲜遣使欧洲五国亦因而搁置下来。[6]

上述朝鲜遣使驻美的中朝交涉,恰好说明了近代西方国际法在东亚应用上的复杂结构。一方面,非欧美文明的东亚国家,在传统中华世界秩序与近代西方世界秩序的碰撞过程中,其所面对的秩序适应困难,实在已超过了前述文明—野蛮那种二元对立的格局。中国并非只在意维持传统属邦体制。事实上,对清政府而言,在面对新的世界秩序时,上至宗属关

---

[1] 林明德:《袁世凯与朝鲜》,页164。
[2] 所谓"通融",指的是先谒华使张荫桓,再由该使决定是否须挈同朝使前往美国外交部。参《直督李鸿章致总署袁世凯电派使各条王欲删改先谒华使一端电》(光绪十三年十二月十日),《清季外交史料》,卷74,页21—22。
[3] 《使俄洪钧致总署韩全权至俄与属邦体制不合电》(光绪十三年十二月十日),《清季外交史料》,卷74,页21。
[4] 《直督李鸿章致总署朴使美人员不来见华使已令袁世凯询韩廷惟深引咎电(五件)》(光绪十三年十二月三日—五日),《清季外交史料》,卷74,页20—21。
[5] 《北洋大臣来电》(光绪十三年十二月八日),《清光绪朝中日交涉史料》,卷10,第588号,页41。
[6] 关于中朝两国就三端违章的交涉经过,林明德有细致生动的说明。参氏著:《袁世凯与朝鲜》,页164—168。

第四章 国际法的应用与挫折

系的表明,下至外交礼仪的套数,无不是新的挑战以及对中华世界秩序重构的试练。清政府再三强调的所谓传统"属邦体制",与其说是维持,毋宁说是"建构"。因为,就如上述中国处理属邦遣使问题那样,事情的发生一开始已超越了传统的想象。中国对朝鲜的要求只是一种为了与国际法规范接轨而创造出来的新宗属关系的"格式"而已。其精神,则是来自意涵不清的传统宗属体制,强调属邦对天朝之恭顺,遇事请命。而对朝鲜而言,从国际法得来的思想工具——"独立"、"自主"等观念以及日俄外力的介入,使朝鲜得以在传统宗属体制以外探索新的国家路向。与此同时,在与中国继续维持传统宗属关系的前提下,将属邦体制虚名化、形骸化,以对抗中国日渐强化的干涉。在此情形下,力图在国际法秩序与传统体制之间取得平衡的清政府,对处理中朝关系的问题上感到相当吃力,大有左支右绌之叹。下面李鸿章的分析颇能说明清政府的无奈:

> 中朝之待属国,向不管其政事,与泰西属邦情形迥异,似虽援西例相绳,……鸿章非不知西例属国体制,然中国办法向有不同,若自我锐意变更,能发而不能收,将来咎将谁属?今韩使若显违三端办法,我仍可随时责问。然谓从此显附自主之列,适堕俄人之计,愚见似不尽然。盖西国即认韩自主,不能显令韩非我属,更不能强令中国不认韩为我属。如果韩王夜郎自大,朝贡不至,我可抗议执言,兴师问罪,未便因此小事遽与决裂。[1]

一方面要维持传统的中朝属邦体制,一方面对于朝鲜的自主倾向无力阻止,只能"援西例",设三端稍示规范。然而,这种不中不西的体制毫无效力。李鸿章虽说中朝宗属关系在乎中朝两国间之互相承认,与他国的承认无涉,但实际上并不如此。而所谓"援西例",也只是千方百计在外交条约内加插表述宗属关系的相关条文,以及对使节往来、等秩位阶等各方面作出规定以体现中朝宗属关系的内涵而已。

---

[1]《直隶李鸿章致总署韩违约遣使欧洲酌拟办法函》(光绪十四年五月六日),《清季外交史料》,卷76,页6—7。

五、小结

以上，我们检讨了 19 世纪末中国应用国际法的几个例子，了解到清政府在吸收了国际法知识以后，如何在政治外交上加以应用。当然，只有几个事例的分析并不足以得窥全豹，而以此作为晚清政府应用国际法的整体历史图景也是危险的。要掌握晚清政府应用国际法的全图，恐怕要有更多的事例分析与研究，而且还得注意不同时期、不同的国家对手、不同阶层官僚之间的差异。但这项艰巨的工作，已非本章内容所能承担的了。

《万国公法》翻译之初，总理衙门由于担心中国会被西方的"万国公法"所掣肘，因此只敢暗中引用，借西方"通例"以规范西方国家。这种策略性的应用，与林则徐的作为属同一类型。然而，当近代西方国际法的适用范围已扩展到东亚地区，并成为政治外交的权力话语时，中国已无可避免地、而且必须公开地应用国际法的原则、规则以及惯例了。

另一方面，尽管随着中国人国际法知识的增进、国际视野的开拓，以及 19 世纪 70 年代中叶以后常驻使领制度的确立，不少驻外使节以及涉外官员都提出了改订条约、收回主权的建议，但掌管中国对外交涉大权的总理衙门始终没有如日本政府那样拿出一套废除不平等条约的具体计划。清政府迫切需要解决的问题是如何制服那些横蛮的外国领事，与各国维持和平的关系，而非收回领事裁判权。而且，对清政府而言，原来制夷之"公法"，同时也是"制中国"的工具。由于欧美国家往往以"公法"、条约来限制中国的行动，甚至谋取更多的权利，因而益使总理衙门视条约为不可变更的"铁字"，乃至《万国公法》为一本不容更易的法典，中国很难借"公法"收回既失之权利。总理衙门误以为中国所能做的是防卫性的，以恪守国际法及条约来阻止各国的无理要求，并集中力量从事自强改革。因此，对清政府而言，"公法"是可恃又不可恃的。

至于清政府在中法战争期间在宣战和中立问题上的表现，则说明了清政府应用国际法规则的任意性，尝试在暧昧含糊的状态中获取最大的利益。国际法既不可违反，但又需要英、德、美等国协助中国抗法，清政府

第四章　国际法的应用与挫折

便只好一方面要求各国中立,不可援法,另一方面又不向各国表明宣战,以便得到外国的协助。由此可见,虽然法律的条文具在,但在实行时却有不少灰色地带。当然,这种做法实际上无助于纷争的解决,反而造就各国渔利之弊。而且,毋庸讳言,法国在此问题上亦犯了同样的错误。

李恩涵指出从曾纪泽回国(1886年底)至甲午战争(1894—1895)爆发的七八年间,是中国解除不平等条约桎梏最有利的一段时间。李举出的理由是:1. 中法战争后,中国在国际间的威望,并未大损;2. 北洋军队自1883年成军后已有不弱的军力,可阻吓外国的觊觎;3. 各国除日本处心积虑侵并朝鲜外,多以发展在华商务为要。因此如果清政府在这段时期能与日本东西呼应,一边致力于协定关税的修订,一边从修订中国法律入手,定当大有进展。可惜清政府白白错过这难得的机会,甲午战败,废除不平等条约也就无从谈起。〔1〕虽然李的分析看来过于乐观,但就反映清政府对修订条约的态度而言,则是准确的。日本成功修约的关键在于国家体制的文明化,而非仅仅是外交上要求修约。在争取美国华工权益的交涉上,中国的驻美公使虽应用国际法力图迫使美国撤回歧视华工的法案,但仍无法成功。面对强权的欺压,中国是否真的就此可以宣布废约实在颇成疑问。

当然,在国际法的应用上,清政府并不是一无可取的。与欧美以外的国家所缔结的条约便来得更为平等,没有多大损害国家的利权。而在台湾及新疆的问题上,建省之举,使全台湾及新疆纳入清朝直接统治范围之下,从根本上改变了清朝的统治架构。这种统治秩序的重新建构,可从传统郡县制找到根据,但无疑也是应用了国际法的领土主权原则,为中国迈向国际法的主体——主权国家揭开了新的一幕。当然,改编传统中华世界秩序,变更清朝的统治架构并不是一帆风顺的。在处理与朝鲜的宗属关系上,面对朝鲜以及其他国家的挑战,清政府的政策便显得左支右绌,缺乏长远的眼光。在条约与朝贡体制并存的格局下,中国一方面须与朝

---

〔1〕 李恩涵:《曾纪泽的外交》,页307—308。

鲜维持传统的宗属体制,一方面又不欲朝鲜履行其条约国的责任,更无力阻止各国待朝鲜为独立自主之国。而中朝之间这种既异于传统旧制,又不符合国际法定义的宗属关系,就是在两国互相角力的局势下建构出来的,而且是进行式的过程。至于清政府加大力度干涉朝鲜内政,徒使矢志独立自主的朝鲜对中国渐行渐远而已。

徐中约正确地指出清政府条约改正最终失败,在于其防卫性本质,基本上缺乏迈向废除不平等条约的民族主义运动所需的正面的(positive)、动态的精神(dynamic spirit);而在1870年代以来甚至出现某种惰性——不去修订条约,只想专注于国内之改革自强。[1]

如从国际秩序观言之,尽管清政府尝试改变其统治架构,以符合国际法对领土主权的规定,但在20世纪前,清政府实际上仍未视中国为万国之一,亦未将其置于国际法秩序下与各国展开近代意义的外交关系。然而,进入20世纪初,清政府在对外虽仍力求避免纷争,但亦开始从改革政治法律、参与国际组织入手,试图收回国家的主权和利权。随着国际法知识的普及和主权意识的提高,使得以收复主权和利权,构建"文明国"为基调的近代民族主义得以壮大。特别是新政展开以后,朝野上下咸称根据国际法与各国交涉周旋,以收回国家的主权和利权。到此阶段,国际法已在中国社会常识化,中国人已将国际法知识内化了。于是接受国际法秩序,加入国际社会也便成为当时的要务了。至于如何从"野蛮人"之国进化为"文明国",以享有国际上主权国家的完整人格,则可说是晚清以来中国人的最重要课题。要完成这终极使命,大抵而言,方法有二。

1. 进行法政改革,除了所谓富国强兵(发展现代工商业,提高国家的生产力,建立强大的军力)外,还须进行大胆的政治社会体制改革,建立一强而有力的中央集权政府,改革司法制度以达到"文明国"的基准,争取主权平等的国家地位;

---

[1] Immanuel C. Y. Hsü, *China's Entrance into the Family of Nations: The Diplomatic Phase, 1858 – 1880*, pp. 144 – 145.

2. 紧随西方各国,加入"文明国"的国际组织,成为"世界之中国"。上述方法,与日本的选择极其相似。近代日本所谓"脱亚入欧",实际上就是通过改革,使日本成为"文明国"——一方面以强大的军力作后盾,根据国际法的原则调整其与东亚其他地域旧有的关系("脱亚");一方面企图进身西方"文明国"之列,享受国际法上的完全人格("入欧")。事实上,这种"文明国"的构建过程,都可见诸中日朝三国,甚至可说是近代非西方国家迈向新时代过程中的一个共同经验。

第五章 "文明"与和平:晚清政府参加万国保和会

一、和平的追求

自工业革命以来,各国间的贸易、投资以及各式各样的活动越见活跃,国家间的往还日益频繁。与此同时,西半球强大美国的崛起,益显得原来的欧洲主体已不足以应付世界秩序的变迁。自19世纪以来,电讯、版权、专利、邮政等许多的国际行政组织纷纷成立,为日益复杂的世界经济、社会、学术、文化关系开拓了集体协商解决纷争的空间。[1]另一方面,各国鉴于近代战争极度残酷,动辄死伤枕藉,在大量杀戮的恐怖阴影下,基于传统的人道精神以及基督教信仰,试图制订限制战争手段的规则及缔结处理国际纷争的和平条约。[2]当时欧洲举行了不少大型国际会议,其中尤以维也纳会议(The Congress of Vienna, 1814–1815)最为重要。维也纳会议为欧洲新秩序奠定了外交基础,开始了欧洲协调(The Concert

---

[1] 朱建民:《国际组织新论》(台北:正中书局,1976年),页39—48。
[2] 早在1625年著名国际法学家格劳秀斯所著的《战争与和平法》(De jure belli ac pacis libri tres [On the Law of War and Peace]),已研究国家间的战争与和平法规问题,强调一切国与国之间关系(包括战争在内),都应受法律的约束,为限制战争行为,实现人类和平和幸福的理想奠下了基石。全书共分三编,第1编讨论战争是否合乎正义,第2编论述战争的原因,第3编讨论限制战争行为的法规。

第五章 "文明"与和平：晚清政府参加万国保和会

of Europe)的时代。会内各国承诺协调一致,举行多边会议,定期协商解决事务,谋求延续欧洲和平的方法。当时的共同信念是：作为迈向解脱战争灾难重要的第一步,常设国际法庭的成立是必须的。这样的一个国际法庭,主要的目的在于通过法律的运作机制,避免战争,维持国际间的和平与安全；其成员包括所有基督教国家及"文明国"。[1]事实上,19世纪著名和平运动旗手、美国和平会(American Peace Society)的创会会长威廉·雷德(William Ladd, 1778－1841)便曾提出由所有基督教国家及"文明国"成立国际机构——国际议会(Congress of Nations)及国际法庭(Court of Nations),以解决国际纷争。此外,1897年英、美签订了《和解公断约》(Anglo-American Arbitration Treaty),1899年国际议会(The Inter-parliamentary Union)成立,积极呼吁国际仲裁及成立世界法庭(World Court)。[2]凡此种种,足以证明和平运动的展开得到了广泛的支持。海牙保和会的召开,可说是这种集体安全体系的具体尝试。

与国际组织、国际会议并行而来的,则是国际法法典化的发展。19世纪中叶以后,编纂国际法的工作正式启动了,其中最具代表性、意义最重大的是1864年由大部分欧美"文明国"签订的《改善战地伤兵境遇的公约》(即《日内瓦公约》,the Geneva Convention for the Amelioration of the Condition of the Wounded in War)。该条约第一次订立了战争法中有关伤病者及中立人民待遇的原则,为陆战规则法典化迈出了关键的第一步,同

---

〔1〕 关于19世纪的和平运动,西方学界有相当详细深入的研究,最经典的当推Arthur Charles Frederick Beales, *The History of Peace: A Short Account of the Organized Movements for International Peace* (London: Bell, 1931)。至于从成立国际仲裁以维持和平的历史看1899年第一次保和会意义的近期著作,可参David D. Caron, "War and International Adjudication: Reflections on the 1899 Peace Conference," *American Journal of International Law*, 94: 1 (Jan., 2000), pp. 4－30。此外,为庆祝第一次海牙保和会一百周年纪念,联合国在1999年5月18—19日及6月23—25日分别于海牙及莫斯科召开了"第一个百年—国际和平大会",会上讨论了此次国际和平会议对各参与国的影响及其重要性。其后于2000年出版会议记录及大会结论,与会论文则以电子pdf档案形式收入随书附上的光盘(CD-ROM)内。见Frits Kalshoven edited, *Centennial of the First International Peace Conference Reports & Conclusions* (Hague: Kluwer Law International, 2000)。

〔2〕 David D. Caron, "War and International Adjudication: Reflections on the 1899 Peace Conference," pp. 8－11.

时亦成为了体现减免战争苦难的人道主义里程碑。[1]

另外,非官方的学术团体亦开展了国际法的编纂工作,其中最重要的是 1873 年由国际法学者创立的国际法改革编纂协会(Association for the Reform and Codification of the Law of Nations,国际法协会[International Law Association]的前身)以及国际法研究院。[2] 随着国际法适用范围的地理扩张,以传统欧美地区为国际社会基础的国际法秩序,已不足以应付新时代的需要。此类协会成立的目的,一方面是编订国际法典,以作为国际仲裁制度的前提条件;另一方面是研究国际法的改革,促进国际间的协调。虽然这些由国际法学者成立的组织不是官方组织,但其影响力不容忽视。以国际法协会为例,会员多为知名的国际法学者,更有各国的政治外交界的重要人物,就连郭嵩焘和曾纪泽在驻英、法期间,也曾担任该会的荣誉会长。[3] 需要补充的是,由于欧美的国际法学者对当时在远东地区国际法适用范围的扩大问题非常感兴趣,所以,国际法改革编纂协会曾在第 4 次(1876)和第 5 次(1877)会议中探讨了领事裁判权在东方实行的原则问题。[4]

对晚清政府而言,前有两次鸦片战争,近有中法战争、甲午之战惨败之痛,实在亟需维持和平之局以换取改革图强的时间与空间。因此,晚清政府先后于 1899 年及 1907 年参加的两次和平会议便显得意义重大了。由于两次会议的与会国为数众多,地域分布广袤,突破了欧洲的地域界限,使原来属于欧洲秩序的区域会议发展成前所未有、具有普遍意义、全球规模的"世界"会议。国际社会由欧洲的国际社会(European

---

[1] Arthur Nussbaum, *A Concise History of the Law of Nations*, pp. 197–230; Amos S. Hershey, "History of International Law since the Peace of Westphalia," *The American Journal of International Law*, 6: 1 (Jan., 1912), p. 51.

[2] 董鸿祎在其《海牙仲裁裁判与中国之关系》一文说:"今之仲裁裁判,实权舆于十九世纪,此世纪中各学会之提倡此事者,史不绝书。万国国际法协会,乃其首也。"载《外交报》,254 期(1909 年 9 月 18 日),页 32[《外交报汇编》,册 2,页 822];又参《光绪三十四年七月二十六日收驻和钱大臣文:谘送书记官董鸿祎所撰〈海牙仲裁裁判与中国之关系〉以便研究由》,《外务部档案》,02—21 号,4 函 4 宗 2 册。

[3] 参张建华:《郭嵩焘与万国公法会》,页 280—295。

[4] Immanuel C. Y. Hsü, *China's Entrance into the Family of Nations: The Diplomatic Phase, 1858–1880*, pp. 206–207.

第五章　"文明"与和平：晚清政府参加万国保和会

international society)扩展为全球的国际社会(global international society)，成员构成由原来只限于西方的主权文明国家，扩展为涵盖亚洲、中南美洲国家。[1] 另一方面，作为国际秩序法理基础的国际法，就如刘禾所说，近代欧洲的国际法随着各种语言译本的出现而得以摇身一变，成为具有普遍价值的"万国公法"。[2] 是以，保和会又称为"万国保和会"。后来的国际联盟以至今日的联合国，就是在这样的基础下发展而来的。因此，探讨晚清政府如何准备参与两次保和会，以及与会过程中的努力及其对相关议题的讨论与考虑，[3] 不但对我们理解近代中国进入世界秩序的过程具有极其重要的历史意义，同时有助于我们判断非欧美国家在近代国际法的形成过程中所扮演的角色及作用。[4]

---

〔1〕 关于近代国际社会的扩张，参 Hedley Bull and Adam Watson eds., *The Expansion of International Society* (Oxford: Clarendon Press, 1984).

〔2〕 Lydia H. Liu, *The Clash of Empires*, pp.124-139.

〔3〕 此章成于2003年5月，近年来开始有一些研究关注海牙保和会问题，其中台湾政治大学历史系的唐启华教授就中国加入国际组织发表了3篇论文。1. 2001年10月在台北圆山"辛亥革命九十周年国际研讨会"发表《辛亥革命前后中国国际化的努力——以清末民初对"保和会"的参与为例》；2. 2001年11月于日本长崎县对马举行的"周边から見た20世紀中国研究會"中发表《周邊としての中國——20世紀初頭の國際組織における中國と日本》(廖敏淑译)；3. 2002年1月26日在日本东京"20世紀中國社會の構造的變動と日本研究會"主办的"辛亥革命与二十世纪中国构造国际研讨会"中发表了《"大國地位"的追求——二十世纪前半期中国在国际组织中的努力》。三篇会议论文经修订后，第1篇改题为《清末民初中国对"海牙保和会"之参与(1899—1917)》，刊于《"国立"政治大学历史学报》第23期(2005年5月)；第2篇刊于横山宏章、久保亨、川岛真编：《周邊から見た20世紀中国——日·韓·臺·港·中の対話》(福岡：中国書店，2002年)；第3篇刊于《兴大人文学报》第32期(2002年6月)。唐启华视清末民初参加保和会及国际联盟为中国加入国际社会、追求文明大国地位的过程。三文互为补充，引用的史料大致相类，而论述方法略异。第1篇详于相关史实的缕述，着重于事实的再现；第2及第3篇属宏观式，论述了晚清政府参加两次保和会、民国时期准备第三次保和会及参与国际联盟的一贯性追求。第2篇借用张勇进中央与周边的观点，讨论中日两国如何从国际社会的周边走向中央。第3篇则强调"大国地位"的追求。三篇文章所论的具体历史过程与本文不无契合之处，惟唐文详于历史过程的陈述，而本章则着眼于清政府对参与保和会的具体考量及其斡旋折冲之努力，读者可与本章参照并读。笔者于1998年8月第1次前往台北"中央研究院"近代史研究所档案馆查阅保和会档案，在近代史研究所张力教授的介绍下，与正在查阅档案的唐教授有一面之缘。可惜笔者生性疏懒，其后一直未有机会向唐教授请益，今次修订旧稿，喜见唐教授上述三篇鸿文，始得印证管见，幸甚。

〔4〕 除保和会外，当时欧洲的国际组织曾多次邀请清政府派员列席或入会参与事务，清政府很多时候都有派员出席，希望与世界同步。田涛简单介绍了清政府19世纪末参加几个国际组织的情形，如1885年的养生公会、战场救生会(即红十字会)、1886年的欧洲水利会、1887年的公议商船行驶章程、1891年的铁路公会、1892年的考察犯罪会、1897年及1906年的万国邮政联盟，等等。然而，赵祐志的研究显示，19世纪末清政府参加国际组织并不活跃，踏入20世纪才转趋热烈。根据赵祐志对晚清参加"万国公会"(包括国际会议组织及国际学术会议)的统计，从1881年中国首度获邀参加美国华盛顿的万国医公会起，（接下页）

简单来说,清政府尝试通过参加国际组织,参与国际事务,接受西方国际法秩序的规范,以取得国际社会"文明国"的资格,成为与欧美国家对等的一员,进而主张中国的独立和主权,废除不平等条约。然而,在加入国际"文明"社会的过程中,中国的传统文明大国意识并未被扬弃,相反,在讨论国际组织的实际操作及各国等级秩序的问题上不断得到强化。也就是说,当中国发现所谓"文明一体"的国际组织及国际会议,竟然有头等国、二等国,乃至三等国的等级划分后,传统的"大国意识"主宰着清政府代表在交涉及决策过程中的思维,极力争取头等国的地位。[1]所谓平等的追求,乃是相对欧美列强而言,相对于亚洲各国(竞争对手日本除外)以及中南美诸小国,中国不能接受自己与之同等。[2]

(接上页)至 1911 年清朝灭亡止,33 年间获邀 205 次,其中尤以 1904 年以后获邀次数趋多,每年至少 10 次以上。出席次数方面,清政府共派员出席 80 次。19 世纪末次数不多,平均每年 1 次。踏入 20 世纪后趋多,1901 年—1905 年间共 20 次,平均每年 4 次;1906—1911 年达到顶峰,6 年间共 46 次,平均每年 8 次。另外,晚清政府参加作为展示"文明先进国"霸主地位的万国博览会(Great Exhibition of Industry All Nations),也是中国走进国际大家庭的重要外交活动之一。清政府自 1866 年参加法国巴黎博览会起,至 1911 年清朝灭亡止,46 年间,获邀参加 80 次以上,组团参加了 13 次,寄物参展 6 次,派员参加 11 次。赵祐志对清政府参与万国博览会的观念演进、筹备的机构、赴赛的团体与个人、经费的筹措与运用,以及参展商品的准备有坚实的梳理。参田涛:《国际法输入与晚清中国》,页 339—344;赵祐志:《跃上国际舞台:清季中国参加万国博览会之研究(1866—1911)》,《台湾师范大学历史学报》,25 期(1997 年 6 月),页 287—344;同氏著:《与世界同步:清季中国参加"万国公会"之研究(1881—1911)》,《重高学报》,创刊号(1998 年 7 月),页 191—228。

〔1〕 关于大国地位的追求以及中国近代外交的"大国化"、"强国化"路线,参川岛真:《「中国」——帝国、主権、そして大国:近一五〇年間における「中国」の形成》,《比較文明》,19 (2003 年 12 月),页 75—93;同氏著:《「普通の国」と「大国」の間——近代中国外交から見る》,《現代中国研究》,16 号(2005 年 3 月),页 14—19;唐启华:《"大国地位"的追求——二十世纪前半期中国在国际组织中的努力》;岡本隆司:《中国近代外交へのまなざし》。

〔2〕 沃勒斯坦(Immanuel Wallerstein)在其著名的"世界体系论(The Theory of World System)"讨论了现代资本主义世界经济结构的"中心—半边缘—边缘"概念,此后这种权力结构的世界体系分析方法为不少研究者所沿用。张勇进在 Martin Wight, Hedley Bull 及 Cassese A. 等学者对近代国际社会分析的基础上,使用"核心"和"周边"的说法来描述 19 世纪欧洲与非欧洲国家间的国际关系,以 1918—1920 年间中国在加入国际联盟(League of Nations)的过程为中心,考察了中国何时、如何为国际社会所接纳,如何努力从国际社会的见习会员("probationary" member)升格为全权会员(full membership)。张勇进详细讨论了 19 世纪以来国际体系(international system)上的核心与边缘概念,在文化层面上是欧洲文化与非欧洲本土文化的对抗。呈现在政治层面,从西方的角度而言,西方以其"文明国"标准裁定非欧洲的边缘国家无法享有完全的国际法人格,是国际法的适用体系基于国际法的适用主体。从非西方的边缘国家而言,尽管不情愿,甚至愤恨,但仍接受这种以西方主导的国际社会,放弃其原来的世界秩序观。但是,当这些国家在获取国际法知识,吸收了国家主权及司法权对等之类的西方价值后,便会与西方对抗,争取国际法所赋予的国家权利。参 Immanuel Wallerstein, *The Modern World-System*, Vol. II: *Mercantilism and the Consolidation of the European World-Economy, 1600 - 1750* (New York: Academic Press, 1980); (接下页)

第五章 "文明"与和平：晚清政府参加万国保和会

在这一章中，笔者希望通过考察晚清政府参与万国保和会的过程，探讨晚清政府如何通过参加国际组织、国际会议，在新国际秩序下自我定位，应用国际法的主权平等原则，提高中国在国际秩序上的地位，跻身于"文明"大国等问题。

二、海牙和会召开前中国的保和构想

海牙保和会召开前，中国早在两次鸦片战争后，便曾尝试探讨如何维持和平的方法，以下稍作介绍。

1. "调停"与"公论"

1858 年缔结的《中美天津条约》第一款有这样的规定：

> 嗣后大清国与大合众国并其民人，各皆照前和平友好，毋得或异；更不得互相欺凌，偶因小故而启争端。若他国有何不公轻藐之事，一经照知，必须相助，从中善为调处，以示友谊关切。[1]

这是中国第一次在条约中注明：如果某国遇有纷争，缔约国便有从中协助调停的义务。这条规定，可以说是为中国而设的。因为对刚刚经历了两次鸦片战争的中国而言，根本无力协助远隔重洋的美国调停对外纷争。事实上，在其后的对外交涉中，中国曾多次寻求美国的协助。例如在日本出兵侵略台湾以及琉球废藩置县的中日交涉中，清政府便曾倚靠美国从中斡旋。当然，从美国的立场看来，此条款只不过是一种友好的表态，并不具有国际法的拘束力。但是，从中文的翻译看来，这种"必须相助，从中善为调处"的注明，较之公断与否得听任当事国意愿的《和解公断条约》（详后）规定，来得更具强制力。此外，在 1871 年《中日修好条规》的第 2 款中亦有类似的规定。[2] 这条规定，多少反映了中日两国自古以来

（接上页）Immanuel Wallerstein, *The Modern World-System*, Vol. III: *The Second Great Expansion of the Capitalist World-Economy*, 1730 – 1840's (San Diego: Academic Press, 1989); Zhang Yongjin, *China in the International System*, 1918 – 20: *The Middle Kingdom at the Periphery* (Basingstoke: Macmillan, 1991), pp. 26 – 33.

[1] 王铁崖：《中外旧约章汇编》，第 1 册，页 90—91。

[2] 原文是："两国既经通好，自必互相关切，若他国偶有不公及轻藐之事，一经知照，必须彼此相助，或从中善为调处，以敦友谊。"王铁崖：《中外旧约章汇编》，第 1 册，页 317。

一衣带水,同文同种的认同意识。至于后来对中国侵害最大的竟是日本这个兄弟之邦,则是后话了。1880年,李鸿章在协助朝鲜拟订《朝美条约》时,较之《中美天津条约》及《中日修好条规》更进一步,在条约的第1款中规定朝美两国如遇不公或轻侮之事,"必彼此援护",颇有创造朝美协同防卫体制的味道。[1]可见,以条约规定缔约国从中协助和解的做法,早在保和会召开之前,中国已有实践。

另一方面,如果说条约与国际法规范了国家间的权利和义务关系的话,那么,"公论"就是利用国际舆论的压力,争取国际支持,站在"公法"的道德高地上,将本国的对外行动合理化,以强调行动本身的正当性及合法性。对清政府而言,这种"公论"的运用,自然是建基在以夷制夷的传统和近代世界势力均衡的观念上。中外发生纷争时,清政府采取的政策是:利用对方的敌对势力介入纷争,图收以夷制夷之效;又或是引入众多国家参与其中,增加竞争者的数目,制造内部竞争,避免一国独大专横的局面。例如,日本废藩置县后,于1877年阻止琉球入贡中国。同年6月,福建巡抚丁日昌便上奏清政府报告琉球王向德宏"阻贡请愿"事件,请求朝廷即命驻日公使何如璋前往交涉,并"邀集泰西驻倭诸使,按照万国公法与评曲直"。[2]1871年沙俄进驻伊犁后,清政府便想过利用当时正和俄国争夺中亚的英国介入,进行国际干涉。其后1879—1880年间中俄之间就崇厚擅自签订的《中俄伊犁条约》问题进行交涉,两国关系面临破裂,1880年1月张之洞认为"环海万国,亦必不值其(俄国)所为",主张:

> 明降谕旨,将俄人不公不平、臣民公议不愿之故,布告中外,行文各国,评其曲直,并属各国会堂,将我国家情理兼尽之处,刊入新

---

〔1〕 原文是:"朝鲜为中国属邦,而内政外交事宜向来均得自主。今兹立约后,大朝鲜国君主、大美国伯理玺天德,俱平行相待,两国人民永敦和好。若他国偶有不公及轻侮之事,必彼此援护,或从中善为调处,俾获永保安全。"参《清季中日韩关系史料》,卷2,第389号件,附件2,页552;《李文忠公全集·译署函稿》,卷13,页10。

〔2〕 《闽浙总督何璟等奏据情陈奏琉球职贡日本梗阻折》(光绪三年五月十四日),《光绪朝中日关系史料》,卷1,第20号件,页21。

第五章 "文明"与和平：晚清政府参加万国保和会

闻纸。[1]

用现代的术语说，就是利用介入调停以及国际舆论对俄施压。此外，曾纪泽前往俄国圣彼得堡改订《中俄伊犁条约》前，于1880年3月25日曾在巴黎上书总理衙门提议邀请瑞士之类的小国从中评断中俄纷争：

> 查泰西各大国遇有争执不决之案，两雄并竞，将成战斗之局，而有一国不欲成争杀之祸者，可请他国从中评断事理。所请之国宜弱小不宜强大，恐其存乘间渔利之心也。宜远不宜近，恐其于事势有所牵涉也。……计不如由中国发议，请一西洋小国评定是非，剖断交易，使因此而原约稍改，固属甚佳，即便小国所断仍如原约，无所更改，则我之屈从为以全公义于天下，非屈于势也。各国将群起而颂之。……凡有一国请他国评判，而一国不服从评判者，则不受之国为显悖公论，各国将群起而非之，俄人必不出此。[2]

虽然曾纪泽的建议过于乐观，对国际调停的运作有所误解，而且对其拘束力抱有过高的期待。然而，这里值得注意的，不是曾纪泽引用国际法处理对外交涉，也不在于提出了他国调停的方案，因为这种方法在此之前已有不少类似的建议以及实践。曾纪泽的方案极具象征意义，在此之前清政府官僚只视他国调停为辅助性、没有强制力和约束力的临时性工具。但是，曾的论述则是在国际关系的框架内，尝试找出西方国际法秩序具体的行事规则以处理中外纷争以及维持世界秩序的和平。更重要的是，中国在国际关系上扮演一个近于负责任的、利益相关者（stakeholder）的角色——主动提案以解决纷争，并且服从他国的仲裁判断，以维持关乎国际秩序稳定的"公义"，即使这"公义"的裁判损害了中国的主权。当然，这样大胆的论述固然在于曾纪泽深信公义在其手上，然而，更重要的是他相信调停制度背后"公义"的存在，以及国际法上"公义"的道德拘束力。不

---

[1]《司经洗马张之洞奏要盟不可曲从宜早筹御侮折》（光绪五年十二月初五日），《清季外交史料》，卷18，页20。

[2] 曾纪泽：《巴黎致译署总办再启》（光绪庚辰二月十五日），喻岳衡点校：《曾纪泽遗集》（长沙：岳麓书社，1983年），页172—173。

过,必须指出的是,在甲午以前,曾纪泽这样的构想毕竟属于少数现象而远非社会上的普遍认知。

中法战争期间,翁同龢(1830—1904)提议先与法议和,详细推敲相关条款,并知照各国:

> 会合各国公使,公同评论,彼见法国独专其利,或亦群起不平之心,从而折服调和,庶几近理。倘竟不能就范,何难再与之交兵?[1]

要想让国际社会介入,必须使用的共同话语是"万国公法"而非传统中华秩序的礼义之类的道德规范。当然,清政府对于争取国际社会支持以及外国介入调停这种方法实际上并未寄予厚望。不过,在敌强我弱的形势下,诚如田涛所言,以国际仲裁解决外交纷争的做法对处于弱势的清政府还是产生了吸引力的。早在中法战争爆发前,清政府在总税务司赫德的建议下,曾请美国政府居中调停,但因为法国拒绝而未成事实。[2]何况,这种在法理上、道德上的合理化追求从某个意义而言,对中国接纳国际法秩序及国际交涉的规范起了促进的作用。实际上,在国家势单力薄的情形下,如何避免战争一直是清政府官僚的共同关怀。早在1877年刘锡鸿使英期间,他便留意到当时西方国家通过加入万国公会同盟以避战的惯例:

> 且西洋例,凡入万国公会者,同盟之国不能无故加兵。俄罗斯谋并土耳其以通海道,执土政之乱为词,英人约会各国夹持之,俄遂未敢公然用武。[3]

所谓不得"无故加兵"的"故",自然不是中国的礼教规范,而是"西洋例"。事实上,当时的欧洲已开始筹备设立国际组织以维持和平,重编当时日渐扩大、日渐多元复杂的世界秩序。而在丁韪良翻译的《公法便览》中,也曾介绍了西方以仁者之仁,悯于战祸,因此筹创了"万国大会"的计划。其方法是诸国各派法务大臣于"公法院",裁断各国纷争。不过,《公

---

[1] 《工部尚书翁同龢等奏遵议中法构衅宜乘胜议和论》(光绪十年九月十三日),《清季外交史料》,卷48,页18。
[2] 田涛:《阿拉巴马号案与晚清中国人的国际法印象》,页34。
[3] 刘锡鸿著,朱纯、杨坚校点:《英轺私记》(《走向世界丛书》;长沙:岳麓书社,1986年),第53条,《总论英国政俗》,页111。

第五章 "文明"与和平：晚清政府参加万国保和会

法便览》对此议持怀疑态度，认为各国意见相左，难以"和衷共济"。对于不服者如"合而讨之"，则有违"创会弭兵之旨"。[1] 也许由于这个原因，清政府对于国际组织及成立国际仲裁这类构想，除了个别官员在对外交涉的讨论过程中有所提及外，在第一次保和会召开之前并没有积极回应。不过，值得注意的是，随着国际形势的变化及西方资讯的流入，到了1880年代以后，中国已有舆论及知识分子尝试探索加入国际社会组织及建构新世界组织的可能性等问题了。

2. 陈虬的"大公法会"构思

最先提出成立国际组织的似乎是来自浙江的陈虬。1883年他鉴于朝鲜自对西方开国以后，各国在朝鲜竞逐利权，争夺对朝鲜的控制，而身为宗主国的中国对此却无力调处，因此建议将朝鲜变为局外中立之国，以杜绝各国觊觎之心。为了世界永久和平，陈虬提出了设立世界组织以维持和平的方案：

> 联五洲设一大公法会于五印度，主持公法，取其地居东半球之中也。[2]

陈虬期待在30年后，这个"大公法会"得以实现。陈虬没有具体说明这个"大公法会"如何组织、如何运作，又如何建构一个新的世界秩序。但在另一篇文章里，说明了他的蓝图实际上是以"公法"维持的大同世界。[3] 在陈虬所构想的世界里，东西地球设文武二监（王），文监宣文在印度，武监靖武驻美国。世界秩序是以"公法"规范，而执行"公法"规范以维持和平的则是由武王率领的世界军队。诚如杨际开所指出，文王或武王实是具有普遍价值的秩序化身。[4] 不过，为什么文监在印度，武监

---

[1]《公法便览》，卷4，页92—93。
[2] 陈虬：《拟援公法许高丽为局外之国议》，《治平通议》（光绪十九年[1892]刊本），卷4，《经世博议》，页17；又见陈虬著，胡珠生辑：《陈虬集》（杭州：浙江人民出版社，1992年），页67。
[3] 陈虬：《大一统议》，《治平通议》，卷5，"治平三议"，页7—8；又见胡珠生辑：《陈虬集》，页8—9。
[4] 杨际开：《章炳麟为什么要反满》，《二十一世纪》，总46期（1998年4月），页57—58。

297

在美国,两监又是如何得出,由于陈虬没有进一步的说明,尚有待将来深入探讨。

另一方面,杨际开对陈虬的"大公法会"作了很有启发性的分析。他认为陈虬的大同世界利用了惠顿的《万国公法》的观点,把地方社会基层共同体的宗法原理转用到人类共同体的构筑,特别是注重译者丁韪良传播的人类共同体观念,把"公法"的概念融进他所建构的新世界秩序中,使之蜕变为世界法的观念。这种以地方自治为骨干,进而发展成联邦体制的新世界秩序,是传统家国同构解体后的重组,而章太炎(1868—1936)则在陈虬的基础上建构了以联邦制为模式的世界秩序观。[1] 当然,单就陈虬的文章而言,很难证明他的联邦主义是受到《万国公法》的影响。根据《万国公法》第 1 卷第 2 章第 20 至 25 节的说明,"邦国会盟"分为"众盟邦"("众邦相盟",如日尔曼,即今日的邦联)和"合邦"("众邦合盟",如美国、瑞士,即今日的联邦);合邦有盟约章程,为国内"无上之法",下制各邦及其庶民,但陈虬的说明中却完全没有提及。因此,陈虬"大公法会"的思想资源仍有待进一步的考证。

3. 郑观应的"公会"论

我们在第三章讨论过郑观应的国际秩序观,指出他认识到当前的世界秩序已由中华世界的"郡县之天下"一变而为"华夷联属之天下"。在这华夷联属的世界下,传统的中华世界秩序与欧美的国际秩序互相抗衡,彼此交涉。在这新的世界秩序下,如何为中国定位,重构中国与其周围的朝贡国/属国的秩序,便成为清政府的首要课题。[2] 1884 年,由于中法战争大有一触即发之势,时任兵部尚书在广东筹办防务的彭玉麟(1816—1890)派遣郑观应前往越南、暹罗一带探视形势,了解敌情。[3]

---

[1] 杨际开:《陈虬的大同思想》,页 35—38;同氏著:《章炳麟为什么要反满》,页 57—58。

[2] 关于郑观应的国际秩序构想,佐藤慎一及金凤珍有细致精彩的讨论,参佐藤慎一:《鄭観応について(1—3)——"万国公法"と"商戦"——》及金鳳珍:《鄭観応の国際秩序観》两文。

[3] 郑观应:《南游日记》,夏东元编:《郑观应集》,上册,页 964。

第五章 "文明"与和平：晚清政府参加万国保和会

郑观应途经新加坡时，遇到丹麦人船长，乃知西方的比利时等弱小国家多借"均势之心法"及"联盟之公会"自存。对于"均势之心法"，当时的官僚和知识分子早已耳熟能详。至于"联盟之公会"，[1]却引起郑观应莫大的兴趣，并引发出创设地域性"公会"的构想。

郑观应笔下的"公会"，是一个不分国家大小强弱合而为一的世界秩序，由在其上者推举出地位最重要、国势最强盛的盟主国。"公会"内之国防，按各国之人口及生产力分布，由各国简选统领率领，并推选出智勇兼备、德望素著者为总统帅。各国又各派使节一人，驻于盟主之都，遇事商议，又合选派数人报聘。至于纷争的解决方法，则是：

> 如会内失和，盟主约同盟各国示以大义，妥为调停；会外失和，则恳请友邦排解之。若不得已而用兵，则同忧患而共扶持，当如我国春秋时管夷吾一匡天下纠合诸侯之义。[2]

由此可见，郑观应所构思的"公会"，参照了西方的安全保障政策，援用了春秋时代天子/霸主与诸侯的会盟制，并包含着如陈虬一类的大同思想，强调地域集体安全保障的世界秩序。[3]

不过，究竟这个"公会"怎样实现呢？郑观应进而提出的是由中国与其周围的朝贡国/属国成立"公会"。他指出可联合目前仍保有独立的朝鲜、暹罗、廓耳喀以及缅甸4国，晓以利害，组成"公会"，由中国"设公使以抚绥之，练水师以镇卫之"，巩固屏藩；并"循守公法"，[4]以条约确立"公会"成员国间的关系，通告各国。"公会"成立以后，诸国互相立约通商，建立关系。[5]这个以中国为盟主而成立的"公会"，在紧密的同盟关系下，使成员国得以确保安全，免被西方国家殖民地化。无可置疑，这可

---

[1] 这里指1830—1831年承认比利时独立及永世中立的伦敦会议（London Conference），其背后的原则是势力均衡及集团安全保障。
[2] 郑观应：《南游日记》，夏东元编：《郑观应集》，上册，页963—964。
[3] 金凤珍指出郑观应的"公会"有国家联合及联邦的成分，但联邦的成分较重。参氏著：《鄭観応の国際秩序観》，页122—124。
[4] 佐藤慎一认为"慎守公法"的说法，是郑观应对中法战争时期双方应该遵守战时国际法而提出的。参氏著：《鄭観応について（2）——"万国公法"と"商戦"——》，页549。
[5] 郑观应：《南游日记》，夏东元编：《郑观应集》，上册，页964。

说是中华世界秩序渗以西方国际法条约关系的现代转化。[1]即通过西方国际法条约的缔结,强化传统宗主国对朝贡国/属国的控制,同时达到对欧美和平自主的和局。[2]这可说是东亚世界面对西方国际法挑战下所作出的秩序重构。总而言之,在这"公会"体制之下,"公会"内之成员国靠着紧密的集团保障关系而可保有和平,同时又能据"公法"与欧美诸国抗衡,避免沦为殖民地,可以说是一种"两和体制"。[3]

4. "万国和同"的大一统世界

尽管陈虬及郑观应上述对未来国际社会的和平乌托邦构想只算是个别具有国际视野的知识分子的愿景,没有形成一个社会上的讨论议题,成为当时的政治话语。但是,中国知识分子似乎没有中断过在西方国际法的架构下探讨国际社会世界大同的尝试。几年之后,类似的构想在《申报》中又再次出现。1888年2月26日《申报》一篇题为《论万国公法道在和同》的论说中,[4]作者首先开宗明义地确认古代中国大禹合诸侯于涂山,封玉帛者万国的事例(似乎是袭蹈了《万国公法》董恂《序》的说法),说明当今西方"万国公法"设想具有"公"的普遍价值,可以使"列国奉为圭臬而不敢有违"。如果国家间有纷争、盟聘、和战之事,便可据此折衷。因为国与国相交,不能没有"共相循守之具可以断公而息私"、超越个别国家"私是非"、维持万国利益、判断"公是非"的"公法"存在。故云:

> 公法者,所以和同万国之具也,平争息忿,释嫌解结,泯疑弭衅,由离而使之合,由乖而使之和,由逆而使之顺,皆万国公法为之从中斡旋也。于是乎强不能暴弱,众不得侮寡,大不得凌小,而万国各得

---

[1] 金鳳珍:《鄭観応の国際秩序観》,页123;浜下武志:《近代中国の国際的契機——朝貢貿易システムと近代アジア——》,页241—242。

[2] 佐藤慎一认为郑观应的"公会"构想,是清算中国与暹罗、缅甸等国的朝贡关系,创出成员国间平等自主的新条约关系。但是,从中国可以在成员国中"设公使以抚绥之,练水师以镇卫之"的设定看来,佐藤慎一的说法难以成立。参氏著:《鄭観応について(2)——"万国公法"と"商戦"——》,页535—537。

[3] 金鳳珍:《鄭観応の国際秩序観》,页124—130。

[4] 《论万国公法道在和同》,《申报》,5334号(1888年2月26日),页1。

第五章 "文明"与和平：晚清政府参加万国保和会

以相安于无事,公法之有裨益于治化,岂不大哉!

诚如鲁纳指出,如此一来,国际法便作为一种框架,从愿景(visions)和展望(prospects)两方面,框定了中国在国际社会中的未来。[1] 问题是,现实世界仍然是大小强弱众寡未均,争战不息,即使有所谓"循守公法"保和平,也只限于欧洲和美洲而已,中国等亚洲各国被排除于"公法"国际社会之外。所谓"万国和同",只是"今日犹未"实现、"宜有此一日"的理想愿景而已。因此现实中的"万国公法"仍大有改善完备的空间。这个带有历史记忆(涂山之盟)的构想怎样才能实现呢？作者将希望放在"五洲之中"(不限于中国畛域)"大豪杰"的出现。作者设想这个"大豪杰"能够"大倡禁止私战之议,定约各国不得妄行交兵",对于违反者,则利用集团安全保障的制度,"万国据公法以惩治其罪"。作者认为这个构想在现实国际社会中已有征兆,并举美英"阿拉巴马号案"(Alabama Case, 1872年)以及同年7月日本的"玛利亚·露丝号事件"(Maria Luz Incident, 1872年)得到解决为例来加以说明。如此一来,"私战既止,公法行于宇内,万国悉服于公法之下"。其结果将是：

> 公法之学,日益加精；公法之奉,日渐广远。完善具备,纯一无私,以致地球万国,美乐逍遥,和同平顺,大一统之盛复见于今日佛家之所谓金轮圣王者。……地球上诸国无大小,无强弱,无众寡,不肆其并兼割据之谋,不逞其蚕食鲸吞之势,灭则兴,绝则继,各安其邦,各专其主。……俾万国之主……咸执玉帛以相见,安见不及昔年涂山之盛会也哉！

这种世界和同的构想,值得注意的是,尽管作者没有用"主权"、"自主"、"独立"等国际法术语,但很明显,它是以各国独立平等为前提的国际社会。虽然"大豪杰"的设定,似乎继承了传统圣贤君主治天下的政治思想(陈虬的文武二监正是如此),但却非实际上统治世界的至高无上的君主。而其对"阿拉巴马号案"的看法,反映了晚清部分官僚及

---

[1] Rune Svarverud, *International Law as World Order in Late Imperial China*, p. 149.

知识分子对通过国际仲裁以解决纷争、消弭战争这种手段的肯定态度。[1]

5. 息争战规与"弭兵会"

上述清政府官僚及本土知识精英发表于1890年代前的和平维持论,似乎没有引起多大关注,也没有发展出具体方案乃至确实、有规则可依循的对外政策。世界和平的方案,乃至中国在国际上的地位及角色等问题,除了极少数知识精英有所触及外,并未成为社会的话题。尽管在中外交涉中,清政府寻求第三国居中调停以及诉诸公论的情况时有发生。另一方面,地球另一边欧洲的和平运动却是大有进展。而无论是限制战争手段及战争规则的战例编订,还是裁减军备,设立国际仲裁等会议的召开,中国都还是时有所闻的。早于1874年八九月间,由丁韪良等传教士在北京创办的《中西闻见录》便刊登了两则欧洲讨论议定战争规例以减轻伤亡破坏的消息。前者介绍比利时首都布鲁塞尔"公议战例",即1874年8月27日签订的《关于战争法规和惯例的国际宣言》(Projet d'une Déclaration internationale concernant les lois et coutumes de la guerre),内容包括对作战人员与普通平民须区别对待,不准掳掠民物、扰害闾里,当抚恤战俘等。作者认为"此议若行,实为甚善"。[2] 后者讲述"各国拟于瑞士会议弭兵息甲",[3] "酌改战例",即指国际法研究院设立了一个专门研究《布鲁塞尔宣言》的委员会共同修纂草拟陆地战例一事,作者虽认同

---

[1] "阿拉巴马号案"是19世纪著名的国际法案例,案中牵涉美国南北战争期间作为中立国的英国售卖巡洋舰阿拉巴马号给参与交战的南方联邦政府。阿拉巴马号于1862年5月下水以来,直至1864年6月被击沉不到两年间,在公海劫掠北方联邦商船62艘。战后美英两国同意在瑞士设立仲裁法庭解决纷争,最后在英、美、瑞士、意大利及巴西五国代表的仲裁下裁定英国违反中立义务,须向美国赔款1550万元。前述曾纪泽指两大国纷争,可请小国仲裁,根据的就是这个案例,但曾纪泽把国际仲裁在瑞士举行误会为由小国瑞士仲裁。对于晚清国人对"阿拉巴马号案"的接触(如在《公法便览》、《公法会通》的记载)及评价,田涛作了初步的探讨。参氏著:《阿拉巴马号案与晚清中国人的国际法印象》一文。

[2] 《比国近事:公议战例》,《中西闻见录》(南京:南京古旧书店,1992年),25号(1874年9月),页19[册3,总页383—385]。

[3] 作者用中国人熟悉的"弭兵"一词(语出《左传·襄公二十七年》"向戌弭兵之会")来形容当时欧美的和平运动。1890年代以后,"弭兵"一词,经常出现于报刊,直至20世纪初,海牙的和平会很多时候仍被称为"弭兵会"。田涛曾对1890年代知识分子的"弭兵说"作了初步的探讨。参氏著:《晚清知识界的弭兵说》,《天津师范大学学报》(社会科学版),2008年1期,页38—43。

第五章 "文明"与和平：晚清政府参加万国保和会

其宗旨，但怀疑其可行性。[1]翌年，1875年1月14日及15日，上海的《申报》又连续两天刊登了欧洲议定战规的消息及评论。14日是照录香港《循环日报》的报导，文中谓欧洲各国鉴于近年战争所用之"火器猛烈"，结果"糜烂地方，涂炭生民，动以千万计"，于是在荷兰商议战规，限制武器（如禁用毒药）及作战手段等（如不得杀害不持武器的人、不许屠城、不许杀害无辜平民、不许烧毁宗教建筑及医院、学校等地）。对于这样的战规，《循环日报》的作者认为通过国际协议而订立战规，"可奉为公法，以垂久远"。不过，尽管作者以传统儒家伦理思想的"仁"来翻译西方和平主义的人道精神（文中引西报谓所议诸条战规是"仁者之用兵"），但"仁"的施行则是因时制宜，不是一成不变的，即所谓"乱国用重典，平国用轻典"，试图否认战规适用范围的普遍性。与此同时，作者又怀疑由强国俄国而非弱国倡议战规，"其意或别有所在"，目的是"收拾人心"，一如德国首相俾斯麦"创销兵之议"，实则"昼夜演练士卒，制造器械，未及两年而衅作（侵略法国）"。[2]很明显，作者担心这样的战规倡议，会影响中国的军事发展。

1月15日《申报》发表了对此新立战规的论说《书循环日报新立战规后》，文中对西报所说"所议诸条，意美法良，诚不愧为仁者之用兵"表示同意，并认为今日欧洲，"颇有似春秋战国之时，往往轻于构兵"，因此必须制订战规以保障生灵。但是，单是这一点并不够，因为一旦战争开始，必定互有损伤。因此，"与其行仁义于既战之后，曷若行仁义于未战之先"。也许作者接触过当时欧洲国际仲裁方面的资讯，因此建议增立一条战规，主张立足于集体安全保障的调停裁判，规定邻近国家之间如有"小忿"，必须"延请他国议论曲直，不得擅动干戈"，如有不听调停先动干戈者，或"众议理曲之国犹敢不认理曲而擅用兵者"，则"众共击之"。有趣的是，这种集团军事行动及和平保障，不但可用于国际交涉，而且可干

---

[1]《瑞士近事》，《中西闻见录》，26号（1874年10月），页24［册3，总页444］。
[2]《断立战规》，《申报》，835号（1875年1月14日），页3。

涉他国内政。如有暴虐君主,欺凌百姓,则"仁义之君","列其罪状遍告各国",便可起兵征伐,"吊民伐罪",然后"再照新立战规以行之,始真不愧仁者之用兵"。不过,善用兵的"仁者"终不如不忍用兵的"圣人"。如能不忍用兵,"则欧洲各国可以息兵矣"。这里要注意的是,作者只是从第三者的角度视国际法乃至战规可维持欧洲国际社会的秩序,并未认为中国需要置于欧洲战规的规范内。然而,既然以中国传统伦理"仁义"来为西方订立战规背后的和平主义精神定位,中国也就很难避免西方以此尺度来衡量中国的战争行为。因此,作者对西报指摘中国剿平"发捻回苗"等乱时,杀戮过于残暴一点作出反驳,尝试为中国洗脱"暴虐"的野蛮形象。作者首先强调中国诛讨乱民与征讨"平邻国"有别。"平邻国"是"敌体国",因此中国从来都是只伐其君,不忍杀戮其民,因为兵出于君主,与平民无涉。而且数百年来,用兵只寥寥数次,只有在敌人屡次侵害中国边境才出兵讨伐。这里的君民区别,正是意识到新立战规中对战斗人员与非战斗人员平民的区别对待,以中国的君民有别来置换西方的军民之异。至于残害乱民一点,相对于《循环日报》的"乱国用重典,平国用轻典"的政情有别论,作者强调是乱民破坏社会秩序,"夺城破府,杀戮无数",清政府才被迫"诛之不容不尽诛者也",试图重建中国文明("文德")的形象。然而作者在文末笔锋一转,指出正是因为中国强调传统伦理"文德"(如不忍用兵),其代价便是军事力量的弱体化:

中国终不欲以武功而掩文德,恐武备一事,终有逊于欧洲之强盛也。[1]

从上述几篇报刊记事和论说看来,虽然西方订立战规的和平主义精神已进入中国知识分子的视域,但仍未促使他们进一步反思中国在国际秩序中的位置。对他们而言,战规或是仁义之举,但更重要、更迫切需要的是中国军事现代化。此后十多年,中国关于欧洲战规、"公法会议"等保和运动的资讯不多,极少看到相关的讨论,多是在西方传教士创办的《万国

---

[1]《书循环日报新立战规后》,《申报》,836号(1875年1月15日),页1。

第五章 "文明"与和平:晚清政府参加万国保和会

公报》中以记事形式简略报导而已。

进入 1890 年代,随着欧洲和平运动的进展以及和会的准备召开,从 1880 年末至 90 年代初开始,以《万国公报》为首的刊物开始大量报导西方的和平会议。正式讨论欧洲和平运动的第一篇文章,似乎是刊于 1889 年 3 月《万国公报》第 2 册的《论弭兵息战之策》。进入 1890 年代,《万国公报》在《西国近事》专栏中陆续刊登西方"弭兵会"的记事。例如李提摩太与蔡尔康合撰了《弭兵会记》(1893 年 1 月《万国公报》第 48 册),林乐知与蔡尔康合撰《地球弭兵会议》(1894 年 3 月《万国公报》第 62 册)及《地球弭兵会续记》(1894 年 2 月《万国公报》第 61 册)等文章(1896 年收入林乐知和蔡尔康编辑的《中东战纪本末》内),比较详细地介绍了欧美的"弭兵"精神以及官方和民间和平主义者的相关活动。林乐知强调"弭兵"精神乃是普遍价值的"天命":

> 弭兵会奉好生恶杀之天命,则所执者为天之权也,体周流无滞之天道,则所恃者天之势也。[1]

值得注意的是,李提摩太除了在报刊上介绍讨论欧美的"弭兵会"及"弭兵"活动外,更曾直接向个别中国官员提出解决世界纷争的方案。1895 年 2 月 28 日李提摩太在上海与出使日本议和大臣张荫桓会面时,便提出了 4 条中国避免灭亡的方法,其中第 4 条是与其他列强结成联盟,组成世界裁判法庭(universal arbitration court)以解消国际战争(international wars)及军国主义(militarism)的问题。他又反对张荫桓提出的联俄(俄国最强)或联英(英较可靠)的主张,认为联合所有国家(all nations)才是至为重要的。[2] 可惜目前找不到进一步的材料说明张荫桓对此事的看法。[3] 同年 11 月 11 日,李提摩太撰文《新政策》,向中国提出改革四法(分别是"教民之法"、"养民之

---

[1] [美] 林乐知编译,蔡尔康纂辑:《中东战纪本末》(《中国近代史料丛刊续编》;台北县永和镇:文海出版社,1976 年),页 6[总页 42]。田涛对李提摩太、林乐知等笔下介绍的欧美民间和平主义者发起的"弭兵会"及"弭兵"思想,有简要的介绍。参氏著:《晚清知识界的弭兵说》,页 38—39。

[2] Timothy Richard, *Forty-five Years in China: Reminiscences*, p. 239.

[3] 目前已出版、收录最全的《张荫桓日记》(任青、马忠文整理;上海:上海书店出版社,2004 年)未有 1895 年 2 月的日记。

法"、"安民之法"和"新民之法"),其中"安民之法"重点之一即是与外国通好,加入"万国太平会(亦曰弭兵会)"。这里的"弭兵会"指政府层面的国际仲裁组织,具体而言,两国有纷争,"若付诸大国之公论,则维情与理,可以服人,如西国维也纳之约"。因此,他认为"中国应助各国,维持大局,共用太平,始得与于公会公法之列",[1]成为国际社会的一员。而在此之前,蔡尔康也曾主张加入"弭兵会",借"弭兵会"之力以抗俄。[2]

随着欧洲和平运动及相关国际仲裁会议资讯于国内报刊上的广泛报道,"弭兵"、"平和会"以及稍后出现的"保和会"自然成为19世纪末20世纪初的时代话语,在中国引起了广泛激烈的讨论。[3] 赞成者有之,反对者、怀疑者亦有之。而将于1899年召开的海牙保和会,更成了争论的焦点。当然,无论是哪一方面的意见,其关注的重点是中国在国际社会上的地位以及如何面对国际纷争,保持和平的问题。

三、第一次海牙保和会:国际社会的组织化

1. 保和会的召开

第一次保和会是俄国沙皇尼古拉二世(Tsar Nicholas II, 1868 – 1918)提议的,[4]于1899年5月18日至7月29日在荷兰的海牙召开,历时70多天。沙皇此举,部分原因固然出于人道主义及受到当时欧洲和平运动的影响,[5]但主要是由于长期的军备竞赛带来国内财政困难及经济不景

---

〔1〕 [英]李提摩太:《新政策》,《万国公报》,87册(1896年4月),页3[总页15940]。

〔2〕 [美]林乐知编译,蔡尔康纂辑:《中东战纪本末》,页7[总页45]。

〔3〕 田涛《晚清知识界的弭兵说》一文虽没有触及20世纪初知识分子的"弭兵"说,但对戊戌维新前后几年郑观应、梁启超、康有为、唐才常、王觉任等附和者,以及王仁俊、章太炎、张之洞等反对者的意见有扼要的介绍。田涛指出晚清知识界未能对西方的和平运动有完整准确的理解,认为附和者承认其道德价值的同时,过分夸大了弭兵说的现实意义;反对者则怀疑其实际效力的同时,忽视了其平和主义的精神价值。参页40—42。

〔4〕 讽刺的是,倡议和会的俄皇尼古拉二世,正是和会召开5年后日俄战争(1905)时签署对日宣战的人,同时也是俄国大革命期间被革命派枪毙的末代沙皇。

〔5〕 论者指出,沙皇对当时的和平运动旗手之一的Jean de Bloch (1836—1902)的著作(*The Future of War*, 1899)非常熟悉,并且多次与他深入讨论。详参Peter van den Dungen, *The Making of Peace, Jean de Bloch and the First Hague Peace Conference* (Los Angles: California State University, 1983); David D. Caron, "War and International Adjudicaton: Reflections on the 1899 Peace Conference," p. 11.

第五章 "文明"与和平：晚清政府参加万国保和会

气,因此欲借此舒缓,并谋求远东军事行动的方便。[1]另一方面,由于会议的目的在于维持和平,许多国家不敢负上好战国之恶名,并希望从残酷的战争中保护军民,以及观望各国政府的对策,因此与会国众,[2]多达26国,主要以欧洲国家为主,但也包括了美洲两国(美国、墨西哥)和亚洲4国(中国、日本、波斯和暹罗)。与会人数有138人。

中国派遣的代表团有当时驻俄公使杨儒,参赞何彦昇、胡惟德(1863—1933),翻译官陆徵祥及金楷理(Carl T. Kreyer, 1839 – 1914)。[3]需要补充的是,这个亘古未有的盛会,原来没有名称,但由于会议的目的,在于遏止当时的军扩竞赛,缩小各国之军力,限制使用武器,防止威胁和平世界的战争,成立仲裁,因此人们称之为海牙"和平会议"(Hague Peace Conference),即中国所称之"海牙保和会"。

2. 中国的对应

早在海牙和会开会之前,中国的报刊便开始刊载相关的评论文章,翻译各国报刊的报导。例如,1897年4月22日《时务报》便刊出由日本著名汉学家古城贞吉译自同年3月14日《国民杂志》的《列国息争条约》,介绍欧洲"欲防战争之破裂、维持天下之和局"的息争历史,以及近年的国际调停纷争会议。[4]对于中国应否参加海牙和会,社会上存在着正反意见。

2-1 反对论

事实上,对于沙俄的邀请与会,清政府初期并不热心,1898年总理衙门驳回康有为请入"弭兵会"之议时便指出：

> 西洋弭兵会立意虽善,然当两国争论将至开战,会中即有弭兵之论,并无弭兵之权。近日土希之战,不能先事弭兵,是其明证。该给

---

[1] 西田勝(Nishida Masaru):《ハーグ平和会議と日本》,《軍縮問題資料》,219号(1999年1月),页11—12;王曾才:《西洋现代史》(台北:京华书局,1985年),页31。
[2] 西田勝:《ハーグ平和会議と日本》,页12。
[3] Arthur Eyffinger, *The 1899 Hague Peace Conference: "The Parliament of Man, the Federation of the World"* (Hague: Kluwer Law International, 1999), p. 138.
[4] 《时务报》(《清末民初报刊丛书》;台北:京华书局,1967年),24册(光绪二十三年三月二十一日),页20—21[总页1630—1632]。

事中(笔者按:高燮曾)所请令工事康有为相机入会一节,应毋庸议。[1]

总理衙门认为,既然"弭兵会"没有"超国家之法"和"超国家之兵",所谓弭兵云云,亦属徒然而已。此时,总理衙门并未注意到作为国际组织一员的意义以及在新世界秩序下中国如何定位的问题。事实上,"弭兵会"的目标,只是限制武力的使用及发展。这对强国影响不大,但对弱国而言,无疑将现存世界的大小强弱秩序恒久化,对正积极迈向军事大国化的中日等非欧洲后进国家的军事发展缚手缚脚。也就是说,通过限武来达至和平的设想本身,隐含着对旧帝国有利、对新兴国不利的内在机制,对正欲扩张军力的中国尤其不利。张之洞和章太炎的分析颇具洞察力。张之洞说:

> 今世智计之士……创议入西国弭兵会,以冀保东方太平之局,此尤无聊而召侮者也。……我果有兵,弱国惧我,强国亲我。……如是,则耀之可也,弭之亦可也。权在我也,我无兵而望人之弭之,不重为万国笑乎?诵《孝经》以散黄巾,……苟欲弭兵,莫如练兵……夫权力相等,则有公法,强弱不侔,法于何有?[2]

章太炎则指出:

> 苟无生人杀人之柄,而欲禁人以不己杀,此实难矣。今以中国之兵甲,与泰西诸强国相权衡,十不当一,一与之搏击,鲜不溃靡。是故泰西诸国之兵可弭,而必不肯弭兵于中国。……公法恒义,且有所不行,而况弭兵乎?必若是,是犹遣将临河以讲《孝经》,而欲以却黄巾也。[3]

---

[1]《请大誓臣工,开制度新政局,革旧图新,以存国祚折》,康有为《杰士上书汇录》所收,载黄明同、吴熙钊编:《康有为早期遗稿述评》,页263。
[2] 张之洞:《非弭兵》,《劝学篇·外篇》(《近代中国史料丛刊》;台北县永和镇:文海出版社,1965年),页48—49。
[3]《弭兵难》(1898年),汤志钧编:《章太炎政论选集》(北京:中华书局,1977年),上集,页64—65;上海人民出版社编:《章太炎全集》(上海:上海人民出版社,1984年),第3册,《弭兵难第四十》(《訄书》初刻本),页88;《弭兵难第四十四》(《訄书》重订本),页279。

第五章 "文明"与和平：晚清政府参加万国保和会

二人都认为弭兵不足信，必先各国势力均衡而后可言弭兵。这种基于势力均衡论的和平维持构想本身，是近代后进发展国在国家构建过程中的必然构想。

另一方面，同样的怀疑论也见诸来自日本的资讯，受到同是近代后进发展国日本舆论的影响。例如《清议报》便翻译了日本1898年3月1日《大阪每日新闻》的报导，强调沙俄不足信，特别是在中国和朝鲜尚未整顿军备的情况下：

> 而忽停止军备，竟无设军队之期也。故所谓平和会议者，不过寻常典例耳，各国无所顾虑，益扩张军备可也。[1]

又指"万国平和会"只是保欧洲之和平而已：

> 若在中国，今日正宜大加整顿军备、扩张军备，若现今即限制之，是不公不平之甚者也。[2]

在这里，同样地显示了非欧美国家在军事落后的现实下，对欧美裁军主张的不信任。

2-2 赞成论

章太炎的《弭兵难》原来是用来反驳唐才常"弭兵会"之设的。唐才常为什么赞成加入"弭兵会"呢？唐的文章发表于前一年（1897），唐认为：

> 欲平权力，正人心，莫如因英美已成之弭兵会以推广之，以上规《春秋》太平之法。西国公法家言：古之犹太国人以赛亚，即有彼此不相攻伐之议论。而荷兰儒者虎哥，思戢欧洲兵祸，乃著《平战条规》[3]行于世，盖即《春秋》弭兵之旨。道光二十九年（1849），欧洲

---

〔1〕《驳论万国平和会议(3月1日大阪每日新闻)》，《清议报》，10册(1899年4月1日)，《东报译编》，总页619。

〔2〕《论万国平和会议》，《清议报》，24册(1899年8月16日)，《外论汇译》，总页1543。又参《瀛海纵谈：平和者欧州以内之平和也》，《清议报》，69册(1901年1月11日)，总页4369—4370；梁启超：《本馆第一百册祝辞并论报馆之责任及本馆之经历》，《清议报》，100册(1901年12月)，总页6201—6202。湘乡曾广铨译：《弭兵会不可深信论》(日本《每礼拜报》九月十号)，《昌言报》，5册(1898年10月1日)，页17—19。《清议报》为梁启超创办主持，反映了梁的立场。如此看来，梁启超对"弭兵会"的附和性见解，已产生了变化。

〔3〕即上面的《战争与和平法》。

列国会议于法国京城,立弭兵会(Paris Peace Conference),于是乃有弭兵会之称。然其机实萌于明天启四年(1624)[1],英教师傅格司(George Fox,1624-1691)所创之朋友会(Society of Friends)。[2] 会意以好动干戈,即治以叛逆之罪,绵暧至今,其理益著。洎道光间,英议院议定弭兵条规。咸丰初,又有英人李察,重定弭兵条规,又复于各国分设支会。数十年来,诸国遵其条规,以免战祸者三十六次。[3] 对唐才常而言,"弭兵会"实是上承春秋太平之法,在列国并列的世界秩序下,具有维持和平的普遍价值。唐才常进一步引述英国国际法学者罗伯村的说法[4],指出维持和平有二法:

> 其第一法:欲令各国永立和好之约,议定各国各派两人,成一和好会,办理各国相争之案。所派入会之人,必为众所推举。第二法:欲将各国应许公法,汇成一书,已经俄京与日内瓦处成会,将其数要款酌定;又在法京巴黎,与美京华盛顿,所与数国立和约内,亦将数要款订立公法,为各国所应允;无论因何肇衅,俱有定章办理,使无可疑之处,则强国弱国,俱免起争端。韪哉此举,乃余向所谓积千百年神圣之用心,甫由据乱而及升平者也。故历数中西史乘兵祸之奇惨者

---

[1] 此处误把傅格司的出生年作朋友会的创立年。

[2] 朋友会,今称基督教友派(Religious Society of Friends),又称贵格会(Quaker),是基督教新教的一个派别。该派成立于17世纪中叶的英国,始创人为非国教徒的乔治·福克斯(George Fox, 1624-1691)。以其畏事上帝,故名"贵格"(Quaker,中文意译为"震颤者")。其教义认为人可直接与神沟通,毋需祭司神父之中介,反对任何形式的战争和暴力,主张和平(peace)、男女·民族平等(equality)、个人诚实(integrity)、生活崇尚简单朴素(simplicity and plainness)。该会至今在全世界仍然活跃,特别是在美洲和非洲。可参网址:http://www.quaker.org/。
此外,早于1878年郭嵩焘使英期间,便曾与朋友会会友交往。郭称之为"安友会",称其洋名为"苏赛尔得阿甫费林得斯"(Society of Friends)或"毕斯苏赛尔得"(Peace Society),并说明"苏赛尔得,译言会馆也;费林得斯,译言友也","毕斯者,平安无事之义",并称"朋友会"宗旨为"专意劝其国安辑民人,无相侵凌"。此外,民国初年,胡适(1891—1962)也跟"朋友会"有所接触,并对"朋友会"的由来及宗旨,有简单的介绍。参郭嵩焘:《郭嵩焘日记》,第3卷,光绪三年六月二十日条,页261—262;胡适著,曹伯言整理:《胡适日记全编》(合肥:安徽教育出版社,2001年),第2册,页537—538。

[3] 唐才常:《各国政教公理总论·弭兵会》,湖南省哲学社会科学研究所编:《唐才常集》,页85;陈善伟:《唐才常年谱长编》,上册,页283—284。

[4] 唐才常这里引述的是傅兰雅和汪振声共译的《公法总论》(《西政丛书》本),页8—9。

第五章 "文明"与和平：晚清政府参加万国保和会

正告焉。[1]

诚然，唐才常推崇处理各国间纷争的和好会，颇有世界平权（各国各派代表两人），以及民主选举的意味（"必为众所推举"）。而且，制定"公法"使各国共遵，以维护世界和平之局的设想，对唐才常而言，可使世界从据乱世进而为升平之世，是迈向太平世的重要阶段。

3. 清政府对海牙保和会公约的筹议和画押

这次保和会的主要议题是限制军火、裁减军备，以及禁止使用大杀伤力武器。但是，由于与会各国，尤其是正在大力发展军备的德国强烈反对限武，因此限制军备一题只好留待下次和会讨论，而禁止使用大杀伤力武器则改作声明。最后，这次会议除通过会章（the Act of the International Peace Conference）外，还初步议决了4项（和会中称为"股"）约款和声明：1.《和解公断条约》（the Convention for the Pacific Settlement of International Dispute of 1899）；2.《陆地战例条约》（the Convention with Respect to the Laws and Customs of War on Land）；3.《推广1864年日来弗原议行之于水战条约》（the Convention for the Adaptation to Maritime Warfare of the Principles of the Geneva Convention of August 22, 1864，又称《红十字会约》、《日内瓦公约》）；4. 声明档（Declaration），包括《禁用升空气球暨同样新器掷放炸弹及易炸之物声明文件》（the Declaration Concerning Launching of Projectiles and Explosives from Balloons）、《禁用专放迷闷毒气之弹声明文件》（the Declaration Concerning Asphyxiating Gases）、《禁用入身易爆易涨易扁之枪弹此弹硬壳包满里核更有中作空槽者声明文件》（the Declaration Concerning Expanding Bullets）。[2] 此外，又决定在海牙设立公断院（即常设仲裁法院，The Permanent Court of

---

[1]《各国政教公理总论·弭兵会》，湖南省哲学社会科学研究所编：《唐才常集》，页85—86；陈善伟：《唐才常年谱长编》，上编，页284。

[2] 两次和会条约的原文可参James Brown Scott（1866－1943）edited, *Texts of the Peace Conferences at the Hague, 1899 and 1907, with English Translation and Appendix of Related Documents*（Boston: published for the International School of Peace, Ginn & Company, 1908）。中译本参薛典增、郭子雄编：《中国参加之国际公约汇编》（台北：台湾商务印书馆，1971年），页1—68。

Arbitration)。与会各国议决：除会章（杨儒称之为"葳事交据，如春秋盟书之例"）一概从众画押外，其余各款可画押或择款画押；一经画押，便得批准。但由于各国与会代表多未取得本国政府全权训令，是以大都暂缓画押，好待各国政府筹议条约各款，再作决定。因此大会同意以同年（1899）12月31前为画押限期。[1]

早在中国代表与会前，清政府已谕令杨儒须详细汇报保和会事宜，以期于中国无碍。[2]和会议毕，杨儒便向总理衙门报告会中各条约款，详细解释其中利害。杨儒认为第1股《和解公断条约》并非强制约款，没有侵害中国的主权，因为如有争端，"愿归公断与否，仍听自便"。第4股的声明文件，讲求禁用毒气弹、气球掷放炸弹等，但中国的制造局现在还未能制造这些猛烈军火，因此这两条"与我无甚窒碍"，可以画押。至于第2股《陆地战例条约》，杨儒认为西方各国陆军体制相同，故视之为平常习见，反观中国"虽间改洋操，未必尽谙西例"，一旦开战，恐怕无法履约，因此主张保留不画押。最后，对于第3股《红十字会约》，杨儒以中国没有西式医院、医生、救护船只，没有能力照顾病伤军士为由，"恐有窒碍"。不过，他进而指出红十字会是有关文化的善举，连日本也早已加入，"官倡民捐"，颇有成效，如果中国不批准，"必致独违善举"，有所窒碍，因此主张仿日本民间办理之法，从众画押。[3]

总理衙门对杨儒所奏没有什么异议，在1899年11月1日复奏清廷时，更是全面地采纳了杨儒的建议。[4]不过，军机处对《和解公断条约》

---

[1]《光绪三十年八月二十八日收驻俄大臣函：抄呈全案奏稿与和往来照会由》，《外务部档案》，02—21号，1函1宗1册。
[2]《光绪二十五年九月十一日军机处交出杨儒抄折：具奏遵赴保和公会葳事返俄情形由》，《总理衙门档案》，01—28号，1函1宗3册。
[3]《光绪二十五年九月四日收出使大臣杨儒信：函述红十字会关键由》、《光绪二十五年九月十一日军机处交出杨儒抄折：具奏遵赴保和公会葳事返俄情形折》，《总理衙门档案》，01—28号，1函1宗3册；《使俄杨儒遵赴保和公会葳事返俄情形折》（光绪二十五年九月十一日），《清季外交史料》，卷140，页17—19。
[4]《光绪二十五年九月二十八日本衙门递正折：议保和公会第一二四股似无甚窒碍可准予使臣会同画押由》，《总理衙门档案》，01—28号，1函1宗3册；《总署奏遵议杨儒赴保和会参酌情形以便画押折》（光绪二十五年九月二十八日），《清季外交史料》，卷140，页20—22。

第五章 "文明"与和平：晚清政府参加万国保和会

有所怀疑，担心"外国皆联为一气"，"临战时专视彼此交锋之利钝"而提出公断和解。[1] 此外，又查询红十字会为何物。[2] 其后，总理衙门一方面根据从日本驻华公使矢野文雄得来的《日本赤十字社则》（即日本红十字会会则），说明日本红十字会的具体情形，并强调环球各国视红十字会为"最重要之善举"；一方面反复解释，说明和解公断实行在开战之前，更重要的是"公断与否，仍听自便"，因此并无窒碍。同时对军机处施压，指出已有16国画押，列强如奥、意、美、英、德亦将派员画押，"中国未便立异"，请旨"从众画押，以泯猜嫌而示辑睦"。[3] 最后，清政府终于采纳总理衙门之议，于12月8日下旨从众画押。[4] 杨儒接到画押谕旨后，1899年12月27日率二等翻译官陆徵祥、随员王祖同（1899年进士）一行抵荷兰首都拜晤荷兰外部大臣波伏尔（Willem Hendrik de Beaufort，1845–1918），画押各款，并表示一待中国陆军全面改用西操有成后，便会知照荷兰政府画押第2股《陆地战例条约》。[5]

杨儒代表清政府画押后，将和约各条文经荷兰驻华公使寄到中国外务部盖上御宝批准，以便完成入会手续。不过，其时却发生了义和团运动，八国联军入京，朝廷仓卒出走西安，混乱之间，遗失和约案宗，因而无

---

[1]《光绪二十五年十月二十二日军机处交片》，《总理衙门档案》，01—28号，1函1宗2册。

[2]《光绪二十五年九月二十八日军机处交片》，《总理衙门档案》，01—28号，1函1宗2册。

[3]《光绪二十五年十月二十二日本衙门奏折：具奏遵旨保和会拟准画押各款并红十字会章程尚无窒碍由》，《光绪二十五年十一月五日本衙门奏折：具奏保和会第一股内公断一条遵旨再行复核由》，《总理衙门档案》，01—28号，1函1宗2册；《总署奏遵查保和会各款并红十字会章程尚无窒碍折〔附旨〕》（光绪二十五年十月二十二日）、《总署奏保和会章内公断一条遵旨再行妥议折》（光绪二十五年十一月五日），《清季外交史料》，卷141，页4—6、页9—10。

[4] 李顺民（《从保和会的参与看清末外交现代化的努力》，页146—147）强调清政府在议论保和会各条约款时军机处趋于保守，对外交不甚了；总理衙门尚能掌握国际形势，关心国际的反应。但是，我们知道自总理衙门成立后，已取代军机处处理对外交涉事务，而且，在许多重大的内外新政上，都由总理衙门负责制订执行，军机少有反对干涉。所谓清政府在外交上的双头马车现象，似乎言过其实。更何况，就以保和会各条画押与否的政策决定过程而言，虽然军机处由始至终担心公断约对中国会否造成窒碍，但在当时中国有被列强瓜分的危机下，这种顾虑是可以理解的。关于总理衙门与军机处的关系，可参吴福环：《清季总理衙门研究》（台北：文津出版社，1995年），页47—51。

[5]《使俄杨儒奏遵赴和兰画押补签日来弗原议并筹办法救生善会折》（光绪二十五年十一月二十八日），《清季外交史料》，卷141，页20—23。

法批准,并将画押条约送回荷兰大会。故其后总理衙门应西安的行在军机处之请,急电杨儒抄寄保和会的全部章程,以便完成入会手续,并欲借助中国有份加入之《和解公断条约》以解眼前危困。[1] 不过,不知什么原因,虽然接任杨儒的驻俄公使胡惟德已于是年(1901)7 月5 日寄出和约抄本,[2]但外务部似乎没有收到,所以直至1904 年还没有批准条约,完成入会手续。

4. 加入"文明"国际社会

第一次万国保和会的目的在于限武及禁用猛烈军火以谋求和平,但从议决的4 款条约和声明的内容看来,会议可说并不成功。既然保和会不能"弭兵",而且对军事发展有掣肘之嫌,为什么清政府最后选择加入保和会,批准和会条约呢?中国的代表驻俄公使杨儒的分析为我们解开这个疑团:

> 伏念此会之设,与春秋时弭兵会大致相同。……总之,环地球为列国形势,无异春秋,虽越二千年,犹合符节。……况我中国办理交涉已数十年,欧美两洲各大会向未与闻,去岁俄请入会,据外部面告,此系俄主顾念邦交,欲中国侪于各强国之列。在该外部虽不免甘言见好,然较诸高丽、巴西、阿根廷诸国遣使驻俄而未约入会,其相待已判等差。此次仰邀宸断,饬议画押,嗣后遇有邮政、商务、公法等会,皆可援引列入,不至见摈,裨益尤多。此诚近日外交之大转机也。[3]

欧美的保和会虽如中国春秋之"弭兵会",但对中国而言,加入保和会的目的,不在于是否可以真正弭兵,而在于摆脱当前在国际上的孤立困

---

[1]《光绪二十七年二月十三日收行在军机处电》,《总理衙门档案》,01—28 号,1 函1 宗5 册;《光绪二十七年七月十九日收出使杨大臣文》,《总理衙门档案》,01—28 号,1 函1 宗5 册。

[2]《光绪三十年八月二十八日收驻俄大臣函:抄呈全案奏稿与和往来照会由》,《外务部档案》,02—21 号,1 函1 宗1 册。

[3]《光绪三十年八月二十日收驻俄国大臣胡惟德函》,《总理衙门档案》,02—21 号,1 函1 宗1 册。又参《使俄杨儒奏遵赴和兰画押请补签日来弗原议并筹办生善会折》,《清季外交史料》,卷141,页21—22。

第五章 "文明"与和平：晚清政府参加万国保和会

局；成为国际社会的一员，有利于今后中国之对外交涉。其中，杨儒特别强调俄国沙皇的邀请，使中国能跻身于列强之列。在新世界秩序下，中国充分意识到自己的国际地位居于高丽、巴西、阿根廷等国之上，并企图向上奋进，转化为"文明国"，得以成为"公法"适用的主体，可以完全享有国际法所保障的国家权利。这种自我定位，诚如川岛真所说，反映了外交官僚世界观的变化以及他们欲使中国成为"文明国"的使命感。[1]如果我们回顾清政府在审议和会各款条约时所注重的问题点，便可清楚看到中国官僚如何积极争取加入国际组织，成为"文明国"的苦心。

在考虑条约应否画押的议论上，有两个决定因素。其一是前面提到的须对中国没有窒碍，而所谓窒碍，固然涉及中国的主权会否受损，同时又包含着中国有没有能力承担国际法所规定义务的问题。这在否决第二款《陆地战例条约》时最能清楚表明。其二便是杨儒及总理衙门所强调的"善与人同"。当条约没对中国造成窒碍时，中国所关心的是在入会之初，不可"畛域过分，致使外人歧视"，[2]否则"此后遇有应入之公会，未必肯与我周旋"。[3]因此，在奏折中出现得最多的便是"从众画押"。在进入"文明国"大家庭的过程里，中国所注意的除了争取国家主权外，更关心国家的内政外交是否与国际接轨。而在力求跻身一等国的期待背后，又蕴藏着中国对国际事务的承担。

事实上，通过加入国际组织以提高国际地立，使中国成为国际法秩序"文明国"一员的构思，在义和团运动以后，已成为许多中国知识分子的共同理念。例如秦力山从英人霍尔的著作中注意到欧洲各大盟会有益于人类社会的问题，并批评近代中国外交之丧权失利，原因之一是中国并未加入欧洲盟会，故被视为"公法之外"，不得享"公法"之权：

---

[1] 川岛真：《中国における万国公法の受容と適用・再考》，页46。
[2] 《总署奏遵议杨儒赴保和会参酌情形以便画押折》(光绪二十五年九月二十八日)，《清季外交史料》，卷140，页21—22。
[3] 《使俄杨儒遵赴保和会蒇事返俄情形折》(光绪二十五年九月十一日)，《清季外交史料》，卷140，页19。

> 欧洲之各大盟会,其有益于人类社会,而中国不与盟,至今日仍未入会者……而此四盟中,又以真尼化(笔者按:即1864年《日内亚红十字会公约》)为最钜……可以愧中国之外交家,并可无怨外人之不以公法待我矣。[1]

当然,人们对欧洲"弭兵会"的真正目的,确有很多揣测和怀疑。梁启超在滞日时主编的《新民丛报》评论,颇能说明在世界对峙局面下东亚国家有识之士的危机意识:

> 和平者,欧洲以内之和平也。欧洲既保其和平,则扰乱之风云,益移置于欧洲以外亚东之大陆,固一最适宜之战场也。西力东侵,万马齐首,白人诚和平矣,我中人其枕不安席乎?[2]

这里所揭示的,是国人对当时地理上东西对立、人种上黄白对决的二元世界秩序的不安与危机感。所谓"保和",实际上只是保白种人的欧洲和平而已。报刊上的舆论甚至认为,保和会后欧洲的魔爪势必专注于欺压东亚世界,争夺东亚这块"下酒物"。[3]

四、第二次海牙保和会:全世界规模的国际组织

1. 背景

第一次保和会之后,欧洲列强争雄世界的竞争并未因此停下来,反而愈来愈激烈,结果导致1899—1902年发生英布战争(Anglo-Boer War)。为了对抗在远东扩展势力的俄国,1902年英日签订了《英日同盟》,使日本一跃而为一等大国。1904年又有《英法协商》(Entente Cordiale),激化了英德之间的对立。与此同时,日俄两国在中国东北之对立加剧,终致战争爆发,于是关于中国的中立问题亦随之而浮现出来。美国除重申门户开放政策外,在国务卿罗德(Elihu Root, 1845–1937)的建议下,1904年

---

[1] 力山遁公(秦力山):《苏梦录之二:自居公法之外》,《清议报》,79册(1901年5月18日),总页4975—4978;彭国兴、刘晴波编:《秦力山集》,页44—45。

[2] 《新民丛报》,32号(1903年5月),《批评门》,《时局时评》,《外国之部》,《和平会议之再兴》,页54—55。

[3] 《呜呼!万国公法会议之下酒物》,《东方杂志》,1卷10期(1904年12月1日),《时评》,页74。

第五章 "文明"与和平:晚清政府参加万国保和会

10月21日美国总统罗斯福(Franklin Delano Roosevelt,1882－1945)提出举行第二次保和会,商讨前次和会未议之事。[1] 不过,由于美国要在1906年于巴西里约热内卢主持第三届泛美洲会议(Conference of American States,通称 Pan-American Conference),因此1905年1月17日才由荷兰政府通知各国和会将于1907年召开。[2]

2. 中国参与和会的准备

2-1 第一次和会的手续完成

1904年日俄战争爆发,战场却是中国的东三省。虽然中国早已声明中立,但日俄双方都无视中国的中立国的权利,侵占东三省土地,其中以南部一带受害至深。清政府派船接济难民,却为俄国所阻。其后上海绅商展开救援工作,沈敦和(1866—1920)等在时任上海广方言馆教习李提摩太的协助下,联合中、英、法、德、美五国代表,于1904年3月10日正式成立"上海万国红十字会",并积极向中外募捐,展开救济受战争祸害灾民的活动。然而,世界各国红十字会成立的重要条件之一是加入《红十字会约》,鉴于此时清政府尚未批准第一次海牙保和会的《推广1864年日来弗原议行之于水战条约》(即《红十字会约》),中国仍非与约国,因此中国的红十字会未能成为国际红十字会的会员,亦未能成为各国政府承认其中立救济的身份。然而,在创建中国红十字会的强烈要求以及内外形势的需要下,外务部终建议清政府连带其他保和会已画押各款一起批准。[3] 不过,由于清政府在庚子拳变时遗失了约本,而胡惟德的补寄本仍没有收到,因此外务部一方面敦请荷兰驻华公使希特斯(Jonkheer Adolf

---

[1] 《光绪三十年九月二十二日收驻美大臣电:美总统重举保和会由》,《外务部档案》,02—21号,1函1宗1册。

[2] William I. Hull (1868-1939), *The Two Hague Conferences and their Contributions to International Law* (Boston: Published for the International School of Peace, Ginn, 1908), p.5.

[3] 关于中国红十字会的创立经过,可参池子华:《红十字与近代中国》(合肥:安徽人民出版社,2004年),页1—32;张建俅:《中国红十字会初期发展之研究》(北京:中华书局,2007年),页10—42。关于沈敦和与李提摩太的筹组活动,参 Timothy Richard, *Forty-five Years in China: Reminiscences*, pp.321-323; William Edward Soothill, *Timothy Richard of China: Seer, Statesman, Missionary & the Most Disinterested Adviser the Chinese ever had*, pp.282-283;苏特尔著,周云路译:《李提摩太传》,页67。

Jacobus van Citters)商借约本,[1]一方面又再命胡惟德抄寄约本,并请荷兰政府通融,凭谕旨先准中国入会,容后补回画押盖宝约本。[2]虽然荷兰政府拒绝通融,[3]但其后由驻华公使希特斯借出和会法文约本给中国缮抄,最后中国终可顺利画押批准,于1905年1月入会。[4]此外,清政府为了显示中国在国际社会上的大国地位,接受了荷兰政府的提议,在和解公断署的运作费用分摊上,认购25股,缴付头等费用。[5]4月4日中国又派伍廷芳为荷兰海牙公断院公断员,至此正式揭开中国参与世界事务的序幕。[6]不过,由于伍廷芳是遥领而不赴任,而荷京又是各国专员"周旋联络"之处,"声气相同遇事折衷公理,乃有援助",因此驻法公使孙宝琦主张:

> 似可派使节驻和兰,并查照公约令兼充公断署之专员,订聘外国公法家为参议。中和交涉无多,自可专心研究公法,考查历来公断诸案,以备异日之用。[7]

为了进一步跻身国际社会,孙宝琦更建议与瑞士订约遣使,因为:

> 瑞士为局外之国,凡红十字会邮电会、权度会、工艺主权会,其公局及条约均在瑞京,无异欧美盟府,与和京公断衙门相表里,同为交际发达之枢纽。[8]

---

[1]《光绪三十年五月十八日致和国公使函:保和会约本乱后遗失希补送一分由》,《外务部档案》,02—21号,1函1宗1册。

[2]《光绪三十年五月十八日发驻俄大臣电:保和会先请和政府凭旨允准并希钞寄约本由》,《外务部档案》,02—21号,1函1宗1册。

[3]《光绪三十年八月十二日收驻俄大臣文:和外部称保和会条约未便先认由》,《外务部档案》,02—21号,1函1宗1册。

[4]《外务部档案》,02—21号,1函1宗1册,《光绪三十年五月二十一日发驻和大臣电:约本已接到照缮法文用宝后即寄回》、《光绪三十年十二月十二日收和国公使照会:抄送弭兵会签押之据由》、《光绪三十年十二月十五日收驻俄大臣文:收到用宝和会约本由》。

[5]《光绪三十年十一月十四收驻德荫大臣电:保和会公费中国应续入头等愿否照准乞速示由》、《光绪三十年十二月一日发驻德大臣电:保和会应入头等由》,《外务部档案》,02—21号,1函1宗1册。

[6]《光绪三十一年二月三十日发驻德荫大臣电:请派保和会议员一折奉朱批著派伍廷芳希为转知各国由》,《外务部档案》,02—21号,1函1宗2册。不过,由于公断衙门是遇事开会,因此伍廷芳实际上没有到任。

[7]《光绪三十一年三月二十日收军机处交抄:孙宝琦奏仿订公断条约一折奉朱批知道了钦此》,《外务部档案》,02—21号,1函1宗2册。

[8]《光绪三十一年三月二十日收军机处交抄:孙宝琦奏仿订公断条约一折奉朱批知道了钦此》,《外务部档案》,02—21号,1函1宗2册。

第五章 "文明"与和平：晚清政府参加万国保和会

此外，驻俄大臣胡惟德也认为应派专使驻荷，以便与各国交涉，并推荐"熟谙公法，人地相宜"的参赞陆徵祥出任。[1]

从以上的论述，足见清政府官僚对加入国际社会的热切期待，争取面向世界，有意识地将中国推向世界舞台，参与国际事务。与此同时，1904年5月间，李提摩太又先后拜访外务部，与总理大臣庆亲王奕劻、会办大臣那桐以及其他官僚会谈，重申其组织十大强国联盟(federation of ten leading nations)以解决国际纷争，谋求世界和平，并组成联军负责执法的构想。李提摩太指当时的外务部官僚对他的提议深感兴趣，并表示赞同，只是担心这建议如由积弱之中国提议会遭到列强见笑，并会减低列强成立国家联盟的意欲。[2]李提摩太的回忆或许掺杂了个人的主观期待，其构想也诚如胡光麃所言"事近理想，难符实际"，[3]但其背后联合各国弭兵求和的理念多少反映了当时，特别是民间和平运动的思潮。是以，尽管清政府官僚虽未敢轻信，但对李提摩太建议的保和方案以及世界秩序的整合深感兴趣。其后，美国政府于1904年10月21日照会各国举行第2次和会，援前次会议续议《和解公断条约》所载未完之事。[4]中国政府在接到美国政府邀请后，便迅速答应与会，[5]并开始积极准备其事。

2-2 和会的准备

美国这次召开和会，其时中国正为日俄战争的中立纷争问题而烦恼。正如李顺民指出，虽然美国总统曾强调保和会与日俄战争无关，但其原定

---

[1]《光绪三十一年八月二十六日发驻俄大臣胡惟德电：海牙公会派员事章程如何希速复由》，《外务部档案》02—21号，1函1宗2册。
[2] Timothy Richard, *Forty-five Years in China: Reminiscences*, pp. 238 – 240. 李提摩太晚年致力于和平运动，奔走欧美日各地，与各地的和平运动者紧密联系，并拜会各地政治家，推广其十大强国的保和计划。参 Timothy Richard, *Forty-five Years in China: Reminiscences*, pp. 366 – 376; William Edward Soothill, *Timothy Richard of China*, pp. 324 – 325.
[3] 胡光麃：《影响中国现代化的一百洋客》(台北：传记文学出版社，1982年)，页37。
[4]《外务部档案》，02—21号，1函1宗1册，《光绪三十年九月十三日照译美外部海约翰政本国驻各国公使谘文》，《光绪三十年十一月十一日收驻美梁大臣信：美总统续弭兵会届时请派员与会由》。
[5]《外务部档案》，02—21号，1函1宗1册，《光绪三十年九月二十二日收驻美大臣电：美总统重举保和会由》，《光绪三十年十一月二十五日发美国公使照会：第二次弭兵会愿照办理由》。

议程,以战争中立国的地位、海上财产的保护、海军轰击陆上城市等为三大主题,显然与日俄战争、中国处境等时事密切相关,因此清政府官僚对和会的召开难免有所期待。[1] 驻美公使梁诚云:

> 鉴于现在情形,欲以最强国之凶横而伸公理于将坠。推其用心,殆与东方战事,声明战界同一主义。

认为中国应派精通法律、声望素著之大员赴会与议,"未始不可隐受其益,使为我助也"。对于美国的顾虑表示理解,认为美国于:

> 日俄战事一节,极力表白不相干预,亦以事机未定,徒劳无益,且虑各国避嫌推托,则公会万难复举,大局或多牵掣,故不得不郑重分明,俾天下咸知其非为日俄调处也。[2]

1904年12月27日驻奥公使杨晟便去信外务部,认为这次和会,既然会讨论中立条规,现值中国东三省苦于日俄战事,因此应借与会之机,提出相关条款之议案,争取中国作为中立国的权利,顺便谋求解决中英西藏善后之法。[3] 也就是说,杨晟希望透过国际条约之规范,维护中国的国家主权。对于杨晟的建议,北洋大臣袁世凯以美国开会声明中已明言日俄战事不在讨论之列,而且中英两国交涉亦非会议所能干涉为由,不表乐观。但是,袁仍然主张应该派员与会,其原因固然由于和会份属善举,更重要的是参加和会一类的公会,可示中国"善与人同","将来拟入各国他项公会,亦不至见摈"。[4] 中国参加国际会议,就是要加入国际社会,成为"文明国"之一,以享有国际法上国家平等的待遇。这与清政府讨论第1次和会各约画押与否时的考虑可谓一脉相承。

既然中国决定参加国际社会,成为"文明国"的一员,因此在参加第1次和会时表明了加入世界的决心后,对第2次和会之参加,便转趋积极。

---

[1] 李顺民:《从保和会的参与看清末外交现代化的努力》,页149。
[2] 《光绪三十年十一月十一日收驻美梁臣信:美总统续弭兵会届时请派员与会由》,《外务部档案》,02—21号,1函1宗1册。
[3] 《光绪三十一年一月二十三日收驻奥大臣杨晟电:详陈弭兵事宜由》,《外务部档案》,02—21号,1函1宗2册。
[4] 《光绪三十一年二月一日收北洋大臣袁世凯函:驻奥杨使函称美廷拟重开弭兵会自应派员与议由》,《外务部档案》,02—21号,1函1宗2册。

第五章 "文明"与和平：晚清政府参加万国保和会

与此同时,鉴于时局以东亚为重,中国外交尤其吃重,中国正好在大会发言,争取最大利益,"隐资补救"。因此早在开会前(光绪三十三年二月)清政府已电令各驻外公使,将所在国对和会之议论详加探访,随时译寄,并条陈中国于和会中应该提出的议案或驳斥的事项,以供中国代表参考。[1] 各驻外公使除汇报各国的政治近貌及其对保和会之评论外,亦纷纷表达个人意见,例如：

驻意公使黄诰因应日俄战争中国所受的损害提出3个议题：1."两国议和后克期撤兵";2."中立国人民财产倘遭战国损失,应令赔偿";3."各国领土不得恃强占踞"。[2]

驻德参赞吴寿全提议中国应该提出收回租界以及平定金银价值的问题。[3]

驻英公使汪大燮(1859—1929)提出4点：1. 由于中国军队已一律改用西法操练,应补画陆地条例;2. 英美等国提议限制兵费,中国宜赞同,最好能以国家人口、国土面积,以及沿边界线和海岸线为限制兵费比例的基准;3. 美国如提议亏欠外国民债不得用兵强索,中国宜赞同;4. 关于中立条规,中国如无索赔之举,宜声明不牵前案,将既往之事一了百了。[4]

驻奥代办吴宗濂(1855—？)则主张仿效德奥,不参与限制军备之约。[5]

驻比利时公使李盛铎(1859—1934)亦提出4点：1. 减少军备问题：

---

[1]《光绪三十三年二月二日发各驻使函：海牙公会应各抒己见分别函电以资考镜由》,《外务部档案》,02—21号,2函2宗2册;《光绪三十三年四月二十五日收驻德参赞电：函陈德议院论说保和会暨平定金银价值各情形由[附抄件]》,《外务部档案》,02—21号,1函1宗3册;《保和会专使大臣陆徵祥奏折》(1907年12月12日),载金敏荣编选：《(中国第二历史档案馆藏)陆徵祥出席海牙保和会奏折两件》,页37。

[2]《光绪三十三年三月二十七日收驻义黄[诰]大臣电：保和会一节查我国外交所资补救者有议和、中立、领土等项肃抒己见祈代回堂电》,《外务部档案》,02—21号,2函2宗2册;《保和会专使大臣陆徵祥奏折》(1907年12月12日),载金敏荣编选：《(中国第二历史档案馆藏)陆徵祥出席海牙保和会奏折两件》,页37。

[3]《光绪三十三年四月二十五日收驻德吴参赞电：函陈德议院论说保和会暨平定金银价值各情形由[附抄件]》,《外务部档案》,02—21号,1函1宗3册。

[4]《光绪三十三年四月三十日收驻英汪大臣函：酌拟海牙保和会提四端乞酌核由》,《外务部档案》,02—21号,2函2宗2册。

[5]《光绪三十三年五月八日收驻奥吴代办信：详陈探访海牙保和会开议可于亚洲大局公共利害各节由》,《外务部档案》,02—21号,2函2宗3册。

英美赞成,德奥反对,中国当从众数,但须预留中国海陆军扩充之地,海军或以沿海线计,陆军或以人口计,或以全国面积计算;2. 海战条规:最要者是领海权及妨害公海各事,即战事中立的义务与平时中立之利益;日俄之战于中国沿海之纷争恐不能追溯;3. 常置万国法庭之权限:主张从多数之赞成,不必立异。[1]

凡此种种,都是各驻外使节针对中国当时所面对的、亟待解决的问题所提出的对策,因此不可谓清政府官僚对保和会毫无准备。

3. 第二次海牙保和会的召开与议案

这次会议虽由美国提出,但为了尊重首倡保和会的俄皇,因此仍由沙皇主持。会期是1907年6月15日—10月18日,共有44个国家参加,包括亚洲5国(中国、日本、波斯、暹罗、土耳其),美洲19国,欧洲20国等,代表约300人,比前一次几增一倍,而新增者大多是中南美国家。当其时全世界有57个主权国家,与会国竟达44国,而且代表着差不多全世界的人口及资源,因此时人相信这是迈向诗人及预言家所称的"全人议会"(Parliament of Man)及"世界联邦"(the Federation of the World)的一大进步。[2] 据美国国务卿罗德指出,保和会的召开,须通过定期举行会议来商讨有关事项,毋须等待列强主动提出任何议案才临时开会。[3] 也就是说,设立一套常规机制以处理国际纷争。第2次会议的议程主要是讨论缓和战争手段,制定战时国际法条规,以及确立国际裁判制度,其目的在于维持"文明国"之间的和平秩序:

> 第二次弭兵会之举,必致创作保护世界文明各国、彼此和平之新据。[4]

---

〔1〕《光绪三十三年五月十六日收驻比李大臣信:详陈保和会及此次会事紧要条件情形由》,《外务部档案》,02—21号,2函2宗3册。

〔2〕 William I. Hull, *The Two Hague Conferences and their Contributions to International Law*, p. 15. p. 497.

〔3〕 William I. Hull, *The Two Hague Conferences and their Contributions to International Law*, p. 501.

〔4〕《光绪三十三年二月二十四日收俄璞使照会:声明弭兵会之现象请查照由[附洋文]》,《外务部档案》,02—21号,2函2宗2册。

第五章 "文明"与和平：晚清政府参加万国保和会

大会就公断、中立、陆战、海战 4 大主题,分为 4 股讨论,各股内容如下：

第 1 股第 1 支：仲裁裁判、义务裁判、国际派员调查

第 1 股第 2 支：海上捕获物审检所

第 2 股第 1 支：改良陆战规则、1899 年声明文

第 2 股第 2 支：中立国义务权利、宣战条规

第 3 股第 1 支：海军攻击口岸城乡等、敷设水雷

第 3 股第 2 支：战国船在中立国口岸停泊期限、增修 1899 年日来弗海战约

第 4 股：商船改良战船、交战国海面私产、在中立国海面停船期间之宽限、战时禁品、封锁港口、不得已而损毁被擒获之中立国货物。[1]

需要补充的是,由于中国的代表专员陆徵祥曾驻俄国,素与俄国皇室亲善,又有参加过第 1 次和会的资历,以及全权公使的头衔,因此被推举为第 3 股海战事的名誉股长。[2] 这种荣誉,虽无多大实际利益,然已满足了中国追求大国、强国的欲望。

是次和会,一共提出了 23 条议案,经过各国代表的激烈讨论,讨价还价后,终于订定了 13 项条约及 1 个声明。计为：

1.《和平解决国际纷争约》(Convention for the Pacific Settlement of International Dispute of 1899)

2.《限制用兵力催索有债契约债务条约》(Convention Respecting the Limitation of the Employment of Force for the Recovery of Contract Debts)

3.《战争开始条约》(Convention Relative to the Opening of Hostilities)

4.《陆战法规及惯例条约》(Convention Respecting the Laws and

---

〔1〕《第二次和会四股议纲》,载《光绪三十三年九月九日收保和会专使陆、驻和钱大臣文》附件《第一次报告册》,《外务部档案》,02—21 号,3 函 3 宗 1 册。

〔2〕《光绪三十三年五月十日收驻和专使大臣电：和会按俄通文分四股名誉祥被举为第三股海战事名誉正股长日大使被举为第四股十字会正股长由》,《外务部档案》,02—21 号,2 函 2 宗 3 册。又,日本特命全权公使都筑馨六(Tsuzuki Keiroku, 1861 - 1923)亦获选为第 4 股的名誉股长。参《第二次和会股员录》,载《光绪三十三年九月九日收保和会专使陆、驻和钱大臣文》附件《第一次报告册》,《外务部档案》,02—21 号,3 函 3 宗 1 册。

Customs of War on Land）

5.《陆战时中立国及其人民之权利义务约》(Convention Respecting the Rights and Duties of Neutral Powers and Persons in Case of War on Land）

6.《战争开始时敌国商船之地位条约》(Convention Relative to the Status of Enemy Merchant Ships at the Outbreak of Hostilities）

7.《商船改充战舰条约》(Convention Relative to the Conversion of Merchant Ships into War Ships）

8.《敷设机械自动水雷条约》(Convention Relative to the Laying of Automatic Submarine Contact Mines）

9.《战时海军轰击条约》(Convention Respecting Bombardment by Naval Forces in Time of War）

10.《日来弗红十字约推行于海战约》(Convention for the Adaptation to Maritime Warfare of the Principles of the Geneva Convention）

11.《海战中限制行使捕获权条约》(Convention Relative to Certain Restrictions with Regard to the Exercise of the Rights of Capture in Naval War）

12.《设立万国捕获物审判院条约》(Convention Relative to the Creation of an International Prize Court）

13.《海战时中立国之权利义务约》(Convention Concerning the Rights and Duties of Neutral Powers in Naval War）

14.《禁止自气球上放掷炮弹及炸裂品声明文件》(Declaration Prohibiting the Discharge of Projectiles and Explosives from Balloons）

其中第1、4、10及14为修正第一次保和会者,其余为新约。

由于清政府误会了荷兰公使贝拉斯的照会(1909年8月17日),以为须于1909年11月27日下午3时前将所有第二次保和会各国画押之约,谘达驻荷公使,送会备案,因此出现了波折,后经反复查问才知道大会只要求中国将已签署批准第一次保和会之三约送上存档,第二次和会的

第五章 "文明"与和平：晚清政府参加万国保和会

条约可于日后随时办理。[1] 因此，当清政府官僚以为须于 11 月 27 日前画押相关条约，送会存档，不免焦虑困惑。时任驻意公使、保和会全权副专员之一的钱恂便于 1909 年 4 月 15 日上奏，以时间急速，未能详细推敲约款等理由，力主暂缓画押。[2] 其后，外务部把陆徵祥寄来的汉译本审慎推敲，并将约本谘送各地督府详细研究。外务部接到陆军部及海军筹办处的意见后，决定奏请将第 1、2、3、5、9、10、13、14 条画押，其后清政府于 1909 年 10 月 18 日正式批准所奏。[3] 这 8 个条约和声明，又有画押先后之分，反映了清政府政策决定过程中所思虑的问题。具体而言，第 1、10、14 条因是第一次保和会旧约的增订，中国早已批准，因此没有争议，最早决定画押。其余 5 条，都是涉及战时国际法规如中立、交战、海战等条款的。先是陆军部主张第 2、3、5 条可画押，因为都是和解国际纷争、与中国无碍的规定，特别是第 5 条约款是日俄战争期间所规定，或早已成为国际法的先例，因此主张画押。[4] 至于第 9 条海军筹办处指出其目的"在于保居民而息战祸"，而第 13 条的规定，与日俄战争时中国所采取的中立权利主张并无大异，因此主张画押。[5]

画押后，按公断条约第 44 款的规定，清政府须派遣"谙熟公法、名望素著"的 4 员充当常驻仲裁法院之公断员（即裁判员，arbitrator）。结

---

[1] 唐启华：《清末民初中国对"海牙保和会"之参与（1899—1917）》，页 64—65；又参《宣统元年七月二日收和贝使照会：第二次保和会所订条约是否愿将批准之文呈送会希见复》，《外务部档案》，02—21 号，6 函 6 宗 1 册，第 1 号件。

[2] 钱恂提出 4 点理由：1. 时间太急；2. 尚未将全约对比研究，了解各条约间的相互关系；3. 条约译文易误；4. 与条约相涉之衙门众多，须集思广益。参钱恂：《和会约未可轻押疏》（光绪三十四年三月十五日），《二二五五疏》（《近代中国史料丛刊》；台北县永和镇：文海出版社，1970 年），卷 2，页 6—9；《光绪三十四年五月二日收军机处交抄折：钱恂奏和会条约未可轻易画押一折奉朱批外务部知道由》，《外务部档案》，02—21 号，4 函 4 宗 2 册。

[3] 《宣统元年九月五日外务部与陆军部会奏：具奏第二次保和会条约五件拟请画押并业经画押之条约三件一并请旨批准由》，《外务部档案》，02—21 号，6 函 6 宗 1 册。又李顺民（《从保和会的参与看清末外交现代化的努力》，页 151）误作第 8 条画押，第 5 条未画押。

[4] 《宣统元年七月二十六日收陆军部文：第二次保和会各条自应一并会奏请旨画押批准至海军等事项各条约俟海军处核定再订期会奏》，《外务部档案》，02—21 号，6 函 6 宗 1 册，第 4 号件。

[5] 《宣统元年八月十七日收海军处谘：第二次保和会各约应分别会奏画押》，《外务部档案》，02—21 号，6 函 6 宗 1 册，第 8 号件。

果清政府于原任伍廷芳外,[1]加派"于公法研求有素",外交经验丰富的驻日公使胡惟德、驻法公使刘式训(1868—?)、比利时前法部大臣丰登纳文(Jules Van den Heuvel, 1854–1926)3人为公断员,参与会务。[2]及民国初年(1906年4月)第一届任期届满,各人均继续留任。[3]

五、大国·强国志向与法制弱国

1. 代表团之派遣

本来,外务部自1901年成立以来,取代总理衙门,专注外交事务,权限统一,较前进步得多。但是,在实际的交涉上,外务部仍处于摸索磨合期,还未调校好对外关系的方向,遇有纷争,仍然依照过往惯例,权以驻外公使充任钦差处理。[4]例如第一次保和会时,鉴于发起人是俄国沙皇,因此由驻俄公使杨儒率驻俄使馆官员赴会。但至第二次保和会,清政府显得更加重视,更加积极,并接纳胡惟德之议,将原本由驻德公使兼任的驻荷兰公使改为专任,于1905年11月16日命陆徵祥为驻荷大臣,代表中国兼办保和会事宜。[5]

不过,外务部的变革力度还不足够,因为这样做仍是依循旧例,派遣驻外使节就近处理而已。久在国际外交界打滚多年的陆徵祥,便对这种以驻使兼充的权宜之法不以为然,主张提高与会人员的官阶,借以抬高中国的地位。陆徵祥指出在第一次保和会上,各国除驻荷公使外,还另行派遣大员与会。此次大会,陆徵祥又探得美、俄、英、意等国都特派大员(专

---

[1]《光绪三十一年二月三十日发驻德荫大臣电:请派保和会议员一折奉朱批著派伍廷芳为转知各国由》,《外务部档案》,02—21号,1函1宗2册。此外,又派福士达任公断员。参光绪三十三年八月十六日《收保和会专使信:筹陈保和会派员事》,《外务部档案》,02—21号,2函2宗2册。

[2]《宣统二年三月十一日外务部奏添派胡惟德、刘式训、丰登纳文充海牙公断员折》,《外务部档案》,03—35号,1函1宗1册。

[3] 详参《外交部档案》,03—35号,1函1宗1册,《中国海牙公断员任免案》。

[4] 李顺民:《从保和会的参与看清末外交现代化的努力》,页150。

[5]《光绪三十一年十一月三日收和希使照会:陆大臣兼办保和会事宜已达本国政府由》,《外务部档案》,02—21号,1函1宗2册;《光绪三十二年十月十七日发陆军部文:抄送保和会第二次派员会奏档并谐复由》,《外务部档案》,02—21号,2函2宗1册。

第五章 "文明"与和平：晚清政府参加万国保和会

使)到会,因为"会员在场地位之阶级,隐判国家在世界地位之等差"。[1] 更何况同属东亚之日本前次大会已派驻俄公使赴会,此次亦必派遣位望优崇之大员到会,中国若仅以驻荷公使兼充,难免相形见绌。于是电请朝廷简派"位望相当之大臣充赴会专员"来荷主持,而由其襄助办理,"以崇国体而裨会务"。[2] 事实上,派遣专使与会是各国惯例,因此当清政府照会荷兰驻华公使时,荷兰公使特别查询陆徵祥是充任下次保和会之专使,还是代表清政府专办1899年第一次和会所订定的约款。[3] 这次清政府汲取了教训,对是次会议非常重视,5月7日接到外务部的覆奏,即日依议颁旨,特简任陆徵祥为保和会全权专使,并且授予二品实官衔"以崇体制";同时命钱恂接任驻荷公使。[4]

我们知道保和会讨论的除了设立常设裁判法庭外,更多的是战时国际法的法则问题。然而,中国第一次与会时全是驻荷公使馆班子——一律是外交官、翻译出身者,没有负责军事的官员。反观欧美列强,参加第一次保和会以及1906年瑞士修改红十字会条约大会时除派遣全权议员外,更有军务议员。此外,第二次保和会议的重要议题是水陆战争的中立条约各款,与中国不无影响。因此,陆徵祥特请清政府选派陆军部通晓西文,兼有学识之武员前来襄助会务。[5] 但由于时间紧迫,陆军部只能派遣早于1907年4月16日出发护送陆军学生赴法留学的军政司法律科监

---

[1]《光绪三十三年三月二十一日收军机处抄交陆徵祥折:具奏本年保和会各国注重派员情形请简派专员以崇国体一折奉朱批该部议奏由》,《外务部档案》,02—21号,2函2宗2册。

[2]《光绪三十三年三月二十八日收陆军部遵议选派保和会军务委员折》,《外务部档案》,02—21号,1函1宗3册。

[3]《光绪三十一年十月二十八日收和希使信:陆大臣兼办保和会事宜其充下次专员抑以办该会订定条约乞示由》,《外务部档案》,02—21号,1函1宗2册。

[4]《外务部档案》,02—21号,2函2宗2册,《光绪三十三年三月二十五日本部具奏:议复驻和陆大臣保和会事宜并请简专使由》、《光绪三十三年三月二十五日发专使陆驻和钱电:奉旨陆徵祥著充保和会专使大臣钱恂著充出使和国大臣由》。李顺民(《从保和会的参与看清末外交现代化的努力》,页154)作外务部5月6日(光绪三十三年三月二十四日)具奏,误。

[5]《光绪三十三年三月二十一日收军机处抄交陆徵祥折:具奏本年保和会各国注重派员情形请简派专员以崇国体一折奉朱批该部议奏由》,《外务部档案》,02—21号,2函2宗2册。

督丁士源(1879—?)于学生抵法后改赴和会。[1]

中国代表团中,除了陆军部的丁士源担任军务委员外,还委派了接任荷兰公使的钱恂和美国人约翰·沃森·福士达(Hon. John Watson Foster, 1836—1917)为全权副议员,并照各国通例,加派张庆桐、赵诒琦(1869—?)为副议员,施绍常(1873—?)、陈箓(1877—1939)、王广圻(1877—?)三人为参赞,另自美国调来法文翻译怀德好施(Henry Remsen Whitehouse, 1857-?)及特来斯(今译杜勒斯,John Foster Dulles, 1888-1959)二人襄助福士达,入参赞之列,总计11人的代表团,与英(13人)、俄(14人)、德(11人)、法(14人)、日本(13人)所派员数大致相若,[2]在阵容上不会被列强比下去,达到形式上的地位对等。

需要补充的是,中国代表之一的福士达,原是美国第23任总统本杰明·哈里森(Benjamin Harrison, 1833-1901)的国务卿(1892—1893),1895年李鸿章聘他为清廷顾问,协助李鸿章和日本谈判《马关条约》,又曾担任中国驻美使馆顾问十多年,外交经验极其丰富,娴熟国际法,因此驻英公使汪大燮及驻美大臣梁诚先后推荐为代表中国的公断专员。[3]至于怀德好施及特来斯,两人都与福士达关系密切。历来的研究只知道特来斯是福士达的外孙,当时年仅19岁,正在美国普林斯顿大学(Princeton University)读书,[4]但却不知怀德好施是何人。查所谓"怀德好施",就是Whitehouse的音译。20多年前福士达任驻西班牙公使时

---

〔1〕《光绪三十三年三月二十八日收陆军部文:具奏遵议选派保和会军务委员折》,《外务部档案》,02—21号,1函1宗3册;又载2函2宗2册。

〔2〕《保和会专使大臣陆徵祥奏折》(1907年12月12日),载金敏荣编选,中国第二历史档案馆藏:《陆徵祥出席海牙保和会奏折两件》,《民国档案》,2000年2期,页37。至于各国之代表名单,参《第二次和会会员录》,载《光绪三十三年九月九日收保和会专使陆、驻和钱大臣文》附件《第一次报告册》,《外务部档案》,02—21号,3函3宗1册;James Brown Scott edited, The Proceedings of the Hague Peace Conferences: Translations of the Official Texts (New York: Oxford University Press, 1920), Vol. 1, pp. 1-15.

〔3〕《光绪三十三年三月十一日收军机处交抄折:汪大燮奏美使馆署洋员堪备和兰公会驱策一折奉朱批外务部议奏钦此由》,《外务部档案》,02—21号,2函2宗1册。《外务部奏请派洋员充荷兰保和会议员折》,《东方杂志》,3卷6期(1906年7月),页58—59;John W. Foster, Diplomatic Memoirs (Boston: Houghton Mifflin Company, 1909), Vol. 2, p.211.

〔4〕凌其翰:《外交耆宿陆徵祥》,页33;唐启华:《清末民初中国对"海牙保和会"之参与(1899—1917)》,页59,注90。

第五章 "文明"与和平：晚清政府参加万国保和会

(1883—1885)，怀德好施在马德里做过他的秘书，并曾担任美国政府外交职务多年，而且是位通晓多种欧洲语言的成功学者。福士达带同二人赴会，担任中国代表团的秘书，负责礼宾工作以及大会的翻译。[1] 凌其翰认为在国际会议上借助洋顾问的做法反映了当时中国国际法知识处于"蒙昧状态"。[2] 但是，笔者以为这评价有失公允。对当时参与国际会议经验尚浅的中国而言，派遣富有丰富政治外交经验的前任美国国务卿，又是美国和平会会长的人协助中国处理国际事务，不失为一个适当的选择。[3] 事实上，较之中国更早加入国际组织、更全面掌握了国际法知识的日本，其派遣代表团中的外务省法律顾问，也是由美国人特尼松（Henry Willard Denison, 1846 - 1914，法学议员、万国仲裁裁判员）担任的。问题倒在于福士达开会不及 1 个月，便因家事在和会结束（10月18日）前先行于光绪三十三年六月底返美。[4] 诚如唐启华所言，福士达一家三人远赴荷兰，花了清政府一万两银，却提前离去，对中国似无

---

〔1〕 参 John W. Foster, *Diplomatic Memoirs*, Vol. 2, pp. 211 - 212；凌其翰：《外交者宿陆徵祥》，页33。根据福士达的回忆（页212），他1907年5月31日自纽约启程，与太太玛丽·派克·福斯特（Mary Parke Foster, 本姓 McFerson, 1841—1922）及其外孙同行，但未有言及怀德好施何时出发。玛丽·派克·福斯特在1895—1896年间曾任美国革命女儿全国协会（National Society of the Daughters of the American Revolution）的总裁（president-general）。怀德好施著有 *The Collapse of the Kingdom of Naples* (Bonnell: Silver & Co., 1899); *A Revolutionary Princess: Christina Belgiojoso-Trivulzio, Her Life and Times, 1808 - 1871* (London: T. F. Unwin, 1906); *The Life of Lamartine* (Boston: Houghton Mifflin Company, 1918) 等书。杜勒斯其后担任艾森豪总统（Dwight David Eisenhower, 1890 - 1969）的国务卿（1953—1959）。关于杜勒斯的生平，参 http: //www.arlingtoncemetery.net/jfdulles.htm [连接日：20/06/2009]。

〔2〕 凌其翰：《外交者宿陆徵祥》，页33—34。

〔3〕 李顺民（《从保和会的参与看清末外交现代化的努力》，页154）认为美国是当时对中国较为友好的国家，以美籍的福士达为中国的全权议员，有助于获取美国的支持。笔者认为这似乎是一厢情愿的想法。就其后美国在大会中尝试把中国列为三等国的行动看来，福士达的任命并未能为中国带来美国的帮助。相反，福士达更有徇私美国之举，在美国提议保护海上私产的问题上，未与陆徵祥商议，便先应美国代表之请，答允美国的提议。虽然陆徵祥不同意，但以福士达资历深、名望高，且同为特派全权，若坚持不允，恐有碍外交，而且暗察美国的提议，必定不能通过，因此依从福士达之议。结果，一如陆徵祥所料，美国之议最后未能通过。陆的奏折中并有明言美国的提案具体为何。参《保和会专使大臣陆徵祥奏折》（1907年12月12日），载金敏荣编选：《（中国第二历史档案馆藏）陆徵祥出席海牙保和会奏折两件》，页39。

〔4〕 《光绪三十三年六月十八日收专使陆大臣驻和钱大臣电：福士达拟先会毕而归，会中大纲粗定由》，《外务部档案》，02—21号，2函2宗3册。

特别帮助。[1]

2. 三等国与公断的适用对象

2-1 公断员任期与三等国的屈辱

上面提到中国加入国际政府组织的主要目的在于与国际接轨,通过国际会议的平台与欧美文明强国开展国际关系,争取平等待遇。因此,与会期间争论的焦点之一即是中国的会席问题。据陆徵祥奏报,按第一次保和会之规定,和解公断所的委员派遣,是每国4人,以6年为限。但在第二次保和会的决议中,美国却提议规定常设裁判法院的裁判员("公断员")名额为17人。由于与会国有45国之多,[2]因此如何分配任期及派遣代表便成为各国争论所在。于是产生了区别国等以定任期之议。具体办法是以12年为一任期,或一国专任,或数国共任。共任之中,又有10年、4年、2年、1年之别。陆徵祥指称,中国原在头等之列,但因日本议员反对而被改为三等。[3]日本所持的理由是:

> 中国法律迥与文明各国不同,是以各国于中国各授其领事以裁判权,而中国官员无权裁判外人之事。

对此,陆徵祥加以反驳:

> 今海牙公断衙门为万国国际最高裁判,而忽以法律不备、无权裁判其居留本国之外国人之官吏,俾与各文明国有同等裁判国际纷争

---

〔1〕 唐启华:《清末民初中国对"海牙保和会"之参与(1899—1917)》,页61,注99。

〔2〕 正式的与会国只有44国,这里的45国说是根据陆徵祥的上奏,多出国为洪都拉斯(Honduras)。参《光绪三十三年十二月十一日收军机处文:陆徵祥奏本年保和会列国会议情形一折奏旨该衙门知道钦此》,《外务部档案》,02—21号,3函3宗3册。此外,陆徵祥在报告中有时又有46国与会的说法。其实,多出的两国都不为和会官方承认其与会席位,一是洪都拉斯,一是哥斯达黎加(Costa Rica),两国均获美国邀请,而且都有派遣代表参加。不过,海牙保和会只预留了两个席位与洪都拉斯代表,但后来在确认当时洪都拉斯事实上的政府(de facto government)地位有困难的地方,因此未有给予与会国的席位。至于哥斯达黎加,由于和会官方的名单上未见其名,因此其代表也无法占一席位。参 William I. Hull, *The Two Hague Conferences and their Contributions to International Law*, p.14.

〔3〕 据陆徵祥其后之报告,这里的日本议员指日本外务省法律顾问美国人特尼松(报告中作戴尼孙氏)。参《光绪三十四年一月十六日收保和会专使陆大臣文:具奏保和会前后实在前形等折片请代递由[附印花四纸抄稿一分]》,《外务部档案》,02—21号,4函4宗1册。

第五章 "文明"与和平：晚清政府参加万国保和会

之权力,何大相刺谬。[1]

问题是,法律之完备与否是"文明国"之重要基准,亦是"文明国"对次等国适用领事裁判权的国际法依据,并同时决定中国在国际秩序上的等第。换个说法,完备的法律是晚清以来中国进入国际社会必须具备的条件。结果在1907年9月22日的会议上,美国代表赵忒(Joseph H. Choate, 1823-1917,与陆徵祥同为第3股荣誉股长)正式提议"按国法之完缺,以配摊常年公断员期",[2]建议英、美、德、法、俄、奥、意、日本8国各得独任,其余各国为共任,并以中国的法律条文和法律体系不够完整为由,建议将中国列入三等国。陆徵祥随即抗议,认为以中国户口之广、幅员之大,都不在各国之下,土耳其尚任10年,中国只得4年,甚为不公。何况,中国首次参与保和会时便已列头等,并承担了常设仲裁法院之头等国经费,有摊费股数可凭,主张应以股数之多寡为准。[3]据钱恂于1907年10月22日的汇报,对于美国代表的建议,不但南美各国表示反对,即美国总统也不以为然,仅二三大国附和。而且,阿根廷、危地马拉、乌拉圭三国"仍执旧章,迅速派员以示不允新议之意",而秘鲁、玻利维亚、多明尼加、巴西四国又陆续派出13名公断员。与此同时,在议会期间,各国纷纷指责中国是"法律最敝、最不完[备]之国",[4]使中国代表反省到中国法制不备的问题,并认识到中南美小国,"国力虽未臻强盛,但法律早已成文,将来正未可量",[5]正好为中国脱离三等弱国地位起了重要的示范作用。因此陆

---

〔1〕《光绪三十三年九月二日收驻和陆大臣致参堂函：函陈修订法律似宜奏请专派大员暂设专馆以期早日而成挽危局由》,《外务部档案》,02—21号,10函10宗1册。

〔2〕《光绪三十三年九月二日收专使陆、驻和钱大臣电：详陈近日会议情形由》,《外务部档案》,02—21号,3函3宗1册。

〔3〕《光绪三十三年七月十二日保和会专使陆大臣、驻和钱大臣电：为电告公断员额任期及分配情形并请预备公断员人选及早订法律由》,《外务部档案》,02—21号,10函10宗1册；《光绪三十三年九月三日收专使陆大臣电：力争公断条款由》,《外务部档案》,02—21号,3函3宗1册。

〔4〕《光绪三十三年九月十六日收驻和钱大臣文：咨送万国仲裁裁判员名单并陈明我国被降等第之故由》,《外务部档案》,02—21号,3函3宗1册。又参《光绪三十三年八月十五日收驻德、驻俄胡、驻法刘、驻比李、驻和钱、专使陆大臣电：海牙保和会列中国为三等国请修明法律以保主权由》,《外务部档案》,02—21号,2函2宗3册。

〔5〕《光绪三十三年十二月十八日收驻和钱大臣文：咨送海牙裁判员名单由》,《外务部档案》,02—21号,3函3宗3册。

徵祥、钱恂以及各驻外公使均上奏主张及早修订法律,以祈与各欧美国并立,维持大国地位,并且免遭口实,阻碍中国早日废除各国在华的领事裁判权。[1]

从上述的公断员任期所产生的国家等第问题看来,中国一方面希望成为欧美对等之国,另一方面对同属亚洲的土耳其又有争胜之心,对两国在世界秩序的等第定位非常在意。正如前述,近代中国的外交走的是"大国化路线",追求"大国地位"。中国要与列强的国力不相伯仲固有待时日,但最低限度,在国际会议的参与上,形式上的平等是必须争取的。关于这点,陆徵祥在争取提高中国代表的地位时所持的理由正好说明一切:

> 公会为万国玉帛战场,会员为各国国家代表。疆场之上,两军对垒,以扼形胜为先;坛坫之间,万国同盟,以占地位为上。会员在场地位之阶级,隐判国家在世界地位之等差。会场之地位,本属公平;会员之资望,不无轩轾。次[资]望苟或未逮,地位何能相争;地位尚不能争,此外更何待论。……否则各国以专使,中国以驻使,驻使地位,势难与专使抗衡。[2]

如果连形式上、制度上的平等尚且不能争取,更遑论在真正的交涉中与列强抗衡了。像中国这种跻身"文明"大国的志愿,其实也是所有非欧美文明后进国的共同目标。因此,就算是等第较中国为高的土耳其亦对美国代表的建议表示反对,并随即通知各国驻使抗议,声明土耳其向与各国一律平等。[3] 中国其后仿土耳其通知各国时,强调:

---

[1] 《光绪三十三年七月十二日保和会专使陆大臣、驻和钱大臣电:为电告公断员额任期及分配情形并请预备公断员人选及早订法律由》,《外务部档案》,02—21号,10函10宗1册;《光绪三十三年八月十五日收驻德、驻俄胡、驻法刘、驻比李、驻和钱、专使陆大臣电:海牙保和会列中国为三等国请明法律以保主权由》,《外务部档案》,02—21号,2函2宗3册;《光绪三十三年九月二日收驻和陆大臣致参堂函:函陈修订法律似宜奏请专派大员暂设专馆以期早日而成挽危局由》,《外务部档案》,02—21号,10函10宗1册。

[2] 《光绪三十三年三月二十一日收军机处抄交陆徵祥折:具奏本年保和会各国注重派员情形请简派专员以崇国体一折奉朱批该部议奏由》,《外务部档案》,02—21号,2函2宗2册。

[3] 陆徵祥曾建议仿土耳其之法,致函各国抗议。参《光绪三十三年七月三十日收专使陆大臣电:公断分等事土国争等我国仍应驳诘乞均裁由》,《外务部档案》,02—21号,2函2宗3册。

第五章 "文明"与和平：晚清政府参加万国保和会

> 保和会既系各国公会公断衙门,又系各国公立公所,所有关乎会中提议事件,自应一依公理平等相待,何得分别等差?[1]

要求中国的公断员一律以12年为任期以昭公允,并在号称公平的国际组织内,遵行国际法国家地位平等的原则。

2-2 治外法权的公断适用争议

这次大会,英美两国首创义务公断之议,增订公断条款,主张遇有国际纷争,即可径交常设裁判法院公断,改变第一次和会是否公断仍听自便的规定。陆徵祥认为公断的宗旨由自由进于义务,公断的范围由狭义进于广义,虽类似强制,但"其意实属公平"[2],可谓"文明进步之征",并期待可将一切违理越权、不正干涉之事,交给公断,以资补救。[3] 不过,陆徵祥亦同时指出,这种义务公断是一柄双刃剑,不免对各国主权的独立自由有所窒碍,因此有意见以为是大国抑制小国之利器,亦有意见认为是弱国抵抗强国之护身符。事实上,倡议者之一的英国政府便顾虑东方各国将会根据新约把交涉未结各案径交公断,其中最容易引起争议的便是领事裁判权。因此,英美在增订条款中,建议将"治外法权"各事,排除在义务公断适用范围之外,似乎是针对中国而来。[4] 陆徵祥对此大加反对,认为中国深受"治外法权"之害,如今若从英美之议,则无异将前此与英、美、日改订商约时几经辛苦方争得中国可废除"治外法权"的条款,[5]一笔勾销,且如此款载于45国公约之内,便将永成定案,今后中国势难废除"治外法权"。其后,美国代表接受美国政府指示,改变其支持英国的立场,而陆徵祥也在会议中据理力争,指出此款有违保和会"公道平等"的

---

[1]《光绪三十三年八月三日发各国驻京大臣照会：中国公断员一律以十二年为任期公昭公允希转达政府由》,《外务部档案》,02—21号,2函2宗3册。

[2]《光绪三十三年十月七日收保和会专使陆大臣文：保和会公断约事》,《外务部档案》,02—21号,3函3宗3册。

[3]《保和会专使大臣陆徵祥奏折》(1907年12月12日),载金敏荣编选：《(中国第二历史档案馆藏)陆徵祥出席海牙保和会奏折两件》,页39。

[4]《光绪三十三年十月七日收保和会专使陆大臣保和会公断约事》,《外务部档案》,02—21号,3函3宗3册。据陆徵祥探知,英国原议并无此条,估计是临时添入的,所针对者即是在华"治外法权"。这里指的所谓"治外法权",实际上是指不平等条约下的领事裁判权。

[5] 此点详第六章。

宗旨,并威胁如不删除,中国必将全款反对。加上同受"治外法权"之害的波斯、暹罗代表的协力抗争,大会于是将陆徵祥删除之议交由各国投票决定,最终以36国(美、俄、奥、意等)赞成、2国(英、法)反对、5国(葡萄牙、希腊、瑞士、瑞典、日本)弃权下,采纳了陆徵祥的议案,删去公断不适用于"治外法权"之条款。[1] 大会期间,陆徵祥的抗争表现,反映了中国代表再不是像参加第一次和会时那样叨陪末座。因此,当表决胜利后,陆随即在大会声明,要求各国:

> 再订之时,务于各国主权及平等之公理,总勿蔑视其议成之约。[2]

由此看来,中国代表颇能根据国家平等的原则,捍卫中国的尊严和权利,使中国能进身于"文明"国度,并尝试以条约来约束各国遵守协议。

3. 文明进化,一视同仁

从上面专员的派遣、降格三等国纷争,以及公断适用"治外法权"的问题看来,中国跻身"文明"大国的志愿相当强烈,而且非常意识到中国在国际秩序的位置。事实上,在讨论和会条约时,除了涉及中国的重大利益者,考虑的关键即在于"一视同仁"。这里看看陆徵祥的说明:

> 祥等凡遇公共问题之有关文明进化者,莫不仰体国家一视同仁、无间中外之至意,从众赞成。[3]

这里的所谓"一视同仁",绝非同治年间将最惠国待遇轻送外人的"一视同仁",而是努力成为近代世界"文明大国"之一员,企求与西方列强同步,因此强调的是"从众赞成"。我们讨论过清政府对第一次和会各约应

---

[1]《保和会专使大臣陆徵祥奏折》(1907年12月12日),载金敏荣选编:《[中国第二历史档案馆藏]陆徵祥出席海牙保和会奏折两件》,页39;《光绪三十三年九月三日收专使陆大臣电力争公断条款由》,《外务部档案》,02—21号,3函3宗1册;《光绪三十三年十月七日收保和会专使陆大臣保和会公断约事》,《外务部档案》,02—21号,3函3宗3册。不过,增订公断条款最终未能成约,仅立愿在第三次和会再订。又参《光绪三十三年九月七日收专使陆大臣电》,《外务部档案》,02—21号,3函3宗1册。

[2]《保和会专使大臣陆徵祥奏折》(1907年12月12日),载金敏荣选编:《[中国第二历史档案馆藏]陆徵祥出席海牙保和会奏折两件》,页39。

[3]《光绪三十三年九月二十五日收保和会专使陆大臣信:叙与各国会商预定第三次和会期由》,《外务部档案》,02—21号,3函3宗2册。

第五章 "文明"与和平:晚清政府参加万国保和会

否画押时所考虑的关键,即在于"善与人同",避免中国被排斥于"公法"之外。当然,这种强调"从众赞成"、"善与人同"的姿态,反过来也对中国对外交涉,争取最大权益产生一定程度的掣肘。[1]另一方面,由于西方国际法扩张至世界规模,传统欧洲对非欧洲的二元世界秩序观已无法适应世界形势的变化,加上亚洲、拉丁美洲力量在国际事务上的参与,一个更具普遍价值的世界秩序已开始启动,而最先见诸实现的便是在国际会议上的形式平等。因此,当意大利鉴于大会就派遣公断员之人数及年期问题争执得太厉害,提出今后与会国不分大小强弱,一律平等的提案后,各国随即表示支持。[2]从国际法历史的发展过程而论,随着国际法适用地域的扩大,以及非西方"文明国"参与国际组织和国际会议,原来本属于"西方的国际法"扩展为"世界的国际法",原来的国际法人格的适用构造也逐渐走向一体化。就保和会的理念而言,"文明国"的入场券,就是主权国家参与国际会议。对于此点,西方各国也注意到。俄国在召开第二次和会的邀请信中便曾明言:

> 深冀会议之余,共收美足之结果,从此世界文明各国,和局巩固,亲睦有加,无任欣盼。[3]

既然国家与会就是"文明国"的象征,无怪乎中国虽对保和会能否真正弭兵存疑,却仍然高度重视,积极参与会务了。可以说,中国参加保和会的目的不在于相信限武可达致真正的和平,而在于提高国家地位,争取跻身"文明国"之列。即驻美公使张荫棠所说的通过加入和平公约,"以期暂收国际同权之效"。[4]具体而言,在保和会上,采取的是制度上的大小国

---

[1] 据福士达的回忆,清政府曾指示代表团对有争议的议题不能采取主动或激进的行动,要从众赞成,要追从美英两国同意的方案。因此福士达深感束缚,认为在这样的指示下,自己难以在会中发挥领导或具影响力的作用。John W. Foster, *Diplomatic Memoirs*, Vol. 2, p. 241.

[2]《光绪三十三年九月二十五日收保和会专使陆大臣信:叙与各国会商预定第三次和会期由》,《外务部档案》,02—21号,3函3宗2册。

[3]《光绪三十三年九月九日收保和会专使陆、驻利钱大臣文》附件,《丁未[1907年4月3日]俄政府通文》,《外务部档案》,02—21号,3函3宗1册。

[4]《使美张荫棠奏陈外交事宜并请开缺简受贤能折》(宣统三年九月初四日),《清宣统朝外交史料》,卷23,页17。

平等主义,而且通过原则是全会一致制;在国家不分强弱大小,每国都有一票投票权的制度下,国家平等的原则最少从形式上在国际会议上得到确立。而且,中国在会费上以头等国资格缴纳会费,更使中国能在同一操作平台上与欧美各国议事,达到彼此对等平权的地位。

需要补充的是,在国家名单的排列方法上,陆徵祥曾极力争取摆脱西方国家的国力本位方式,连同其他弱小国家的代表,向与会大国抗争,成功确立了按罗马字母排列国家的方法。〔1〕这亦是形式上争取平等的表现之一。

4. 联亚抗欧,与日争雄

前面说过,在"治外法权"的公断适用问题上,中国成功删除了英国将"治外法权"排除于公断之外的提议。关于此次的胜利,陆徵祥的报告指出,当时和会的日报曾详记其事,认为是"亚洲连横战胜欧洲之起点"。〔2〕对于这种说法,陆徵祥一方面以为是"未免溢分",一方面又认为"亚陆各国联合之机,此举或为朕兆,亦未可知"。〔3〕

在讨论联亚之议前,我们先看看陆徵祥怎样向清政府表达他对保和会及最新世界形势的看法。他强调"和平之说不足恃,战争之祸将益亟也"。俄英等国之倡保和会,实有现实政治的考量,如俄以争雄之实力未逮,欲借保和"以懈他国自强之心",英支持俄国召开会议,实欲限制德国崛兴扶摇直上之机。欧美列强提出的所谓限制武备之说,实际上是:

> 泱泱列强,无国非楚,仁义其口,兵甲其胸。凡其所以设禁者,禁人而非自禁。凡其所以主立限者,限人而非自限。

陆徵祥再以春秋之世比喻当前国际政治环境,认为是列强雄立的年代。

---

〔1〕 李剑农:《中国近百年政治史》(台北:台湾商务印书馆,1974年),下册,页367—377;石建国:《陆徵祥传》,页77。
〔2〕 《光绪三十四年一月十六日收保和会专使陆大臣文:具奏保和会前后实在前形等折片请代递由[附印花四纸抄稿一分]》,《外务部档案》,02—21号,4函4宗1册。
〔3〕 《光绪三十三年十月七日收保和会专使陆大臣文:保和会公断约事》,《外务部档案》,02—21号,3函3宗3册。又参《保和会专使大臣陆徵祥奏折》(1907年12月12日),载金敏荣选编:《(中国第二历史档案馆藏)陆徵祥出席海牙保和会奏折两件》,页3。

第五章 "文明"与和平：晚清政府参加万国保和会

这种比喻，没有超出19世纪末以来的认知水准。但值得注意的是，通过参加两次和会，陆徵祥认为"欧、美、亚三洲将有鼎足之势，此次在会已露端倪"。其根据是，他观察到和会期间，各国议员之间，除原来的"美派"和"欧派"外，在废除英国议案一役中，波斯和暹罗议员曾竭力相助，与他密为联络，因此他认为"亚洲派"也告成立。基于此点，陆徵祥主张发扬早前驻法公使刘式训"联合亚洲"之议以对抗欧美，打破欧美主导国际秩序下的势力倾斜，认为若从波斯、暹罗诸国入手，"亦未始非补牢之图"。这里的所谓联亚之议，指的当然是以中国为首之联盟。中国要在国际社会中成为能代表一方的强国，要做国际组织内能领导亚洲诸国的一等国，而非受人压迫矮化的三等国。然而，亚洲之内，尚有强大竞争对手日本。日本自日俄战争一役"一跃而并肩列强"，并且大有执亚洲牛耳之势，对中国倾轧尤甚。中国对抗日本之道，在于联合美德两国以对抗之。一方面美国早前有排日之举，两国有莫大障碍，相反美国则素与中国亲善。另一方面德国在东方势力较孤，在商业竞争上尤其嫉妒英日两国。因此，中国正好利用此机会联络美德两国。[1]

由此可见，清政府参加第二次保和会，已经非常意识到"国等"的问题，强调与列强享有对等的权利，愿意负担对等的义务，无非是为了争取大国的地位。其所谓追求"平等"，实际上是与列强大国间之平等，而非与其他亚洲、中南美洲国家之平等。相反，对日本以外的亚洲国家以及中南美洲小国维持中国在等级上的优位，也是清政府所必须坚持和捍卫的。

六、保和会准备会

1. 宣统年间

第二次保和会结束后，陆徵祥即注意到和约的推广与研究，并将丙午年(1906)和丁未年(1907)的俄国通告、1899年第一次保和会旧约中

---

[1]《光绪三十四年一月十六日收保和会专使陆大臣文：具奏保和会前后实在前形等折片请代递由[附印花四纸抄稿一分]》，《外务部档案》，02—21号，4函4宗1册。

的公断条约三种每种印刷500部,各呈上300部分谘各部院,另寄公断条约法文原稿25部。[1] 1909年11月17日,清政府接纳钱恂的建议,仿各国通例,同意速行颁布保和会条约,并命外务部会同各部官员,选派专员先行详细研究第三次保和会因应之道,[2]好待中国能在会议中提出议题,履行与会国的责任和义务,争取中国之权利,不见笑于"文明"诸国。[3]与此同时,外务部又会同军谘处筹办海军处、陆军部以及修订法律馆选派专员悉心校订保和会条约,印成专书,并于1910年9月颁发各部衙门、各省督抚、各驻外公使及总领事,以备研究。[4]此外,钱恂早在会议期间便提出了今后须派遣精通法文及国际法的代表参加保和会。他指出:

> 此等员固必以法律学为体,尤以法国文为用,以所中一切文牍书函,以及相晤语言,无不用法文也。所谓法律者,又重在国际法,以所中所裁判者,无论为国际公,为国际私,无不曰国际上生争执而始用裁判也。[5]

在此,钱恂清楚明晰地指出国际裁判处理国际纷争的根据,惟国际法而已。因此,中国不能不预为讲求。其后,钱恂又将第二次保和会中公布之报告,以及与会时刊售之专报,按题分别,略仿纪事本末体例,编译成《丁未和会类要》一书,凡三卷,呈上外务部,希望仿效日本、暹罗等国广布颁发,供全国人民研究。[6]这种致力于会约的推广与研究的做

---

[1]《光绪三十三年十月十六日收保和会专使陆大臣文:印送保和会丙午丁未两次通告文等书请分谘各部由》,《外务部档案》,02—21号,3函3宗3册。

[2] 第三次保和会原订在1914年举行,但由于第一次世界大战爆发而取消。

[3] 李顺民(《从保和会的参与看清末外交现代化的努力》,页153)作11月29日下令,但实际上,清政府早于11月17日已命外务部就钱恂10月10日(宣统元年八月二十七日)折中提议准备第三次保和会事宜议奏。参《宣统元年十月五日收军机处交抄折:研究颁布保和会各约》,《外务部档案》,02—21号,6函6宗1册,第16号件;《宣统元年十月十七日发军谘处、筹办海军处、修订法律馆请派员到部会同研究第三次保和会事宜由》,《外务部档案》,02—21号,6函6宗1册,第18号件;钱恂:《和会约亟颁布疏》(宣统元年八月二十七日),《二二五五疏》,卷下,页24—26。

[4]《宣统二年八月十一日发京外各衙门通告:送保和会约本红十字会条约》,《外务部档案》,02—21号,6函6宗2册。

[5]《光绪三十三年八月十七日收驻和钱大臣文:筹陈保和会继续派员事》,《外务部档案》,02—21号,2函2宗3册。

[6]《光绪三十三年十二月十二日收驻和大臣文:谘送和会类要书三卷由[附书三本]》,《外务部档案》,02—21号,3函3宗3册。

第五章 "文明"与和平：晚清政府参加万国保和会

法,无疑宣示全国总动员以迎接新世界秩序的来临,并谋求因应之道。

另一方面,钱恂鉴于两次保和会大会期间中国毫无提议,为各国所讥笑轻侮,因此在1909年10月10日提议设立第3次和会准备会,预早筹备。[1] 本来,最早提出设立保和会准备会的是驻比利时公使李盛铎。早在1907年李盛铎向外务部汇报预备第二次保和会事务时,便曾指出各国多就保和会事务而设立准备委员会,调集各种法律人员将本国应行倡议之议案与各国倡议之议案详为研究讨论,以为建议、驳议之张本;而美国更广集议员开会论议。但因临近开会,中国已来不及设立准备会,因此他建议设立调查所,以外务部人员为主,辅以陆军部之通晓海陆军法律人员暨在京之东西留学政治法律毕业生,令他们调查会务,以备询问。不过,李所提议的调查所只属临时性质,保和会结束后便会停止活动。[2] 钱的提议其后刚遭到外务部以各部已有所集议研究为由拒绝。其实,外务部早已联同陆军部、筹办海军处、军谘处,以及修订法律馆,各自派员分期会集,随时商榷和会条约事务,因此虽无立会之名,但已有研究之实。[3]

2. 民国初年

上述清政府积极重视保和会条约,力求在国际会议中建立"文明国"地位的努力,到民国时期得到继承与发扬。由于第二次保和会议决将于1914年6月举行第三次会议,因此,中国政府为及早准备,早在民

---

[1] 钱恂:《和会约亟颁布疏》(宣统元年八月二十七日),《二二五五疏》,卷下,页24—25;又载《宣统元年十月五日收军机处交抄折:研究颁布保和会各条约由》,《外务部档案》,02—21号,6函6宗1册,第16号件。
[2] 《光绪三十三年五月十六日收驻比李大臣信:详陈保和会及此次会事紧要条件情形由》,《外务部档案》,02—21号,2函2宗3册。
[3] 《宣统元年十月十七日发军谘处、筹办海军处、修订法律馆请派员到部会同研究第三次保和会事宜由》,《外务部档案》,02—21号,6函6宗1册,第18号件;《宣统元年十月二十七日发陆军部、筹办海军处、军谘处、修订法律馆咨:第三次保和会派员订期到部会议》,《外务部档案》,02—21号,10函10宗3册,第24号件;《宣统元年十一月二十二日发会奏:遵旨复议出使大臣钱恂奏颁布研究和会条约》,《外务部档案》,02—21号,10函10宗3册,第30号件;《宣统元年十一月二十五日发正折:会奏遵旨复议复出使大臣钱恂奏颁布研究和会条约一折奉朱批依议钦此》,《外务部档案》,02—21号,7函7宗2册,又见9函9宗3册。

国肇始,政权尚未稳固之际,北京政府便在 1912 年底着手筹备 1914 年举行的第三次保和会事宜——仿效各国于与会之前,便已遴选大员,会同海陆军人员,设会研究下次议会应行提议问题的做法,并命令熟悉中外情形、富有保和会经验的陆徵祥负责成立第三次保和会准备会,详为考察国内外形势,研究中国在第三次议会可以提出哪些议案,修改哪些条款。因为中国代表在会中表现之优劣,"足征其所立于世界地位之等差"。〔1〕中国对代表成员的职衔及代表在大会表现的重视,再一次表明中国如何努力于追求大国的地位。

这个准备会不是外交部属下组织,而是由大总统令成立的。〔2〕其后,新政府更接纳了陆徵祥的建议,仿效西方凡高等议会会员,均由政府专加任命的通例,由大总统加以任命此次保和会准备会的会员,"以昭慎重"。〔3〕这样一来,无论是机关还是会员本身,在体制上都变成直属大总统了。这种"隆其位"的做法,可说是一种通过仿效各国的与会机制,以达到与各国对等的趋同措施。

民国时期保和会准备会的会务工作,主要由外交部负责统筹。除外交部官员外,与保和会条约相关的陆军部、海军部和司法部亦派员到会协商。又由于保和会的官方语言是法语,因此外交部主张提拔精通外语的官员担任。〔4〕初期,除外交部派员较多外,其他各部只派一名通晓公法洋文者到会讨论,但其后发觉条约之事甚见繁重,于是各部才陆续添派。准备会于 1912 年 12 月 12 日成立。12 月 21 日召开第一次会议,到会者包括外交部代表:外交总长陆徵祥,参事唐在复、司长陈

---

〔1〕《外交部档案》,3—35 号,2 宗 1 册,第 1 号件,《1912 年 10 月 30 日呈大总统呈:请派大员研究海牙保和会》;第 2 号件,《1912 年 11 月 2 日临时大总统令》。

〔2〕《1913 年 5 月 15 日收国务院公函:奉令派唐在复等为保和会准备会会员应请查照分别转知》(第 6 号件),《外交部档案》,3—35 号,2 函 2 宗 2 册;川岛真认为这样可以确保其在对外政策上的影响力。参氏著:《中国における万国公法の受容と適用・再考》,页 48。

〔3〕《1913 年 5 月 10 日发大总统呈:呈报保和准备会事并附呈说帖》,《外交部档案》,3—35 号,2 函 2 宗 2 册,第 5 号件。

〔4〕《1912 年 11 月 5 日发海军部、陆军部、司法部:请派员会同研究海牙万国保和会第三次大会应行提议事宜》,《外交部档案》,3—35 号,2 函 2 宗 1 册,第 3 号件。

第五章 "文明"与和平：晚清政府参加万国保和会

篆,秘书顾维钧(1888—1985),主事王继曾(1880/82—?)、王曾思、刘符诚、李向瀛；司法部参事马德润、海军部技正吴德章、陆军部司长徐树铮(1880—1925),计11人。[1] 不过,由于陆徵祥体弱多病,加上外交部事务繁重,多未能出席会议,因此初期实际上由唐在复代为主持。1914年4月以后由于唐调任驻荷兰公使,于是改由参事顾维钧接任。[2]

川岛真认为保和会准备会的工作在民国时期国际法传入过程中担当了一定的角色。[3] 这种说法是有根据的,特别是准备会的会员主要来自外交部,会长又是外交总长陆徵祥,其主导作用是毋庸置疑的。例如1912年12月12日第1次会议中陆徵祥提议选购书籍以备参考,[4] 翌日外交部便发电令驻英、美、日各国公使馆搜罗关于保和会的公私书籍。[5] 不及一月,已从驻日公使收到前日本保和会代表团随员长冈春一(Nagaoka Harukazu, 1877-1949)的《成文国际公法》,[6] 从驻英公使收到《保和会蓝皮书》5册、《伦敦宣言》(London Declaration concerning the Laws of Naval War, 1909)以及论述保和会的最佳私家著述——希金斯(Alexander Pearce Higgins, 1865-1935)的《海牙保和会》(*The Hague Peace Conferences*)。[7]

正如前述,准备会的会员来自外交部、陆、海军部、法部,都是"通习

---

[1] 《1912年12月21日收保和会准备会第一次会议记录》,03—35号,3函3宗1册,第1号件。
[2] 《1914年4月28日收国务院函：函知以外交部参事施绍常等充任保和会员请查照[附抄陆会长原呈一件]》,《外交部档案》,3—35号,2函2宗3册,第12号件。
[3] 川岛真：《中国における万国公法の受容と適用・再考》,页54注43。
[4] 《1912年12月21日收保和会准备会第一次会议记录》,《外交部档案》,03—35号,3函3宗1册,第1号件。
[5] 《1912年12月13日发驻英德美法日本各代表电：希速购二次保和会各种书籍》,《外交部档案》,3—35号,2函2宗1册,第9号件。
[6] 《1913年1月14日收驻日使署函：函送国际法考》,《外交部档案》,3—35号,2函2宗2册,第1号件。长冈之著作1909年刊行(東京：国際法学会)。《外交部档案》作《成文国际法考载》。
[7] 《1913年1月31日收驻英使馆函：购寄保和会书籍》,《外交部档案》,3—35号,2函2宗2册,第3号件。《海牙保和会》的书名全称及出版讯息为：*The Hague Peace Conferences and other International Conferences: Concerning the Laws and Usages of War: Texts of Conventions with Commentaries* (Cambridge, England: University Press, 1909)。

公法,熟悉会事"。[1] 在每个星期四的例会中,各部代表分别就其专长审议中国已画押、未画押之保和会条约各项条款,以及分析各条款与中国法律的关系。此外,又讨论到可作为议题提出之中国外交纷争,并鉴辨其中利害。这些讨论都是激烈而富意义的。[2] 对于中国未有画押的第二次保和会各项条约,准备会大抵主张应与各国同步,一并画押。例如陆战规例,中国前此以该约第3条有违犯约章国家须负赔偿责任等语而恐有窒碍,未曾画押。现经准备会详加探究后,认为这是人道主义之善政。至于第3条特定罚则,其实是勉令同约各国着实履行,一方面以无形之义理警告交战各国于未违约之前,一方面以有数之偿金,救济被扰之地于违约以后,用意深远,立法简明,于中国没有窒碍之处。归根究柢,准备会这种急于画押的理由在于:

> 中国对于已经画押之各国,既居同等地位,即应一体签押,以表同意而保国体。[3]

凡此种种,充分表现出中国强烈的秩序定位意识,以及追求"文明国"平等待遇的热切盼望。

六、后话

1. 国际组织的参与和近代外交官的茁壮

参加第二次保和会前,中国各驻外公使不断译介各国政府动向和舆论要点,提出种种建议。保和会举行期间,中国代表团又随时向清政府汇报保和会的一切动态,翻译和款草案,对各国之立场及意见条分缕析,剖切其中利害、约款与中国之关系,以及中国应采取的立场等。[4] 而且,在

---

[1]《1913年5月10日发大总统呈:呈报保和会准备会事并附呈说帖[第三次保和会准备会第1次报告]》,《外交部档案》,3—35号,2函2宗2册,第5号件。以后因会务繁重及会员调职,有所增派更迭。

[2] 详参《外交部档案》,3—35号,3函3宗1册,各次保和会准备会之会议录。唐启华对于各次会议讨论的议题,有扼要的叙述,此处不赘。参:《清末民初中国对"海牙保和会"之参与(1899—1917)》,页75—79。

[3]《1913年发大总统呈:第三次保和会准备会第二次报告》,《外交部档案》,3—35号,2函2宗2册,第13号件。

[4] 详见《外务部档案》,03—35号,3函3宗《陆徵祥呈和会报告》及4函4宗的《陆徵祥译和会草案报告》。

第五章 "文明"与和平：晚清政府参加万国保和会

讨论各条约款时,大胆地提出中国的主张,对于不符合中国利益的条款,"虽已为多数所遵从",亦会"酌除而不认"。[1]整体表现没有教人失望。其中尤以出身同文馆的陆徵祥的表现最为人所称道,时任外务部尚书的袁世凯对他十分赞赏,称之为:

> 通达时事,虑事精详,凡于国体有关事项据理力争,曾不少诎,尤能洞察列强情势,剀切敷陈,确有见地。[2]

事实上,从参加第一次和会开始,中国的外交人才开始专业化,以精通外语、娴熟国际法为首要条件。早期出身出同文馆以及留学日本、欧美的法政留学生在参与国际会议上得到历练,从翻译进而为外交使节,以至外务部(清朝)、外交部(民国)的大员,在对外交涉上举足轻重。这时期的外交人才得到重视,与初期人们视驻外为畏途的情形实在不可同日而语。无怪乎论者谓参与保和会的陆徵祥等在近代中国外交官的出现前,扮演着承先启后的重要角色。[3]

2. 国内法·国际法·"文明国"标准

清政府对于国际保和条约的态度,基本上正如驻荷兰公使钱恂所说:"可赞同不可轻信",原因在于欧美各国,同种同教,向来歧视中国。因此,中国

> 非有同等之法律,不足以巩固国权;非有精确之约文,不足以维持国际。[4]

其一等书记官董鸿祎进一步将法律与"文明"挂钩:

> 晚近之世,觇者每以法律之优劣定国家之文野,故国家欲图自强,国际欲谋平权,必须修明法律……海牙和会中,我国与各国外虽平等,内不平权。苟不从速修明法律,改正条约指通商条约而言,不但

---

[1] 据陆徵祥的上奏,中国在《万国海上捕获审判所约》中,建议删除第15款;在《海上中立国权利义务约》中,建议删除第10、19及22款。参《保和会专使大臣陆徵祥奏折》(1907年12月12日),载金晶敏荣编选:《(中国第二历史档案馆藏)陆徵祥出席海牙保和会奏折两件》,页39。
[2] 李剑农:《中国近百年政治史》,下册,页376。
[3] 李顺民:《从保和会的参与看清末外交现代化的努力》,页153—154。
[4] 钱恂:《奏和会三约画押折》,《东方杂志》,第6卷2期(1909年3月),页7—10。

权之永不能平,更不知居我于何等。[1]

因此,清政府官僚,特别是涉外使臣大都力主中国必须整备法律,派遣裁判员驻外,并培养法律、外交人才,以求在新国际秩序下攀上一等"文明国"的席位。[2]这种思维进路,我们可视之为中国在参加世界秩序过程中孕育出来的改革催化剂。无怪乎《东方杂志》的案语谓:

> 读之知万国评判之场,非法律不备之国所能预,又非法律学不讲之国民所能预。……务于光绪三十七年今为宣统三年以前,俾国法、国际法均有眉目,然后于发表议题时,与各国抗衡印证,则第三次之会乃不虚预。[3]

参与国际组织,可提高国家的国际地位。但要参与国际会议,争取发言权,与各国抗衡,首要任务即在于国内法的改革和国际法知识应用技术的提升。[4]因此,当大会商议第三次保和会的会期时,虽然英美极力主张明订年期,陆徵祥则附和德、奥之说,不必预订期限,应由各国政府互相接洽为妥。其原因即在于争取时间以改革中国之法律。"会期较远,我修律事较可从容",否则当第三次开会,如中国法律改革尚未成功,便难以维持已有的地位。[5]陆徵祥又举巴西军事图强,暹罗修改法律、波斯改良宪政为例,促请清政府早日实行立宪,"以塞各国之口"。[6]

另一方面,在第二次保和会大会进行期间发生了朝鲜三志士抗议事件。朝鲜的李相卨(原朝鲜议政府参议)、李儁(前平理院理事)、李玮锺

---

[1]《光绪三十四年七月二十六日收驻和钱大臣文:谘送书记官董鸿祎所撰〈海牙仲裁裁判与中国之关系〉以便研究由》,《外务部档案》,02—21号,4函4宗2册;董鸿祎在《海牙仲裁裁判与中国之关系》,页36—37[《外交报汇编》,册2,页830—831]。

[2]这类看法相当普遍,如驻美公使张荫棠亦有类似的说法。参《使美张荫棠奏陈外交事宜并请开缺简受贤能折》(宣统三年九月初四日),《清宣统朝外交史料》,卷23,页17—19。

[3]《东方杂志》,第6卷2期(1909年3月),页10。

[4]《光绪三十三年十一月二十一日收军机处交抄折:钱恂奏保和会完竣沥陈各国议恉暨我国应早预备下次预会情形一折奉朱批该衙门议奏钦此由》,《外务部档案》,02—21号,10函10宗1册。

[5]《光绪三十三年九月二十五日收保和会专使陆大臣信:叙与各国会商预定第三次和会期由》,《外务部档案》,02—21号,3函3宗2册。

[6]《光绪三十四年一月十六日收保和会专使陆大臣文:具奏保和会前后实在前形等折片代递由[附印花四纸抄稿一分]》,《外务部档案》,02—21号,4函4宗1册。

第五章 "文明"与和平：晚清政府参加万国保和会

（前驻俄公使馆书记官）三人，为反对 1905 年日本强加于朝鲜的《日韩保护条约》，在大会上控诉日本的侵略罪行。不过，由于大会以无权受理为由，拒绝受理，于是有李儁愤而开枪自杀。陆徵祥认为这关系到一个民族的存亡问题，可惜自己爱莫能助。[1] 但此事给陆徵祥的思想带来很大的冲击，使陆徵祥深深感受到中国若要进入国际社会，而非沦为次等国、三等国，便必须进行改革，否则只会步朝鲜的后尘。因此，陆其后上书要求尽快立宪，[2] 弛党禁、速开国会，并加强军备。[3]

上述的分析表明，在中国加入国际组织、参加国际会议的过程中，有两种旋律在主导着中国的外交政策及行动：一是"文明化"：努力跻身"文明国"之列，加入国际组织，成为万国之一，争取国家独立自主平等，不容他国侵害主权；二是"大国化"：清政府官员毫无困难地认知到现实世界的秩序等级以及国际组织运作上权利义务的大小差异，因此追求大国化、强国化，力争中国成为新世界秩序下的领导强国（"头等国"、"一等国"），借用李勇进的说话，就是要成为国际组织内的核心成员。在其国际视野之中，亚洲各国是中国的联合对象，中国力争成为亚洲具有领导地位的大国，而同在亚洲的日本则是中国强而有力的竞争对手。然而，如何联合亚洲各国，以及中国与亚洲各国该建立怎样的关系等操作性问题，均未见陆徵祥等清政府官僚有实际具体的讨论。由此看来，这种所谓联亚而力争成为亚洲盟主的设想，可能只是一种不具迫切性的大方向，又或是没有实质内涵的政治套语而已，这方面有待于更进一步的研究。另一方面，在兵凶战危的国际形势下，中国要对外保持平等之权利，享有国际法上完全的国家人格，便不得不进行政法改革，从速立宪了。关于这一点，笔者在下一章会作详细讨论。

---

[1] 凌其翰：《外交耆宿陆徵祥》，页 34。
[2] 《光绪三十三年六月二十一日收专使陆大臣驻和钱大臣电：会议议论立宪不妨再行宣布乞代奏由》，《外务部档案》，02—21 号，2 函 2 宗 3 册；《专使陆徵祥和使钱恂致外部请宣布立宪宗旨电》（光绪三十三年六月二十一日），《清季外交史料》，卷 203，页 17。
[3] 《光绪三十三年九月二日收驻和陆大臣致参堂函：函陈修订法律似宜奏请专派大员暂设专馆以期早日而成挽危局由》，《外务部档案》，02—21 号，10 函 10 宗 1 册；《宣统元年七月四日收驻和陆大臣电：海牙和会群议可愤乞代奏由》，同号，7 函 7 宗 2 册。

第六章　构建近代国家：
文明的追求

一、"公法"与改革

1895年发生的甲午战争可谓近代中日朝三国的转捩点。日本大获全胜，取代中国成为东亚世界的霸主，为其"脱亚入欧"、加入国际社会成为强国奠定了基础。战后的朝鲜，中国的政治势力被彻底排除，一任日本干涉监控，最终踏上了亡国之路。至于惨败的中国，一方面自此成为列强瓜分的脔肉，另一方面，一场牵动根本的政治社会体制改革运动也由此正式揭开了序幕。

笔者在本书的第三章及第五章先后论及国际法的适用与否取决于西方世界对中国"文明"阶段的判断这一问题。事实上近代中国的所谓"现代化"，在这个意义上，因此也就很大程度上成了一种对"文明化"的追求。中国的改革目标、"思想资源"、"概念工具"，无一不是来自西方或是通过日本传入，而"文明"的西方以及成功"文明国化"的日本是中国现代化的"思齐"阶模。这种通过国家的"文明化"，以享受国家自主独立的国家建构意识，是从什么时候开始明确地形成呢？日本学者川岛真认为，最低限度从光绪新政期至中华民国北京政府期中国人对此已有明确认知，当时的政治外交官僚已自觉地视中国的"文明国

第六章　构建近代国家：文明的追求

化"为自己的使命。[1] 当然，戊戌维新的重要性不容忽视，无论在制度上、思想上、价值体系上，以至对整个中华帝国而言，它的影响都是深远重大的，它意味着中国多方面的范式改变。不过，真正将维新时期的主张付诸实行，并影响全国的，便不能不数新政时期的种种改革了。

事实上，近年来学术界已对晚清新政时期（1901—1911）的改革重新评价，认为它在近代中国的现代化发展的里程上，有承先启后之功，[2]有学者甚至称之为"革命"。[3] 新政本身，一方面继承了戊戌维新期遭到挫败的各种改革措施，另一方面又是在慈禧太后的许可下，由地方、地域乃至国家的精英尽心尽力筹划，进行的国家体制总改革。这是一场告别传统体制、普遍王权和儒家精神，以及文化建构的翻天覆地的改革。[4]

新政期间，除了朝廷进行以立宪为首，对财政、法制、官制、教育、军事等旧有体制作根本性的改革外，在全国范围内还同时出现了对外抵制运动、收回利权运动以及革命运动。这表明不但旧有的国家体制正在实行变革，社会文化的基础建构同时也在形成，而且不断发挥其威力。毋庸置疑，这是中国人整体思想变革的关键时期。

在这样的时代背景下，国际法为中国人理解新文明观、新国际秩序，以及国家主权等重要概念和理性批判的分析工具提供了核心范式及话语，并对这个时期的国家构建、各种制度的改革、近代中国民族主义的形成，以及革命运动的展开产生了重大影响。因此，探讨中国在新政时期以争取成为国际法适用主体为目标的国家构建过程，对我们重审近代中国的变革具有重大的启发和反思意义。

---

〔1〕 川岛真：《中国における万国公法の受容と再考》，页44。
〔2〕 郭世佑：《晚清政治革命新论》（长沙：湖南人民出版社，1997年），特别是页304—366；王晓秋、尚小明主编：《戊戌维新与清末新政》（北京：北京大学出版社，1998年）。
〔3〕 Douglas R. Reynolds, *China 1898–1912: The Xinzheng Revolution and Japan*；郭世佑：《晚清政治革命新论》。
〔4〕 Douglas R. Reynolds, *China 1898–1912: The Xinzheng Revolution and Japan*, pp. 39–40。

在这一章里,笔者尝试将国际法的适用问题放在中国近代国家构建过程中处理,借此揭示从野蛮迈进文明的关键,在于能否跻身文明国之列。同时,通过分析新政期的政法体制变革、"文明排外",以及革命等一连串运动与国际法适用问题之间的相互关系,说明国际法主体的追求——国家文明化——是分析近代中国国家构建和秩序重构的重要切入点。

二、文明与国家体制的构建

中日甲午战争的战败、义和团运动的悲剧收场,以至"东南互保"所象征的地方势力的抬头,反映了清政府中央统治权威的失坠,传统政治社会秩序走向解体。与此同时,列强对中国采取"门户开放"和"中国领土保全"的政策,不以武力,代之以经济侵略,夺取中国的铁路权、矿权等,剥夺中国的主权、利权。这时期,中国被视为国际社会的"野蛮国"或"半开化国",除了为人所痛恨的最惠国待遇、领事裁判权及协定关税这三项丧权辱国的条款外,又先后被强制了租借地、势力范围、铁路权、矿权等一连串的不平等措置。无可否认,中国确实处身于亡国、亡种、亡教的严峻危机中。

面对这内忧外患的双重危机及亘古未有的世界变局,康有为和梁启超等知识分子早已在戊戌时期振臂维新。对康有为而言,变法的核心是制订宪法,设立民选议院,实行君主立宪制。这场由上而下"自改革"的"君子梦"虽以短命告终,[1]但自义和团运动以降,国内外的情势打破了现状,为改革带来新的机遇。对清政府而言,关乎生死存亡的是,对外如何克服当前的劣等国地位,在国际社会争取大国的地位;对内如何强化中央集权,结束地方坐大的局面,以及镇压日益气盛的革命运动,以维护政权。

1. 立宪与文明

众所周知,新政是以1901年由张之洞和刘坤一(1830—1902)的三道

---

[1] 参朱维铮:《导读》,载龙应台、朱维铮编注:《未完成的革命——戊戌百年纪》(台北:台湾商务印书馆,1998年),页25—78。

第六章 构建近代国家：文明的追求

变法自强会奏为发轫的。[1] 所谓新政，具体而言是指在全国实行大规模、广范围、多层面的12条去弊措施："崇节俭"、"破常格"、"停捐纳"、"课官重禄"、"去书吏"、"去差役"、"恤刑狱"、"改选法"、"筹八旗生计"、"裁屯卫"、"裁绿营"、"简文法"。[2] 而在确立新法中，又有11条学习西方的改革方案，包括："广派游历"、"练外国操"、"广军费"、"修农政"、"劝工艺"、"定矿律、路律、商律、交涉刑律"、"用银元"、"行印花税"、"推行邮政"、"官收洋药"、"多译东西各国书"。[3] 这些改革措施，牵涉到教育、官制、法制、经济、军事等各方面，无论在制度上、思想上，还是价值体系上，都超越了传统儒家规范与道德伦理的框架。另一方面，日本在日俄战争中取得胜利，证明了立宪政体优于君主政体，也大大刺激了中国全面性倡议实行立宪以图富强的期望。立宪，已不单是中央官僚、考察宪政大臣、出使大臣、地方督抚，以及少数知识分子的要求而已，更是一般绅商、学堂学生，以至普通人的共同愿望。他们热切期待通过实行宪政、开设议会，使中国得以国富兵强，进而维护国家的主权独立完整。而随着形势的转变以及时间的消逝，一方面这种期待背后的焦虑与不安日益严重，另一方面追求变革的心志步伐又不断加速，近代思想史上的激进主义实源于这种现实观照。[4] 人们认为改革图强是可以实行的，而且是刻不容缓的。在这思潮下，日本的角色来得特别重要。日本既是中国借镜的老师，同时又是嘲讽自己、挑战自己的先行者。一方面她是传统中华帝国的朝贡国之一，因而是可亲的；另一方面她又是成功"文明国化"的新兴国家，因而是新鲜与异己的。这样一来，自然使清政府的眼光投向东

---

[1] 即著名的"江楚会奏三折"：《变通政治人才为先遵旨筹议折》（光绪二十七年五月二十七日）、《遵旨筹议变法谨拟整顿中法十二条折》（光绪二十七年六月初四日）和《遵旨筹议变法谨拟采用西法十一折》（光绪二十七年六月初五日），载《张文襄公全集·奏议》，卷52，页9—29；卷53，页1—33；卷54，页1—32。

[2] 《遵旨筹议变法谨拟整顿中法十二条折》（光绪二十七年六月初四日），《张文襄公全集·奏议》，卷53，页1—33。

[3] 《遵旨筹议变法谨拟采用西法十一条折》（光绪二十七年六月初五日），《张文襄公全集·奏议》，卷54，页1—32。

[4] 详参李世涛主编：《知识分子立场——激进与保守之间的动荡》（长春：时代文艺出版社，2000年）。

邻日本,选择体制内变革,既可保存君主的权力,又能将老大帝国转化为近代国家。结论很简单,清政府如果要把国家从解体的危机中拯救出来,继续在弱肉强食的国际社会中生存下来的话,除了确立君主立宪制外便别无他法。在此形势下,清政府终在1906年宣告预备立宪。

关于晚清立宪改革与地方自治的研究已有不少论著讨论过,成果相当丰硕。[1]这里无意、也没有必要详细论述整个立宪改革过程及其影响等问题,我们只把焦点放在立宪与国际法的关系上。

驻英公使汪大燮1907年底在一封致汪康年(1860—1911)的书简中提到,"今日中国,尚不如南美诸小国之程度"。汪大燮在这里讨论的是中国在国际秩序上的等第问题,而且对中国的等第不如南美小国感到愤慨。原因是什么呢?据汪大燮的分析,虽然委内瑞拉是无机体的国家,但其国民尚且可以自选其政府及总统以行国政;反观中国,国民虽曰广众,但是"召乱有余,成事不足,故士大夫不号召乡愚,致成无意识之举"。究其原因,在于中国"尚未立宪,国民之机关未立,势如散沙"。[2]他的意旨,无非是强调中国立宪之迫切性,将国家的政体与国家在国际秩序的等第两者挂钩,而所提出的政体,便是能团结国民、以议会代表国民意志行事的立宪政体。这里,我们再看看1907年9月福建布政使尚其亨对立宪的分析。他指出了政府必须立宪的原因:

> 盖实迫于列强竞争之时局,必置我国度于高等之地位,对他国有平等之权力,而后外侮不侵,国势乃振。夫外交之难易,视内政之得失;内政之得失,视民格之高下。宪法者实能造国民品格进于文明,居于不可侮辱之境,而张我国势,固我国权者也。
>
> 考泰西各国宪法之原起,在十八世纪以前,强者每扩张其权利以

---

[1] 例如侯宜杰:《二十世纪中国政治史改革风潮》(北京:人民出版社,1993年);韦庆远、高放、刘文源:《清末宪政史》(北京:中国人民大学出版社,1993年);马小泉:《国家与社会:清末地方自治与宪政改革》(开封:河南大学出版社,2001年);卞修全:《立宪思潮与清末法制》(北京:中国社会科学出版社,2003年)。

[2] 汪大燮第177号信函(光绪三十三年十一月二十二日),上海图书馆编:《汪康年师友书札》(上海:上海古籍出版社,1986年),第1卷,页971。

第六章 构建近代国家：文明的追求

侵人自由，弱者欲伸其自由以保其权利，互相竞争，而宪法出焉。宪法者有限制之义，人与人交际各有限制，不得侵他人之自由，国与国交际各有限制，不得侵他国之自由。一国共守之法曰宪法，万国共守之法曰公法，其义实相通焉。……西士布伦氏公法第六十一章曰：国必自护，公法方护之。是皆能治其国家孰敢侮之微义。泰西各国疆域密接匕鬯无惊者，胥赖此法维系之也。[1]

尚其亨更强调在列强互相竞合的国际形势下，只有获得国际法上的平等地位，才可抵抗外国的侵略，振兴国家。国际社会的主体是立宪政体的文明国家，因此如果通过立宪，保障国民的权利、自由，提高国民的品格到"文明"的水平，便可抵御外侮，确保中国享有作为文明国在国际法上的平等地位。他认为规定各国的权利和自由，限制各国行动的是"万国公法"；而保障及限制个人的权利和自由的则是宪法。因为国民的权利和国家的权利实际上是表里一致的关系，因此他提出宪法是"公法之权舆"的说法。[2] 换个角度说，实行宪政是成为国际社会文明国的第一步。

考察宪政大臣载泽（1868—1930）在 1906 年的奏折中，分析了立宪可达成的三个目标，即"皇位永固"、"外患渐轻"和"内乱可弭"。他认为只要实行君主立宪，君主不负行政责任，政府可换，但"君位万世不改"；其次，通过立宪成为国际社会的文明国，取得国际法上平等的法人地位，可使"外患渐轻"；最后，只要废除鱼肉百姓的专制体制，实行立宪，自能达到"公平之正理"、"文明之极轨"，瓦解革命派主张的种族革命运动，因而"内乱可弭"。在这里，他展示了一种新的华夷观，将"夷"转释为专制＝野蛮（半开化），将"华"转释为立宪＝自由＝文明，显示他视国际法、立宪政体与文明三者等值的看法。[3]

---

[1]《福建布政使尚其亨奏宪法立则公法行则公法行则外侮靖折》（光绪三十三年八月十二日），故宫博物院明清档案部编：《清末筹备立宪档案史料》（北京：中华书局，1979年），上册，页 260—261。

[2]《福建布政使尚其亨奏宪法立则公法行则公法行则外侮靖折》（光绪三十三年八月十二日），《清末筹备立宪档案史料》，上册，页 260—261。

[3]《出使各国考察政治大臣载泽奏请宣布立宪密折》（光绪十二年），《清末筹备立宪档案史料》，上册，页 174—175。

由此可见,立宪本身,带有浓厚的"文明化"色彩。对清政府而言,要在国际社会存续下去,舍文明便别无他法。文明是制度的,也是精神的。近代中国的国家构建,在这个意义上,也就是"文明化"的过程。有趣的是,他们极力宣扬国际法具有普遍价值,而且使用的是当时已逐渐被"国际公法"所取代的旧译"万国公法"概念。前此已被定义为国家间交涉规范的"公法",再被重新诠释为"万国共守之法"。而在国际法秩序框架下的"文明国化",则是每个滞后的、未开化的或野蛮的国家的追求目标。这种诠释,无疑是为了证明立宪的必然性而产生的,是基于现实考量而形成的。

当然,清政府官僚亦明白到在帝国主义横行的时代里,只有帝国才可主张国际法上的主权平等。例如考察宪政大臣达寿(1870—?)便明言立宪政体可以提高国民的竞争力,而国家则是行使帝国主义政策的产物,并警告如不实行帝国主义,中国早晚会亡。[1]对达寿而言,中国所追求的新体制国家的再建,是从传统的中华帝国迈向欧美帝国主义的转化道路。事实上,把当前的世界视为帝国主义的时代是20世纪初的社会思潮,《国民报》、《湖北学生界》、《浙江潮》、《江苏》、《新湖南》等刊物都曾介绍过帝国主义的特征,并提出了中国是列强侵略对象的警告。加上受到社会达尔文主义的影响,这时期清政府官僚所追求的已不是戊戌维新时期天下大同的理想和平世界。他们认为竞争的国际关系才是国际社会的常态,只有成为帝国的一员才可避免遭受淘汰。[2]

2. 国会开设与外交改革

甲午战争以后,来自欧美的民族主义、自由主义、民权思想等以电光火石之势纷纷被引进中国,席卷全境,加之以教育的普及,新闻、杂志

---

〔1〕 达寿:《考察宪政大臣达寿考察日本宪政情形折》(光绪三十四年七月十一日),《清末筹备立宪档案史料》,上册,页29。
〔2〕 关于中国知识分子对20世纪初帝国主义及弱肉强食强权时代的认识,参田涛:《世纪之交中国知识界的国际观念》,载中国义和团研究会编,苏位智、刘天路主编:《义和团运动一百周年国际学术讨论会论文集》(济南:山东大学出版社,2002年),下卷,页1196—1210。

第六章　构建近代国家：文明的追求

等大众媒体的发展，使启蒙运动能够进入社会的每一角落，既冲击传统的文化体系、政治社会的秩序，以至人们的思想取向，同时亦提供了共同的论域，提高了中国人在议论国内外情势的分析水平。在公共论域的扩大及渗透下，人们参与政治，对现实政治外交的理性批判亦变得更积极。通过对政府政策的讨论以及各种运动的实践，尽管意见不同，但中国人的连带意识亦开始逐渐形成。亡国、亡种、亡教的危机意识可说是近代中国民族主义的核心思想。由于清政府对外交涉屡次失利，接二连三地丧权辱国，因此大部分的中国人认为与其听任清政府回天乏术，倒不如自己掌握个人的命运，奋力勇进，挽狂澜于既倒。后文将会讨论的"文明排外"运动，国人绕过清政府的介入，自身奋起参与对外交涉，便可视之为这种意识的实践。简而言之，这种"文明排外"行动有三重意义：1. 这是对丧失了统治权威的清政府一种不信任的表态；2. 这是一种对统治权威的挑战；3. 这是国民要求获得政治参与权的主张。他们已对在收回利权运动中表现无能且腐败的清政府感到绝望，在全国参政运动的大潮下，中国人所指望的是增强在外交问题上发言的力度，将国民代表送进国会。在这形势下，自然引发了提早开设国会的诉求。[1]

另一方面，开国会对清政府官僚而言亦有其利。开国会，可以使政府与人民间的沟通成为可能。特别是在外交方面，由国会决定政策，摆脱了当事官僚独断的危险，也可以对列强的无理苛索，还以强力的舆论支援，并形成国民共识，彰显文明国的地位。而在现实的对外交涉中，亦更易于得到国民的理解和支持：

> 故向使国会早开，外交事件，人民得参预其间，集众听以为聪，则良谋自出；据群心以为固，则御侮无难。[2]

---

[1]《都察院代递孙洪伊等恳请速开国会呈》(宣统元年十二月二十日)、《都察院代递文耀等恳请速开国会呈》(宣统元年十二月二十日)，《清末筹备立宪档案史料》，下册，页639、页643。
[2]《论国会为治外交之本》，《外交报》，216期(1908年8月)，页2—3[《外交报汇编》，2册，页373—376]。

话虽如此,中国接二连三地丧失主权、利权,外交上屡败不爽的原因,除了所谓政治腐败、任命不得其人外,时论以为主要原因在于朝野对近代西方国际法的无知:

> 中国六十年来外交之历史,可一言以蔽之曰:失败之历史。隳主权,损国体,凡国际公法上必不可有之现象,而吾中国无不一一演之。迹其所以致此之由,其原因虽不止一端,吾谓不明公法之原理则其原因之大者也。[1]

因此,要解决中国的积弱问题,挽救民族危亡,必以向全民导入国际法知识、研究国际法为急务。研究国际法,不单有助中国的对外交涉,而且更能提升中国在国际社会的发言权。[2] 在这种风潮下,单单在法政学堂设学科已不能满足时代的呼唤,有论者甚至主张在中学增设外交科作为新国民的常识。[3]

义和团运动以后,既为了应付列强的强烈请求,也出于本身的需要,清政府终于在1901年废除总理衙门,结束同治中兴以来外交与商务不分的政治架构,创立外务部这个近代外交机关。[4] 由于一直以来担任对外交涉工作的总理衙门大臣、出使大臣,以及其随行人员,大部分都未能通晓外语及具有国际法的专门知识,因此,在外务部的新体制下,清政府开始着重培养外交人才,进行官制改革和外国公使馆人员的培训计划,试图建立近代外交制度的基础建构。具体而言,除了有驻外国专使及武官的

---

[1] 守肃:《论国际公法关系中国之前途》,《政法学报》,癸卯年第 3 期(1903 年 9 月),页 43。

[2] 中国之新民(梁启超):《日俄战役关于国际法上中国之地位及各种问题》,《新民丛报》,3 年 2 号[总第 50 号](1904 年 7 月),页 29—30。佐藤慎一指出,1900 年以后的梁启超由于受到进化论的影响,对于中国在国际社会的存续之道已由"借公法自存"的论理转化为"竞争自存"的论理,对于"万国公法"的关心亦急速消去。不过,以上引文章为限,笔者以为这个时期的梁启超实际上极力提倡国际法的研究,以图唤起国民对国际法的关心,并借国际法维护中国的主权。参佐藤慎一:《近代中国の知識人と文明》,页 132。

[3] 《论中学当增加外交一科》,《外交报》,180 期(1907 年 7 月),页 2—3[《外交报汇编》,2 册,页 229—332]。

[4] 关于外务部的成立,参高超群:《外务部的设立及清末外交制度的改革》,载王晓秋、尚小明主编:《戊戌维新与清末新政》,页 202—229;川岛真:《外務の形成——外務部の成立過程》。

第六章 构建近代国家：文明的追求

派遣外，尚有将外语、国际法等专门知识视为外交人员的必要教养，打破旧有三年一任的规定，延长驻外公使的任期，以及成立储材馆以培养外交人才等措施。[1]

外务部的成立，标志着具有近代意义的中央外交机关之诞生。不过，清政治的对外交涉并不如预期般顺利开展。原因之一，是在国力不张的形势下，外务部未能根据国际法采取坚决毅然的态度，有效阻止外国企业违反合约或无视合约的违法行动。而对外交涉的结果，多是清政府向外国借款赔偿了事，不但未能收回利权，而且对列强的经济依赖更是日益严重，甚或无法自主。这种情形，不但使清政府饱受"媚外"之讥，更加速了民众及地方有力绅商对中央政府的离反。

三、领事裁判权之废除与法制改革

1. "文明国家"与领事裁判权

要废除不平等条约，中国本身必须成为国际社会的一员。也就是说，为了脱离国际法上"对外原则"的压迫，进而完全适用"对内原则"的权利，中国得转化为国际法的主体、"世界的中国"。我们知道在众多中外纷争交涉中，最露骨地侵害中国主权、打击清朝政府统治权威的，要算是领事裁判权了。在这一节里，我们将以领事裁判权为例，探讨文明国的成立要素、主权平等、国际社会的加入，以及国际法适用问题之相互关系。

中国要废除领事裁判权，便必须得到国际社会承认中国为其中一员。但怎样才能加入国际社会呢？入会的基准是什么呢？答案是"文明"，只有成为"文明国家"，中国才可以完全适用国际法。而要成为文明国家之一，首先便要得到西方国家的承认。所谓"文明"，指的当然是西方文明。那么，像中国这样的非西方基督教的国家又怎样才能成为"文明国家"呢？上面我们讨论了政体与文明的关系。在这一节里，让我们再检视一下"文明国"最重要基准之一的司法制度。

---

[1]《外务部奏陈调用人员办法并设立储材馆折》，《东方杂志》，3卷8期（1906年9月），页72—78；《出使法国大臣刘奏陈出使事宜拟请变通章程折》，《东方杂志》，3卷10期（1906年11月），页105—108。

从万国公法到公法外交——晚清国际法的传入、诠释与应用

在近代西方国际法的世界扩张史上，非欧美基督教的国家要得到国际社会承认其为国际法的主体，便必须使其司法制度与西方的接轨，在"文明"的司法制度下，严格确保西方个人及企业在当地的私有权益及活动自由。[1]

早在鸦片战争前夕，西方对于中国司法制度弊害的批评已相当普遍。对于18世纪末中国刑罚的情况，梅森（George Henry Mason，1770—1851）曾作出肯定性的评价，指中国可取之处，在于刑罚是出于安全的需要以保护人民，使他们免受被加长的极度痛苦；人们的无罪清白，不是由人们精神或肉体所能忍受痛苦的力量来评断；在中国，暴政、狂热或无政府状态，亦不可行使其凶恶的脾性以求残暴；死刑只会作为社会秩序的必要环节而设立和容许，用以阻止邪恶者危害其同胞，并防止违法者再作恶。[2]但是，关于中国司法制度所存在的种种弊端，如官僚对法律任意解释、独断专行、贪赃枉法等，早在明末时，来华的西班牙传教士庞迪我（Diego de Pantoja, 1571-1618）便曾详细介绍过。[3] 19世纪中叶以降，随着西方人对中国社会百态的深入介绍，特别是那些"枷号示众"、"贯耳站街"、"发配"、"徒刑"等残忍图像作品的大量流通，加深了西方人视中国司法制度为野蛮落后的观感，并起了威吓性作用。[4]例如1869年来华，1871年任美国驻华头等参赞的何天爵（Chester Holcomb，1842-1912）便曾指出：

---

〔1〕 关于19世纪国际法主体的国家基准，可参田畑茂二郎：《現代国際法の課題》（東京：東信堂，1991年），页41—50。

〔2〕 George Henry Mason, *The Punishments of China, Illustrated by Twenty-two Engravings, with Explanations in English and French* (London: Printed for W. Miller, by W. Bulmer,1801), preface. 此书由 J. Dadley 绘画，Mason 注解。田涛误以为威廉·米勒（William Miller）是作者。参氏著：《十七世纪以来西方人眼中的中国法律》，《法学前沿》，4辑(2001年2月），页13。

〔3〕 庞迪我著有 *Relation dele Entrade Alginos Padres de la Compania de Jesus en La China Y Particulars Successos que Tuvieron, y de cosas Notables que Vieron en el Mismo Reion (1605)* 一书，其中第6部分介绍中国的政府组织、行政制度、官职设置、司法诉讼程序等，并指摘中国司法制度的不完备。此书在欧洲引起强烈反响，被译成西班牙文、德文、法文、英文等多种文字。参田涛：《十七世纪以来西方人眼中的中国法律》，页3—5。

〔4〕 田涛对17世纪以来西方人的中国法律观及中国法制的研究有简要的介绍。参《十七世纪以来西方人眼中的中国法律》，页1—21。

第六章　构建近代国家：文明的追求

从中国法庭的实际运作来看，贪污受贿、敲诈勒索、徇私舞弊、残害忠良等现象不仅难以避免，而且司空见惯，所在比比。[1]

事实上，中国有识之士，从龚自珍(1792—1841)以至孙中山都曾批评过中国的法律及司法制度，痛陈庞大的、嗜血的刑名幕吏阶层操控法纪、鱼肉百姓之害。[2] 正因中国法制的野蛮与落后，益使西方人抗拒接受中国法律的管辖。鸦片战争前夕广州的英国鸦片商人胡夏米(Hugh Hamilton Lindsay, 1802–1881)致函英国外务大臣巴麦尊(Henry John Temple, 3rd Viscount Palmerston, 1784–1865)，信中对应否遵守中国法律的讨论颇具代表性，从中我们可以了解到当时西方人对领事裁判权的看法：

> 诚然，我承认一个人到另一个国家去应该服从那个国家的法律制度。但是，另一方面，这永远假定你是和一个文明国家交往为前提的，永远假定你所服从的法律规章有明白固定的条文，可以对你的生命财产作合理的保护为前提的。如今中国却不然，特别是他们所坚持执行的关于杀人犯的野蛮规章与法律和人道原则与理性都是不相容的。[3]

此外，曾在中国海关任职多年，撰写了多部重要的中国历史著作的美国人马士也指责中国的法律不仅极为专断和腐败，而且其体系在许多方面与欧洲的公平或正义观念并不相容。[4] 正因为中国不是"文明国家"，它

---

[1] [美]何天爵著，鞠方安译：《真正的中国佬》(北京：光明日报出版社，1998年)，页145。

[2] 龚自珍：《明良论四》，王佩铮校点：《龚自珍全集》(上海：上海古籍出版社，1999年)，页36—37；孙中山：《伦敦被难记》《中国问题的真解决》，《孙中山选集》(北京：人民出版社，1956年)，上卷，页22、页66。又参张晋藩：《中国法律的传统与近代的转型》(北京：法律出版社，1997年)，页385—387。

[3] Letter to Viscount Palmerston on British Relations with China London, F. O. 17/20. 此处译文引自严中平：《英国资产阶级纺织利益集团与两次鸦片战争史料》，载列岛编：《鸦片战争史论文专集》(北京：人民出版社，1990年)，页39。

[4] Hosea Ballou Morse, *Chronicles of the East India Company, Trading to China*, 1635–1834 (Oxford: Clarendon Press, 1926–1929), Vol. 3, p.40. 又参[美]爱德华(R. Randle Edwards)著，李明德译：《清朝对外国人的司法管辖》，载[美]高道蕴(Karen Turner)、高鸿钧、贺卫方编：《美国学者论中国法律传统》(北京：北京政法大学出版社，1994年)，页416—471，特别是450。

的司法制度又是野蛮的,因此美国代表顾盛(Caleb Cushing,1800－1879)在签订《中美望厦条约》后,便向美国国务卿柯尔洪(John C. Calhoun,1782－1850)提出长篇报告书,主张中国不能适用国际法上的独立司法权。[1]事实上,当时"文明"的欧美国民都倾向于批评中国法律的野蛮落后(如刑罚严酷残忍、官吏贪赃枉法),以及司法未能从行政中独立出来等弊病。例如,驻英公使郭嵩焘的翻译随员马格里(Samuel Halliday Macartney,1833－1906)便曾比较中英的司法制度,指出英国的司法制度较之野蛮的中国司法制度优胜,并劝中国政府如要自强,便不能不改革司法制度。[2]

我们知道,不同民族和不同文化,由于彼此之间没有共同的价值体系和思想信仰,加上法律精神与风俗习惯的差异,因此在接触交往的过程中很容易会产生摩擦和冲突,并给人民带来极大的不安和恐惧。而随着晚清中国对外交涉日益频繁,中外之间的冲突(尤其是教案)也相应增加,西方各国要求一个可以信赖的司法制度来保护其国民在华的生命财产。在这种意识下,欧美各国对于中国和日本那样的异质文化国家,很多时便以其司法制度不完备及执法不力等理由,拒绝其完全适用国际法,并要求设立特别措施以保护其国民。就是在这前提下,西方以强大的军事力量作为后盾,将其在亚非洲地区的领事裁判权合理化。[3]当然,这是对当事国主权的侵害,同时也是西方国际法"对外原则"的实践。早在1535年和1583年,法国人和英国人已先后在东方的回教国家土耳其取得领事裁判权。[4]另一方面,丁韪良所译之《万国公法》卷2第2章第11节第4

---

〔1〕 陈国璜:《领事裁判权在中国的形成与废除》(台北:嘉新水泥公司文化基金会,1971年),页25—26。
〔2〕 刘锡鸿著,朱纯、杨坚校点:《英轺私记》(长沙:岳麓书社,1986年),光绪二年十月二十二日条,页64—65。
〔3〕 坂野正高:《近代中国政治外交史》,页184;广瀬和子:《国際社會の變動と国際法の一般化——19世紀後半における東洋諸国の國際社會への加入過程の法社会学的分析》,页122—144;Georg Schwarzenberger, "The Standard of Civilisation in International Law," p.220.
〔4〕 武树臣等著:《中国传统法律文化》,页564。

第六章 构建近代国家：文明的追求

种《因约而行于疆外领事等官》亦有讨论到领事裁判权：[1]

> 此国之律法可行于己之疆外，而及于彼国之疆内者，盖因二国相约而然。即如二国立约，许此国之领事等官，住在彼国疆内，而行权于其本国人住在彼国者，其权如何，必由和约章程而定。在奉教之国，惟准审断其本国水手、商人等，住在外国者，所有争端、记录、遗嘱、契据与各等文凭，须在领事前画押者，督办其本国人，死在其管辖之界内者所遗之产业。但奉教之国有领事住在土耳其、巴巴里等回回国，审办争端、罪案二权并行。盖其人民居彼者，不归地方官管辖。[2]

指出西方基督教国家之间，驻外领事有权处理本国人民在外之民事争执；但在非基督教之东方国家，根据条约规定，驻外领事之权限包括民事与刑事两项，掌握完整的司法管治权，西方人不受当地司法所管辖。[3] 书中引录1844年《中美望厦条约》第21款及第25款为例，说明领事裁判权合乎国际法之规定。[4] 无可否认，在近代西方国家支配非西方地域的过程中，国际法为其侵略行动提供了合理、合法的根据，有其侵略帮凶的一面。中西交涉之初，西方千方百计向中国展示其文明，要求获得对等待遇，但当西方以武力迫使中国屈服并取得与中国对等的地位后，随即一转而视中国为下等国家，不承认其国际法上的"文明国"之地位。西方对法与暴力原理的巧妙运用，实在使当时的清政府官僚瞠乎其后。

因此，要确保主权，中国人便无法对西方司法制度避而不谈。以下我们不妨简单地介绍一下中国处理这一问题的经过。

最早提出改订中国司法以处理中外纷争的是总理衙门章京周家楣

---

[1] 原文作 Consular jurisdiction，丁韪良未有译出。
[2] 《万国公法》，卷2，页43—44。
[3] 原文清楚说明 civil jurisdiction 和 criminal jurisdiction 之别，丁译只译为"争端"和"罪案"。参 Henry Wheaton, *Elements of International Law* (1855), p.166.
[4] 《万国公法》，卷2，页44。其后的《公法便览》(卷2，第2章第14节，页34—35)亦有类似的说明。

(1835—1887)。1868 年,时值中英政府为条约改正交涉之际,周家楣便提议制订出适用于中外人民纷争的"公例",借此解决当时在领事裁判权下由于法律差异对中国人所造成的不公问题,但并未提出成立专门衙门审理。虽然周家楣的提议最后遭到总理衙门以"恐启内地设洋官(笔者按:即领事)之端"为由而被拒绝,[1]但在此之后我们仍可看到清政府在这方面的努力。与此同时,美国亦向中国表示:

> 以中国律例管束洋人,甚觉碍难,因泰西国实不能受中国律例。如能按照西洋律例道理,另行拟定律例,则洋人亦可归中国律例管束。[2]

因此,从 1870 年代起清政府便开始着手制订中外通行的法律。1871 年,李鸿章命江苏候补道凌焕将上海和天津关于中外纷争事件之判案记录编纂成判例集,以为将来改订条约及修订"通商律例"参考之用。[3] 1876 年,又有总税务司赫德向中国提议制订一种涵盖中外间"通行之讯法"、"通行之罪名"以及"通行之衙门"的"通行详细规条",使外国人归于中国管辖之下。[4]

事实上,关于领事裁判权的问题,踏入 1870 年代后期,已引起了许多有识官僚的关注。薛福成指出,西方各国设在中国"统辖商民"的领事,"权与守土官相埒,洋人杀害公民,无一按律治罪者"。这种"洋人归领事管辖,不归地方官管理"的特权严重破坏了中国的司法独立。[5]那么,应该如何解决呢?薛福成主张采取折衷中西律例之法,但鉴于力不如人,中国法律制裁外人既不可行,惟有专用洋法:

---

[1]《总署奏拟纂通商则例以资信守折》(光绪三年九月二十五日),《清季外交史料》,卷 11,页 29。

[2]《筹办夷务始末·同治朝》,卷 63,页 56。

[3]《总署奏拟纂通商则例以资信守折》(光绪三年九月二十五日),《清季外交史料》,卷 11,页 29。

[4]《总署奏拟纂通商则例以资信守折》(光绪三年九月二十五日),《清季外交史料》,卷 11,页 30。赫德之提议,未尝不可视之为西方的着眼点在于改造中国,而非坚持使领事裁判权。这亦解释了为什么后来欧美诸国都以改革法制作为条约改正的条件。详后。

[5] 薛福成:《论中国在公法外之害》(壬辰)[1892 年],《庸庵全集·海外文编》,页 16;又载薛福成著,丁凤麟编:《薛福成选集》(上海:上海人民出版社,1987 年),页 157。

第六章 构建近代国家：文明的追求

凡通商口岸,设立理案衙门,由各省大吏遴选干员,及聘外国律师各一人主其事,凡有华洋讼件,均归此衙门审办。其通行之法,宜参用中西律例,详细酌核;如犹不能行,即专用洋法亦可。[1]

此外,出使英国大臣郭嵩焘也在1877年10月上奏建议参照各国律例,编纂"通商则例"以处理中外纷争,避免一直以来因中外法律相异对中国人所造成的审判上的不公。[2] 1879年,曾纪泽更从日本驻英公使上野景范那里得知日本通过采用西律以图收回领事裁判权。张之洞也在1889年提出了参酌中外法律,制定"通商则例"以及培养熟悉中外法律人才的建议。[3] 不过,对于上述种种提案,总理衙门始终未能积极回应,只是停留在编纂中外通行律例,以及翻译欧美法律的层次上。[4] 究其原因,主要由于对条约采取恪守政策,对外采取协调政策,以换取时间达到自强目标;同时也因为对清政府官僚而言,最迫切解决的是如何制服那些横蛮的外国领事,而非收回领事裁判权。[5]

上述构想的共同基调是：中国在废除领事裁判权的问题上,如遭各国反对,便无法取得成功,因此必须折衷中外刑法来编订特例法,以处理中外瓜葛的案件。[6] 他们只看到中外法律(主要是刑法)有可能对涉案的中外人民造成不公而已,并未深入反省中国法制的问题,包括：1. 中国法制的野蛮性及落后性;2. 法制改革是建构"文明国"的必然条件。对他们而言,外国人之所以不愿服从中国法律者,实由于中国之刑罚较本国为重。因此,只要能减轻中国的刑罚,相信外国人也会愿意遵守中

---

[1] 薛福成:《约章》,《庸盦文集·筹洋刍议》,页2;又载丁凤麟编:《薛福成选集》,页529。

[2] 《使英郭嵩焘请纂为通商则例折》(光绪三年八月二十七日),《清季外交史料》,卷11,页10—13。

[3] 《增设洋务五学片》(光绪十五年十月十八日),《张文襄公全集·奏议》,卷28,页7—9。

[4] 中国翻译第一本外国法是《法国律例》,译者是同文馆化学兼天文教习法国人毕华利(A. A. Billequin, ? -1894)及同文馆学生时化雨,1880年由同文馆刊行。详参李贵连:《法国民法典的三个中文译本》,《比较法研究》,7卷1期(1993年1月),页86—99。

[5] Immanuel C. Y. Hsü, *China's Entrance into the Family of Nations: The Diplomatic Phase, 1858-1880*, p. 145.

[6] 鈴木智夫:《洋務運動の研究》,页511—514。

国法律的。当然,这种观察不能说没有根据,因为西方人普遍批评中国法律有过于严苛的问题。但是,西方各国在中国的领事裁判权之得以成立,以及不承认中国享有完整主权的重要理据之一,与其说是着眼于中西刑罚轻重有别,毋宁说是借口中国的法制还未完备,不符合"文明国"的标准。

关于这点,郑观应的看法值得注意。他认为领事裁判权之所以行于中国,是因为中国刑罚惨烈,只有改用西律,方可入于"教化之邦",适用"万国公法",享受主权国家的权利:

> 惟我国尚守成法,有重无轻,故西人谓各国刑罚之惨,无有过于中国者。如不改革,与外国一律,则终不得列于教化之邦,为守礼之国,不能入万国公法,凡寓华西人不允归我国管理。[1]

然而,郑观应不但看到中外法律在量刑上的差异,以及法制在判定一个国家是否文明、能否适用国际法(即是否入万国公法)的关键性,而且注意到中国司法严刑迫供的问题,以及西方陪审制度的作用,从而察觉出中外司法审讯制度的差异。但郑的认识还不够深入,他关注的焦点仍落在中国刑罚过重的问题上。[2] 对此问题有更深刻的认识的,要算何启和胡礼垣了。二人指出"大违君主之权"的领事裁判权之所以能行于中国,究其原因,非如曾纪泽所说的由于中国"无威猛军兵,无坚刚铁舰",实由于:

> 在中国无平情律例,无公当法司耳。夫公平者,国之大本也。国之有公平,犹人身之有脊骨,脏腑之有气血也。……今者中国之律例,其有平乎?无也。罪案未定,遽用刑威,何平之有?供证无罪,辄罹笞杖,何平之有?……今者中国之法司,其有公平?无也。缙绅名帖,可逮无辜,何公之有?

二人所关注的,已非所谓中外刑罚轻重有异的表象问题,而是直戳中国法

---

〔1〕 郑观应:《盛世危言·刑法》,夏东元编:《郑观应集》,上册,页500;又参《易言[三十六卷本]·论交涉》,夏东元编:《郑观应集》,上册,页119。

〔2〕 郑观应:《盛世危言·刑法》,夏东元编:《郑观应集》,上册,页500。

第六章 构建近代国家：文明的追求

制的心脏,把老大毛病挖了出来。中国独立司法权的丧失,是中国司法内伤所致：

> 欧洲诸国,其朝廷苟非丧心病狂,盲聋否塞,必不忍以其商民赤子,付诸威福任意之华官。故曰：其决不肯从者,以中国无公平之故也。此由政令不修,因而风俗颓靡也。[1]

何胡二人解释领事裁判权必然行于中国,实由于中国"政令不修",以致"风俗颓靡"。伸而言之,改革救亡之道,自然归结在政治改革上。不过,对这时期的清政府而言,不要说进行大规模的政治改革,即使是司法制度的改良以至改革,也仍然是举步维艰的。因为司法制度的变更包藏着传统秩序崩溃、伦理思想颠覆的危险,随时威胁着朝廷的统治权威,关系朝廷体制的存亡。这样巨大的决心自然不是这时期的清政府所能下的。李鸿章在1879年便曾慨叹：

> 试问中国刑部及内外衙门,能将祖宗圣贤刑制尽改乎?[2]

对自强运动时期的清政府官僚而言,其追求的终极目标是如何确保传统体制得以存续下去,并不存在进行全面模仿欧美法制改革的条件。

2. 晚清的法制改革

甲午战争是近代中国的一个转捩点。维新时期梁启超便振臂高呼："非发明法律之学,不足自存矣",[3]认为"法治主义,为今日救时之唯一之主义"。[4]虽然,梁没有明确提出发明法律之学的目的是收回主权,而且他的重点是放在实行立宪的政制改革上,但是,很明显他看出了中国法制的不健全,以及无法与世界接轨的落后性,因此他强调译介"国律、民律、商律、刑律等书"以推广法律知识。[5]至于康有为,亦提出设立法律

---

[1] 何启、胡礼垣：《曾论书后》,《新政真诠》,卷3,页18—19,载《胡翼南先生全集》,第1册,页257—258。
[2]《复曾劼刚星使》(光绪五年九月五日),《李文忠公全集·朋僚函稿》,卷19,页2。
[3]《论中国宜讲求法律之学》(光绪二十二年),《饮冰室合集》,册1,《文集》1,页94。
[4]《中国法理学发达史论》(光绪三十年),《饮冰室合集》,册2,《文集》15,页43。
[5]《变法通义·论译书》,《饮冰室合集》,《文集》,册1,《文集》1,页68—69。

局,修订法律以为中外通商交际之依归:

> 今宜采罗马及英、美、德、法、日本之律,重定施行,不能骤行内也,亦当先行于通商各口。其民法、民律、商法、市则、舶则、讼律、军律、国际公法,西人皆极详明,既不能闭关绝市,则通商交际势不能不概予通行。然既无律法,吏民无所率从,必致更滋百弊。且各种新法,皆我所夙无,而事势所宜,可补我所未备。故宜有专司,采定各律以定率从。[1]

维新虽终告失败,但把法制改革作为国家构建重要一环的序幕已告揭开,许多主张在新政期间亦得以逐步实施。清政府在1902年—1903年间,与英、美、日本、葡萄牙等国依《辛丑条约》重订商约之际,均要求废除领事裁判权,最后得到各国承诺以中国实行法制改革(法律的修订和司法的独立,"与西国律例改同一律")为条件,废除领事裁判权。例如,1902年《中英续议通商行船条约》第12款便有以下的规定:

> 中国深欲整顿律例,以期与各西国律例改同一律,英国允愿尽力协助,以成此举;一俟查悉中国律例情形及审断办法,及一切相关事宜,皆臻妥善,英国即允弃其治外法权。[2]

诚如本书第三章所强调,欧美的司法制度及法律是国际法文明国的基础建构。为了废除领事裁判权而实行法制改革,可说是非欧美国家走向近代国家过程中必见的共通现象。[3] 早在1882年,维也纳大学洪纳(Joseph-Marc Hornung,1838—1920)教授已注意到中日两国在法制改革上的表现,指出日本已从1882年开始实施欧洲的民事法和刑事法,但中国并未如日本那样跟随欧洲,在法规和制度方面赶上西方;中国的政权仍

---

[1] 《上清帝第六书》(光绪二十四年一月八日),中国史学会主编:《戊戌变法》(北京:神州国光社,1953年),第2册,页200;又载汤志钧编:《康有为政论集》,上册,页214—215。

[2] 王铁崖:《中外旧约章汇编》,第2册,页109。中国与其他国家的条约规定,可参页188、页256、页518。

[3] 藤田久一:《東洋諸への国際法の適用——一九世紀国際法の性格》,页135—173。

第六章　构建近代国家：文明的追求

然专制,尽管监狱的情况已有所改善,但刑罚的淫威依旧存在。[1]

事实上,我们在第二章已指出,20世纪初留日法政教育大盛的背后推动力,即在于清政府对培养法政人才的迫切需要。清政府官僚注意到日本之所以能成功改正条约,收回治外法权,主要原因在于其颁布了宪法,并修订了法律。出使日本大臣杨枢在奏请仿效日本设立速成法政科时指出:

> 查日本从前法律与中国同而与欧美异,故通商各国亦向日本索有治外法权。迨日本颁布宪法之后,通商各国方允将条约更正。可见修改法律乃今日切要之图。况各省教案多因本地官绅不谙外国法律,以致办理失宜,酿成交涉要件。中国惟有将法律修改,庶可查照近来《中英通商条约》第十二款、《中日通商条约》第十一款内事理与各国公议,将治外法权一律收回,不受外人挟制。然则外国法政之学,上下亟应讲求,不宜稍缓。[2]

日本成功改约的"示范效应"促使清政府急起直追,一方面派遣留学生赴日取经,学习法政;[3]一方面改革法律,向西方的法律文化靠拢,使中国的法制与欧美接轨。事实上,直至1930年代,中国的法律学者仍视近代中国的司法制度为"欧洲文明的礼物"(gifts from the western civilization)。[4]

法制改革是清末新政的重要一环。晚清新政蓝图(张之洞与刘坤一的"江楚会奏")的主要内容便是法制改革,制订律例。[5] 法制改革的首

---

[1]　见 Joseph-Marc Hornung 附在丁韪良所著 Les Vestiges D'un droit international dans L'ancienne Chine (载 *Revue de Droit International et de Législation Comparée*, XIV [1882]) 文末的补注(Note Additionnelle), p. 243。Joseph-Marc Hornung 所根据的是 M. M. Bousquet 和 Boissonade 在 1882 年 *Revue de Droit International et de Législation Comparée* 卷 12 的介绍,可见当时西方学界已相当关注东亚国家欧美式的"文明化"进程。

[2]　《出使日本大臣杨枢请仿效日本设法政速成科学折》(光绪三十年十二月四日),《清光绪朝中日交涉史料》,卷 68,第 5032 号件,页 35。

[3]　不过,当时留日学生的思想内容其实相当复杂,据胡汉民的回忆,有纯为利禄的,有怀有非常之志的,有勤于学习不顾外事的(以自然科学者为多),有好交游议论而不喜欢学习的(以学社会者居多),有迷信日本一切以为中国正鹄的,也有不满日本而更言欧美之政制文化的。参胡汉民:《胡汉民自传》,页 14。

[4]　Chan Huge, "Modern Legal Education in China," p. 145.

[5]　《遵旨筹议变法谨拟采用西法十一条折》(光绪二十七年六月初五日),《张文襄公全集·奏议》,卷 54,页 18—22。

要目标是收回领事裁判权。[1] 另一方面,正如我们在第五章讨论过,中国在保和会公断员派遣的问题上曾因国内法律未备而遭受英美等国歧视,致使专使陆徵祥不得不两度上奏要求从速修订法律以助中国对外交涉,与外国周旋,以挽危局。可见国内法律与国际关系实在是息息相关。[2] 可以说,通过法制改革以图跻身"文明国"之列,与万国同为平等之主张已成为当时朝野的共识。[3]

近代中国的法制改革是以1902年任命沈家本及伍廷芳为修订法律大臣[4]以及1903年成立修订法律馆为肇始的。关于中国法制现代化的具体情况,学者已有精密细致的研究,[5]这里无意大加展开,只作简单的叙述,并从"文明"这一话语加以评论分析。

晚清法制改革,主要有以下几个方面:

2-1 法典的近代转型

作为修律的事前准备,沈家本把译介外国法律著作提升到首要的改革日程上来。[6] 在沈家本的主持下,直至清室覆亡为止,一共翻译了几十种外国的法律法规和法学著作,范围相当广泛,包括刑法、诉讼法、商法、国籍法、亲属法、民法等,为晚清修律提供了宝贵的参考资源,同时打破了中国传统的诸法合体、民刑不分的旧格局。

从所译成果看来,中国的外来法律移植已从19世纪末的英美法律转

---

[1] 沈家本曾谓:"中国修订法律,首先收回治外法权,实变法自强之枢纽。"见氏著:《删除律例内重法折》,《寄簃文存》,卷1,页2;沈家本:《沈寄簃先生遗书》,上册,页868。
[2] 《光绪三十三年七月十二日保和会专使陆大臣、驻和钱大臣电:为电告公断员额任期及分配情形并请预备公断员人选及早订法律》,《外务部档案》,02—21号,10函10宗1册;《光绪三十三年七月二十二日驻和陆大臣致参堂函:函陈修订法律似宜奏请专派大员暂设专馆以期早日而成挽危局由》,《外务部档案》,02—21号,10函10宗1册。
[3] 1899年以后,已有知识分子指出"中国不变政刑,白吃其亏。苟一旦发愤为雄,先变刑律与万国等,即不必船坚炮利而已进于文明。外之与万国同为平等,内之则兆民之志气可伸。"参邱炜萱(1874—1941)《论中国不得享万国公法之益》,邵之棠辑:《皇朝经世文续编》(台北:国风出版社,1964年),卷105,《杂著部》1,总页4415;又载何良栋辑:《皇朝经世文四篇》,卷39,总页526。
[4] 伍廷芳当时正出使美国,回国后虽旋获任命为商务左侍郎,实际上未到职,其后辗转由余廉三充任。
[5] 如武树臣等著:《中国传统法律文化》(北京:北京大学出版社,1994年),页510—597;卞修全:《立宪思潮与清末法制》,页127—208。
[6] 沈家本谓:"欲明西法之宗旨,必研究西人之学,尤必编译西人之书。"见《新译法规大全序》,《寄簃文存》,卷1,页34;沈家本:《沈寄簃先生遗书》,上册,页969。

第六章　构建近代国家：文明的追求

向为以罗马法系(大陆法系)为渊源的日本法律。[1] 从 1905 年到 1911 年间,修律大臣沈家本等得到日本法学家冈田朝太郎及松冈义正 (Matsuoka Yoshimasa, 1870－?)等顾问的协助,大量编纂了一批仿效日本,可适用于外国人的近代法典,如《大清现行刑律》、《刑事民事诉讼法》、《大清新刑律草案》、《大清商律草案》、《法院编制法》、《国籍条例》、《禁烟条例》、《刑事诉讼律草案》、《民事诉讼律草案》等。[2]

2-2　初步司法独立的制度性创建

中国地方管治在一定程度上是行政、司法、执法三位一体的。在这里,清政府试图将行政与司法分开,使其各自独立,达到分权的效果。显而易见,这措施已使司法改革超越行政的(administrative)层面,跃进至政治的(political)层面了。首先是在 1906 年 9 月进行官制改革时,清政府将刑部改为法部,主管司法行政,不参与审讯;将大理寺改为大理院,为全国最高审判机关,负责解释法律,监督全国各地的司法审判。在审级上分为四级三审制,确立诉讼程序。四级是初级审判厅、地方审判厅、高等审判厅、大理院。凡向初级审判厅起诉的案件,可向地方审判厅上诉,直至高等审判厅,三审结案。此外,又通过《各级审判试办章程》,首次将民事案件和刑事案件作出区分,并建立了回避、律师辩护、公开审判、陪审团等制度。由于受"三权分立"理论的影响,负责修律的官僚认为法官创制用例是司法干涉立法事务,与宪政精神相违背。因此,法制改革的结果,加强了成文法的重要性,抑制了传统"判例法"的地位。[3]

还必须指出,由于清政府在全国各地遍设各级的检察厅及审判厅以维持司法独立,因此,不能不要求审判人才的培养,以确保有关官僚的司

---

〔1〕　张晋藩:《中国法律的传统与近代的转型》,页 443—448;李贵连:《近代中国法律的变革与日本的影响》,《比较法研究》,8 卷 1 期(1994 年 6 月),页 24—34。

〔2〕　参岛田正郎:《清末における近代的法典の编纂》(东京:创文社,1980 年); Douglas R. Reynolds, *China 1898－1912: The Xinzheng Revolution and Japan*, pp. 179－192;李秀清:《中国近代民商法的嚆矢——清末移植外国民商法述评》,《法商研究》(《中南财经政法大学学报·法学版》),2001 年 6 期,页 126—140;卞修全:《立宪思潮与清末法制》,页 127—172。

〔3〕　武树臣等著:《中国传统法律文化》,页 511、页 593—597。

法水平。这些检察官和裁判官都是从各省法政学堂、法律学堂的毕业生中选考出来的。选考的内容范围,重点固然是新颁布的刑法,但同时包括了国际法知识。[1] 毋庸待言,这种重视国际法的做法,是为了方便地方官僚处理由领事裁判权所引发的中外纷争。

2-3 法律精神的改变

在修律过程中,清政府采纳并借鉴了西方的法律原理和原则,如罪刑定法、法律面前人人平等、审判公开、辩护制度等,打破了传统法律的专制主义、特权观念,以及不平等的宗法精神。

关于法制改革必须走向欧美化道路的问题,这里须作一点补充说明。从清政府所编订新律的整体看来,新律是以大陆法系的日本法律为蓝本,并从此奠定中国法律向大陆成文法系靠拢的基本方向。与此同时,在司法审判的问题上,清政府又采取了英美的陪审制度。可见,所谓向欧美法制靠拢所强调的,并非指把英美法系或是大陆法系完全移植到中国,而是吸取其法治精神——依法而治(rule under the law),而不是以法治之(rule by law)。

当然,从迈向"文明国"的角度讨论清末的法制改革,有过于偏重外因之嫌。事实上,当法制改革的巨轮启动以后,事情的发展已非清政府的主观意愿所能控制。有论者研究近代"商律"的制订过程后,指出商人(绅商)扮演了主动积极的角色。他们创办研究机关(如预备立宪委员会、上海商学公会),出版刊物(如《预备立宪公会报》、《农工商报》),译介和讨论外国的商学和商法,积极配合晚清政府所组织的商事习惯调查,召开商法研究大会(1907 年及 1909 年),编辑《商法调查案浅说》,起草《商法草案》,争取立法权,推动了近代法制的改革。[2] 这种说法的确为

---

[1] 《法部奏酌拟法官考试任用施行细则折》,《政治官报》,《折奏类》,911 号(1910年5月14日),页3—11 [32 册,页113—121]。

[2] 徐忠明:《晚清法制改革的两点思考》,《北大法律评论》,2 卷 1 辑(1999 年 12月),页 296—299;同氏著:《中西比较:市民社会与现代法制的成因》,《法制现代化》,第 3 卷(南京:南京大学出版社,1997 年),页 330—367;强世功:《法律移植、公共领域与合法性——国家转型中的法律(1840—1980 年)》,载苏力、贺卫方编:《20 世纪的中国:学术与社会·法学卷》(济南:山东人民出版社,2001 年),页100—104。关于清末商人拟订商法的活动经过,朱英有详细的论述。参氏著:《论辛亥革命前资产阶级拟订商法的活动》,《郧阳师范高等专科学校学报》,2001 年 4 期(2001 年 8 月),页 24—28、页 103。

第六章　构建近代国家：文明的追求

我们理解近代中国的法制改革带来了新的视角,矫正了学界一直以来忽略中国内在因素的盲点,同时实践了柯文所提出的中国中心论的研究取向。[1]徐忠明进一步指出相对于国家而言,社会力量尽管相对薄弱,却是比较积极的改革力量,是构成国家变法的一种真正的内部压力。因此从这个角度而言,徐甚至认为"废除领事裁判权的外部压力反而不是根本性的修律原因"。[2]不过,笔者认为这种修正仍不足以推翻法制改革的目的在于废除领事裁判权的看法,虽然徐的主张有其理据,但说服力仍不够充分。因为中国的法制改革,揆诸史实,无论是就法制改革的目的又或是过程而言,其重心仍放在刑法改订以及行政与司法独立的改革方面。反之,商律的修订,并不见得政府全然被动。为了兴办商业、交通、工矿等事业,打破外人垄断的局面,1901年张之洞明确提出了制订商律、路律、矿律和中外交涉刑律的建议。[3]当然,这样的修订主要是为了应对中外交涉纷争,而且也早在甲午战争以前便已有人提出过。1903年商部成立,1904年清政府便已颁行《商律》。至于商人推动修订商法的运动,要到1907年才正式开始。更何况重商以挽回利权的说法,19世纪80年代已有郑观应提出"商战",马建忠的学位论文更是研究商法的,而其背后动机正是抗衡西方的经济侵略。因此,我们不能同意修律的根本原因是出于内压而非外压。尽管,我们不能否认,从整个修律改革过程看来,商人的参与的确起了推动及监察的作用,并促使清政府作出相应的回应。

2-4　新与旧、礼与法之争

比讨论法制改革究属内压主导还是外压主导这一问题更具思想体制意义的是：如果法制改革是大传统上层社会有识之士所追求的"文明"过程的话,那么,作为"文明"的实践对象——小传统下普罗大众的反应更是不容忽视。晚清法制改革中出现的所谓"新与旧、礼与法之争"正好说

---

[1] Paul A. Cohen, *Discovering History in China: American Historical Writing on the Recent Chinese Past*.
[2] 徐忠明：《晚清法制改革的两点思考》,页298—299。
[3] 《遵旨筹议变法谨拟采用西法十一折》(光绪二十七年六月初五日),载《张文襄公全集·奏议》,卷54,页18—22。

明了这问题的关键。对于这点,里赞的分析颇有启发性。里赞认为学界对"新与旧、礼与法之争"存在着普遍的误解,他指出所谓张之洞、劳乃宣(1853—1921)=守旧=礼教和沈家本=革新=法这样的二分法本身就有问题,因为张、劳是新法的推动者,沈亦有其努力维持旧礼的一面。问题的关键在于"法变"(即法制改革)的目的在于收回主权、废除领事裁判权(原文作治外法权),但中外国家的实体竞争又赋予"国粹"以"新的重要性","法变"直接冲击作为"国家之大本"的"礼教",也就关系到清朝政府统治的正当性问题。因此,清政府在"变法"与"法变"中面临着"对外争主权对内维治统的两难窘境"。[1] 里赞的分析有待进一步充实深化,而所谓"礼教"的"新的重要性"这种说法也有问题,因为作为"国家之大本"的礼教(三纲五常)本来就是维系中国传统政治社会秩序的规范。尽管如此,里赞对"主权"与"国粹"之间紧张关系的分析仍是值得关注的。在"文明"国家的构建过程中,司法改革无可避免地冲击了执政者的终极关怀——维持及巩固统治权威。如何在两者之间取得平衡往往是改革成败的关键所在。由于清政府极力避免触动其固有的统治权威,因此很多时候都怯于改革,失去奋进的时机。另一方面,为了摆脱新政旧民的困境,清政府须普及教育、开民智、开议院、立宪法,无形中实践了维新时期梁启超等所主张的新民及立宪之说。[2]

有趣的是,法制改革原本是要在法律及司法制度上与文明世界接轨。但是,以刑律为例,1910年颁布施行的《大清现行刑律》,严格说来仍是一部旧法典,除了废除了凌迟、枭首、戮尸、缘坐、刺字等刑罚外,整体内容只作了些简化或简单的修订,看起来与原来的律例基本上相差不远。如果

---

〔1〕 里赞:《"变法"之中的"法变":试论清法律变革的思想论争》,《中外法学》,13卷5期(2001年9月),页625—629。
〔2〕 时任江宁布政使的樊增祥(1846—1931)指出新政旧民的问题:"今日虽力行新政,中国之民犹是旧日之民也;性情风俗,迥异岛人,惷愚冥顽,未受教育,若必尽改中国之法律,而以外国自治其民者治吾国之民,是犹男穿女衣,俗戴僧帽,吾未见其有合也。"因此主张"将来审判既设,对于外人当用公法,对于吾民,谁敢废大清律例者"。参见《批拣选知县马象雍等稟》,《樊山政书》(《近代中国史料丛刊》;台北县永和镇:文海出版社,1971年),卷20,页56—57。樊增祥又认为如果必须全用洋法,便必先开民智、设议院、立宪法。参见《批泾阳县蔡令宝善稟》,《樊山政书》,卷18,页25—26。

这样,所谓改革法制以达至"文明"的历程,其成效到底有多大呢？答案的关键在于废除了这些所谓酷刑并不是刑罚由重转轻而已,而是这种减刑无可避免地冲击着传统"礼教"的基础。至于一些所谓重视个人权利自由的规定,如子女成年后可不受父母的约束,自然招来激烈的反对。因此,尽管清末新修的律例一如学界所说,和原来的相差无几,但就中国传统政治伦理以及道德规范而言,这无疑是一次惊天动地的举动,并影响此后中国的法文化,是中国法制的一次"范式转移"(paradigm shift)。[1]

诚然,许多新法未及施行,清朝已告覆亡,但观乎民国成立之初,几乎援用了所有前清施行的法律,并继承了新政以来的修律事业,使中国摆脱了中华法系的传统,触发了传统法律及司法制度的根本性变革,影响不可谓不深远,无怪乎学者称之为20世纪中国的第一次法律革命。[2]

四、"文明排外"：对外抵制运动与收回利权运动

新政期中国人的国际法知识是处于前所未有的高水平。个中原因,固然由于国人对国际法关心的高扬,但更重要的是,普及国际法知识的环境已告完备。随着国际法知识的普及,国民吸收了新"思想资源"、新"概念工具",认识到自主、平等、权利、独立、自主、文明等重要概念,深刻察觉到国家主权、利权被严重侵蚀,从而产生了废约的认识与强烈要求。[3] 人们身体力行,投身各种政治活动以及收回利权的运动,为争取国家独立自主,为构建"文明国"而抛头颅,洒热血。这种国民意识的形成,自然归功于学堂教育以及大众传媒的启蒙作用。[4]

日本在日俄战争中取得胜利,使当时白色人种优于黄色人种的人种

---

[1] 宣统元年(1909)就修订新刑律而发的上谕,便强调旧律中关系到三纲五常之礼教是中国数千年来的国粹,立国之大本,不可率行变革。可见即使是所谓刑罚减轻的技术问题,也无可避免地触及中国法文化的根本精神及范式。参《修改新刑律不可变革义关伦常各条谕》(宣统元年正月二十六日),《清末筹备立宪档案史料》,下册,页858。

[2] 公丕祥称这次革命为从"封建专制主义法律秩序"走向"近代民主主义法律秩序"。参氏著:《20世纪中国的三次法律革命》,载张广兴、公丕祥编:《20世纪中国法学与法制现代化》(南京:南京师范大学出版社,2000年),页451—454。

[3] 王尔敏:《晚清政治思想史论》,页191—202。

[4] 梁景和的研究便将学校教育、报刊教育以及文艺教育视为清末国民意识与参政意识的启蒙方式和手段。参氏著:《清末国民意识与参政意识的研究》(长沙:湖南教育出版社,1999年),页67—124。

优越论陷于崩溃。这促使中国人的奋起,并激发中国的民族主义走向高昂。与此同时,中国人对列强的反抗情绪愈趋强烈,主张收回主权、利权,振兴本土实业的呼声也盛极一时。[1] 其次,经历了八国联军入侵的惨痛后,中国有识之士已开始认识到对帝国主义者盲目行使武力,只会使中国蒙受更巨大的屈辱和牺牲,陷入更悲惨的从属地位,并明白到对外交涉应极力避免暴力排外。更重要的是,随着对国际法认识的加深,以及受到日本条约改正成功的刺激,对于日后的对外交涉,特别是发展民族产业资本、收回利权的策略,社会上已产生了一种要依据国际法原理进行交涉的共识。与此同时,中国人依据国际法行事逐渐也变得可能和成熟了。

相对于之前的"野蛮革命"、"野蛮排外"和"腕力排外","文明革命"、"文明排外"以及"心力排外"的提倡,可谓这个时期的运动基调。[2] 其中"文明排外"的主张是以学生及支持立宪的绅商为中心而展开的。1905年,为了反对美国通过禁止中国移民的法例,以及抗议华工在美被虐待而展开的"抵制美货"(杯葛美国商品)运动,可说是"文明排外"运动的重要一环。[3] 这场运动声势浩荡,规模宏大,其舞台更超出中国本土,连海外的华侨亦参与其中。大体而言,这场运动的特征有二:1. 本质和平:虽云抵制美货,但排除使用暴力,主张保护外国人的生命财产;

---

[1] 堀川哲男:《辛亥革命の利権回収運動》,《東洋史研究》,21卷2号(1962年10月),页122—127。

[2] 参邹容(1885—1905)的《革命军》(1903年)、陈天华(1875—1905)的《警世钟》(1904年)、麦孟华(伤心人,1875—1915)的《排外平议》(载《清议报》,68期[1901年1月])、汉民(胡汉民)的《排外与国际法》,《民报》4号(1906年5月)—13号(1907年5月)。胡汉民在其自传中回忆他撰写《排外与国际法》一文的目的,在于:"例举中国在国际上所受之种种不平等,言国已不国,中国人为求独立自存,排外不得认为野蛮;而满洲政府丧权媚外,箝制汉人,故吾人非排满无以自救。文凡数万言。盖その时义和团变后,中国创巨痛深,清廷既一心事大,社会亦隐忍于列强之压制,而不敢有言,稍欲申诉不平者,列强即指为义和团之变相复活。余故为此文,以矫正社会心理而促进之,亦民族革命之本意也。"参胡汉民著:《胡汉民自传》,页18。

[3] 参 Sin-Kiong Wong(黄贤强), *China's Anti-American Boycott Movement in 1905: A Study in Urban Protest* (New York: Peter Lang, 2002);同氏著:"The Making of a Chinese Boycott: The Origins of the 1905 Anti-American Movement," *American Journal of Chinese Studies*, 6: 2 (Oct., 1999), pp. 123 - 148. 关于抵制美货运动的研究甚多,此处不一一胪列,但黄贤强整理了1999年以前学界对1905年抵制美货运动研究的各种观点,可资参照。详参 Sin-Kiong Wong, "The 1905 Anti-American Boycott in China: A Study of Different Perspectives," *Asian Culture Quarterly*, 27: 2 (1999), pp. 7 - 17.

第六章　构建近代国家：文明的追求

2. 再三强调在不违反国际法及国内法的前提下，采取文明的、合法的行动，极力使之不会演变成国际问题，[1]带有理性的反抗色彩。

另一方面，1905年以后，为了抵抗列强的经济压迫，全国展开了一场以收回铁路权、矿权为中心的收回利权运动。在这场运动下，先后收回了粤汉铁路、苏杭甬铁路、山西矿山、安徽铜官山矿山等的经营权和拥有权。李恩涵指出：这时期收回矿权的方法有三：1. 根据合约规定，以外国公司不履行合约为由收回利权；2. 由中国官绅支付赔偿金，废除合约；3. 由外国公司自己放弃履行合约。[2]无论是哪一种方法，收回利权运动的基调，都是排除向外国公司采取暴力行动，避免招来列强干涉的口实。

不过，这场"文明排外"运动亦有其局限。具体而言，运动的推动者通过各式各样的宣传方式发动群众，[3]组织示威游行、罢工、罢市等行动后，即使极力节制运动的走向以维持非暴力的抵制性质，但事实上并不容易做到，也无法以至无力遏止暴力事件的发生。因为在民族主义高昂的时代大潮下，抵制运动会迅速产生雪球效应，向全国扩散，并将民众的抵制情绪不断加温推高，使参与运动的广大民众处于高度亢奋状态，进而采取过激行动。而统制民众运动组织的阙如，更倍增了这场运动演变成暴动的变数。例如1906年2月25日发生的江西南昌教案，为了抗议南昌

---

〔1〕　饮冰(梁启超)：《抵制美货与中美国交之关系》，《新民丛报》，3年20号〔原68号〕(1905年5月)，页75—81；《论抵制美约》，《外交报》，117期(1905年8月)，页1—4〔《外交报汇编》，1册，页635—638〕；温丹铭：《对于抵制美约之演说》，见和作辑：《一九〇五年反美爱国运动》，载《近代史资料》，1956年1期(1956年2月)，页19—21。直至1906年止，抵制外货的法律问题在国际法上尚无明文、成说，以及先例。1910年左右，才开始有法学著述讨论此问题。国际联盟规约(Covenant of the League of Nations)第16条始正式承认其为合法的报复手段。参 V. K. Wellington Koo (顾维钧，1888—1985)，*Memoranda Presented to the Lytton Commission*, Vol. 1 (New York: Chinese Cultural Society, 1932), pp. 413–414, p. 427. 又参张存武：《光绪三十一年中美工约风潮》(台北："中央研究院"近代史研究所，1982年)，页248。

〔2〕　李恩涵：《晚清收回矿权运动》(台北："中央研究院"近代史研究所，1980年再版)。

〔3〕　黄贤强分析了抵制运动的发起人使用了不同的宣传策略来动员不同教育程度的群众。对于有相当教育水平的，通过报纸的议论文章和其他出版品宣传；对于目不识丁者，采用漫画、歌曲、街头演讲、戏剧和资料、展览会等；对于一些所谓的半文盲者，则用简单易懂的文宣，如通俗的广告标语等。参 Sin-Kiong Wong, "Mobilizing a Social Movement in China: Propaganda in the 1905 Boycott Campaign,"《汉学研究》，19卷1期(2001年6月)，pp. 375–408.

主教法国传教士王安之(Jean-Marie Lacruche,1871—1906)杀害了南昌知县江召棠,南昌群众展开了一连串的罢工和罢课运动,最终演变成暴乱,教堂被破坏,9名英法的传教士被杀。1908年,日本商船二辰丸号在澳门的走私军火案,引发了广东各地的抵制日货运动,在香港则发生了由工人组织敢死队袭击贩卖日货的小贩,以及包围西环贮藏日货仓库的暴力事件。[1]

另一方面,即使运动当事者强调"文明排外",但仍无法消除列强对此类运动的疑虑。各国往往把抵制运动及收回利权运动一律视为"排外"的敌对行为,忧虑义和团之类的暴动会再发生。[2]即以上述二辰丸案为例,日本政府便对广东督宪采取姑息政策,未有全力镇压排斥日货运动表示强烈不满,更指摘广东地方官僚暗中煽动,与香港等地的排日运动者互通声气。[3]同样地,即使是中国本身也有不少人,特别是与外国经贸关系密切的上海商人反对此运动。商人初期并不反对以抵制美货来迫使美国修订其排华政策,上海总商会更是最早通电全国抵制美货的团体。不过,诚如研究表明,抵制美货运动本身直接使商人遭受最大的经济损失,当运动发展到迫使他们面临破产危机时,他们态度便转趋暧昧,或中途退出,甚至暗中破坏。[4]与此同时,报刊上亦出现了一些反对"文明排外"的言论,忧虑列强会视抵制外国货、罢工之类的行动为过于激进:

> 近者美约之抵制、公堂之扰乱、南昌之暴动,层见迭出,纷纷不已。各国报章,谓中国排外之举,如药线爆烈,不可遏止。……一言以蔽之,则曰不可有排外之形迹,但当有排外之精神而已。……不此

---

[1] 《光绪三十四年十一月大事记》,《初八日香港驱逐华商出境》条,《东方杂志》,5卷12期(1909年1月),页141。不过,清政府的处理显得颇冷静,在扣留该船时,负责巡逻的游击吴敬荣立即援引国际公法,指该船位于中国领海之内,中国政府有权扣押。参《粤督张人俊致外部辰丸事请商日使照章会讯电》(光绪三十四年正月十七日),《清季外交史料》,卷210,页4。
[2] 参张存武:《光绪三十一年中美工约风潮》,页227—231。
[3] 《日代使阿部致外部广东排斥日货请饬镇压节略》(光绪三十四年四月初九日),《清季外交史料》,卷214,页4—5。从另一角度而言,这种文明的排外运动似乎得到地方官僚的默许。
[4] 王冠华:《爱国运动中的"合理"私利:1905年抵制运动夭折的原因》,《历史研究》,1999年1期(1999年2月),页10—20。

第六章 构建近代国家：文明的追求

之计,而徒鼓吹民气,昌言排外,瓜分之祸,终不能免。呜呼！爱国之士勿再以文明排外之谈动天下之耳目也。[1]

所谓"文明排外",强调的是合法的、"文明"的手段,其行动的正当性及合法性的准则建基在国际法之上。但讽刺的是,保障不平等条约的拘束力和效力的却又是国际法。因此,如未能批判近代西方国际法的帮凶本质,则"文明排外"的成果自是极其有限,其所付出的代价也非常高昂。

一如上述,在收回利权运动过程中,大部分的情况是中国支付高昂的赔偿以废除合约,又或是以高价从列强手中购回权利。至于那些过度恐慌、害怕发生国际交涉以及触发民众"野蛮暴动"的资产阶级,很多时都在清政府的强制下,屈服于列强的无理压迫,被迫承认早已过期的合约,甚至是那些由于外国公司不履行责任而已告无效的合约。很多时除了向外国公司赔偿巨款外,中国根本无法收回利权。[2] 更有甚者,由于资本金不足,中国为了调度资金,不能不向外国借款。结果,堕入了转让其他利权、经营权作担保→向其他债权国贷款→以贷款购回部分利权的恶性循环。揆诸事实,这场运动距离收回利权的目标还是相当遥远的。[3] 此外,由于清政府屈于外力,又恐怕民众运动一发不可收拾,因此对这类运动每多抑制(如禁止集会)。至于贸易商及资产阶级在收回利权运动过程中出现动摇,表现妥协甚至采取抵抗的态度,益使收回利权运动更加前路险阻,进退维谷。

不过,这场"文明排外"运动决非无益。抵制外国货之排外运动经常通过书籍、杂志这类近代媒体的刊行,以及群众集会、公开演说等公共活

---

[1] 勇立:《论排外不宜有形迹》,《东方杂志》,3卷12期(1907年1月),页229。又参《论排外当有予备》,《外交报》,131期(1905年12月),页1—3[《外交报汇编》,2册,页1—4]。我们知道,《外交报》和《东方杂志》都是由政治立场相对保守的上海商务印书馆出版的。从上述南昌教案与香港二辰丸事件看来,这类主张并非没有根据。《东方杂志》在外交上主张联日制俄,内政上主张自强立宪,黄良吉有扼要的介绍。参氏著:《东方杂志之刊行及其影响之研究》(台北：台湾商务印书馆,1969年),页31—50。

[2] 乔志强:《辛亥革命前的收回矿权运动》,《近代史研究》,1981年3期(1981年8月),页201—233。

[3] 高桥久美子(Takahashi Kumiko):《利権回収运动と辛亥革命》,《史艸》,5号(1964年10月),页127。

动,使运动的目标、行动的方针、背后的理念等得以有组织地、有效率地、广泛地流播全国,并进而总动员民族资本家、知识分子、工人、农民,以及妇女儿童等社会各阶层参与其事。也就是说,传播媒体掀动舆论的同时,亦促进民众自主参与国家议题,对现实问题进行理性批判,成功建构出社会各阶层共同关注的公共利益。如此一来,从列强手中夺回国家主权以及种种利权(如铁道权、矿权)并加以维护便成为国民的共同责任。[1] 当然,我们不能因此而夸大了国民的凝聚力及忽略了各阶层及个人之间存在着的利益冲突及关怀的向背。事实上,研究指出,抵制美货运动失败的原因之一,即在于参与运动的各个社会群体缺乏比较明确的共同目标,而抵制的手段又使参与者无法"公平合理"地承担运动的代价及损失,尤其是商人的利益无法得到合理的补偿,因而未能迫使一小部分人牺牲自己眼前的利益去承担全民族的久远的历史责任。[2] 尽管如此,这场运动已唤起了民众对国事的热切关心及积极投入——其方式大异于他们在义和团运动时所表现的感情宣泄及武力诉求。当时甚至小学生也参与了讨论,对收回国家主权、利权,以至维护主权之道,进行理性批判。[3] 在这种氛围下,中国人的连带意识得以凝聚起来。因此,我们可将"文明排外"评价为有助于外向的(outward)民族主义的形成,并促进了中国"国族"创出的重要因素。[4] 最后,需要补充的是,新政时期的抵制外国货运动与收回利权运动亦同时促进了民族资本的形成以及民族产业的保护和发展。

当"文明排外"力有不逮,暴露其局限时,人们又开始探索国家的新出路。其中一条出路是:避免与列强作正面对抗和冲突,而是将斗争的

---

[1] 《论保守土地主权及路矿利权为国民唯一之天职》,《东方杂志》,4卷11期(1907年11月),页203—204。

[2] 详参王冠华:《爱国运动中的"合理"私利:1905年抵制运动夭折的原因》一文。

[3] 朱钟奇:《问吾国学生现在宜具何等宗旨?将来当建等事业?》,载朱有瓛主编:《中国近代学制史料》,第2辑上册,页252—253。

[4] 吉沢誠一郎(Yoshizawa Seiichirō):《天津における"抵制美約"運動(1905年)と"中国"の表象》,《中国:社会と文化》,9号(1994年6月);桑兵:《清末学堂学生与社会变迁》(台北:稻禾出版社,1991年),页253—301;[韩]金希教:《抵制美货时期中国民众的"近代性"》,《历史研究》,1997年4期(1997年8月),页100—105。

第六章　构建近代国家:文明的追求

矛头反戈一击,直指到牺牲国民利益、出卖国家主权、利权的清政府身上。[1] 由于清政府压制地方绅商及民众的反对运动,并假借收回利权之名,向列强借贷巨款以支付赔偿为实,在在暴露出其无能与专制的真面目。因此,国人相信,即使能够展开合法的"文明排外"运动,但只要腐败专制、"媚外事敌"的满清政权一日不倒,中国仍只会不断在丧失主权、利权的绝境中打转。如此一来,"文明排外"运动的结果无形中把国人对满清政府的不满推到暴力反抗的临界点。与此同时,全国各地的自治会及咨议局,就成了地方自治运动的基地,在收回利权运动之际,对舆论的形成及民众的动员起了重大作用,而且已有能力牵制中央政府的威信及统制。在这种形势下,清政府在1911年成立违背国人意愿的皇族内阁,更把主张立宪的地方绅商推到绝望的境地。此外,同年5月为了向外国借款而实行铁路国有化的结果,一方面使清政府与地方绅民之间的对立关系白热化,另一方面为四川保路运动以来一连串的民众武力抵抗创造了更有利的形势。[2] 与此同时,为数众多的学堂学生以学堂为活动据点,开始投身革命运动。[3]

五、十字街头:秩序革命与国际法

在不能与列强采取直接对决,而且更应尽量回避卷入与列强纷争的前提下,以孙中山为首的革命派深刻认识到打破现状的必要性及急切性。相比清政府及立宪派提倡的体制内变革,他们主张打倒旧体制,树立新体制、建立新国家。以下,将会分析革命派的主张,并探讨革命论、不平等条约问题,以及国际法这三者之间的相互关系。

1. 主权与种族革命

对革命派而言,清政府最大的罪状是接连丧失国家的主权、利权。秦力山早在1901年便发表了《中国灭亡论》(《国民报》,2—4期[1901年6

---

[1] 耿云志:《收回利权运动、立宪运动与辛亥革命》,《近代史研究》,1992年2期(1992年3月),页87—88。
[2] 高桥久美子:《利権回収運動と辛亥革命》,页136—143。
[3] 桑兵:《清末学堂学生与社会变迁》,页286—294。

月—8月〕),指出兵权、法权、江海权、财政权以及交通权的丧失意味着中国实际上已亡国。[1] 胡汉民在《排外与国际法》一文中,从国际法的角度论证了推翻清朝政府的必要性:

> 盖国法上之主体为国家,条约以国家与国家之合意而成,而拘束当事者间之全国。国际法上认行使主权之机关为代表,……行使主权机关于国内地位如何,非国际法所问;故国家间之行为如何而使有效于国内,亦非国际法所问。而转一方言,即国内人民对国家机关之行为,其从违如何,于国际法上亦无影响也。故如满洲之累次丧失领土,吾国民所痛心疾首者。然一日认之为行政机关,则其于国际上之行为,为国际团体之所容认。吾国民虽极欲反对,断无直接之效力也。至革此恶劣之政府谋善良之组织,而施之以完备之监督,使其为代表于外者,能巩固我国家之主权,而不致有削弱灭亡之惨焉。此则纯为国内政治之问题,非国际之问题矣。[2]

他指出国际法的主体是主权国家,在国际社会里代表国家的是政府("国家机关")。只要政府的权限得到承认,即使国人反对其外交行为,也没有直接效用。因此,如何推翻接二连三丧权辱国的政府,成立一个由人民代表组成的新政府,便成为革命运动的至上命题。也就是说,对革命派而言,通过"政治革命",实行打倒专制政权,创立共和国家,维护国家主权,是抵抗帝国主义侵略的优先课题。由此可见,革命的正当化是根据国际法原则而得以确立的。

话虽如此,要推翻满族政权,为什么要强调"种族革命"呢?对此,汪东有以下的解释:中国险被瓜分,其原因在于满族政权腐败专制,如果不推翻其政权,任由优秀的汉民族被无能的满族以一己私利而牺牲,加之以列强的侵略,中国人便无法摆脱"双重奴隶"的惨况。[3] 此外,胡汉民也

---

〔1〕 彭国兴、刘晴波编:《秦力山集》,页62—74。
〔2〕 汉民:《排外与国际法》,《民报》,4号(1906年5月),页70—71。
〔3〕 寄生(汪东):《论支那立宪必先以革命》,《民报》,2号(1905年11月),页41—50。

第六章 构建近代国家：文明的追求

从异族满人欺压汉人的角度指出，要唤起以国民舆论为基础的汉族国族主义，主张中国的利权，中国当前的急务是进行"扑满革命"。[1] 从以上的分析看来，汪、胡的论述都是建立在对满清政府不信任的心理构造上，而这并非单纯是理念上的反省，更是出于对现实生活的不满。[2] 当然，诚如坂元ひろ子(Sakamoto Hiroko)所指出，我们不能否认，在种族革命论的根底思想里隐藏着立足于社会达尔文主义进化论的、汉人对"野蛮"满族的种族歧视。[3] 革命派否定满族统治和支配汉族的合法性和正统性，认为属于少数的、低等的满族，不可统治在人种上、历史上，以及文化上都比自己"文明"的汉族，实际上就是一种建基于种族主义偏见的论调。

这种种族歧视思想促成了革命派所主张的汉族国族主义，成为一民族一国家的构建基础。革命派揭橥"驱除鞑虏，恢复中华"这口号，正好说明了他们所追求国家构建的大义名分。革命派要构建的国家是有同一民族、同一历史、同一语言的"心理上的国家"。[4] 这是民族的国家，而非具有异质性、平等地包括满、蒙、藏等少数民族的国族国家。[5] 他们认为，只有民族的国家才是置身在竞争的国际社会中最理想的存续模式。不过，如按这种一民族一国家的理路发展，严格区别满汉之分，从国际法而言，汉民族国家的中国，便自然会失去本土以外满、蒙、藏等地区统治的正当性与合法性根据。为了解决这一难题，于是自孙中山而下，以至激进排满主义者如章炳麟等，便不得不修正"种族革命"的理论，对满族和满族政权作出区别，将推翻对象锁定在压迫汉人的满族政权上，并承认满族是中国人的成员，以图合理化、合法化中国领有满、蒙、藏等地区，达到民

---

[1] 汉民：《排外与国际法》，《民报》，4号(1906年5月)，页60—64。
[2] 有田和夫(Arita Kazuo)：《再び新民叢報と民報の論争をめぐって》，载宇野哲人先生白寿記念会編：《宇野哲人先生白寿記念東洋史論叢》(東京：编者，1974年)，页144—145。
[3] 坂元ひろ子：《中国民族主義の神話——進化論・人種論・博覽会事件》，《思想》，849号(1995年3月)，页61—84。
[4] 县解(朱执信)：《心理的国家主义》，《民报》，21号(1908年6月)，页13—16。
[5] 汪精卫：《民族的国民》，《民报》，1号(1905年11月)，页1—16；2号(1906年1月)，页1—24。

族上的政治统合。[1] 由此可见,这种民族统合论只不过是将其他民族同化于汉族的、汉民族中心的民族同化论而已。[2] 单就这点而言,与梁启超所力陈的大民族主义实属同一思想系谱。[3]

2. 革命与瓜分

在革命派主张"政治革命"和"种族革命"的同时,不少论者曾警告实行革命本身孕育着中国被列强瓜分的危险。如孟晋在社说《论改良政俗自上而下之难易》中,指出如果中国一旦发生革命,便会发展成暴动、内乱,为虎视眈眈的列强提供干涉的口实,最后招致列强瓜分中国的悲剧,因而否定革命。[4] 众所周知,立宪派与革命派之间曾以"革命瓜分"这个问题在彼此的言论阵地(《新民丛报》和《民报》)展开了一场激烈论战。[5] 以下,笔者就"革命瓜分论"与国际法的关系作简单说明。

主张立宪的梁启超认为中国一旦发生革命,便会发展成暴动、内乱,招来各国的干涉,最终会导致被列强瓜分亡国,因此革命决不可行。[6] 针对梁启超的"革命瓜分论",革命派提出了"秩序革命论"来反驳。他们

---

[1] 孙中山:《在东京〈民报〉创刊周年庆祝大会的演说》,广东省社会科学院历史研究室、中国社会科学院近代史研究所中华民国史研究室、中山大学历史系孙中山研究室编:《孙中山全集》(北京:中华书局,1982年),第1卷,页325;民意(胡汉民):《纪十二月二日本报纪元节庆祝大会及演说辞》,《民报》,10号(1906年12月),页85;章太炎:《排满平议》,《民报》,21号(1908年6月),页1—12。
[2] 汪精卫:《研究民族与政治关系之资料》,《民报》,13号(1907年5月),页17—38。
[3] 片冈一忠(Kataoka Kazutada):《辛亥革命時期の五族共和論をめぐって》,载田中正美先生退官記念論集刊行会編:《中国現代史の諸問題——田中正美先生退官記念論集》(東京:国書刊行会,1984年),页287。
[4] 《东方杂志》,2卷1期(1905年2月),页1—11。
[5] 这方面的研究成果相当丰硕,可参有田和夫:《改良派と革命派——新民叢報と民報の論争——》,《東京支那学報》,11号(1965年6月),页55—68;同氏著:《再び新民叢報と民報の論争をめぐって》,页129—147;寺広映雄(Terahiro Teruo):《革命瓜分論の形成をめぐって——保皇・革命両派の対立——》,载小野川秀美、島田虔次編:《辛亥革命の研究》(東京:筑摩書房,1978年),页89—106;陈孟坚:《民报与辛亥革命》(台北:正中书局,1986年),下册,页301—580。
[6] 梁启超的"革命瓜分论",应是受到黄遵宪的影响。1902年期间,梁启超时年三十,正值新旧思想交替的关键时刻,加上刚与康有为分途,思想转趋激进,提出冒险破坏主义。黄遵宪于光绪二十八年(1902)十一月致函梁启超,力陈破坏主义不可取。原因有二:一是列强环伺,国家面临瓜分之危机,"革命破坏"之说,只会加速中国灭亡;二是中国"民智未开",予无权利思想、无政治思想、无国家思想之民以政,无异自戕。张堂锜对此有详细说明,参氏著:《戊戌之后:梁启超、黄遵宪的生命同调与思想歧路》,页13—14。

第六章 构建近代国家：文明的追求

认为，以"排满"为目的的革命，只是内政问题，外国无权干涉。而且，革命之际，革命军会保护外国人的生命财产；只要遵守战时国际法，则列强自会承认革命军作为交战团体或是独立国的地位，采取中立，不会干涉中国内政。因此，遵守国际法、履行公约的"秩序革命"，不会招致列强瓜分中国。[1]

不过，这种认为列强不会干涉的说法，其实只是为反驳梁启超论点的一种策略性议论而已，并非基于客观事实的分析。这可从后来孙中山的发言知之：

> 革命军骤起，有不可向迩之势，列强仓猝，无以为计，故只得守其向来局外中立之惯例，不事干涉。然若我方形势顿挫，则此事未可深恃。戈登、白齐文之于太平天国，此等手段正多，胡可不虑？[2]

对孙中山而言，革命之际最令人担心的是列强会像太平天国运动时那样与清政府勾结。对于单凭遵守国际法及履行公约的"秩序革命"是否真的可以避过列强的干涉，事实上孙中山未能肯定。孙的论调，与其说是确信列强会采取中立，毋宁说是为了正当化、合理化革命的必要性而作出的主观愿望和乐观期待。这种论调的背后，实在怀有不能不如此的苦涩心态。辛亥革命期间，列强虽有进行军事威吓及经济的压迫，但未有采取直接的武力干涉，对革命派而言，只是幸运而已。观乎革命挫败以后，各地军阀依仗帝国主义的列强，并与之沆瀣一气，使中国陷入分裂割据的混乱局面，正好印证了梁启超对革命的警告。[3]

---

[1] 精卫（汪精卫）：《驳革命可以召瓜说》，《民报》，6号（1906年7月），页24—39；汉民：《民报之六大主义》，《民报》，3号（1906年4月），页19—20；梦生（叶夏声，1882—1956）：《革命军与战时国际法》，《民报》，8号（1906年10月），页115—131。胡汉民指出《驳革命可以召瓜说》是由孙中山口述，汪精卫笔录的。胡汉民：《胡汉民自传》，页18。此外，寺广映雄亦提出《民报》上刊载关于"革命瓜分论"的几篇论文，表面上虽是由几个人分别执笔，但实质上的理论指导者是孙中山。而关于革命军对这个问题的基本态度，早在同盟会成立之际，已在孙中山见解的基础下达成一致。参寺广映雄：《革命瓜分论的形成をめぐって——保皇・革命两派の対立——》，页102。

[2] 孙中山：《与胡汉民廖仲恺的谈话》，《孙中山全集》，第1卷，页569。

[3] 堀川哲男（Horikawa Tetsuo）：《〈民報〉と〈新民叢報〉の論争の一側面——革命は瓜分を招くか——》，载田村博士退官記念事業会編：《田村博士頌寿東洋史論叢》（京都：同朋舎，1968年），页532—533；寺广映雄：《革命瓜分論の形成をめぐって——保皇・革命两派の対立——》，页103—104。

3. 不平等条约与国家继承

我们知道,新政期间革命派为了避免与列强对决,受其干涉,以及希望得到列强的援助,因此主张承认列强与清政府之间缔结的不平等条约的效力。考其理由有二：一是法律的理由,二是政治的判断。

胡汉民指出,作为国际关系基础的国家主权概念,是由国际法原理所规定的。中国能够主张和不能主张的权利不但是由国际法所规定,就连收回主权、利权而采取排外运动的手段也是受到国际法所限制的。[1] 在国际法秩序下,以抵抗帝国主义的压迫和侵略以维护国家独立为目的的排外是"正当之排外",与"仇外贱外"的"不当之排外"截然不同。[2] 尽管不平等条约侵害了中国的独立和主权,但条约本身的效力受到国际法的保障,当事国不能不受其约制,[3] 而条约的继承与遵守是作为"国际团体一分子"之"文明国"的当然义务。[4] 因此,对于满清政府与列强所签订的不平等条约,胡汉民认为应该承认并依法遵守。[5] 不过,因为这种议论太过强调国际法作为行动规范的拘束力,所以胡汉民并未能批判国际法包庇不平等条约的帝国主义性格。必须指出,胡汉民这种国际法观并不是特殊例子,前面已提到,根据国际法的原则来解决不平等条约问题的想法,是当时大部分中国人的共识。特别是胡汉民与汪精卫、朱执信等同属1906年毕业于日本法政大学速成法政科的学生,他们都有类似的看法。他们在日本留学期间除了学习卢梭(Jean-Jacques Rousseau, 1712–1778)的《民约论》、史宾沙(Herbert Spencer, 1820–1903)的《政治进化论》、伯伦知理(前译步伦)的《国法汎论》等政治学、社会学名著外,还受到当时日本国际法学的影响,接受当时流行的实在法主义,从而打算仿效日本成功改订不平等条约的策略。例如汪精卫便曾明言即使革命成功,

---

[1] 汉民：《排外与国际法》,《民报》,4号(1906年5月),页64—66。
[2] 汉民：《排外与国际法》,《民报》,4号(1906年5月),页58—59。
[3] 汉民：《排外与国际法》,《民报》,10号(1906年12月),页23—24。
[4] 汉民：《排外与国际法》,《民报》,7号(1906年9月),页29;10号(1906年12月),页24。
[5] 汉民：《民报之六大主义》,《民报》,3号(1906年4月),页21。

第六章 构建近代国家：文明的追求

新政府仍须遵守国际法的原则，继承旧满清政府与各国间所缔结的条约。[1] 尽管如此，胡汉民所著《排外与国际法》，大部分的篇幅都是讨论条约的种类、条约的效力以及条约效力消失等问题，可见此文的撰述是为了将来废除不平等条约作好准备。[2] 胡汉民充分意识到改订条约困难重重，但要成功，必须以改革内政为准备。[3] 换言之，要废除不平等条约，前提是推翻连实行"正当排外"的能力都不具备的满清政府。[4]

基于上述的条约观和国际法观，同盟会于1905年的对外宣言中提出了以下几条：[5]

一、所有中国前此与各国缔结之条约，皆继续有效；

二、偿款外债照旧担认，仍由各省洋关如数摊还；

三、所有外人之既得权利，一体保护；

四、保护外国居留军政府占领之域内人民财产；

五、所有清政府与各国所立条约，所许各国权利及与各国所借国债，其事件成立于此宣言之后者，军政府概不承认；

六、外人有加助清政府以妨害国民军政府者，概以敌视；

七、外人如有接济清政府以可为战争用之物品者，一概搜获没收。

这无疑是通过适用战时国际法以及肩负国家继承的责任，期待能确保革命本身的"文明化"。必须指出的是，革命时尽力保护外国人生命财产的规定不自革命党始。1900年唐才常自立军起义勤王，便张贴告示，明言其行军之法律：

一、不准伤害人民生命财产；

---

[1] 精卫：《驳革命可以召瓜分说》，《民报》，6号（1906年7月），页27。
[2] 汉民：《排外与国际法》，《民报》，10号（1906年12月），页19—32。不过，对于条约的讨论，其后因胡汉民离日而中断。
[3] 汉民：《排外与国际法》，《民报》，13号（1907年5月），页46。
[4] 汉民：《排外与国际法》，《民报》，4号（1906年5月），页62—66。以上关于胡汉民国际法观的说明主要是受到佐藤慎一《近代中国の知識人と文明》（页153—164）的启发。
[5] 载《孙中山全集》，第1卷，页310—311。

二、不准伤害西人生命财产；

三、不准烧毁教堂，杀害教民；

四、不准扰害通商租界；

五、不准奸淫；

六、不准酗酒逞凶；

七、不准用毒械残待仇敌；

八、凡捉获顽固旧党应照文明公法办理，不得妄行杀戮；

九、保全善良，革除苛政，共进文明，而成一新政府。[1]

这种声明，较之 1905 年同盟会之宣言来得更具深刻意义，它所强调的已不单纯是保护外国人的生命财产问题，而是强调"文明"对待敌人，不妄行杀戮，以求共进"文明"。这种宣言应该是采纳了战时国际法的规定，以及红十字会对待战俘的精神。

当然，正如学者所指出，革命派这种主张，是对帝国主义过于乐观、甘于与帝国主义妥协的产物。但笔者要强调，对革命派而言，即使高举推翻满清政权的革命旗帜，但在确认本身实力薄弱的形势下，这种主张是无可奈何、迫不得已的选择。章炳麟在《革命军约法问答》一文中，从政治社会的角度分析，指出欧美列强对汉族的危害，较之满族，更甚千万倍：

> 言种族革命，则满人为巨敌，而欧美少轻。……若就政治社会计之，则西人之祸吾族，其烈千万倍于满洲。……然以利害相校[较]，则革命军不得不姑示宽容，无使清人、白人协以谋我。军中约法，半为利害，不尽为是非也。[2]

也许我们可以由此明白到，虽然革命派深明列强为害更甚于满清，但为了避免列强与满人之勾结，便不得不承受采取保护列强既有权益、承认不平等条约这一"战略"背后的苦恼。可以说，胡汉民在遵守国际法的前提下

---

[1] 冯自由：《秦力山事略》，载彭国兴、刘晴波编：《秦力山集》，页 196。
[2] 《民报》，22 号（1908 年 7 月），页 48—50。

第六章　构建近代国家：文明的追求

承认条约的强制力,是积极的"法律判断";反之章太炎承认条约的效力,是一种出于无力感的消极的"政治判断"。

事实上,如何维持中国与列强的关系,可说是革命派亟待解决的最重要课题,他们对国际法的关心也肇于此。革命派在杂志《二十世纪之支那》的创刊号中,便力陈国际法的重要性及国际法研究的必要性,指出鉴于太平天国及台湾共和国的失败,今后革命军的行动,应该极力避开列强的干涉,好待新国家成立之初,能够得到列强的国家承认,从而获得国际法上的法人地位,以便与各国交涉。〔1〕革命派最大的课题是如何在国际法容许的范围内,主张自己的正当性,一面抵制列强的干涉,一面促使革命成功。秦力山在《说革命》一文中,引用日本国际法学者有贺长雄的《战时国际法》及蒿清德甫的说法,从内战的角度讨论到国际公法与独立军的问题:〔2〕

> 盖吾之说国际法而先论志士者,则以独立军之第一难题皆在于外交,而志士之每每败事者,亦卒以国际之问题为多也。〔3〕

秦力山强调,革命时如不能处理好与列强的关系,最后多以失败见终。因此,他引美国独立战争为例,强调独立军如能争取到内战时的交战权利,既可避免外国之干涉,复可得到其暗助:

> 则其享有战权与否之问题,决不在于理论,而在于事实。革命军之意识,果其能自信文明,其文明机关果完备,其占领地果能保护外人生命财产、自由通商,则实有以平其心而杜其口,岂唯是战权而已。得一省之地,则可望其承认独立,互遣公使。反之,则以义和团之举动,而强以革命之名,吾安见可以此之二字阻止各国之联军也。〔4〕

更有进者,革命军不但得按国际法行事,而且"其恪守战规,尤宜过于寻

---

〔1〕 黔首:《国际法上之国家》,《二十世纪之支那》,创刊号(1905年6月),页21—23。
〔2〕 参秦力山:《说革命》,第12章《国际公法与独立军》,彭国兴、刘晴波编:《秦力山集》,页150—157。
〔3〕 彭国兴、刘晴波编:《秦力山集》,页151。
〔4〕 彭国兴、刘晴波编:《秦力山集》,页152。

常文明之兵卒,方得免列强之干涉",否则自取灭亡。[1]如何达成"文明"的革命,始终是革命运动的至上命题。

六、小结

清末政府一方面对内再建其统治权威,以维持其中央集权;另一方面为了维护国家主权,并加入"文明国"的国际社会,因而展开立宪、法制改革、教育改革等新政。不过,实行新政提高了国民教育水平的同时,却有助主权、民权意识的普及,促进地方自治权的扩大,反过来带来清政府统治权威的低下。

从上面的分析可知,在被列强瓜分的危机意识下,中国人已形成一种不可与列强作暴力对抗,必须根据国际法行事的共识。在这种认识下,全国掀起了以"文明排外"为主导精神的对外抵制运动及收回利权运动。他们这种根据国际法抗争的理念和对废除不平等条约的无力感交错在一起,越发激化内心的无奈与焦虑,并迅速转化为对满清专制政权的仇恨力量,最终创造了增强革命势力的有利形势。

本来,革命运动的目标是对抗列强侵略,维护国家的自主独立,推翻满清政府,构建"文明"的共和国。但是,事实上就连革命派都对废除不平等条约感到无能为力。虽然他们清楚明白不平等条约的不合理本质,但是为了避免满清政府与列强勾结以及列强的干涉中国内政,因此迫不得已承认列强的在华权益。这固然是他们对国际法认识不足所致,但同时也是为了实现革命的最终目标而无奈采取的政治判断。

在这一形势下,日本扮演了先行者的角色。日本一方面力求富国强兵,一方面实行立宪及法制改革,终能在不与列强作军事对抗的情形下,成功改正不平等条约,向中国展示出非暴力手段的成功模范。新政改革、"文明排外"运动,以及革命派承认不平等条约的主张,事实上无不受到日本条约改正的影响。因此,无论是满清政府,还是立宪派或革命派,他们都有一种乐观的展望:只要实行体制改革或革命,在国际社会上取得

---

[1] 彭国兴、刘晴波编:《秦力山集》,页152。

第六章　构建近代国家：文明的追求

"文明国"身份的话,自然可以废除不平等条约,在国际社会上取得与列强对等的国家地位。孙中山在 1912 年 1 月 1 日的临时大总统就职宣言中宣称：

> 临时政府成立以后,当尽文明国应尽之义务,以期享文明国应享之权利。满清时代辱国之举措与排外之心理,务一洗而去之。与我友邦益增睦谊,持和平主义,将使中国见重于国际社会,且将使世界渐趋于大同。[1]

可以说,新政改革或是革命本身,无非都是在求索"文明之梦"。[2] 这种梦想的追求,虽使中国人在革命过程中饱尝辛酸,吃尽苦头,但对中国而言,也是一种成就大业的试练。

---

[1]　孙中山：《临时大总统宣言书》,《孙中山全集》,第 2 卷,页 2。
[2]　朱维铮的著作《求索真文明——晚清学术史论》(上海：上海古籍出版社,1996年),原名《晚清学术史论》,其后把"晚清学术史论"变成副题,改以"求索真文明"为书名主题(见朱维铮的《题记》,页 8),实有画龙点睛之妙,并与本文主旨相契合。

结　　论

晚清以来最令清政府感到棘手的是一连串中外纷争,而要处理这类纷争便须应用国际法。留学日本学习法政的黄尊三曾明言,古今中外学问无穷,而人的才能有限,在"救亡"的迫切需要下,国际法将会继宪法、行政法之后成为"救国之要具"。[1]特别是随着中国加入海牙国际组织,参与讨论国际事务,处理国际纷争日多,因而对国际法的重视亦随之而提高。钱恂在派遣公断员前往海牙万国裁判所时便提到:

> 所谓法律者,又重在国际法,以所中所裁判者,无论为国际公,为国际私,无不曰国际上生争执而始用裁判也。[2]

驻美国、墨西哥、秘鲁、古巴公使张荫棠在回顾晚清外交之失败时亦指出:

> 自鸦片战争以来七十年间,外交之事,无一不失败,即所结之约,无一不受亏。考其实际,由于列国之威胁强逼,智算术取者,半由于

---

[1] 黄尊三:《三十年日记》,第1册,《留学日记》,1910年12月11日条,页291—292。
[2]《光绪三十三年八月十七日收驻和钱大臣文:筹陈保和会继续派员事》,《外务部档案》,02—21号,2函2宗3册。

结　论

当局之不解国际法律自误者,亦半如朝鲜本吾国之藩封也,既认之为藩属,又许其外交自主之权,听其与日俄等国缔结条约,进退失据,致启戎心。此不达于国际法之弊也。[1]

上述重视国际法的言论,在晚清最后的十多年里,相当普遍。揆诸事实,19世纪中叶以后,近代西方国际法的传入中国,在本土产生了巨大的影响。通过吸收与应用国际法知识,中国在外交制度上开始了现代化的一页——设置近代对外机关、遣使驻外——尽管这些措施未尝不是"抚夷"的手段,又或只是在西方坚船利炮的强权威吓下作出的回应,但无可否认,这种"被迫"的开国经验,使中国人不得不反省其自身价值,重新审视传统的知识与价值体系,而所谓文明观的转换亦由此产生。这在思想层面而言,具有重要的启蒙意义。近代国际法所传达的西方法律观念及国际社会规范,引起了晚清知识分子的广泛注意。他们明白到平等、自主、权利、独立等重要思想观念,为追求"文明"的国家构建过程奠下了政治法律的基础。其中尤以主权认识的加深,促成了以"主权"为核心概念的民族主义的兴起,使"主权"、"利权"一类的语词成了整个时代的共同话语。至于开明官僚,特别是驻外使节直接应用国际法处理外交问题,以维护国家主权,无疑推动了中国从传统帝国走向近代国家、从中华世界走向万国世界的历程。然而,如果我们细心思考的话,这样的论断又失之笼统,忽略了、亦淡化了国际法传入中国的历史在不同时期的种种差异。特别是国际法进入中国,从开始便充满工具性。从国际法著作的选取、内容的节译(如林则徐选择瓦泰尔《万国法》的部分章节)、翻译时的方针及取向(如丁韪良及傅兰雅对国际法自然法性格的强化、对国际法的个人诠释及有意识的删节选取、翻译名词的创造)等都是个人主体意识下的产物。而在接受过程当中,读者除了受到既有知识的影响外,个人的身份、立场与目的又会直接或间接地、有意或无意地干扰其理解及摄取过程。

---

[1]《使美张荫棠奏陈外交事宜并请开缺简受贤能折》(宣统三年九月初四日),《清宣统朝外交史料》(收在《清季外交史料》内),卷23,页16。

每次对国际法文本进行"解码"(decoding),重新"编码"(encoding)表述,都是一种本土化、个人化的产物。因此,国际法的传入、诠释以及应用,实际上是一个被本土不断解读、应用与改造适应的过程。

一、国际法的传入与诠释

许多研究讨论晚清国际法传入中国的历史,都不约而同地将中国接受的时期设定在19世纪中叶至后半期。但笔者的研究证明,无论是从国际法相关译著文本的出现还是国际法意识的共有,以至其在政治外交上的实践来看,都要到20世纪初,它才开始正式在中国植根并普及化,融入中国人的共同知识范畴之内。人们到那个时候才普遍地视国际法为认知国际关系的理论框架,衡量国家文明程度的尺度。

无可否认,初期《万国公法》的翻译刊行,带给中国的冲击不少,然而正如笔者在第一章所分析,19世纪70年代中叶以前,《万国公法》对中国思想界的影响力并不如我们想象中那么大。总理衙门很多时主要是从器用的层面上对《万国公法》作工具性的利用,当它是一本以夷制夷的法典,一部像《大清律例》那样,具有法律强制力的法典;又或是当作外交指南,于对外交涉时依书援引。除非是要处理洋务、需与洋人交涉的官僚,一般人根本不用理会什么是"万国公法"。而且,也许由于这种"法典"的色彩太浓厚,因此自1865年《万国公法》刊行以来,清政府一直无意主动翻译其他西方的国际法著作,中国也产生不了介绍西方国际法理论的论著。第2本《公法便览》的面世,距离《万国公法》的刊行已是10多年后的事,而且仍旧是由丁韪良主持翻译的。再者,从同文馆的国际法教育看来,它也不见得受到足够的重视。同文馆要到70年代初才开始教授国际法,而且还是选修,每年应考人数只有10人左右。以这样的人才培养计划,如何能提供足够的国际法人才以供差遣?踏入70年代末80年代初,随着政府对外派遣使节,开始出现了王韬、郭嵩焘、郑观应、薛福成、曾纪泽等人对国际法的评论。不过,这些评论固然高度显示出他们对主权意识的觉醒,但有趣的是,他们都像总理衙门般,时常在有意无意间说出"泰西有《万国公法》一书"之类的说话。这种视国际法著作为自然法典

结　论

的看法,使他们一旦遭遇现实中国际法未能抑强济弱,保障中国主权的情形,便对这种新的"天道"感到怀疑、无奈与失望。不过,由于现实世界并不是无限制、无规范,纯以暴力来弱肉强食的,因此他们又没有完全否定国际法的规范作用。这点与他们的国际法知识资源——丁韪良及傅兰雅的国际法译著中强调的自然法主义不无关系。在这样的认识下,他们讨论的焦点在于国际法的拘束力、势力均衡,以及国家富强与"公法"适用的关系上,重视的是国际法的普遍性、规范性的性格,较少注意到不同学者间说法的差异及各种原则、规则背后的历史因素及相关背景。当然,国际法的传入,固然有丁韪良等强调的自然法性格的一面,但从理解国际法的思想理路出发,中国人要理解自然法这种概念,自然会受到既有的知识体系及价值所牵引和干扰,而从传统儒家的心性、朱子理学的天理人情去诠释这样的新事物。在中国人的世界秩序观里,秩序的维持本来就不是单纯依据暴力的,其核心基础是理性(有序的、规范的、"公"的)、普遍性(天的、自然的;通行万国、行之万世)以及道德性(仁义的、善的、公正的)。因此,即使丁韪良如实地把原著的自然法与实在法的精神和意义区辨出来,也不会妨碍中国人通过传统儒家观念、价值观以及朱子理学去诠释国际法的自然法主义。国际法一方面有规范国家之间权利义务、关系行为的"法律"性格;另一方面,它身上体现的"仁义"、"和平"等道德性格,又与传统的礼义相通。就这个层面而言,要中国人理解国际法的自然法属性,本来就是水到渠成的。

诸如国际法中文文本的阅读、国际法知识的吸收,乃至文明观及国际秩序观的转变等一系列历史进程,折射出中国人对认知世界及自我解剖的挫折过程。不过,应该注意到,甲午战争以前,这种转变似乎只局限于少数知识分子及开明官僚(特别是有驻外经验的外交官)身上,偶有相关言论出现在少数报刊的论说上。这些论述,虽然体现了这类开明精英思想言论的开放性与前瞻性,却无法反映当时社会接受国际法的普遍情形。如果只将研究聚焦于这段时期的言论上,便会失于以偏概全,而无法全面掌握晚清国际法观的变化了。

从万国公法到公法外交——晚清国际法的传入、诠释与应用

事实上,要到甲午战后,中国人才对国际法普遍关心起来,而非如自强运动时期那样,只是由几个开明进步的洋务官僚及知识分子在孤军呐喊,却最终未能引起广泛关注。维新派受到丁韪良及傅兰雅译著中强调的自然法思想之影响,以及出于政治上托古改制的需要,提倡"春秋公法观",以"公法"为"春秋大义"、"天道性理",对西方国际法作出本土化的解读。在这种情况下,国际法的相关中文文本到处可见,《万国公法》、《公法总论》等旧作多次在各种丛书中翻刻;近代报刊如《湘报》、《湘学新报》等刊载"公法"文章;经世文编、各种近代"百科全书"收录了郑观应、薛福成、陈炽、宋育仁、朱克敬、唐才常等人的文章,以及相关国际法知识的条目;应付科举考试的策问选本则刊登了"公法"的闱墨答问。凡此种种,为中国带来了新知识、新概念和新思维,冲击传统的知识体系。这些文本,既有"春秋公法"的世界大同理想主义的投射,亦有对公法不足恃的批判。再加上书院课程的改革,加入了国际法课程,时务学堂以"公法"与经学并举,等等,都说明了国际法在中国开始普及,并成为官僚及知识分子的新宠。"春秋大义"、"公理"、"性法"等词汇成了中西方共同价值、共同理念的起点,以及建构人类理想社会的关键词。至于西方国际法的普遍价值也在这个认知及诠释过程中得以确立。再从政治的批判意识而言,此时期内将国际法联系到国家构建的讨论,无疑为国族意识的凝聚提供了很好的参与场域。

踏入20世纪之初,出洋留学成为社会一大热潮,大量的法政留学生在彼邦(特别是日本)吸收了新知识、新概念后,便展开了相当集中的译介事业,掀起了一个新的高潮。日本国际法译著的大量引入,不惟以单行本发行,更多的是刊登在报刊杂志上,致使受众读者得以几何级递增。如此,国际法文本及相关术语作为一种新知识、新思想以及新"概念工具"才得以广泛传播,刺激了国民的国际政治意识。国际法著作不再是只供负责交涉的洋务官僚阅览援引的"法典",而是变成一种思想武器,一种分析工具,教国人认识在文明—野蛮的国际秩序下,如何根据国际法来维护国家主权,进而追究丧失主权的腐败政府之政治责任。与此同时,清政

府在全国各地遍设法政学堂和法律学堂,又使国际法由外交官僚的专业知识一变而为大小官僚必需的基本知识。当小学生的作文也大谈收回主权时,我们便可体会到1905年以后的收回利权运动为什么可以席卷全国。受到日本实在法学的影响,这时期的国际法观基本上摆脱了丁韪良以来的自然法主义,强调国际关系的内容与性格是在国家间共同同意下所构成的,国际法是规定国家间权利义务关系的"法律"。因此,在这样的诠释下,即使对原来"万国公法"的普遍性、正义性仍有所憧憬期待,中国知识分子及官僚也不再会简单地将各国未尽依国际法行事的现象归结为国际法无用的结论。与此同时,由于接受了国际法的价值、理念以及行动模式的规范,中国今后所能采取的行动,所能伸张的权利义务,亦不能不受到国际法的规限。因此,才有孙中山、胡汉民等人那种强调一切国家的权利义务,均由国际法规定以及中国须履行不平等条约的观点出现。

二、中国应用国际法与秩序重构

唐启华在讨论民国初期的外交问题时,指出过去的研究过于偏重国民政府"革命外交"的成就及影响,忽视了民国初期北京政府废除不平等条约的外交努力及成就,并强调1912—1918年间可谓"修约外交"的萌芽期,是旧、新交替之过渡期。[1] 事实上,如果我们沿着历史往前追溯的话,我们会发觉早在晚清同治光绪年间,曾纪泽、郑观应等有识之士,在吸收了国际法知识,把握了新国际秩序后,已开始谈论国家主权平等的原则,并谋求在条约届满之时,修订条款以收回主权。因此,尽管我们指出了早期国际法中文文本带有浓厚的自然法色彩,影响了中国人的国际法观,但我们不能过分夸大其影响力。特别是对清政府涉外官员而言,在实际的交涉行动中其关心的对象自然是其中的实务性规则。在不平等条约之下,实务性的规则才是最直接、最有助于对外交涉的。因此无论怎样强调"性法"作为规范的超越性,现实的政治外交问题也从来不是一句"性

---

[1] 唐启华:《民国初年北京政府"修约外交"之萌芽,1912—1918》,《文史学报》,28期(1998年6月),页118—143。

法"可以解决问题的。尽管清政府官僚在应用国际法时抱着怀疑态度,对国际法的拘束力常常游移于信与疑之间,但这无碍于中国人引用国际法对外交涉并争取国家利益,也妨碍不了中国人以国际法作为国际秩序的框架,以成为国际社会的文明大国为目标。从现实看来,除了国际法和暴力手段外,中国也没有其他可以维持秩序的工具或理论与西方周旋。当然,由于初期总理衙门以恪守条约,防御各国借修约强行索取更多利权为首要任务,并担心为因应修约而须作出影响国家根本的体制改革,因此未有积极向各国展开修约外交。但是,在与国力较次的秘鲁、巴西订约时,清政府已能应用国际法争取到较为有利平允的条款。事实上,民国初年外交部回顾晚清与各国订约的情形,也肯定了同治光绪年间有识之士,因"稍稍讲求公法,故所订秘鲁、巴西等约,较为平允"。[1] 当然,即使据国际法力争,要求改约,亦未必能做到收回主权。在处理美国排华的问题上,面对美国的强横无理,清政府只能徒呼奈何。

相对于政府在修约问题上的保守态度,民间的收回主权、利权运动便来得较为积极进取。1905年以后在全国展开的文明排外运动,可说是国际法知识的普及以及主权观深植人心的产物。强烈的民族主义运动没有演变成大规模、广范围的杀害外国人的野蛮排外动乱,原因之一是参与者大都意识到只有根据国际法行动,才不会惹来外国出兵干涉。

另一方面,西力的冲击以及邻国日本的挑战,导致了传统中华世界秩序的崩溃,以及东亚地域政治结构与意义世界的巨大变动,中国与周边地域的关系也因着外部力量的渗入而产生了连动。以主权国家为主体的国际法体系成为东亚地域秩序构成的框架,而国家以及国际关系的内容和性格则由国际法所定义。在这变化过程中,中国不得不改编其统治秩序,在台湾及新疆设省,确立近代国际法意义上的领土主权。然而,中国中心地位与天朝权威的丧失、西力的冲击以及日本的挑战,均使以中国为主导

---

[1]《1914年1月19日复驻奥沈公使函》,《外交部档案》,03—23号,20函1宗。转见唐启华:《民国初年北京政府"修约外交"之萌芽,1912—1918》,页120。

结　论

的东亚地域秩序的重构显得举步维艰。当西方的价值、理念以及行动模式成为东亚世界的共同基础，各国以国际法的尺度和标准规范东亚世界秩序时，中国对东亚地域及国家的权利义务主张及行动模式，自然要受到国际法所规范，不能以传统中华世界秩序原理寻求西方、日本以至传统属国朝鲜的接纳。东亚国际关系从上下阶层性结构走向中外联属的平等结构，一方面反映了文明观的改变以及国家平等地位观的形成，同时又直接标示了东亚地域政治秩序重构的需要。

正如上面提过，在进入20世纪以前，中国人有着将国际法学术著作法典化、经书化的倾向，清政府对国际法的应用很多时停留在文字的援引上，并未对国际法秩序的原理深入探究。因此当事情的复杂性超越了国际法中文文本所载时，清政府的应对便显得左支右绌。这种情形，在处理朝鲜问题时尤其明显。传统中朝宗属关系本来就难以适应朝鲜开国后的东亚国际秩序。在朝鲜遣使赴美的交涉问题上，面对接受了国际法洗礼、寻求独立自主的朝鲜，清政府一方面要维持"属邦体制"，另一方面又无法不让朝鲜履行条约国的责任对外遣使，最后只能以外交礼仪的规定来突显中国对朝鲜的宗主权。这种国际法的应用，完全是摸着石头过河，直接负责其事的袁世凯及李鸿章根本没有通盘计划，而且有许多隐藏在细节里的危险性都没有察觉到。从实际结果来说，这类援引国际法的做法并未能收到多大效果，反而激起朝鲜进一步的纠缠与反抗。不过，如果从宏观的角度看近代中朝关系问题，其关键恐怕在于文明观及现实政治形势的变动，使中国丧失了作为东亚世界领导国的政治权威、经济仓库以及知识源头的地位。而原来作为东亚世界共通理念和共通价值核心基础的儒家礼仪文化也逐渐丧失了其凝聚力，取而代之的，则是西方文明、近代主权意识及国家平等观念。西方及日本势力的大规模渗入，各国在政治、经济、文化方面的竞争格局，不但使中朝关系渐行渐远，也使中国在东亚以至亚洲成立地域安全保障系统的构想变得不可行。维新时期知识分子对"春秋公法"及大同世界的憧憬，严格来说不存在具体可行的方案，只是在理想主义下对未来大同世界的构想而已。

从万国公法到公法外交——晚清国际法的传入、诠释与应用

在从失序到追求秩序的过程中,中国人在国际法以及当时流行欧美的"弭兵"和平主义中找到了世界秩序的理论和方向。论者指出,清政府并不相信国际法,因此即使在两次保和会中签订了《和解公断条约》,但当须解决国家间的纷争时,清政府还是不愿选取国际裁判所,而宁愿选取双边交涉、调停或是听取第三国的解决方案。[1]因此,当1909年中葡两国就澳门问题进行交涉时,中国便拒绝了葡萄牙将事件交到海牙国际裁判所仲裁的建议。[2]无可否认,清政府在应用源自西方的国际法来处理与西方国家的交涉问题时,有一定的戒心,特别是当时东西对立观的流行,益使清政府对公断是否公正始终抱有怀疑。但是,对于国际仲裁,清政府亦不见得完全拒绝。同年中日之间就延吉朝鲜人的裁判权问题进行交涉,中国认为延吉既属中国领土,因此反对将延吉朝鲜人的裁判权归属日本。以下是负责交涉的曹汝霖与日本代表伊集院彦吉(Ishūin Hikokichi, 1864-1924)就应否将事件交与海牙保和会公断的讨论:

> (曹汝霖云):实以彼此各执一词,终难结束。中日两国交谊素笃,若彼此争执,殊非敦睦之意,故拟将各案送交海牙和平会公断,以听公论,而维睦谊,未知贵国政府以为如何?(后略)
>
> 伊(集院)云:(前略)在公断一层,以我两国交谊素笃,何至不能自相解决,转请西洋各国之公断,启西国以干涉东方政治之渐。我为贵国设想,不宜轻发此议。无论,日本政府断难同意,且恐转达政府,即启本国政府疑心。中国不信用日本,而信用他国,必于感情有碍。
>
> (曹汝霖)答以:此实中国政府好意之所在,实恐两国到底相持不

---

[1] Jerome Alan Cohen and Hungdah Chiu eds., *People's China and International Law: A Documentary Study*, p. 11.
[2]《澳门勘界大臣高而谦呈外部海牙判断恐各国袒葡不如自与磋商电》(宣统元年六月二十七日),《清宣统朝外交史料》,卷7,页5—8。

结　论

下,反或有碍感情,故欲听各国公断,以免彼此争执,即以保持彼此交好之意,请代为达到为要。[1]

很明显,单就这次纷争而言,不想将事件公断的是日本而非中国。日本害怕西方国家借此事插手东亚事务,因此极力反对。相反,中国又极力主张公断。其中原因,大概是因为中国正在从事法制改革以废除领事裁判权,将事件交与公断,对中国没有更坏的后果,若成功的话,反而开了先例,增加日后中国向西方国家争取废除领事裁判权的谈判筹码。由此可见,在中国应用国际法及追求秩序的问题上,简单地分为可信或不可信并不妥当,并且会把问题简单化,忽略了每个交涉个案的独特性。

从上述的讨论,我们可以看到中国在应用国际法的过程中,尽管不是全然运用得宜,但却经常保持高度的灵活性。当然,所谓灵活性并不一定表示正确,中法战争时对宣战与中立的依违态度便似乎得不偿失。

三、文明大国的追求

尽管在国际法传入过程中,中国人的文明观及国家秩序观出现了巨大的变化——从华夷有别,到承认西方的文明,以至于产生西方文明先进于中国的观念——但我们不能将把这种观念变化简单地叙述为是中国被动地卷入了西方的世界秩序。这是一个充满着选择、犹豫、反省的崎岖过程。国际关系从上下阶层性结构转变为中外联属的平等结构的说法,一方面反映了文明观的改变以及国家平等地位观的形成。但是,当中国人从国际法中获得自主、平等、独立等国际法概念,理解到国家主权不容侵犯的原则,并期待享有平等主权时,便发觉到在以"文明"为国际法适用基准的国际秩序里,中国仍处于"半文明"或"野蛮"阶段,未能享有完整的国家主权。在近代西方的国际法秩序里,所谓主权平等的原则并不是无条件的。但怎样才可享有国际法秩序下的完全人格呢?清政府洋务官僚最初选择的是遵守条约、履行条约,以换取时间争取富国强兵,以现代

---

[1]《外部参议曹汝霖与伊集院议延吉韩民裁判事语录》(宣统元年二月二十七日),《清宣统朝外交史料》,卷2,页32—33。

化武装维护国家的自主独立;继之而起的是戊戌前后维新派希望通过一系列大大小小、翻天覆地的政治社会改革,建立近代国家,在万国共遵、万世通行的公理公法下,迈向文明社会的大同世界。进入20世纪,当构建国际法意义的"文明国"、加入国际社会已成为国家的至上命题时,清政府的急务便是国家的"文明化",以及与闻国际会议,参加国际组织了。

这里让我们先谈一下参加国际会议和加入国际组织的问题。参加国际会议,在形式上象征了中国进入了国际法的范围,在国际秩序的自我定位上,俨然与各国平等。杨儒覆奏参加第一次保和会事宜时,便强调参与保和会,象征中国可以与闻各国大事,于将来交涉大有裨益。相对于其他国家未能参与和会,中国能够与会已显示出了地位的优越。国际社会虽以主权国家构成平等关系的基础,但现实上由于国家间政治、军事及经济力量存在差距,因此实际上仍是一种阶层性的世界秩序。对中国而言,如何争取与列强对等是个不能避开的重要课题。晚清政府两次参加海牙保和会议,签订多条国际条约,最大目的即在于争取参与国际事务,享有与西方列强对等的地位。在保和会的问题上,清政府考虑条约画押与否的关键,首先在于那些条款对中国是否有所窒碍,其次则是再三强调的"善与人同"。为了与各国同步,准备参加第二次保和会时,陆徵祥便曾建议补画前此并未画押的陆地战例,以示不落人后。[1]对于哪些条约和条款涉及中国的利益,中国也可以事先为之筹画,在会议期间有所主张。第二次保和会期间,陆徵祥成功反驳英国不将领事裁判权归入公断范围内的提议,就是清政府驻外官僚努力的成果。更何况,保和会的举行本是"文明国"的盛事,中国能够与会,自然应该享有"文明国"的待遇。而且,对清政府官僚,特别是涉外的使节而言,"文明国"的身份对争取废除不平等条约有莫大益处。

至于限武以及保和条约的签订,将人类和平理想的共同意愿以条约

---

〔1〕《光绪三十三年三月十三日收驻和陆大臣文:应否将陆地战例一并奏请画押以便届时豫议之处请核复由[附汉文译章]》,《外务部档案》,02—21号,2函2宗2册。

结　论

形式体现，正是糅合了自然法的人道精神以及实在法的条约性格。虽然20世纪初从日本传来"国际公法"一词普遍取代了此前的用语"万国公法"，但在外交文书档案中却仍然常见"万国公法"出现。这反映了中国在竞争自存的国际政治中，对公平至理的一种期待。只要缔结条约，各国便有责任履行条约。这样，国际条约便会变成万国共遵之法典了。换言之，要使人类公遵的普遍规范具有法律的强制力，惟有将规定国家间关系的国际公法条约化。而以保和为宗旨，解决国际纷争的《和解公断条约》的缔结、仲裁法院的成立、战时法规的编订，正好体现了人类追求和平天理的普遍诉求。

由此可见，晚清政府对保和会的高度重视和肯定，以及对国际组织和国际条约的积极参与，所流露出来的正是中国立志成为文明大国的强烈意愿，以及对世界和平秩序的向往。而在没有中心的亚洲，中国与日本彼此是亚洲中心的竞争对手。因此，在融入以西方国家为主导的国际社会过程中，我们看到的是中国如何在艰难挫败中努力恢复原来"强大的中国"、"富裕的中国"以及"文化的中国"的地位，使中国从传统帝国走向近代主权国家，登上国际法的世界舞台，与西方抗衡。在这个意义上，传统的华夷思想及华夷关系已转化为文明—野蛮的二元论述，以及一等国与三等国之关系。在"文明化"和"大国化"这两个目标下，我们似乎可以这样理解：尽管在理念上涵盖天下，以中国天子为世界中心的传统中华世界秩序早已形骸化，特别是原来东亚地域的属国、朝贡国已相继丧失，但中国仍然希望在以国际法为框架的世界舞台上，与日本竞争成为亚洲秩序的中心。

当然，我们不能高估参加保和会对中国所产生的影响，也很难判断它究竟在多大程度上改善了中国的国际处境。[1] 诚如张勇进所说，清政府两次参加保和会，只能算是中国尝试参与国际社会事务的努力而已，中国要到1918—1920年间才算是正式加入国际社会，为各国所承认。在此期

---

[1] Li Yongsheng, China and the First Hague Peace Conference, pp. 8–9.

间,中国一方面独自与德国交涉胶州的归属问题,推翻与俄国缔结的不平等条约,最重要的是参加了巴黎和会,并在英法支持下成为国际联盟理事会(League Council)的非常任委员(non-permanent member),得到列强同意修订前此缔结的不平等条约等;另一方面,中国在对外关系上,更加意识到国际间共同利益和价值的重要性,设想中外关系是由一个共同的规则所规范,中国须在国际社会的共同机构内与各国合作。[1] 但无论如何,中国积极参加和会以及其他国际组织本身,便为中国带来了新思维、新路向,在政府的层面确立了新世界秩序观,加快了中国迈向国际社会的"文明化"进程。

要成为"文明国",决不是参加国际会议、加入国际组织便算成功。陆徵祥反省与会期间险被归入三等国的经验,明白到"文明"的客观指标之一,在于国内法制的完备与否:

> 顾际此外交剧烈之时,法律不早完全,外交必难起色。年来种种受损,而当局斡旋为难,固由国势之未张,兵力之未足,而法律未备,要亦一大原因。此次会中借口之词,固已成为惯例耳。[2]

陆强调中国外交失利以及国际地位居于次等之原因在于中国法律之不备。完备的法制,是遵守条约、根据国际法行事的能力指标。只有具备足够的能力保护外国人的生命财产,使他们免受损害,才可算是"文明国"。新政时期的法制改革,其目的即在于争取"文明国"的地位,废除不平等条约,收回领事裁决权。而要令法制得到保障,宪政自然被提到了议程之上。事实上,回头再看维新变革,也无非是近代中国从"野蛮"走向"文明"的过程而已。从"文明化"的目标而言,无论是支持立宪的,还是主张革命的,两者并无二致。当然,这里还涉及政府是否具备"文明化"能力的问题。对主张革命的胡汉民而言,任由野蛮的清政府执政下去,只

---

[1] Zhang Yongjin, *China in the International System, 1918 - 20: The Middle Kingdom at the Periphery.*

[2] 《光绪三十三年九月二日驻和陆大臣致参堂函:函陈修订法律似宜奏请专派大员暂设专馆以期早日观成而挽危局由》,《外务部档案》,02—21号,10函10宗1册。

结　论

有亡国一途。惟有通过革命取缔清政府,才是中国的出路。

以上的讨论,笔者是将晚清国际法的传入放在中国从传统帝国走向近代主权国家、从中华世界秩序走向国际法秩序的二重变动过程中加以论述的。在本书中,笔者的重点在于晚清国际法传入的历史,是如何在国家体制及国际体制变动过程中得到体现的,并从中分析其意义所在。虽然在叙述框架上,仍然难免囿于"传统—近代"格局之俗,但是,必须强调的是,中国从传统帝国走向近代主权国家,并不代表传统思想体系及价值体系的消亡。在新政期间法制改革过程出现的新与旧、礼与法的争论,正好说明了中国从"野蛮"走向"文明",从东亚的特殊走向世界的普遍的过程中,传统价值与理念是近代国家构建过程中所不可轻易放弃的。中国在保和会中对"一等国"的执著,固然是出于对现实政治利益的解读,但传统天朝大国的理念,恐怕也起了一定的作用。民国时期以至当代出版的外交史料及政治史、外交史著作,对晚清以来周边地区、属国以及朝贡国的丧失所流露出来的沉痛历史感,放在东亚其他国家(如日本、朝鲜、越南)眼中,恐怕是另一种大相径庭的态度和感受。在这个意义下,我们有必要将国际法的传入放在一个更大的地域空间及更长的时间维度里与东亚各国进行历史对话,探讨东亚世界的近代转型问题。此外,在国家构建过程中,国族构建也是重要一环,事实上晚清以来知识界对于国族问题的讨论甚多,可惜限于篇幅和叙述角度,本书未能就此问题从国际法的传入角度来展开讨论,如此种种惟有留待将来再作探讨了。

参考文献

一、史料
1. 未刊档案
《外交部档案》(台湾"中央研究院"近代史研究所档案馆藏)。
《外务部档案》(台湾"中央研究院"近代史研究所档案馆藏)。
《总理衙门档案》(台湾"中央研究院"近代史研究所档案馆藏)。
Despatches from United States Ministers to China, 1843–1906 [microform] (Washington, D. C.: National Archives, 1958).
HK Government Reports, *The Hong Kong Government Gazette*, XXXI (23, Jan., 1885).

2. 报刊
《二十世纪之支那》(《中华民国史料丛编》;台北:中国国民党"中央委员会"党史史料编纂委员会,1968年)。
《万国公报》(台北:华文书局,1968年)。
《中西闻见录》(南京:南京古旧书店,1992年)。
《内阁官报》(台北县永和镇:文海出版社,1965年)。
《东方杂志》(台北:台湾商务印书馆,1971年)。
《申报》(上海:上海书店,1982年)。
《外交报汇编》(台北:广文书局,1964年)。
《民报》(台北:中国国民党"中央委员会"党史史料编纂委员会,1969年)。
《江苏》(《中华民国史料丛编》;台北:中国国民党"中央委员会"党史史料编纂委员会,1968年)。
《时务报》(《清末民初报刊丛书》;台北:京华书局,1967年)。
《译书汇编》(《中国史学丛书》;台北:学生书局,1966年)。
《述报》(《中国史学丛书》;台北:学生书局,1965年)。
《学部官报》(台北:故宫博物院,1980年)。

《法政介闻》。
《实学报》(《中国近代期刊汇刊》;北京:中华书局,1991 年)。
《政法学报》。
《政治官报》(台北县永和镇:文海出版社,1965 年)。
《格致汇编》(南京:南京古籍书店,1992 年)。
《浙江潮》(《中华民国史料丛编》;台北:中国国民党"中央委员会"党史史料编纂委员会,1968 年)。
《清议报》(《中国近代期刊汇刊》;北京:中华书局,2006 年)。
《湘报》(北京:中华书局,1965 年)。
《湘学新报》(《清末民初报刊丛编》;台北:华文书局,1966 年)。
《新世界学报》。
《新民丛报》(台北:艺文印书馆,1966 年)。
Chinese Repository
Chinese Recorder
New York Times

3. 中、日文史料[以笔画顺序]

[日]中村进午(Nakamura Shingo, 1870 - 1939)编,叶开琼编译:《平时国际公法》(《法政丛编》第 11 种上;东京:湖北法政编辑社,1906 年增订再版)。

[日]多贺秋五郎(Taga Akigorō, 1912—1990):《近代中国教育史料:清代编》(東京:日本学術振興会,1974 年)。

[英]麦肯齐(Robert Mackenzie, 1823 - 1881)著,[英]李提摩太(Timothy Richard, 1845 - 1919)、蔡尔康译:《泰西新史揽要》(《近代文献丛刊》;上海:上海书店出版社,2002 年)。

[英]劳麟赐(Thomas Joseph Lawrence, 1849 - 1919)著,[美]林乐知(Young John Allen, 1836 - 1907)、蔡尔康(1852—1921)译:《万国公法要略》(上海:广学会[Society for Diffusion of Christian and General Knowledge among Chinese],出版;上海:商务印书馆代印,光绪二十九年[1903]刊本)。

[英]罗伯村(Edmund Robertson, 1845 - 1911)著,[英]傅兰雅(John Fryer, 1839 - 1928)、汪振声共译《公法总论》(江南制造局翻译馆排印本)。

[英]费利摩罗巴德(Robert J. Phillimore, 1810 - 1885)撰,[英]傅兰雅口译,俞世爵笔述,汪振声校正,钱国祥覆校:《各国交涉公法论》(光绪甲午年[1894]江南制造局翻译馆排印本)。

[英]费利摩罗巴德撰,[英]傅兰雅口译,清钱国祥校:《各国交涉便法论》(收入袁俊德编:《富强斋丛书续集》,光绪二十七年[1901]上海小仓山房校印本)。

[英]霍珥(William Edward Hall, 1836 - 1894)著,[美]丁韪良编译,綦策鳌笔述:《公法新编》(上海:广学会出版,上海商务印书馆代印,光绪二十九年[1903]刊本)。

[美]丁韪良(William Alexander Parsons Martin, 1827 - 1916)撰,汪凤藻(1851—1918)译:《中国古世公法论略》(光绪十年[1884]同文馆排印本)。

[美]丁韪良讲,綦策鳌等增订:《邦交提要》(Outlines of History with Special Reference to International Law)[附图](湖北仕学院讲授国际法课的讲义,上海广学会光绪

从万国公法到公法外交——晚清国际法的传入、诠释与应用

三十年[1904]刊本重印),收入王美秀主编:《中国宗教历史文献集成》第71册[《东传福音》第21册](合肥:黄山书社,2005年)。

[美]吴尔玺(Theodore Dwight Woolsey,1801-1889)著,[美]丁韪良、汪凤藻、凤仪、左秉隆、德明共译:《公法便览》,(光绪三年[1877]同文馆聚珍版刊)。

[美]林乐知编译,蔡尔康纂辑:《中东战纪本末》(《中国近代史料丛刊续编》;台北县永和镇:文海出版社,1976年)。

[美]惠顿(Henry Wheaton,1785-1848)著,[美]丁韪良译:《万国公法》(同治三年[1865]崇实馆本)。

[瑞]步伦(Johann Casper Bluntschli,1808-1881)著,[美]丁韪良、联芳、联兴、庆常、贵荣、桂林共译:《公法会通》(光绪六年[1880]同文馆刊)。

[德]马尔顿(Carl von Martens,1790-1863)撰,[德]葛福根(Friedrich Heinrich Geffcken,1830-1896)注,[美]丁韪良、联芳、庆常、贵荣、杜法孟共译:《星轺指掌》[一名《各国星使指南》](光绪二年[1876]同文馆刊)。

[德]马顿斯著,[清]联芳等译,傅德元点校:《星轺指掌》(北京:中国政法大学出版,2006年)。

[德]花之安(Ernst Faber,1838-1899):《万国公法本旨》(载《自西徂东》,光绪十年[1884]岁次甲申德国花之安发刊)。

丁祖荫编译:《万国公法释例》(光绪二十四年[1898]常熟丁祖荫自序)。

于宝轩辑:《皇朝蓄艾文编》(上海:上海官书局铅印,1903年)。

《大清历朝实录》(北京:中华书局,1985—1987年)。

大槻文彦(Ōtsuki Fumihiko,1847-1928):《箕作麟祥君伝》(東京:丸善株式会社,1907年)。

上海图书馆编:《汪康年师友书札》(上海:上海古籍出版社,1986年)。

马建忠(1845—1900):《适可斋记言记行》(《近代中国史料丛刊》;台北县永和镇:文海出版社,1968年)。

马德润(1871—1937):《中国合于国际公法论》(上海:商务印书馆,1908年)。

王树敏、王延熙辑:《皇朝道咸同光奏议》(《近代中国史料丛刊》;台北县永和镇:文海出版社,1969年)。

王彦威(1843—1904)纂辑,王亮编,王敬立校:《清季外交史料》(北京:书目文献出版社,1987年)。

王铁崖:《中外旧约章汇编》(北京:三联书店,1982年)。

王鸿年(1870—1946):《国际公法总纲》(《政铁丛书》;东京:作者自刊,1902年)。

王韬(1828—1897):《弢园文录外编》(北京:中华书局,1959年)。

日本外务省编:《日本外交文書》(東京:日本国際連合協会,昭和十一至三十八[1936—1963]年)。

"中央研究院"近代史研究所编:《中法越南交涉档》(台北:"中央研究院"近代史研究所,1962年)。

"中央研究院"近代史研究所编:《中美关系史料》(台北:"中央研究院"近代史研究所,1968年)。

"中央研究院"近代史研究所编:《近代中国对西方及列强认识资料汇编》(台北:"中

参 考 文 献

央研究院"近代史研究所,1972—1990)。
"中央研究院"近代史研究所编:《清季中日韩关系史料》(台北:"中央研究院"近代史研究所,1972年)。
中国史学会主编:《中国近代史资料丛刊:戊戌变法》(北京:神州国光社,1953年)。
中国史学会主编:《中国近代史资料丛刊:洋务运动》(北京:神州国光社,1957年)。
中国科学院图书馆整理:《续修四库全书总目提要:经部》,下册(北京:中华书局,1993年)。
中国第一历史档案馆、北京大学、澳大利亚拉筹伯大学编:《清代外务部中外关系档案史料丛编:中英关系卷》,第2册,《留学办校》(北京:中华书局,2007年)。
文庆(1796—1856)、宝鋆(1807—1891)、贾桢(1798—1874)辑:《筹办夷务始末·同治朝》(台北:国风出版社,1963年)。
文盛书局主人序:《中外时务策府统宗》(上海:文盛堂,1897年)。
方浚师(1830—1889)著,盛冬铃点校:《蕉轩随录续录》(《清代史料笔记丛刊》;北京:中华书局,1995年)。
甘韩辑,杨凤藻校:《皇朝经世文新编续集》(商绛雪参书局,1902年)。
北京大学、中国第一历史档案馆编:《京师大学堂档案选编》(北京:北京大学出版社,2001年)。
冯自由(1881—1958):《革命逸史》(台北:台湾商务印书馆,1953年)。
冯桂芬(1809—1874):《校邠庐抗议》(《近代中国史料丛刊》;台北县永和镇:文海出版社,1971年)。
皮锡瑞(1850—1908):《师伏堂春秋讲义》(《续修四库全书》;上海:上海古籍出版社,1995年)。
皮锡瑞著,湖南历史考古研究所近代史组整理:《师伏堂未刊日记:1897—1898》,《湖南历史资料》,4期(1958年),页65—126。
西周(Nishi Amane, 1829‐1897)著,大久保利謙(Ōkubo Toshiaki)編:《西周全集》,第二卷(東京:宗高書房,1981年)。
《同文馆题名录》[第1次](光绪五年[1879]同文馆刊)。
《同文馆题名录》[第4次](光绪十三年[1887]同文馆刊)。
《同文馆题名录》[第5次](光绪十九年[1893]同文馆刊)。
《同文馆题名录》[第7次](光绪二十四年[1898]同文馆刊)。
朱大文、凌赓飏合编:《万国政治艺学全书》(上海:鸿文书局石印,1902年)。
朱有瓛编:《中国近代学制史料》(上海:华东师范出版社,1983—1993年)。
朱寿朋辑:《光绪朝东华录》(北京:中华书局,1958年)。
朱克敬:《边事续钞》(《近代中国史料丛刊》;台北县永和镇:文海出版社,1968年)。
朱克敬著,杨坚点校:《瞑庵杂识·瞑庵二识》(长沙:岳麓书社,1983年)。
刘坤一(1830—1902)著,欧阳辅之编:《刘忠诚公遗集·书牍》(《近代中国史料丛刊》;台北县永和镇:文海出版社,1968年)。
刘真主编,王焕琛编著:《留学教育:中国留学教育史料》,第一册(台北:"国立"编译馆,1990年)。
刘锡鸿著,朱纯、杨坚校点:《英轺私记》(长沙:岳麓书社,1986年)。

从万国公法到公法外交——晚清国际法的传入、诠释与应用

江标(1860—1899)编校:《沅湘通艺录》(《丛书集成初编》;上海:商务印书馆,1935年)。

汤志钧、陈祖恩编:《中国近代教育资料汇编:戊戌时期教育》(上海:上海教育出版社,1993年)。

祁兆熙(？—1891)著,钟叔河等标点:《游美洲日记》(《走向世界丛书》;长沙:岳麓书社,1985年)。

孙中山(1866—1925)著,广东省社会科学院历史研究室、中国社会科学院近代史研究所中华民国史研究室、中山大学历史系孙中山研究室编:《孙中山全集》(北京:中华书局,1982年)。

麦仲华(1876—1956)辑:《皇朝经世文新编》(《近代中国史料丛刊》;台北县永和镇:文海出版社,1972年)。

志刚:《初使泰西记》(长沙:湖南人民出版社,1981年)。

严中平:《英国资产阶级纺织利益集团与两次鸦片战争史料》,载列岛编:《鸦片战争史论文专集》(北京:人民出版社,1990年),页17—78。

苏舆(？—1914)、叶德辉(1864—1927)编:《翼教丛编》(《近代中国史料丛刊》;台北县永和镇:文海于版社,1971年)。

杞庐主人编:《时务通考》(上海:点石斋石印,1897年)。

杞庐主人编:《时务通考续编》(上海:点石斋石印,1901年)。

杨逸等著,陈正青等标点:《海上墨林、广方言馆全案、粉墨丛谈》(上海:上海古籍出版社,1989年)。

李凤苞(1834—1887):《使德日记》,收入曾纪泽著,张玄浩辑校:《使西日记(外一种)》(长沙:湖南人民出版社,1981年)。

李鸿章(1823—1901)著,吴汝纶(1840—1903)编:《李文忠公全集》(台北县永和镇:文海出版社,1962年)。

李楚材:《帝国主义侵华教育史资料——教会教育》(北京:教育科学出版社,1987年)。

求自强斋主人(梁启超,1873—1929)编:《西政丛书》(上海:慎记书庄石印,1897年)。

求是斋辑:《皇朝经世文编五编》(上海:宜今室石印,1901年)。

吴玉章(1878—1966):《辛亥革命》(北京:人民出版社,1961年)。

吴振麟:《局外中立法则》(东京:战时国际法调查局,1904年)。

何如璋(1838—1891):《何少詹文钞》,载温敬廷辑:《茶阳三家文钞》(《近代中国史料丛刊》;台北县永和镇:文海出版社,1966年)。

何良栋辑:《皇朝经世文编四编》(《近代中国史料丛刊》;台北县永和镇:文海出版社,1972年)。

汪庚年编辑:《平时国际法》(《法学汇编》第16册;北京:京师法学社编辑社,宣统三年[1911])。

汪庚年编辑:《法学汇编》(北京:京师法学编辑社,1911年)。

沈桐生等辑:《光绪政要》(台北县永和镇:文海出版社,1969年)。

沈家本(1840—1913)撰:《沈寄簃先生遗书》(北京:中国书店,1990年)。

宋育仁(1857—1931):《采风记》(收入质学会编:《质学丛书初集》)。

参考文献

灵隐抱朴子:《洋务时事汇编》(光绪戊戌[1898]上海书局石印本)。

张之洞(1837—1909):《张文襄公全集》(《近代中国史料丛刊》;台北县永和镇:文海出版社,1963年)。

张之洞:《劝学篇·外篇》(《近代中国史料丛刊》;台北县永和镇:文海出版社,1965年)。

张之洞纂:《奏定学堂章程》(《近代中国史料丛刊》;台北县永和镇:文海出版社,1972年)。

张百熙(1847—1907)撰:《钦定学堂章程》(《近代中国史料丛刊三编》;台北县永和镇:文海出版社,1986年)。

张寿镛(1876—?)等纂:《清朝掌故汇编内编》(《近代中国史料丛刊三编》;台北县永和镇:文海出版社,1986年)。

张劲草:《瓦特〈国际法〉》,载中外关系史会编:《中外关系史译丛》,第2辑(北京:上海译文出版社,1985年),页234—241。

张荫桓(1837—1900)著,任青、马忠文整理:《张荫桓日记》(上海:上海书店出版社,2004年)。

张荫桓辑,广文编译所选:《史料四编:西学富强丛书选萃》(台北:广文书局,1972年)。

张振鹍主编:《中国近代史资料丛刊续编:中法战争》,第2册(北京:中华书局,1995年)。

陈虬(1851—1903):《治平通议》(光绪十九年[1893]刊本)。

陈虬著,胡珠生辑:《陈虬集》(杭州:浙江人民出版社,1992年)。

陈昌绅辑:《分类时务通纂》(上海:文澜书局石印,1902年)。

陈忠倚辑:《皇朝经世文三编》(台北:国风出版社,1965年)。

陈学恂、田正平编:《中国近代教育史资料汇编:留学教育》(上海:上海教育出版社,1991年)。

陈炽(1855—1900)著,赵树贵、曾丽雅编:《陈炽集》(北京:中华书局,1997年)。

陈骧等编:《时务通考》(求贤讲舍,1901年)。

邵之棠辑:《皇朝经世文统编》(台北:国风出版社,1964年)。

邵友濂(?—1901)编,徐毓洙、应祖锡校:《洋务经济通考》(上海:鸿宝斋石印,1898年)。

林则徐(1785—1850)著,中山大学历史系中国近代现代史教研组研究室编:《林则徐集》(北京:中华书局,1963年)。

国际公法学会(L'Institut de Droit International)编,[美]丁韪良译:《陆地战例新选》(收入《西政丛书》第1秩 第7册)。

和作辑:《一九〇五年反美爱国运动》,《近代史资料》,1956年1期(1956年2月),页1—90。

金敏荣选,中国第二历史档案馆藏:《陆徵祥出席海牙保和会奏折两件》,《民国档案》,2000年2期,页37—42。

郑观应(1842—1921)著,夏东元编:《郑观应集》(上海:上海人民出版社,1982—1988年)。

学部总务司编:《学部奏咨辑要》(《近代中国史料丛刊三编》;台北县永和镇:文海出
    版社,1986 年)。
学部总务司编:《第一次教育统计图表》(《近代中国史料丛刊三编》;台北县永和镇:
    文海出版社,1985 年)。
法政大学史料委员会编:《法政大学史资料集》,第 11 集,《法政大学清国留学生法政
    速成科関係资料》(東京:法政大学,1988 年)。
宝善斋主人编:《最新经世文编》(上海:宝善斋,1902 年)。
宜今室主人辑:《皇朝经世文新编》(光绪辛丑年[1901]上海宜今室石印刊本)。
房兆楹:《清末民初洋学学生题名录初辑》(台北:"中央研究院"近代史研究所,
    1962 年)。
故宫博物院明清档案部编:《义和团档案史料》(北京:中华书局,1959 年)。
故宫博物院明清档案部编:《清末筹备立宪档案史料》(北京:中华书局,1979 年)。
故宫博物院编:《清光绪朝中日交涉史料》(台北县永和镇:文海出版社,1963 年)。
胡汉民(1879—1936):《胡汉民自传》(台北:传记文学出版社,1969 年)。
胡礼垣(1847—1916):《胡翼南先生全集》(《近代中国史料丛刊续辑》;台北县永和
    镇:文海出版社,1976 年)。
胡适(1891—1962)著,曹伯言整理:《胡适日记全编》(合肥:安徽教育出版社,
    2001 年)。
胡薇元(1850—1924):《公法导源》(光绪二十六年[1900]曹穗序,载《玉津阁丛书甲
    集》;清光绪至民国间刊本)。
施德庆著,甘作霖译:《江南制造局之简史(上、下)》,《东方杂志》,11 卷 5 号(1914 年
    11 月),页46—48;11 卷 6 号(1914 年 12 月),页 21—15。
秦力山(1878—1906)著,彭国兴、刘晴波编:《秦力山集》(北京:中华书局,1987 年)。
袁俊德编:《富强斋丛书续集》(光绪辛丑[1901]孟夏小仓山房校印本)。
《格致书院课艺》(光绪己丑[1889]弢园选印)。
顾燮光:《译书经眼录》(《非儒非侠斋丛书》;1934 年刊本)。
钱丰辑:《万国分类时务大成》(上海:文盛堂石印,1901 年)。
钱恂(1853—1927):《二二五五疏》(《近代中国史料丛刊》;台北县永和镇:文海出版
    社,1970 年)。
钱祥保:《公法纪要》(光绪戊戌年[1898]秋甘泉钱祥保叙例)。
徐维则:《东西学书录》(光绪己亥[1899]刊本)。
高时良编:《中国近代教育史资料汇编:洋务运动时期教育》(上海:上海教育出版社,
    1992 年)。
高橋作衞(Takahashi Sakuei,1867－1920):《平時國際法論》(東京:日本大学,
    1903 年)。
郭嵩焘(1818—1891):《养知书屋文集》(《近代中国史料丛刊》;台北县永和镇:文海
    出版社,1968 年)。
郭嵩焘著,杨坚校点:《郭嵩焘诗文集》(长沙:岳麓书社,1984 年)。
郭嵩焘著,湖南人民出版社校点:《郭嵩焘日记》(长沙:湖南人民出版社,1983 年)。
郭嵩焘著,钟叔河、杨坚整理:《伦敦与巴黎日记》(长沙:岳麓书社,1984 年)。

参考文献

席裕福、沈师徐辑:《皇朝政典类纂》,(台北:成文出版社,1969年)。
唐才常(1867—1900):《觉颠冥斋内言》(台北:成文出版社,1968年)。
唐才常著,湖南省哲学社会科学研究所编:《唐才常集》(北京:中华书局,1980年)。
唐黻丞(才常)编辑:《公法通义》(中华编译书馆,1902年)。
凌其翰:《外交者宿陆徵祥》,《文史资料选辑》,106辑(1986年7月),页26—49。
陶成章(1878—1912)著,汤志钧编:《陶成章集》(北京:中华书局,1986年)。
黄庆澄:《中西普通学书目表》(光绪戊戌[1898]算学馆自刻本)。
黄尊三:《三十年日记》,第1册,《留学日记》(长沙:湖南印书馆,1933年)。
黄福庆主编:《中国近代史资料汇编:保荐人材、西学、练兵》(台北:"中央研究院"近代史研究所,1991年)。
萧德骥编:《五洲政艺撮要》(梦孔山房校印,1902年)。
曹廷杰(1850—1926)注释:《万国公法释义》(1904年抄本)。
曹廷杰著,丛佩远、赵鸣岐校:《曹廷杰集》(北京:中华书局,1985年)。
曹汝霖(1877—1966):《曹汝霖一生之回忆》(台北:传记文学出版社,1980年)。
龚自珍(1792—1841)著,王佩铮校点:《龚自珍全集》(上海:上海古籍出版社,1999年)。
崑冈(1862年进士)等修,吴树梅等纂:《钦定大清会典》(《续修四库全书》;上海:上海古籍出版社,1995年)。
崔国因(1831—1909)著,刘发清、胡贯中点注:《出使美日秘日记》(合肥:黄山书社,1988年)。
康有为(1858—1927)著,姜义华、吴根梁编校:《康有为全集》(上海:上海古籍出版社,1992年)。
康有为著,汤志钧编:《康有为政论集》(北京:中华书局,1981年)。
康有为著,蒋贵麟编:《万木草堂遗稿外编》(台北:成文出版社,1978年)。
章太炎(1869—1936)著,上海人民出版社编:《章太炎全集》(上海:上海人民出版社,1984年)。
章太炎著,汤志钧编:《章太炎政论选集》(北京:中华书局,1977年)。
商务印书馆编译所编辑:《大清光绪新法令》(上海:商务印书馆,1909年)。
渐斋编,自序:《列国政治通考》(天津:开文书局石印,1902年)。
梁启超:《饮冰室合集》(北京:中华书局,1989年)。
梁启超著,钟叔河、杨冰校点:《新大陆游记及其他》(长沙:岳麓书社,1985年)。
葛士浚辑:《皇朝经世文续编》(《近代中国史料丛刊》;台北县永和镇:文海出版社,1972年)。
曾纪泽(1839—1894)著,刘志惠点校辑注:《曾纪泽日记》(长沙:岳麓书社,1998年)。
曾纪泽著,喻岳衡点校:《曾纪泽遗集》(长沙:岳麓书社,1983年)。
富强斋主人(张荫桓)辑:《富强丛书》(光绪丙申[1896]鸿文书局石印本)。
蓝光策:《春秋公法比义发微》(光绪辛丑[1901]尊经书局刊行)。
雷瑨(1871—1941)编辑:《中外策问大观》(光绪癸卯年[1903]砚耕山庄石印)。
阙名撰:《直隶官书局运售各省官刻书籍总目一卷,直隶省城官书局运售石铅印书目录一卷》(清光绪中直隶省城官书局学校司排印局排印本)。

褚承志:《山东官立法政学堂(上、下)》,《山东文献》,3卷2期(1977年9月),页53—69;3卷4期(1978年3月),页40—62。

蔡乃煌总纂:《约章分类辑要》(《近代中国史料丛刊三编》;台北县永和镇:文海出版社,1986年)。

廖平(1852—1932):《今古之学考》(上海:国学扶轮社,1911年)。

漱石山馆主人编:《万国事务策学大全》(积山书局,1897年)。

谭嗣同(1865—1898)著,蔡尚思、方行编:《谭嗣同全集(增订本)》(北京:中华书局,1987年)。

熊月之主编:《晚清新学书目提要》(上海:上海书店出版社,2007年)。

樊增祥(1846—1931):《樊山政书》(《近代中国史料丛刊》;台北县永和镇:文海出版社,1971年)。

黎庶昌(1837—1897)著,喻岳衡、朱心勉校点:《西洋杂志》(长沙:湖南人民出版社,1981年)。

颜世清辑:《约章成案汇览》(《续修四库全书》;上海:上海古籍出版社,1995年)。

潘懋元、刘海峰编:《中国近代教育史资料汇编:高等教育》(上海:上海教育出版社,1993年)。

薛典增、郭子雄编辑:《中国参加之国际公约汇编》(台北:台湾商务印书馆,1971年)。

薛福成(1838—1894)著,丁凤麟编:《薛福成选集》(上海:上海人民出版社,1987年)。

薛福成:《出使英法义比四国日记》(长沙:岳麓书社,1985年)。

薛福成:《庸盦全集》(台北:广文书局,1963年)。

璩鑫圭、唐良炎编:《中国近代教育资料汇编:学制演变》(上海:上海教育出版社,1991年)。

璩鑫圭编:《中国近代教育资料汇编:鸦片战争时期教育》(上海:上海教育出版社,1990年)。

穗積陳重(Hozumi Nobushige, 1855 - 1926):《法窗夜話》(東京:岩波書店,1980年)。

魏源(1794—1856)编:《海国图志》(60卷本;道光丁未[1847]刊本;台北:成文出版社,1970年)。

4. 欧文史料

Bruner, Katherine F., John K. Fairbank (1907 - 1991) and Richard J. Smith edited with narratives. *Entering China's Service*, *Robert Hart's Journal*, 1854 - 1863 (Cambridge, Mass.: Council on East Asian Studies, Harvard University, 1986).

Cordier, Henri (1849 - 1925). *Histoire des Relations de la Chine avec les Puissances occidentales* (Taipei: Ch'eng-wen Pub. Co., 1966, c1883).

Cordier, Henri. "Les Études Chinoises (1891 - 1894)," *T'oung Pao*, 6: 1 (1895), pp. 99 - 147.

Educational Association of China, *Descriptive Catalogue and Price List of the Books, Wall Charts, Maps, & c, Published Or Adopted by the Educational Association of China* [formerly the School and Text-Book Series Committee] (Shanghai: American

参考文献

Presbyterian Mission Press, 1894).

Foster, John W. (1836-1917). *Diplomatic Memoirs* (Boston: Houghton Mifflin Company, 1909).

Freeman-Mitford, Algernon Bertram (1837 - 1916). *The Attaché at Peking* (London: Macmillan, 1900).

Fryer, John. *The Educational Directory for China* (Shanghai: Educational Association of China, printed at the American Presbyterian Mission Press, 1895).

Geffcken, Friedrich Heinrich (1830 - 1896). "La France en Chine et le Droit International," *Revue de Droit International et de Législation Comparée*, XVII: 1 (1885), pp. 145-151.

Hall, William Edward. *A Treatise on International Law* (3rd ed.; Oxford: Clarendon Press, 1890).

Hall, William Edward. *A Treatise on International Law* (4th ed.; Oxford: Clarendon Press, 1895).

Koo, V. K. Wellington (顾维钧, 1888 - 1985), *Memoranda Presented to the Lytton Commission*, Vol. 1 (New York: Chinese Cultural Society, 1932).

Lorimer, James (1818-1890). *The Institute of the Law of Nations: A Treatise on the Jural Relations of Separate Political Communities* (Edinburgh: W. Blackwood & Sons, 1883-84).

Martin, W. A. P. *Hanlin Papers. Second Series, Essays on the History, Philosophy, and Religion of the Chinese* (Shanghai: Kelly & Walsh, 1894).

Martin, W. A. P. "La Chine et le Driot International," *Revue de Droit International et de Législation Comparée*, XVII (1885), pp. 504-509.

Martin, W. A. P. "Les Vestiges D'un Droit International dans L'ancienne Chine," *Revue de Droit International et de Législation Comparée*, XIV(1882), pp. 227-243.

Martin, W. A. P. "Traces of International Law in Ancient China [Condensed Outline of a Paper Read before the Congress of Orientalists in Berlin, 13 September 1881]," *Verhandlungen des Fünften Internationalen Orientalisten-congresses gehalten zu Berlin im September 1881: Abhandlungen und Vorträge des Fünften Internationalen Orientalisten-Congresses* (Berlin: A. Asher & Company, 1882), Zwiter Theil, Zweite hälfte, IV Ostasiatische Section, pp. 71-78.

Martin, W. A. P. "Traces of International Law in Ancient China," *The International Review*, 14: 1(Jan., 1883), pp. 63-77.

Martin, W. A. P. "Traces of International Law in Ancient China," *The Chinese Recorder*, 14: 5(Sept-Oct, 1883), pp. 380-393.

Martin, W. A. P. "Une Université En Chine—Le Présent et L'Avenir De L'Enseignment Supérieur International A Peking," *Revue de Droit International et de Législation Comparée*, V (Jan., 1873), pp. 8-10.

Martin, W. A. P. *A Cycle of Cathay, or China, South and North, with Personal Reminiscences* (2nd ed.; New York: Fleming H. Revell Company, 1897, c1896).

Martin, W. A. P. *Hanlin Papers, or, Essays on the Intellectual Life of the Chinese* (London: Trübner, 1880).

Martin, W. A. P. *The Siege in Peking* (New York: F. H. Revell Company, 1900).

Martin, W. A. P. *The Lore of Cathay: or, The Intellect of China* (New York: Fleming H. Revell, 1901).

Mason, George Henry (1770—1851). *The Punishments of China, Illustrated by Twenty-two Engravings, with Explanations in English and French* (London: Printed for W. Miller, by W. Bulmer, 1801).

Parker, Peter (1804 – 1889). "The Tenth Report of the Ophthalmic Hospital, Canton, being for the year 1839," *Chinese Repository*, 8 (Apr., 1840), pp. 628 – 639.

Phillimore, Robert J. (1810 – 1885). *Commentaries upon International Law* (London: W. G. Benning and Co., 1871 – 74).

Phillimore, Robert J. *Commentaries upon International Law: Private International Law of Comity*, Vol. 4 (London: W. G. Benning and Co., 1861).

Records of the General Conference of the Protestant Missionaries of China, held at Shanghai, May 7 – 20, 1890 (Shanghai: American Presbyterian Mission Press, 1890).

Richard, Timothy. *Forty-five Years in China: Reminiscences* (London: T. Fisher Unwin, 1916).

Robertson, Edmund. "International Law," in *Encyclopaedia Britannica* (9th ed.; Edinburgh: Adam and Charles Black, 1875 – 1889), pp. 190 – 197.

Scott, James Brown (1866 – 1943) edited, *Texts of the Peace Conferences at the Hague, 1899 and 1907, with English Translation and Appendix of Related Documents* (Boston, London: published for the International School of Peace, Ginn & Company, 1908).

Scott, James Brown edited, *The Proceedings of the Hague Peace Conferences: Translations of the Official Texts* (New York: Oxford University Press, 1920).

Smith, Richard J., John K. Fairbank and Katherine F. Bruner edited with narratives. *Robert Hart and China's Early Modernization: His Journals, 1863 – 1866* (Cambridge, Mass.: Council on East Asian Studies, Harvard University, 1991).

Takahashi, Sakuyé (高桥作卫), *Cases on International Law during the Chino-Japanese War* (with a preface by T. E. Holland; and an introduction by J. Westlake; Cambridge: University Press, 1899).

Wheaton, Henry. *Elements of International Law* (3rd ed.; rev. and corr.; Philadelphia: Lea and Blanchard, 1846).

Wheaton, Henry. *Elements of International Law* (6th ed.; Boston: Little, Brown and Company, 1855).

Wheaton, Henry. *Elements of International Law* (in Scott James Brown edited, *The Classics of International Law*; The Literal Reproduction on the Edition on 1866 by Richard Henry Dana JR.; Oxford: The Clarendon Press, 1936).

Wheaton, Henry. *Elements of International Law: With a Sketch of the History of the Science* (New York: Da Capo Press, 1972, c1836).

参 考 文 献

Williamson, Alexander. "The School and Text Book Series: Minutes of Meeting," *The Chinese Recorder*, 12: 2 (March-April, 1881), pp. 91–95.

Woolsey, Theodore D. *Introduction to the Study of the International Law* (3rd. ed.; New York: Scribner Armstrong & Co., 1876).

Wylie, Alexander (1815–1887). *Memorials of Protestant Missionaries to the Chinese: Giving a List of their Publications and Obituary Notices of the Deceased, with copious Indexes* (Shanghai: American Presbyterian Mission Press, 1867; Taipei: Ch'eng-Wen Publishing Company, 1967).

二、中文论著

1. 专书

［日］实藤惠秀(Sanetō Keishū, 1896—1985)监修,谭汝谦主编,小川博(Ogawa Hiroshi)编辑:《中国译日本书综合目录》(香港:中文大学出版社,1980 年)。

［日］实藤惠秀监修,谭汝谦主编,小川博编辑:《日本译中国书综合目录》(香港:中文大学出版社,1981 年)。

［日］实藤惠秀著,谭汝谦、林启彦译:《中国人留学日本史》(香港:香港中文大学出版社,1982 年)。

［法］杜赫德(Tome Neuvieme)编,郑德弟等译:《耶稣会士中国书简集:中国回忆录》,第二卷(郑州:大象出版社,2001 年)。

［法］费赖之(Louis Pfister, S. J., 1833—1891)著,梅乘骐、梅乘骏译:《明清间在华耶稣会士列传 1552—1773》(上海:天主教上海教区光启社,1997 年)。

［法］戴仁(Jean-Pierre Drège)著,李桐实译:《上海商务印书馆 1897—1949》(北京:商务印书馆,2000 年)。

［英］苏特尔(苏维廉,William E. Soothill, 1861–1955)着,周云路译:《李提摩太传》(香港:基督教辅侨出版社,1957 年)。

［美］马士(Hosea Ballou Morse, 1855–1934)著,张文江等译:《中华帝国对外关系史》(上海:上海书店,2000 年)。

［美］何天爵(Chester Holcomb, 1844–1912)著,菊方安译:《真正的中国佬》(北京:光明日报出版社,1998 年)。

［美］杭亭顿(Samuel P. Huntington)著,兼裕美译:《文明冲突与世界秩序的重建》(台北:联经出版事业有限公司,1997 年)。

［美］费正清(John King Fairbank, 1907—1991)编,中国社会科学院历史研究所编译室译:《剑桥中国晚清史》(北京:中国社会科学出版社,1985 年)。

［德］施丢克尔(Helmuth Stoecker, 1920—1994)著,乔松译:《十九世纪的德国与中国》(北京:三联书店,1963 年)。

《上海出版志》编纂委员会编:《上海出版志》(上海:上海社会科学院出版社,2000 年)。

丁守和主编:《辛亥革命时期期刊介绍》(北京:人民出版社,1982 年)。

丁纲、刘琪:《书院与中国文化》(上海:上海教育出版社,1992 年)。

丁致聘:《中国近七十年来教育记事》(台北:国立编译馆,1961 年)。

上海社会科学院法学研究所编译:《法学流派与法学家》(上海:知识出版社,1981年)。
马小泉:《国家与社会:清末地方自治与宪政改革》(开封:河南大学出版社,2001年)。
王中江:《近代中国思维模式演变的趋势》(成都:四川人民出版社,2008年)。
王尔敏:《上海格致书院》(香港:中文大学出版社,1980年)。
王尔敏:《中国近代思想史论》(台北:华世出版社,1977年)。
王尔敏:《弱国的外交:面对列强环伺的晚清世局》(桂林:广西师范大学出版社,2008年)。
王尔敏:《晚清政治思想史论》(台北:华世出版社,1980年)。
王立诚:《中国近代外交制度史》(兰州:甘肃人民出版社,1991年)。
王扬宗:《傅兰雅与近代中国的科学启蒙》(北京:科学出版社,2000年)。
王汎森:《中国近代思想与学术系谱》(石家庄:河北教育出版社,2001年)。
王晓秋、尚小明主编:《戊戌维新与清末新政》(北京:北京大学出版社,1998年)。
王铁崖:《国际法引论》(北京:北京大学出版社,1998年)。
王健:《中国近代的法律教育》(北京:中国法政大学出版社,2001年)。
王健:《沟通两个世界的法律意义》(北京:中国政法大学出版社,2001年)。
王玺:《李鸿章与中日条约》(台北:"中央研究院"近代史研究所,1981年)。
王绳武:《中英关系史论丛》(北京:人民出版社,1981年)。
王曾才:《西洋现代史》(台北:东华书局,1985年)。
王曾才:《清季外交史论集》(台北:台湾商务印书馆,1978年)。
王德昭:《从改良到革命》(北京:中华书局,1987年)。
韦庆远、高放、刘文源:《清末宪政史》(北京:中国人民大学出版社,1993年)。
中华文化复兴运动推行委员会主编:《中国近代现代史论集》,第7编,《自强运动(二)外交》(台北:台湾商务印书馆,1985年)。
中国法学会编:《中国法学图书目录》(北京:群众出版社,1986年)。
中国政法大学图书馆编:《中国法律图书总目》(北京:中国政法大学出版社,1991年)。
公丕祥主编:《法律文化的冲突与融合——中国近现代法制与西方法律文化的关联考察》(北京:中国广播电视出版社,1993年)。
卞修全:《立宪思潮与清末法制》(北京:中国社会科学出版社,2003年)。
石建国:《陆徵祥传》(石家庄:河北人民出版社,1999年)。
石霓:《观念与悲剧:晚清留美幼童命运剖析》(上海:上海人民出版社,2000年)。
龙应台、朱维铮编注:《未完成的革命——戊戌百年纪》(台北:台湾商务印书馆,1998年)。
龙章:《越南与中法战争》(台北:台湾商务印书馆,1996年)。
北京图书馆编:《北京图书馆古籍善本书目》(北京:书目文献出版社,1988年)。
叶再生:《中国近代现代出版通史》,第一卷(北京:华文出版社,2002年)。
田伏隆、朱汉民主编:《谭嗣同与戊戌维新》(长沙:岳麓书社,1999年)。
田涛:《国际法输入与晚清中国》(济南:济南出版社,2001年)。

参 考 文 献

丘宏达:《中国国际法问题论文集》(台北:台湾商务印书馆,1968年)。
丘宏达主编:《现代国际法》(台北:三民书局,1973年)。
乐黛云、勒·比雄(Le Pichon Alain)编:《独角兽与龙:在寻找中西文化普遍性中的误读》(北京:北京大学出版社,1995年)。
列岛编:《鸦片战争史论文专集》(北京:人民出版社,1990年)。
吕实强:《丁日昌与自强运动》(台北:"中央研究院"近代史研究所,1980年)。
吕顺长:《清末浙江与日本》(上海:上海古籍出版社,2001年)。
朱建民:《国际组织新论》(台北:正中书局,1976年)。
朱维铮:《求索真文明——晚清学术史论》(上海:上海古籍出版社,1996年)。
庄吉发:《京师大学堂》(台北:台湾大学文学院,1970年)。
刘禾:《语际翻译——现代思想写作批判纲要》(香港:天地图书有限公司,1997年)。
江文汉:《明清间在华的天主教耶稣会士》(上海:知识出版社,1987年)。
池子华:《红十字与近代中国》(合肥:安徽人民出版社,2004年)。
汤志钧:《戊戌时期的学会和报刊》(台北:台湾商务印书馆,1993年)。
汤志钧:《康有为传》(台北:台湾商务印书馆,1997年)。
汤能松等编:《探索的轨迹:中国法学教育发展史略》(北京:法律出版社,1995年)。
孙子和:《清季同文馆之研究》(台北:嘉新水泥公司文化基金会,1977年)。
苏特尔(William E. Soothill,1861-1935)著,周云路译:《李提摩太传》(香港:基督教辅侨出版社,1957年)。
苏精:《清季同文馆》(台北:作者自刊,1978年)。
苏精:《清季同文馆及其师生》(台北:作者自刊,1985年)。
杨扬:《商务印书馆:民间出版业的兴衰》(上海:上海教育出版社,2000年)。
杨国栋:《中华民国条约与协定的批准制度》(台北:台湾商务印书馆,1973年)。
杨遵道、叶凤美:《清政权半殖民地化研究》(北京:高等教育出版社,1993年)。
李世涛主编:《知识分子立场——激进与保守之间的动荡》(长春:时代文艺出版社,2000年)。
李华川:《晚清一个外交官的文化历程》(北京:北京大学出版社,2004年)。
李抱存:《中国国际法理论探讨》(北京:法律出版社,1988年)。
李育民:《中国废约史》(北京:中华书局,2005年)。
李育民:《近代中国的条约制度》(长沙:湖南师范大学出版社,1995年)。
李贵连主编:《二十一世纪的中国法学》(北京:北京大学出版社,1998年)。
李剑农:《中国近百年政治史》(台北:台湾商务印书馆,1974年)。
李恩涵:《近代中国史事研究论集》(台北:台湾商务印书馆,1982年)。
李恩涵:《晚清收回矿权运动》(台北:"中央研究院"近代史研究所,1980年)。
李恩涵:《曾纪泽的外交》(台北:"中央研究院"近代史研究所,1982年)。
李喜所:《近代中国的留学生》(北京:人民出版社,1987年)。
来新夏等著:《林则徐年谱新编》(天津:南开大学出版社,1997年)。
吴福环:《清季总理衙门研究》(台北:文津出版社,1995年)。
何勤华、李秀清:《外国法与中国法:20世纪移植外国法反思》(北京:中国政法大学出版社,2003年)。

汪向荣:《日本教习》(北京:三联书店,1988年)。
汪晖:《近代中国思想的兴起》(北京:三联书店,2004年)。
汪家熔:《商务印书馆史及其他:汪家熔出版史研究文集》(北京:中国书籍出版社,
　　1998年)。
沈传经:《福州船政局》(成都:四川人民出版社,1987年)。
张玉法:《清季的立宪团体》(台北:"中央研究院"近代史研究所,1971年)。
张玉法:《清季的革命团体》(台北:"中央研究院"近代史研究所,1975年)。
张存武:《光绪三十一年中美工约风潮》(台北:"中央研究院"近代史研究所,
　　1982年)。
张仲礼著,李荣昌译:《中国绅士》(上海:上海社会科学出版社,1991年)。
张劲草、邱在珏、张敏:《林则徐与国际法》(福州:福建教育出版社,1990年)。
张建俅:《中国红十字会初期发展之研究》(北京:中华书局,2007年)。
张耕主编:《中国政法教育的历史发展》(长春:吉林人民出版社,1995年)。
张晋藩:《中国法律的传统与近代的转型》(北京:法律出版社,1997年)。
张灏:《思想与时代》(上海:上海文艺出版社,2002年)。
陈世材:《国际法学》,上册(台北:精华印书局,1954年)。
陈芳芝:《东北史研究》(北京:中国社会科学出版社,1995年)。
陈国璜:《领事裁判权在中国的形成与废除》(台北:嘉新水泥公司文化基金会,
　　1971年)。
陈学恂主编:《中国近代教育大事记》(上海:上海教育出版社,1981年)。
陈孟坚:《民报与辛亥革命》(台北:正中书局,1986年)。
陈顾远:《中国国际法溯源》(上海:商务印书馆,1934年)。
陈善伟:《唐才常年谱长编》(香港:中文大学出版社,1990年)。
武树臣等著:《中国传统法律文化》(北京:北京大学出版社,1994年)。
茅海建:《天朝的崩溃——鸦片战争再研究》(北京:三联书店,1995年)。
林子勋:《中国留学教育史:一八四七至一九七五年》(台北:华冈出版有限公司,
　　1976年)。
林子候:《甲午战争前之中日韩关系(一八八二～一八九四年)》(嘉义:玉山书局,
　　1990年)。
林庆元:《福建船政史稿(修订本)》(福州:福建人民出版社,1999年)。
林明德:《袁世凯与朝鲜》(台北:"中央研究院"近代史研究所,1984年)。
罗光:《陆徵祥传》(台北:台湾商务印书馆,1976年)。
罗检秋:《近代诸子学与文化思潮》(北京:中国社会科学出版社,1998年)。
季压西、陈伟民:《从"同文三馆"起步》(北京:学苑出版社,2007年)。
金观涛、刘青峰:《观念史研究:中国近代重要政治术语的形成》(香港:香港中文大学
　　出版社,2008年)。
周棉主编:《中国留学生大辞典》(南京:南京大学出版社,1999年)。
胡光麃:《影响中国现代化的一百洋客》(台北:传记文学出版社,1982年)。
侯宜杰:《二十世纪中国政治史改革风潮》(北京:人民出版社,1993年)。
俞江:《近代中国的法律与学术》(北京:北京大学出版社,2008年)。

贺卫方编:《中国法律教育之路》(北京:中国政法出版社,1997年)。
袁丁:《晚清侨务与中外交涉》(西安:西北大学出版社,1994年)。
徐友春主编:《民国人物大辞典》(石家庄:河北人民出版社,1991年)。
郭世佑:《晚清政治革命新论》(长沙:湖南人民出版社,1997年)。
桑兵:《清末学堂学生与社会变迁》(台北:稻禾出版社,1991年)。
黄良吉:《东方杂志之刊行及其影响之研究》(台北:台湾商务印书馆,1969年)。
黄明同、吴熙钊编:《康有为早期遗稿述评》(广州:中山大学出版社,1988年)。
黄福庆:《清末留日学生》(台北:"中央研究院"近代史研究所,1975年)。
萧致治主编:《鸦片战争与林则徐研究备览》(武汉:湖北人民出版社,1995年)。
戚其章:《国际法视野下的甲午战争》(北京:人民出版社,2001年)。
梁伯华:《近代中国外交的巨变》(香港:商务印书馆,1990年)。
梁敬錞:《在华领事裁判权论》(上海:商务印书馆,1930年)。
梁景和:《清末国民意识与参政意识的研究》(长沙:湖南教育出版社,1999年)。
程道德主编:《近代中国外交与国际法》(北京:现代出版社,1993年)。
湖北省地方志编纂委员会编:《湖北省志人物志稿》(北京:光明日报出版社,1989年)。
蔡振生著:《张之洞教育思想研究》(沈阳:辽宁教育出版社,1994年)。
锤少华:《人类知识的新工具——中日近代百科全书研究》(北京:北京图书馆出版社,1996年)。
廖光生:《排外与中国政治》(香港:明报出版社,1987年)。
熊月之:《西学东渐与晚清社会》(上海:上海人民出版社,1994年)。
熊月之、周武主编:《圣约翰大学史》(上海:上海人民出版社,2007年)。
颜清湟著,栗明鲜、贺跃夫译,姚南校订:《出国华工与清朝官员:晚清时期中国对海外华人的保护(1851—1911)》(北京:中国友谊出版公司,1990年)。

2. 中文论文

[日]石川祯浩(Ishikawa Yoshihiro):《梁启超与文明的视点》,载[日]狭间直树(Hazama Naoki)编:《梁启超·明治日本·西方——日本京都大学人文科学研究所共同研究报告》(北京:社会科学出版社,2001年),页95—119。

[日]青山治世(Aoyama Harutoshi):《晚清关于增设南洋领事的争论——兼论近代国际法、领事裁判权、不平等条约体制》,载王建朗、栾景河主编:《近代中国、东亚与世界》(北京:社会科学出版社,2008年),下卷,页600—618。

[法]巴斯蒂(M. Bastid Brugurèie)著,张富强、赵军译:《清末赴欧的留学生们——福州船政局引进近代技术的前前后后》,《辛亥革命史丛刊》,8辑(1991年9月),页189—202。

[法]巴斯蒂:《出国留学与中国近代世界观的形成——略探清末中国留法学生》,载李喜所主编:《留学生与中外文化》(天津:南开大学出版社,2005年),页522—541。

[挪威]鲁纳(Rune Svarverud)著,王笑红译:《万民法在中国——国际法的最初汉译,兼及〈海国图志〉的编纂》,《中外法学》,2000年3期(2000年5月),页300—310。

［挪威］鲁纳：《晚清国际法翻译的机构和语言》，载复旦大学历史系、出版博物馆编：《历史上的中国出版与东亚文化交流》（上海：百家出版社，2009年），页508—518。

［美］毕乃德(Knight Biggerstaff, 1906－2001)著，傅任敢译：《同文馆考》，《中华教育界》，23卷第2期（1935年），页13—26。

［美］若林·朱迪(Wakabayashi Judy)著，蒋显璟、谭柏山译，孔慧怡审校：《近代日本两种对立的翻译规范》，载孔慧怡、杨承淑主编：《亚洲翻译传统与现代动向》（北京：北京大学出版社，2000年），页54—71。

［美］爱德华(R. Randle Edwards)著，李明德译：《清朝对外国人的司法管辖》，载［美］高道蕴(Karen Turner)、高鸿钧、贺卫方编：《美国学者论中国法律传统》（北京：北京政法大学出版社，1994年），页416—471。

［韩］金希教：《抵制美货时期中国民众的"近代性"》，《历史研究》，1997年4期（1997年8月），页92—107。

丁光泮：《试论北京同文馆对近代国际法的翻译与教学》，《西南师范大学学报》（哲学社会科学版），2005年4期，页15—17。

马宝汉：《庞德论中华法律之发展》，载食货月刊社编辑委员会论文作者史学及法学家二十三位编：《陶希圣先生八秩荣庆论文集》（台北：食货出版社，1979年），页103—114。

王开玺：《1864年清廷翻译〈万国公法〉所据版本问题考异》，《北京师范大学学报》（社会科学版），2005年6期，页138—139。

王尔敏：《十九世纪中国国际观念之演变》，《中国文化研究所学报》，11卷（1980年），页61—108。

王尔敏：《总理衙门译印〈万国公法〉以吸取西方外交经验》，《台湾师大历史学报》，37期（2007年6月），页119—141；后收入氏著：《弱国的外交：面对列强环伺的晚清世局》（桂林：广西师范大学出版社，2008年），页177—198。

王立中：《论近代中国政法留学教育及其影响》，《史学月刊》，1993年3期（1993年5月），页59—65，71。

王扬宗：《江南制造局翻译书目新考》，《中国科技史料》，16卷2期（1995年），页3—18。

王玫黎：《国际法观念与近代中国法制》，《郑州大学学报》（哲学社会科学版），36卷4期（2003年7月），页149—152。

王玫黎：《儒家民族主义者——王韬的国际法思想》，《现代法学》，24卷2期（2002年4月），页27—33。

王林：《鸦片战争与中国独立司法主权的丧失》，《河南大学学报》（哲学社会科学版），1990年4期（1990年7月），页8—15。

王姗萍：《张之洞与晚清法律教育》，《贵州文史丛刊》，2006年2期，页17—20。

王树槐：《基督教教育会及其出版事业》，《"中央研究院"近代史研究所集刊》，2期（1971年6月），页365—396。

王冠华：《爱国运动中的"合理"私利：1905年抵制运动夭折的原因》，《历史研究》，1999年1期（1999年2月），页5—21。

参 考 文 献

王冠华:《晚清海外移民与官方对策调整——以古巴、秘鲁华工为例》,《二十一世纪》,总 44 期(1997 年 7 月),页 47—57。

王铁崖:《中国与国际法——历史与当代》,《中国国际法年刊 1991 年度》(1991 年 12 月),页 5—115;后经改写,载氏著:《国际法引论》(北京:北京大学出版社,1998 年),页 358—400。

王铁崖:《公法学会——中国第一个国际法学术团体》,《中国国际法年刊 1996 年度》(1997 年 12 月),页 372—374。

王铁崖:《国际法当今的动向》,《北京大学学报》(哲学社会科学版),1980 年 1 期(1980 年 2 月),页 17—27。

王健:《说说近代中国的法律期刊》,《法律科学:西北政法学院学报》,2003 年 5 期,页 25—31。

王维俭:《丁韪良和京师同文馆》,《中山大学学报》(社会科学版),1984 年 2 期(1984 年 4 月),页 101—117。

王维俭:《订正若干中外辞书中"丁韪良"词目涉及的史实》,《中山大学学报》(社会科学版),1987 年 2 期(1987 年 4 月),页 68—76。

王维俭:《林则徐翻译西方国际法著作考略》,《中山大学学报》(社会科学版),1985 年 1 期(1985 年 2 月),页 58—85、页 93。

王维俭:《普丹大沽口船舶事件和西方国际法传入中国》,《学术研究》,1985 年 5 期(1985 年 9 月),页 84—90。

王德昭:《清季一个知识分子的转变——秦力山研究》,载氏著:《从改良到革命》(北京:中华书局,1987 年),页 171—203。

云岭:《清末西方法律、法学的输入及影响》,载中国法律史学会主编:《法律史论丛》,第三辑(北京:法律出版社,1983 年),页 176—191。

公丕祥:《20 世纪中国的三次法律革命》,载张广兴、公丕祥编:《20 世纪中国法学与法制现代化》(南京:南京师范大学出版社,2000 年),页 449—474。

方维规:《近现代中国"文明"、"文化"观的嬗变》,《史林》,1999 年 4 期(1999 年),页 69—83。

孔慧怡:《中国翻译传统的几个特征》,载孔慧怡、杨承淑主编:《亚洲翻译传统与现代动向》(北京:北京大学出版社,2000 年),页 15—37。

申卫星:《"权利"一词何处来?——取自东瀛,还是"回归词"》,《清华法治论衡》,5 辑(2005 年),页 254—262。

申卫星:《溯求本道"权利"》,《法制与社会发展》,2006 年 5 期,页 79—87。

叶龙彦:《清末民初之法政学堂》(中国文化学院史学研究所博士学位论文,1974 年)。

田玉才:《试论郑观应的国际法思想》,《四川师范学院学报》(哲学社会科学版),2000 年 2 期(2000 年 3 月),页 96—100。

田涛(阿涛)、李祝环(祝环):《清末法学输入及其历史作用》,《政法论坛》,1990 年 6 期(1990 年 12 月),页 52—56。

田涛:《19 世纪下半期中国知识界的国际法观念》,《近代史研究》,2000 年 2 期(2000 年 3 月),页 102—135。

田涛:《十七世纪以来西方人眼中的中国法律》,《法学前沿》,4 辑(2001 年 2 月),页

1—21。

田涛:《丁韪良与〈万国公法〉》,《社会科学研究》,1999年5期(1999年10月),页107—112。

田涛:《世纪之交中国知识界的国际观念》,载中国义和团研究会编,苏位智、刘天路主编:《义和团运动一百周年国际学术讨论会论文集》(济南:山东大学出版社,2002年),下卷,页1196—1210。

田涛:《阿拉巴马号案与晚清国人的国际法印象》,《天津师范大学学报》(社会科学版),2002年3期,页30—34。

田涛:《郑观应对国际法的认识》,《天津师范大学学报》(社会科学版),2001年6期,页44—47、页53。

田涛:《晚清国际法输入述论》,《天津社会科学》,1999年6期(1999年11月),页99—103。

田涛:《晚清知识界的弭兵说》,《天津师范大学学报》(社会科学版),2008年1期,页38—43。

田涛、李祝环:《清末翻译外国法学书籍述评》,《中外法学》,2000年3期(2000年5月),页355—371。

丘宏达:《中国与西方关于不平等条约问题的比较研究》,《史学汇刊》,3期(1970年8月),页159—167。

丘宏达:《西方"国际法"输入中国的经过》,《东方杂志》,复刊1卷12期(1968年12月),页28—34;又载氏著:《中国国际法问题论文集》(台北:台湾商务印书馆,1968年),第2章,页4—22。

丘宏达:《康熙帝与国际法》,《中央日报》,1967年6月6日,页10;收入氏著:《中国国际法问题论文集》(台北:台湾商务印书馆,1968年),第1章,页1—3。

丛佩远、赵鸣岐:《曹廷杰生平活动年表》,《历史档案》,1985年3期(1985年11月),页98—105,117。

冯锦荣:《经学与政治——皮锡瑞学术思想初探》,《岭南学报》,新1期(1999年10月),页481—500。

权赫秀:《马建忠留法史实辨误二则》,《江苏社会科学》,2004年1期,页129—131。

成晓军、张卫波:《郭嵩焘与国际公法》,《历史教学》,1999年6期,页10—13。

成晓军、林建曾:《论早期改良派对不平等条约的认识和态度》,《贵州文史丛刊》,1984年3期(1984年9月),页27—35。

吕士朋:《中法越南交涉期间清廷大臣的外交见识》,载"中央研究院"近代史研究所编:《清季自强运动研究会论文集》,上册(台北:"中央研究院"近代史研究所,1988年),页265—309。

朱英:《论辛亥革命前资产阶级拟订商法的活动》,《郧阳师范高等专科学校学报》,2001年4期(2001年8月),页24—28、页103。

朱英:《深入探讨抵制美货运动的新思路——读〈抵制美货时期中国民众的"近代性"〉》,《历史研究》,1998年1期(1998年2月),页137—144。

朱维铮:《导读》,载龙应台、朱维铮编注:《未完成的革命——戊戌百年纪》,页25—78。

参考文献

乔志强：《辛亥革命前的收回矿权运动》，《近代史研究》，1981年3期(1981年8月)，页201—233。

乔素玲：《郑观应与西方法律观念的移植》，《岭南文史》，2002年3期，页43—47。

刘一兵：《早期赴欧留学运动的发生及其影响》，复印报刊资料：《中国近代史》，1993年4期(1993年4月)，页82—87；原载《徐州师范学院学报》（哲学社会科学版），1992年4期，页104—109。

刘广京：《1867年同文馆争议》，《复旦学报》，1982年5期(1982年9月)，页97—101,8。

刘玉国：《国际法与晚清中国外交——以李鸿章运用国际法案例为中心(1870—1895)》（河北师范大学硕士学位论文,2006年）。

刘石吉：《清季海防与塞防之争的研究》，《故宫文献》，2卷3期(1971年6月)，页37—59。

刘龙心：《从科学到学堂——策论与晚清知识转型(1901—1905)》，《中央研究院近代史研究所集刊》，58期(2007年12月)，页105—139。

刘禾著，陈燕谷译：《普遍性的历史建构：〈万国公法〉与19世纪国际法的流通》，《视界》，1辑(2000年5月)，页64—84。

刘光华：《清季(一八六一~一八八四)总理衙门对外政策的目标取向(一、二)》，《中山学术文化集刊》，28集(1982年3月)，页259—302；29集(1983年3月)，页151—195。

刘光华：《清季总理衙门的职务》，载中华文化复兴运动推行委员会主编：《中国近代现代史论集》，第7编，《自强运动(二)外交》，页229—238。

刘显娅：《国际法学在中国的成长》，《行政与法》，2006年11期，页103—107。

刘保刚：《论晚清士大夫公法观念的演变》，《浙江学刊》，1999年3期(1999年)，页152—156。

刘恒焕：《中国国际法学的开山者——林则徐》，《中山大学学报》（社会科学版），1991年1期(1991年1月)，页87—93；后收入中山大学法学院编：《学术的律动——中山大学法学院老教授文集》（北京：法律出版社,2006年），页182—165页。

刘悦斌：《薛福成对近代国际法的接受与运用》，《河北师范大学学报》（自然科学版），22卷2期(1998年6月)，页119—123。

刘翠溶：《关税与清季自强新政》，载"中央研究院"近代史研究所编：《清季自强运动研究会论文集》，下册（台北："中央研究院"近代史研究所,1988年），页1007—1032。

许小青：《1903年留日学生刊物的传播网络》，《中州学刊》，2001年6期(2001年11月)，页92—96。

许秀文、田玉才：《清代后期地主阶级改革派对国际法的运用》，《廊坊师范学院学报》，22卷3期(2006年9月)，页88—93。

孙玉祥：《丁韪良与〈万国公法〉》，《新闻出版交流》，2003年2期，页55—56。

孙青：《引渡新知的特殊津梁——清末射策新学选本初探》，"「中国现代学科的形成：以清末西学选本为中心的讨论」国际学术研讨会"会议论文（复旦大学中外现代化进程研究中心举办,2007年10月12—14日），全14页。

孙放:《论中日甲午高升轮事件的法律责任》,复印报刊资料:《中国近代史》,1990年2期(1990年2月),页107—110;原载《日本研究》,1989年4期,页48—51。
孙瑜:《从国际法角度看中法战争期间的英国中立》,《吉林省教育学院学报》,2005年4期,页44—46。
苏毅林:《曾掀起凡尔纳热潮的译坛伉俪——陈寿彭与薛绍徽》,载林本椿主编:《福建翻译家研究》(福州:福建教育出版社,2004年),页76—79。
杨光楣:《也谈清代同光年间"海防"与"塞防"之争的性质》,《史学月刊》,1992年1期(1992年1月),页36—44。
杨际开:《陈虬的大同思想》,《二十一世纪》,总51期(1999年2月),页32—40。
杨际开:《国际关系与文化触变论》,《浙江社会科学》,2000年2期(2000年3月),页138—146。
杨际开:《章炳麟为什么要反满》,《二十一世纪》,总46期(1998年4月),页49—59。
杨泽伟:《中国与国际法》,载氏著:《宏观国际法史》(武昌:武汉大学出版社,2001年),页402—461。
杨泽伟:《论近代国际法输入中国及其影响》,载张广兴、公丕祥编:《20世纪中国法学与法制现代化》(南京:南京师范大学出版社,2000年),页671—693。
杨泽伟:《我国清代国际法之一瞥》,《中州学刊》,1996年2期(1996年3月),页117—120;又载《船山学刊》,1996年2期页131—138。
杨泽伟:《近代国际法输入中国及其影响》,《法学研究》,1999年3期(1999年5月),页122—131。
杨策:《论所谓海防与塞防之争》,《近代史研究》,1987年4期(1987年7月),页54—71。
李文海:《戊戌维新运动时期的学会组织》,载胡绳武主编:《戊戌维新运动史论集》(长沙:湖南人民出版社,1983年),页48—78。
李光麟:《"万国公法"在韩国之受容及其影响》,载台湾韩国研究所编:《中韩关系史国际研讨论文集——960—1949—》(台北:台湾韩国研究所,1983年),页491—504。
李秀清:《中国近代民商法的嚆矢——清末移植外国民商法述评》,《法商研究》(《中南财经政法大学学报·法学版》),2001年6期,页126—140。
李抱宏:《国际公法之初次输入中国问题》,《外交研究》,1卷6期(1939年),页54—56。
李育民:《近代中国的"条约制度"论略》,复印报刊资料《中国近代史》,1993年2期(1993年2月),页8—15;原载《湖南师范大学社会科学学报》,1992年6期;76—81、页127)。
李贵连:《二十一世纪的中国法学(上、下)》,载李贵连主编:《二十一世纪的中国法学》(北京:北京大学出版社,1998年),页1—26、27—66。
李贵连:《近代中国法律的变革与日本的影响》,《比较法研究》,8卷1期(1994年6月),页24—34。
李贵连:《法国民法典的三个中文译本》,《比较法研究》,7卷1期(1993年1月),页86—99。

参考文献

李贵连：《话说"权利"》，《北大法律评论》，1卷1辑（1998年6月），页115—129。

李顺民：《从保和会的参与看清末外交现代化的努力》，《史耘》，1期（1995年9月），页141—162。

李胜渝：《中国近代国际法探源》，《四川教育学院学报》，17卷7期（2001年7月），页53—55。

李绪武：《清末船政学生之留欧教育》，《东方杂志》，复刊3卷1期（1970年1月），页71—75。

李喜所：《中国近代第一批留欧学生》，《南开学报》，1981年2期（1981年3月），页75—80。

李喜所：《清末民初的留美学生》，《史学月刊》，1982年4期（1982年7月），页49—54。

里赞：《"变法"之中的"法变"：试论清法律变革的思想论争》，《中外法学》，2001年5期（2001年9月），页625—629。

何信全：《儒学与自由主义——梁启超的诠释进路》，载政治大学文学院编：《中国近代文化的解构与重建：康有为、梁启超》（台北：政治大学文学院，2000年），页63—78。

何冠骥：《幸福的谎言——论乌托邦的真面目》，载氏著：《借镜与类比——中国文学研究与现代化》（台北：东大图书有限公司，1990年），页247—273。

何勤华：《〈万国公法〉与清末国际法》，《法学研究》，2001年5期（2001年9月），页137—148；后修订收入何勤华、李秀清：《外国法与中国法：20世纪移植外国法反思》，页566—591。

何勤华：《中国近代国际法学的诞生与成长》，《法学家》，2004年4期，页49—60。

何勤华：《中国近代法律教育与中国近代法学》，《法学》，2003年12期，页3—14。

何勤华：《法科留学生与中国近代法学》，《法学论坛》，2004年6期，页82—90。

何勤华：《略论民国时期中国移植国际法的理论与实践》，《法商研究》，2001年4期，页136—144；后收入何勤华、李秀清：《外国法与中国法：20世纪移植外国法反思》，页592—604。

余龙生、林红：《薛福成国际法思想述论》，《上饶师范学院学报》，24卷1期（2004年2月），页48—50。

余甬帆：《〈万国公法〉的译入对中华法系的影响：补充抑或是瓦解？》，《宿州教育学院学报》，10卷5期（2007年5月），页33—34、页38。

邹芬：《近二十年对郭嵩焘与国际法问题研究综述》，《船山学刊》，2006年1期，页30—33。

邹振环：《丁韪良及其译述的〈万国公法〉》，载氏著：《译林旧踪》（南昌：江西教育出版社，2000年），页36—39。

邹振环：《丁韪良译述〈万国公法〉在中日韩传播的比较研究》，载复旦大学韩国研究中心编：《韩国学研究》，第7辑（北京：中国社会科学出版社，2000年），页258—278。

邹振环：《万国公法与近代国际法的传入》，载氏著：《影响中国近代社会的一百种著作》（北京：中国对外翻译出版公司，1994年），页55—58。

邹磊：《"先秦国际法"研究与中国"世界图景"的重建》，《国际观察》，2009年3期，页

22—43。

汪家熔：《"直隶官书局"和湖南书局》，载氏著：《商务印书馆史及其他：汪家熔出版史研究文集》（北京：中国书籍出版社，1998年），页467—477。

沈天水：《我国近代第一个法学会》，《社会科学战线》，1985年2期（1985年4月），页85。

沈国威：《近代转型期的中国与日语——泰东同文书局及其出版物》，载复旦大学历史系、出版博物馆编：《历史上的中国出版与东亚文化交流》，页85—99。

沈国威：《康有为及其〈日本书目志〉》，《或问》（Wakumon），5号（2003年），页51—58。

宋杰：《论国际法在我国法制现代化中的作用》，《东南学术》，2004年4期，页104—113。

宋晞：《清光绪（1881—1908）留美学生史略补遗》，《史学汇刊》，9期（1978年10月），页131—154。

张卫明：《近二十年晚清国际法研究的回顾与前瞻》，《法律文献信息与研究》，2007年3期，页13—22。

张卫明：《晚清"公法中源"说初探》，《法制与社会发展》，2007年6期，页18—29。

张卫明：《晚清公法外交述论》，《国际政治研究》，2007年1期，页51—64。

张卫明：《晚清国际法研究回顾与前瞻》，《西华大学学报》（哲学社会科学版），2006年4期（2006年8月），页92—96。

张卫明、王黎明：《近代国际法与林则徐禁烟》，《漳州师范学院学报》（哲学社会科学版），2005年5期，页99—102。

张玉法：《戊戌时期的学会活动》，《历史研究》，1998年5期（1998年10月），页5—26。

张用心（即张建华）：《晚清时期中国人的主权观念——国际法视角》，北京大学历史学系编：《北大史学》，第10辑（北京：北京大学出版社，2004年），页102—134。

张用心：《〈万国公法〉的几个问题》，《北京大学学报》（哲学社会科学版），2005年3期（2005年5月），页76—84。

张伟仁：《清代的法学教育（上、下）》，《台湾大学法学论丛》，18卷1期（1988年12月），页1—35；18卷2期（1989年6月），页1—55；又载贺卫方编：《中国法律教育之路》（北京：中国政法出版社，1997年），页145—247。

张孙彪、王民：《中法战争时期清政府在"台湾封锁"问题上的外交努力》，《台湾研究集刊》，2006年1期，页40—48。

张志强：《西方现代印刷技术与中国图书装帧的变化》，《书目季刊》，30卷1期（1996年6月），页50—59。

张李蕾：《国际法的输入与中国国际法学的诞生》，《科技经济市场》，2006年8月期，页199，页195。

张启雄：《论清朝中国重建琉球王国的兴灭继绝观——中华世界秩序原理之一》，载琉中历史关系国际学术会议实行委员会编：《第二届琉中历史关系国际学术会议：琉中历史关系论文集》（那霸：琉中历史关系国际学术会议实行委员会，1989年），页495—520。

张启雄：《何如璋的琉案外交——以"失言事件"为论题中心》，载中琉文化经济协会主编：《第一届中琉历史关系国际学术会议论文集》（台北：联合报文化基金会国学文献馆,1987 年),页 561—606。

张劲草:《林则徐与国际法》,《法学杂志》,1983 年 1 期(1983 年 4 月),页 33—36。

张劲草:《国际法最早的汉文译著者是林则徐》,《法学》,1982 年 5 期,页 44—45。

张劲草、邱在珏:《论国际法之传入中国》,《河北大学学报》,1984 年 2 期(1984 年),页 126—133。

张建华:《孙中山与不平等条约概念》,《北京大学学报》(哲学社会科学版),39 卷 2 期(2002 年 3 月),页 115—130。

张建华:《孙中山与中国不平等条约概念的起始》,中国史学会编:《辛亥革命与 20 世纪的中国——纪念辛亥革命九十周年国际学术讨论会论文集》,下册(北京:中央文献出版社,2002 年),页 1917—1937。

张建华:《郭嵩焘与万国公法会》,《近代史研究》,2003 年 1 期(2003 年 1 月),页 280—295。

张建华:《晚清中国人的国际法知识与国家平等观念——中国不平等条约概念的起源研究》(北京大学博士学位论文,2003 年)。

张振鹍:《论不平等条约——兼析〈中外旧约章汇编〉》,《近代史研究》,1993 年 2 期(1993 年 3 月),页 1—20。

张晖:《从国际法的输入看公使驻京和遣使出洋》,《聊城大学学报》(社会科学版),2007 年 2 期,页 71—73。

张晖:《国际法的输入与晚清驻外使节制度近代化》(聊城大学硕士学位论文,2008 年)。

张效民:《国际法与晚清近代外交》,《社会科学论坛》,2006 年 3 期,页 38—41。

张效民:《晚清政府的条约外交》,《历史档案》,2006 年 1 期,页 78—91。

张效民、徐春峰:《晚清外交变化的观念因素》,《国际政治科学》,2006 年 2 期,页 28—58。

张海鹏:《试论辛丑议和中有关国际法的几个问题》,《近代史研究》,1990 年 6 期(1990 年 11 月),页 83—102;后收入中国社会科学院近代史研究所科研组织处编:《走向近代世界的中国:中国社会科学院近代史研究所成立 40 周年学术讨论会论文选》(成都:成都出版社,1992 年),页 132—156。

张堂锜:《戊戌之后:梁启超、黄遵宪的生命同调与思想歧路》,载政治大学文学院编:《中国近代文化的解构与重建:康有为、梁启超》(台北:政治大学文学院,2000 年),页 1—18。

张翔:《〈万国公法〉与近代东亚知识人的文明观——兼评佐藤慎一〈近代中国的知识人与文明〉》,载复旦大学历史系、复旦大学中外现代化进程研究中心编:《近代中国的国家形象与国家认同》(上海:上海古籍出版社,2003 年),页 292—330。

陆玉芹:《林则徐与〈滑达尔各国律例〉》,《盐城师范学院学报》(人文社会科学报),26 卷 3 期(2006 年 6 月),页 11—15。

陈三井:《略论马建忠的外交思想》,载张灏等著,周阳山、杨肃献编:《近代中国人物史论:晚清思想》(台北:时报文化出版事业公司,1980 年),页 469—486;原载《"中央研究院"近代史研究所集刊》,3 期(1972 年 12 月),页 543—555。

陈世材:《中国国际法学之源流》,载氏著:《国际法学》,上册(台北:精华印书局,1954

年),页3—6。

陈平原:《不被承认的校长——丁韪良与京师大学堂》,载氏著:《老北大的故事》(南京:江苏文艺出版社,1998年),页95—113。

陈麦青:《惠氏〈万国公法〉的由来及其历史作用》,《法学》,1982年1期,页36。

陈玥:《小析晚清中国与近代国际法》,《兰州学刊》,2004年4期,页178—180。

陈策:《洋务运动时期国人对万国公法的认知探析》,《理论界》,2009年1期,页127—128。

林启彦、林锦源:《论中英两国政府处理林维喜事件的手法与态度》,《历史研究》,2000年2期(2000年4月),页97—113。

林学忠:《法政速成科与留日法政教育》,载丁新豹、周佳荣、黄嫣梨主编:《近代中国留学生论文集》(香港:香港历史博物馆,2006年),页352—387。

林建曾、成晓军:《孙中山对不平等条约的认识和态度及其革命民主主义思想的发展》,《贵州社会科学》(文史哲版),1986年8期(1986年8月),页11—15、页42。

卓遵宏:《清季外交职权的嬗递(1838—1861)》,载中华文化复兴运动推行委员会主编:《中国近代现代史论集》,第7编,《自强运动(二)外交》(台北:台湾商务印书馆,1985年),页151—184。

尚小明:《留日学生与清末的宪政改革》,载王晓秋、尚小明主编:《戊戌维新与清末新政》(北京:北京大学出版社,1998年),页133—168。

尚智丛:《1886—1894年间近代科学在晚清知识分子中的影响——上海格致书院格致类课艺分析》,《清史研究》,2001年3期(2001年8月),页72—82。

周一川:《近代中国留日学生人数考辨》,《文史哲》,2008年第2期,页104—112。

郑剑顺、张卫明:《近代国际法与中法马江战役》,《史学月刊》,2005年5期,页102—107。

赵杰宏:《曾纪泽的国际法认识与实践初论》,《盐城工学院学报》(社会科学版),2005年2期,页26—28、页33。

赵宝爱:《试论中法战争中的国际法问题》,《烟台师范学院学报》(哲学社会科学版),18卷3期(2001年9月),页35—39。

赵祐志:《与世界同步:清季中国参加"万国公会"之研究(1881—1911)》,《重高学报》,创刊号(1998年7月),页191—228。

赵祐志:《跃上国际舞台:清季中国参加万国博览会之研究(1866—1911)》,《台湾师范大学历史学报》,25期(1997年6月),页287—344。

郝铁川:《中国近代法学留学生与法制近代化》,《法学研究》,19卷6期(1997年11月),页3—33。

胡万川:《失乐园——中国乐园神话探讨之一》,载李亦园、王秋桂:《中国神话与传说学术研讨会论文集》(台北:汉学研究中心,1996年),页103—124。

柳宾:《有关胶州湾事件的几个国际法问题》,《青岛大学师范学院学报》,20卷1期(2003年3月),页48—51。

柳宾:《国际法的输入与中国近代化的起步》,《天津社会科学》,2000年1期(2000年1月),页85。

修志君:《简论近代国际法对中国的影响》,《法律适用》,2005年10期(2005年10

月),页91—92。
信川:《林则徐与国际法》,《明报月刊》,20卷3期(1985年3月),页90—92。
侯强:《晚清外交和约与近代中国法制现代化的启蒙》,《云南社会科学》,2005年3期,页107—111。
侯强:《清末法学教育与近代中国法制现代化》,《沈阳大学学报》,19卷5期(2007年10月),页68—72。
俞江:《近代中国法学语词的形成与发展》,载中南财经法政大学法律史研究所:《中西法律传统》,第2卷(北京:中国政法大学出版社,2001年),页24—66。
施建兴:《国际法的输入与中国近代国家主权观念的发轫》,《南平师专学报》,22卷1期(2003年3月),页46—50。
洪燕:《同治年间〈万国公法〉在中国的传播和应用》(华东师范大学硕士学位论文,2006年)。
宣刚:《从"天朝上国"到"地上的世界":晚清早期驻外公使国际法思想研究》(南京师范大学硕士学位论文,2006年)。
姚欣安:《海防与塞防的争论》,载包遵彭等编:《中国近代史论丛》,第1辑第5册(台北:正中书局,1956年),页208—217。
姚淇清:《我国不平等条约与国际法之研究》,载中华民国建国史讨论集编辑委员会主编:《中华民国建国史讨论集》,第4册(台北:中华民国建国史讨论集编辑委员会,1981年),页81—101。
贺跃夫:《清末士大夫留学日本热视——论法政大学中国留学生速成科》,《近代史研究》,1993年1期(1993年1月),页41—60。
钟少华:《清末百科全书初探》,《中国文化研究所学报》,18卷(1987年),页139—159。
钟少华:《清末百科全书新探》,《中国文化研究所学报》,21卷(1990年),页91—113。
袁伟时:《万身公法书籍与康有为前期思想》,《中山大学学报》(社会科学版),1989年4期(1989年10月),页79—87。
耿云志:《收回利权运动、立宪运动与辛亥革命》,《近代史研究》,1992年2期(1992年3月),页87—88。
夏泉:《试论晚清早期驻外公使的国际法认识》,《江西社会科学》,1998年10期(1998年10月),页64—69。
徐忠明:《中西比较:市民社会与现代法制的成因》,《法制现代化》,第3卷(南京:南京大学出版社,1997年),页330—367。
徐忠明:《晚清法制改革的两点思考》,《北大法律评论》,2卷1辑(1999年12月),页296—299。
高超群:《外务部的设立及清末外交制度的改革》,载王晓秋、尚小明主编:《戊戌维新与清末新政》(北京:北京大学出版社,1998年),页202—229。
高黎平:《中国近代国际法翻译第一人——丁韪良》,《延安大学学报》(社会科学版),27卷2期(2005年4月),页87—91。
郭渊:《从近代国际法看晚清政府对南海权益的维护》,《求索》,2007年2期,页201—205。

唐启华:《"大国地位"的追求——二十世纪前半期中国在国际组织中的努力》,《兴大人文学报》,32 期(2002 年 6 月),页 815—833。
唐启华:《民国初年北京政府"修约外交"之萌芽,1912—1918》,《文史学报》,28 期(1998 年 6 月),页 118—143。
唐启华:《清末民初中国对"海牙保和会"之参与(1899—1917)》,《政治大学历史学报》,23 期(2005 年 5 月),页 45—90。
唐启华:《清季官方修约观念与实践之研究》,《政治大学历史学报》,26 期(2006 年 11 月),页 129—168。
陶静:《中国近现代法学用语翻译》,《安徽农业大学学报》(社会科学版),11 卷 2 期(2002 年 3 月),页 121—123。
黄俊华:《李鸿章的国际法意识与琉球宗主权的丧失》,《郑州航空工业管理学院学报》(社会科学版),24 卷 3 期(2005 年 6 月),页 12—14。
黄彰健:《戊戌变法与素王改制》,载田伏隆、朱汉民主编:《谭嗣同与戊戌维新》(长沙:岳麓书社,1999 年),页 662—681。
萧永宏:《论洋务时期中国人的国际政治观念》,《学术月刊》,1997 年 2 期,页 83—90。
曹英、刘苏华:《论早期维新派的国家主权观念》,《长沙理工大学学报》(社会科学版),19 卷 4 期(2004 年 12 月),页 86—94。
曹胜、柳宾:《国际法的输入对晚清外交近代化的影响》,《青岛科技大学学报》(社会科学版),2002 年 4 期,页 77—80。
章鸣九:《洋务思想家外交思想的近代化》,《北方论丛》,1989 年 4 期(1989 年 7 月),页 67—74。
章清:《"策问"与科举体制下对"西学"的接引——以〈中外策问大观〉为中心》,《中央研究院近代史研究所集刊》,58 期(2007 年 12 月),页 53—103。
蒋廷黻:《国际公法输入之中国之起始》,《清华大学政治学报》,1 卷 2 期(1932 年 6 月),页 61—64。
蒋跃波:《试析曾纪泽的近代国际法意识》,《丽水师范专科学校学报》,25 卷 3 期(2003 年 6 月),页 5—7。
韩小林:《洋务派对国际法的认识和运用》,《中山大学学报》(社会科学版),2004 年 4 期,页 11—16。
韩琴:《论林则徐摘译国际法的选择性》,《福建师范大学学报》(哲学社会科学版),2008 年 4 期,页 127—135。
韩琴:《国际法视角下中法马江海战起因探究》,《闽江学院学报》,29 卷 4 期(2008 年 8 月),页 101—106。
覃艺:《晚清同文馆与近代学校教育》,载中国人民大学清史研究所编:《清史研究集》,第五辑(北京:光明日报出版社,1986 年),页 344—361。
程鹏:《西方国际法首次传入中国问题的探讨》,《北京大学学报》(哲学社会科学版),1989 年 5 期(1989 年 9 月),页 105—113。
程鹏:《清代人士关于国际法的评论》,《中外法学》,1990 年 6 期(1990 年 11 月),页 23—26、页 80。
程燎源:《中国近代法政杂志的兴盛与宏旨》,《政法论坛》,2006 年 4 期(2006 年 7

月),页3—15。

傅德元:《〈星轺指掌〉与晚清外交的近代化》,《北京师范大学学报》(社会科学版),2006年6期,页74—81。

傅德元:《丁韪良〈万国公法〉翻译蓝本及意图新探》,《安徽史学》,2008年1期,页45—53。

傅德元:《丁韪良主持翻译〈公法会通〉新探》,《河北学刊》,28卷2期(2008年3月),页82—88。

傅德元:《丁韪良研究述评(1917—2008)》,《江汉论坛》,2008年3期,页86—96。

傅德元:《点校者前言》,载[德]马顿斯著,[清]联芳等译,傅德元点校:《星轺指掌》(北京:中国政法大学出版,2006年),页1—43。

鲁军:《清末西学输入及其历史教训》,《中国文化研究集刊》,2辑(1985年2月),页99—125。

曾亚英:《蔡锷与国际公法志》,载中国社会科学院近代史研究所编:《近代中国与世界——第二届近代中国与世界学术讨论会论文集》(北京:社会科学出版社,2005年),页332—348。

曾涛:《近代中国与国际法的遭逢》,《中国政法大学学报》,2008年5期,页103—111。

曾涛:《近代中国的国际法附会论》,载中国法律史学会编:《法史学刊》,第2卷2007(北京:社会科学文献出版社,2008年),页217—237;又载中国博士后科学基金会、中国社会科学院、中国社会科学院法学研究所主编:《中国法学与法治发展30年》(北京:中国社会科学出版社,2008年),页385—396。

强世功:《法律移植、公共领域与合法性——国家转型中的法律(1840—1980年)》,载苏力、贺卫方编:《20世纪的中国:学术与社会·法学卷》(济南:山东人民出版社,2001年),页100—104。

蔡慧珍:《清末之日本中国留学生会馆》,《日本研究》,1999年6月号(1996年6月),页48—51。

管伟:《论中国近代国际法观念的肇兴》,《政法论丛》,2004年3期(2004年6月),页85—89。

端木正:《中国第一个国际法学术团体——公法学会》,中山大学法学院编:《学术的律动:中山大学法学院老教授文集》(北京:法律出版社,2006年4月),页128—134。

谭汝谦:《近三百年中日译书事业与文化交流》,载 Tam Yue-him edited, *Sino-Japanese Cultural Interchange*, Vol. 3: *The Economic and Intellectual Aspects* (Hong Kong: Institute of Chinese Studies, The Chinese University of Hong Kong, 1985),页215—241。

熊月之:《上海广方言馆史略》,《上海地方史资料》,4辑(上海:上海社会科学出版社,1986年),页176—211;又载《中国文化研究集刊》,5辑(1987年6月),页492—505,但有删略。

熊命辉:《论郑观应的国际法思想》,《株州工学院学报》,19卷2期(2005年3月),页54—55。

樊仰泉:《曾纪泽与国际法》,《山西煤炭管理干部学院学报》,2008年2期,页

140—142。

澹台惠敏:《近代国际法之传入中国及其深远影响》,"第二届中外关系史国际学术研究会"会议论文(淡江大学历史系举办,1992年6月26—27日),全11页。

三、日韩文论著
1. 日文书籍

山室信一(Yamamuro Shin'ichi):《思想課題としてのアジア》(東京:岩波書店,2001年)。

川島真(Kawashima Shin):《中国近代外交の形成》(名古屋:名古屋大学出版会,2004年)。

小野川秀美(Onokawa Hishirō):《清末政治思想研究》(東京:みすず書房,1969年)。

天野郁夫(Amano Ikuo):《近代日本高等教育研究》(東京都町田市:玉川大學出版部,1989年)。

田畑茂二郎(Tabatake Shigejirō):《現代国際法の課題》(東京:東信堂,1991年)。

田畑茂二郎:《国際法》,第1冊(東京:有斐閣,1973年)。

寺広映雄(Terahiro Teruo):《中国革命の史的展開》(東京:汲古書院,1979年)。

有賀貞(Aruga Tadashi)ほか編:《国際政治の理論》(《講座国際政治》1;東京大学出版会,1989年)。

坂野正高(Bannō Masataka):《中国近代化と馬建忠》(東京:東京大学出版会,1985年)。

坂野正高:《近代中国外交史研究》(東京:岩波書店,1970年)。

坂野正高:《近代中国政治外交史》(東京:東京大学出版会,1973年)。

坂野正高:《現代外交の分析》(東京:東京大学出版会,1971年)。

佐藤慎一(Satō Shin'ichi):《近代中国の知識人と文明》(東京:東京大学出版会,1996年)。

尾佐竹猛(Osatake Takeshi, 1880-1946):《近世日本の国際観念の発達》(東京:共立社,1932年)。

尾佐竹猛:《国際法より観たる幕末外交物語》(東京:邦光堂,1927年)。

阿部洋(Abe Hiroshi):《中国の近代教育と明治日本》(東京:福村出版株式会社,1990年)。

茂木敏夫(Motegi Toshio):《変容する近代東アジアの国際秩序》(東京:山川出版社,1997年)。

松隈清(Matsukuma Kiyoshi):《国際法史の群像——その人と思想を訪ねて——》(東京:酒井書店,1992年)。

岡本隆司(Okada Takashi):《属国と自主の間——近代清韓関係と東アジアの命運》(名古屋:名古屋大学出版会,2004年)。

岡本隆司:《馬建忠の中国近代》(京都:京都大学出版会,2007年)。

岡本隆司、川島真編:《中国近代外交の胎動》(東京:東京大学出版会,2009年)。

金鳳珍(Kim Bong-jin):《東アジア「開明」知識人の思惟空間》(福岡:九州大学出版会,2004年)。

浅野利三郎(Asano Risaburō):《文化史観国際思想発達史》(東京:巖松堂書店,1928

年版)。

浅野利三郎:《国際思想発達史》(東京:巌松堂書店,1926年)。

南里知樹(Minamisato Chiki):《中国政府雇用の日本人》(《日中問題重要関係資料集》,第3巻,《近代日中関係史料》,第Ⅱ集;東京:龍溪書舎,1976年)。

柳父章(Yanabu Akira):《翻訳とはなにか――日本語と翻訳文化》(東京:法政大学出版局,1976年)。

柳父章:《翻訳語の論理:言語にみる日本文化の構造》(東京:法政大学出版局,1972年)。

柳父章:《翻訳語成立事情》(東京:岩波書店,1994年)。

島田正郎(Shimada Masao):《清末における近代的法典の編纂》(東京:創文社,1980年)。

浜下武志(Hamashita Takeshi):《近代中国の国際的契機――朝貢貿易システムと近代アジア――》(東京:東京大学出版会,1990年)。

浜下武志:《朝貢システムと近代アジア》(東京:岩波書店,1997年)。

黄東蘭:《近代中国の地方自治と明治日本》(東京:汲古書院,2005年)。

菊池貴晴(Kikuchi Takaharu):《中国民族運動の基本構造――対外ボイコット運動の研究――》(東京:汲古書院,1974年)。

鈴木修次(Suzuki Shūji):《日本語と中国:漢字文化圏の近代化》(東京:中央公論社,1981年)。

鈴木智夫(Suzuki Tomoo):《洋務運動の研究》(東京:汲古書院,1991年)。

藤田久一(Fujida Hisaichi):《国際法講義1:国家・国際社会》(東京:東京大学出版会,1992年)。

厳安生:《日本留学精神史――近代中国知識人の軌跡》(東京:岩波書店,1991年)。

2. 日文论文

一又正雄(Ichimata Masao):《明治及び大正期における日本国際法の形成と発展――前史と黎明期――》,《国際法外交雑誌》,71巻5,6号(1973年3月),頁59—109。

一瀬啓恵(Hitose Kei):《明治初期における台湾出兵と国際法の適用》,《北大史学》,35号(1995年11月),頁23—49。

二見剛史(Futami Tsuyoshi):《京師法政学堂の日本人教習》,《国立教育研究所紀要》,115集(1989年3月),頁75—89。

三石善吉(Mitsuishi Zenkichi):《"中体西用"論の系譜――伝統の内発的発展の途(1840—1984)――》,載有田和夫、大島晃編:《朱子學的思惟――中国思想史における伝統と革新――》(東京:汲古書院,1990年2月),頁159—304。

大平善梧(Ōtsubo Zengo):《日本の国際法の受容》,《商学討究》,4巻3号(1953年12月),頁299—314。

山内進(Yamaguchi Susumu):《明治国家における"文明"と国際法》,《一橋論叢》,115巻1号(1996年1月),頁19—40。

川島真:《「中国」――帝国、主権、そして大国:近一五〇年間における「中国」の形成》,《比較文明》,19(2003年12月),頁75—93。

川島真:《「普通の国」と「大国」の間――近代中国外交から見る》,《現代中国研究》,16号(2005年3月),頁14—19。

川島真:《日露戦争と中国の中立》,《軍事史学》,40卷第2、3合併号(2004年6月),頁79—96。

川島真:《日露戦争における中国の外交——満州における局外中立》,載東アジア近代史学会編:《日露戦争と東アジア世界》(東京:ゆまに書房,2008年),頁77—100。

川島真:《中国における万国公法の受容と適用・再考》,《東アジア近代史》,3号(2000年3月),頁35—55。

川島真:《中国における万国公法の受容と適用——"朝貢と条約"をめぐる研究動向と問題提起》,《東アジア近代史》,2号(1999年3月),頁8—26。

川島真:《中国外交の歴史中華世界秩序とウェストファリア的理解の狭間で》,載氏編:《中国の外交:自己認識と課題》(東京:山川出版社,2007年),頁9—34。

川島真:《外務の形成——外務部の成立過程》,載岡本隆司、川島真編:《中国近代外交の胎動》(東京:東京大学出版会,2009年),頁181—202。

丸山真男(Maruyama Masao, 1914—1996):《近代日本思想史における国家理性の問題》,載氏著:《忠誠と反逆——転形期日本の精神史的位相》(東京:筑摩書房,1992年),頁197—229。

井口和起(Iguchi Kazuki):《"大日本帝国"の形成》,載井口和起編:《近代日本の軌跡3:日本・日露戦争》(東京:吉川弘文館,1994年),頁1—25。

太寿堂鼎(Taijūdō Kanae):《国際法上の先占について——その歴史的研究》,《法学論叢》(京都大学法学会),61卷2号(1951年3月),頁36—99。

手代木有児(Teshirogi Yūji):《清末初代駐英施設(1877—79)における西洋体験と世界像の変動(1—3)——文明観と国際秩序観》,《商学論集》(福島大学経済学会),68卷2号(1999年10月),頁97—118;68卷1号(1999年8月)頁93—104;67卷1号(1998年7月),頁1—16。

片岡一忠(Kataoka Kazutada):《辛亥革命時期の五族共和論をめぐって》,載田中正美先生退官記念論集刊行會編:《中国現代史の諸問題——田中正美先生退官記念論集》(東京:國書刊行會,1984年),頁279—306。

田中忠(Tanaka Tada):《我が国における戦争法の受容と実践——幕末、明治期を中心に》,載大久保昭編:《国際法、国際連合と日本》(東京:弘文堂,1987年),頁385—426。

広瀬和子(Hirose Kazuko):《国際社会の変動と国際法の一般化——19世紀後半における東洋諸国の国際社会への加入過程の法社会学的分析》,載寺沢一、山本草二、波多野里望、筒井若水、大沼保昭編:《国際法学の再構築》上(東京:東京大学出版社,1978年),頁107—160。

広瀬和子:《アジアにおける近代国際法の受容と適用》,《東アジア近代史》,3号(2000年3月),頁93—97。

寺広映雄(Terahiro Eiyū):《革命瓜分論の形成をめぐって——保皇・革命両派の対立——》,載小野川秀美、島田虔次編:《辛亥革命の研究》(東京:筑摩書房,1978年),頁89—106。

吉野作造(Yoshida Sakuzō, 1878 - 1933):《わが国近代史における政治意識の発生》,

参考文献

載氏著:《吉野作造》(《日本の名著》48;東京:中央公論社,1972 年),頁 418—475。

吉沢誠一郎(Yoshizawa Seiichirō):《天津における"抵制美約"運動(1905 年)と"中国"の表象》,《中国:社会と文化》,9 号(1994 年 6 月),頁 212—230。

西田勝(Nishida Masaru):《ハーグ平和会議と日本》,《軍縮問題資料》,219 号(1999 年 1 月),頁 11—15。

有田和夫(Arida Kazuo):《改良派と革命派——新民叢報と民報の論争——》,《東京支那学報》,11 号(1965 年 6 月),頁 55—68。

有田和夫:《再び新民叢報と民報の論争をめぐって》,載宇野哲人先生白寿記念會編:《宇野哲人先生白寿記念東洋史論叢》(東京:編者,1974 年),頁 129—147。

伊藤不二男(Itou Fujio):《国際法》,載野田良之、碧海純一編:《近代日本法思想史》(《近代日本思想史大系》第七卷;東京:有斐閣,1979 年),頁 461—503。

安岡昭男(Yasuoka Akio):《万国公法と明治外交》,《政治経済史学》(日本政治経済史研究所創立 20 周年記念論叢),200 号(1983 年 3 月),頁 188—199。

安岡昭男:《日本における万国公法の受容と適用》,《東アジア近代史》,2 号(1999 年 3 月),頁 45—64。

坂元ひろ子(Sakamoto Hiroko):《中国民族主義の神話——進化論・人種論・博覧会事件》,《思想》,849 号(1995 年 3 月),頁 61—84。

坂野正高:《めざす資料にたどりつくまで——パリで見た馬建忠の成績表》,《学内広報》(東京大学),361 号(1977 年 3 月 22 日);又載氏著:《イメージの万華鏡——私の米国・日本・中国体験》(東京:筑摩書房,1982 年),頁 196—205。

佐々木 揚(Sasagi Yō):《郭嵩燾(1818—1891 年)の西洋論——清国初代駐英公使が見た西洋と中国——》,《佐賀大学教育学部研究論文集》,38 集 1 號Ⅰ、Ⅱ合併(1990 年 8 月),頁 162—200。

佐藤慎一:《"文明"と"万国公法"——近代中国における国際法受容の一側面——》,載祖川武夫編:《国際政治思想と対外意識》(東京:創文社,1977 年),頁 181—300。

佐藤慎一:《"清末啓蒙思想"の成立——世界像の変容を中心として——(1、2)》,《国家学会雑誌》,92 巻 5、6 号(1979 年 6 月),頁 317—374;93 巻 1、2 号(1980 年 2 月),頁 63—108。

佐藤慎一:《鄭観応について(1—3)——"万国公法"と"商戦"——》,《法学(東北大学)》,47 巻 4 号(1983 年 10 月),頁 482—533;48 巻 4 号(1984 年 10 月),頁 505—550;49 巻 2 号(1985 年 6 月),頁 201—255。

住吉良人(Sumiyoshi Yoshihito):《西欧国際法学の日本への移入とそお展開》,《法律論叢》,42 巻 4、5、6 合併号(1969 年 3 月),頁 243—370。

住吉良人:《明治初期における国際法の導入》,《国際法外交雑誌》,71 巻 5、6 号(1973 年 3 月),頁 33—58。

住吉良人:《明治初期における国際法意識》,《法律論叢》,48 巻 2 号(1975 年 11 月),頁 1—31。

住吉良人:《資料紹介》:Henry Wheaton, *Elements of International Law*, 1836;丁韙良

(W. A. P. Martin)：《万國公法》，一卷(同治三年,1864；瓜生三寅：《交道起源,一名万國公法全書》[慶應四年,1867])，《法律論叢》,44卷2、3合号(1970年11月),頁181—233。

初瀬龍平(Hatsuse Ryūhei)：《国際関係理論の転換》,載馬場伸也編：《国際関係》(《講座政治学》V；東京：三嶺書房,1988年),頁313—359。

初瀬龍平：《国際政治思想——日本の視座——》,載有賀貞ほか編：《国際政治の理論》,頁113—146。

尾佐竹猛：《万国公法思想》,載氏著：《明治維新》,上卷（東京：白揚社,1943年）,頁127—146。

尾佐竹猛：《我国最初の国際法研究》,《国際知識》,1924年11月号(1924年11月),頁44—55。

阿部洋：《中国近代における海外留学の展開——日本留学とアメリカ留学——》,《国立教育研究所紀要》,94集(1978年3月),頁5—38。

阿部洋：《清末直隸省の教育改革と渡辺龍聖》,載磯辺武雄編：《多賀秋五郎博士古稀記念論文集——アジアの教育と社会》（東京：不眛堂,1983年）,頁335—352。

武山真行(Takeyama Masayuki)：《ベトナム版丁韙良〈万国公法〉——植民地化進行過程下での翻刻》,《法学新報》（中央大学法学会）,109卷5、6号合刊(2003年3月),頁217—240。

茂木敏夫：《中国における近代国際法の受容——"朝貢と条約の並存"の諸相——》,《東アジア近代史》,3号(2000年3月),頁21—34。

茂木敏夫：《中華世界の"近代"的変容——清末の邊境支配》,載溝口雄三、濱下武志、平井直昭、宮嶋博史編：《アジアから考える》,第2卷,《地域システム》（東京：東京大學出版會,1993年）,頁269—299。

茂木敏夫：《中華帝国の"近代"的再編と日本》,載大江志乃夫、淺田喬三ほか編：《岩波講座：近代日本の植民地》,第1冊,《植民地帝國日本》（東京：岩波書店,1992年）,頁59—84。

茂木敏夫：《中華帝国の解体と近代的再編への道》,載東アジア地域研究会編：《講座東アジア近現代史》,第4卷,《東アジア史像の新構築》（東京：青木書店,2002年）,頁17—46。

茂木敏夫：《李鴻章の属国支配観——1880年前後の琉球・朝鮮問題をめぐって——》,《中国：社会と文化》,2号(1987年6月),頁89—116。

茂木敏夫：《東アジアにおける地域秩序形成の論理——朝貢・冊封体制の成立と変容》,載辛島昇、高山博編：《地域の世界史》,第3卷,《地域のなりたち》（東京：山川出版社,2000年）,頁52—88。

林学忠：《日清戦争以降中国における国際法の受容過程——特に国際法関係の翻訳と著作をめぐって——》,《東アジア地域研究》,2号(1995年7月),頁52—69。

林学忠：《日清戦争前の清朝の国家主権に対する認識と態度》,載野口鐵郎編：《中国史における教と国家》（東京：雄山閣,1994年）,頁249—280。

林学忠：《清末新政期における国際法受容の役割》,《現代中国》,70号(1996年7

月),頁 158—171。

林学忠:《朝鮮対米開港をめぐる清国の朝鮮政策——1879—1882——》,《史峰》,7 号 (1994 年 3 月),頁 34—63。

松本健一(Matsumoto Ken'ichi):《幕末史話"第 3 の開国"のさ中に— 22 —ハリスの後 ろ楯となった「万国公法」》,《コノミスト》(毎日新聞社),72 巻 12 号(1994 年 3 月),頁 84—89。

岡本隆司:《中国近代外交へのまなざし》,載岡本隆司、川島真編:《中国近代外交の 胎動》(東京:東京大学出版会,2009 年),頁 1—19。

岡康哉(Oka Yasuya):《国際法上の国家承認と未承認国家の法上の地位》,《法学論 叢》(京都大学法学会),26 巻 1 号(1931 年 7 月),頁 1—42。

金容九(Kim Yong-gu):《朝鮮における万国公法の受容と適用》,《東アジア近代史》, 2 号(1999 年 3 月),頁 27—44。

金鳳珍:《東アジア知識人の国際秩序観——鄭観応・福沢諭吉・兪吉濬の比較研 究》(東京大学大学院総合文化研究科博士論文,1990 年)。

金鳳珍:《鄭観応の国際秩序観》,《北九州大学外国語学部紀要》,81 号(1994 年 10 月),頁 101—154。

段柏林(Dan Hakurin):《中国国際法の移植とその影響》,載氏著:《中華思想と華僑》 (東京:アジア文化総合研究所出版会,1992 年),頁 36—61。

高橋久美子(Takahashi Kumiko):《利権回収運動と辛亥革命》,《史艸》,5 号(1964 年 10 月),頁 123—143。

高橋作衛著,小林勇之助訳:《日本史における国際法》,《大阪経済法科大学法学論文 集》,24 号(1991 年 2 月),頁 155—173。

唐啓華著,廖敏淑、柳亮輔譯:《周辺としての中国——20 世紀初頭の国際組織におけ る中国と日本》,載横山弘章、久保亨、川島真編:《周辺から見た 20 世紀中国—— 日・韓・台・港・中の対話》(福岡:中国書店,2002 年),頁 125—142。

浜下武志:《宗主権の歴史サイクル——東アジア地域を中心として——》,《歴史学 研究》,690 号(1996 年 10 月),頁 2—11。

宮崎繁樹(Miyazaki Shigeki):《西欧国際法と東アジア》,《明治大学社会学研究所年 報》,23 号(1983 年),頁 13—20。

堀川哲男(Horikawa Tetsuo):《〈民報〉と〈新民叢報〉の論争の一側面——革命は瓜分 を招くか——》,載田村博士退官記念事業會編:《田村博士頌寿東洋史論叢》(京 都:同朋舎,1968 年),頁 515—536。

野沢基恭(Nozawa Motoyasu):《日本における万国公法の受容と適用——高橋作衛と 近代国際法——》,《東アジア近代史》,3 号(2000 年 3 月),頁 56—66。

斎藤孝(Saitō Takashi):《西欧国際関係の形成》,載有賀貞ほか編:《国際政治の理 論》,頁 13—50。

張啓雄:《国際秩序原理の葛藤——宗属関係をめぐる日中紛争の研究》(東京大学大 学社会学研究科博士論文,1989 年)。

張嘉寧(ジャニン・ジャン):《〈万国公法〉成立事情と翻訳問題——その中国語訳と 和訳をめぐって——》,載加藤周一、丸山真男編:《翻訳の思想》(《日本近代思想

大系》第 15 卷;東京:岩波書店,1991 年),頁 381—400。

張嘉寧:《文献解題:万国公法》,載加藤周一、丸山真男編:《翻訳の思想》,頁 400—405。

細野浩二(Hosono Kōji):《"西洋の衝擊"をめぐる日本と中国の態様(上、下)——国際法の法的規範への対応の条理をその特質——》,《早稲田大学大学院文学研究科紀要》(哲学・史学編),36 輯(1990 年 1 月),頁 141—159;37 輯(1992 年 2 月),頁 95—112。

細野浩二:《帝国主義と"大同"の間の康有為——国際法規範超克のための両つの理路——》,載"中央研究院"近代史研究所編:《第三届近百年中日关系研讨会论文集》(台北:"中央研究院"近代史研究所,1996 年),頁 195—291。

細野浩二:《華夷觀念と帝国主義の間の康有為(上、下)——戊戌変法の完整指標をめぐって——》,《早稲田大学大学院文学研究科紀要》(哲学・史学編),38 輯(1993 年),頁 121—133;39 輯(1994 年 2 月),頁 119—135。

植田捷雄(Ueda Katsuo):《支那開国と国際法》,《東洋文化研究》,創刊号(1944 年 10 月),頁 31—48。

植田捷雄:《日本の近代化と国際法——特に中国との比較において——》,《紀要日本近代史学》,1 号(1958 年),頁 1—12。

植田捷雄:《日清戦役と国際法》,載英修道博士還暦記念論文集編集委員会編:《英修道博士還暦記念論文:外交史および国際政治の諸問題》(東京:慶応通信,1962 年),頁 483—507。

筒井若水(Tsutsui Wakamizu):《非ヨーロッパ地域と国際法》,《成蹊大学政治経済論叢》,15 巻 3 号(1965 年 12 月),頁 59—80。

筒井若水:《現代国際法における文明の地位》,《国際法外交雑誌》,66 巻 5 号(1968 年),頁 523—556。

横田喜三郎(Yokoda Kisaburō):《わが国おける国際法の研究》,載氏著:《国際法論集》I(東京:有斐閣,1976 年),頁 247—260。

樫尾季美(Kashio Kimi):《"互訳性"から見た中国近現代文学史》,《東方》,218 号(1994 年 4 月),頁 35—36。

韓相熙(Han Sang Hee):《19 世紀東アジアにおけるヨーロッパ国際法の受容(1)——日本の学者達の研究を中心に》,《法政研究》(九州大学法政学会),74 巻 1 号(2007 年 7 月),頁 234—204。

韓相熙:《19 世紀東アジアにおけるヨーロッパ国際法の受容(2)——中国の学者達の研究を中心に》,《法政研究》,74 巻 2 号(2007 年 11 月),頁 466—437。

韓相熙:《19 世紀東アジアにおけるヨーロッパ国際法の受容(3)——韓国の学者達の研究を中心に》,《法政研究》,74 巻 3 号(2007 年 12 月),頁 782—749。

韓相熙:《19 世紀東アジアにおけるヨーロッパ国際法の受容(完)結論と著作目録》,《法政研究》(九州大学法政学会),74 巻 4 号(2008 年 3 月),頁 1076—1017。

藤田久一(Fujida Hisaichi):《東洋諸国への国際法の適用——一九世紀国際法の性格》,載関西大学法学部編:《法と政治の理論の現実:関西大学法学部百周年記念論文集》,上卷(東京:有斐閣,1987 年),頁 135—173。

参 考 文 献

藤田久一:〈ハーグ"万国平和会議"百周年に思うこと〉,《学士会会報》,824号(1999年7月),頁4—8。

3. 韩文论文

李根寬:《동아시아에서의 유럽 국제법의 수용에 관한 고찰—〈만국공법〉의 번역을 중심으로—》(關於東亞接受世界歐洲國際法的考察——以《萬國公法》的翻譯爲中心——),《서울국제법연구원》,9卷2號(2002年),頁17—44。

李漢基:《中國의 國際法의 導入과 適用》(中國的國際法導入與適用),《法學》,특별호4[통권41](1979年),頁7—32。

四、欧文论著

1. 专书

Beales, Arthur Charles Frederick. *The History of Peace: A Short Account of the Organized Movements of International Peace* (London: Bell, 1931).

Bennett, Adrian Arthur. *John Fryer: The Introduction of Western Science and Technology into Nineteenth Century China* (Cambridge, Mass.: Harvard University Press, 1967).

Biggerstaff, Knight. *The Earliest Modern Government Schools in China* (Ithaca, NY: Cornell University Press, 1961).

Bull, Hedley and Adam Watson eds., *The Expansion of International Society* (Oxford: Clarendon Press, 1984).

Cannon, Garland Hampton. *Oriental Jones: A Biography of Sir William Jones, 1746 – 1794* (New York: Asia Publ. House, 1964).

Cannon, Garland Hampton. *The Life and Mind of Oriental Jones: Sir William Jones, The Father of Modern Linguistics* (Cambridge: Cambridge University Press, 1990).

Chow, Jen Hwa(周仁华). *China and Japan— The History of Chinese Diplomatic Mission in Japan* 1877 – 1911(Singapore: Chopman Enterprises, 1975).

Cohen, Jerome Alan and Hungdah Chiu eds. *People's China and International Law: A Documentary Study* (Princeton: Princeton University Press, 1974).

Cohen, Paul A. *Between Tradition and Modernity: Wang T'ao and Reform in Late Ch'ing China* (Cambridge, Mass.: Harvard University Press, 1987).

Cohen, Paul A. *Discovering History in China: American Historical Writing on the Recent Chinese Past* (New York: Columbia University Press, 1984).

Covell, Ralph. *W. A. P. Martin: Pioneer of Progress in China* (Washington, D. C.: Christian College Consortium, 1978).

Eyffinger, Arthur. *The 1899 Hague Peace Conference: "The Parliament of Man, the Federation of the World"* (Hague: Kluwer Law International, 1999).

Fairbank, John King edited. *Chinese World Order* (Cambridge, Mass.: Harvard University, 1969).

Fenwick, Charles Ghequiere (1880 – 1973). *Cases on International law* (Chicago: Callaghan, 1951).

Gong, Gerrit W. *The Standard of "Civilization" in International Society* (Oxford: Clarendon Press, 1984).

Higgins, Alexander Pearce (1865 – 1935). *The Hague Peace Conferences and other International Conferences: Concerning the Laws and Usages of War: Texts of Conventions with Commentaries* (Cambridge, England: University Press, 1909).

Hsü, Immanuel C. Y. (徐中约). *China's Entrance into the Family of Nations: The Diplomatic Phase*, 1858 – 1880 (Cambridge, Mass.: Harvard University Press, 1960).

Hull, William Isaac (1868 – 1939). *The Two Hague Conferences and Their Contributions to International Law* (Boston: Published for the International School of Peace, Ginn, 1908).

Huntington, Samuel P. *The Clash of Civilizations and the Remaking of World Order* (New York: Simon & Schuster, 1996).

Kalshoven, Frits edited, *Centennial of the First International Peace Conference Reports & Conclusions* (Hague: Kluwer Law International, 2000).

Kiernan, E. V. G. *British Diplomacy in China 1880 to 1885* (London: Octagon Books, 1970).

Kim, Key-Hiuk (金基赫). *The Last Phase of the East Asian World Order — Korea, Japan, and the Chinese Empire 1860 – 1882* (Berkeley: University of California Press, 1980).

Levenson, Joseph R. *Liang Ch'i-Ch'ao & the Mind of Modern China* (2nd rev. ed.; Berkeley: University of California Press, 1970, c1959).

Liu, Lydia H. (刘禾). *The Clash of Empires: The Invention China in Modern World Making* (Cambridge, Mass.: Harvard University Press, 2004).

Mancall, Mark. *China at the Center — 300 Years of Foreign Policy* (New York: The Free Press, 1984).

Morse, Hosea Ballou, *Chronicles of the East India Company, Trading to China, 1635 – 1834* (Oxford: Clarendon Press, 1926 – 1929).

Nussbaum, Arthur. *A Concise History of the Law of Nations* (New York: The Macmillan Company, 1958).

Osiander, Andreas. *The State System of Europe, 1640 – 1990: Peacemaking and the Conditions of International Stability* (Oxford: Clarendon Press, 1994).

Reynolds, Douglas R. *China 1898 – 1912: The Xinzheng Revolution and Japan* (Cambridge, Mass.: Council on East Asian Studies, Harvard University, 1993).

Schücking, Walther (1875 – 1935). *The International Union of the Hague Conferences* (Translated from the German by Charles G. Fenwick; Oxford: Clarendon Press, 1918).

Sebes, Joseph. *The Jesuits and the Sino-Russian Treaty of Nerchinsk 1689: The Diary of Thomas Pereira* (Rome: Institium Historicum S. I., 1961).

Soothill, William Edward (1861 – 1935). *Timothy Richard of China: Seer, Statesman, Missionary & the most Disinterested Adviser the Chinese ever had* (London: Seeley, Service & Co. Limited, 1924).

参考文献

Stern, John Peter. *The Japanese Interpretation of the "Law of Nations," 1854 – 1874* (Princeton: Princeton University Press, 1979).

Svarverud, Rune. *International Law as World Order in Late Imperial China: Translation, Reception and Discourse, 1847 – 1911* (Leiden: Brill, 2007).

Svensson, Marina. *The Chinese Conception of Human Rights: The Rebate on Human Rights in China, 1898 – 1949* (Lund: Dept. of East Asian Languages, Lund University, 1996).

Tung, L. (董霖). *China and Some Phases of International Law* (London: Oxford University Press, 1940).

Van den Dungen, Peter. *The Making of Peace, Jean de Bloch and the First Hague Peace Conference* (Los Angles: California State University, 1983).

Who Was Who, A Companion to Who's Who: Containing the Biographies of Those who Died During the Period, Vol. II: 1916 – 1928 (4th ed.; London: Adam & Charles Black, 1967, c1929).

Williams, Frederick Wells (1857 – 1928). *Anson Burlingame and the First Chinese Mission to Foreign Powers* (New York: Charles Scribner's Sons, 1912).

Wong, Sin-Kiong (黄贤强). *China's Anti-American Boycott Movement in 1905: A Study in Urban Protest* (New York: Peter Lang, 2002).

Wright, Mary C. edited. *China in Revolution* (New Haven and London: Yale University Press, 1968).

Wright, Mary C. *The Last Stand of Chinese Conservation: The T'ung Chih Restoration 1862 – 1874 [with a new preface and additional note]* (Taipei: Rainbow-Bridge Book Co., 1985).

2. 论文

Caron, David D. "War and International Adjudication: Reflections on the 1899 Peace Conference," *American Journal of International Law*, 94: 1 (Jan., 2000), pp. 4 – 30.

Chai, Nam-yearl (崔南烈). "Korea's Reception and Development of International Law," in Pae Jae Shick, Chai Nam-yearl and Park Choon-ho, *Korean International Law* (Berkeley: Institute of East Asian Studies, University of California, Center for Korean Studies, 1981), pp. 7 – 33.

Chan, Huge (陈晓). "Modern Legal Education in China," *The China Law Review*, 9: 2 (Sep., 1936), pp. 145 – 146.

Chan, Y. W. (陈应荣). "China's Anomalous Position in International Law," *The Chinese Social and Political Science Review*, 7: 2 (Apr., 1923), pp. 182 – 198.

Chang, Hsi-t'ung (张锡彤). "The Earliest Phase of the Introduction of Western Political Science into China (1820 – 52)," *The Yenching Journal of Social Studies*, 5: 1 (July, 1950), pp. 1 – 29.

Chang, Wejen (张伟仁). "Legal Education in Ch'ing China," in Benjamin A. Elman and Alexander Woodside eds., *Education and Society in Late Imperial China, 1600 – 1900*

(Berkeley: University of California Press, 1994), pp. 292 – 339.

Chen, Agnes Fang-chih (陈芳芝). "Chinese Frontier Diplomacy: The Coming of the Russians and the Treaty of Nerchinsk," *Yenching Journal of Social Studies*, 4: 2 (Feb. 1949), pp. 99 – 149; also in 陈芳芝:《东北史研究》(北京: 中国社会科学出版社, 1995 年),页 430—503。

Cheng, Te-hsu(程德谞), "International Law in Early China(1122 – 249B. C.)", *Chinese Social and Political Science Review*, X: 1 (Jan., 1927), pp. 38 – 55; XI: 2 (April 1927), pp. 251 – 270.

Chiu, Hungdah (邱宏达). "The Development of Chinese International Law Terms and the Problem of Their Translation into English," in Jerome A. Cohen edited, *Contemporary Chinese Law: Research Problems and Perspectives* (Cambridge, Mass.: Harvard University Press, 1970), pp. 139 – 157.

Cohen, Paul A. "Wang T'ao's Perspective on a Changing World," in Albert Feuerwerker, Rhoads Murphey and Mary C. Wright eds., *Approaches to Modern Chinese History* (Berkeley: University of California, 1967), pp. 133 – 162.

Duss, Peter. "Science and Salvation in China: The Life and Work of W. A. P. Martin (1827 – 1916)," in Kwang-ching Liu edited, *American Missionaries in China* (Cambridge, Mass.: East Asian Research Center, Harvard University, 1970, c1966), pp. 11 – 41.

Farquhar, Norma. "A Bibliography of the Writing of W. A. P. Martin," *Papers on China*, 10 (1956), pp. 128 – 141.

Gong, Gerrit W. (江永汉). "China's Entry into International Society," in Hedley Bull and Adam Watson eds., *The Expansion of international society* (Oxford: Clarendon Press, 1984), pp. 172 – 183.

Hershey, Amos S. "History of International Law since the Peace of Westphalia," *The American Journal of International Law*, 6: 1(Jan., 1912), pp. 30 – 69.

Hsia, Ching-lin (夏甘霖). "Treaty Relations Between China and Great Britain: A Study of International Law and Diplomacy," *The Chinese Social and Political Science Review*, 7: 2 (Apr., 1923), pp. 1 – 47.

Hsiung, James C. "China's Recognition Practice and Its Implications in International Law," in Jerome Alan Cohen edited, *China's Practice of International Law: Some Case Studies* (Cambridge, Mass.: Harvard University Press, 1972), pp. 14 – 56.

Kim, Key-hiuk. "The Aims of Li's Policy toward Japan and Korea, 1870 – 1882," *Chinese Studies in History*, 24: 4 (Summer, 1991), pp. 24 – 48.

Lee, Chi-Fan (李齐芳). "The Disintegration of the Chinese Tributary System in the Nineteenth Century,"《中国历史学会史学集刊》,19 期(1987 年 7 月), pp. 517 – 538.

Li Zhaojie(李兆杰). "How Internatinal Law was Introduced into China," 载《国际法律问题研究》编写组编著:《国际法律问题研究》(北京: 中国政法大学出版社,1998 年),页 53—135。

参 考 文 献

Li, Zhaojie. "International law in China: Legal aspect of the Chinese perspective of world order" (unpublished PhD. dissertation, University of Toronto, 1996).

Li, Yongsheng. "China and the First Hague Peace Conference," in Frits Kalshoven edited, *Centennial of the First International Peace Conference Reports & Conclusions* (Hague: Kluwer Law International, 2000), attached CD-ROM, file name: 1899chin. pdf, 9 pages.

Liu, Lydia H. "Legislating the Universal: The Circulation of International Law in the Nineteenth Century," in Lydia H. Liu edited, *Tokens of Exchange: the Problem of Translation in Global Circulations* (Durham, NC: Duke University Press, 1999), pp. 147–164.

Macalister-Smith, Peter and Joachim Schwietzke. "Bibliography of the Textbooks and Comprehensive Treatises on Positive International Law of the 19th Century," *Journal of the History of International Law*, 3: 1(2001), pp. 75–142.

Perez, Louis G. "The Cultural Impact of Japanese 'Returned Students' to China in the Early 90's," *Asian Culture Quarterly*, 18: 1 (Spring, 1990), pp. 30–46.

Rhee, Sang-Myon. "Korean Attitudes toward International Law after the Open-Door to the West (I-II)," *Seoul Law Journal*, 28: 3&4 (Dec., 1987), pp. 199–218; 19: 1 (Apr. 1988), pp. 109–116.

Schrecker, John. "The Reform Movement, Nationalism, and China's Foreign Policy," *The Journal of Asian Studies*, 29: 1 (Nov., 1969), pp. 43–53.

Schwarzenberger, Georg. "The Standard of Civilisation in International Law," *Current Legal Problems*, 8 (1955), pp. 212–234.

Skinner, G. William. "Mobility Strategies in Late Imperial China: A Regional Systems Analysis," in Carol Smith edited, *Regional Systems, Vol. 1: Economic Systems* (New York: Academic Press, 1976), pp. 327–364.

Svarverud, Rune. "Jus Gentium Sinense: The Earliest Chinese Translation of International Law with some Considerations Regarding the Compilation of Haiguo tuzhi," *Acta Orientalia*, 61(2000), pp. 203–237.

Svarverud, Rune. "The Formation of Chinese Lexicon of International Law, 1847–1903," Michael Lackner and Natascha Vittinghoff eds., *Mapping Meanings: the Field of New Learning in Late Qing China* (Leiden: Brill, 2004), pp. 507–536.

Svarverud, Rune. "The Notions of 'Power' and 'Rights' in Chinese Political Discourse," in Michael Lackner, Iwo Amelung and Joachim Kurtz eds., *New Terms for New Ideas: Western Knowledge and Lexical Change in Late Imperial China* (Leiden: Brill, 2001), pp. 125–143.

Thompson, Roger R. "The Political Impact of Students Returned from Law and Administration Courses in Japan," *Republican China*, 16: 1 (1990), pp. 1–17.

Tsiang, T. F.(蒋廷黻). "Bismarck and the Introduction of International Law into China," *Chinese Social & Political Sciences Review*, 15: 1(Apr., 1931), pp. 98–101.

Wang, Tieya(王铁崖). "China and International Law, an Historical Perspectives," in T. M.

C. Asser Instituut edited, *International Law and the Grotian Heritage* (Hague: T. M. C. Asser Instituut, 1985), pp. 260 – 264.

Wang Tieya, "International Law in China: Historical and Contemporary, Perspectives," *Recueil des Cours* (Academic de droit international de la Haye), Vol. 221 (1990 – II), (Dordrecht: Martinus Nijhoff Publishers, 1991), pp. 195 – 369.

Wills, John E., Jr. "Ch'ing Relations with the Dutch, 1386 – 1690," in John King Fairbank edited, *Chinese World Order*, pp. 225 – 256.

Wong, Dung(王栋), "China interacts with the World: Unequal Treaties, Imperialism, and Nationalism," 王建朗、栾景河主编:《近代中国、东亚与世界》(北京：社会科学出版社,2008 年),下卷,pp. 506 – 528。

Wong, Sin-Kiong. "Mobilizing a Social Movement in China: Propaganda in the 1905 Boycott Campaign,"《汉学研究》,19 卷 1 期(2001 年 6 月),pp. 375 – 408.

Wong, Sin-Kiong. "The 1905 Anti-American Boycott in China: A Study of Different Perspectives," *Asian Culture Quarterly*, 27: 2 (1999), pp. 7 – 17.

Wong, Sin-Kiong. "The Making of a Chinese Boycott: The Origins of the 1905 Anti-American Movement," *American Journal of Chinese Studies*, 6: 2 (Oct., 1999), pp. 123 – 148.

Zhang, Jingcao(张劲草). "How Western International Law was introduced into China and Its Influence upon China," in Bernard Hung-Kay Luk edited, *Contacts Between Cultures*, Vol. 4. *Eastern Asia: History and Social Sciences* (Lewiston, NY: E. Mellen Press, 1992), pp. 264 – 270.

后　　记

本书是在我的博士论文《晚清国际法的传入、诠释与应用》(2003年5月提交香港大学）的基础上修订而成的。问题意识与基本史料的搜集完成于八载留日时期。返回港大以后，关于晚清万国公法的传入问题已经渐渐成为学界的热点，相关研究多了起来，查找资料也较早前容易，2003年提交的论文便是在这样的环境下顺利成文。近年来又参考诸家之说，屡作修订。多年辛苦下的成果，今天有幸问世，不无感慨！

拙著之能够出版，得力于许多人的帮助与支持，为免冗长，无法在此一一细表，谨向曾经指导、帮助、鼓励过我的师友们致以深切的谢忱！香港城市大学中国文化中心主任郑培凯教授及香港大学中文学院冯锦荣教授在百忙中为本书赐序，使本书得以生色。上海复旦大学文史研究院院长葛兆光教授不以拙作浅漏，将之荐列于《复旦文史丛刊》，珠玉在侧，倍感荣宠。此外，上海古籍出版社的领导及编辑童力军先生支持本书的出版，并对我延迟交稿，予以最大的包容。在此一一致以衷心感谢！

限于时间关系，诸位师友对拙文提出的许多宝贵意见，尚未能一一回应解答，本书只修订了原文中的错漏，并在力所能及的范围内征引了近几年海内外的相关研究成果,原文的主要论点及架构,没有作大规模的改动。对于一些与本课题相关的问题,亦有待他日再作进一步的探讨。限于个人学养,本书错漏在所难免,期待各位方家提出指正批评。

图书在版编目(CIP)数据

从万国公法到公法外交:晚清国际法的传入、诠释与应用/林学忠著. —上海:上海古籍出版社,2019.12
(复旦文史丛刊)
ISBN 978-7-5325-9427-6

Ⅰ.①从… Ⅱ.①林… Ⅲ.①国际公法—法制史—中国—清后期 Ⅳ.①D99-092

中国版本图书馆 CIP 数据核字(2019)第 260203 号

复旦文史丛刊

从万国公法到公法外交
——晚清国际法的传入、诠释与应用
林学忠 著

上海古籍出版社出版、发行
(上海瑞金二路272号 邮政编码200020)
(1) 网址:www.guji.com.cn
(2) E-mail:guji1@guji.com.cn
(3) 易文网网址:www.ewen.co
常熟市新骅印刷有限公司印刷
开本 635×965 1/16 印张28.75 插页5 字数399,000
2019年12月第1版 2019年12月第1次印刷
印数:1—1,500
ISBN 978-7-5325-9427-6
K·2740 定价:118.00元
如有质量问题,请与承印公司联系

复旦文史丛刊（精装版）

《动物与中古政治宗教秩序》　　　　　　陈怀宇 著

《利玛窦：紫禁城里的耶稣会士》　　　　〔美〕夏伯嘉 著

　　　　　　　　　　　　　　　　　　向红艳 李春园 译　董少新 校

《朝鲜燕行使与朝鲜通信使：使节视野中的中国·日本》

　　　　　　　　　　　　　　　　　　〔日〕夫马进 著　伍跃 译

《禅定与苦修：关于佛传原初梵本的发现和研究》　刘震 著

《从万国公法到公法外交：晚清国际法的传入、诠释与应用》

　　　　　　　　　　　　　　　　　　林学忠 著

《中国近代科学的文化史》　　　　　　　〔美〕本杰明·艾尔曼 著

　　　　　　　　　　　　　　　　　　王红霞 姚建根 朱莉丽 王鑫磊 译

《礼仪的交织：明末清初中欧文化交流中的丧葬礼》

　　　　　　　　　　　　　　　　　　〔比利时〕钟鸣旦 著　张佳 译

《宋代民众祠神信仰研究》　　　　　　　皮庆生 著

《形神之间：早期西洋医学入华史稿》　　董少新 著

《明末江南的出版文化》　　　　　　　　〔日〕大木康 著　周保雄 译

《日本佛教史：思想史的探索》　　　　　〔日〕末木文美士 著　涂玉盏 译

《东亚的王权与思想》　　　　　　　　　〔日〕渡边浩 著　区建英 译